Die Bonus-Seite

Ihr Vorteil als Käufer dieses Buches

Auf der Bonus-Webseite zu diesem Buch finden Sie zusätzliche Informationen und Services. Dazu gehört auch ein kostenloser **Testzugang** zur Online-Fassung Ihres Buches. Und der besondere Vorteil: Wenn Sie Ihr **Online-Buch** auch weiterhin nutzen wollen, erhalten Sie den vollen Zugang zum **Vorzugspreis**.

So nutzen Sie Ihren Vorteil

Halten Sie den unten abgedruckten Zugangscode bereit und gehen Sie auf **www.sap-press.de**. Dort finden Sie den Kasten **Die Bonus-Seite für Buchkäufer**. Klicken Sie auf **Zur Bonus-Seite/ Buch registrieren**, und geben Sie Ihren **Zugangscode** ein. Schon stehen Ihnen die Bonus-Angebote zur Verfügung.

Ihr persönlicher
Zugangscode

gdtq-jcfm-kiuv-h946

Datenmigration in SAP®

 **PRESS**

SAP PRESS ist eine gemeinschaftliche Initiative von SAP und Galileo Press. Ziel ist es, Anwendern qualifiziertes SAP-Wissen zur Verfügung zu stellen. SAP PRESS vereint das fachliche Know-how der SAP und die verlegerische Kompetenz von Galileo Press. Die Bücher bieten Expertenwissen zu technischen wie auch zu betriebswirtschaftlichen SAP-Themen.

Sebastian Schreckenbach
Praxishandbuch SAP-Administration
880 S., 2010, geb.
ISBN 978-3-8362-1536-7

Frank Föse, Sigrid Hagemann, Liane Will
SAP NetWeaver AS ABAP – Systemadministration
756 S., 4., akt. und erw. Aufl. 2011, geb.
ISBN 978-3-8362-1646-3

Marc O. Schäfer, Matthias Melich
SAP Solution Manager
781 S., 3., akt. und erw. Aufl. 2011, geb.
ISBN 978-3-8362-1737-8

Helmut Stefani
Datenarchivierung mit SAP
446 S., 2006, geb.
ISBN 978-3-89842-796-8

Aktuelle Angaben zum gesamten SAP PRESS-Programm finden Sie unter *www.sap-press.de*.

Michael Willinger, Johann Gradl,
Frank Densborn, Michael Roth

Datenmigration in SAP®

Bonn • Boston

Liebe Leserin, lieber Leser,

vielen Dank, dass Sie sich für ein Buch von SAP PRESS entschieden haben.

Egal, ob Sie SAP-Lösungen neu einführen oder Ihre Systemlandschaft weiter ausbauen: Die Übernahme von Daten ist immer ein zentrales Teilprojekt und ein wesentlicher Zeit- und Kostenfaktor. Besonderer Aufwand entsteht, wenn für das Migrationsprojekt eigens Programme entwickelt werden müssen. Dieses Buch zeigt, dass es oft auch einfacher geht: Es stellt Ihnen Werkzeuge und Verfahren vor, die Ihnen helfen, Programmierung weitmöglichst zu vermeiden.

Das erfahrene Autorenteam Michael Willinger und Johann Gradl wurde für diese bereits dritte Auflage durch Frank Densborn und Michael Roth verstärkt, die Kapitel zu SAP BusinessObjects Data Services und zur Datenübernahme in SAP Business ByDesign beisteuern – selbst an der Entwicklung der jeweiligen Migrationslösung beteiligt, liefern sie Ihnen Know-how aus erster Hand. Ich bin sicher, dass Sie mit diesem Buch einen nützlichen Begleiter für das nächste Migrationsprojekt an Ihrer Seite haben.

Wir freuen uns stets über Lob, aber auch über kritische Anmerkungen, die uns helfen, unsere Bücher zu verbessern. Am Ende dieses Buches finden Sie daher eine Postkarte, mit der Sie uns Ihre Meinung mitteilen können. Als Dankeschön verlosen wir unter den Einsendern regelmäßig Gutscheine für SAP PRESS-Bücher.

Ihre Sonja Corsten
Lektorat SAP PRESS

Galileo Press
Rheinwerkallee 4
53227 Bonn

sonja.corsten@galileo-press.de
www.sap-press.de

Auf einen Blick

Der Name Galileo Press geht auf den italienischen Mathematiker und Philosophen Galileo Galilei (1564–1642) zurück. Er gilt als Gründungsfigur der neuzeitlichen Wissenschaft und wurde berühmt als Verfechter des modernen, heliozentrischen Weltbilds. Legendär ist sein Ausspruch *Eppur si muove* (Und sie bewegt sich doch). Das Emblem von Galileo Press ist der Jupiter, umkreist von den vier Galileischen Monden. Galilei entdeckte die nach ihm benannten Monde 1610.

Lektorat Sonja Corsten, Stefan Proksch
Korrektorat Osseline Fenner, Troisdorf
Einbandgestaltung Nadine Kohl
Titelbild iStock_000011607716, AntiMartina
Typografie und Layout Vera Brauner
Herstellung Katrin Müller
Satz SatzPro, Krefeld
Druck und Bindung Beltz Druckpartner, Hemsbach

Gerne stehen wir Ihnen mit Rat und Tat zur Seite:
sonja.corsten@galileo-press.de bei Fragen und Anmerkungen zum Inhalt des Buches
service@galileo-press.de für versandkostenfreie Bestellungen und Reklamationen
julia.mueller@galileo-press.de für Rezensionsexemplare

Bibliografische Information der Deutschen Nationalbibliothek
Die Deutsche Nationalbibliothek verzeichnet diese Publikation in der Deutschen National-bibliografie; detaillierte bibliografische Daten sind im Internet über *http://dnb.d-nb.de* abrufbar.

ISBN   978-3-8362-1808-5

© Galileo Press, Bonn 2012
3. Auflage 2012

Inhalt

Teil II: Klassische Verfahren

Teil III: Alternative Verfahren

6   Datenübernahme mit SAP BusinessObjects Data Services 271

Teil IV: Bewertung und Ausblick

Einleitung

Datenmigration ist ein Thema, mit dem man stets von Neuem konfrontiert wird: Jede Ablösung einer bestehenden Software durch ein Nachfolgesystem bedeutet, dass Daten übernommen werden müssen. In der Regel ist jedoch mit erfolgreicher Umstellung auf eine neue Software das Problem nicht dauerhaft gelöst: Veränderte wirtschaftliche oder gesetzliche Rahmenbedingungen führen immer wieder zu organisatorischen Umstrukturierungen innerhalb eines Unternehmens, die auch eine Neuorganisation der Datenbestände in einem bestehenden IT-System nach sich ziehen. Dessen ungeachtet wird die Problematik der Datenübernahme in der einschlägigen Literatur nicht ausreichend beleuchtet, was für uns Motivation genug war, diesem Thema ein eigenes Buch zu widmen.

Bisweilen wird unterschätzt, dass Datenmigrationen, je nach Projektumfang, einen Großteil der Projektressourcen binden können, was häufig personelle Engpässe verursacht. Datenmigrationen werden in der Regel von Programmierern – das heißt von Personen mit technischem Detailwissen – durchgeführt. Da Programmierer aber zumeist applikationsübergreifend eingesetzt werden und dementsprechend viel zu tun haben, entstehen hier personelle und damit auch finanzielle Engpässe. Personeller Engpass – Datenmigration

Um diese Engpässe zu entschärfen oder gar nicht erst entstehen zu lassen, stellen wir Ihnen in diesem Buch Techniken zur Datenmigration vor, die nicht nur von Programmierern, sondern auch von Beratern ohne tief gehendes technisches Wissen angewendet werden können. Im Idealfall sollten die Fachabteilungen – die Datenlieferanten – in die Lage versetzt werden, Datenübernahmen oder Umstrukturierungsprozesse nicht nur auszulösen, sondern auch IT-technisch abzubilden. Dazu bedarf es einfach zu erlernender Migrationstechniken, die weitestgehend ohne Programmierung auskommen. Programmierlose Datenmigration

Sehr wohl ist uns allerdings bewusst, dass es immer wieder Situationen geben wird, die aufgrund spezieller Projektanforderungen so komplex sind, dass sie eine Programmierung erfordern. Dennoch begreifen wir im Kontext der Datenmigration die Programmierung allenfalls als Ultima Ratio, die nur dann zum Einsatz kommen sollte, wenn alle anderen Techniken der Datenübernahme nicht zum gewünschten Ergebnis führen. Aus diesem Grund liegt der Fokus dieses Buches nicht auf Techniken zur Programmierung einer Datenübernahme, sondern auf Techniken zur Vermeidung von Programmierung.

Anwendungs-
bereich

Wird ein Altsystem durch ein SAP-System abgelöst, werden programmierlose Techniken zur Verfügung gestellt. Hierbei sind die Verfahren keineswegs nur auf einzelne Anwendungen beschränkt. Sie können vielmehr in den unterschiedlichsten Applikationen, wie beispielsweise im Rechnungswesen, in der Logistik, aber auch in der Personalwirtschaft Verwendung finden, wobei die generelle Vorgehensweise stets identisch ist. Darüber hinaus spielt es keine Rolle, von welcher Art die zu übernehmenden Daten sind. Stammdaten des Personalwesens lassen sich beispielsweise gleichermaßen übernehmen wie Bewegungsdaten aus der Finanzbuchhaltung.

Einen besonderen »Charme« dieser Methoden sehen wir in dem Umstand, dass sie sich nicht nur auf die klassischen SAP-Anwendungsfelder beschränken, sondern teilweise auch in den neuen, auf SAP NetWeaver-Technologie basierenden Produkten wie SAP CRM (Customer Relationship Management) oder SAP SCM (Supply Chain Management) verfügbar sind. Unabhängig von der konkreten Anwendung sind die Verfahren mitunter so flexibel, dass optional kundenindividuelles, für die Datenmigration erforderliches Coding integriert werden kann, was ihre universelle Einsetzbarkeit zusätzlich verstärkt. In den einzelnen Kapiteln wird später auf die Verfügbarkeit der Methoden in den jeweiligen SAP-Applikationen hingewiesen.

Adressatenkreis

Da die eigene Programmierung jedoch die Ausnahme bleiben sollte, möchten wir mit diesem Buch primär einen Adressatenkreis ansprechen, der nicht zwangsläufig über Programmierkenntnisse verfügen muss, aber im Rahmen seiner Tätigkeit mit Datenmigrationen mittelbar oder unmittelbar in Berührung kommen kann. Das können sowohl *SAP-Berater* sein, die mit der Realisierung der Datenmigration beim Kunden oder innerhalb der eigenen Organisation betraut werden, als auch *Projektleiter*, die sich einen Überblick über die einzelnen Methoden verschaffen möchten, um sie kritisch beurteilen zu können. Andererseits erscheint uns die Thematik aber auch für *SAP-Entwickler* interessant, die effiziente und damit zeit- und kostensparende

Migrationstechniken kennenlernen möchten. Die Zeiten, in denen Individualprogramme für jede Datenübernahme zu schreiben und zu testen waren – man spricht in diesem Zusammenhang auch von sogenannten »Wegwerfprogrammen« –, gehören somit endgültig der Vergangenheit an.

Die Erfahrung zeigt auch, dass aufgrund der Einfachheit der Verfahren Datenmigrationen bisweilen von den *Fachabteilungen* selbst durchgeführt werden können, was den Kreis der Adressaten schließt. Damit bleibt die Rolle der Fachabteilung nicht länger ausschließlich auf die des Datenlieferanten beschränkt. Die Kenntnis der Methoden zur Datenmigration einerseits und das langjährig erworbene Wissen über das abzulösende IT-Altsystem andererseits prädestinieren die Fachbereiche geradezu dazu, bei Datenmigrationsprojekten eine aktive Rolle zu spielen.

Da bei diesem doch etwas breiter gefassten Leserkreis nicht von einem einheitlichen Wissensstand ausgegangen werden darf, haben wir die Erläuterungen und Fallbeispiele so gewählt, dass sie für einen Leser, der über kein SAP-technisches Detailwissen verfügt, klar verständlich und umsetzbar sind. Gleichwohl müssen wir jedoch ein gewisses Grundverständnis von SAP NetWeaver, Microsoft Windows und den gängigen Microsoft Office-Produkten wie Word, Excel und Access voraussetzen, um den Rahmen dieses Buches nicht zu überschreiten. Ein Bezug zu kaufmännischen Fragestellungen kann an der einen oder anderen Stelle vorteilhaft sein, ist jedoch zum Verständnis der Ausführungen nicht zwingend Voraussetzung.

Vorkenntnisse

Hinweis zum Sprachgebrauch

Die Begriffe *Datenmigration* und *Datenübernahme* werden in diesem Buch synonym verwendet. Dabei kann die Datenquelle sowohl ein beliebiges IT-Altsystem sein, sofern es sich um eine initiale Datenübernahme handelt, als auch ein bereits produktiv genutztes SAP-System, falls der Datenbestand organisatorischen Änderungen anzupassen ist.

Das Problem der Datenübernahme wird häufig unterschätzt und nicht als eigenständiges Teilprojekt innerhalb eines Gesamtprojekts qualifiziert. **Kapitel 1**, »Betriebswirtschaftliche Grundlagen der Datenmigration«, befasst sich daher mit vorbereitenden Maßnahmen der Datenübernahme, die für deren Gelingen von entscheidender Bedeutung sind. Die Vorbereitungen reichen von der Auswahl der Projektmitglieder über die

Betriebswirtschaftliche Grundlagen

Definition eines Projektplans bis hin zur Bestimmung der zu übernehmenden Daten und deren Übersetzung in SAP-Terminologie. Diese Vorgehensweise sollte verfahrensunabhängig am Anfang jeder Datenübernahme stehen.

Technische
Grundlagen

Im darauffolgenden **Kapitel 2**, »Technische Grundlagen der Datenmigration in SAP«, werden grundlegende Begriffe eingeführt, auf die im weiteren Verlauf der Ausführungen immer wieder Bezug genommen wird. Darüber hinaus finden Sie dort auch eine Darstellung der Schritte, mit denen Sie bei jeder Datenübernahme konfrontiert werden, und einen Kurzüberblick über die von SAP zur Verfügung gestellten Techniken zur Datenübernahme.

Batch-Input-
Technik

Nachdem in den ersten beiden Kapiteln Grundlagen geschaffen worden sind, werden Sie in **Kapitel 3**, »Batch-Input«, mit einer traditionellen Methode der Datenübernahme vertraut gemacht, der sogenannten *Batch-Input-Technik*. Neben einer allgemeinen Einführung werden sowohl von SAP ausgelieferte Standard-Batch-Input-Programme zur Datenübernahme als auch kundenindividuelle Batch-Input-Programme vorgestellt, die sich relativ einfach erzeugen lassen. Da Letztere jedoch eine Programmierung erfordern, die wir tunlichst vermeiden möchten, wird zusätzlich die Batch-Input-Technik in Kombination mit der Microsoft Word-Serienbriefverarbeitung thematisiert, die eine programmierlose Datenmigration ermöglicht.

eCATT

Der rote Faden der Programmiervermeidung setzt sich im folgenden Kapitel fort: Bei dem in **Kapitel 4** vorgestellten *Extended Computer Aided Test Tool* (eCATT) handelt es sich um ein Werkzeug, das ursprünglich zum Testen von Geschäftsprozessen entwickelt wurde, aber auch für Datenübernahmen zweckentfremdet werden kann. Nach einer allgemeinen Einführung in das eCATT wird insbesondere der Frage nachgegangen, wie dieses Werkzeug für die Datenmigration genutzt werden kann. Dies wird anhand eines ausführlichen Fallbeispiels gezeigt, das dem Bereich des betrieblichen Rechnungswesens entnommen ist.

Legacy System
Migration
Workbench

Sind die Anforderungen der Datenübernahme nun aber derart komplex, dass das eCATT an seine Grenzen stößt, wird Ihnen mit der in **Kapitel 5** vorgestellten *Legacy System Migration Workbench* (LSM Workbench oder LSMW) ein flexibleres Werkzeug zur Verfügung gestellt, wenngleich Parallelen zum eCATT unverkennbar sind. Mit der LSM Workbench können Sie Daten aus SAP-fremden Systemen weitgehend ohne Programmierung in ein SAP-System übernehmen. Dieses Werkzeug bietet sich immer dann an, wenn die Struktur der Altdaten von der Struktur der Daten des SAP-Systems stark abweicht und somit eine Datenkonvertierung erforderlich ist, oder wenn die Altdaten mit bereits im SAP-System befindlichen Daten angereichert werden müssen.

Gegenstand von **Kapitel 6**, »Datenübernahme mit SAP Business-Objects Data Services«, ist ein komplett neuer Ansatz zur Datenübernahme, der mit dem Einsatz von Datenintegrationswerkzeugen, sogenannten *ETL-Tools* (Extraktion, Transformation, Laden), ermöglicht wird. Mit SAP BusinessObjects Data Services und dem von SAP zur Verfügung gestellten Best Practices-Content für Datenmigration ergibt sich neben der Möglichkeit einer direkten Anbindung der Altsysteme auch eine visuelle Veranschaulichung des gesamten Migrationsprozesses von Quell- zu Zielsystem, inklusive benutzerfreundlichen Mappings mittels Drag & Drop. Das Kapitel gibt eine Einführung sowohl in das Werkzeug als auch in den vordefinierten Content und beschreibt anhand eines durchgehenden Beispiels alle relevanten Funktionalitäten für Fieldmapping, Werte-Mapping und Validierung der Daten bis hin zum Laden über die SAP-IDoc-Schnittstelle. Der gesamte Prozess wird dabei begleitet von den Analysemöglichkeiten, die die Plattform SAP BusinessObjects Business Intelligence (BI) mittels Dashboards und Business-Analytics-Berichten bietet.

Datenübernahme mit SAP BusinessObjects Data Services

In **Kapitel 7**, »Datenmigration in SAP Business ByDesign«, stellen wir die Migration in eine der jüngsten SAP-Lösungen vor, in die SaaS- (Software as a Service-)Lösung SAP Business ByDesign. Anhand eines Beispiels werden die zentralen Schritte Validierung, Wertekonvertierung, Simulation und Import erklärt, durch die der Benutzer Schritt für Schritt mittels dynamischer Aufgabenlisten geführt wird. Auf die Möglichkeiten zur Korrektur von aufgedeckten Datenfehlern wird genauer eingegangen. Vertieft wird dies durch die Darstellung der in den Ablauf integrierten objektübergreifenden Buchungsvorausschau von Finanzdaten.

SAP Business ByDesign

Sollte nach der Lektüre bis einschließlich Kapitel 7 bei Ihnen der Eindruck entstanden sein, dass Sie für Ihre eigene Datenmigration doch auf Programmierung zurückgreifen müssen, legen wir Ihnen das Studium von **Kapitel 8**, »Techniken zur Vermeidung von Programmie-

Vermeidung von Programmierung

19

rung«, nahe. In diesem Kapitel wird anhand zahlreicher Beispiele erläutert, wie ein zu migrierender Datenbestand (beispielsweise mit Microsoft Excel oder Microsoft Access) so aufbereitet werden kann, dass Sie ihn mit einem der vorgestellten programmierlosen Verfahren in das SAP-System übernehmen können.

Beurteilung der Migrationstechniken

Nachdem die einzelnen Verfahren der Datenmigration vorgestellt wurden, müssen sie in **Kapitel 9** einer kritischen Beurteilung standhalten. Es werden insbesondere die Vor- und Nachteile der einzelnen Techniken herausgearbeitet, und es wird der Frage nachgegangen, welches Verfahren in welcher Situation am besten geeignet erscheint.

Anlagenübernahme mit Microsoft Excel

Kapitel 10 schließlich genießt eine Sonderstellung, da die hier vorgestellte Methode der Datenübernahme – anders als die in den vorhergehenden Kapiteln beschriebenen Verfahren – nicht applikationsunabhängig ist, sondern nur in der Anlagenwirtschaft eingesetzt werden kann. Neben dem für die Datenmigration erforderlichen Customizing wird anhand eines Fallbeispiels gezeigt, wie sowohl Anlagenstamm als auch die zugehörigen Bewegungsdaten mit Microsoft Excel in ein SAP-System übernommen werden können, sofern sie einem bestimmten Datenformat genügen.

Ausblick und angrenzende Gebiete

Kapitel 11, »Ausblick und angrenzende Gebiete«, informiert Sie über neuere Entwicklungen und angrenzende Gebiete im Bereich der Datenübernahme, wie zum Beispiel die Datenübernahme-Workbench (Data Migration Workbench). Aber auch die Datenextraktion aus produktiven SAP-Systemen ist Gegenstand der Betrachtung.

Anhang

Wie bereits erwähnt, sind Datenbestände auch innerhalb bestehender IT-Systeme im Zeitablauf immer wieder den geänderten Rahmenbedingungen anzupassen. Der **Anhang** gibt Ihnen einen modulbezogenen Überblick über ausgewählte SAP-Tabellen, die in der Regel bei Umstrukturierungen zu verarbeiten sind. Die Kenntnis dieser Tabellen erleichtert das Auffinden der relevanten Daten im System und trägt somit zur Beschleunigung des Gesamtprozesses bei. Des Weiteren werden alle für das Verständnis des Buches relevanten Begriffe in einem Glossar aufgelistet und erklärt.

Der Aufbau des Buches ermöglicht es, dass sich der Leser, je nach Interessenlage, ein Kapitel herausgreifen kann, ohne die vorausgehenden Kapitel gelesen zu haben (siehe Abbildung 1). Dennoch möchten wir Ihnen mit diesem Werk ein umfassendes Projekthandbuch zur Datenmigration bieten, sodass Sie nach der Lektüre des Gesamtwerks in der Lage sind, Migrationsvorhaben selbst zu planen, zu beurteilen und umzusetzen. Ausführliche Fallbeispiele mit zahlreichen Screenshots sollen Sie bei der Realisierung dieses Ziels unterstützen.

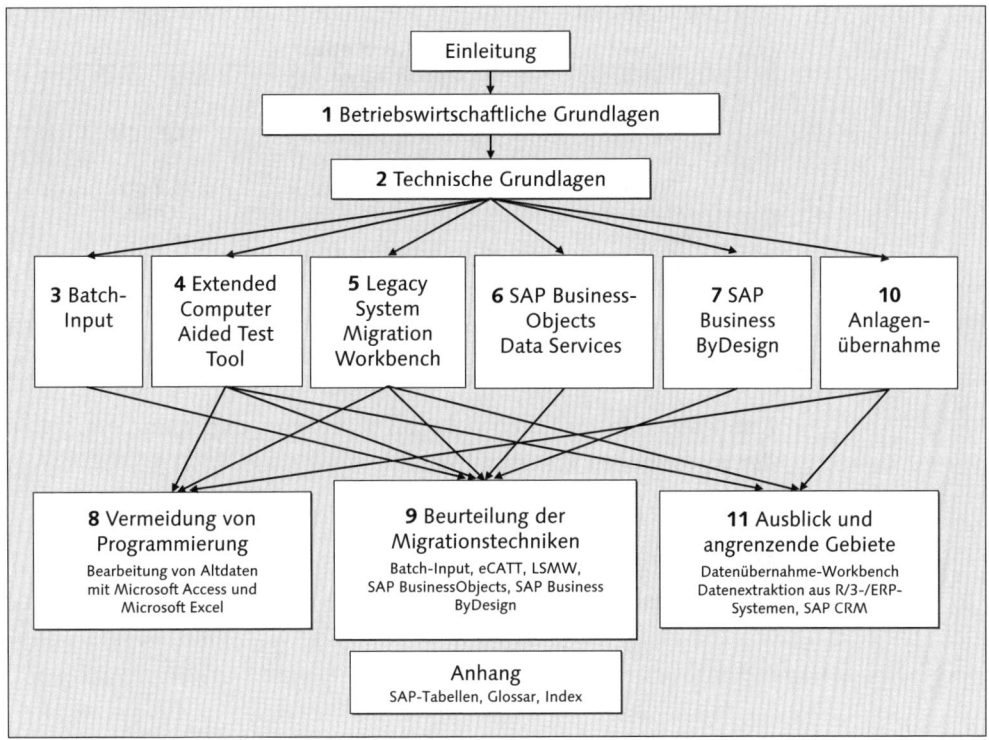

Abbildung 1 Aufbau des Buches und Abhängigkeiten zwischen den Kapiteln

Für die dritte Auflage wurde das gesamte Material gründlich durchgesehen und aktualisiert. Texte, Bilder und Terminologie wurden an das aktuelle SAP-Release SAP ERP 6.0 angepasst.

Änderungen und Erweiterungen in der 3. Auflage

In dieser Auflage neu hinzugekommen sind die Kapitel zur Datenübernahme in SAP Business ByDesign und zur Migration mit SAP BusinessObjects Data Services.

Dieses Buch beschreibt vorwiegend Techniken und Verfahren des aktuellen ERP-Releases SAP ERP 6.0. Dort, wo die Unterschiede zu den älteren Releases SAP R/3 4.6C, SAP R/3 Enterprise und SAP ERP 2004 erheblich sind, werden wir auf diese eingehen.

Im Fokus: SAP ERP 6.0

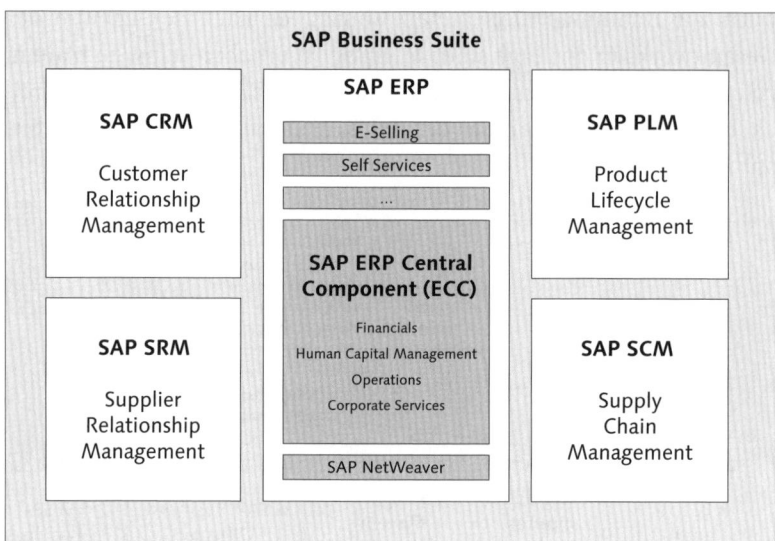

Abbildung 2 SAP Business Suite: SAP ERP, SAP ECC, SAP NetWeaver

Nun wünschen wir Ihnen viel Spaß beim Lesen und beim Verarbeiten der gewonnenen Erkenntnisse.

**Michael Willinger, Johann Gradl,
Frank Densborn, Michael Roth**

TEIL I
Grundlagen

Eine Datenmigration wird nur dann zum gewünschten Ergebnis führen, wenn man das Thema frühzeitig diskutiert, es als Teilprojekt innerhalb eines Gesamtprojekts qualifiziert und entsprechende Projektressourcen reserviert.

1 Betriebswirtschaftliche Grundlagen der Datenmigration

In diesem Kapitel geht es weniger um die Auswahl einer konkreten Technik der Datenübernahme – dazu wird an anderen Stellen dieses Buches noch erschöpfend berichtet werden – als vielmehr um die Inhalte, die es zu migrieren gilt. So sollten Sie sich beispielsweise intensiv damit auseinandersetzen, welche Daten im SAP-System zukünftig überhaupt (noch) benötigt werden. Karteileichen gilt es, zu identifizieren und von der Datenübernahme auszuschließen, was im Übrigen nur eine von mehreren Maßnahmen zur Reduktion des Datenbestandes darstellt. Haben Sie den zu übernehmenden Datenbestand festgelegt, ist zu klären, ob und wie (einfach) sich die Daten aus dem Altsystem extrahieren lassen. Gegebenenfalls müssen mehr Daten als ursprünglich angenommen übernommen werden, weil das SAP-System diese zur Abbildung der Geschäftsprozesse zwingend benötigt, auch wenn diese in der Form im Altsystem gar nicht verfügbar sind. Was letztlich im SAP-System an Daten benötigt wird, müssen Systempräsentationen bzw. das Testen der Geschäftsprozesse zeigen. Vor diesem Hintergrund liegt es auf der Hand, dass die Datenübernahme einer Iteration unterliegt, die so lange zu wiederholen ist, bis sich die gewünschten Ergebnisse einstellen.

1.1 Datenmigration als Teilprojekt

Dem Problem der Datenübernahme wird häufig keine angemessene Beachtung geschenkt. Es wird oft verkannt, dass Datenmigrationen – je nach Projektumfang – einen Großteil der personellen und damit

Personeller Engpass

auch finanziellen Projektressourcen binden können. Personelle Engpässe werden immer dann auftreten, wenn aufgrund der verwendeten Technik der Datenübernahme nur ein bestimmter Personenkreis mit dem Migrationsproblem betraut werden kann. Da häufig selbst entwickelte Datenübernahmeprogramme zum Einsatz kommen, wird schnell offensichtlich, dass fehlende personelle Ressourcen bei den Programmierern diesen Engpass begründen. Wie bereits erwähnt, ist es unser Anliegen, mit diesem Buch Migrationstechniken vorzustellen, die einfach erlernbar sind, Datensicherheit gewährleisten und im Idealfall auf eigene Programmierung vollständig verzichten können. Dies hat zur Folge, dass das Thema Datenmigration nicht länger ausschließlich ein Aufgabengebiet für Programmierer darstellt, sondern sich der Kreis der potenziellen Adressaten auch auf weniger technisch versierte Personen ausdehnen kann, was zu geringeren personellen Engpässen führen wird.

Basis für Geschäftsprozesse

Doch nicht nur aufgrund des Managements beschränkter Projektressourcen ist die Datenübernahme ein eigenständiges Teilprojekt innerhalb eines Gesamtprojekts. Ein weiterer, nicht zu unterschätzender Aspekt ist der Aussagegehalt der migrierten Daten – das heißt die Datenqualität. Unstrittig ist, dass beispielsweise offene Posten im Altsystem den in das SAP-System übernommenen Posten sowohl einzeln als auch kumuliert entsprechen müssen, um eine Datenkonsistenz der Systeme zu gewährleisten. Dies ist jedoch bei Weitem nicht ausreichend. Da die Datenübernahme die Datenbasis für alle nachfolgenden Geschäftsprozesse im SAP-System bildet, muss darüber hinaus sichergestellt werden, dass auch solche Informationen übernommen werden, die auf den ersten Blick für die Richtigkeit der Datenmigration eine eher untergeordnete Rolle spielen, jedoch für eine reibungslose Abwicklung der Folgeprozesse eminente Steuerungsqualitäten bereitstellen.

Es reicht demnach nicht aus, die übernommenen Daten nur auf ihre quantitative Vollständigkeit hin zu untersuchen. Sie müssen sich vielmehr die Frage stellen, ob die übernommenen Daten zur Abwicklung des operativen Geschäfts im neuen System ausreichend sind bzw. ob sie den für Entscheidungsprozesse benötigten Informationscharakter besitzen. Bezogen auf das Beispiel der zu übernehmenden offenen Posten bedeutet dies, dass neben der Betragsgenauigkeit beispielsweise auch eine korrekte Berechnung der Fälligkeiten gewährleistet sein muss, was wiederum unmittelbare Auswirkungen auf die Liquiditätsplanung des Unternehmens hat. Fehlende oder fehlerhafte Informationen können somit den Entscheidungsprozess in eine unbeabsichtigte Richtung lenken.

Aus diesem Grund empfehlen wir, die Datenmigration als einen iterativen Prozess zu begreifen. Das bedeutet: Sobald die ersten Daten aus dem Altsystem extrahiert sind und das Customizing im SAP-System eine Datenübernahme zulässt – wir werden im Folgenden noch ausführlich darauf eingehen –, kann mit dem Testen der Datenmigration begonnen werden. Darauf aufbauend ist in einem nächsten Schritt zu prüfen, ob alle Informationen für eine störungsfreie Abwicklung der Folgeprozesse zur Verfügung stehen, was mit umfassenden Systemtests und gegebenenfalls einer Änderung der Customizing-Einstellungen einhergehen wird. Falls dies nicht der Fall ist, müssen Sie sich eingehend mit der Beschaffung der fehlenden Informationen auseinandersetzen und unter Umständen die Datenübernahme so lange wiederholen, bis sich die gewünschten Ergebnisse einstellen. Demnach können die Themen *Datenmigration* auf der einen Seite und *Testen der Geschäftsprozesse* auf der anderen Seite niemals isoliert nebeneinander stehen, sondern müssen immer im Gesamtzusammenhang betrachtet werden.

Datenmigration als iterativer Prozess

Insbesondere der letzte Aspekt macht deutlich, dass eine Datenübernahme alles andere als ein Randthema sein sollte. Vor diesem Hintergrund sind die für die Datenübernahme verantwortlichen Personen gut beraten, sich frühzeitig mit den Prozessen im Altsystem zu beschäftigen und zu prüfen, wie diese Prozesse im SAP-System abgebildet werden können, insbesondere dann, wenn die Systemeinführung mit einem *Business Reengineering* einhergeht. Da niemand das abzulösende IT-System besser kennt als die Mitarbeiter der Fachabteilungen selbst, sind diese in den Prozess von Anfang an einzubinden, um auch hier personelle Engpässe zu Projektende hin gar nicht erst entstehen zu lassen. Dadurch lernen die Fachabteilungsmitarbeiter Schritt für Schritt die Philosophie des SAP-Systems kennen und können somit besser beurteilen, welche Daten für einen reibungslosen Systemwechsel unabdingbar sind und zur Verfügung gestellt werden müssen.

Systemverständnis

1.2 Vorüberlegungen

Bereits zu Projektbeginn können – ohne das SAP-System im Detail zu kennen – auf der Basis des abzulösenden Altsystems Vorüberlegungen angestellt werden, die für die weitere Projektplanung wegweisend sind.

1.2.1 Definition des zu migrierenden Datenbestandes

Die zu migrierenden Daten lassen sich unterscheiden in:

Aktualitätsbezug

▶ **Stammdaten**
Hierbei handelt es sich um Daten, die über einen längeren Zeitraum unverändert bleiben. Sie enthalten Informationen, die in gleicher Weise immer wieder benötigt werden. Es ist natürlich nur sinnvoll, solche Stammdaten zu migrieren, die tatsächlich auch Verwendung finden. Sogenannte »Karteileichen« (siehe Abschnitt 1.2.2, »Identifikation sogenannter Karteileichen«) ohne jeglichen operativen Bezug sind im Altsystem als solche zu kennzeichnen, damit sie von der Datenübernahme ausgeschlossen werden können.

Einzelposten oder Salden

▶ **Bewegungsdaten**
Dies sind vorgangsbezogene Daten, die kurzlebig sind und bestimmten Stammdaten zugeordnet werden können. Man spricht in diesem Zusammenhang auch von Buchungsbelegen. Hier ist die Frage zu klären, wie detailliert die Historie des Altsystems im SAP-System abgebildet werden soll. Konkret ist festzulegen, ob man an der Migration einzelner Buchungsbelege, sogenannter Einzelposten, oder nur an den kumulativ fortgeschriebenen Werten, das heißt den Salden, interessiert ist. Entscheidet man sich für Einzelposten, muss zusätzlich festgelegt werden, für wie viele zurückliegende Geschäftsjahre sie zu übernehmen sind und welche Rolle den ausgeglichenen Posten beizumessen ist, die lediglich Informationscharakter besitzen. Fällt die Entscheidung zugunsten der Salden, muss man sich darüber im Klaren sein, dass das Altsystem zumindest für eine Übergangsphase für Detailinformationen weiterhin zur Verfügung stehen muss.

Die Praxis zeigt, dass in der Regel ein Mix aus Einzelposten und Salden übernommen wird. Daher entscheidet man sich häufig dafür, für Debitoren und Kreditoren alle zugehörigen Einzelposten zu übernehmen, um darauf aufbauend die weiteren Geschäftsprozesse im SAP-System durchführen zu können. Für die Bilanz- sowie die Gewinn- und Verlustkonten sind die Einzelposten weniger entscheidungsrelevant. Hier wird die konkrete Situation das zu übernehmende Datenvolumen bestimmen.

1.2.2 Identifikation sogenannter »Karteileichen«

Die Umstellung auf ein neues IT-System sollte immer als eine Möglichkeit gesehen werden, die Altdaten eingehend zu analysieren und sich von nicht länger benötigten Daten zu verabschieden, die im Altsystem schlummern und keine operative Verwendung finden. Unserer Meinung nach sollten Sie die Zeit für diese Arbeit investieren; denn nur so erreichen Sie eine in sich konsistente und geordnete Datenbasis für das Nachfolgesystem. Darüber hinaus kann diese Vorgehensweise dazu beitragen, das Datenvolumen und die für die Datenübernahme benötigte Zeit erheblich zu reduzieren.

Analyse des Altdatenbestandes

Die Problematik in diesem Zusammenhang ist die Identifikation dieser sogenannten »Karteileichen«. Wir skizzieren nachfolgend exemplarisch, wie Sie hierbei vorgehen können:

▸ **Stammdaten**
Ist das Altsystem in der Lage, eine Auswertung darüber zu liefern, welche Stammdaten bereits seit längerer Zeit (zum Beispiel seit zwei Jahren) nicht mehr aktiv genutzt wurden, kann diese Auswertung die Diskussionsgrundlage dafür bilden, ob die identifizierten Daten künftig benötigt werden. Ist dies nicht der Fall, sind die Daten als nicht migrationsrelevant zu kennzeichnen, sodass sie von der Datenübernahme ausgeschlossen werden können.

Aktualität des Altdatenbestandes

Häufig wird man auch mit der Situation konfrontiert, dass identische Stammdaten im Altsystem mehrfach vorhanden sind. Diese sind zwar unter verschiedenen Identifikationsnummern abgespeichert, unterscheiden sich aber inhaltlich nicht oder nur unwesentlich voneinander. Auch hier könnte eine Auswertung Aufschluss darüber geben, ob eine solche Problematik vorliegt oder nicht. Ist dies der Fall, sind die redundant vorliegenden Informationen ebenfalls als solche zu kennzeichnen, damit sie von der Datenmigration ausgeschlossen werden können.

Redundante Altdaten

Etwas problematischer gestaltet sich die Situation, wenn die redundanten Stammdaten Bewegungen aufweisen. Unter diesen Rahmenbedingungen müssen im Alt- oder in einem ausgelagerten Hilfssystem (zum Beispiel Microsoft Excel) erst entsprechende Umbuchungen durchgeführt werden, bevor man die mehrfach vorhandenen Stammsätze eliminieren kann. Anderenfalls würde die Migration der Bewegungsdaten zu Fehlern führen, da für die Bewegungen keine korrespondierenden Stammdaten im Nachfolgesystem vorhanden wären.

Gruppierung von
Stammdaten

Unabhängig von den bereits erwähnten Themenkreisen sollten sich die zuständigen Fachabteilungen immer die Frage stellen, ob die aktuell operativ genutzten Stammdaten in derselben Art und Weise auch weiterhin im neuen System Bestand haben sollen oder ob gegebenenfalls im Folgesystem mit der Historie gebrochen werden sollte. Ein klassisches Beispiel sind Kontenpläne, die historisch gewachsen sind und mittlerweile aus einer kaum überschaubaren Anzahl von Einzelkonten bestehen. Hier muss folgende Frage erlaubt sein: Werden tatsächlich alle Stammdaten benötigt, oder wäre es unter Informations- und Steuerungsaspekten nicht zweckdienlicher, Stammdaten zusammenzulegen, um sie wieder auf ein überschaubares Maß zurückzuführen? Entscheidet man sich für einen derartigen Schritt, sind Umbuchungen unumgänglich.

Nullwerte

▶ **Bewegungsdaten**
Zuweilen ist festzustellen, dass in Altsystemen Bewegungen vorhanden sind, die vom SAP-System nicht als solche identifiziert werden können. Es handelt sich hierbei um Buchungen mit dem Wert Null. Um Probleme bei der späteren Datenmigration erst gar nicht entstehen zu lassen, erscheint es zweckmäßig, den Altdatenbestand auf derartige Situationen hin zu untersuchen und solche Positionen gegebenenfalls zu eliminieren.

Positionen
saldieren

Wie ist mit Bewegungen zu verfahren, die demselben Stammdatensatz zugeordnet werden können, sich jedoch bei einer Addition zu null saldieren? Gibt es für diesen Umstand gegebenenfalls einen Rechtfertigungsgrund für den getrennten Ausweis dieser Positionen, oder hat man bislang nur versäumt, einen entsprechenden Ausgleich im Altsystem vorzunehmen? Zur Klärung dieser Frage können ebenfalls Auswertungen im Altsystem herangezogen werden. Legen diese Auswertungen eine Saldierung der Positionen nahe, können diese direkt im Altsystem oder in einem Hilfssystem vorgenommen werden, was unmittelbare Auswirkungen auf das Datenvolumen zur Folge hat.

1.2.3 Maßnahmen zur Reduktion des Datenvolumens

Die Frage, wie detailliert die Historie des Altsystems im Nachfolgesystem abgebildet werden soll, bestimmt das Datenvolumen in einem erheblichen Ausmaß. Selbst wenn man sich für eine Migration der Einzelposten entscheidet, können im Altsystem Maßnahmen zum Abbau dieser Positionen durchgeführt werden:

▶ Prozesse, die abgeschlossen werden können, sollten auch tatsächlich abgeschlossen werden. Dieser Status qualifiziert sie unter Umständen zum Ausschluss von der Datenmigration.

Prozesse abschließen

▶ Wenn die wirtschaftliche Situation und die Unternehmenspolitik es zulassen, ist zu prüfen, ob beispielsweise Lieferantenrechnungen vor Fälligkeit bzw. vor dem Zeitpunkt der Datenübernahme unter Ausnutzung von Skonto bezahlt werden sollen. Dies reduziert nicht nur das zu migrierende Datenvolumen, wenn man unterstellt, dass ausgeglichene Posten nicht übernahmerelevant sind, sondern trägt darüber hinaus auch zur Senkung der Kreditzinsen bei.

Zahlung vor Fälligkeit

▶ Einen weiteren Ansatzpunkt können die zu gewährenden Gutschriften bieten, deren Volumen Sie durch entsprechendes Zahlungsverhalten auf ein Minimum reduzieren können.

1.2.4 Vorbereitende Maßnahmen zur Extraktion der Altdaten

Solange die Fachabteilungen bzw. die mit der Extraktion der Altdaten betrauten Personengruppen die Prozessabläufe des SAP-Systems nicht ausreichend kennen, ist es nicht sinnvoll, von ihnen bereits in dieser Projektphase einen ersten Datenextrakt zum Testen der Altdatenübernahme zu verlangen. Dennoch sollte bereits zu Beginn des Projekts geprüft werden, ob das Altsystem generell in der Lage ist, alle in Stamm- und Bewegungsdaten vorgehaltenen Informationen in eine oder mehrere Dateien auszulesen. Besonders interessant erscheint in diesem Zusammenhang die Frage, ob das Altsystem für einen solchen Datenextrakt Standardfunktionalitäten bereitstellt, oder ob hierfür gegebenenfalls eigener Programmieraufwand erforderlich wird. Trifft Letzteres zu, ist zu klären, ob für derartige Aktivitäten Know-how im eigenen Unternehmen vorhanden ist, oder ob auf eine externe Beratungsleistung, die rechtzeitig einzuplanen ist, zurückgegriffen werden muss.

Wie können Daten extrahiert werden?

Allerdings gibt es auch Situationen, in denen ein Auslesen der Daten aus dem Altsystem schlicht und ergreifend nicht möglich ist. Bei einer solchen Ausgangslage bleibt letztlich nichts anderes übrig, als die Altdaten von den Anwendern manuell erfassen zu lassen – entweder im SAP-System oder in einer lokalen Datei, die anschließend migriert wird.

1.2.5 Exkurs: Buchhalterische Vorüberlegungen im SAP-System

Möchten Sie Bewegungsdaten übernehmen, kommen Sie unmittelbar mit buchhalterischen Fragestellungen in Berührung, die bereits im Vorfeld der Datenübernahme gelöst sein wollen. Wir sind bemüht, diese doch etwas trockene und bisweilen abschreckende Thematik – soweit sie die Datenübernahme betrifft – leicht verständlich darzustellen. Die hier gewonnenen Erkenntnisse tragen zum besseren Verständnis der Kapitel 3, »Batch-Input«, und 4, »Extended Computer Aided Test Tool (eCATT)«, bei, die sich gleichermaßen mit der Migration von Bewegungsdaten beschäftigen. Die zentrale Frage in diesem Zusammenhang lautet: *Wie* sollen die Bewegungsdaten, zum Beispiel die kreditorischen offenen Posten, in das SAP-System übernommen werden?

Übernahmekonto
Es ist unstrittig, dass die Bruttobeträge aus Rechnungen und Gutschriften auf den betreffenden Kreditorenkonten im Haben bzw. Soll ausgewiesen werden müssen. Wie verhält es sich aber mit der zugehörigen Gegenbuchung? Hier bietet es sich an, ein *Übernahmekonto*, das nur für die Übernahme der offenen Posten genutzt wird und sämtliche Gegenbuchungen aus der Datenmigration aufnimmt, im Hauptbuch einzurichten. Um den Sonderstatus dieses Kontos zu dokumentieren, wird in der Regel eine Kontonummer »9xxxxx« verwendet. Ein Beispiel soll diesen Sachverhalt verdeutlichen:

Beispiel 1
Kreditor 1 verfügt über zwei offene Rechnungen (R) über 100 EUR und 200 EUR sowie eine Gutschrift (G) in Höhe von 50 EUR. Bei Kreditor 2 hingegen steht noch eine Rechnung über 150 EUR zur Bezahlung aus.

Buchhalterisch ergibt sich auf den Kreditorenkonten nachfolgendes Bild:

Kreditor 1		Kreditor 2	
Soll	**Haben**	**Soll**	**Haben**
G 50	R 100	Saldo 150	R 150
Saldo 250	R 200		

Auf dem Übernahmekonto zeigt sich die Situation wie folgt:

Übernahmekonto	
Soll	**Haben**
R 100	G 50
R 200	**Saldo 400**
R 150	

Aus diesem einfachen Beispiel geht bereits hervor, dass das Übernahmekonto als Saldo genau die Summe der Salden der zu übernehmenden Kreditorenkonten ausweist. Das heißt, dass sich das Übernahmekonto ideal für eine erste Summenabstimmung zwischen Altsystem und SAP-System eignet. Sind die Summen in beiden Systemen deckungsgleich, können einzelne Kreditorenkonten exemplarisch auf ihre Richtigkeit hin überprüft werden.

Das Übernahmekonto ist in der Regel keiner Bilanzposition zugeordnet, sodass es als nicht zugeordnetes Konto unterhalb des Bilanzstrichs ausgewiesen wird. Wenn Sie die Datenmigration zu Beginn eines Geschäftsjahres durchführen und ausschließlich ein Übernahmekonto verwenden, das sowohl die kreditorischen als auch die debitorischen offenen Posten sowie das Zahlenwerk der restlichen Bestandskonten führt, saldiert sich dieses Konto – eine fehlerfreie Datenmigration vorausgesetzt – zu null. In diesem Fall kann das Übernahmekonto als ein Konto betrachtet werden, das alle zu übernehmenden Buchungen sämtlicher Konten spiegelbildlich ausweist. Es können somit Parallelen zu einem *Eröffnungsbilanzkonto* festgestellt werden, das spiegelbildlich zur *Eröffnungsbilanz* alle Anfangsbestände zeigt und sich somit ebenfalls zu null saldiert. Im Gegensatz zu einem Eröffnungsbilanzkonto, das stets nur Anfangsbestände, das heißt einen Saldo pro Konto, beinhaltet, kann das Übernahmekonto diese Salden aber auch erklären, da es die zugehörigen Einzelposten führt.

Eigenschaften des Übernahmekontos

Abstimmkonten

Was versteht man jedoch in diesem Zusammenhang unter der Übernahme der restlichen Bestandskonten? Dies sind alle in der Bilanz ausgewiesenen Konten, sofern sie keine *Abstimmkonten* darstellen. Unter einem Abstimmkonto ist hier ein Sachkonto zu verstehen, auf dem die Bewegungen der *Nebenbuchhaltung*, beispielsweise der Kreditoren- oder Debitorenbuchhaltung, mitgeführt werden. Diese Abstimmkonten können selbst nicht bebucht werden und empfangen alle Werte automatisch und unmittelbar, sobald eine entsprechende Buchung im Nebenbuch erzeugt wird. In der Regel verweisen mehrere Konten der Nebenbuchhaltung, zum Beispiel mehrere Kreditorenkonten, auf ein gemeinsames Abstimmkonto. Damit wird der Ausweis der Nebenbuchhaltung in der Hauptbuchhaltung unter bilanziellen Gesichtspunkten erreicht. Da bei der Migration der kreditorischen und debitorischen offenen Posten die zugehörigen Kreditoren und Debitoren direkt bebucht werden – die Buchung also im Nebenbuch stattfindet –, ist aufgrund der Integration zwischen Haupt- und Nebenbuch keine weitere Buchung auf dem Abstimmkonto erforderlich, sodass die Abstimmkonten von der Datenmigration ausgeschlossen werden können.

Anlagen-übernahme

Anders verhält es sich, wenn *Anlagewerte* zu übernehmen sind. Hier ist die Integration zwischen Haupt- und Anlagennebenbuch für die Dauer der Altdatenübernahme nicht gegeben, sodass nach der Datenübernahme die Abstimmkonten der Anlagenwirtschaft manuell zu bebuchen sind. Da das direkte Bebuchen von Abstimmkonten über das Anwendungsmenü der Finanzbuchhaltung jedoch nicht unterstützt wird, finden Sie die entsprechende Funktionalität im Customizing der Anlagenwirtschaft. Zu den Besonderheiten, die im Zusammenhang mit der Übernahme von Anlagenwerten stehen, wird in Kapitel 10, »Anlagenübernahme mit Microsoft Excel«, ausführlich Stellung bezogen.

Übernahme von Erfolgskonten

Analog zur Übernahme der Bestandskonten muss die Übernahme der *Erfolgskonten* geklärt werden. Führen Sie die Datenübernahme zu *Beginn eines Geschäftsjahres* durch, fällt die Entscheidung leicht: Da alle Erfolgskonten zum Geschäftsjahresende ihre Salden auf das *Ergebnisvortragskonto* übertragen, das im Customizing der Finanzbuchhaltung hinterlegt ist, weisen sie zu Anfang des neuen Geschäftsjahres einen Saldo von null aus. Dies bedeutet wiederum, dass diese Konten keine Bewegungen im laufenden Jahr enthalten und dem-

nach von der Datenmigration ausgeschlossen werden können. Führen Sie die Datenübernahme allerdings *unterjährig* durch, können
sehr wohl Bewegungen auf den Erfolgskonten stattgefunden haben,
die dann übernommen werden müssen. In einer solchen Situation ist
zu beachten, dass die Erfolgskonten ihre Salden noch nicht an das
Ergebnisvortragskonto abgegeben haben, das in der Bilanz ausgewiesen wird. Das heißt, dass die Gleichheit von Aktiva und Passiva noch
nicht unmittelbar gegeben ist, sondern erst unter Berücksichtigung
bzw. Addition des Erfolges, der sich zurzeit noch auf den Erfolgskonten befindet. Dies bedeutet wiederum, dass das Übernahmekonto
nach der Migration der Bestandskonten einen Saldo ausweist, der
exakt der Höhe des Erfolges entspricht. Ein Beispiel kann hier erneut
zur Aufklärung beitragen.

Das Anlagevermögen (AV) weist einen Saldo in Höhe von 1.000   **Beispiel 2**
TEUR und das Umlaufvermögen (UV) einen Saldo in Höhe von 500
TEUR aus. Des Weiteren beträgt der Anfangsbestand des Eigenkapitals (EK) 500 TEUR, wobei sich zwischenzeitlich auf den Erfolgskonten ebenfalls ein positiver Erfolg (ERTR) in Höhe von 500 TEUR
eingestellt hat, der sich allerdings noch nicht auf dem Ergebnisvortragskonto niederschlägt, das heißt noch nicht bilanziell dem EK
zugeordnet ist. Unter Berücksichtigung der aktuell bestehenden Verbindlichkeiten (VERB) in Höhe von 500 TEUR ergibt sich nachfolgende Aufstellung:

Bilanz	
Aktiva	**Passiva**
AV 1.000	EK 500
UV 500	VERB 500

GuV-Rechnung	
Soll	**Haben**
	ERTR 500

Hierbei ist zu beachten, dass sich beispielsweise der Wert der Verbindlichkeiten (der unter anderem auch die kreditorischen offenen
Posten beinhaltet, repräsentiert durch das kreditorische Abstimmkonto) aus einer Vielzahl von Sachkonten und Einzelposten zusam-

mensetzt. All diese Einzelposten würden, wie zuvor beschrieben, zu einer entsprechenden Gegenbuchung auf dem Übernahmekonto führen. Um das Beispiel jedoch übersichtlich zu gestalten, wurde bewusst auf eine Aufgliederung des AV, UV, EK und der VERB nach Sachkonten und Einzelposten verzichtet, sodass sich der Sachverhalt in einer einfachen Bilanz darstellen lässt. Gleiches gilt für den Ausweis des Erfolges in der Gewinn- und Verlustrechnung.

Unter diesen vereinfachenden Annahmen zeigt sich die Situation auf dem Übernahmekonto nach der Übernahme der Bestandskonten (inklusive der Nebenbücher) wie folgt:

Übernahmekonto	
Soll	**Haben**
EK 500	AV 1.000
VERB 500	UV 500
Saldo 500	

Der Saldo, den das Übernahmekonto nach der Migration der Bestandskonten ausweist, entspricht demnach exakt der Höhe des Erfolges – im Beispiel der Höhe des Ertrages –, den es zu migrieren gilt. Sind auch die Erträge in das SAP-System übernommen, ergibt sich für das Übernahmekonto folgende Situation:

Übernahmekonto	
Soll	**Haben**
EK 500	AV 1.000
VERB 500	UV 500
ERTR 500	

Resümee:
Saldo des
Übernahmekontos
stets null
Zusammenfassend kann somit festgehalten werden: Nach einer erfolgreich durchgeführten Datenübernahme muss das Übernahmekonto immer einen Saldo von null ausweisen, unabhängig davon, ob die Datenübernahme zu Beginn eines Geschäftsjahres oder unterjährig durchgeführt wurde. Erfolgt die Datenübernahme zu Beginn eines Geschäftsjahres, enthält das Übernahmekonto keine Erfolgskomponenten und zeigt demnach nur die Bewegungen der Nebenbücher und der restlichen Bestandskonten. Wird die Datenübernahme

hingegen unterjährig durchgeführt, kann das Übernahmekonto sehr wohl Erfolgsbestandteile ausweisen. Des Weiteren wurde deutlich, dass das Übernahmekonto stets alle zu übernehmenden Bewegungen spiegelbildlich zu den Buchungen auf den Sachkonten oder den Buchungen in den Nebenbüchern darstellt.

Alternativ ist auch das Arbeiten mit mehreren Übernahmekonten denkbar. Sie können beispielsweise ein Übernahmekonto für Kreditoren, ein anderes für Debitoren sowie jeweils ein weiteres für die Anlagen und die (restlichen) Bilanz- und Erfolgskonten anlegen. Bei dieser Konstellation müssen sich bei einer fehlerfreien Datenmigration die Salden der Übernahmekonten zu null addieren. Es gibt keine generelle Empfehlung hinsichtlich der Anzahl von Übernahmekonten. Diese hängt weitgehend von den Präferenzen der jeweiligen Entscheidungsträger ab. Allerdings ist aus Gründen der Überprüfbarkeit der Datenmigration davon abzuraten, möglichst viele Übernahmekonten zu definieren, um eventuell auftretende Fehler leichter lokalisieren zu können. Sie erzielen das gleiche Ergebnis, wenn Sie mit nur einem Übernahmekonto arbeiten, dafür aber – je nach Sachverhalt – unterschiedliche *Belegarten* verwenden, nach denen Sie dann auf dem Übernahmekonto selektieren können.

Ein oder mehrere Übernahmekonten

Ist das Teilgebiet *Übernahmekonto* geklärt, kann man sich dem nächsten Themenkreis zuwenden, der unmittelbar mit der Migration von Buchhaltungsbelegen einhergeht: dem *Buchungsschlüssel* (BS). Hierunter wird ein zweistelliger numerischer Schlüssel verstanden, der die Erfassung von Belegpositionen steuert. Der Buchungsschlüssel legt unter anderem die Kontoart fest, das heißt, ob es sich um eine kreditorische, eine debitorische oder eine Sachkontenbuchung bzw. eine Buchung aus der Anlagenwirtschaft handelt. Des Weiteren bestimmt er, ob das angegebene Konto im Soll oder im Haben bebucht werden soll. Buchungsschlüssel finden immer dann Verwendung, wenn Sie die Belege, beispielsweise die kreditorischen offenen Posten, mit den klassischen SAP-Transaktionen zur Belegerfassung – insbesondere der Transaktion FB01 – einbuchen möchten.

Buchungsschlüssel

Bezug nehmend auf Beispiel 1 besteht ein Datenübernahmebeleg im Allgemeinen aus zwei Positionen: Neben den Kreditorenkonten (Kreditor 1, Kreditor 2) sind Sachkonten (Übernahmekonto) involviert. Sachkontenbuchungen im Soll haben den Buchungsschlüssel 40,

Bezug zu Beispiel 1

Sachkontenbuchungen im Haben sind mit dem Buchungsschlüssel 50 zu versehen. Bei Kreditorenkonten können Sie zwischen Soll- und Haben-Buchungen stärker differenzieren, das heißt, dass Sie zwischen verschiedenen Soll- und Haben-Buchungsschlüsseln auswählen können. Wir empfehlen, mit den SAP-Standardbuchungsschlüsseln für Kreditorenrechnungen (31) und Kreditorengutschriften (21) zu arbeiten, sodass sich Folgendes festhalten lässt:

Buchungsschlüssel für Kreditoren

Kreditorenrechnung		
BS 40	Übernahmekonto	100
BS 31	Kreditor 1	100 (–)
Kreditorengutschrift		
BS 21	Kreditor 1	50
BS 50	Übernahmekonto	50 (–)

Hierbei versieht das SAP-System jede Haben-Buchung, unabhängig von der Kontoart, mit einem Minuszeichen, sodass sich die Belegpositionen bei einer fehlerfreien Eingabe immer zu null saldieren. Das heißt, dass der Buchungsschlüssel steuert, ob die Eingabe eines Betrags als Positiv- oder Negativbetrag zu interpretieren ist.

Abschließend weisen wir darauf hin, dass debitorische offene Posten und Sachkontenbuchungen analog zu übernehmen sind:

Buchungsschlüssel für Debitoren und Sachkonten

Debitorenrechnung		
BS 01	Debitor 1	100
BS 50	Übernahmekonto	100 (–)
Debitorengutschrift		
BS 40	Übernahmekonto	50
BS 11	Debitor 1	50 (–)
Sachkontenbuchung im Haben		
BS 40	Übernahmekonto	200
BS 50	Sachkonto	200 (–)
Sachkontenbuchung im Soll		
BS 40	Sachkonto	100
BS 50	Übernahmekonto	100 (–)

1.3   Prozess der Datenmigration aus Projektsicht

Sind die in Abschnitt 1.2 diskutierten Vorüberlegungen abgeschlossen, kann nun schrittweise damit begonnen werden, die eigentliche Datenübernahme einzuleiten.

1.3.1   Grundlegendes Customizing

Der Vollständigkeit halber sei angemerkt, dass das Customizing im SAP-System so weit fortgeschritten sein sollte, dass grundlegende Prozesse, die der Datenübernahme folgen, am System vorgeführt werden können. So ist es zum Beispiel nicht sinnvoll, offene Posten zu übernehmen, wenn im Customizing noch keine Zahlungsbedingungen definiert sind, aus denen sich die Fälligkeit der offenen Posten ableiten lässt. Ein Folgeprozess wäre in diesem Beispiel der Zahllauf, der ohne genaue Fälligkeiten nicht zum gewünschten Ergebnis führen würde.

1.3.2   Systempräsentationen in SAP

Bevor die involvierten Fachabteilungen in der Lage sind, Dateien mit Daten aus dem Altsystem zur Verfügung zu stellen, müssen sie die Prozessabläufe des SAP-Systems sowohl kennen als auch verstehen. Geeignete Methoden zur Vermittlung dieses Systemverständnisses sind theoretische Ausführungen über SAP-Strukturen, über ihre gegenseitigen Abhängigkeiten und den Datenfluss, der in einem integrierten System maßgeblich durch diese Strukturen bestimmt wird. Mit diesem theoretischen Hintergrundwissen können anschließende SAP-Systempräsentationen leichter verstanden und eingeordnet werden. Sie sollten jedoch bei all diesen Präsentationen immer darauf achten, dass sich die Adressaten im vorgestellten Themenkreis wiederfinden, damit sie ihre Fragen zielgerichtet stellen können.

Theorie und Systempräsentationen

Im Idealfall können die teilnehmenden Fachabteilungen bereits nach dieser ersten Gesprächsrunde grob festlegen, welche Daten aus dem Altsystem zu extrahieren sind, um die gewünschten Ergebnisse im SAP-System zu erzielen.

1.3.3 Business Reengineering

Paradigmen-
wechsel

Ungleich schwieriger gestaltet sich die Situation, wenn das SAP-System und das abzulösende Altsystem auf einer unterschiedlichen Logik basieren, sodass die Daten des Altsystems nicht unmittelbar in das SAP-System übernommen werden können. Bei einer solchen Konstellation müssen die Daten vor der Übernahme entsprechend aufbereitet werden, damit sie vom SAP-System verarbeitet werden können. Dieser Vorgang sollte nicht unterschätzt werden, weil er sich als sehr zeitintensiv erweisen kann. Das SAP-System benötigt beispielsweise häufig zur Abbildung von Geschäftsprozessen zwingende Informationen – sogenannte *Mussfelder* –, die in dieser Form im Altsystem jedoch nicht vorhanden sein müssen. Umgekehrt ist vorstellbar, dass das Altsystem – bedingt durch seine Logik – Informationen in Datensätzen vorhält, auf die in dieser Form im SAP-System aufgrund unterschiedlicher Organisationsstrukturmöglichkeiten verzichtet werden kann.

Organisation folgt
Software

Unter diesen Rahmenbedingungen ist das in Abschnitt 1.3.2, »Systempräsentationen in SAP«, beschriebene Systemverständnis besonders wichtig, weil die zuständigen Fachabteilungen darauf aufbauend ihre Geschäftsprozesse umstrukturieren bzw. neu gestalten müssen. Die Organisations- und Datenstrukturen folgen hier den Erfordernissen der neuen Software. Da dieses *Business Reengineering* sehr komplexe Dimensionen annehmen kann, wird unter Umständen nochmals die Frage zu diskutieren sein, inwieweit man die Historie des Altsystems im Folgesystem abbilden möchte (siehe Abschnitt 1.2.1, »Definition des zu migrierenden Datenbestandes«).

1.3.4 Simulation der Datenübernahme

Nachdem die ersten SAP-Systempräsentationen durchgeführt worden sind und die Fachabteilungen die Logik des SAP-Systems verstanden haben, kann nun der Fokus verstärkt auf jene Aktivitäten gerichtet werden, die in direktem Zusammenhang mit der Datenübernahme stehen:

- ▶ Identifizieren Sie die SAP-Transaktionen, mit denen Sie die Altdaten in das SAP-System übernehmen möchten.

- ▶ Spielen Sie die identifizierten Transaktionen im SAP-System manuell mit Testdaten aus dem Altsystem durch, und beachten Sie hierbei, welche Felder zwingend eine Eingabe erfordern. Möglicherweise existieren Mussfelder, denen keine Datenfelder im Altsystem entsprechen.

Sind die SAP-Transaktionen und ihre zu pflegenden Felder bekannt, kann mit dem sogenannten *Mapping* fortgefahren werden.

1.3.5 Feldabgleich (Mapping)

Selten werden die Feldbezeichnungen des Altsystems mit den korrespondierenden Begrifflichkeiten des SAP-Systems übereinstimmen. Treffen hier unterschiedliche Namenskonventionen aufeinander, müssen die jeweiligen Bezeichnungen – zunächst theoretisch auf einem Stück Papier – festgehalten und entsprechend zugeordnet werden. Diese Vorgehensweise wird in der Regel als *Mapping* bezeichnet.

Mapping

Im einfachsten Fall liegen identische Feldbezeichnungen vor, sodass Folgendes gilt:

1:1-Zuordnungen

Feldbezeichnung (Altsystem) = Feldbezeichnung (SAP-System)

Unterscheiden sich die Felder lediglich in der Terminologie, jedoch nicht inhaltlich, behält diese Beziehung weiterhin Gültigkeit.

Treffen allerdings zwei verschiedene Konzeptionen aufeinander, müssen die Felder des Altsystems, die das SAP-System in dieser Form nicht kennt, zunächst transformiert und anschließend dem jeweiligen SAP-Feld zugewiesen werden. Das abzulösende Altsystem muss zum Beispiel nicht notwendigerweise mit dem Konstrukt des Buchungsschlüssels arbeiten (einem Steuerungsparameter der Finanzbuchhaltung, der unter anderem die Kontoart festlegt und der bestimmt, ob es sich um eine Soll- oder eine Haben-Buchung handelt). Ebenso ist es möglich, dass das Altsystem die Buchungen nach einer anderen Logik klassifiziert. In einem solchen Szenario müssen also die einzelnen Felder des Altsystems, die steuern, ob die Buchungen auf den jeweiligen Konten im Soll oder im Haben ausgewiesen werden, der SAP-Philosophie folgend, in entsprechende Buchungsschlüssel transformiert werden.

Transformationen

Im Allgemeinen lässt sich somit Folgendes festhalten:

Feldbezeichnung(en) (Altsystem) → Transformation → Feldbezeichnung(en) (SAP-System)

Beispiel   Greifen wir nochmals das Beispiel mit den Buchungsschlüsseln auf. Unterstellen wir, dass das Altsystem Rechnungen generell mit »R« und Gutschriften mit »G« kennzeichnet, ist nachfolgender Transformationsprozess durchzuführen:

	Kennzeichen im Altsystem	Buchungsschlüssel im SAP-System
Kreditorische Rechnungen und Gutschriften	R	31
	G	21
Debitorische Rechnungen und Gutschriften	R	01
	G	11

Mussfelder   Ist ein Feld im SAP-System, zu dem es im Altsystem kein entsprechendes Äquivalent gibt, zwingend erforderlich (*Mussfeld*), müssen die bestehenden Strukturen des Altsystems – zum Beispiel in einem Hilfssystem wie Microsoft Excel – überarbeitet und den Erfordernissen der neuen Systemlandschaft angepasst werden (siehe Abschnitt 1.3.3, »Business Reengineering«). Alternativ kann man sich auch überlegen, ob dieses Feld – lediglich für die Datenübernahme – mit einer Konstanten versehen werden kann oder ob man das Feld per Customizing als *Kannfeld* qualifiziert.

Am Ende dieses Arbeitsschrittes muss jedem SAP-Feld, das für die Datenmigration benötigt wird, ein entsprechendes Feld aus dem Altsystem zugewiesen sein, sei es durch eine unmittelbare Zuordnung oder durch einen Transformationsprozess.

1.3.6   Datenextraktion aus dem Altsystem

Textdateien   Nachdem die Felder des Altsystems den entsprechenden SAP-Feldern zunächst theoretisch gegenübergestellt worden sind (siehe Abschnitt 1.3.5, »Feldabgleich (Mapping)«), kann nun in einem nächsten Schritt damit begonnen werden, sämtliche Felder (inklusive Feldinhalte), die zur Abbildung der Geschäftsprozesse im SAP-System benötigt werden, aus dem Altsystem zu extrahieren.

Sie sollten beim Auslesen der Daten aus dem Altsystem immer darauf achten, dass die Daten in einer oder mehreren Textdateien bereitgestellt werden, was die manuelle Nachbearbeitung der Daten mit einem Tabellenkalkulationsprogramm (siehe nachfolgenden Abschnitt) wesentlich erleichtert.

1.3.7 Manuelle Nachbearbeitung der extrahierten Daten

In den wenigsten Fällen wird der Feldabgleich zwischen Altsystem und SAP-System ein Ergebnis liefern, das eine manuelle Nachbearbeitung der extrahierten Daten überflüssig macht. Häufig werden die Datensätze aufgrund einer geänderten Systemlandschaft oder eines Business Reengineerings entsprechend anzupassen oder zu transformieren sein, um vom SAP-System verarbeitet werden zu können.

Das Ziel dieser manuellen Datennachbearbeitung sollte eine Datei sein, die vom SAP-System ohne weitere Transformationen und Anpassungen »verstanden« werden kann. Sie ist somit das Resultat des zuvor durchgeführten Mappings. In diesem Kontext ist auch die Eliminierung von nicht mehr benötigten Informationen zu sehen (siehe Abschnitt 1.2.2, »Identifikation sogenannter Karteileichen«).

Gängige Tabellenkalkulationsprogramme, wie zum Beispiel Microsoft Excel, unterstützen Sie bei dieser Zielsetzung durch diverse Berechnungs-, Filter- und Ersetzungsfunktionalitäten. Liegt der Fokus auf *Programmiervermeidung*, sollte diesem Arbeitsschritt innerhalb der Prozesskette entsprechend große Bedeutung beigemessen werden. Da es, wie bereits mehrfach betont, unser Anliegen ist, Datenmigrationen möglichst ohne eigene Programmierung durchzuführen, zeigen wir in Kapitel 8, »Techniken zur Vermeidung von Programmierung«, Möglichkeiten auf, wie Sie Ihren Datenbestand im Vorfeld aufbereiten können, um bei der anschließenden Datenübernahme auf zeitaufwendige Programmierung verzichten zu können.

Mittels Tabellenkalkulationsprogrammen

1.3.8 Auswahl einer Datenmigrationstechnik

Bei der Auswahl der Migrationstechniken geht es insbesondere um die Klärung der Frage, welche Bedeutung der Datensicherheit und der Geschwindigkeit beizumessen ist, mit der die Daten in das SAP-System übernommen werden sollen. Man muss sich dabei stets im Klaren darüber sein, dass Schnelligkeit immer zu Lasten der Datensicherheit geht und dass beide Ziele selten zugleich erreicht werden können.

Sicherheit vs. Geschwindigkeit

Wir werden Ihnen, nachdem die einzelnen Methoden der Datenübernahme vorgestellt worden sind, in Kapitel 9 im Rahmen einer Beurteilung der Datenmigrationstechniken Vorschläge unterbreiten, welches Verfahren in welcher Situation zweckmäßig erscheint. Eine ähnliche Beurteilung finden Sie auch in Kapitel 10, »Anlagenübernahme mit Microsoft Excel«, das sich mit der Migration von Anlagenwerten beschäftigt.

1.3.9   Upload der Daten in das SAP-System

Upload gemäß Migrationstechnik

Der Upload der Daten in das SAP-System ist ein rein technischer Vorgang, der in Abhängigkeit vom ausgewählten Migrationsverfahren (siehe Abschnitt 1.3.8, »Auswahl einer Datenmigrationstechnik«) durchzuführen ist. Welche Vorbereitungen hierzu im SAP-System im Einzelnen zu treffen sind, erfahren Sie in den Kapiteln 3 bis 7.

Problemanalyse

Probleme, die beim Upload der Daten auftreten können, stehen meist in direktem Zusammenhang mit einer unzureichenden bzw. fehlerhaften Datenbasis oder deuten auf Lücken im Customizing hin, das der tatsächlich existierenden Datenvielfalt nicht gerecht wird (siehe Abschnitt 1.3.7, »Manuelle Nachbearbeitung der extrahierten Daten«). Sollte es während des Uploads zu einem Programmabbruch kommen, muss die Datenbasis nochmals eingehend analysiert und gegebenenfalls angepasst werden, sodass der Upload der Daten wiederholt werden kann. Bereits durchgeführte Änderungen auf der Datenbank sind vorher entsprechend zurückzunehmen, um das Ergebnis der Datenmigration nicht zu verfälschen. Dies ist ein Grund mehr, sich im Vorfeld dezidiert mit Abschnitt 1.3.7 auseinanderzusetzen.

> **Hinweis: Was tun, falls Löschen der Daten nicht mehr möglich ist?**
> Nicht in allen Anwendungsbereichen steht im SAP-System eine Funktion zur Verfügung, mit deren Hilfe Daten gezielt gelöscht werden können. In diesen Fällen muss vor der Datenübernahme eine Datensicherung durchgeführt und diese nach einer möglicherweise fehlgeschlagenen Datenmigration zurückgeladen werden.

Abhängigkeiten und Reihenfolge

Der Vollständigkeit halber weisen wir darauf hin, dass Abhängigkeiten bei der Datenübernahme zu beachten sind. Diese Abhängigkeiten erzwingen die Einhaltung bestimmter Reihenfolgen, wie zum Beispiel der folgenden:

► Stammdaten vor Bewegungsdaten

► Hauptbuch vor Nebenbuch (zum Beispiel Abstimmkonto vor Kreditor)

▸ Bestellungen vor Wareneingangsbuchungen

▸ Materialstammdaten vor Materialstücklisten

1.3.10 Testen der Geschäftsprozesse im SAP-System

Nachdem Sie Ihren Datenbestand – ohne Programmabbrüche – in das SAP-System übernommen haben, ist zunächst die quantitative Vollständigkeit der migrierten Daten zu überprüfen. Handelt es sich um Bewegungsdaten, kann man für eine erste Näherung einen Summenvergleich zwischen den zur Verfügung gestellten Daten in der Upload-Datei und den Ergebnissen im SAP-System anstellen. Treten hier keine Abweichungen auf, können anschließend exemplarisch einige Datensätze darauf hin analysiert werden, ob auch alle Felder im SAP-System so gefüllt wurden, wie man es theoretisch aufgrund des Mappings (siehe Abschnitt 1.3.5, »Feldabgleich (Mapping)«) erwartet hätte. Sollte es jedoch zu Differenzen zwischen tatsächlichem und erwartetem Ergebnis kommen, ist es ratsam, die Differenz im SAP-System durch zweckmäßige Abgrenzungen zu lokalisieren, um zu erkennen, ob der Grund für die Differenzen in einer unzureichenden Datenbasis liegt oder ob es sich vielmehr um einen systematischen Fehler handelt, der in Zusammenhang mit dem verwendeten Migrationsverfahren steht. Je nach Ergebnis muss die Datenbasis und/oder das gewählte Verfahren zur Datenübernahme nochmals analysiert und gegebenenfalls geändert werden.

Quantitative Vollständigkeit

Eine Prüfung der Daten auf quantitative Vollständigkeit hin allein ist jedoch nicht ausreichend. Zusätzlich muss sichergestellt werden, dass die Daten alle Informationen beinhalten, die zur Abbildung der nachfolgenden Geschäftsprozesse im SAP-System benötigt werden. Um dies zu überprüfen, müssen die übernommenen Daten im SAP-System weiterverarbeitet werden, das heißt, dass sie die Datenbasis zum Testen der Geschäftsprozesse bilden. Dies verdeutlicht, dass eine Datenübernahme niemals isoliert betrachtet werden darf, sondern immer im Zusammenhang mit Systemtests zu sehen ist.

Testen der Geschäftsprozesse

Hält die Datenbasis aufgrund fehlender Informationen diesen Systemtests nicht stand, müssen zusätzliche Felder des Altsystems im SAP-System übernommen werden. Dies führt dazu, dass das in Abschnitt 1.3.5 beschriebene Mapping erneut zu überarbeiten ist. Mit diesen neuen Erkenntnissen müssen anschließend die Daten

Iterativer Prozess

gemäß den Abschnitten 1.3.6, »Datenextraktion aus dem Altsystem«, und 1.3.7, »Manuelle Nachbearbeitung der extrahierten Daten«, erneut extrahiert und nachbearbeitet werden, um sie wieder laden zu können, nachdem der Datenbestand zuvor im SAP-System gelöscht worden ist. Dieser iterative Prozess ist so lange fortzusetzen, bis sich im SAP-System die gewünschten Ergebnisse einstellen.

Einen Überblick über den kompletten Prozess der Datenmigration, wie wir ihn in diesem Kapitel dargestellt haben, finden Sie in Abbildung 1.1.

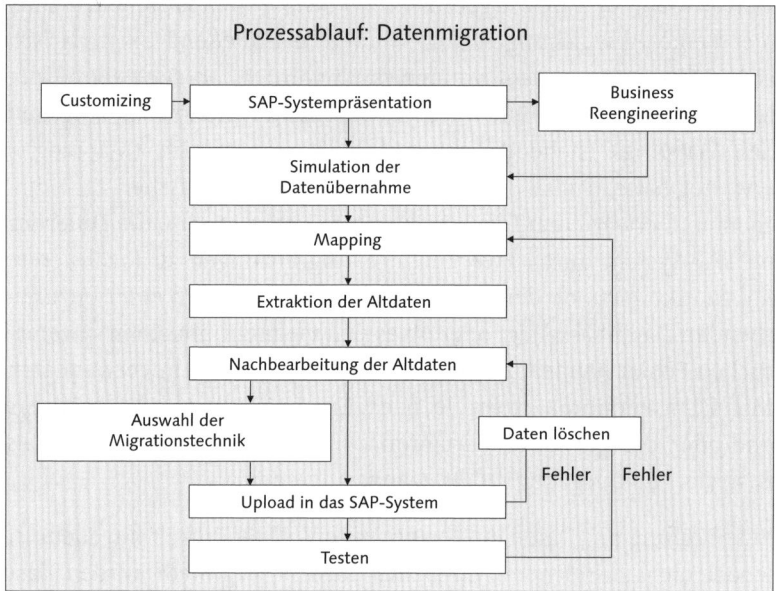

Abbildung 1.1 Datenmigration – Prozessablauf

1.4   Fazit

Wir hoffen, dass wir Ihnen mit diesen Ausführungen verdeutlichen konnten, dass die Technik, mit der die Daten letztlich in das SAP-System zu übernehmen sind, fast schon sekundär ist. Viel wichtiger sind die betriebswirtschaftlichen, die Datenübernahme betreffenden konzeptionellen Vorüberlegungen. Auch wenn die Datenmigration aus technischer Sicht erfolgreich sein mag, ein Indiz für die Datenqualität und die sich aus ihr ergebenden zukünftigen Entscheidungen ist das leider noch nicht. Bei der weiteren Lektüre, die sich generell mit den

Techniken der Datenübernahme beschäftigen wird – denn dies war Ihre eigentliche Motivation für den Erwerb dieses Buches –, dürfen wir also stillschweigend voraussetzen, dass Sie diesem ersten Kapitel bei all Ihren Entscheidungen immer eine hinreichende Bedeutung beimessen und nicht ausschließlich die reine Migrationstechnik in den Vordergrund stellen.

In diesem Kapitel machen wir Sie mit den grundlegenden Begriffen vertraut, die bei der Auseinandersetzung mit dem Thema Datenmigration unabhängig von der gewählten Technik wichtig sind. Darüber hinaus werden die wesentlichen Prozessschritte der Datenmigration aus technischer Sicht dargestellt.

2 Technische Grundlagen der Datenmigration in SAP

Neben der betriebswirtschaftlichen Seite besitzt Datenmigration natürlich auch eine technische Seite. Dieser nähern wir uns nun, indem wir zunächst wichtige Grundbegriffe einführen und anschließend die grobe Struktur des dahinter stehenden Prozesses erläutern.

2.1 Grundlegende Begriffe

Die folgenden Begriffe werden Ihnen im weiteren Verlauf dieses Buches immer wieder begegnen:

▶ **Datenmigration, Migration**
Wenn wir von *Datenmigration* sprechen, meinen wir die Übernahme von betriebswirtschaftlichen Daten (Stamm- und Bewegungsdaten) aus einem beliebigen Anwendungssystem in ein SAP-System. Synonym dazu wird der Begriff *Migration* verwendet. Beachten Sie, dass dieser Begriff auch in anderen Zusammenhängen verwendet wird, zum Beispiel beim Übergang von einer technischen Plattform zu einer anderen. Dies soll hier jedoch nicht thematisiert werden.

Bei der Datenmigration wird mitunter auch von *Datenübernahme* gesprochen.

▶ **Altsystem, Legacy System**
Das Anwendungssystem, das vor der Datenmigration die zu über-

nehmenden Daten beherbergt, bezeichnen wir meist als *Altsystem*. An einigen Stellen verwenden wir auch den englischen Begriff *Legacy System*.

▸ **Altdaten**
Die Daten, die aus einem Altsystem in das SAP-System übernommen werden sollen, nennen wir *Altdaten*.

▸ **Datenobjekt, betriebswirtschaftliches Datenobjekt, Business-Objekt**
Die Datenmigration erfolgt in der Regel nach *Datenobjekten*. Unter einem Datenobjekt verstehen wir eine betriebswirtschaftliche Dateneinheit, wie zum Beispiel einen Kundenstamm, einen Materialstamm, einen FI-Beleg etc. Demzufolge ist mitunter auch von einem *betriebswirtschaftlichen Datenobjekt* oder einem *Business-Objekt* die Rede.

▸ **Datenmigrationsobjekt, Objekt**
Wenn wir von Datenobjekten im Zusammenhang mit Datenmigration sprechen, verwenden wir den Begriff *Datenmigrationsobjekt* oder *Objekt* und meinen damit das Datenobjekt, das über weitere Eigenschaften verfügt, die für die Datenmigration von Bedeutung sind: zum Beispiel die Struktur des Datenobjekts im Altsystem und im SAP-System sowie die Abbildung, die die beiden Strukturen ineinander überführt.

▸ **Datei, Textdatei, tabellenartige Datei, sequenzielle Datei, flache Datei, Flat-File**
Bei den meisten in diesem Buch beschriebenen Datenmigrationstechniken gehen wir davon aus, dass die Altdaten in einer *Datei* oder in mehreren Dateien vorliegen. In der Regel wird es sich dabei um *Textdateien* handeln, also um Dateien, die in mehrere Zeilen unterteilt sind. Bezüglich der Zeilenstruktur unterscheiden wir folgendermaßen: Wenn alle Zeilen denselben Aufbau haben, sprechen wir von einer *tabellenartigen Datei*. In diesem Fall spielt in der Regel die Reihenfolge der Zeilen für die Datenmigration keine Rolle. Haben nicht alle Zeilen denselben Aufbau (zum Beispiel Kopf- und Positionssätze), sprechen wir von einer *sequenziellen Datei* (siehe Abschnitt 5.2.9, »Exkurs: Dateien«). Eine besondere Klasse von sequenziellen Dateien sind *XML-Dateien*. XML-Dateien sind hierarchisch strukturierte Textdateien, bei denen die einzelnen Elemente durch Auszeichner, sogenannte *Tags*, markiert

werden. Die Tags kennzeichnen jeweils Anfang und Ende von Datensätzen und Feldinhalten nach dem (sehr stark vereinfachten) Muster <Datensatz><Nachname>Müller</Nachname><Vorname> Erika</Vorname> … </Datensatz>.

▶ **Frontend, SAP-Applikationsserver**
Dateien können aus Sicht des SAP-Systems prinzipiell an zwei verschiedenen Orten abgelegt werden: entweder auf dem *Frontend* (Präsentationsserver), also dem Arbeitsplatzrechner des Endbenutzers, oder aber auf dem *SAP-Applikationsserver*, also auf dem Rechner, auf dem die Anwendungslogik des SAP-Systems abläuft bzw. auf einem Speichermedium, das sich im Zugriff des SAP-Applikationsservers befindet.

2.2 Prozess der Datenmigration aus technischer Sicht

Unabhängig von dem gewählten Verfahren ergeben sich bei einer Datenmigration typische Arbeitsschritte technischer Natur, die in allen Projekten anfallen. Wir haben die folgenden fünf Schritte als charakteristisch für (fast) alle Datenmigrationsverfahren identifiziert.

2.2.1 Daten exportieren

Zunächst müssen die in das SAP-System zu übernehmenden Daten – die Altdaten – aus dem Altsystem exportiert werden. Dies wird auch als *Extrahieren* oder *Entladen* der Altdaten bezeichnet.

Wird als Datenübernahmewerkzeug SAP BusinessObjects Data Services verwendet, kann dieser Schritt entfallen. Mit SAP BusinessObjects Data Services ist es möglich, sich direkt an das Legacy System anzubinden, um die Altdaten direkt während des Datenübernahmelaufs in Echtzeit aus dem Altsystem auszulesen (siehe Kapitel 6).

Alle anderen in diesem Buch vorgestellten Datenmigrationsverfahren bieten keine Unterstützung für das Exportieren der Altdaten aus Altsystemen. Es ist also zu prüfen, ob das vorliegende Altsystem hierzu Möglichkeiten anbietet. Ist dies nicht der Fall, müssen geeignete Programme im Altsystem geschrieben werden.

Datenextraktion oft Aufgabe des Altsystems

Hierbei müssen Sie festlegen, in welcher Weise Sie die Altdaten ablegen möchten. Insbesondere ist zu entscheiden, ob sämtliche Altdaten in einer Datei zusammengefasst oder auf mehrere kleinere Dateien verteilt werden sollen. Darüber hinaus ist festzulegen, ob Sie die Altdaten in tabellenartige Dateien oder sequenzielle Dateien schreiben möchten.

2.2.2 Daten einlesen

Altdaten in technisch einheitliche Form bringen

Die aus einem Altsystem exportierten Altdaten können rein technisch unterschiedlich in Dateien abgelegt werden (siehe Abschnitt 5.2.9, »Exkurs: Dateien«). Es kann daher sinnvoll sein, diese Daten zunächst in ein technisch einheitliches Format zu überführen. Die meisten Verfahren zur Datenmigration bieten diese Möglichkeit jedoch nicht an. Vielmehr wird erwartet, dass die Altdaten in einem festgelegten Format bereitgestellt werden.

Unter den in diesem Buch dargestellten Werkzeugen und Verfahren zur Datenmigration bietet die Legacy System Migration Workbench (LSM Workbench) diese Möglichkeit. Hier werden Dateien, die in verschiedenen Formaten vorliegen können, in eine sequenzielle Datei zusammengeführt. Einzelheiten hierzu erfahren Sie in Abschnitt 5.2.9.

Noch einen Schritt weiter geht die Übernahme mit SAP BusinessObjects Data Services: In diesem Fall können die Altdaten in beliebiger Form vorliegen, zum Beispiel als Datenbanktabellen, flache Dateien oder Microsoft Excel-Dateien. Ferner ist es möglich, sämtliche Formate in einem Business-Objekt als Quelle zu verwenden und auf diese Weise zu kombinieren (siehe Kapitel 6).

2.2.3 Daten konvertieren

Altdaten in SAP-Format überführen

Betriebswirtschaftliche Daten können in vielfältiger Weise in Anwendungssystemen abgebildet werden. Demzufolge kann man nicht davon ausgehen, dass Daten, die aus einem Altsystem exportiert werden, ohne weitere Bearbeitung in ein SAP-System importiert werden können. In der Regel ist es erforderlich, die exportierten Daten in geeigneter Weise zu konvertieren.

Hinweis zum Sprachgebrauch

Den Begriff »konvertieren« verwenden wir gleichbedeutend mit »umsetzen«. Wir sprechen in diesem Zusammenhang von *Datenkonvertierung* bzw. *Datenumsetzung*. Bisweilen ist auch von *Mapping*, *Fieldmapping* oder *Transformation* die Rede. Wenn es um die Anpassung von konkreten Werten geht, so verwenden wir die Begriffe *Umschlüsselung* oder *Werte-Mapping*.

Die Datenkonvertierung kann beliebig komplex werden. Der hier anfallende Aufwand hängt davon ab, wie unterschiedlich Ausgangs- und Zielformat sind. Es ist jedoch möglich, typische Konvertierungs- aufgaben zu bestimmen, die wiederholt durchzuführen sind:

▶ Bei der Konvertierung von Werten geht es darum, eine bekannte Menge von möglichen Werten eines Feldes in eine andere Menge von Werten zu übersetzen. Dies ist zum Beispiel der Fall, wenn in Ihrem Altsystem ein Ländercode in einem einstelligen Feld hinterlegt ist (»D« für Deutschland, »E« für Spanien, »I« für Italien etc.), während das SAP-System die bis zu dreistelligen ISO-Codes verwendet (»DE« für Deutschland, »ES« für Spanien, »IT« für Italien etc.). In diesem Fall muss eine Konvertierung der folgenden Art stattfinden:

    ▹ D → DE

    ▹ E → ES

    ▹ I → IT

    ▹ etc.

Konvertierung von Werten

▶ Bei der Konvertierung von Feldeigenschaften soll die Darstellung von bestimmten Feldinhalten verändert werden. Nehmen wir an, Ihr Altsystem hat Datumswerte im Format TTMMJJ (zum Beispiel 311295) abgelegt, während das SAP-System diese Werte im Format JJJJMMTT (zum Beispiel 19951231) erwartet. Sie müssen also eine entsprechende Konvertierung vornehmen. Dies kann durch gezielte Programmierung oder aber durch die Verwendung eines Werkzeugs erfolgen, das derartige Standardfälle per Knopfdruck oder über eingebaute Konvertierungsfunktionen unterstützt.

Konvertierung von Feldeigenschaften

▶ Darüber hinaus kann es erforderlich sein, bestimmte Feldwerte vorzubelegen. Führen Sie sich daher folgenden Sachverhalt vor Augen: Die Datenobjekte des SAP-Systems sind in der Regel sehr

Vorbelegung von Feldwerten

umfangreich. In den meisten Fällen enthält Ihr Altsystem zu einem Datenobjekt nur einen Bruchteil der Felder, die das SAP-System dafür bietet. Sie werden daher häufig vor der Situation stehen, dass das SAP-System in einem Feld einen Wert erwartet und Sie für dieses Feld kein Äquivalent in Ihrem Altsystem vorfinden. Ein typisches Beispiel hierfür ist der Buchungskreis im SAP-System – eine Größe, die vielen Altsystemen unbekannt ist.

Es gibt grundsätzlich zwei Möglichkeiten, wie Sie dieses Problem angehen können:

▶ Lässt sich der gewünschte Wert aus anderen verfügbaren Daten ableiten, haben wir diesen Fall auf das Problem der zuvor beschriebenen Konvertierung von Werten (Umschlüsselung) zurückgeführt.

▶ Ist der gewünschte Wert immer (oder zumindest über weite Strecken) konstant, kann er mit einer Konstanten belegt werden. Im Zusammenhang mit der in Kapitel 5 vorgestellten Legacy System Migration Workbench werden Sie die Technik der sogenannten *Festwerte* kennenlernen, die ein höheres Maß an Flexibilität bietet als Konstanten (siehe Abschnitt 5.2.8, »Festwerte, Umschlüsselungen und eigene Routinen pflegen«). In dem ETL-Tool SAP BusinessObjects Data Services können solche Vorbelegungen über globale Variablen vorgenommen werden (siehe Abschnitt 6.3.5 »Werte-Mapping und Umschlüsselungstabellen«).

Konvertierung von Strukturen ▶ Darüber hinaus gibt es den Fall, dass Sie nicht nur Feldinhalte und Feldeigenschaften auf dem Weg vom Altsystem zum SAP-System konvertieren müssen, sondern dass die gesamte Struktur des Datenobjekts verändert werden muss.

Angenommen, ein Altsystem war in der Lage, bis zu maximal drei Ansprechpartner zu einem Kunden abzuspeichern, und nehmen wir weiter an, dass diese bis zu drei Ansprechpartner im Kopfsatz des Kundenstammsatzes hinterlegt waren. Im SAP ERP-System können Sie eine beliebige Menge von Ansprechpartnern ablegen. Dabei wird für jeden Ansprechpartner ein eigener Tabellensatz angelegt. In diesem Fall ist also eine Konvertierung vorzunehmen, wie sie in Abbildung 2.1 dargestellt ist.

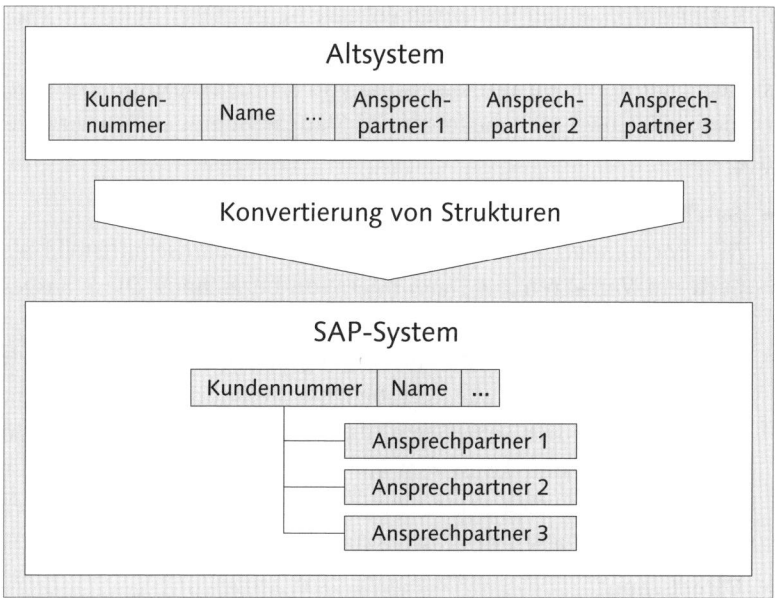

Abbildung 2.1 Konvertierung von Strukturen – Beispiel

2.2.4 Daten importieren

Alle bisher dargestellten Schritte dienten dazu, die Altdaten sukzessive in eine Form zu überführen, die vom SAP-System »verdaut« werden kann. Der nächste logische Schritt ist daher, die derart aufbereiteten Altdaten in die Datenbank des SAP-Systems zu übertragen. Statt *Daten importieren* verwenden wir mitunter auch den Begriff *Daten laden*. Gelegentlich ist auch von *Upload in das SAP-System* die Rede. Für das Importieren von Daten gibt es grundsätzlich zwei verschiedene Möglichkeiten:

Wenn man über hinreichende Kenntnisse der Struktur der Datenbanktabellen des SAP-Systems verfügt, kann man – theoretisch – per ABAP-Programm die Altdaten direkt in die Datenbanktabellen schreiben. Diese Methode ist sicher »unschlagbar«, was den Durchsatz – also die Anzahl der pro Zeiteinheit verarbeiteten Datensätze – betrifft. Aufgrund eines geradezu unkalkulierbaren Risikos raten wir jedoch dringend davon ab. Das Risiko besteht darin, die Datenbank des SAP-Systems mit Daten zu füllen, die gemäß den Regeln der SAP-Anwendung nicht konsistent sind und daher möglicherweise nicht weiterbearbeitet oder noch nicht einmal angezeigt werden können.

Direktes Schreiben in die Datenbank

Alle hier dargestellten Verfahren gehen einen anderen Weg: Sie stüt-
zen sich ausschließlich auf vom SAP-System bereitgestellte Schnittstellen. Wir sprechen im Folgenden von *SAP-Standardschnittstellen*.
In diesem Buch werden die folgenden Standardschnittstellen verwendet:

▸ **Batch-Input**
Mit *Batch-Input* wird sowohl eine SAP-Standardschnittstelle als
auch ein Verfahren zur Datenmigration bezeichnet. Diese ausgereifte und bewährte Technik »füttert« (normalerweise im Hintergrund) Dialogtransaktionen mit bereitgestellten Daten. Hierdurch
ist gewährleistet, dass alle Eingabeprüfungen durchlaufen werden,
und man kann sich sicher sein, dass per Batch-Input importierte
Daten korrekt und konsistent im SAP-System vorliegen. Dieser
Nutzen hat natürlich seinen Preis: Sorgfalt bei der Prüfung der
Daten geht zu Lasten des Durchsatzes.

▸ **Direct-Input**
Der nicht immer ausreichende Durchsatz war Anlass, für einige
Datenobjekte sogenannte *Direct-Input-Programme* bereitzustellen.
Direct-Input ist gewissermaßen das kontrollierte direkte Schreiben
in die Datenbank des SAP-Systems.

▸ **BAPI**
Business Application Programming Interfaces (BAPI) wurden ur-
sprünglich entwickelt, um das SAP-System für Zugriffe von außen
zu öffnen. In der Regel gibt es zu einem Datenobjekt Lese- und
Schreib-BAPIs. Letztere können auch verwendet werden, um im
Rahmen einer Datenmigration Daten in die Datenbank des SAP-
Systems zu übertragen.

▸ **IDoc**
Intermediate Documents (IDoc) stammen aus der Welt des EDI
(Electronic Data Interchange). Die dortige Problemstellung war
und ist nach wie vor, Dokumente (zum Beispiel Bestellungen) auf
elektronischem Weg von einem Anwendungssystem in ein anderes, unter Umständen weit entferntes Anwendungssystem zu übertragen. Einerseits musste hierzu aus betriebswirtschaftlicher Sicht
definiert werden, wie diese Dokumente strukturiert sein sollen,
was zu den IDocs – genauer: den IDoc-Typen – führte; andererseits
musste eine Technik entwickelt werden, um diese Dokumente
kontrolliert im SAP-System zu verarbeiten: die sogenannte *IDoc-
Eingangsverarbeitung*. Auch diese Technik kann – wie Sie in Kapitel 5,

»Legacy System Migration Workbench«, und in Kapitel 6, »Datenübernahme mit SAP BusinessObjects Data Services«, sehen werden – für Datenmigrationen verwendet werden.

Zwischen BAPIs und IDocs gibt es einen wichtigen Zusammenhang: Aus einem BAPI kann »per Knopfdruck« im SAP-System ein IDoc-Typ generiert werden. Für einige BAPIs werden die generierten IDoc-Typen auch bereits von SAP ausgeliefert. Generell läuft die Eingangsverarbeitung von IDocs folgendermaßen ab: Die in einem IDoc eingehenden Daten werden an das zugehörige BAPI übergeben, das die Daten im SAP-System verbucht. Wir werden diesen Sachverhalt in Kapitel 5 und 6 näher beschreiben.

Zusammenhang zwischen BAPI und IDoc

2.2.5 Daten verifizieren

Sind die Altdaten in das SAP-System importiert, möchte man sich natürlich vergewissern, ob dieser Vorgang vollständig und korrekt verlaufen ist. Leider gibt es kein Patentrezept, um den Erfolg der Datenmigration zu messen.

Kein Patentrezept

Man ist im Allgemeinen auf Stichproben und Plausibilitätschecks angewiesen, wie den Vergleich von Kennzahlen (zum Beispiel Salden) oder den Vergleich der Anzahl von Sätzen im Altsystem mit denen im SAP-System.

Die Methode der Datenübernahme mit SAP BusinessObjects Data Services und dem von SAP bereitgestellten Content ermöglicht nach dem Laden einen direkten Abgleich der Daten aus dem Altsystem mit den Daten im SAP-System. Dies wird in Kapitel 6 ausführlich behandelt.

2.3 Technische Verfahren zur Datenmigration im Überblick

Dieses Kapitel schließt mit einem kurzen Überblick über die wesentlichen in diesem Buch dargestellten Verfahren zur Datenmigration.

2.3.1 Batch-Input

Wie bereits in Abschnitt 2.2.4, »Daten importieren«, ausgeführt wurde, steht der Begriff *Batch-Input* sowohl für einen Typ von SAP-

Standardschnittstellen als auch für ein Verfahren zur Datenmigration. Batch-Input kann auf zweierlei Arten für die Datenmigration genutzt werden:

- **Standard-Batch-Input-Programme**

  Sie erhalten mit dem SAP-System eine Reihe von Batch-Input-Programmen, die bereits aufbereitete Altdaten in eine für Dialogtransaktionen »verdauliche« Form überführen. Diese Programme nennen wir *Standard-Batch-Input-Programme*.

- **Batch-Input-Aufzeichnung**

  Das SAP-System bietet Ihnen auch bei einigen Transaktionen die Möglichkeit, den Ablauf einer Dialogtransaktion aufzuzeichnen und aus dieser Aufzeichnung per Knopfdruck ein ABAP-Programm zu generieren. Diese derart generierten Programme arbeiten prinzipiell wie Standard-Batch-Input-Programme; allerdings fehlt ihnen die Flexibilität, auf wechselnde Bildfolgen zu reagieren. Der Vorteil einer Batch-Input-Aufzeichnung liegt zweifelsohne darin, dass Sie sich nur mit den Eingabefeldern einer Dialogtransaktion auseinandersetzen müssen, die für Ihren Anwendungsfall von Bedeutung sind. Alle anderen Eingabefelder können ignoriert werden.

2.3.2 Extended Computer Aided Test Tool

Mit Testtool Daten migrieren
Bei dem *Extended Computer Aided Test Tool* (eCATT) handelt es sich um ein Werkzeug, das ursprünglich zum Testen von Geschäftsprozessen entwickelt wurde. Ein Geschäftsprozess besteht aus technischer Sicht aus einer Folge von Dialogtransaktionen. Um nicht jede einzelne Transaktion manuell eingeben zu müssen, bietet das eCATT die Möglichkeit, die Verarbeitung der Transaktionen zu automatisieren und mit entsprechenden Werten zu versorgen. Die auf diese Weise generierten Daten bilden letztlich die Basis für System-, Integrations- und Massentests, die bei jeder SAP-Einführung von eminenter Wichtigkeit sind.

Wo ist nun der Zusammenhang mit einer Datenmigration zu sehen? Auch bei ihr geht es darum, Datensätze mit einer ganz bestimmten Transaktion (zum Beispiel FK01 – Kreditor anlegen) anzulegen und automatisch in das SAP-System zu übernehmen. Setzen Sie das eCATT für Datenmigrationen ein, möchten Sie nicht wissen, ob sich die Dialogtransaktionen Ihren Erwartungen entsprechend verhalten. Dass dies so ist, setzen Sie zu diesem Zeitpunkt bereits voraus. Es geht ausschließlich darum, Altdaten automatisiert, einfach und sicher in das SAP-System zu übernehmen.

2.3.3 Legacy System Migration Workbench

Die *Legacy System Migration Workbench* (LSM Workbench) ist ein Werkzeug, das auf SAP NetWeaver basiert. Es dient der einmaligen und periodischen Übernahme von Daten aus Altsystemen in SAP-Systeme. Die LSM Workbench unterstützt in komfortabler Weise die Konvertierung der Altdaten und deren Import in das SAP-System mithilfe von SAP-Standardschnittstellen. Dabei orientiert sie sich an folgenden Grundprinzipien:

▶ Es werden keine einzelnen Tabellen oder Feldinhalte, sondern betriebswirtschaftliche Datenobjekte übertragen.

Prinzipien der LSM Workbench

▶ Die am häufigsten anfallenden Konvertierungsaufgaben (siehe Abschnitt 2.2.3, »Daten konvertieren«) sind vorgedacht und per Knopfdruck verfügbar. Jegliche darüber hinausgehende Konvertierung kann mithilfe geeigneter ABAP-Anweisungen ergänzt werden.

▶ Es werden keine vorgefertigten Umsetzungsprogramme ausgeliefert. Vielmehr werden Umsetzungsprogramme aus den definierten Konvertierungsvorschriften generiert.

▶ Die Qualität und die Konsistenz der in das SAP-System importierten Daten hat Vorrang vor Geschwindigkeit und Durchsatz. Daher werden ausschließlich SAP-Standardschnittstellen verwendet.

▶ Einmal definierte Konvertierungsvorschriften können wiederverwendet werden.

2.3.4 SAP BusinessObjects Data Services

SAP BusinessObjects Data Services (kurz: Data Services) ist ein ETL-Werkzeug und damit in der Lage, Daten zu extrahieren (E), zu transformieren (T) und zu laden (L). Dadurch lässt es sich grundsätzlich für Datenmigrationen einsetzen. Mit dem von SAP zur Verfügung gestellten Best Practices-Content, der Templates und vorgefertigte Objekte für Data Services enthält, wird diese Software zu einem Werkzeug, das mit der LSM Workbench vergleichbar ist. Die Grundprinzipien, an denen sich diese Lösung orientiert, gleichen im Wesentlichen denen der LSM Workbench:

- ▶ Es werden keine einzelnen Tabellen oder Feldinhalte, sondern betriebswirtschaftliche Datenobjekte übertragen.

- ▶ Das Mapping wird mittels Drag & Drop durchgeführt, wobei auf einen Katalog von vorgedachten Konvertierungsfunktionen zurückgegriffen werden kann. Darüber hinaus können mittels Skript-Coding eigene Programmierungen hinzugefügt werden.

- ▶ Validierungen der zu ladenden Daten werden bereits im Werkzeug durchgeführt, um so schon vor dem Laden die Datenqualität sicherzustellen.

- ▶ Nach dem erfolgreichen Laden der Objekte in das SAP-System können die Daten mit den Daten aus dem Altsystem abgeglichen werden.

- ▶ Einmal definierte Konvertierungsvorschriften können wiederverwendet werden.

In den folgenden Kapiteln werden wir Ihnen die hier erwähnten Techniken in aller Ausführlichkeit vorstellen.

TEIL II

Klassische Verfahren

*Bei der Batch-Input-Technik werden einzugebende Daten in die
Felder der Bildschirmmasken einer SAP-Transaktion übertra-
gen. Wir zeigen Ihnen verschiedene Möglichkeiten, wie Sie diese
Technik zur Datenmigration nutzen können.*

3 Batch-Input

In diesem Kapitel machen wir Sie mit der Batch-Input-Technik vertraut, einer grundlegenden Dateneingabetechnik des SAP-Systems.
Wir beginnen mit einer Begriffserklärung und erläutern anschließend, wie man eine Batch-Input-Mappe erstellt bzw. verarbeitet. Für
die Erstellung von Batch-Input-Mappen können Sie auf die von SAP
bereits ausgelieferten Standard-Batch-Input-Programme zurückgreifen, die Sie für die Datenübernahme verwenden können. Sollte für
Ihr konkretes Migrationsvorhaben kein Standard-Batch-Input-Programm verfügbar sein, können Sie zunächst beispielhaft einen Datensatz mittels Aufzeichnung manuell im SAP-System erfassen, und zwar
derart, dass alle für die Datenübernahme relevanten Felder für diesen
Datensatz mit Werten versorgt werden. Im Anschluss daran können
Sie aus der Aufzeichnung per Knopfdruck ein ABAP-Programm erzeugen lassen, das sich nach einigen Anpassungen für die Datenübernahme verwenden lässt.

Abschließend gehen wir noch darauf ein, wie eine auf der Batch-
Input-Technik basierte Datenübernahme mit der Microsoft Word-
Serienbriefverarbeitung kombiniert werden kann. Dieser letzte
Ansatz ist geeignet, die Datenmigration auch ohne Programmierung
zu realisieren. Ausführliche Beispiele werden Sie bei der Lektüre die-
ses Kapitels begleiten.

3.1 Was ist Batch-Input?

Wollte man *Batch-Input-Verarbeitung* ins Deutsche übersetzen,
müsste es wohl »Stapel-Eingabe-Verarbeitung« (oder ähnlich) heißen.

Da ein derartiges Wortungetüm recht unhandlich ist, ist man vermutlich der Einfachheit halber beim englischen Begriff geblieben.

Meistgenutzte Methode zur Datenübertragung

In den frühen Zeiten des SAP-Systems war die Batch-Input-Verarbeitung die einzige Technik, um Daten von außen in das SAP-System zu überführen. Mittlerweile sind andere Techniken (BAPIs, IDocs) hinzugekommen. Dennoch ist die Batch-Input-Verarbeitung auch heute noch die meistgenutzte Technik. Die Gründe liegen einerseits in der naturgemäßen Nähe zu den Dialogtransaktionen, andererseits in der umfangreichen Unterstützung, die der Benutzer durch das SAP-System erfährt. Beide Aspekte werden wir in den nachfolgenden Abschnitten näher beleuchten.

Wirkungsprinzip

Das Prinzip der Batch-Input-Verarbeitung besteht darin, die Eingabefelder der Bildschirmmasken (Dynpros) von SAP-Dialogtransaktionen im Hintergrund mit bereitgestellten Daten zu »füttern«. Hierdurch ist sichergestellt, dass alle Eingabe- und Berechtigungsprüfungen durchlaufen werden, die auch bei manueller Eingabe der Daten vorgenommen würden. Per Batch-Input importierte Daten sind daher ebenso korrekt und konsistent wie manuell erfasste Daten.

3.2   Wie funktioniert Batch-Input?

In diesem Abschnitt machen wir Sie mit der Batch-Input-Technik näher vertraut. Dabei gehen wir zunächst auf den zentralen Begriff der *Batch-Input-Mappe* ein und zeigen anschließend, wie eine derartige Batch-Input-Mappe erzeugt und verarbeitet werden kann.

3.2.1   Was ist eine Batch-Input-Mappe?

Kernstück der Batch-Input-Verarbeitung ist die sogenannte *Batch-Input-Mappe*. Eine Batch-Input-Mappe besteht aus einem oder mehreren Aufrufen von SAP-Transaktionen, zusammen mit den durch die Transaktionen zu verarbeitenden Daten. Für jeden Transaktionsaufruf, jede Bildschirmmaske und jedes Eingabefeld ist dabei angegeben, welcher Wert in das entsprechende Feld übertragen werden soll. Eine Batch-Input-Mappe ist gewissermaßen eine geordnete Folge von Arbeitsanweisungen an das SAP-System: »Versorge in Transaktion X und Bildschirmmaske Y das Feld Z mit Wert A.« Man könnte auch sagen: Mithilfe einer Batch-Input-Mappe kann man das SAP-System steuern.

Im SAP-System ist eine Batch-Input-Mappe gemäß der ABAP-Dictionary-Struktur BDCDATA abgelegt. Diese besitzt folgenden Aufbau:

ABAP-Dictionary-Struktur BDCDATA

1. PROGRAM: In diesem Feld wird der Name des ABAP-Programms abgelegt, zu dem das aktuelle Dynpro gehört.

2. DYNPRO: Hier wird die vierstellige Nummer des aktuellen Bildschirmbildes abgelegt.

3. DYNBEGIN: In diesem Feld wird markiert, ob eine neue Bildschirmmaske (Wert X) oder eine neue Transaktion (Wert T) beginnt.

4. FNAM: Dieses Feld enthält den technischen Namen des Eingabefeldes.

5. FVAL: Dieses Feld enthält den Eingabewert.

Einen ersten Eindruck gibt Ihnen der in Tabelle 3.1 wiedergegebene Ausschnitt einer Batch-Input-Mappe, die die SAP-Transaktion FK01 (Kreditor anlegen) aufruft und mit Daten versorgt:

Nr	PROGRAM	DYNPRO	DYNBEGIN	FNAM	FVAL
01		0000	T	FK01	BS
02	SAPMF02K	0105	X		
03		0000		BDC_CURSOR	RF02K-KTOKK
04		0000		BDC_OKCODE	/00
05		0000		RF02K-LIFNR	34567
06		0000		RF02K-BUKRS	1000
07		0000		RF02K-KTOKK	0001
08	SAPMF02K	0110	X		
09		0000		BDC_CURSOR	LFA1-LAND1
10		0000		BDC_OKCODE	=VW

Tabelle 3.1 Ausschnitt aus einer Batch-Input-Mappe

Nr	PROGRAM	DYNPRO	DYNBEGIN	FNAM	FVAL
11		0000		LFA1-ANRED	Firma
12		0000		LFA1-NAME1	Willinger-Gradl GmbH
13		0000		LFA1-SORTL	WG
14		0000		LFA1-STRAS	Hauptstraße 567
15		0000		LFA1-ORT01	Wiesloch
16		0000		LFA1-PSTLZ	69168
17		0000		LFA1-LAND1	DE
...					
18	SAPMF02K	0130	X		
19		0000		BDC_CURSOR	LFBK-BANKS(01)
20		0000		BDC_OKCODE	=VW
21	SAPMF02K	0210	X		
22		0000		BDC_CURSOR	LFB1-FDGRV
23		0000		BDC_OKCODE	=UPDA
24		0000		LFB1-AKONT	196300
25		0000		LFB1-FDGRV	A1

Tabelle 3.1 Ausschnitt aus einer Batch-Input-Mappe (Forts.)

Die Zeilen 01 bis 25 bedeuten im Einzelnen:

Nr.	Erläuterung
01	Die Transaktion FK01 wird aufgerufen.
02	Das Dynpro 0105 aus dem Programm SAPMFK02 wird aufgerufen.

Tabelle 3.2 Erläuterung zur Batch-Input-Mappe aus Tabelle 3.1

Nr.	Erläuterung
03	Der Cursor wird auf das Feld RF02K-KTOKK (Kontengruppe) positioniert.
04	Der Funktionscode (OK-Code) 00 wird ausgelöst. Dies entspricht dem Drücken der Taste ⏎.[1]
05	In das Feld RF02K-LIFNR (Kreditor) wird der Wert 34567 eingetragen.
06	In das Feld RF02K-BUKRS (Buchungskreis) wird der Wert 1000 eingetragen.
07	In das Feld RF02K-KTOKK (Kontengruppe) wird der Wert 0001 eingetragen.
08	Das Dynpro 0110 aus dem Programm SAPMFK02 wird aufgerufen.
09	Der Cursor wird auf dem Feld LFA1-LAND1 (Land) positioniert.
10	Der Funktionscode (OK-Code) VW (Weiter) wird ausgelöst.
11	In das Feld LFA1-ANRED (Anrede) wird der Wert Firma eingetragen.
12	In das Feld LFA1-NAME1 (Name) wird der Wert Willinger-Gradl GmbH eingetragen.
13	In das Feld LFA1-SORTL (Sortierschlüssel) wird der Wert WG eingetragen.
14	In das Feld LFA1-STRAS (Straße) wird der Wert Hauptstraße 567 eingetragen.
15	In das Feld LFA1-ORT01 (Ort) wird der Wert Wiesloch eingetragen.
16	In das Feld LFA1-PSTLZ (Postleitzahl) wird der Wert 69168 eingetragen.
17	In das Feld LFA1-LAND1 (Land) wird der Wert DE eingetragen.
18	Das Dynpro 0130 aus dem Programm SAPMFK02 wird aufgerufen.
19	Der Cursor wird in der Tabelle in Zeile 01 und in Spalte LFBK-BANKS (Bankschlüssel) positioniert.
20	Der Funktionscode (OK-Code) VW (Weiter) wird ausgelöst.
21	Das Dynpro 0210 aus dem Programm SAPMFK02 wird aufgerufen.
22	Der Cursor wird auf das Feld LFB1-FDGRV (Finanzdispositionsgruppe) positioniert.
23	Der Funktionscode (OK-Code) UPDA (Sichern) wird ausgelöst.
24	In das Feld LFB1-AKONT (Abstimmkonto) wird der Wert 196300 eingetragen.
25	In das Feld LFB1-FDGRV (Finanzdispositionsgruppe) wird der Wert A1 eingetragen.

Tabelle 3.2 Erläuterung zur Batch-Input-Mappe aus Tabelle 3.1 (Forts.)

---

1 Der Funktionscode (OK-Code) wird selbstverständlich erst dann ausgelöst, wenn die Eingabefelder des Dynpros mit Werten versorgt sind, also nach Zeile 07.

Sie haben nun eine Vorstellung davon, was eine Batch-Input-Mappe leistet und wie sie aufgebaut ist. Davon ausgehend stellen sich im Wesentlichen zwei Fragen:

▶ Wie erzeugt man eine Batch-Input-Mappe?

▶ Wie verarbeitet man eine Batch-Input-Mappe?

Beginnen wir mit der einfacheren, also der zweiten Frage.

3.2.2 Wie verarbeitet man eine Batch-Input-Mappe?

Modi der Batch-Input-Verarbeitung
Im Zusammenhang mit der Verarbeitung einer Batch-Input-Mappe spricht man häufig auch von »Batch-Input-Mappe abspielen«. Das SAP-System bietet Ihnen drei verschiedene Möglichkeiten (Modi), eine Batch-Input-Mappe zu verarbeiten bzw. abzuspielen:

▶ **Sichtbar abspielen**
In diesem Modus wird Ihnen jedes Bildschirmbild mit den eingestellten Daten angezeigt. Mittels der Taste ⏎ gelangen Sie jeweils zum nächsten Bildschirmbild. Fehlerhafte Transaktionen können Sie dabei interaktiv korrigieren. Mit dem OK-Code /n können Sie die aktuelle Transaktion verlassen und zur nächsten springen. Mit dem OK-Code /bend können Sie die Verarbeitung der Batch-Input-Mappe abbrechen und gegebenenfalls zu einem späteren Zeitpunkt wieder aufnehmen.

Es ist offensichtlich, dass dieser Modus nicht für eine große Anzahl von Transaktionen geeignet ist.

▶ **Nur Fehler anzeigen**
Dieser Modus gleicht dem Modus SICHTBAR ABSPIELEN, außer dass Transaktionen, die noch nicht ausgeführt wurden und keine Fehler enthalten, nicht sichtbar (interaktiv), sondern im Hintergrund ablaufen. Tritt ein Fehler auf, wird die Hintergrundverarbeitung unterbrochen und das Dynpro angezeigt, auf dem der Fehler auftritt. Ist der Fehler korrigiert, wird von der Dialogverarbeitung wieder in die Hintergrundverarbeitung gewechselt, und zwar so lange, bis die nächste Fehlersituation auftritt oder die Batch-Input-Mappe verarbeitet ist.

▶ **Im Hintergrund**
Bei diesem Modus wird eine Batch-Input-Mappe für die Verarbeitung im Hintergrund eingeplant.

Grundsätzlich gelten für die Verarbeitung einer Batch-Input-Mappe folgende Prinzipien (siehe Abbildung 3.1):

▶ Transaktionen, die erfolgreich verarbeitet werden konnten, werden aus der Batch-Input-Mappe entfernt.

▶ Fehlerhafte Transaktionen verbleiben in der Batch-Input-Mappe und sind manuell zu korrigieren und zu verarbeiten.

▶ Konnten alle Transaktionen einer Batch-Input-Mappe erfolgreich verarbeitet werden, wird die gesamte Batch-Input-Mappe gelöscht.

▶ Sie können beim Erstellen einer Batch-Input-Mappe angeben, dass die Mappe »gehalten« werden soll. In diesem Fall wird die Batch-Input-Mappe auch bei fehlerfreier Verarbeitung nicht aus der Batch-Input-Mappen-Übersicht gelöscht. Dies kann für die Dokumentation genutzt werden. Generell gilt jedoch: Eine Batch-Input-Mappe kann stets nur einmal abgespielt werden.

▶ Die Verarbeitung einer Batch-Input-Mappe wird in einem detaillierten Protokoll festgehalten.

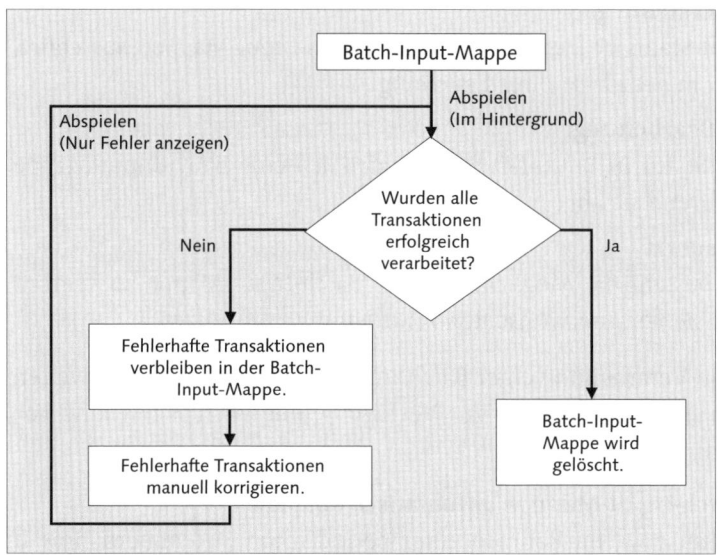

Abbildung 3.1 Abspielen von Batch-Input-Mappen

Um auf einen Blick erkennen zu können, in welchem Zustand der Verarbeitung sich eine Batch-Input-Mappe befindet, muss man auf ihren Status schauen. Dieser kann folgende Werte annehmen:

▶ **Neu**
Batch-Input-Mappen mit dem Status Neu stehen zur Verarbeitung bereit, sind aber noch nicht verarbeitet worden.

▶ **Fehlerhaft**
Hat eine Batch-Input-Mappe den Status Fehlerhaft, bedeutet dies, dass entweder die Verarbeitung aufgrund fehlerhafter Transaktionen nicht vollständig durchgeführt werden konnte oder die Verarbeitung im »hellen Modus« – Sichtbar abspielen oder Nur Fehler anzeigen – vorzeitig abgebrochen wurde.

▶ **Verarbeitet**
Wie bereits erwähnt, werden erfolgreich verarbeitete Batch-Input-Mappen in der Regel gelöscht: Ist jedoch für eine Batch-Input-Mappe die Option Mappe halten gesetzt und ist diese erfolgreich verarbeitet, wird ihr der Status Verarbeitet zugewiesen. Verarbeitete Batch-Input-Mappen verbleiben so lange im SAP-System, bis sie von einem periodischen Reorganisationslauf gelöscht werden.

Fehlerhafte Batch-Input-Mappen werden von diesem Reorganisationslauf nicht erfasst.

▶ **In Erstellung**
Den Status In Erstellung haben Batch-Input-Mappen ausschließlich in der Phase ihrer Erstellung.

▶ **In Bearbeitung**
Im Status In Bearbeitung befindet sich eine Batch-Input-Mappe, während sie abgespielt wird.

▶ **Gesperrt**
Es besteht die Möglichkeit, eine Batch-Input-Mappe zu sperren, um sie vor unerwünschter Verarbeitung zu schützen.

Weitere Optionen   Für die Verarbeitung einer Batch-Input-Mappe stehen Ihnen weitere Steuerungsmöglichkeiten zur Verfügung, die wir hier nur kurz vorstellen:

▶ **Batch-Input-Mappen automatisch abspielen**
Wenn etwa im Rahmen einer periodischen Datenübernahme in das SAP-System regelmäßig (zum Beispiel jede Nacht) von entsprechenden Programmen Batch-Input-Mappen erzeugt werden, sollen sie in der Regel auch automatisch abgespielt werden. Das automatische Abspielen einer oder mehrerer Batch-Input-Mappen

wird durch einen geeigneten Aufruf des ABAP-Programms RSBDCSUB erreicht. Diesem Programm können Sie folgende Selektionsparameter übergeben:

- Name der Batch-Input-Mappe(n)
- Datum und Uhrzeit der Erstellung
- Status (abspielbereit oder fehlerhaft)

▶ **Batch-Input-Mappen löschen**
Wenn Sie eine Batch-Input-Mappe in der Liste nicht mehr benötigen, können Sie diese manuell löschen. Löschen Sie jedoch keine Batch-Input-Mappen, die noch unverarbeitete Transaktionen enthalten, also solche mit dem Status »Neu« oder »Fehlerhaft«. Derartige Transaktionen müssen Sie erst korrigieren und verarbeiten oder die Daten der Transaktionen auf andere Weise in das SAP-System eingeben.

▶ **Batch-Input-Mappen sperren und entsperren**
Sie können eine Batch-Input-Mappe sperren, um zu verhindern, dass das System sie vor einem von Ihnen festgelegten Datum abspielt.

Diese und weitere Funktionen im Zusammenhang mit Batch-Input-Mappen finden Sie in der Transaktion SM35 (Batch-Input-Übersicht) zusammengefasst. Diese Transaktion erreichen Sie über den Menüpfad SYSTEM • DIENSTE • BATCH-INPUT • MAPPEN.

Transaktion SM35

Wenden wir uns nun der schwierigeren der beiden Fragen zu.

3.2.3 Wie erzeugt man eine Batch-Input-Mappe?

Batch-Input-Mappen können grundsätzlich auf drei verschiedene Arten erzeugt werden (siehe Abbildung 3.2).

▶ Mithilfe des SAP-Transaktionsrecorders werden Transaktionsabläufe aufgezeichnet. Man spricht hier von *Batch-Input-Aufzeichnungen* oder einfach nur von *Aufzeichnungen*. Aus einer derartigen Aufzeichnung lässt sich per Knopfdruck eine Batch-Input-Mappe generieren. Auf diese Möglichkeit werden wir in Abschnitt 3.5, »Batch-Input-Aufzeichnung kombiniert mit Microsoft Word-Serienbriefverarbeitung«, zurückkommen.

Batch-Input-
Mappe aus
Aufzeichnung

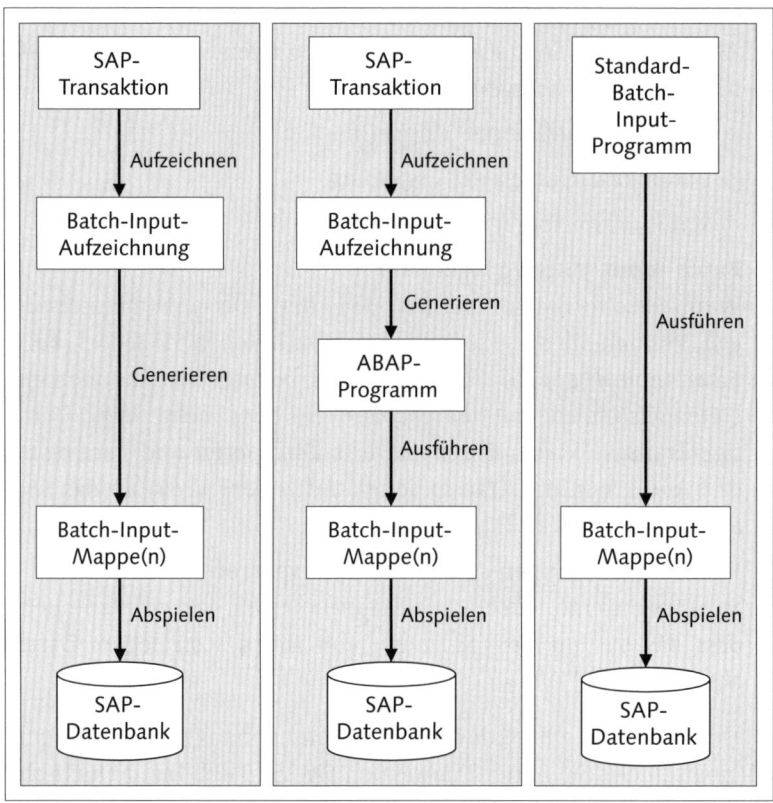

Abbildung 3.2 Verfahren zum Erzeugen von Batch-Input-Mappen

Batch-Input-
Mappe aus
Programm

▶ Mithilfe eines geeigneten ABAP-Programms können Batch-Input-Mappen erzeugt werden. Hierbei unterscheiden wir zwei Arten von Programmen:

　▸ Das SAP-System bietet die Möglichkeit, aus einer Batch-Input-Aufzeichnung heraus per Knopfdruck ein ABAP-Programm zu erzeugen. In der Regel muss ein derart generiertes Programm manuell nachbearbeitet werden. Die entsprechende Technik stellen wir in Abschnitt 3.4, »Batch-Input-Aufzeichnung: Generelle Vorgehensweise«, vor.

　▸ Darüber hinaus erhalten Sie mit dem SAP-System eine Reihe von sogenannten Standard-Batch-Input-Programmen. Mit diesen Programmen befassen wir uns eingehend im folgenden Abschnitt.

3.3   Standard-Batch-Input-Programme

Mit dem SAP-System erhalten Sie eine Reihe von Batch-Input-Programmen. Diese Batch-Input-Programme nennen wir *Standard-Batch-Input-Programme*.

Standard-Batch-Input-Programme werden nicht generiert, sondern manuell programmiert. Sie sind in der Regel wesentlich komplexer als generierte Batch-Input-Programme. Der Grund hierfür ist folgender:

»Von Hand« programmiert

Ein aus einer Aufzeichnung generiertes Programm bildet den Ablauf der Aufzeichnung genau ab. Nun können sich aber SAP-Transaktionen für verschiedene Eingabedaten auch unterschiedlich verhalten, das heißt, dass die Abfolge der Bildschirmbilder nicht immer identisch ist, sondern häufig von den gewählten Eingabedaten abhängt. Ein generiertes Batch-Input-Programm kennt nur die Bildfolge der zugrunde liegenden Aufzeichnung. Ein Standard-Batch-Input-Programm hingegen ist normalerweise in der Lage, für einen Satz von Eingabedaten die dazu passende Bildfolge in der Batch-Input-Mappe zu erzeugen, sodass diese fehlerfrei abgespielt werden kann.

Darüber hinaus erwartet ein Standard-Batch-Input-Programm als Input in der Regel eine Datei, die einem speziellen Aufbau genügt. Aus Sicht der Datenmigration besteht die Kunst darin, vorliegende Daten aus Altsystemen in dieses Format zu überführen. Hierbei helfen Ihnen Werkzeuge wie die Legacy System Migration Workbench (LSM Workbench), die wir in Kapitel 5 ausführlich darstellen werden.

Datei mit speziellem Aufbau als Input

In den folgenden Abschnitten stellen wir Ihnen die wichtigsten Standard-Batch-Input-Programme kurz vor. Für weitergehende Informationen verweisen wir auf die Online-Dokumentation zum jeweiligen Programm.

3.3.1   RFBIDE00 – Debitorenstamm

Das Batch-Input-Programm RFBIDE00 unterstützt folgende Funktionen:

▸ Anlegen von Debitorenstammdaten inklusive Kreditlimitdaten und Bankenstammdaten (Transaktion XD01)

▸ Ändern von Debitorenstammdaten inklusive Kreditlimitdaten und Bankenstammdaten (Transaktion XD02)

▶ Sperren und Entsperren von Debitoren (Transaktion XD05)

▶ Löschvormerkung für Debitoren setzen und zurücknehmen (Transaktion XD06)

▶ Kreditlimit pflegen (Transaktion FD32)

Bei der Anlege- (XD01) und Änderungstransaktion (XD02) werden übergebene Sperrfelder oder Löschvormerkungen ebenfalls mit bearbeitet.

Das Programm RFBIDE00 ist die Grundlage eines ausführlichen Beispiels, das wir in Kapitel 5, »Legacy System Migration Workbench«, behandeln werden.

3.3.2 RFBIKR00 – Kreditorenstamm

Das Batch-Input-Programm RFBIKR00 unterstützt folgende Funktionen:

▶ Anlegen von Kreditorenstammdaten (Transaktion XK01)

▶ Ändern von Kreditorenstammdaten (Transaktion XK02)

▶ Sperren und Entsperren von Kreditoren (Transaktion XK05)

▶ Löschvormerkung für Kreditoren setzen und zurücknehmen (Transaktion XK06)

Bei der Anlege- (XK01) und Änderungstransaktion (XK02) werden übergebene Sperrfelder oder Löschvormerkungen ebenfalls mit bearbeitet.

3.3.3 RFBISA00 – Sachkontenstamm

Das Batch-Input-Programm RFBISA00 unterstützt folgende Funktionen:

▶ Anlegen von Sachkontenstammdaten (Transaktion FS01)

▶ Ändern von Sachkontenstammdaten (Transaktion FS02)

▶ Sperren und Entsperren von Sachkonten (Transaktion FS05)

▶ Löschvormerkung für Sachkonten setzen und zurücknehmen (Transaktion FS06)

3.3.4 RFBIBL00 – Finanzbelege

Das Batch-Input-Programm RFBIBL00 unterstützt folgende Funktionen:

▶ Beleg buchen (Transaktion FB01)

▶ Fremdwährungsbewertung (Transaktion FBB1)

▶ Abgrenzungsbeleg erfassen (Transaktion FBS1)

▶ Beleg vorerfassen (Transaktion FBV1)

▶ Buchen mit Ausgleichen (Transaktion FB05)

Das Programm RFBIBL00 ist in erster Linie dafür vorgesehen, Batch-Input-Mappen zu erzeugen. Durch den Parameter Art der Datenübernahme können Belege aber auch sofort mit Call Transaction (siehe Abschnitt 3.4.5, »Call Transaction plus Batch-Input-Mappe im Fehlerfall«) oder Direct-Input erzeugt werden.

3.3.5 RCSBI010, RCSBI020, RCSBI030, RCSBI040 – Materialstücklisten

Das Batch-Input-Programm RCSBI010 unterstützt das Anlegen von Stücklisten ohne Langtext. Hierbei ist die Anlage von Dokument-, Equipment-, Material-, Standardobjekt- und Technischen Platzstücklisten möglich. Folgende Transaktionen können verwendet werden:

▶ Anlegen von Dokumentstücklisten (Transaktion CV11)

▶ Anlegen von Equipmentstücklisten (Transaktion IB01)

▶ Anlegen von Materialstücklisten (Transaktion CS01)

▶ Anlegen von Standardobjektstücklisten (Transaktion CS51)

▶ Anlegen von Technischen Platzstücklisten (Transaktion IB11)

Das Batch-Input-Programm RCSBI020 erlaubt das Ändern von Stücklisten ohne Langtext. Hierbei wird die Änderung von Dokument-, Equipment-, Material-, Standardobjekt- und Technischen Platzstücklisten unterstützt. Folgende Transaktionen stehen zur Verfügung:

▶ Ändern von Dokumentstücklisten (Transaktion CV12)

▶ Ändern von Equipmentstücklisten (Transaktion IB02)

▶ Ändern von Materialstücklisten (Transaktion CS02)

▶ Ändern von Standardobjektstücklisten (Transaktion CS52)

▶ Ändern von Technischen Platzstücklisten (Transaktion IB12)

Darüber hinaus gibt es die Batch-Input-Programme RCSBI030 und RCSBI040, die das Anlegen von Variantenstücklisten ohne Langtext bzw. das Anlegen von Stücklisten mit Langtext erlauben und dieselben Transaktionen beherrschen wie RCSBI010.

3.3.6 RM06BBI0 – Bestellanforderungen

Das Batch-Input-Programm RM06BBI0 ermöglicht das Anlegen von Bestellanforderungen im SAP-System. Eine Transaktion muss bei diesem Programm nicht ausgewählt werden. Dies wird vom Programm selbst übernommen.

3.3.7 RM07MMBL – Materialbelege

Mit dem Programm RM07MMBL können Sie Batch-Input-Mappen für Warenbewegungen erzeugen. Die Daten, aus denen die Batch-Input-Mappe erzeugt wird, müssen wie die ABAP-Dictionary-Struktur BMSEG aufgebaut sein.

3.4 Batch-Input-Aufzeichnung: Generelle Vorgehensweise

Schritte der Datenmigration

In den folgenden Abschnitten wird am Beispiel der debitorischen offenen Postenübernahme beschrieben, wie Sie Altdaten mithilfe der Batch-Input-Technik in das SAP-System übernehmen können. Dabei lässt sich die Vorgehensweise in verschiedene Einzelschritte unterteilen:

1. Die Transaktion, mit der die Altdaten ins SAP-System übernommen werden sollen, wird identifiziert.

2. Die identifizierte Transaktion wird exemplarisch mit einem typischen zu übernehmenden Datensatz ausgeführt und vom Transaktionsrecorder aufgezeichnet.

3. Aus dieser Aufzeichnung wird per Knopfdruck der ABAP-Quellcode generiert.

4. Das auf diese Weise generierte ABAP-Programm bildet die Grundlage für die Datenübernahme. Es muss den konkreten Gegebenheiten der Migration jedoch manuell angepasst werden.

3.4.1 Batch-Input-Aufzeichnung erzeugen

Nachdem Sie festgelegt haben, mit welcher Transaktion Sie Ihre debitorischen offenen Posten ins SAP-System übernehmen möchten – wir
haben uns hier für die Transaktion FB01 entschieden –, können Sie
die Datenmigration exemplarisch mit einem Datensatz simulieren.
Hierbei bedienen Sie sich des Transaktionsrecorders. Sie erreichen
ihn über den Menüpfad SYSTEM • DIENSTE • BATCH-INPUT • ÜBERSICHT
(Transaktion SM35). Anschließend klicken Sie auf die Schaltflächen
Aufzeichnung und Neue Aufzeichnung . Das in Abbildung 3.3 dargestellte Dialogfenster wird geöffnet.

*Aufzeichnung
anlegen*

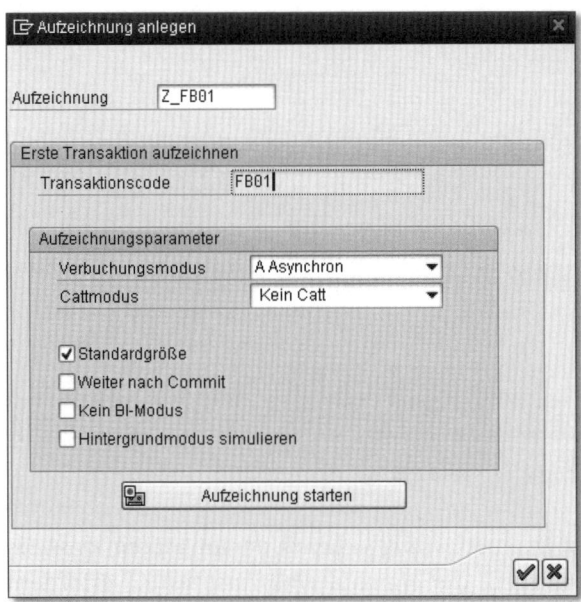

Abbildung 3.3 Aufzeichnung anlegen

Hier bestimmen Sie sowohl den Namen der AUFZEICHNUNG als auch
den TRANSAKTIONSCODE, mit dem Sie Ihre debitorischen offenen Posten ins SAP-System übernehmen möchten (Transaktion FB01). Unter
dem Aspekt der Aufzeichnungsverwaltung ist es zweckmäßig, den
Transaktionscode bei der Namensvergabe in irgendeiner Form zu
berücksichtigen (zum Beispiel Z_FB01). Sind beide Felder gepflegt,
können Sie über die Schaltfläche Aufzeichnung starten einen Datensatz
exemplarisch erfassen. Sie gelangen unmittelbar zur ersten Bildschirmmaske, die Ihnen in der Regel bei der Belegerfassung über die

Transaktion FB01 präsentiert wird. Hier können die Belegkopfdaten gepflegt werden (siehe Abbildung 3.4).

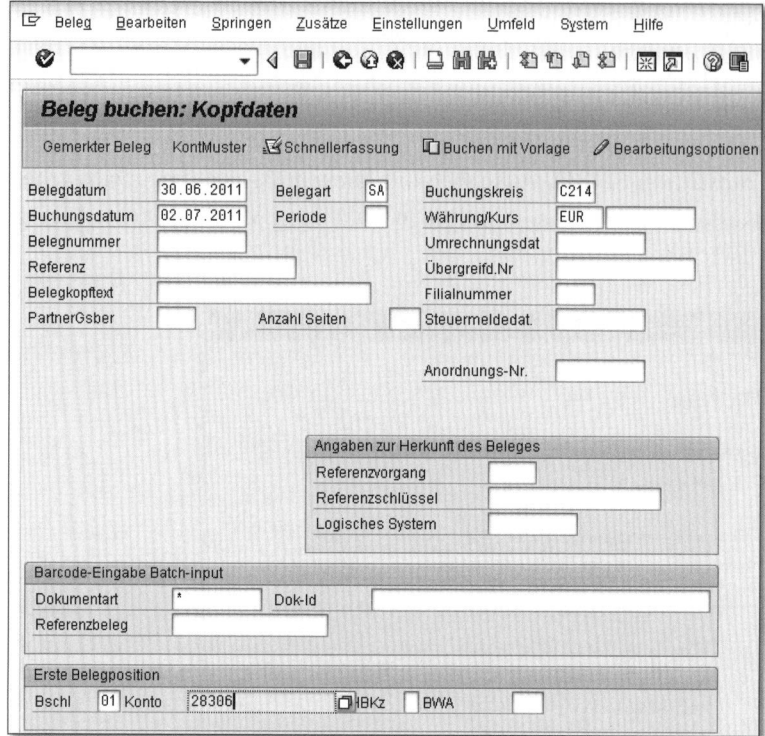

Abbildung 3.4 Beleg buchen – Kopfdaten

Datenpflege

Sie sollten bei der Datenerfassung generell darauf achten, dass Sie genau die Felder pflegen, die ohnehin eine Ausprägung erfordern (die sogenannten *Mussfelder*), sowie sämtliche Felder, die Sie in Ihrer Übernahmedatei für die Datenmigration bereitstellen. Auf diese Weise kann eine Aufzeichnung mit allen für die Datenübernahme benötigten Informationen sichergestellt werden.

Änderung auf der Datenbank

Um Missverständnisse von Anfang an zu vermeiden, weisen wir Sie an dieser Stelle darauf hin, dass eine Aufzeichnung mit dem Transaktionsrecorder im Wesentlichen einer Dialogverarbeitung gleicht. Dies bedeutet, dass Sie in gewohnter Weise durch die jeweiligen Erfassungsmasken der Transaktion navigieren und Ihre Eingaben vornehmen, die mit einer Buchung abgeschlossen werden. Es wird also nicht nur eine Transaktion simuliert, sondern mit der Verbuchung des Datensatzes eine Änderung auf der Datenbank ausgelöst.

Der einzige Unterschied zur reinen Dialogverarbeitung besteht in der simultanen Aufzeichnung der Datenerfassung durch den Transaktionsrecorder, dessen Aktivität durch gelegentliche Meldungen in der Statusleiste dokumentiert wird.

Haben Sie Ihre Eingaben für den Belegkopf spezifiziert, klassifizieren Sie über den Buchungsschlüssel (Bschl) 01, dass es sich bei dem nachfolgenden zu bebuchenden Konto 28306 um ein Debitorenkonto handelt, das im Soll bebucht werden soll und eine Rechnung darstellt. Die Taste ⏎ führt Sie zur Darstellung aus Abbildung 3.5.

Debitorenposition

Hier wird aus Gründen der Vereinfachung lediglich das Feld Betrag gepflegt, das den Bruttobetrag der Kundenrechnung widerspiegelt. Die Gegenbuchung wird auf einem eigens für die Datenübernahme eingerichteten Sachkonto 999990 im Haben durchgeführt, was aus dem Buchungsschlüssel 50 hervorgeht (siehe Abschnitt 1.2.5, »Exkurs: Buchhalterische Vorüberlegungen im SAP-System«). Über die Taste ⏎ erreichen Sie das Dialogfenster aus Abbildung 3.6, in dem Sie ebenfalls das Feld Betrag entsprechend pflegen müssen. Da es sich um die letzte Belegzeile handelt, können Sie alternativ anstelle des Betrags auch das Wildcard-Zeichen (*) eingeben. Das SAP-System ermittelt in diesem Fall den fehlenden Betrag automatisch.

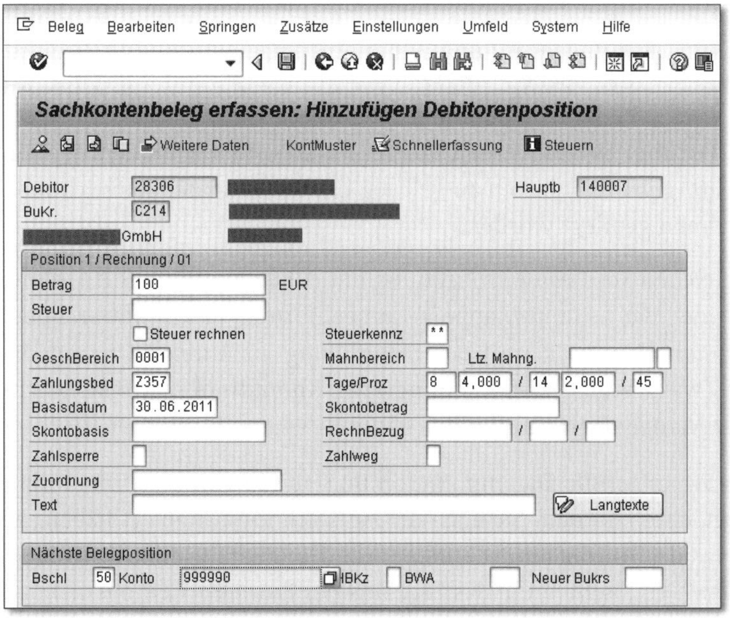

Sachkontenposition

Abbildung 3.5 Beleg buchen – Debitorenzeile

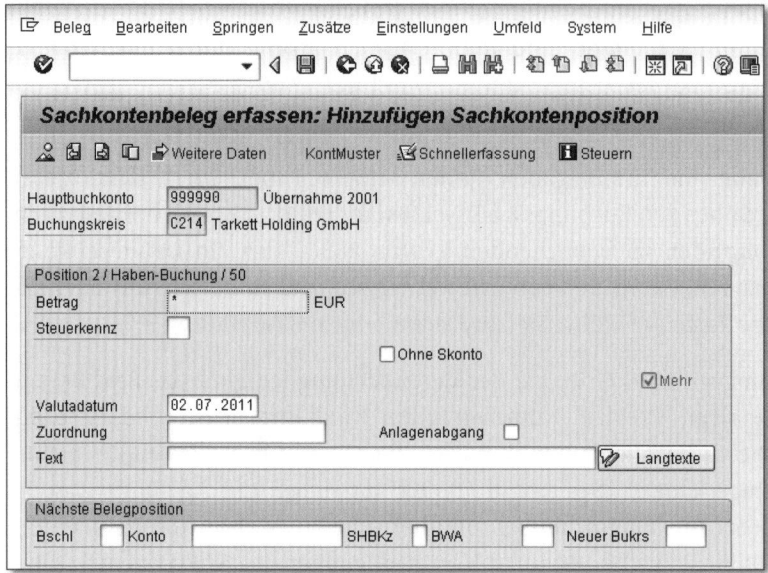

Abbildung 3.6 Beleg buchen – Sachkontenzeile

Die Schaltfläche Buchen (🖫) löst sowohl eine Änderung auf der Datenbank als auch das Ende der Aufzeichnung aus. Sie gelangen unmittelbar in den Editor des Transaktionsrecorders, der in Abbildung 3.7 dargestellt ist.

Editor Der Transaktionsrecorder gibt Ihnen Informationen darüber, welches Programm der soeben aufgezeichneten Transaktion zugrunde lag und welche Bildschirmbilder (Spalte Dynpro) dabei durchlaufen wurden. Darüber hinaus werden Ihnen sämtliche Tabellenfelder mit den zugehörigen Feldinhalten aufgelistet, die während der Aufzeichnung von Ihnen gepflegt wurden.

Vergleichen Sie diese Aufzeichnung mit der in Abschnitt 3.2.1, »Was ist eine Batch-Input-Mappe?«, eingeführten Batch-Input-Mappe, erkennen Sie eine klare Übereinstimmung im Aufbau. Dies erklärt auch, warum eine Aufzeichnung »per Knopfdruck« in eine Batch-Input-Mappe überführt werden kann.

Stornieren Falls Sie später die Datenmigration im selben Mandanten durchführen möchten, in dem Sie auch die Aufzeichnung angelegt haben, ist der aus der Aufzeichnung entstandene Datensatz wieder zu stornieren bzw. zu löschen, um das Ergebnis der Datenübernahme nicht zu verfälschen.

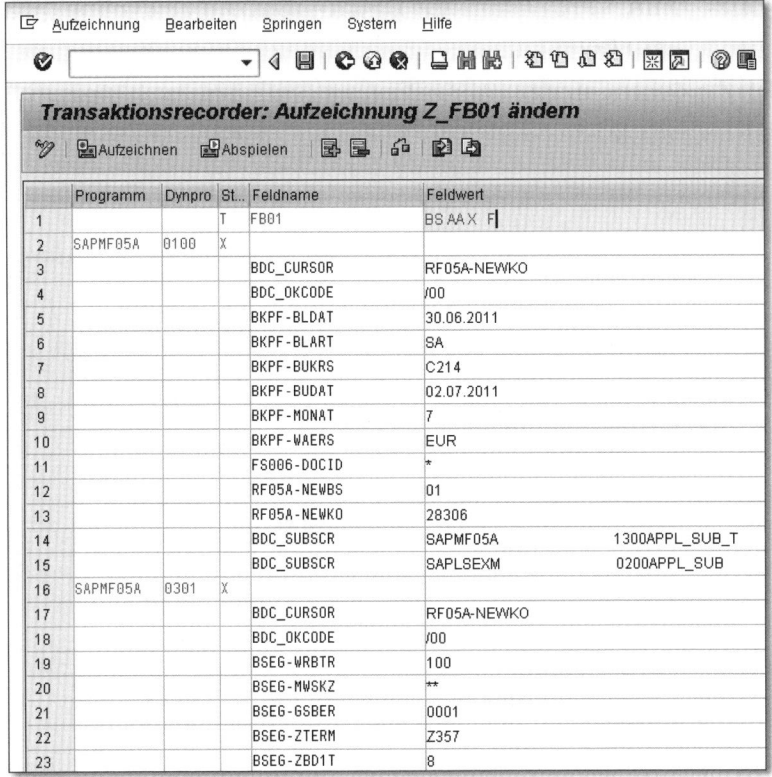

Abbildung 3.7 Ende der Aufzeichnung – Transaktionsrecorder

Abschließend geben wir Ihnen noch einige Regeln an die Hand, die Sie bei der Erstellung von Aufzeichnungen beachten sollten:

Regeln für Aufzeichnungen

- ▶ genaue Kenntnis der Transaktion vor Erstellen der Aufzeichnung
- ▶ kein unnötiges Hin- und Herspringen zwischen Dynpros
- ▶ kein Doppelklick auf Listen
- ▶ keine Fehlermeldungen während der Aufzeichnung erzeugen
- ▶ nach Erstellung der Aufzeichnung keine Customizing-Änderungen vornehmen, die Dynpros oder deren Abfolge innerhalb der Transaktion verändern

Wenn Sie Ihre Aufzeichnung über die Schaltfläche SICHERN (🖫) gespeichert haben, können Sie daraus in einem weiteren Schritt den ABAP-Quellcode generieren lassen.

Programm generieren

3.4.2 ABAP-Programm aus Batch-Input-Aufzeichnung generieren

Für die Generierung des ABAP-Programms aus den Batch-Input-Aufzeichnungen gehen Sie mit der Taste [F3] zurück zur Aufzeichnungsübersicht und klicken dort auf die Schaltfläche PROGRAMM ANLEGEN (Programm) (siehe Abbildung 3.8).

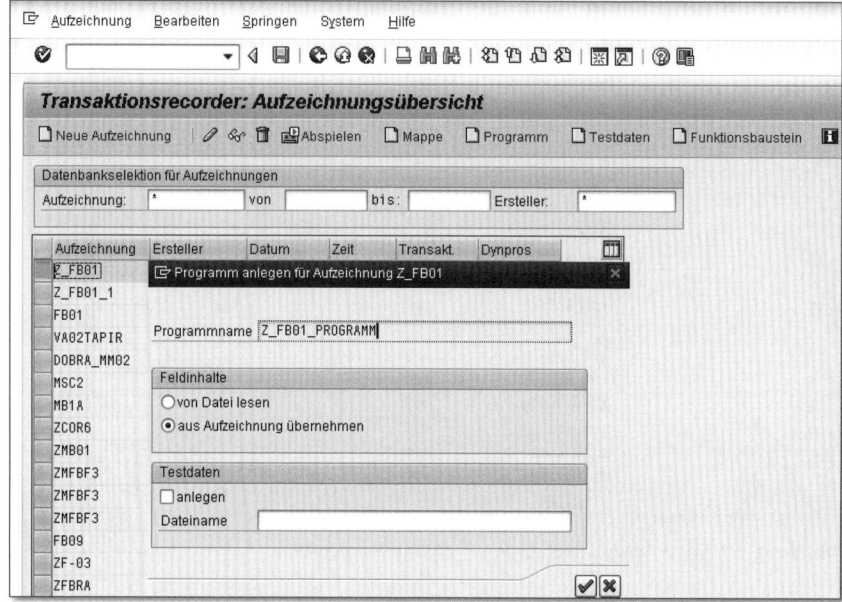

Abbildung 3.8 Programm aus Aufzeichnung generieren

Hier geben Sie im Feld PROGRAMMNAME den Namen des Programms an, in unserem Fall Z_FB01_PROGRAMM.

Optionen für
Feldinhalte

Im Abschnitt FELDINHALTE stehen Ihnen zwei Optionen zur Verfügung:

▸ **Aus Aufzeichnung übernehmen**
Hier werden die konkreten Feldinhalte aus der Aufzeichnung in das zu generierende Programm entsprechend übernommen.

▸ **Von Datei lesen**
Alternativ können die Feldinhalte der Aufzeichnung auch durch die technischen SAP-Feldbezeichnungen ersetzt werden.

Um nun den Zusammenhang zwischen Aufzeichnung und Programm unmittelbar sichtbar zu machen, haben wir uns für die Option AUS

AUFZEICHNUNG ÜBERNEHMEN entschieden, wohlwissend, dass die zweite Option bei der späteren Nachbearbeitung des Programms möglicherweise weniger manuelle Eingriffe erfordert.

In den nachfolgenden Dialogfenstern werden Sie aufgefordert, einen **ABAP-Programm** TITEL, ein PAKET sowie einen TRANSPORTAUFTRAG für das Programm anzugeben. Als Ergebnis erhalten Sie ein Programm mit folgender Logik (siehe Listing 3.1):

```
 1  REPORT Z_FB01_PROGRAMM NO STANDARD PAGE HEADING LINE-
    SIZE 255.
 2  INCLUDE bdcrecx1.
 3  START-OF-SELECTION.
 4  PERFORM open_group.
 5  PERFORM bdc_dynpro      USING 'SAPMF05A' '0100'.
 6  PERFORM bdc_field       USING 'BDC_CURSOR'
 7                                'RF05A-NEWKO'.
 8  PERFORM bdc_field       USING 'BDC_OKCODE'
 9                                '/00'.
10  PERFORM bdc_field       USING 'BKPF-BLDAT'
11                                '30.06.2011'.
12  PERFORM bdc_field       USING 'BKPF-BLART'
13                                'SA'.
14  PERFORM bdc_field       USING 'BKPF-BUKRS'
15                                'C214'.
16  PERFORM bdc_field       USING 'BKPF-BUDAT'
17                                '02.07.2011'.
18  PERFORM bdc_field       USING 'BKPF-WAERS'
19                                'EUR'.
20  PERFORM bdc_field       USING 'RF05A-NEWBS'
21                                '01'.
22  PERFORM bdc_field       USING 'RF05A-NEWKO'
23                                '28306'.
24  PERFORM bdc_dynpro      USING 'SAPMF05A' '0301'.
25  PERFORM bdc_field       USING 'BDC_CURSOR'
26                                'RF05A-NEWKO'.
27  PERFORM bdc_field       USING 'BDC_OKCODE'
28                                '/00'.
29  PERFORM bdc_field       USING 'BSEG-WRBTR'
30                                '100'.
31  PERFORM bdc_field       USING 'RF05A-NEWBS'
32                                '50'.
33  PERFORM bdc_field       USING 'RF05A-NEWKO'
34                                '999990'.
35  PERFORM bdc_dynpro      USING 'SAPMF05A' '0300'.
```

```
36 PERFORM bdc_field        USING 'BDC_CURSOR'
37                                'BSEG-WRBTR'.
38 PERFORM bdc_field        USING 'BDC_OKCODE'
39                                '/00'.
40 PERFORM bdc_field        USING 'BSEG-WRBTR'
41                                '100'.
42 PERFORM bdc_field        USING 'BDC_OKCODE'
43                                '=BU'.
44 PERFORM bdc_transaction USING 'FB01'.
45 PERFORM close_group.
```

Listing 3.1 Z_FB01_PROGRAMM – aus Aufzeichnung generiertes ABAP-Programm

Programm ist Basis
für Datenmigration

Dieses automatisch generierte Programm enthält bereits einen Großteil der Kommandos und Unterprogramme, die für die spätere Datenübernahme benötigt werden. Unter diesem Gesichtspunkt bietet es sich an, dieses Fragment als Grundlage für das eigentliche Datenmigrationsprogramm zu verwenden und entsprechend anzupassen.

Was leistet nun die gezeigte Programmlogik?

PERFORM
open_group

Vereinfacht ausgedrückt, wird in Zeile 4 durch PERFORM open_group eine Batch-Input-Mappe geöffnet. Diese Batch-Input-Mappe wird im weiteren Programmverlauf genau mit den Bildschirmmasken (Dynpros) und Feldinhalten gefüllt, wie sie sich aus der zuvor durchgeführten Aufzeichnung der Transaktion FB01 ergeben haben. Zur Verdeutlichung dieses Sachverhalts sollen die Programmzeilen 5, 10 und 11 etwas genauer analysiert werden:

PERFORM
bdc_dynpro

PERFORM bdc_dynpro USING 'SAPMF05A' '0100' bedeutet zunächst, dass ein Unterprogramm namens bdc_dynpro mit dem Kommando PERFORM aufgerufen wird. Diesem Unterprogramm bdc_dynpro werden mittels USING zwei Parameter übergeben, die in Hochkommata stehen. Es handelt sich hierbei um die Bildschirmmaske 0100 (siehe Abbildung 3.4) des Programms SAPMF05A. Das Programm SAPMF05A ist das zentrale Programm der Finanzbuchhaltung, das auch der Transaktion FB01 zugrunde liegt. Somit ist also festgelegt, welche Bildschirmmaske gerade zur Verarbeitung ansteht bzw. mit Feldinhalten zu füllen ist.

PERFORM
bdc_field

Mit PERFORM bdc_field USING 'BKPF-BLDAT' '30.06.2011' wird ein weiteres Unterprogramm bdc_field aufgerufen, dem ebenfalls zwei Parameter übergeben werden. Dies ist zunächst das Feld BELEGDAtum BLDAT, das in der Belegkopftabelle BKPF steht und über BKPF-BLDAT referenziert werden kann. Der zweite zu übergebende Parameter ist die aus der Aufzeichnung resultierende konkrete Ausprägung des Belegdatums, in diesem Fall »30.06.2011«. Damit ist klar, dass der debitorische offene Posten das Belegdatum 30.06.2011 besitzt.

Die Situation in Programmzeile 12 und 13 ist analog zu beurteilen: PERFORM bdc_field USING 'BKPF-BLART' 'SA' sagt nichts anderes aus, als dass der offene Posten mit der Belegart »SA« gebucht werden soll.

Bereits diese Erklärungsansätze zeigen, dass das Zusammenspiel zwischen PERFORM bdc_dynpro und PERFORM bdc_field letztendlich festlegt, auf welchem Dynpro gerade welche Felder mit welchen Werten versehen werden. Somit beziehen sich die Programmzeilen 5 bis 23 allesamt auf das Dynpro 0100, also den Belegkopf. Die Angaben zur debitorischen Position (siehe Abbildung 3.5) werden zwischen den Programmzeilen 24 und 34 determiniert. Das letzte zu füllende Dynpro 0300 repräsentiert die Sachkontenzeile (siehe Abbildung 3.6) und wird durch die Programmzeilen 35 bis 43 bestimmt.

bdc_dynpro und bdc_field

Nachdem nun alle Belegangaben bekannt sind, kann mit PERFORM bdc_transaction USING 'FB01' ein Unterprogramm bdc_transaction aufgerufen werden, das den Beleg über die Transaktion FB01 einbucht, die als Parameter übergeben wird. PERFORM bdc_transaction schließt also die Transaktion mit einer Buchung ab und ist de facto die letzte Anweisung innerhalb der Batch-Input-Mappe (siehe Programmzeile 44).

PERFORM bdc_transaction

Bevor allerdings eine Batch-Input-Mappe verarbeitet, das heißt abgespielt werden kann, muss die noch geöffnete Mappe wieder geschlossen werden. Dies wird mit PERFORM close_group gewährleistet. PERFORM close_group benötigt keine Parameterübergabe, da die gerade geöffnete Mappe automatisch geschlossen wird (siehe Programmzeile 45).

PERFORM close_group

Sie mögen sich nach diesen Ausführungen fragen, was die einzelnen Unterprogramme nun konkret leisten. Bis dato wissen Sie lediglich, dass diesen Unterprogrammen, auch *Forms* genannt, Parameter übergeben werden. Vereinfacht ausgedrückt, bestehen diese Forms wieder aus *Funktionsbausteinen*, das heißt aus Unterprogrammen mit einer klar definierten Schnittstelle, die von allen ABAP-Programmen aufgerufen werden können. Diese Funktionsbausteine verarbeiten die zuvor an die Forms übergebenen Parameter weiter, damit diese anschließend in eine abspielbare Batch-Input-Mappe überführt werden können.

include bdcrecx1 Angenehm dabei ist, dass Sie sich um diese ganzen technischen Details nicht kümmern müssen. Die Ablauflogik sämtlicher Forms und der in ihnen verwendeten Funktionsbausteinen kommt ausschließlich in Programmzeile 2 zum Ausdruck: Mit include bdcrecx1 wird zusätzlicher ABAP-Code des Programms bdcrecx1 eingebunden, der für die gesamte Batch-Input-Steuerung maßgebend ist. Unter anderem ist dort hinterlegt, wie die Verarbeitung der Datensätze erfolgen soll. So kann beispielsweise beim Starten des Programms gewählt werden, ob eine Batch-Input-Mappe, die anschließend über die Transaktion SM35 abzuspielen ist, erstellt werden soll, oder ob alternativ die Datensätze über das *Call-Transaction-Verfahren* verarbeitet werden sollen, das die Datensätze direkt verbucht. Auf die Vor- und Nachteile beider Verfahren gehen wir in Kapitel 9, »Beurteilung der Datenmigrationstechniken«, ein.

Da es unserer Meinung nach für das weitere Verständnis nicht erforderlich ist, und es sich bei dem vorliegenden Werk auch nicht um ein Programmierhandbuch handelt, beleuchten wir das Include-Programm bdcrecx1 nicht weiter. Den interessierten Leser verweisen wir jedoch darauf, sich dieses Programm im SAP-System einmal etwas genauer anzuschauen.

Fazit Als Zwischenergebnis kann Folgendes festgehalten werden: Das automatisch generierte ABAP-Programm ist in der Lage, über die Batch-Input-Methode eine Batch-Input-Mappe zu erzeugen, die anschließend abgespielt werden kann. Alternativ dazu kann die Verarbeitung aber auch über das Call-Transaction-Verfahren erfolgen.

Dieses Programm kann jedoch in einer derartigen Form aus zwei Gründen nicht für die Datenübernahme genutzt werden:

▸ Es kann nur einen Datensatz verarbeiten.

▸ Es lässt nur konstante Werte aus der Aufzeichnung zu.

Da bei einer Datenmigration aber sowohl die Anzahl der Datensätze als auch die Ausprägungen der Feldinhalte variabel sind, muss die Programmlogik diesen Gegebenheiten Rechnung tragen und entsprechend angepasst werden.

3.4.3 Anpassung des generierten ABAP-Programms

Bevor Sie das Coding des Programms aus Abschnitt 3.4.2, »ABAP-Programm aus Batch-Input-Aufzeichnung generieren«, den Erfordernissen einer Datenmigration anpassen, sollten Sie zunächst die zu übernehmenden debitorischen offenen Posten in einer tabellenartigen Datei bereitstellen. Da wir uns bei der Aufzeichnung der Transaktion FB01 in Abschnitt 3.4.1, »Batch-Input-Aufzeichnung erzeugen«, auf ein Minimum der zu pflegenden Felder beschränkt haben, dürften diese Informationen für alle zu migrierenden Datensätze zur Verfügung stehen. Die entsprechende Datei, geöffnet mit Microsoft Excel, könnte das in Abbildung 3.9 gezeigte Erscheinungsbild aufweisen.

Übernahmedatei

	A	B	C	D	E	F	G	H	I	J
1	Buchungs-kreis	Belegdatum	Buchungs-datum	Währung	Buchungs-schlüssel	Debitor	Betrag	Buchungs-schlüssel	Übernahme-konto	Betrag
2	C214	05.04.2011	30.06.2011	EUR	06	28437	100	50	999990	100
3	C214	08.06.2011	30.06.2011	EUR	16	28437	150	40	999990	150
4	C214	03.05.2011	30.06.2011	EUR	11	29314	200	40	999990	200
5	C214	05.05.2011	30.06.2011	EUR	11	29314	250	40	999990	250
6	C214	01.06.2011	30.06.2011	EUR	01	29314	300	50	999990	300
7	C214	07.06.2011	30.06.2011	EUR	01	29314	350	50	999990	350
8	C214	04.05.2011	30.06.2011	EUR	01	30012	400	50	999990	400
9	C214	08.05.2011	30.06.2011	EUR	01	30012	450	50	999990	450
10	C214	09.05.2011	30.06.2011	EUR	01	30012	500	50	999990	500
11	C214	29.06.2011	30.06.2011	EUR	01	30012	550	50	999990	550

Abbildung 3.9 Anforderungen an das Datenformat

In anderen Situationen ist es durchaus vorstellbar, dass Sie nicht für jeden Datensatz alle Felder, die in der Aufzeichnung gepflegt wurden, mit einer entsprechenden Ausprägung versehen können. Denken Sie beispielsweise an die Telefonnummern bei einer Stammdatenübernahme. Die Minimalanforderung unter derartigen Rahmenbedingungen ist die Bereitstellung von Feldinhalten, die auch in der Aufzeichnung zwingend eine Eingabe erforderten (Mussfelder). Gegebenenfalls kann auch im Customizing der Charakter der jeweiligen Felder von *Muss-Eingabe* auf *Kann-Eingabe* geändert und nach der Datenübernahme wieder zurückgesetzt werden.

Fehlende Daten

Es gilt also, die in Abbildung 3.9 gezeigten Daten ins SAP-System zu importieren und dort zu verarbeiten. Dazu sollte die Datei bereits lokal auf Ihrem Rechner vorliegen. Da es im SAP-System einfacher ist, Textdateien zu verarbeiten als andere Formate, sollten Sie die vorliegende Übernahmedatei als Datei im Format TEXT (TABSTOPP-GETRENNT) (*.TXT) abspeichern. Um nun das Programm nicht unnötig zu verkomplizieren, sollten Sie darauf achten, dass die Datei keine Leerzeilen enthält. Leerzeilen würden eine Ausnahmesituation dar-

Anforderungen an das Datenmaterial

stellen, die durch eine entsprechende Programmlogik zu bewältigen wäre. Gleiches gilt für die erste Zeile der Datei, die gewöhnlich für die Feldbezeichnungen reserviert ist. Löschen Sie diese erste Zeile, ist gewährleistet, dass sämtliche Datensätze die gleiche Struktur aufweisen und somit im Programm nicht differenziert zu behandeln sind (siehe Abbildung 3.10).

Abbildung 3.10 Textdatei für Upload

Wie kann nun eine solche Textdatei ins SAP-System importiert werden?

Unterprogramm
daten_laden

Aus Gründen einer übersichtlichen Programmstrukturierung bietet sich wieder die *Unterprogrammtechnik* an. Ein Unterprogramm (Form) DATEN_LADEN, dem als Parameter der Pfad der Übernahmedatei auf Ihrem PC übergeben wird, gewährleistet das Laden der Daten in das SAP-System und gehorcht folgender Logik:

```
1  FORM DATEN_LADEN USING DATEI.
2  CALL FUNCTION 'GUI_UPLOAD'
3     EXPORTING
4        FILENAME                  = DATEI
5        FILETYPE                  = 'ASC'
6        HAS_FIELD_SEPARATOR       = 'X'
7     TABLES
8        DATA_TAB                  = ITAB
9     EXCEPTIONS
10       FILE_OPEN_ERROR           = 1
11       FILE_READ_ERROR           = 2
12       NO_BATCH                  = 3
13       GUI_REFUSE_FILETRANSFER   = 4
14       INVALID_TYPE              = 5
15       NO_AUTHORITY              = 6
16       UNKNOWN_ERROR             = 7
17       BAD_DATA_FORMAT           = 8
18       HEADER_NOT_ALLOWED        = 9
19       SEPARATOR_NOT_ALLOWED     = 10
```

```
20    HEADER_TOO_LONG        = 11
21    UNKNOWN_DP_ERROR       = 12
22    ACCESS_DENIED          = 13
23    DP_OUT_OF_MEMORY       = 14
24    DISK_FULL              = 15
25    DP_TIMEOUT             = 16
26    OTHERS                 = 17.
27 ENDFORM.
```

Listing 3.2 Unterprogramm DATEN_LADEN mit Funktionsbaustein GUI_Upload

Wie aus Programmzeile 2 hervorgeht, ruft das in Listing 3.2 gezeigte Unterprogramm mit CALL FUNCTION 'GUI_UPLOAD' einen Funktionsbaustein namens GUI_UPLOAD auf, dem wiederum diverse Parameter mittels EXPORTING zur Verarbeitung übergeben werden. Dies sind zum einen der Dateiname, repräsentiert durch den Platzhalter DATEI, sowie das Dateiformat ASC, und zum anderen die Angabe, dass die Felder der Datei durch ein Trennungszeichen voneinander getrennt sind, das an dieser Stelle nicht weiter zu spezifizieren ist. Darüber hinaus wird diesem Funktionsbaustein mittels TABLES auch eine interne Tabelle ITAB übergeben.

Funktionsbaustein GUI_Upload

Die Logik des Funktionsbausteins stellt nun die Übernahmedatei DATEI in die interne Tabelle ITAB ein, auf die im weiteren Programmverlauf entsprechend zugegriffen werden kann.

Um nun sinnvolle Ergebnisse zu garantieren, muss ITAB den gleichen Aufbau wie die Übernahmedatei haben. Das heißt, dass der Buchungskreis, der in der ersten Spalte der Übernahmedatei geführt wird (siehe Abbildungen 3.9 und 3.10), auch in der ersten Spalte der internen Tabelle vorgehalten werden muss. Das Belegdatum und das Buchungsdatum, die in der Übernahmedatei die Spalten 2 und 3 füllen, müssen der internen Tabelle ebenfalls als Spalte 2 und 3 bekannt gemacht werden. Für die restlichen Felder ist völlig analog zu verfahren. Definieren Sie die interne Tabelle ITAB wie folgt, ist eine 1:1-Zuordnung mit der Übernahmedatei gegeben und somit eine korrekte Transformation der Feldinhalte sichergestellt (siehe Listing 3.3):

Interne Tabelle ITAB

```
DATA: BEGIN OF ITAB OCCURS 0,
      BUKRS   LIKE BKPF-BUKRS,
      BLDAT   LIKE BKPF-BLDAT,
      BUDAT   LIKE BKPF-BUDAT,
      WAERS   LIKE BKPF-WAERS,
      BSCHL1  LIKE BSEG-BSCHL,
```

```
KUNNR   LIKE BSEG-KUNNR,
WRBTR1(8),
BSCHL2 LIKE BSEG-BSCHL,
HKONT   LIKE BSEG-HKONT,
WRBTR2(8),
END OF ITAB.
```

Listing 3.3 Deklaration der internen Tabelle ITAB

Betragsfelder als Charakter definieren

Wir haben uns bei den Feldbezeichnungen der internen Tabelle ITAB, sofern möglich, an die jeweiligen Feldnamen des SAP-Systems angelehnt und deren *Datentypen* entsprechend zugeordnet. Eine Ausnahme stellen die Betragsfelder WRBTR1 und WRBTR2 dar. Diese sind beide als achtstellige Charakterfelder definiert, da die Batch-Input-Verarbeitung bei einer Deklaration LIKE BSEG-WRBTR die Betragsfelder nicht füllen würde und somit keine Verarbeitung der zu übernehmenden Daten stattfinden könnte.

Fehlererkennung

Wie den Programmzeilen 9 bis 26 weiter zu entnehmen ist, ist der Funktionsbaustein auch in der Lage, mit Ausnahmesituationen umzugehen. Eine Ausnahmesituation tritt immer dann auf, wenn der Funktionsbaustein mit Parametern aufgerufen wird, die einen Fehler produzieren. Durch die EXCEPTIONS kann der Funktionsbaustein derartige Fehler abfangen und dem aufrufenden Programm die Fehlerursache mitteilen. Auf diese Weise können Laufzeitfehler verhindert werden. Da unser Datenmigrationsprogramm die Fehlerbehandlung nicht unterstützt, soll dieser Teil des Funktionsbausteins nicht weiter thematisiert werden.

Mit den bisherigen Anpassungen sind Sie nun in der Lage, Ihren Datenbestand ins SAP-System zu laden. Um ihn nun allerdings verarbeiten zu können, bedarf es weiterer Änderungen des in Abschnitt 3.4.2, »ABAP-Programm aus Batch-Input-Aufzeichnung generieren«, automatisch generierten Programms.

Konstanten durch Variablen ersetzen

Wie bereits erwähnt, kann dieses Programm nur einen Datensatz verarbeiten, dessen Werte konstante Ausprägungen haben und von der zugrunde liegenden Aufzeichnung bestimmt wurden. Es gilt nun, diese Festwerte durch *Variablen* zu ersetzen, um somit eine Vielzahl unterschiedlicher Datensätze verarbeiten zu können.

Alle zu übernehmenden Datensätze befinden sich durch den Upload bereits in der internen Tabelle ITAB, die nun sequenziell zu verarbeiten ist, das heißt Datensatz für Datensatz. Also muss ITAB in eine *Schleife* eingebunden werden, die alle Datensätze der Reihe nach liest und sie entsprechend in eine Batch-Input-Mappe stellt. Eine derartige Verarbeitung einer internen Tabelle kann im SAP-System mit der Anweisung LOOP AT ITAB ... ENDLOOP erreicht werden.

```
LOOP AT ITAB.
PERFORM bdc_dynpro        USING 'SAPMF05A' '0100'.
PERFORM bdc_field         USING 'BDC_CURSOR'
                                'RF05A-NEWKO'.
PERFORM bdc_field         USING 'BDC_OKCODE'
                                '/00'.
PERFORM bdc_field         USING 'BKPF-BLDAT'
                                ITAB-BLDAT.
PERFORM bdc_field         USING 'BKPF-BLART'
                                'SA'.
PERFORM bdc_field         USING 'BKPF-BUKRS'
                                ITAB-BUKRS.
PERFORM bdc_field         USING 'BKPF-BUDAT'
                                ITAB-BUDAT.
PERFORM bdc_field         USING 'BKPF-WAERS'
                                ITAB-WAERS.
PERFORM bdc_field         USING 'RF05A-NEWBS'
                                ITAB-BSCHL1.
PERFORM bdc_field         USING 'RF05A-NEWKO'
                                ITAB-KUNNR.
PERFORM bdc_dynpro        USING 'SAPMF05A' '0301'.
PERFORM bdc_field         USING 'BDC_CURSOR'
                                'RF05A-NEWKO'.
PERFORM bdc_field         USING 'BDC_OKCODE'
                                '/00'.
PERFORM bdc_field         USING 'BSEG-WRBTR'
                                ITAB-WRBTR1.
PERFORM bdc_field         USING 'RF05A-NEWBS'
                                ITAB-BSCHL2.
PERFORM bdc_field         USING 'RF05A-NEWKO'
                                ITAB-HKONT.
PERFORM bdc_dynpro        USING 'SAPMF05A' '0300'.
PERFORM bdc_field         USING 'BDC_CURSOR'
                                'BSEG-WRBTR'.
PERFORM bdc_field         USING 'BDC_OKCODE'
                                '/00'.
PERFORM bdc_field         USING 'BSEG-WRBTR'
                                ITAB-WRBTR2.
```

```
PERFORM bdc_field        USING 'BDC_OKCODE'
                              '=BU'.
PERFORM BDC_TRANSACTION USING 'FB01'.
ENDLOOP.
```

Listing 3.4 LOOP-Anweisung zur Verarbeitung der internen Tabelle ITAB

Schleifen-
verarbeitung

Das in Listing 3.4 aufgeführte Coding entspricht exakt dem, was Sie bereits aus Abschnitt 3.4.2, »ABAP-Programm aus Batch-Input-Aufzeichnung generieren«, kennen. Einziger Unterschied: Die konstanten Feldwerte, wie beispielsweise »30.06.2011« für das Belegdatum oder »C214« für den Buchungskreis, werden nun durch die variablen Inhalte der internen Tabelle ITAB, ITAB-BLDAT bzw. ITAB-BUKRS ersetzt. Somit können bei jedem Schleifendurchgang unterschiedliche Feldwerte der Tabelle ITAB verarbeitet werden. Zur Verdeutlichung: Ein einmaliges Durchlaufen der Schleife bewirkt, dass sämtliche Dynpros, das heißt Belegkopf, Debitorenzeile und Sachkontenzeile, mit den gerade gültigen Feldwerten der Tabelle ITAB versorgt und in die geöffnete Batch-Input-Mappe gestellt werden. Hierbei wird jeder Durchgang mit der Anweisung zum Buchen des Belegs über die Transaktion FB01 beendet. Damit steht fest, dass die Anzahl der Schleifendurchgänge auch die Anzahl der zu buchenden Belege bestimmt. Ist der letzte Datensatz von ITAB prozessiert, kann die Batch-Input-Mappe geschlossen werden.

Spezielle
Programm-
anpassung

Bevor wir Ihnen abschließend das komplette Datenmigrationsprogramm präsentieren, weisen wir Sie noch auf eine Besonderheit hin, mit der wir beim Testen des Programms konfrontiert wurden: Bei der Aufzeichnung einer Transaktion mit dem Transaktionsrecorder wird immer die *Cursorposition* auf dem aktuellen Dynpro mit aufgezeichnet. Da die Cursorposition für die Datenübernahme bedeutungslos ist, wenngleich sie diese gelegentlich negativ beeinflusst, haben wir die relevanten Passagen im Programm auf Kommentar (*) gesetzt.

```
REPORT Z_FB01_PROGRAMM.
*********************Declarations ******************
TABLES: BSEG,BKPF.
INCLUDE BDCRECX1.
DATA: BEGIN OF BDC_DATA OCCURS 0.
      INCLUDE STRUCTURE BDCDATA.
DATA: END OF BDC_DATA.
DATA: BEGIN OF ITAB OCCURS 0,
      BUKRS  LIKE BKPF-BUKRS,
```

```
        BLDAT   LIKE BKPF-BLDAT,
        BUDAT   LIKE BKPF-BUDAT,
        WAERS   LIKE BKPF-WAERS,
        BSCHL1  LIKE BSEG-BSCHL,
        KUNNR   LIKE BSEG-KUNNR,
        WRBTR1(8),
        BSCHL2  LIKE BSEG-BSCHL,
        HKONT   LIKE BSEG-HKONT,
        WRBTR2(8),
        END OF ITAB.
*********************** Initializations **************
START-OF-SELECTION.
  CLEAR BDC_DATA.
  REFRESH BDC_DATA.
*********************** Upload **********************
  PERFORM DATEN_LADEN USING
  'C:\_Datenmigration\Daten für FB01.txt'.
**** Call Transaction / Batch-Input im Fehlerfall *****
  PERFORM OPEN_GROUP. "Open batch input file
  LOOP AT ITAB.
PERFORM bdc_dynpro       USING 'SAPMF05A' '0100'.
*PERFORM bdc_field       USING 'BDC_CURSOR'
*                              'RF05A-NEWKO'.
PERFORM bdc_field        USING 'BDC_OKCODE'
                               '/00'.
PERFORM bdc_field        USING 'BKPF-BLDAT'
                               ITAB-BLDAT.
PERFORM bdc_field        USING 'BKPF-BLART'
                               'SA'.
PERFORM bdc_field        USING 'BKPF-BUKRS'
                               ITAB-BUKRS.
PERFORM bdc_field        USING 'BKPF-BUDAT'
                               ITAB-BUDAT.
PERFORM bdc_field        USING 'BKPF-WAERS'
                               ITAB-WAERS.
PERFORM bdc_field        USING 'RF05A-NEWBS'
                               ITAB-BSCHL1.
PERFORM bdc_field        USING 'RF05A-NEWKO'
                               ITAB-KUNNR.
PERFORM bdc_dynpro       USING 'SAPMF05A' '0301'.
*PERFORM bdc_field       USING 'BDC_CURSOR'
*                              'RF05A-NEWKO'.
PERFORM bdc_field        USING 'BDC_OKCODE'
                               '/00'.
PERFORM bdc_field        USING 'BSEG-WRBTR'
                               ITAB-WRBTR1.
```

```
PERFORM bdc_field        USING 'RF05A-NEWBS'
                               ITAB-BSCHL2.
PERFORM bdc_field        USING 'RF05A-NEWKO'
                               ITAB-HKONT.
PERFORM bdc_dynpro       USING 'SAPMF05A' '0300'.
*PERFORM bdc_field       USING 'BDC_CURSOR'
*                              'BSEG-WRBTR'.
PERFORM bdc_field        USING 'BDC_OKCODE'
                               '/00'.
PERFORM bdc_field        USING 'BSEG-WRBTR'
                               ITAB-WRBTR2.
PERFORM bdc_field        USING 'BDC_OKCODE'
                               '=BU'.
PERFORM BDC_TRANSACTION USING 'FB01'.
ENDLOOP.
PERFORM CLOSE_GROUP.
**************************** Forms ******************
FORM DATEN_LADEN USING DATEI.
  CALL FUNCTION 'GUI_UPLOAD'
    EXPORTING
      FILENAME                = DATEI
      FILETYPE                = 'ASC'
      HAS_FIELD_SEPARATOR     = 'X'
    TABLES
      DATA_TAB                = ITAB
    EXCEPTIONS
      FILE_OPEN_ERROR         = 1
      FILE_READ_ERROR         = 2
      NO_BATCH                = 3
      GUI_REFUSE_FILETRANSFER = 4
      INVALID_TYPE            = 5
      NO_AUTHORITY            = 6
      UNKNOWN_ERROR           = 7
      BAD_DATA_FORMAT         = 8
      HEADER_NOT_ALLOWED      = 9
      SEPARATOR_NOT_ALLOWED   = 10
      HEADER_TOO_LONG         = 11
      UNKNOWN_DP_ERROR        = 12
      ACCESS_DENIED           = 13
      DP_OUT_OF_MEMORY        = 14
      DISK_FULL               = 15
      DP_TIMEOUT              = 16
      OTHERS                  = 17.
ENDFORM.
```

Listing 3.5 Vollständiges Programm zur Übernahme offener debitorischer Posten

Führen Sie das in Listing 3.5 gezeigte Programm über die Menüfolge SYSTEM • DIENSTE • REPORTING oder alternativ über den Transaktionscode SE38 bzw. SA38 aus, können Sie entscheiden, ob die Verarbeitung mit der Batch-Input-Technik oder mittels Call Transaction erfolgen soll (siehe Abbildung 3.11).

Programm
ausführen

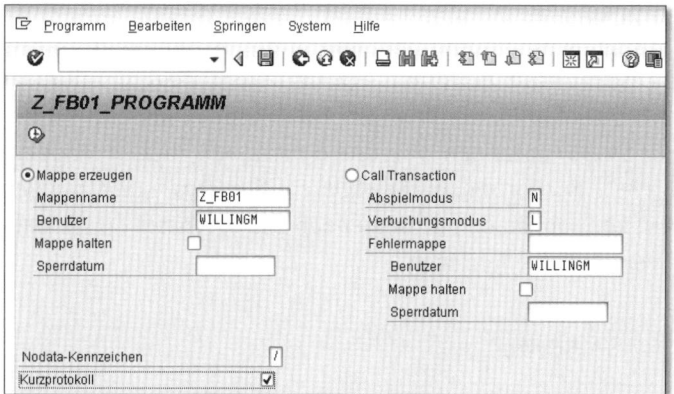

Abbildung 3.11 Selektionsbildschirm des Programms Z_FB01_PROGRAMM zur Übernahme offener debitorischer Posten

3.4.4 Batch-Input-Mappe erzeugen und abspielen

Entscheiden Sie sich für eine Verarbeitung der Daten mithilfe der Batch-Input-Technik, ist nur der linke Teil des Selektionsbildschirms aus Abbildung 3.11 relevant für Sie.

Sie markieren MAPPE ERZEUGEN und bestimmen im Feld MAPPENNAME einen Namen, den das System der erzeugten Mappe zuweisen soll. Unter diesem Namen – hier Z_FB01 – können Sie, sobald das Programm Z_FB01_PROGRAMM beendet ist, die Mappe in der Mappenübersicht (SM35) wiederfinden. In das Feld BENUTZER tragen Sie jenen SAP-Benutzer ein, über dessen Berechtigungen die Mappe abgespielt werden soll. Standardmäßig ist dieses Feld mit Ihrem Benutzernamen vorbelegt, kann allerdings überschrieben werden. Möchten Sie beispielsweise aus Gründen der Protokollierung eine fehlerfrei abgespielte Mappe weiterhin im SAP-System behalten, müssen Sie dies durch die Auswahl MAPPE HALTEN mitteilen. Im Feld SPERRDATUM können Sie ein Datum eintragen, vor dem das Abspielen der Mappe nicht gestattet ist. Mit dieser Option kann beispielsweise organisatorisch verhindert werden, dass bei umfangreichen Altdatenübernahmen, die mehrere Batch-Input-Mappen zur Folge haben, das

Selektionsfelder

Abarbeiten der Fehlermappen vor Beendigung der letzten Datenübernahme einsetzt. Mit dem NODATA-KENNZEICHEN legen Sie fest, welches Zeichen in die Batch-Input-Mappe geschrieben werden soll, wenn das System fehlende Daten identifiziert. Standardmäßig wird hier »/« vorgeschlagen. Abschließend können Sie noch wählen, ob Sie ein SMALLLOG, also ein Kurzprotokoll der Datenübernahme wünschen oder nicht.

Erzeugen und Abspielen der Batch-Input-Mappe

Sind alle Festlegungen getroffen, erzeugt AUSFÜHREN unmittelbar eine Batch-Input-Mappe, die Sie in der Batch-Input-Übersicht (Transaktionscode SM35) unter dem von Ihnen zuvor vergebenen Mappennamen Z_FB01 wiederfinden. Selektieren Sie diese und wählen AUSFÜHREN, können Sie im nachfolgenden Dialogfenster die Modalitäten der Verarbeitung festlegen.

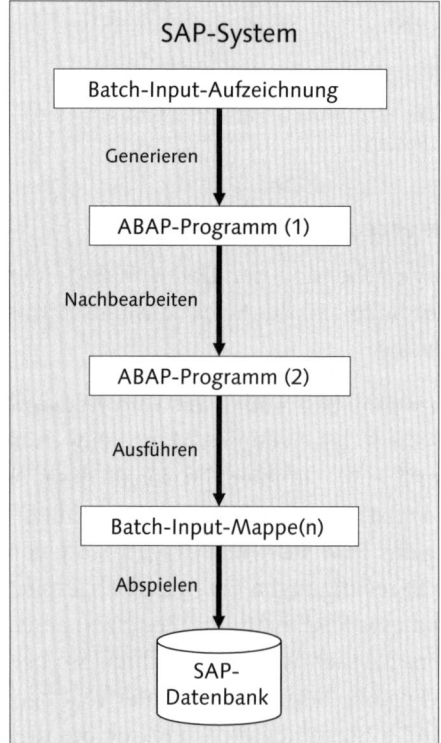

Abbildung 3.12 Datenmigration mit Batch-Input-Verfahren

Da die Dauer der Batch-Input-Verarbeitung im Wesentlichen vom Datenvolumen bestimmt wird, sollten Sie ab einer Größenordnung von 1.000 Datensätzen stets die Hintergrundverarbeitung wählen. Bei kleineren Datenmengen kann man sich alternativ überlegen, ob man eventuell auftretende Fehler gleich im Dialog behebt, was im Modus Nur Fehler anzeigen unterstützt wird. Vom Modus Sichtbar abspielen raten wir in diesem Zusammenhang gänzlich ab. Dieser Modus kann allenfalls dazu verwendet werden, die Datenübernahme beispielhaft mit einigen ausgewählten Datensätzen zu testen.

Skizziert betrachtet, sieht der gerade beschriebene Prozess aus, wie in Abbildung 3.12 dargestellt.

3.4.5 Call Transaction plus Batch-Input-Mappe im Fehlerfall

Entscheiden Sie sich aus Gründen der Performance für die Call-Transaction-Methode, auf deren Vor- und Nachteile wir in Kapitel 9 im Rahmen einer allgemeinen Beurteilung der Datenmigrationstechniken noch zu sprechen kommen werden, ist der rechte Teil der Selektionsmaske aus Abbildung 3.11 für Sie maßgebend.

Sie wählen zunächst die Option Call transaction aus. Danach gilt es, den Verbuchungsmodus festzulegen, der bestimmt, ob die Verarbeitung *im Dialog* oder *dunkel* (im Hintergrund) durchgeführt werden soll. Drei Alternativen stehen zur Auswahl:

Selektionsfelder

- ▶ »A« bedeutet »alles anzeigen«. Demnach werden Sie durch jede einzelne Bildschirmmaske geführt, was allenfalls zum Testen ausgewählter Datensätze sinnvoll sein kann, jedoch keine Alternative für eine Datenübernahme darstellt.

- ▶ Der Verarbeitungsmodus »E« beschränkt sich auf die Darstellung der Fehler im Dialog, wobei fehlerfreie Transaktionen im Hintergrund ausgeführt werden. Diese Hintergrundverarbeitung hält so lange an, bis eine Fehlersituation auftritt. Das Call-Transaction-Verfahren schaltet dann in die Dialogverarbeitung um, damit der Fehler manuell korrigiert werden kann. Sind die Daten stimmig, wird wieder in die Hintergrundverarbeitung gewechselt, und zwar so lange, bis der nächste Fehler auftritt oder die Verarbeitung beendet ist.

▸ Im Modus »N« findet eine reine Hintergrundverarbeitung ohne Dialog statt.

Verbuchungs-modus

Im nächsten Schritt tragen Sie die Angaben zum VERBUCHUNGSMO-DUS ein, das heißt, Sie bestimmen, wie die Daten zu verbuchen sind. Dabei steht »S« für synchrone, »A« für asynchrone und »L« für lokale Verbuchung. Möchten Sie fehlerfreie Transaktionen mit Call Transaction verbuchen und gleichzeitig fehlerhafte Transaktionen zur Nachbearbeitung in eine Batch-Input-Mappe stellen, was für die Hintergrundverarbeitung mit Nachdruck zu empfehlen ist, müssen Sie zusätzlich das Feld FEHLERMAPPE mit einem Namen versehen, über den Sie die Fehlermappe in der Mappenübersicht (SM35) identifizieren und nachbearbeiten können.

Geben Sie hier keine Fehlermappe an, ist das System nicht in der Lage, fehlerhafte Transaktionen zu sammeln und sie für die anschließende interaktive Verarbeitung zur Verfügung zu stellen. Es werden vielmehr – wie erwartet – fehlerfreie Transaktionen verbucht. Fehlerhafte Datensätze hingegen werden allenfalls protokollarisch festgehalten und sind somit nicht Gegenstand der Datenübernahme.

Die Felder BENUTZER, SPERRDATUM und MAPPE HALTEN wurden bereits in Abschnitt 3.4.4, »Batch-Input-Mappe erzeugen und abspielen«, erläutert und haben hier die gleiche Bedeutung.

Parametrisierung

Für Datenübernahmen, die mit dem Call-Transaction-Verfahren durchgeführt werden sollen, bietet sich nachfolgende Parametrisierung an: ABSPIELMODUS »N«, VERBUCHUNGSMODUS »L«, FEHLERMAPPE »X«, BENUTZER »Y«.

Ist der Selektionsbildschirm gepflegt, wird mit AUSFÜHREN die Verbuchung der Daten mit Call Transaction gestartet.

Auch hier soll eine schematische Darstellung (siehe Abbildung 3.13) zur Verdeutlichung des Sachverhalts beitragen.

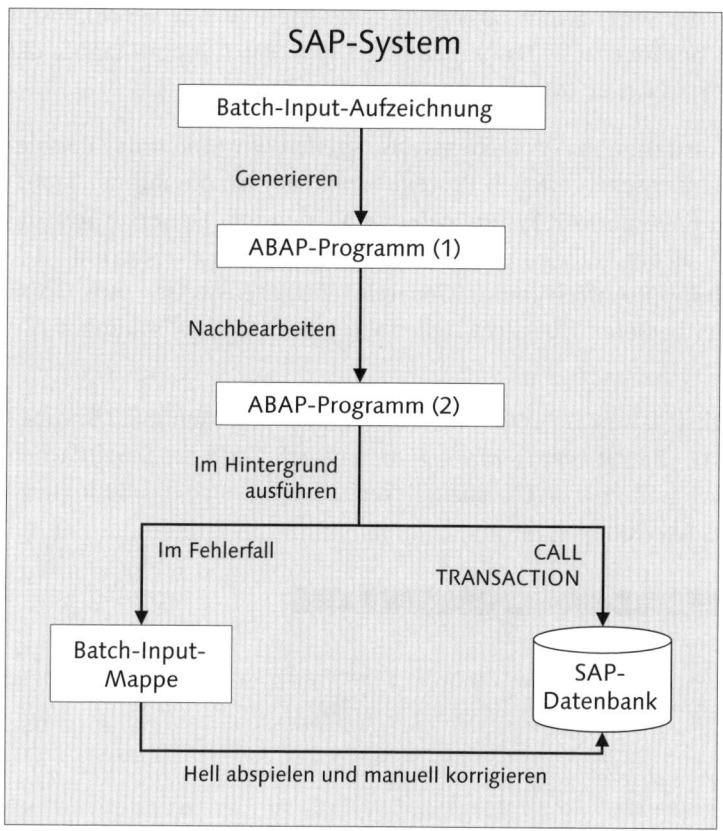

Abbildung 3.13 Datenmigration mit Call-Transaction-Verfahren

3.5 Batch-Input-Aufzeichnung kombiniert mit Microsoft Word-Serienbriefverarbeitung

In Abschnitt 3.4, »Batch-Input-Aufzeichnung: Generelle Vorgehens-weise«, haben Sie erfahren, wie Sie aus einer Batch-Input-Aufzeich-nung ein ABAP-Programm generieren, das durch entsprechende Nachbearbeitung eine lokal auf dem PC liegende Datei einlesen und zu einer Batch-Input-Mappe verarbeiten kann. Diese Vorgehensweise erfordert allerdings Programmierkenntnisse, die – so das erklärte Ziel dieses Buches – nach Möglichkeit nicht bemüht werden sollen.

In den nun folgenden Ausführungen stellen wir Ihnen ein Verfahren vor, das diese Zielsetzung in einer komfortablen Art und Weise unterstützt: Eine Batch-Input-Aufzeichnung wird mit den Funktiona-

Programmier-vermeidung

litäten der Serienbriefverarbeitung kombiniert, wie sie aus Microsoft Word bekannt sind. Das Ergebnis ist eine Batch-Input-Mappe, die über Transaktion SM35 abgespielt werden kann.

Beispiel: FB01 Zur Illustration der Vorgehensweise greifen wir erneut das Beispiel der debitorischen offenen Postenübernahme auf, die mit der Transaktion FB01 ins SAP-System gebucht werden soll. Der erste Teil, die Erstellung der Aufzeichnung, ist inhaltlich identisch mit Abschnitt 3.4, »Batch-Input-Aufzeichnung: Generelle Vorgehensweise«. Aus Gründen der besseren Übersicht stellen wir jedoch den vollständigen Ablauf dar.

Zunächst starten Sie Transaktion SM35 über den Menüpfad SYSTEM • DIENSTE • BATCH-INPUT • MAPPEN, um anschließend die Schaltflächen Aufzeichnung und Neue Aufzeichnung anzuklicken. Es öffnet sich das Dialogfenster aus Abbildung 3.14.

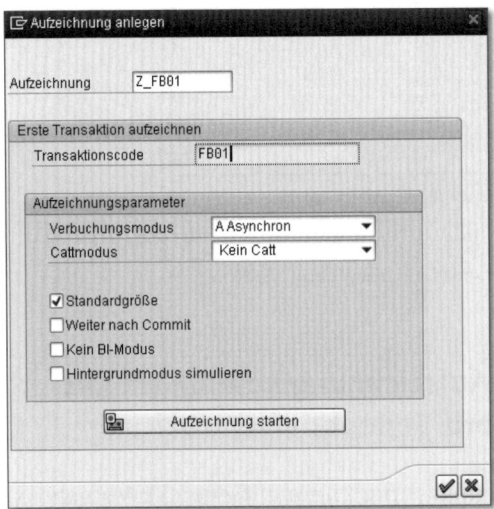

Abbildung 3.14 Aufzeichnung anlegen

Aufzeichnung anlegen Nun bestimmen Sie sowohl den Namen der Aufzeichnung als auch den Transaktionscode, mit dem Sie Ihre debitorischen offenen Posten ins in das SAP-System übernehmen möchten (Transaktion FB01). Unter Strukturierungsaspekten ist es zweckmäßig, den Transaktionscode bei der Namensvergabe in irgendeiner Form zu berücksichtigen (zum Beispiel Z_FB01). Sind beide Felder gepflegt, können Sie über die Schaltfläche Aufzeichnung starten Ihre Aufzeichnung entsprechend anlegen (siehe Abbildungen 3.15 bis 3.18).

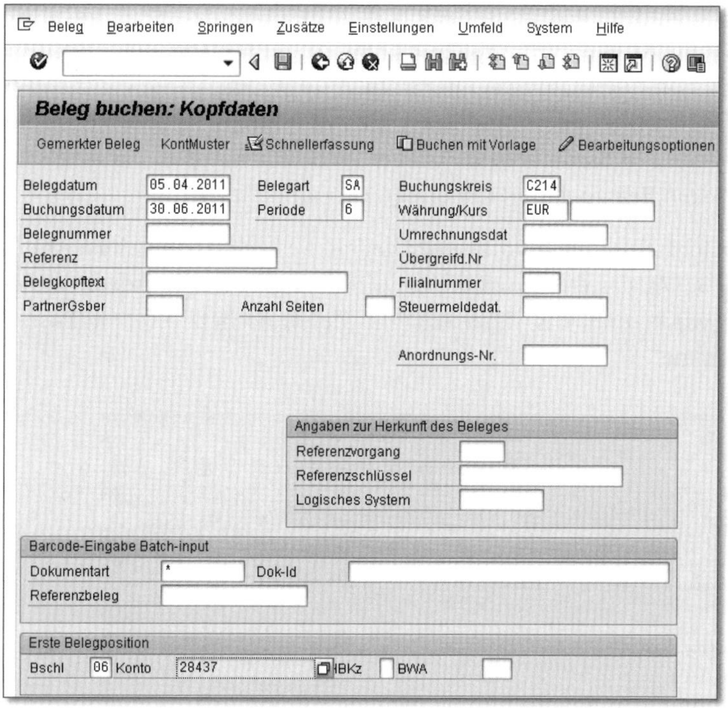

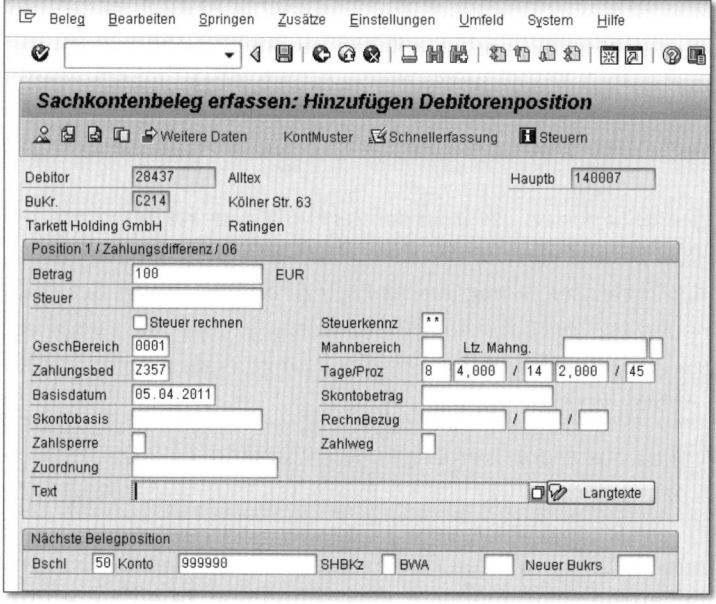

Abbildung 3.15 FB01 – Belegkopf

Abbildung 3.16 FB01 – Belegposition 1

Belegkopf und Debitorenzeile

Pflegen Sie die zur Belegerfassung erforderlichen Felder in der Bildschirmmaske (siehe Abbildung 3.15) so, als würden Sie Ihre Eingaben in der normalen Onlineverarbeitung – ohne den Transaktionsrecorder im Hintergrund – vornehmen. Über die Taste ⏎ gelangen Sie in die nächste Bildschirmmaske (siehe Abbildung 3.16), in der Angaben zur ersten Belegposition hinterlegt werden können.

Die nächste Belegposition beinhaltet ein Bestandskonto (siehe Abbildung 3.17), das einzig für die Migration der Bewegungsdaten angelegt wurde und das demnach alle debitorischen offenen Posten aufnimmt.

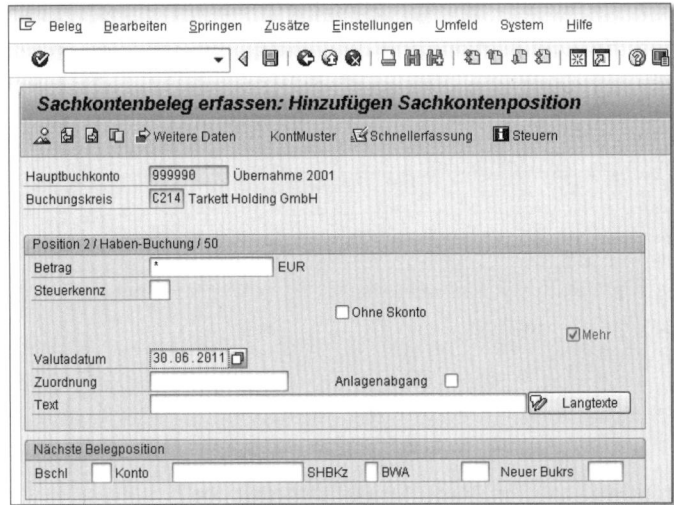

Abbildung 3.17 FB01 – Belegposition 2

Sachkontenzeile

Die letzte Belegposition kann in der Regel mit dem Wildcard-Zeichen (*) im Feld BETRAG versehen werden. Das SAP-System ist dann in der Lage, den fehlenden Betrag automatisch zu errechnen. Die Schaltfläche BUCHEN (🖫) beendet die Aufzeichnung, erzeugt einen Beleg auf der Datenbank und führt Sie direkt in den Transaktionsrecorder (siehe Abbildung 3.18).

Im Transaktionsrecorder erhalten Sie Informationen darüber, welches Programm der soeben aufgezeichneten Transaktion zugrunde lag und welche Bildschirmbilder (Dynpros) dabei durchlaufen wurden. Darüber hinaus werden Ihnen sämtliche Tabellenfelder mit den zugehörigen Feldinhalten aufgelistet, die während der Aufzeichnung von Ihnen gepflegt wurden.

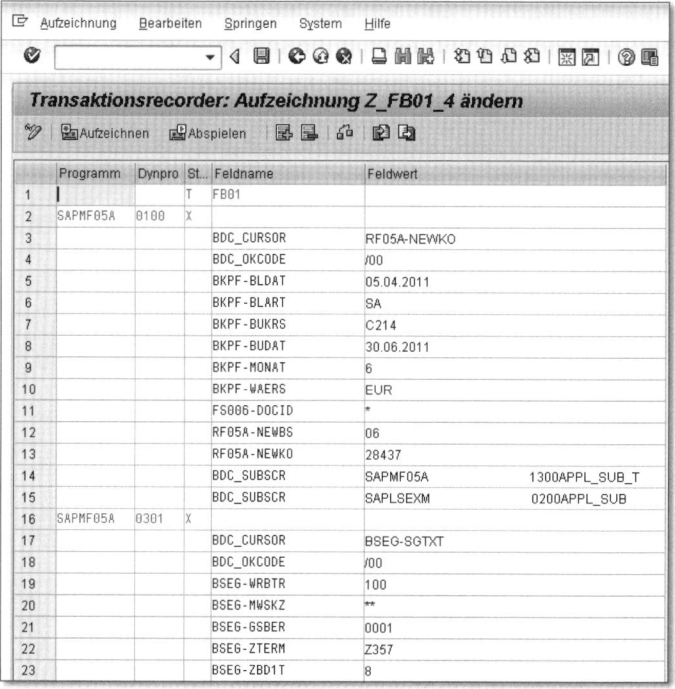

Abbildung 3.18 Transaktionsrecorder – Ergebnis der Aufzeichnung

Über den Menüpfad Aufzeichnung • exportieren oder alternativ über die Schaltfläche Exportieren ( ) können Sie die soeben aufgezeichnete Transaktion exportieren (siehe Abbildung 3.19).

Aufzeichnung exportieren

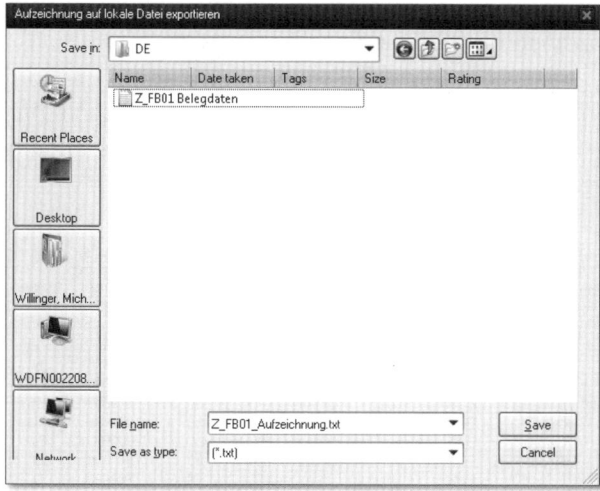

Abbildung 3.19 Aufzeichnung exportieren

Wählen Sie einen Dateinamen und das Dateiformat TEXT (TABSTOPP-GETRENNT) (*.TXT). Im Ergebnis enthält die soeben erzeugte Textdatei genau den Datensatz, den Sie während der Aufzeichnung der Transaktion FB01 angelegt haben (siehe Abbildung 3.20).

```
Z_FB01_Aufzeichnung_Serienbrief - Notepad
File  Edit  Format  View  Help
                    0000    T       FB01            BS AA X    F
SAPMF05A            0100    X
                    0000            BDC_CURSOR      RF05A-NEWKO
                    0000            BDC_OKCODE      /00
                    0000            BKPF-BLDAT      4/5/2011
                    0000            BKPF-BLART      SA
                    0000            BKPF-BUKRS      C214
                    0000            BKPF-BUDAT      6/30/2011
                    0000            BKPF-MONAT      6
                    0000            BKPF-WAERS      EUR
                    0000            FS006-DOCID     *
                    0000            RF05A-NEWBS     06
                    0000            RF05A-NEWKO     28437
                    0000            BDC_SUBSCR      SAPMF05A           1300APPL_SUB_T
                    0000            BDC_SUBSCR      SAPLSEXM           0200APPL_SUB
SAPMF05A            0301    X
                    0000            BDC_CURSOR      RF05A-NEWKO
                    0000            BDC_OKCODE      /00
                    0000            BSEG-WRBTR      100
                    0000            BSEG-MWSKZ      **
                    0000            BSEG-GSBER      0001
                    0000            BSEG-ZTERM      Z357
                    0000            BSEG-ZBD1T      8
                    0000            BSEG-ZBD1P      4,000
                    0000            BSEG-ZBD2T      14
                    0000            BSEG-ZBD2P      2,000
                    0000            BSEG-ZBD3T      45
                    0000            BSEG-ZFBDT      4/5/2011
                    0000            RF05A-NEWBS     50
                    0000            RF05A-NEWKO     999990
SAPMF05A            0300    X
                    0000            BDC_CURSOR      BSEG-WRBTR
                    0000            BDC_OKCODE      =BU
                    0000            BSEG-WRBTR      100
                    0000            BSEG-VALUT      6/30/2011
                    0000            BDC_SUBSCR      SAPLKACB           0001BLOCK
SAPLKACB            0002    X
                    0000            BDC_CURSOR      COBL-GSBER
                    0000            BDC_OKCODE      =ENTE
                    0000            COBL-GSBER      0001
                    0000            BDC_SUBSCR      SAPLKACB           0003BLOCK1
                    0000    T       FB01            BS AA X    F
```

Abbildung 3.20 Aufzeichnung als Textdatei mit Texteditor ansehen

Parallel dazu bereiten Sie die zu übernehmenden debitorischen offenen Posten auf – vorzugsweise mit Microsoft Excel (siehe Abbildung 3.21). Die Reihenfolge der Spalten ist dabei unwichtig.

	A	B	C	D	E	F	G	H	I	J
1	Buchungs-kreis	Belegdatum	Buchungs-datum	Währung	Buchungs-schlüssel	Debitor	Betrag	Buchungs-schlüssel	Übernahme-konto	Betrag
2	C214	05.04.2011	30.06.2011	EUR	06	28437	100	50	999990	100
3	C214	08.06.2011	30.06.2011	EUR	16	28437	150	40	999990	150
4	C214	03.05.2011	30.06.2011	EUR	11	29314	200	40	999990	200
5	C214	05.05.2011	30.06.2011	EUR	11	29314	250	40	999990	250
6	C214	01.06.2011	30.06.2011	EUR	01	29314	300	50	999990	300
7	C214	07.06.2011	30.06.2011	EUR	01	29314	350	50	999990	350
8	C214	04.05.2011	30.06.2011	EUR	01	30012	400	50	999990	400
9	C214	08.05.2011	30.06.2011	EUR	01	30012	450	50	999990	450
10	C214	09.05.2011	30.06.2011	EUR	01	30012	500	50	999990	500
11	C214	29.06.2011	30.06.2011	EUR	01	30012	550	50	999990	550

Abbildung 3.21 Belegdaten in Microsoft Excel

Dabei darf die Excel-Datei nur aus einem Tabellenblatt bestehen. Darüber hinaus füllt ein Datensatz genau eine Zeile, wobei Zeile 1 der Tabelle für die Bezeichnung der Felder zu reservieren ist. Aus Gründen der Übersichtlichkeit ist es durchaus empfehlenswert, die Feldbezeichnungen mit einem sprechenden Namen zu belegen. Ab Zeile 2 können Sie dann die zu übernehmenden Feldinhalte entsprechend den Feldbezeichnungen aus Zeile 1 anordnen.

Format der Excel-Datei

Beachten Sie, dass innerhalb des Tabellenblattes weder Leerzeilen noch Leerspalten enthalten sein dürfen. Dies bedeutet allerdings nicht, dass jeder Datensatz zwingend zu jedem Feld eine Ausprägung haben muss.

Nachdem nun Ihre Vorbereitungen zur Datenübernahme abgeschlossen sind, können Sie die aus der Aufzeichnung generierte Textdatei mit Microsoft Word – wir verwenden hier Word 2007 – öffnen, wie Abbildung 3.22 illustriert.

Seriendruck

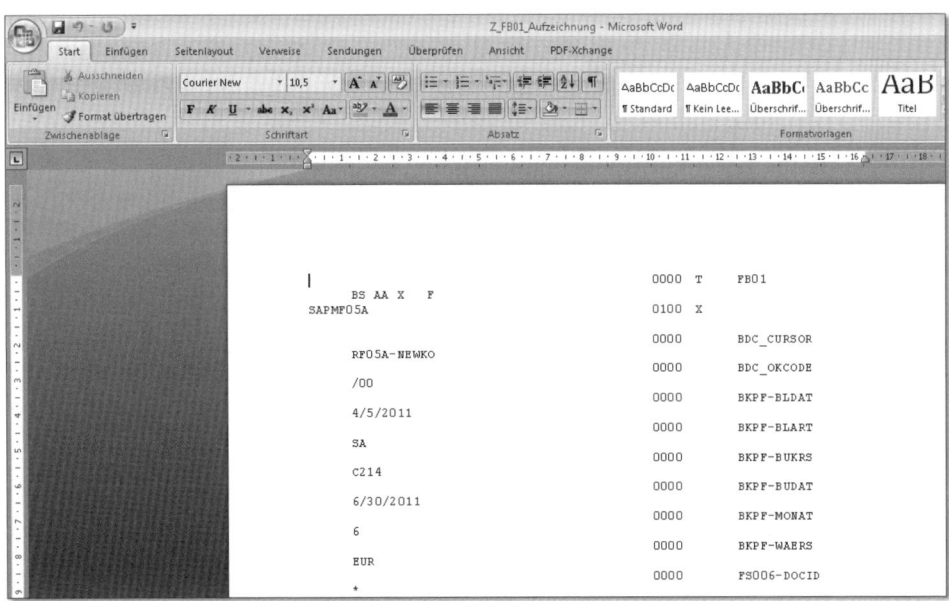

Abbildung 3.22 Textdatei aus Aufzeichnung, geöffnet mit Microsoft Word

Um nun die Funktionalitäten des Seriendrucks für die Datenübernahme nutzen zu können, wählen Sie im mit Microsoft Word geöffneten Dokument SENDUNGEN • SERIENDRUCK STARTEN • SERIENDRUCK-ASSISTENT MIT SCHRITT-FÜR-SCHRITT-ANWEISUNGEN..., was Sie zur Ansicht aus Abbildung 3.23 führt.

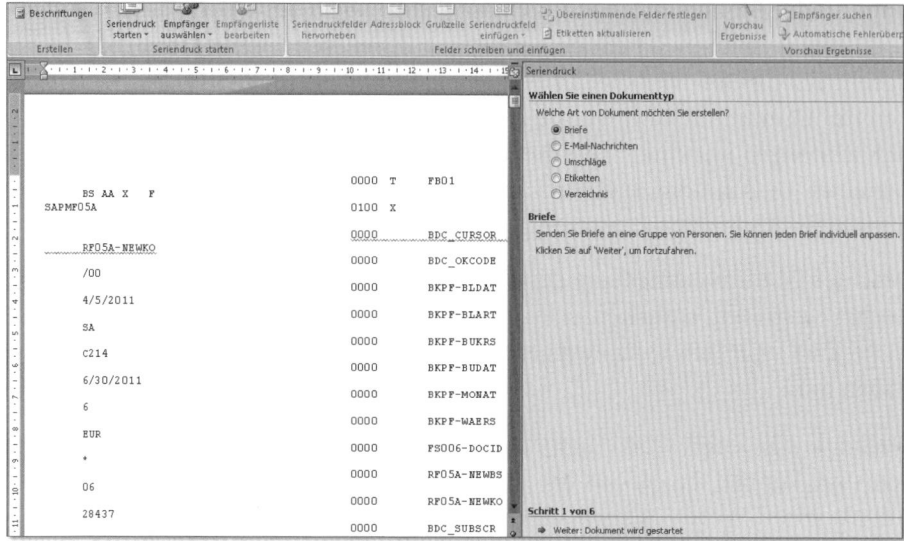

Abbildung 3.23 Microsoft Word – Seriendruck-Manager (1)

Klicken Sie nun WEITER: DOKUMENT WIRD GESTARTET an, werden Sie durch die einzelnen Schritte geführt, die es bei der Serienbrieferstellung zu beachten gilt (siehe Abbildung 3.24).

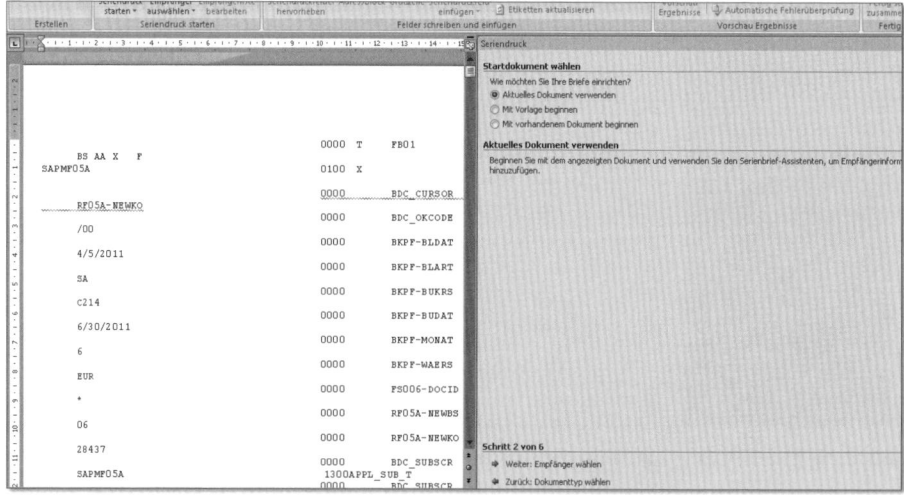

Abbildung 3.24 Microsoft Word – Seriendruck-Manager (2)

Die in Abbildung 3.24 gezeigten Voreinstellungen können Sie direkt über die Schaltfläche WEITER: EMPFÄNGER WÄHLEN übernehmen und gelangen somit zum nächsten Schritt (siehe Abbildung 3.25).

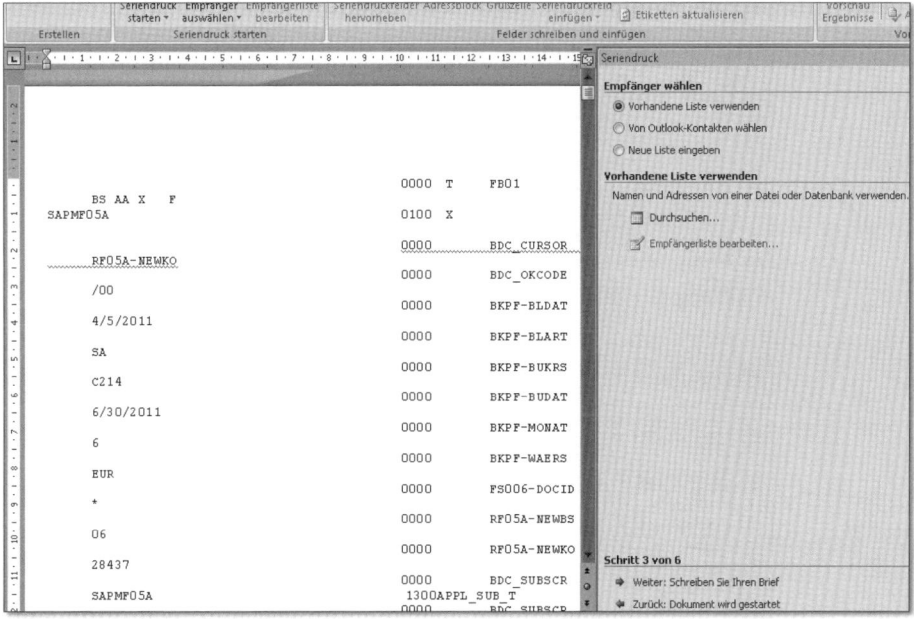

Abbildung 3.25 Microsoft Word – Seriendruck-Manager (3)

Nun importieren Sie über DURCHSUCHEN… Ihre vorbereitete Micro-soft Excel-Datei (siehe Abbildung 3.21) in die mit Microsoft Word geöffnete Textdatei. Diesen Ablauf veranschaulichen die Abbildun-gen 3.26 bis 3.28. Hierbei können die jeweiligen Voreinstellungen in den einzelnen Bildschirmmasken mit OK übernommen werden.

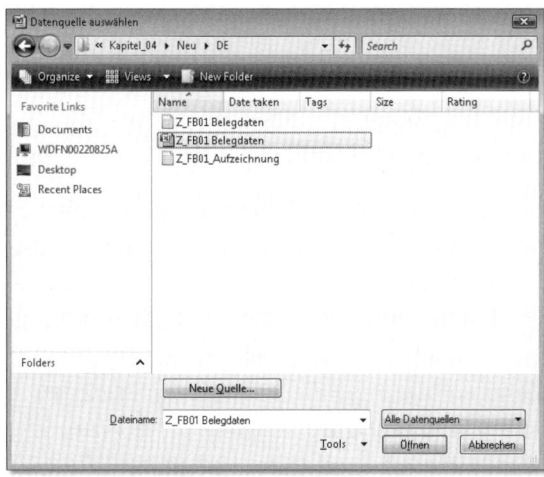

Abbildung 3.26 Microsoft Word – Seriendruck-Manager (4)

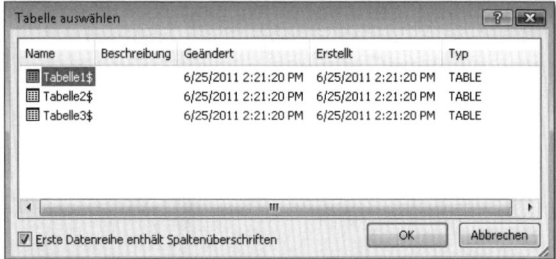

Abbildung 3.27 Microsoft Word – Seriendruck-Manager (5)

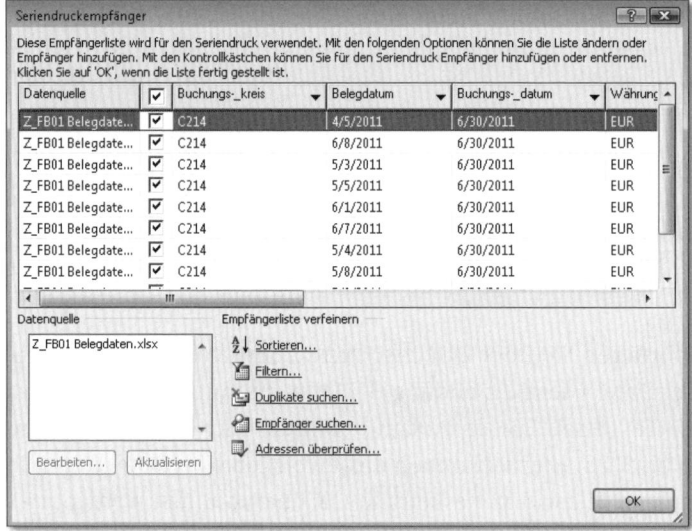

Abbildung 3.28 Microsoft Word – Seriendruck-Manager (6)

Haben Sie die Datenquelle wie beschrieben eingebunden, fahren Sie mit der Schaltfläche WEITER: SCHREIBEN SIE IHREN BRIEF fort. Sie gelangen schließlich zur Ansicht aus Abbildung 3.29.

Nun müssen Sie sämtliche Konstanten, die aus Ihrer anfänglichen Aufzeichnung resultieren, durch eine entsprechende Feldbezeichnung ersetzen, sofern die Feldinhalte der eingebundenen Microsoft Excel-Datei variabel sein können. Hierzu markieren Sie, wie in Abbildung 3.29 angedeutet, beispielsweise das Belegdatum 05.04.2011 und klicken anschließend auf die Schaltfläche WEITERE ELEMENTE... Sie sehen das in Abbildung 3.30 gezeigte Dialogfenster, das sämtliche Spaltenüberschriften der Microsoft Excel-Datei enthält.

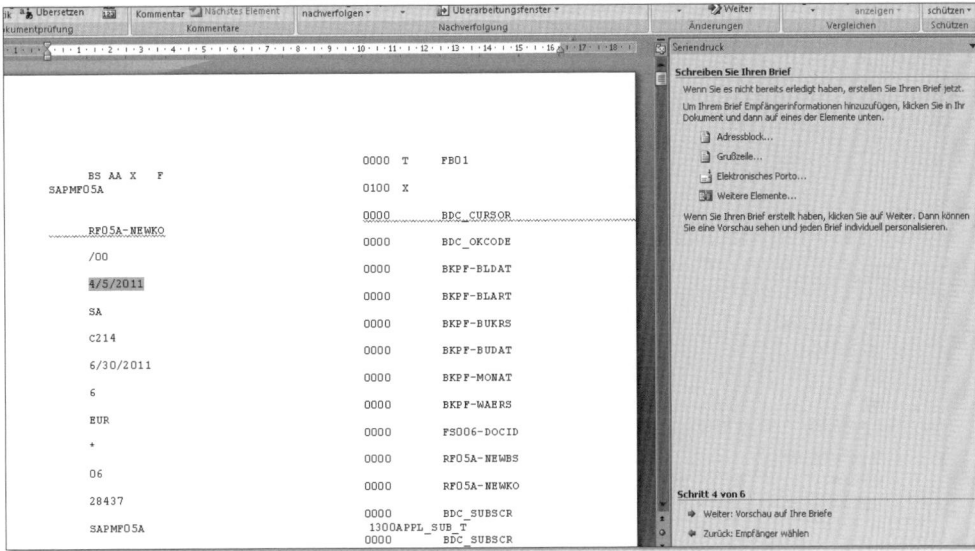

Abbildung 3.29 Microsoft Word – Seriendruck-Manager (7)

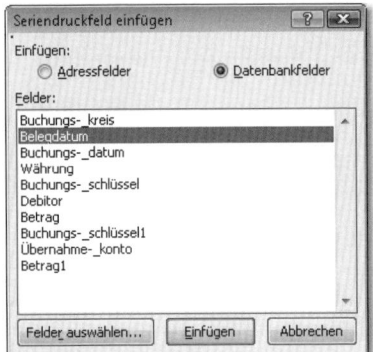

Abbildung 3.30 Microsoft Word – Seriendruck-Manager (8)

Im Beispiel des Belegdatums selektieren Sie entsprechend BELEGDA-TUM und bestätigen Ihre Auswahl mit EINFÜGEN. Wiederholen Sie diese Vorgehensweise so lange, bis sämtliche Werte der Aufzeichnung, die sich variabel gestalten können, einer korrespondierenden Spaltenüberschrift zugeordnet sind. Auf diese Weise ergibt sich das in Abbildung 3.31 gezeigte Bild.

Die Schaltfläche WEITER: VORSCHAU AUF IHRE BRIEFE führt Sie zu dem in Abbildung 3.32 dargestellten Dialogfenster.

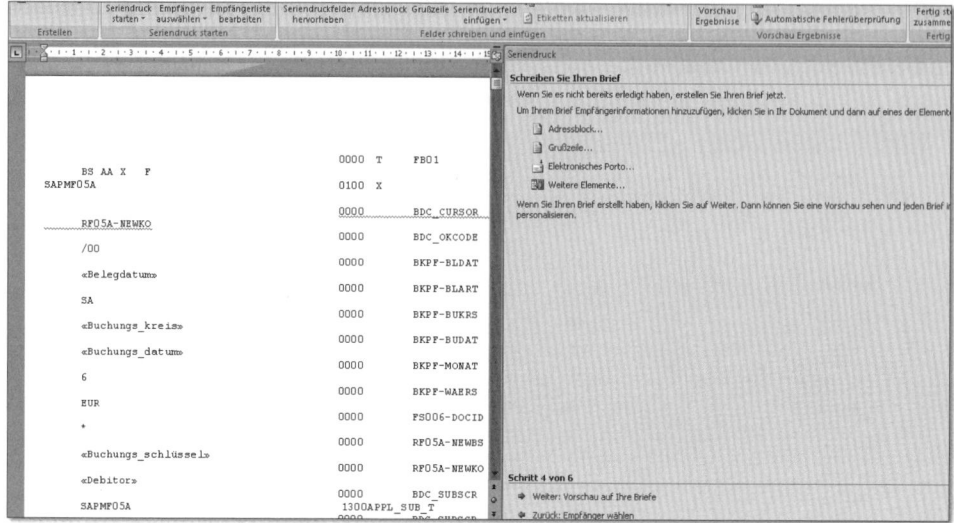

Abbildung 3.31 Microsoft Word – Seriendruck-Manager (9)

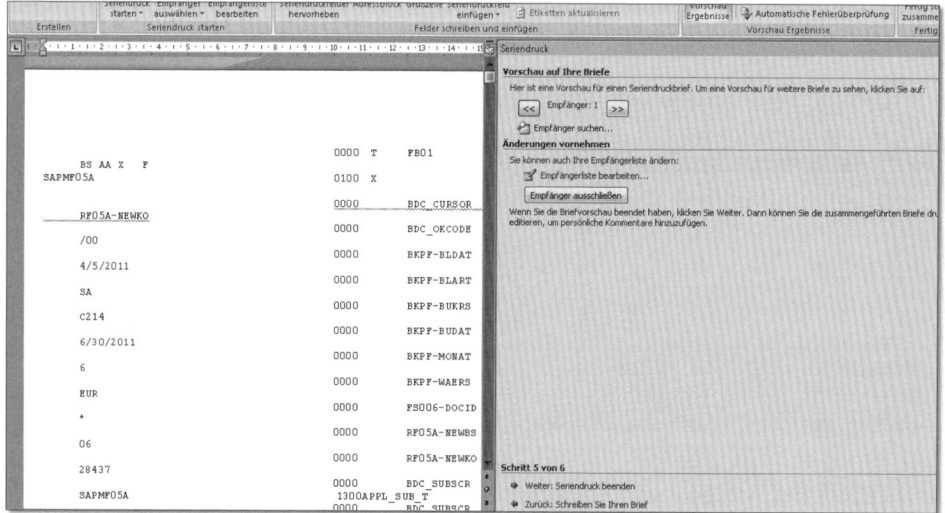

Abbildung 3.32 Microsoft Word – Seriendruck-Manager (10)

Nun haben Sie die Möglichkeit, den soeben erstellten Serienbrief zu drucken oder weiterzubearbeiten, wie es in unserem Fall der Datenübernahme erforderlich ist. Die Schaltfläche INDIVIDUELLE BRIEFE BEARBEITEN... unterstützt dieses Unterfangen. Den sich daraus ergebenden Dialog (siehe Abbildung 3.34) können Sie mit OK bestätigen. Hierdurch gelangen Sie zur Ansicht aus Abbildung 3.35 und damit auch zum Ende der Serienbriefverarbeitung.

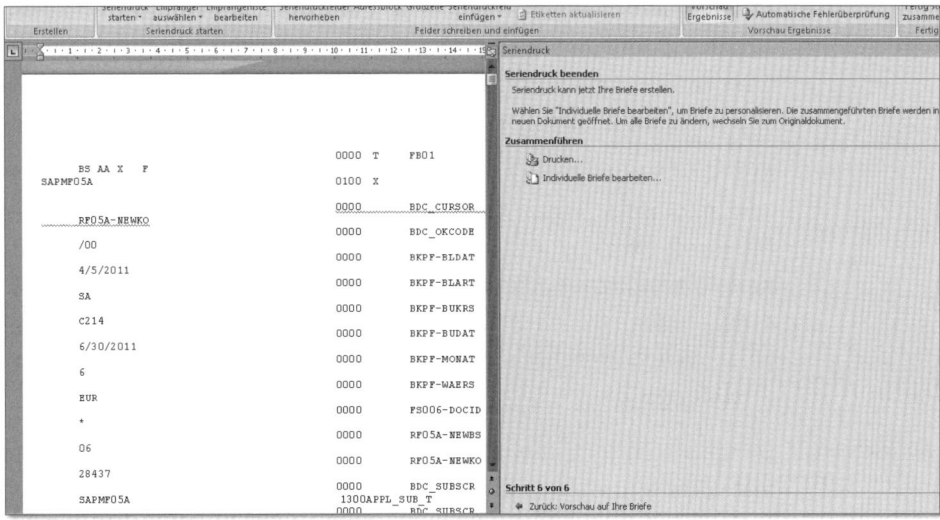

Abbildung 3.33 Microsoft Word – Seriendruck-Manager (11)

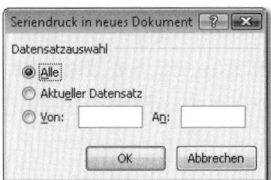

Abbildung 3.34 Microsoft Word – Seriendruck-Manager (12)

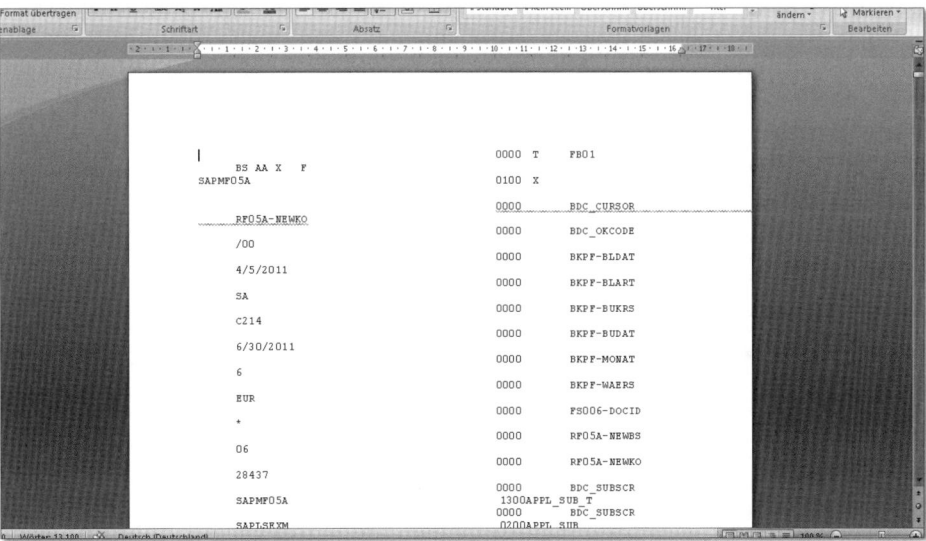

Abbildung 3.35 Microsoft Word – Seriendruck-Manager (13)

Mit dieser Vorgehensweise wurde jeder Datensatz entsprechend der Struktur der exportierten Aufzeichnung (siehe Abbildung 3.31) angepasst und kann somit vom SAP-System weiterverarbeitet werden. Speichern Sie die Datei wieder als Textdatei ab, und schließen Sie sie.

Mit den in Abbildung 3.32 abgebildeten Pfeiltasten, die nach rechts bzw. nach links zeigen, können Sie sich die einzelnen Datensätze der Microsoft Excel-Datei – nun allerdings in das Format der Aufzeichnung überführt – nochmals anzeigen lassen, bevor Sie den Seriendruck über die Schaltfläche WEITER: SERIENDRUCK BEENDEN tatsächlich starten. Dies führt Sie schließlich zum Dialogfenster aus Abbildung 3.33.

Aufzeichnung importieren

Da die Daten nun in einem für das SAP-System verständlichen Format vorliegen, können Sie wieder ins SAP-System wechseln und dort die Transaktion SM35 starten. Das Anklicken der Schaltfläche ▣ Aufzeichnung bewirkt eine Auflistung sämtlicher Aufzeichnungen, aus denen Sie die relevanten selektieren können. Wählen Sie ÄNDERN, gelangen Sie zum Aufzeichnungseditor (siehe Abbildung 3.18). Über den Menüpfad AUFZEICHNUNG • IMPORTIEREN können Sie die nunmehr mit den Funktionalitäten des Seriendrucks modifizierte Aufzeichnung in das SAP-System reimportieren.

Batch-Input-Mappe erzeugen

Speichern Sie die modifizierte Aufzeichnung ab, und gehen Sie über die Taste F3 zur Übersicht der Aufzeichnungen zurück. Selektieren Sie dort Ihre Aufzeichnung und wählen BEARBEITEN • MAPPE ANLEGEN, können Sie aus der Aufzeichnung Z_FB01 eine Batch-Input-Mappe Z_FB01 erzeugen, die Sie anschließend abspielen können (siehe Abbildung 3.36).

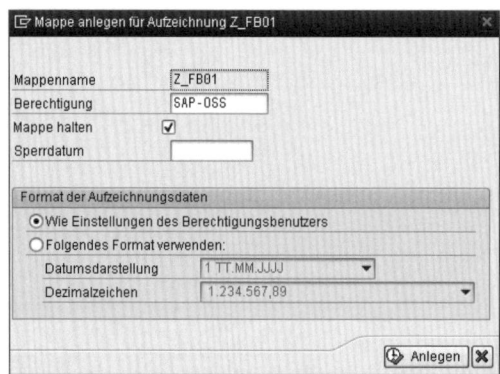

Abbildung 3.36 Batch-Input-Mappe anlegen

Aus Gründen der Protokollierung empfiehlt es sich, die Option MAPPE HALTEN zu aktivieren. Fehlerfrei abgespielte Mappen erscheinen dann weiterhin in der Mappenübersicht.

Sobald Sie Ihre Angaben mit der Taste ⏎ bestätigen, erzeugt das SAP-System eine Batch-Input-Mappe, die Ihnen in der Batch-Input-Mappenübersicht (Transaktion SM35) präsentiert wird (siehe Abbildung 3.37).

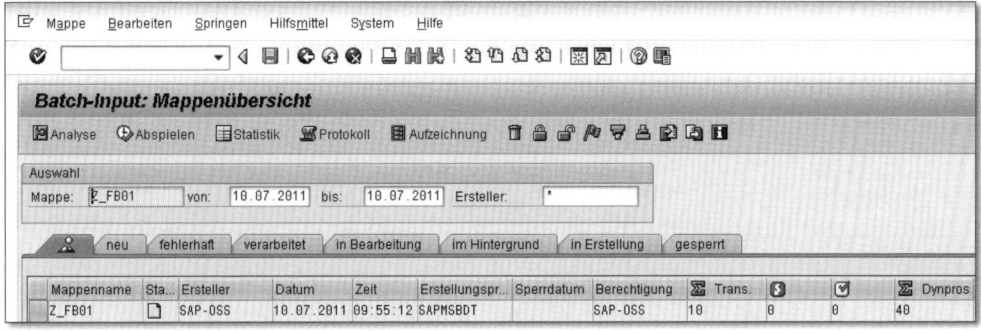

Abbildung 3.37 Batch-Input-Mappenübersicht

Die neu erzeugte Mappe Z_FB01 kann nun mit den bekannten Abspielmodi verarbeitet werden (siehe Abbildung 3.38).

Batch-Input-Mappe abspielen

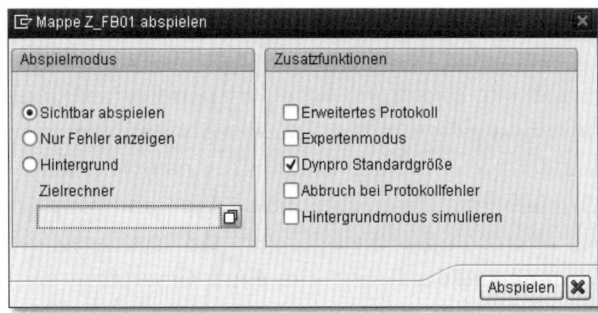

Abbildung 3.38 Batch-Input-Mappe abspielen

Abschließend fassen wir den Prozess der Datenmigration mithilfe der Microsoft Word-Serienbriefverarbeitung in einer Grafik zusammen (siehe Abbildung 3.39).

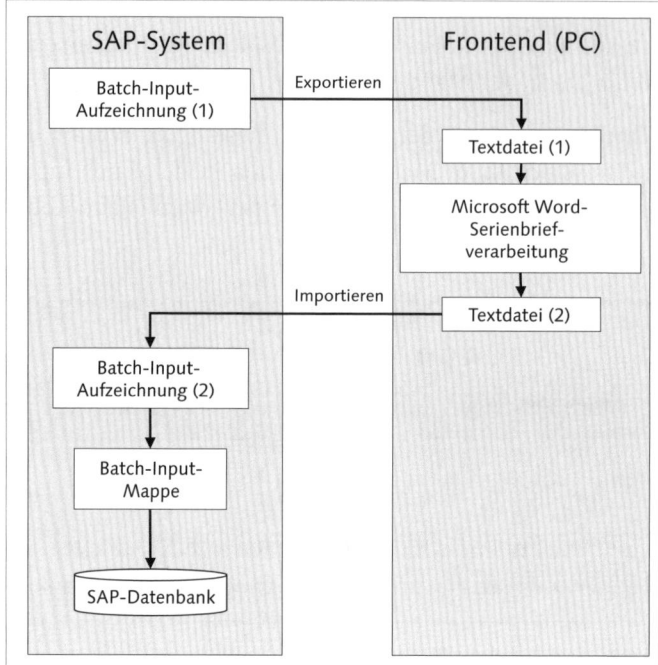

Abbildung 3.39 Datenmigration mit Microsoft Word-Serienbriefverarbeitung

3.6   Fazit

Mit dem zuletzt vorgestellten Verfahren einer Batch-Input-Aufzeichnung kombiniert mit der Microsoft Word-Serienbriefverarbeitung sind wir unserem eingangs erwähnten Ziel der programmierlosen Datenübernahme einen großen Schritt näher gekommen. Hier haben wir die für die Datenübernahme erforderliche Programmierung gewissermaßen nach Microsoft Word ausgelagert, indem wir uns der Serienbriefverarbeitung bedient haben. Um einen Gesamtüberblick über das Thema Batch-Input zu gewinnen, erschien uns dieser Umweg angemessen. Wir können Sie beruhigen – in den nachfolgenden Kapiteln müssen Sie sich nicht mehr mit ABAP-Coding auseinandersetzen. Sämtliche Verfahren kommen generell ohne Programmierung aus, was aber nicht heißen soll, dass Programmierung im Bedarfsfall nicht angewendet werden kann.

In diesem Kapitel wird beschrieben, wie ein Werkzeug, das eigentlich zum Testen von Geschäftsprozessen entwickelt wurde, für die Datenmigration genutzt werden kann. Entscheidend sind hierbei die applikationsübergreifenden Einsatzmöglichkeiten dieses Werkzeugs sowie der Verzicht auf jegliche Programmierung bei der Datenübernahme.

4 Extended Computer Aided Test Tool (eCATT)

Bevor wir auf die Nutzung des Extended Computer Aided Test Tools (im Folgenden: eCATT) für die Datenübernahme ausführlich eingehen, stellen wir zunächst kurz dar, was das eCATT leistet und wofür das »Extended« in der Bezeichnung steht. Danach werden wir Ihnen die notwendigen Parametrisierungen im SAP-System vorstellen, die es zu beachten gilt, bevor Sie das eCATT überhaupt nutzen können. Anschließend werden Sie am Beispiel des Anlegens eines Kreditors erfahren, welche Schritte durchzuführen sind, damit aus einer konkreten Aufzeichnung, auch *Testskript* genannt, für genau einen Kreditor ein allgemein gültiges Testskript wird, das für die kreditorische Stammdatenübernahme verwendet werden kann. Zum Abschluss geben wir Ihnen noch den einen oder anderen Tipp bzw. Trick mit auf den Weg, der Ihnen den Umgang mit dem eCATT erleichtern soll.

4.1 Was ist das eCATT?

Wie aus der Bezeichnung *Extended Computer Aided Test Tool* bereits hervorgeht, handelt es sich hierbei um ein Werkzeug, das Sie beim Testen von Geschäftsprozessen unterstützt. Da das Testen eine integrale, aber auch eine zeit- und damit kostenintensive Aufgabe ist, wurde die Forderung nach einer Reduzierung des Zeitaufwands beim Testen laut, ohne dabei auf die Qualität bzw. die Anzahl der durchzuführenden Tests verzichten zu müssen. Die Automatisierung von

Sinn und Zweck

Testszenarien mittels eCATT trägt letztendlich dieser Forderung Rechnung. Zugleich werden der Nachweis der Testdurchführung sowie die Testauswertung deutlich vereinfacht. Resümierend kann somit festgehalten werden, dass durch den Einsatz des eCATTs die Produktivität bei der Durchführung von Tests beträchtlich gesteigert werden kann.

4.2   Entstehungsgeschichte des eCATTs

Weiterent-
wicklung des
CATTs

Das eCATT ist eine Weiterentwicklung des *Computer Aided Test Tools* (CATT), das seit dem R/3-Release-Stand 3.0 verfügbar und damit in seiner Funktionalität an der einen oder anderen Stelle etwas eingeschränkt ist.

Standard-SAP-GUI

So können mittels CATT beispielsweise nur Transaktionen verarbeitet werden, die auf dem Standard-SAP-GUI basieren. Abbildung 4.1 zeigt exemplarisch eine Bildschirmmaske, die dieser Anforderung genügt.

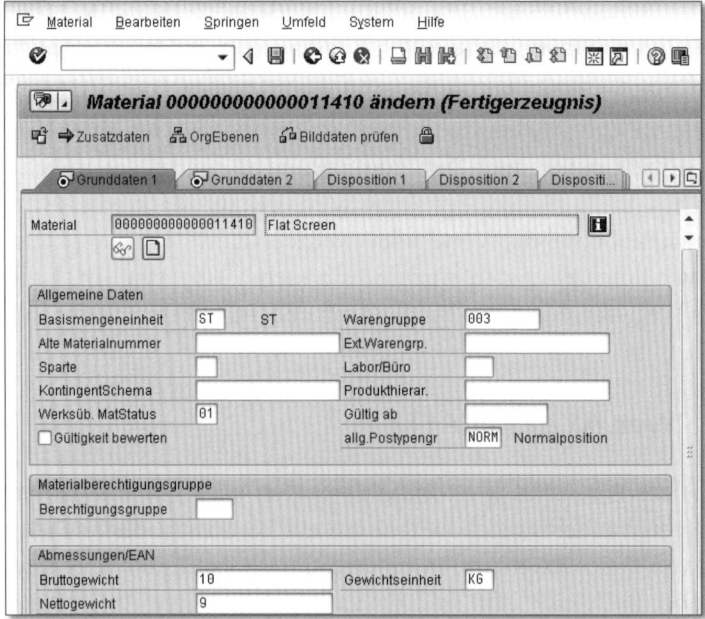

Abbildung 4.1 Beispiel für SAP GUI-Standardtransaktion ohne GUI Controls (MM02 – Material ändern)

Das heißt, dass alle Transaktionen, die sich der GUI-Control-Technologie bedienen, nicht Gegenstand automatisierter Tests mithilfe des CATTs werden können. Beispiele für solche Transaktionen sind:

> GUI-Control-Technologie

- ▶ Aufreißen eines Baums und Auswählen eines Knotens
- ▶ Aufrufen des Kontextmenüs mit rechter Maustaste und Auswählen eines Eintrags
- ▶ Anklicken eines Hyperlinks

Abbildung 4.2 zeigt Ihnen eine derartige, auf der GUI-Control-Technologie basierende Transaktion.

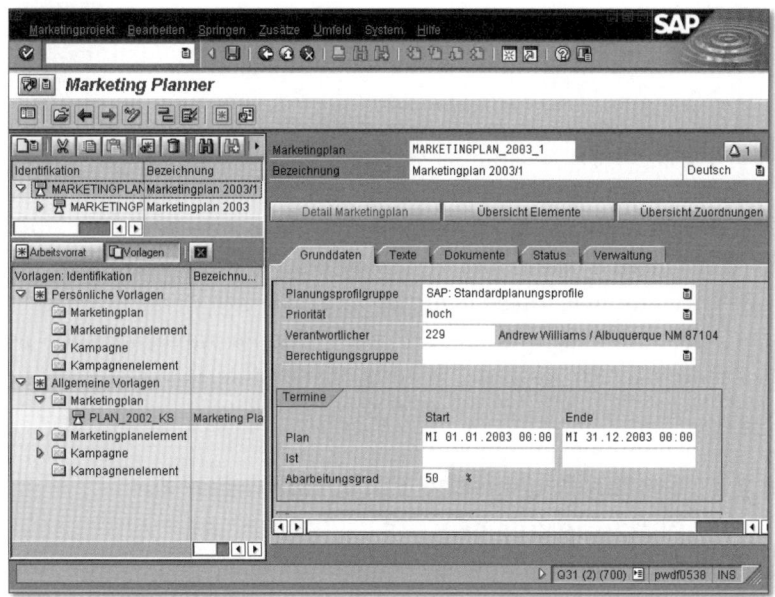

Abbildung 4.2 Beispiel für SAP GUI-Standardtransaktion mit GUI Controls (CRM Marketing Planner)

Des Weiteren ist in diesem Zusammenhang zu erwähnen, dass externe Applikationen, wie zum Beispiel internetbasierte Anwendungen, die über einen Browser gestartet werden und mit dem SAP-System kommunizieren, nicht in Testszenarien aufgenommen werden können, da das CATT die Verarbeitung von Nicht-SAP-GUI-Oberflächen nicht unterstützt. Ein Umstand, den es aufgrund des immer stärker werdenden Vormarsches dieser Anwendungen zu beseitigen gilt (siehe Abbildung 4.3).

> Nicht-SAP-GUI

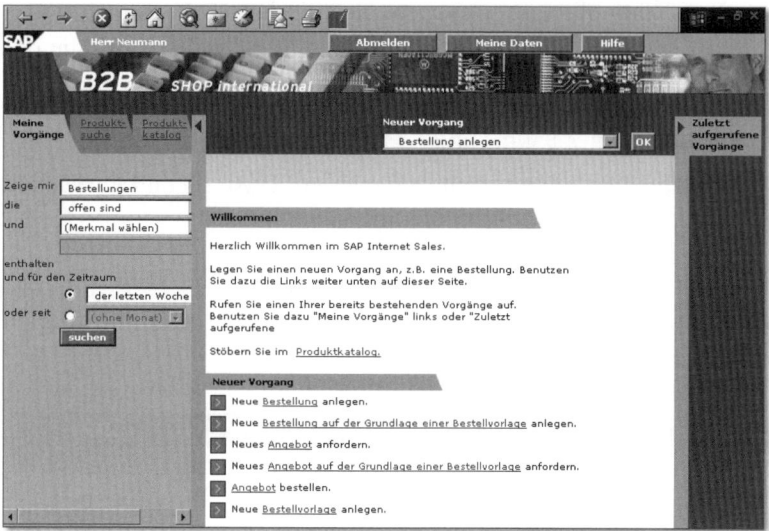

Abbildung 4.3 Beispiel für Internetanwendung – SAP CRM-E-Selling

Vor diesem Hintergrund bedarf es also eines neuen Verfahrens, das die bewährten Vorteile des CATTs beibehält, gleichwohl aber alle SAP-Transaktionen, unabhängig davon, ob Sie GUI Controls verwenden oder nicht, unterstützt und auch externe Applikationen, als Bestandteil der Prozesskette, in Testszenarien integriert.

4.3 Systemtechnische Vorbereitungen zur Nutzung des eCATTs

Der Begriff *Testskript* bedeutet, dass die Aufzeichnungen von Transaktionen mandantenübergreifend sind und generell in jedem Mandanten erstellt werden können. Ob das Starten von Testskripten in einem Mandanten erlaubt ist oder nicht, kann über die Mandantentabelle T000 gepflegt werden.

Hierzu wählen Sie den Menüpfad WERKZEUGE • ADMINISTRATION • VERWALTUNG • MANDANTENVERWALTUNG • MANDANTENPFLEGE oder alternativ den Transaktionscode SCC4.

Achten Sie darauf, dass in der Detailsicht zum Mandanten im Abschnitt EINSCHRÄNKUNGEN BEIM STARTEN VON CATT UND ECATT das Kennzeichen ECATT UND CATT ERLAUBT selektiert ist (siehe Abbildung 4.4).

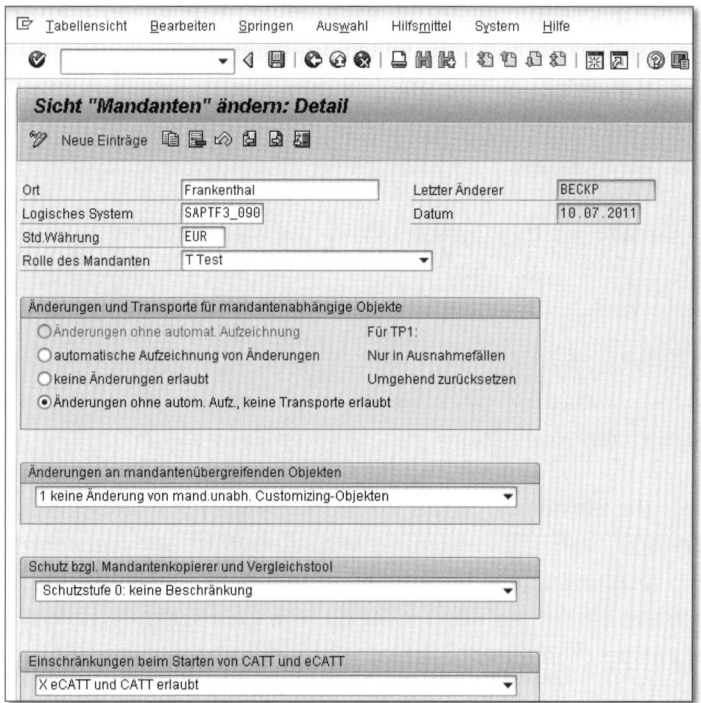

Abbildung 4.4 Mandanten anzeigen – Detail

In der Regel sollte das Starten von CATT- bzw. eCATT-Abläufen in einem Produktivmandanten untersagt sein, falls Sie dieses Werkzeug ausschließlich zum Testen von Geschäftsprozessen nutzen möchten. Das hiermit verbundene Erzeugen von Teststamm- und Testbewegungsdaten würde nämlich in einem Produktivsystem zwangsläufig zu Fehlern führen.

eCATT-Abläufe in Produktiv-mandanten

Möchten Sie allerdings die Funktionalitäten des eCATTs auch für Datenmigrationsprojekte nutzen, muss das Starten von eCATT-Abläufen selbstverständlich in allen Mandanten – inklusive Produktivsystemen – erlaubt sein, die Gegenstand der Datenmigration sein sollen. Nach erfolgter Datenmigration ist die Auswahl ECATT UND CATT ERLAUBT in einem Produktivmandanten gegebenenfalls wieder zurückzunehmen.

Des Weiteren müssen Sie dafür Sorge tragen, dass das *neue GUI Scripting* auf Ihrem SAP-System erlaubt ist. Hierzu wählen Sie den Transaktionscode RZ11 mit dem Parameternamen `sapgui/user_scripting` (siehe Abbildung 4.5).

GUI Scripting zulassen

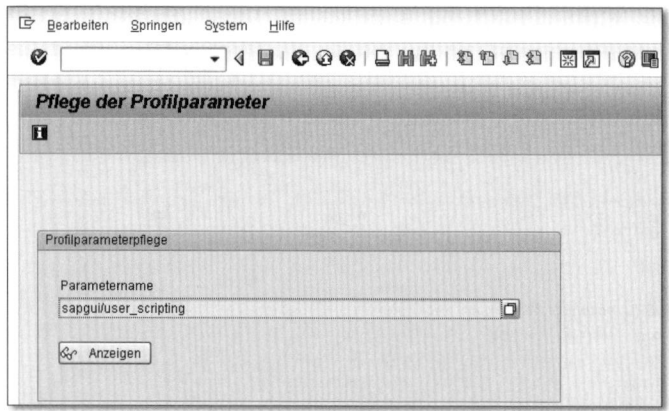

Abbildung 4.5 Pflege der Profilparameter – GUI Scripting erlauben (1)

Prüfen Sie die Einstellungen des Profilparameters über die Schaltfläche ANZEIGEN, wobei die Parameterwerte den Wert TRUE annehmen sollten, wie Abbildung 4.6 illustriert. Falls die Parameterwerte in Ihrem System differieren, können Sie diese mit der Schaltfläche WERT ÄNDERN entsprechend modifizieren.

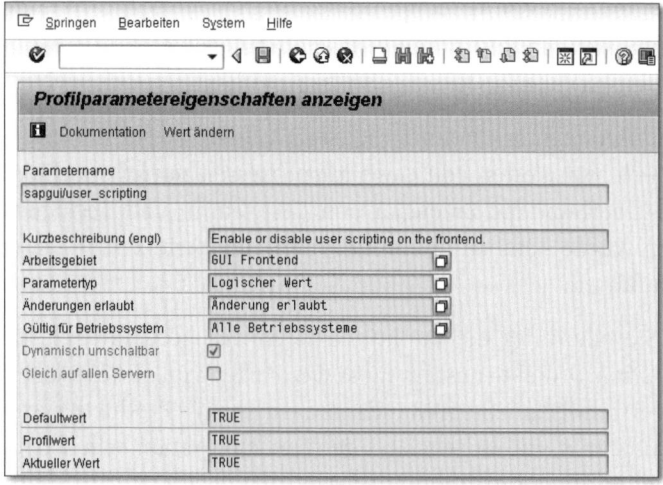

Abbildung 4.6 Pflege der Profilparameter – GUI Scripting erlauben (2)

Funktionalitäten für die Datenmigration

Es ist nicht unsere Absicht, hier das gesamte Spektrum an Funktionalitäten darzustellen, das das eCATT bietet. Es sollen vielmehr jene Funktionen in den Mittelpunkt der Betrachtung gestellt werden, die bei einer Datenmigration mittels eCATT benötigt werden und zu beachten sind. Falls Sie darüber hinausgehende Informationen zum Thema eCATT wünschen, verweisen wir Sie auf die einschlägigen von SAP veröffentlichten Dokumentationen.

4.4 Wie funktioniert das eCATT?

Anstelle des manuellen Testens bestimmter Systemabläufe erstellen Sie mittels eCATT ein sogenanntes *Testskript*, das die zu testenden Transaktionen enthält. Dieses Testskript können Sie, auch in Kombination mit verschiedenen Eingabedaten, beliebig oft ausführen, um so das Systemverhalten bei unterschiedlichen Parameterkonstellationen auf seine Zuverlässigkeit hin zu überprüfen.

Sie müssen einen Test für eine bestimmte Transaktion im SAP-System von nun an nur noch einmal entwickeln und aufzeichnen und können ihn bei Bedarf jederzeit ausführen. Wenn im weiteren Verlauf dieses Kapitels nicht mehr von einem Test, sondern von einem *Testskript* bzw. einer *Testkonfiguration* die Rede ist, wird hiermit lediglich der exakten SAP-Terminologie Rechnung getragen. Inhaltlich ergeben sich aber keinerlei Unterschiede.

Testskript

Das Erstellen eines Testskripts für eine Transaktion dauert kaum länger als das einmalige, manuelle Ausführen dieser Transaktion im SAP-System. Der Grund hierfür ist, dass Sie die zu testende Transaktion innerhalb des eCATTs ausführen und dabei dieselben Dynpros (Bildschirmmasken) durchlaufen, als würden Sie die Transaktion auf herkömmliche Art und Weise ausführen. Nach erfolgter Datenfreigabe (⏎) werden die vorgenommenen Eingaben mit einem Transaktionsrecorder aufgezeichnet. Die aufgezeichneten Transaktionen bilden das Testskript. Sie werden abgespeichert und eignen sich für Funktions- und Regressionstests, da sie jederzeit wiederverwendbar sind. Wenn Sie das Testskript ausführen, wird die aufgezeichnete Transaktion tatsächlich ausgeführt und damit das System in der aktuellen Konfiguration getestet. Sie haben dabei die Wahl, das eCATT völlig automatisch arbeiten zu lassen oder die Kontrolle über die Ausführung ganz oder teilweise zu übernehmen. Als Ergebnis erhalten Sie in beiden Fällen ein Protokoll, in dem der Testdurchlauf dokumentiert wird, sowie ein entsprechendes Update auf der Datenbank, das den getesteten Transaktionen eigen ist.

Transaktionsrecorder

Fallbeispiel:
Kreditor anlegen

Die Funktionsweise des eCATTs lässt sich am besten anhand eines einfachen Beispiels – der *Anlage von Kreditorenstammdaten* – demonstrieren. Da die Vorgehensweise, unabhängig von der Applikation, für die Sie eine maschinelle Unterstützung durch das eCATT wünschen, immer identisch ist, kann das Beispiel mühelos auf andere Anwendungsbereiche übertragen werden. Im Folgenden werden Sie durch die einzelnen Arbeitsschritte geführt, die es bei der Nutzung des eCATTs zwecks Datenmigration zu beachten gilt.

4.4.1 Aufzeichnung eines Testskripts

eCATT: Einstiegs-
transaktion

Um in das Einstiegsbild des eCATTs (siehe Abbildung 4.7) zu gelangen, werden Ihnen drei Alternativen zur Auswahl geboten:

▶ System • Dienste • eCATT • Aufzeichnen

▶ Werkzeuge • ABAP Workbench • Test • Test Workbench • Test-
tools • Extended CATT

▶ Transaktionscode SECATT

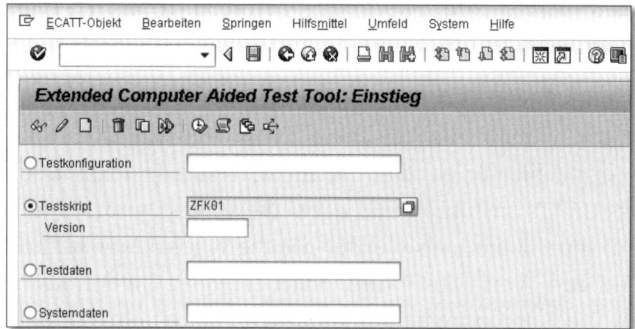

Abbildung 4.7 Extended Computer Aided Test Tool – Einstieg

Testskript anlegen

In diesem Einstiegsbildschirm vergeben Sie einen Namen für das anzulegende Testskript. Denken Sie daran, dass im Kundennamens-raum der Name mit »Y« bzw. »Z« oder Ihrem Namensraumpräfix beginnen muss. Es ist zu empfehlen, den Transaktionscode der zu testenden Transaktion in den Namen des Testskripts aufzunehmen. Für das Anlegen von Kreditoren wäre ein Name ZFK01 denkbar. Somit können Sie leicht mittels Suchhilfen überprüfen, ob es eventuell schon ein Testskript zu dieser Transaktion gibt, das Sie für Ihren Test verwenden können. Sollte dies der Fall sein, ist zu klären, ob das entsprechende Testskript unverändert verwendet werden kann oder ob es gegebenenfalls der veränderten Testsituation anzupassen ist. Aber hierzu später mehr (siehe Abschnitt 4.6.2, »Anpassen von Testskripten«).

Nachdem der Name des Testskripts festgelegt worden ist, wählen Sie Objekt anlegen. Dabei öffnet sich das in Abbildung 4.8 dargestellte Dialogfenster.

Attribute des Testskripts festlegen

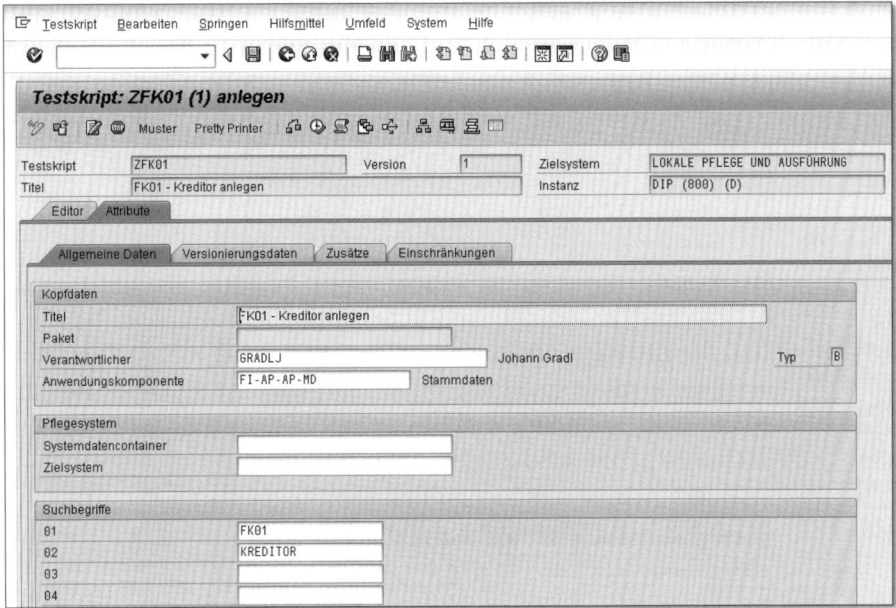

Abbildung 4.8 Attribute des Testskripts festlegen

Hier vergeben Sie einen Titel, der typischerweise die aufzuzeichnende Transaktion beschreibt, und ordnen diese im Feld Anwendungskomponente einer SAP-Applikation zu. Der Ersteller des Testskripts wird standardmäßig als Verantwortlicher vorgeschlagen, kann allerdings überschrieben werden. Zum einfachen Wiederfinden des Testskripts können bis zu zehn verschiedene Suchbegriffe hinterlegt werden, über die Sie das Testskript in der Einstiegsmaske (Transaktion SECATT) über den Matchcode suchen können.

Beim Sichern Ihrer Eingaben haben Sie generell zwei Möglichkeiten (siehe Abbildung 4.9): Sofern Sie das Testskript in andere Systeme transportieren möchten, müssen Sie ein Paket (ungleich $TMP) auswählen, das dies unterstützt. Beim anschließenden Sichern werden

Testskript transportierbar

Sie nach einem Transportauftrag gefragt, den es entsprechend anzulegen gilt. Soll das Testskript ausschließlich im aktuellen Mandanten zur Verfügung stehen, speichern Sie es als LOKALES OBJEKT ab (Paket gleich $TMP).

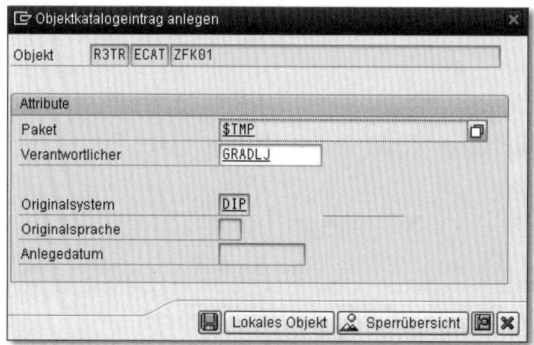

Abbildung 4.9 Transportauftrag anlegen

Voreinstellungen zur Aufzeichnung

Sind die Attribute des Testskripts gesichert, kann mit der Aufzeichnung der Transaktion begonnen werden. Hierzu wählen Sie aus dem Menü (siehe Abbildung 4.8) BEARBEITEN • MUSTER. Dabei öffnet sich das in Abbildung 4.10 gezeigte Dialogfenster.

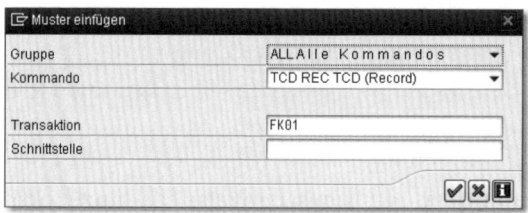

Abbildung 4.10 Muster einfügen (1)

Hinterlegen Sie ALLE KOMMANDOS im Feld GRUPPE, und wählen Sie anschließend das KOMMANDO TCD (RECORD) sowie die aufzuzeichnende TRANSAKTION FK01 aus. Falls Sie den Transaktionscode nicht auswendig kennen, können Sie die Wertehilfe ([F4]) aufrufen. Mittels Navigation durch den sich öffnenden Menübaum können Sie die entsprechende Transaktion lokalisieren.

Werden die Eingaben mit [↵] bestätigt, wird das Feld SCHNITTSTELLE automatisch mit einem Wert vorbelegt, den Sie übernehmen können (siehe Abbildung 4.11).

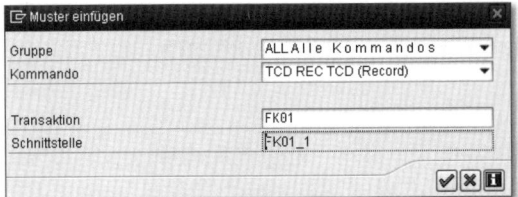

Abbildung 4.11 Muster einfügen (2)

Durch erneutes Bestätigen der Eingaben mit ⏎ werden sämtliche Bildschirmmasken der Transaktion FK01 durchlaufen (siehe Abbildungen 4.12 bis 4.17). `Aufzeichnung durchführen`

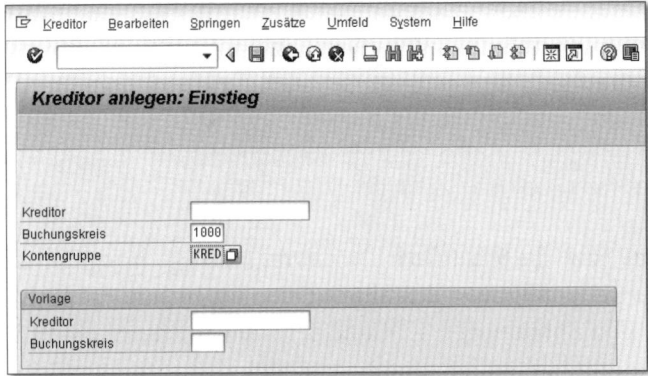

Abbildung 4.12 Kreditor anlegen – Einstieg

Nun ist entscheidend, Ihre Eingaben genauso vorzunehmen und in der gewohnten Art und Weise durch die entsprechenden Bildschirmmasken zu navigieren, als würden Sie die Transaktion manuell und ohne eCATT ausführen. Dass das eCATT aktiv ist und der Transaktionsrecorder die Eingaben im Hintergrund aufzeichnet, können Sie nur durch gelegentliche Meldungen in der Statuszeile erkennen, die immer dann erscheinen, sobald Sie mit ⏎ Ihre Eingaben bestätigen bzw. zum nächsten Bildschirm verzweigen.

Im Beispiel wird davon ausgegangen, dass es sich um einen Kreditor mit interner Nummernvergabe und Kontengruppe KRED handelt, der im Buchungskreis 1000 anzulegen ist. Ferner sollen seine Adresse, die Umsatzsteuer-Identifikationsnummer, die Bankverbindung, das Abstimmkonto, die Zahlungsbedingungen sowie der Zahlweg erfasst werden. In der Einstiegsmaske sind demnach die KONTENGRUPPE sowie der BUCHUNGSKREIS zu erfassen. `Zu füllende Felder`

Adressdaten Durch Drücken der ⏎-Taste gelangen Sie zu den Adressdaten (siehe Abbildung 4.13), die Sie entsprechend pflegen können.

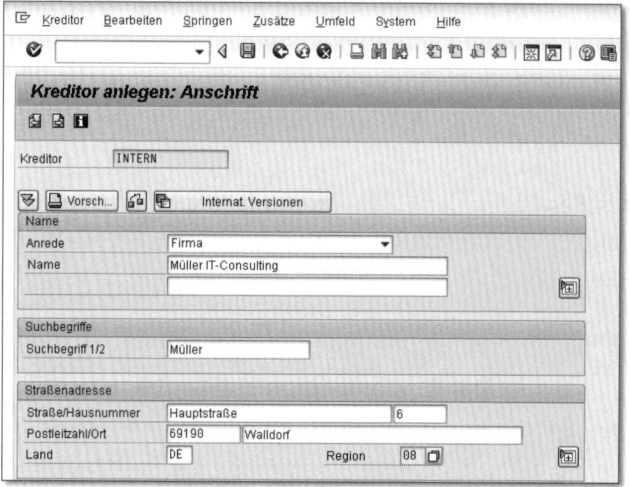

Abbildung 4.13 Kreditor anlegen – Anschrift

Steuerdaten und Zahlungsverkehr Die ⏎-Taste bzw. die Schaltfläche NÄCHSTES BILD (📄) bringt Sie zu den Steuerdaten, gefolgt von den allgemeinen Daten zum Zahlungsverkehr, die den Abbildungen 4.14 und 4.15 zu entnehmen sind.

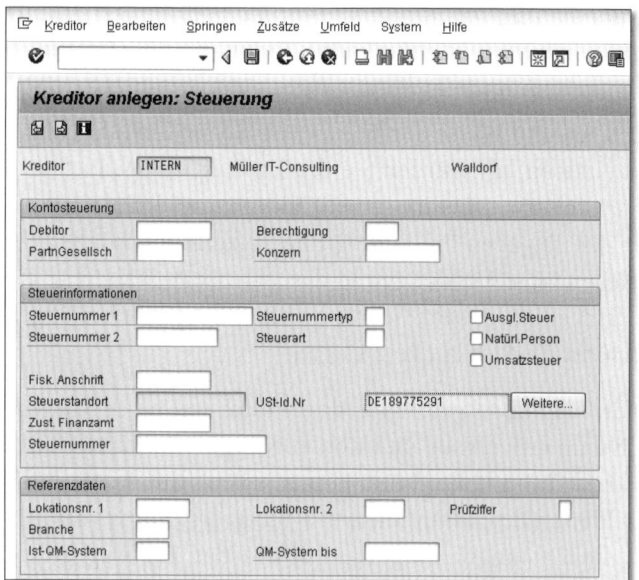

Abbildung 4.14 Kreditor anlegen – Steuerung

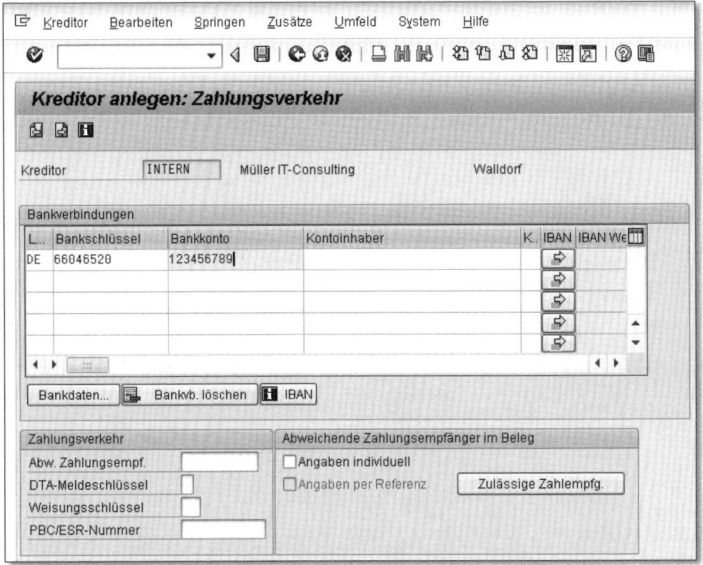

Abbildung 4.15 Kreditor anlegen – Zahlungsverkehr

Nachdem die allgemeinen Daten des Kreditors gepflegt sind, können Sie mit den buchungskreisspezifischen Ausprägungen fortfahren (siehe Abbildungen 4.16 und 4.17).

Buchungskreis-spezifische Felder

Abbildung 4.16 Kreditor anlegen – Kontoführung Buchhaltung

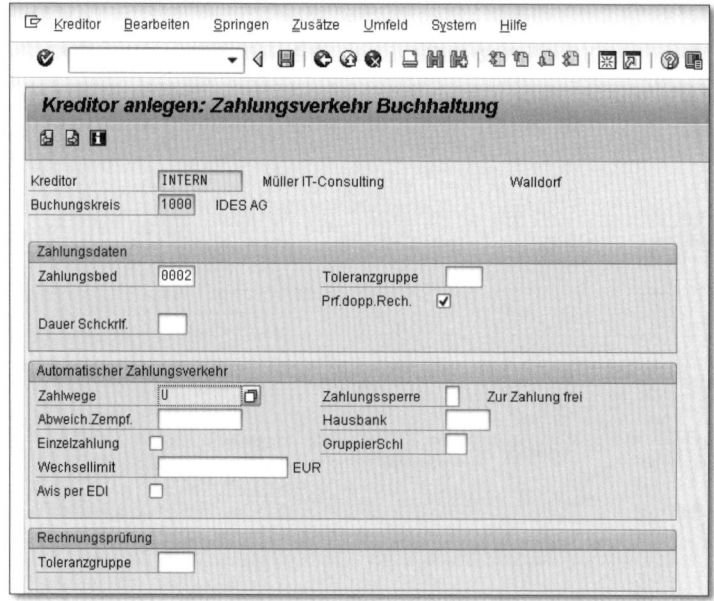

Abbildung 4.17 Kreditor anlegen – Zahlungsverkehr Buchhaltung

Aufzeichnung beenden

Sind alle Daten erfasst, beenden Sie mit SICHERN das Anlegen des Kreditors. Dies bewirkt immer die Beendigung der aktuell prozessierten Transaktion sowie das Speichern des prozessierten Datensatzes auf der Datenbank. Soll das eCATT für Datenmigrationen verwendet werden, ist gegebenenfalls der erste, durch die Aufzeichnung des Testskripts entstandene Datensatz zu löschen, um das Ergebnis der Datenmigration nicht zu verfälschen. Sie werden in einem Dialogfenster, wie es in Abbildung 4.18 zu sehen ist, gefragt, ob Sie die Daten übernehmen möchten, was Sie mit JA bestätigen.

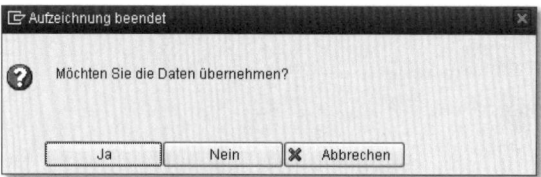

Abbildung 4.18 Aufzeichnung sichern

Testskript übernehmen

Mit dieser Abfrage ist im Übrigen nicht die Übernahme des Datensatzes, also des soeben aufgezeichneten Kreditors, gemeint, da dieser bereits beim Prozessieren der letzten Bildschirmmaske über die Schaltfläche SICHERN auf der Datenbank gespeichert wurde. Es handelt sich hier vielmehr um die Übernahme des Testskripts als solches – also um die Übernahme der einzelnen Bildschirmmasken, inklusive Feldinhalten, mit denen der Datensatz angelegt wurde.

Bestätigen Sie das in Abbildung 4.18 gezeigte Dialogfenster mit JA, gelangen Sie zur Ansicht aus Abbildung 4.19, in der Sie das zuvor übernommene Testskript speichern können.

Testskript sichern

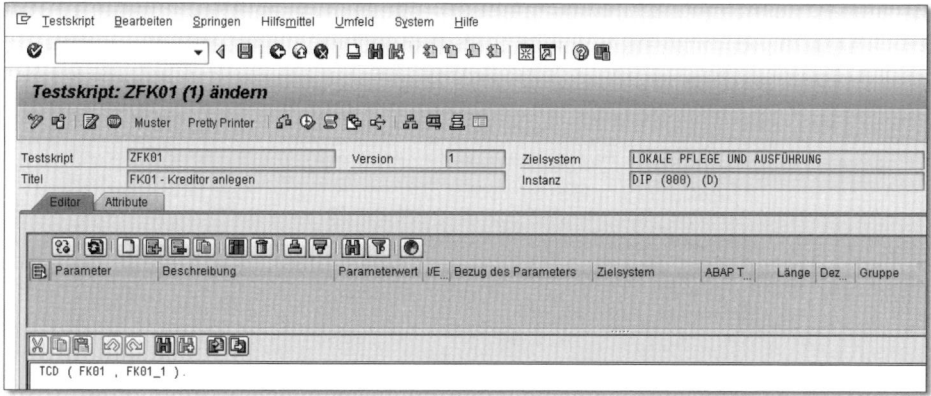

Abbildung 4.19 Testskript ändern

Dies war die letzte mit der Aufzeichnung eines Testskripts verbundene Aktivität. Das Testskript kann nun beliebig oft zur Generierung von Daten im SAP-System genutzt werden. Unabhängig davon, ob das Testskript zur Generierung von Testdaten oder für eine Datenmigration verwendet werden soll, ist die Vorgehensweise bis zu diesem Zeitpunkt identisch.

4.4.2 Ausführung eines Testskripts

Nachdem das Testskript angelegt ist, steht seiner beliebigen Ausführbarkeit nichts mehr im Weg. Befinden Sie sich in der Einstiegsmaske des eCATTs (Transaktion SECATT), können Sie das auszuführende Testskript spezifizieren, indem Sie die Schaltfläche AUSFÜHREN (⊕) anklicken oder die Taste F8 drücken, was zur Bildschirmmaske aus Abbildung 4.20 führt.

Ausführung

Ausgehend von der Ansicht aus Abbildung 4.20 wählen Sie die Registerkarte UI ANSTEUERUNG aus, wodurch Sie zum Bildschirmbild aus Abbildung 4.21 gelangen.

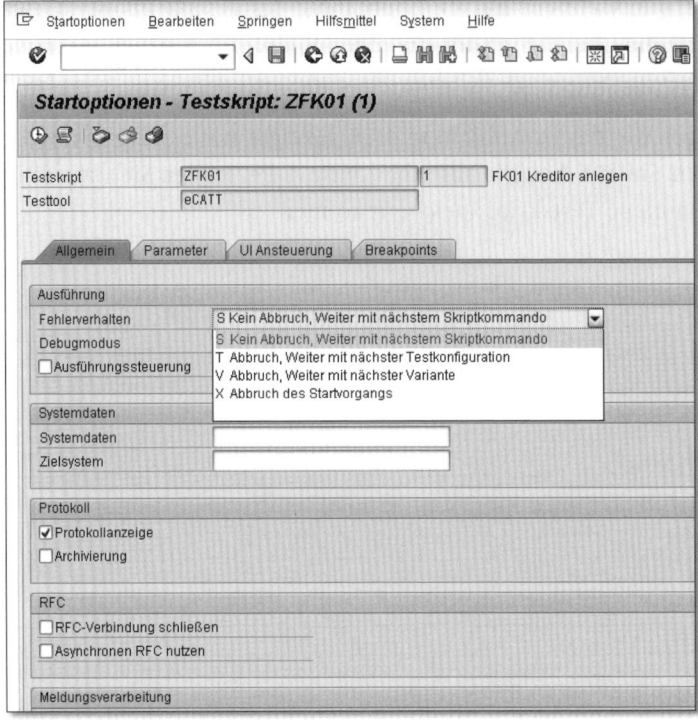

Abbildung 4.20 Testskript ZFK01 ausführen – Startoptionen festlegen (1)

Darin können Sie beispielsweise folgende Einstellungen zum Feld STARTMODUS FÜR KOMMANDO TCD hinterlegen:

▶ **A Hell abspielen, synchron lokal**
Das Testskript wird vollständig im Dialog ausgeführt. Dabei haben Sie die Möglichkeit, Feldeingaben zu korrigieren, was das Ergebnis des Tests beeinflussen kann. Mit ⏎ gelangen Sie in das Folgebild.

▶ **E Nur Fehler anzeigen, synchron lokal**
Hier findet die Verarbeitung der Transaktionen so lange im Hintergrund statt, bis der erste Fehler oder Abbruch auftritt. Tritt eine derartige Situation ein, wird auf Dialog umgeschaltet, das heißt, eine fehlerhafte Eingabe kann gegebenenfalls geändert werden. Nach Bestätigung der korrigierten Eingabe mit ⏎ schaltet das System wieder in die Hintergrundverarbeitung um, bis es zu einer weiteren Fehler- oder Abbruchsituation kommt.

▶ **N Dunkel abspielen, synchron lokal**
Die Transaktionen werden ohne jeden Dialog im Hintergrund ausgeführt.

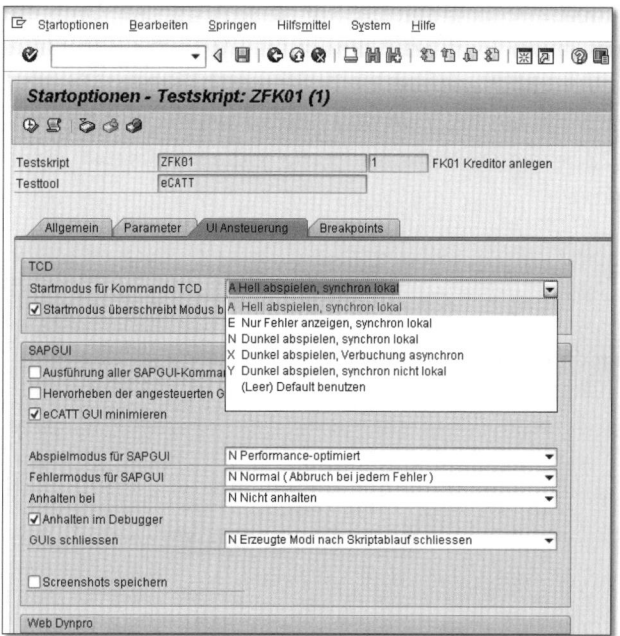

Abbildung 4.21 Testskript ZFK01 ausführen – Startoptionen festlegen (2)

Erwähnenswert sind in diesem Zusammenhang auch die Möglichkeiten, die Ihnen das Feld FEHLERVERHALTEN (siehe Abbildung 4.20) bietet. Diese Optionen kommen insbesondere dann zum Tragen, wenn das Testskript dunkel, also vollständig im Hintergrund ausgeführt wird:

Optionen bei auftretenden Fehlern

- ▶ **V Abbruch, weiter mit nächster Variante**
  Wenn bei der Verarbeitung eines Datensatzes ein Fehler auftritt, wird die Verarbeitung des aktuellen Datensatzes abgebrochen und mit der Verarbeitung des nächsten Datensatzes fortgefahren.

- ▶ **T Abbruch, weiter mit nächster Testkonfiguration**
  Bei dem hier beschriebenen Verfahren kommt nur eine Testkonfiguration zur Anwendung. In diesem Fall ist das Fehlerverhalten T ABBRUCH, WEITER MIT NÄCHSTER TESTKONFIGURATION gleichbedeutend mit X ABBRUCH DES STARTVORGANGS.

- ▶ **X Abbruch des Startvorgangs**
  Im Fehlerfall wird die Verarbeitung vollständig abgebrochen.

- ▶ **S Kein Abbruch, weiter mit nächstem Skriptbefehl**
  In diesem Fall wird versucht, den Datensatz trotz auftretender Fehler zu verarbeiten.

Zu Demonstrationszwecken spielen wir das Testskript über die Schaltfläche AUSFÜHREN (☉) oder die Taste F8 (siehe Abbildung 4.21) hell ab (Vorschlagswert ist DUNKEL) und behalten alle Vorschlagswerte unverändert bei. Dies führt uns zu den in den Abbildungen 4.22 bis 4.28 gezeigten Bildschirmmasken, die jeweils mit ↵ zu bestätigen sind.

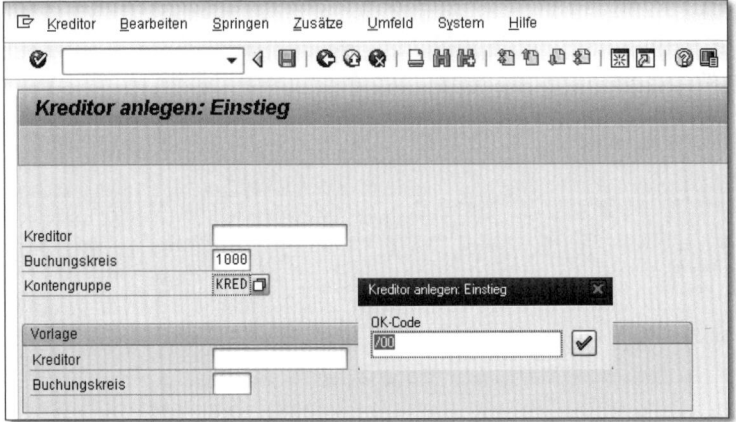

Abbildung 4.22 Kreditor anlegen – Einstieg

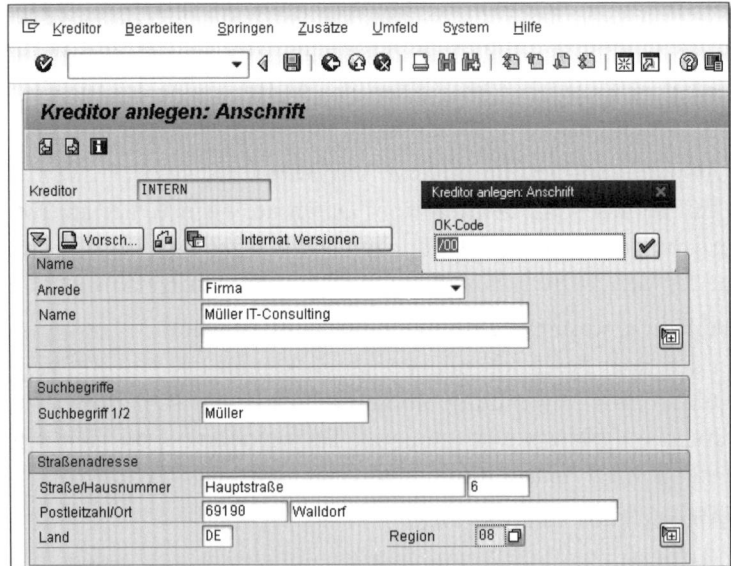

Abbildung 4.23 Kreditor anlegen – Anschrift

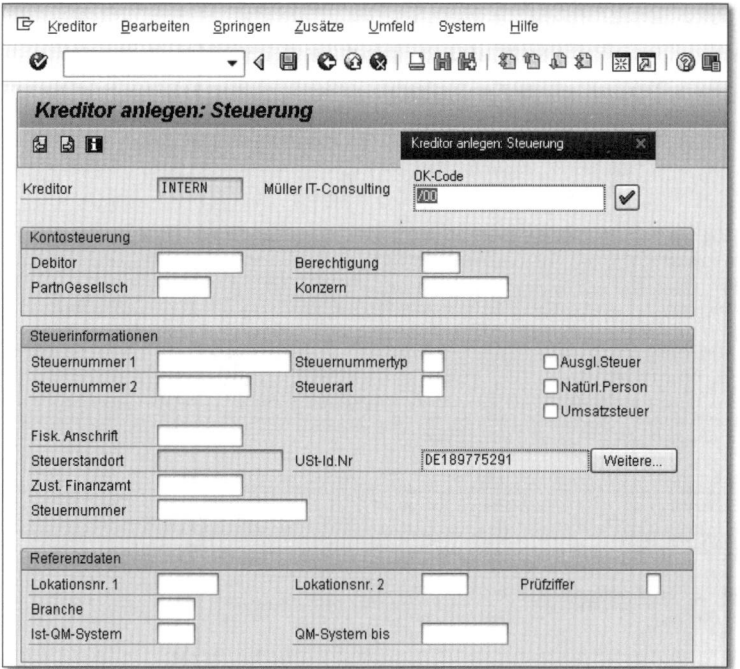

Abbildung 4.24 Kreditor anlegen – Steuerung

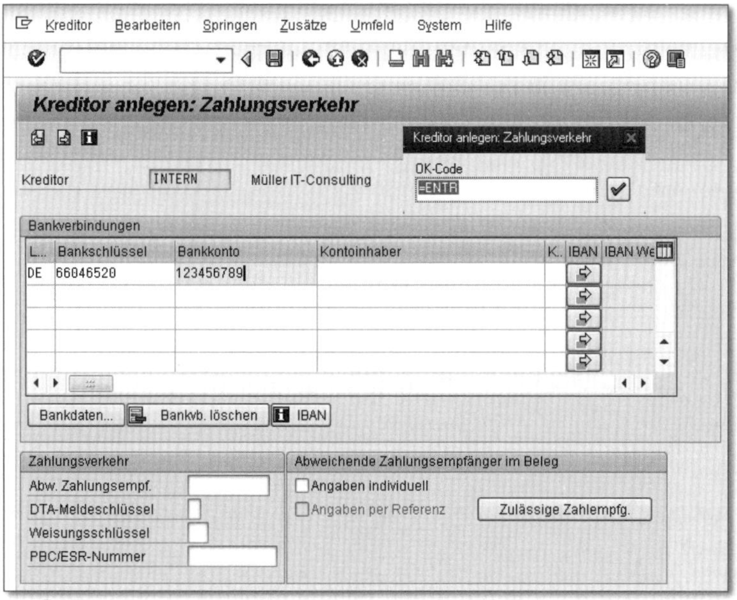

Abbildung 4.25 Kreditor anlegen – Zahlungsverkehr

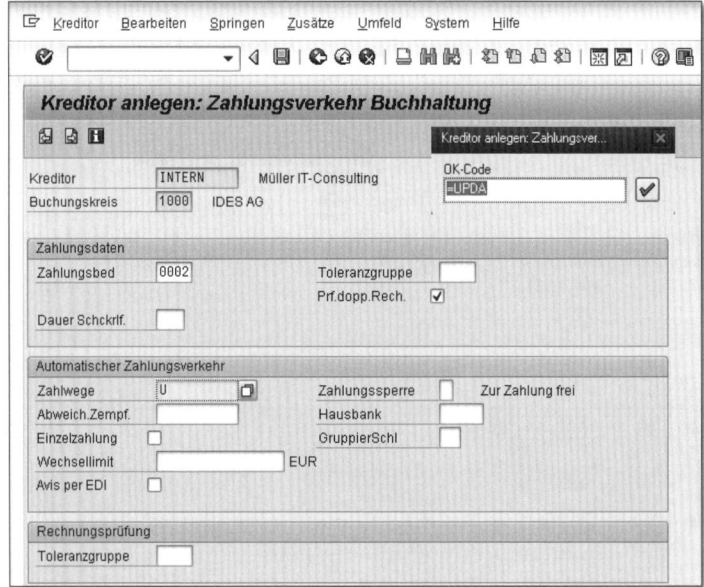

Abbildung 4.26 Kreditor anlegen – Kontoführung Buchhaltung

Abbildung 4.27 Kreditor anlegen – Zahlungsverkehr Buchhaltung

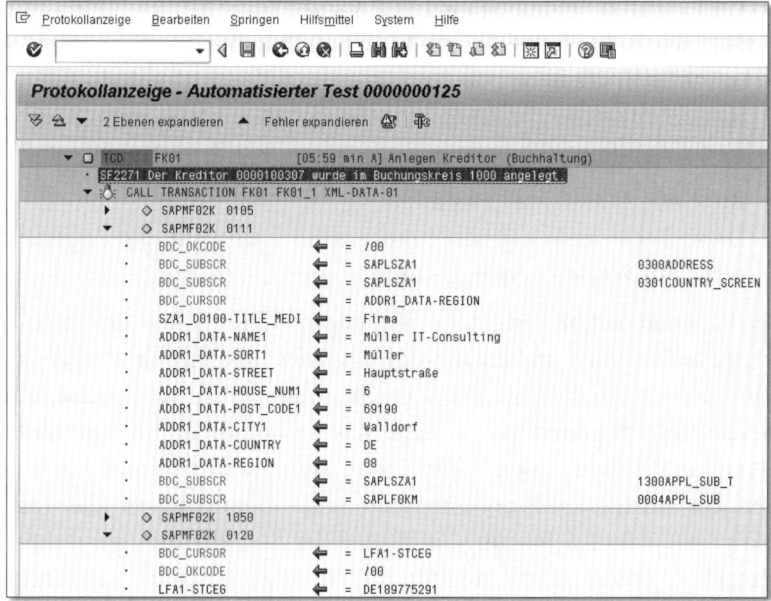

Abbildung 4.28 eCATT-Protokollanzeige

Die letzte Bildschirmmaske (siehe Abbildung 4.28) weist stets ein Protokoll des gerade ausgeführten Testskripts aus, das hierarchisch gegliedert ist. Auf der obersten Hierarchieebene sind unter anderem die prozessierte TRANSAKTION und die dafür benötigte ZEIT vermerkt. Reißt man die Transaktion im Protokoll weiter auf, gelangt man in die Detailansicht, aus der die aufgerufene Transaktion FK01, die durchlaufenen Bildschirmbilder des Programms SAPMF02K, die vorgenommenen Eingaben sowie die vom eCATT erzeugten Nachrichten hervorgehen.

Das Protokoll gibt letztendlich Auskunft darüber, ob das Testskript erfolgreich ausgeführt werden konnte oder nicht. Trat eine Fehlersituation auf, werden die dafür ursächlichen Teile im Protokoll besonders hervorgehoben, was im Beispiel allerdings nicht der Fall ist. **Häufige Fehlermeldungen**

Häufig auftretende Fehlermeldungen sind beispielsweise:

▸ **Batch-Input-Daten für Dynpro ... nicht vorhanden**
Der Grund hierfür kann eine falsch gepflegte Bildfolge oder ein fehlendes Bildschirmbild im Testskript sein. Darüber hinaus kann ein unerwartet auftretendes Dialogfeld bei der Ausführung des Testskripts diese Fehlermeldung auslösen.

> ▸ **Feld <tabelle-feldname> erlaubt keine Eingabe**
> Hier wurde im Testskript ein Ausgabefeld statt eines Eingabefeldes mit Werten versehen. Die Ursache kann in einer fehlerhaften Parametrisierung der Eingabefelder liegen. Aber hierzu später mehr (siehe Abschnitt 4.5.1, »Parametrisierung von Eingabefeldern«).

> ▸ **Bitte alle Mussfelder ausfüllen**
> Diese Fehlermeldung tritt immer dann auf, wenn ein Mussfeld nicht mit Werten versorgt wurde.

Zusammenfassung und Ausblick   Sie haben in den bisherigen Ausführungen erfahren, wie Sie ein Testskript aufzeichnen und ausführen. Mit jeder Ausführung wird genau ein Datensatz in die Datenbank geschrieben. Um beispielsweise fünf Kreditoren zu generieren, müsste das Testskript fünfmal gestartet werden. Mit dem vorgestellten Konstrukt wären diese fünf Kreditoren (bis auf die Kreditorennummer) sogar identisch, weil das Testskript bei jeder Ausführung auf die bei der Aufzeichnung gemachten Eingaben zurückgreift und mit diesen Angaben neue Kreditoren anlegt. Um das eCATT aber als Werkzeug für eine Datenmigration nutzen zu können, müssen die Eingabewerte variabel gehalten werden können. Darüber hinaus muss es möglich sein, mit einer einzigen Ausführung des Testskripts den gesamten zu migrierenden Datenbestand, also alle Kreditoren, zu übernehmen. Wie Sie diese Flexibilität erreichen, erfahren Sie im folgenden Abschnitt.

4.5 Wie kann das eCATT für Migrationen genutzt werden?

Fallbeispiel: Kreditor anlegen   Die Beantwortung dieser Frage bildet die Kernaussage dieses Kapitels. Hierzu wird das im folgenden Abschnitt eingeführte Beispiel zur automatischen Anlage von Kreditoren mithilfe des eCATTs nochmals aufgegriffen und erweitert.

4.5.1 Parametrisierung von Eingabefeldern

In allen betriebswirtschaftlichen Prozessen, die Sie in Testskripten abbilden möchten, werden Daten zunächst über die Eingabemasken bzw. Eingabefelder des SAP-Systems erfasst. Diese Daten werden beispielsweise zum Anlegen von Stammdaten (Abschnitt 4.4.2, »Ausführung eines Testskripts«) oder auch zur Generierung von Bewegungsdaten herangezogen. Um nun Testskripte flexibel gestalten zu können, was für deren Nutzung zur Datenmigration eine unabdingbare Voraussetzung ist, empfiehlt es sich, nicht nur mit Festwerten für diese Eingabefelder zu arbeiten, sondern die Eingabefelder zu parametrisieren. Auf diese Weise erhalten sie einen variablen Charakter und können somit unterschiedliche zu migrierende Werte verarbeiten. Im Folgenden wird also zu klären sein, wie diese Parametrisierung erreicht werden kann.

Geben Sie zunächst in der Einstiegsmaske des eCATTs (Transaktion SECATT) das zu bearbeitende Testskript ZFK01 ein, und wählen Sie ÄNDERN. Sie gelangen zur Ansicht aus Abbildung 4.29.

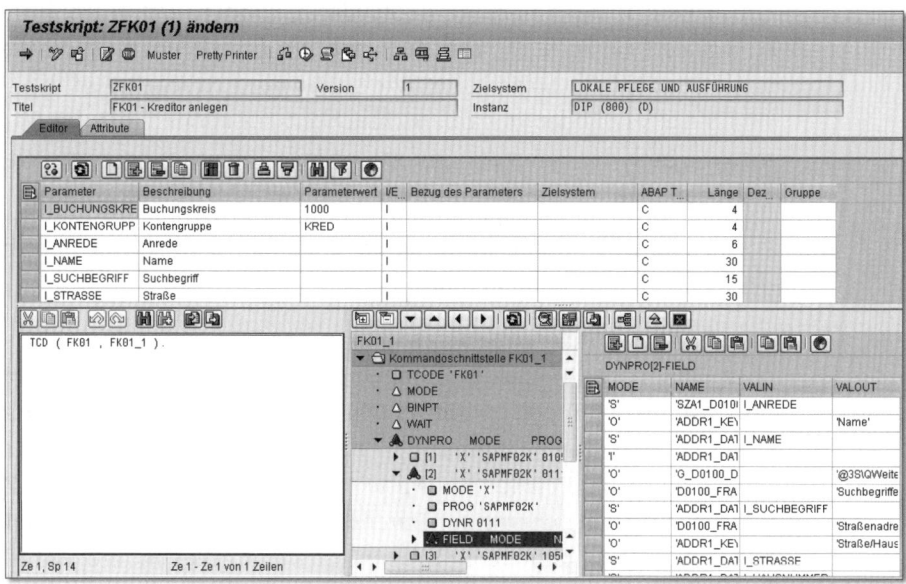

Abbildung 4.29 Testskript ändern – Parameter anlegen

Hier gilt es zunächst, sämtliche Felder der Aufzeichnung zu identifizieren, die im Rahmen der Datenmigration variabel sein können, und diese dann als Parameter zu definieren. Hierzu muss als Erstes von der Ansicht KOMMANDOSCHNITTSTELLE in die Ansicht PARAMETERSCHNITTSTELLE gewechselt werden, wie in Abbildung 4.29 gezeigt. Dies erreichen Sie, indem Sie die Schaltfläche PARAMETER <--> KOMMANDOSCHNITTSTELLE (⟨icon⟩) anklicken. Mit dieser Ansicht können Sie die Parameter über die Schaltfläche PARAMETER ANHÄNGEN (⟨icon⟩) definieren.

> **Definition der Parameter**

Daraufhin öffnet sich eine eingabebereite Zeile, in die Sie den Parameternamen (PARAMETER) und eine BESCHREIBUNG eintragen können. Des Weiteren geben Sie an, dass es sich bei den Parametern um Importparameter handelt, charakterisiert durch den Eingabewert »I«. Ferner tragen Sie Angaben zum ABAP TYP des Parameters ein – genauer: über dessen Feldinhalte –, die im vorliegenden Beispiel alle vom Typ Character (C) sind, und dessen maximale LÄNGE. Im Feld PARAMETERWERT kann ein Vorschlagswert für den jeweiligen Parameter hinterlegt werden. Die Felder werden im Rahmen der Datenmigration immer dann mit dem Vorschlagswert versehen, wenn es für den zu migrierenden Datensatz keinen entsprechenden Feldinhalt für dieses Feld gibt. Handelt es sich bei dem zu füllenden Feld nicht um ein Mussfeld, kann darüber nachgedacht werden, auf einen Vorschlagswert gänzlich zu verzichten, was im betreffenden Datensatz ein leeres Feld zur Folge hätte. Wie später noch zu sehen sein wird, sind Sie aus Gründen der Übersichtlichkeit gut beraten, bei der Namensvergabe der Parameter auf sprechende Bezeichnungen zurückzugreifen, wie wir sie im Beispiel oben verwendet haben.

Dieses Prozedere wiederholen Sie so lange, bis sämtliche Parameter der Aufzeichnung definiert sind.

Es sei an dieser Stelle angemerkt, dass auf die Darstellung der zahlreichen Editier- und Steuerungskommandos, die Ihnen im Rahmen der Bearbeitung des Testskripts zur Verfügung stehen, aus didaktischen Gründen nicht näher eingegangen werden kann. Es sollen vielmehr jene Funktionalitäten in den Mittelpunkt der Betrachtung gestellt werden, die im Rahmen einer Datenmigration benötigt werden und zu verwenden sind. Sollten Sie dennoch weitergehende Informationen zu den Editierfunktionalitäten wünschen, verweisen wir Sie an die von SAP veröffentlichten Dokumentationen zu diesem Thema.

Sind die Parameter definiert, sind diese im nächsten Schritt den entsprechenden Feldern der einzelnen Bildschirmmasken (Dynpros) zuzuordnen. Hierzu navigieren Sie im mittleren Teil der unteren Bildschirmhälfte (wie in Abbildung 4.29 gezeigt) zunächst mit einem Doppelklick auf die Zeile DYNPRO. Der sich daraufhin öffnende Baum enthält alle Bildschirmmasken, repräsentiert durch den zugehörigen Programmnamen SAPMF02K, die im Rahmen der Aufzeichnung des Testskripts durchlaufen wurden. Öffnen Sie auch diese Bildschirmmasken, und navigieren Sie weiter zur Zeile FIELD, die Sie wiederum mit einem Doppelklick öffnen, so werden Ihnen im rechten unteren Bildschirmabschnitt die einzelnen Felder des gerade selektierten Dynpros mit den Werten aus der Aufzeichnung aufgelistet.

Somit ist es nun an der Zeit, die Frage zu klären, welche Feldinhalte für die Datenmigration variabel gehalten werden müssen bzw. welche Feldinhalte mit einem Festwert zu versehen sind, der für alle zu migrierenden Datensätze gleichermaßen Verwendung findet. Damit ein Testskript möglichst flexibel und universell einsetzbar ist, empfehlen wir, möglichst viele Felder zu parametrisieren, das heißt variabel zu halten. Hierbei werden die konstanten Werte der Aufzeichnung mit den Parametern überschrieben, wie in Abbildung 4.29 angedeutet. Der voreingestellte Modus »S« kann dabei unverändert beibehalten werden.

Parameter vs. Festwert

Haben Sie alle Felder des Dynpros parametrisiert, die variable Ausprägungen annehmen können, selektieren Sie im mittleren Teil der unteren Bildschirmhälfte das nächste Dynpro und nehmen dort die Parametrisierung der einzelnen Felder auf die beschriebene Art und Weise vor. Wir empfehlen, mit dem ersten Dynpro zu beginnen und alle Dynpros nacheinander zu durchlaufen, bis die Parametrisierung abgeschlossen ist. Sichern schließt diesen Arbeitsschritt ab.

In den bisherigen Ausführungen haben Sie erfahren, dass Sie mithilfe einer Parametrisierung von Feldern ein Testskript nicht nur statisch mit festen Werten ausführen können, sondern dass Sie ihm auch dynamisch zur Laufzeit unterschiedliche Feldinhalte pro Feld und Datensatz übergeben können, was für die Datenmigration von eminenter Wichtigkeit ist. Wie diese unterschiedlichen Feldinhalte letztendlich übergeben werden, wird Gegenstand der nachfolgenden Abschnitte sein.

4.5.2 Dateiformat erzeugen

In diesem Arbeitsschritt bestimmen Sie schließlich das Dateiformat des zu migrierenden Datenbestandes, wobei unter *Dateiformat* hier die strukturierte Anordnung der zu übernehmenden Felder zu verstehen ist. Die Grundlage hierfür bildet zum einen die Aufzeichnung des Testskripts mit den einzelnen nacheinander verarbeiteten Bildschirmmasken und Feldinhalten, zum anderen fließt aber auch die in Abschnitt 4.5.1, »Parametrisierung von Eingabefeldern«, durchgeführte Parame-

Dateiformat für Datenübernahme festlegen

trisierung in das Dateiformat mit ein, da die Parameter im Grunde als Platzhalter für Felder bzw. Feldinhalte stehen und somit das Dateiformat im Sinne der zu übernehmenden Felder mitbestimmen. Dies bedeutet, dass Felder, die nicht parametrisiert wurden (Festwerte), im Dateiformat unberücksichtigt bleiben. Im Ergebnis steht also eine Datei, die zur Datenübernahme genutzt werden kann – vorausgesetzt, Sie nehmen Ihren Datenbestand in diese Datei auf und ordnen ihn dem Dateiformat entsprechend an.

Wie Sie in Abschnitt 4.5.3, »Daten entsprechend Dateiformat anordnen«, noch sehen werden, befinden Sie sich augenblicklich zwar im Arbeitsschritt TESTDATEN ANLEGEN, was aber nicht bedeutet, dass zu diesem Zeitpunkt bereits konkrete zu migrierende Datensätze angelegt werden. Diese Aufgabe wird außerhalb des SAP-Systems, vorwiegend in Microsoft Excel, aber auf Grundlage des in diesem Abschnitt erzeugten Dateiformats durchgeführt.

Dateiformat im Detail Wie wird nun das entsprechende Dateiformat erzeugt? Hierzu markieren Sie in der Einstiegsmaske des eCATTs (Transaktion SECATT) den Auswahlknopf TESTDATEN und vergeben einen Namen, der aus Gründen der besseren Strukturierung den Namen der Transaktion sowie einen Verweis auf einen Datenbestand beinhalten sollte, wie in Abbildung 4.30 dargestellt.

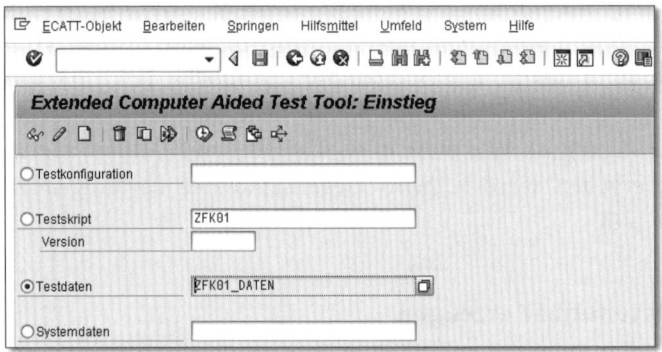

Abbildung 4.30 eCATT Einstieg – Testdaten anlegen

Attribute festlegen Klicken Sie die Schaltfläche OBJEKT ANLEGEN (⬚) an, können Sie, wie in Abbildung 4.31 gezeigt, die Felder TITEL und VERANTWORTLICHER ausfüllen sowie die ANWENDUNGSKOMPONENTE angeben, der der zu migrierende Datenbestand zuzuordnen ist. Dabei wird als Verantwortlicher stets der Benutzer vorgeschlagen, der die Testdaten anlegt.

Hinsichtlich der Titulierung der Testdaten gilt das an anderer Stelle (siehe Abschnitt 4.4.1, »Aufzeichnung eines Testskripts«) bereits Gesagte analog.

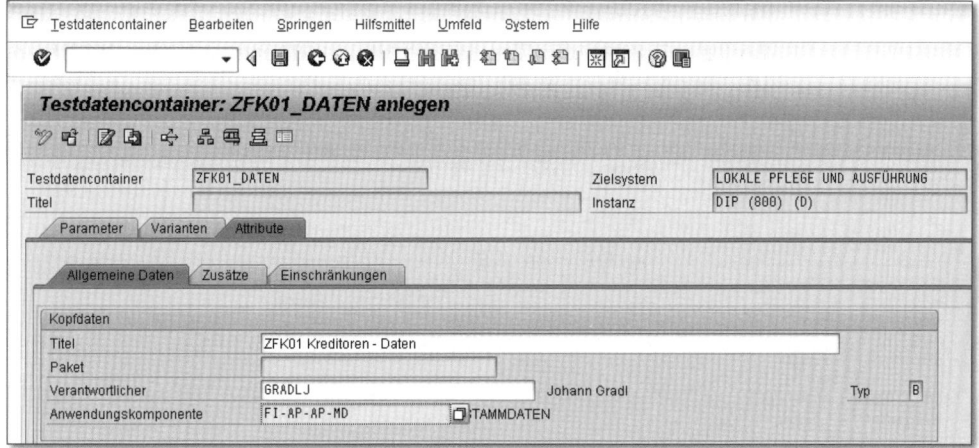

Abbildung 4.31 Attribute festlegen

Sind die Daten gepflegt, verzweigen Sie auf die Registerkarte PARA-METER und wählen anschließend die Menüfolge BEARBEITEN • PARA-METER IMPORTIEREN. Es öffnet sich das in Abbildung 4.32 dargestellte Dialogfenster.

Parameter aus Testskript übernehmen

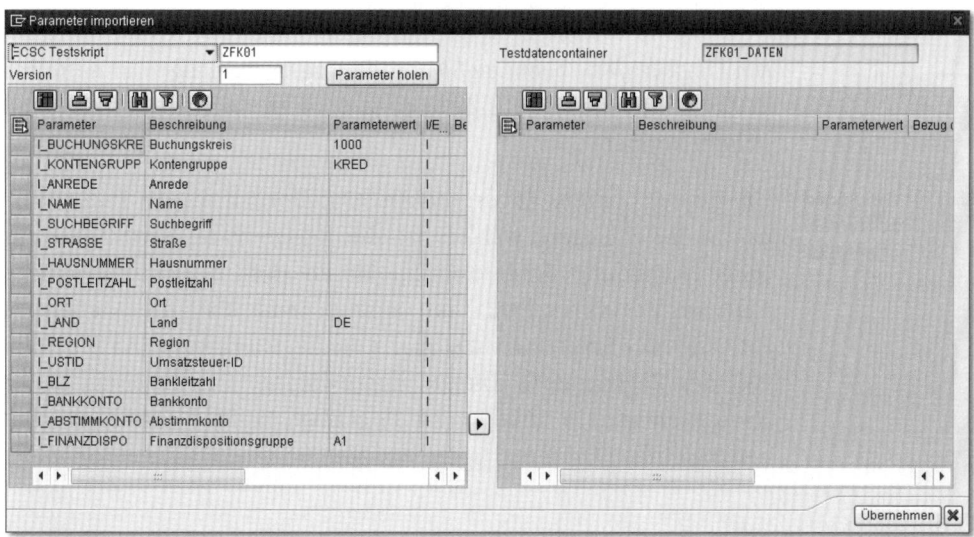

Abbildung 4.32 Parameter importieren (1)

Hier spezifizieren Sie das zuvor aufgezeichnete Testskript ZFK01 und klicken auf die Schaltfläche PARAMETER HOLEN, um dessen Parameter dem Testdatencontainer – genauer: der noch zu erzeugenden Datei für die Datenübernahme – zur Verfügung zu stellen. Über die Schaltfläche ANHÄNGEN (▶) (siehe Abbildung 4.32) können Sie schließlich die Parameter in den Testdatencontainer übertragen, was im Ergebnis aussieht wie in Abbildung 4.33.

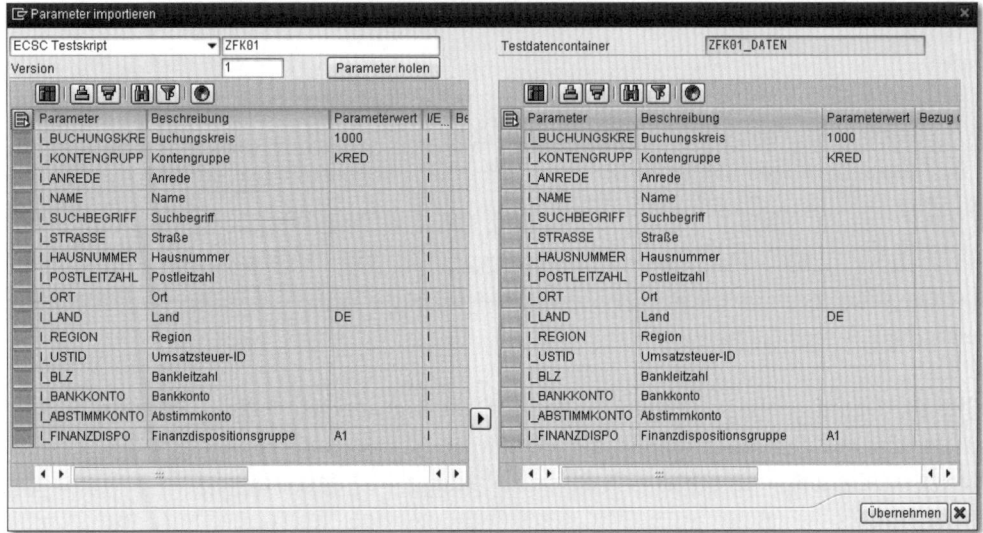

Abbildung 4.33 Parameter importieren (2)

Mit ÜBERNEHMEN beenden Sie den Dialog und gelangen unmittelbar in das Bildschirmbild aus Abbildung 4.34, in dem Sie Ihre Angaben sichern können.

Pfad für Download des Dateiformats festlegen

Um nun das bereits angesprochene Dateiformat für die Datenübernahme zu erzeugen, wählen Sie die Registerkarte VARIANTEN aus (siehe Abbildung 4.34) und markieren dort den Auswahlknopf EXTERNE VARIANTEN/PFAD, um anschließend über die Menüfolge HILFSMITTEL • EINSTELLUNGEN zuerst die Registerkarte ECATT, gefolgt von der Registerkarte EXTERN, auszuwählen. Das Ergebnis dieser Navigation wird in Abbildung 4.35 gezeigt: Im Feld VARIANTEN können Sie einen Pfad hinterlegen, wie zum Beispiel *C:_Datenmigration*.

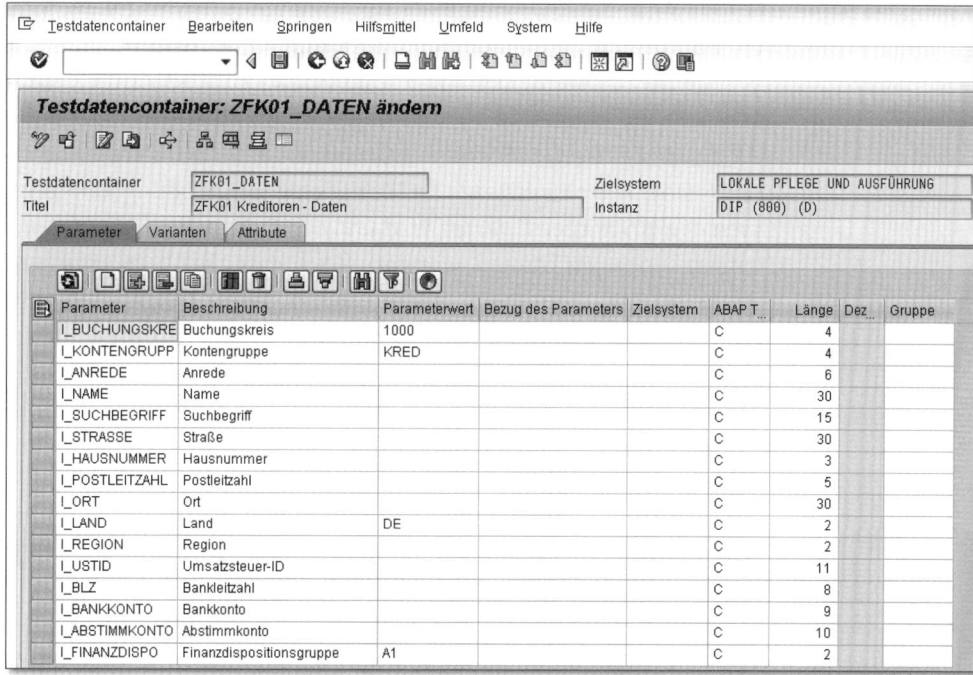

Abbildung 4.34 Parameter importieren (3)

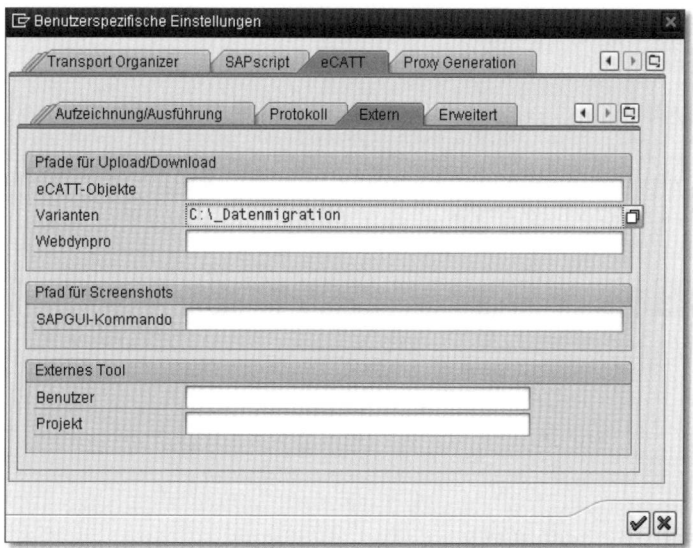

Abbildung 4.35 Pfad für den Download des Dateiformats festlegen

Download
durchführen

Die ↵-Taste führt Sie zum Bildschirmbild aus Abbildung 4.36. Von hier aus können Sie das zur Datenübernahme benötigte Dateiformat über die Menüfolge BEARBEITEN • VARIANTEN • HERUNTERLADEN lokal auf Ihrem PC abspeichern, wobei der vorgeschlagene Dateiname *VAR_ECTD_ZFK01_DATEN.txt* aus Gründen der Strukturierung durch *ZFK01_DATEN.txt* zu ersetzen ist. Der Dialog in Abbildung 4.37 zeigt Ihnen den zuvor spezifizierten Pfad und den Dateinamen, den Sie mit SICHERN bestätigen können, was dazu führt, dass alle übernommenen Parameter des Testskripts entsprechend ihrer Deklaration mit Bezeichnungen und Vorschlagswerten abgespeichert werden. Hierbei ist zu beachten, dass die Datei als *Textdatei*, also mit der Endung *.txt* abgespeichert wird. Dies bedeutet, dass die einzelnen Elemente der Datei durch Tabulatoren getrennt sein müssen, damit eine problemlose Weiterverarbeitung möglich ist.

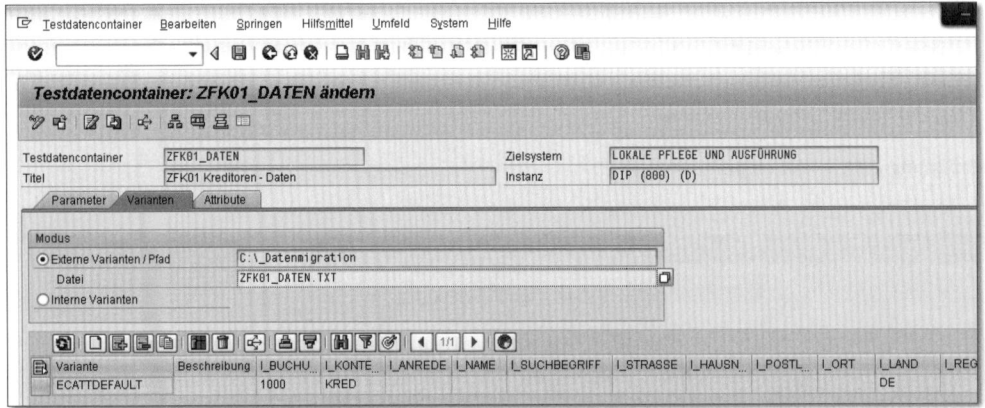

Abbildung 4.36 Vorschläge für Pfad und Dateinamen für den Download

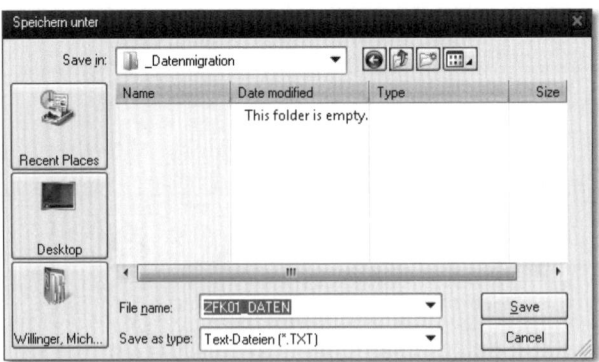

Abbildung 4.37 Download des Dateiformats auf PC

4.5.3 Daten entsprechend Dateiformat anordnen

Liegt das Dateiformat auf Ihrem PC vor, ist es sinnvoll, den Inhalt einmal genauer mit dem Texteditor zu betrachten, wie in Abbildung 4.38 dargestellt.

Dateiformat

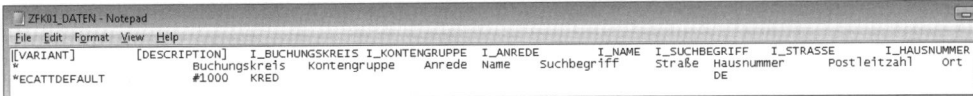

Abbildung 4.38 Format der Datei ZFK01_DATEN.TXT

Beim Export des Vorschlags generiert das SAP-System eine dreizeilige Textdatei, die aus folgenden Spalten besteht:

Spalten

▶ **[VARIANT]**
Hierunter ist die Kennung einer Variante zu verstehen, wobei in diesem Kontext der Begriff *Variant* stellvertretend für den zu migrierenden Datensatz steht. Wie später (siehe Abbildung 4.44) noch zu sehen ist, muss aus Gründen der Eindeutigkeit jeder Datensatz mit einer entsprechenden Kennung versehen werden.

▶ **[DESCRIPTION]**
Die DESCRIPTION kann mit einem Variantentext versehen werden.

▶ **Parameter**
Sie repräsentieren die parametrisierten Felder, die aus dem Testskript übernommen wurden. Die in der Textdatei aufgeführten Parameter müssen mit den Bezeichnungen der Parameter im Testskript übereinstimmen.

Zu den Zeilen ist Folgendes zu sagen:

Zeilen

▶ In der ersten Zeile befinden sich die Überschriften der Spalten wie soeben genannt.

▶ Darunter finden Sie die zu den Parametern definierten Bezeichnungen.

▶ In Zeile 3 schließlich werden die Vorschlagswerte der Parameter in der Art aufgelistet, wie sie im Rahmen der Parametrisierung gegebenenfalls eingestellt wurden.

Um eine störungsfreie Datenmigration sicherzustellen, empfehlen wir, die Struktur dieser Datei nicht zu verändern. Sie bildet die Basis für die externe Weiterverarbeitung, die mithilfe eines Tabellenkalkulationsprogramms durchzuführen ist und Gegenstand der weiteren

Weiterverarbeitung mit Microsoft Excel

Erläuterungen sein wird. Aufgrund des hohen Bekanntheitsgrades von Microsoft Excel verwenden wir dieses Programm zur weiteren Demonstration.

Starten Sie zunächst Microsoft Excel, und öffnen Sie danach die Textdatei *ZFK01_DATEN.txt*. Es öffnet sich das in Abbildung 4.39 abgebildete Dialogfenster.

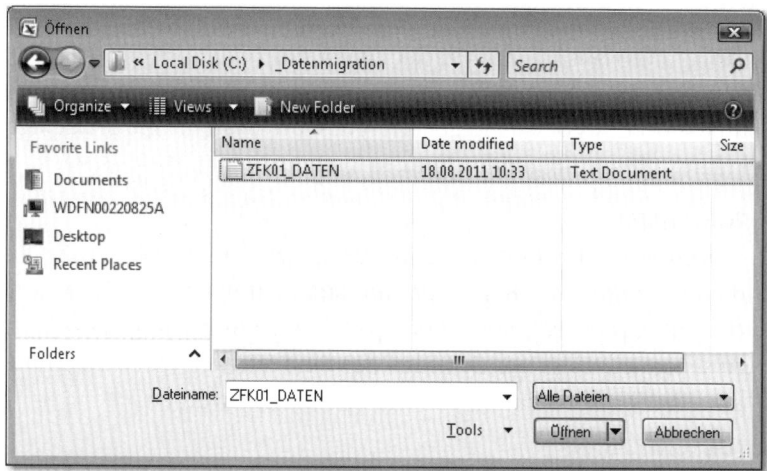

Abbildung 4.39 Datei ZFK01_DATEN.TXT mit Microsoft Excel öffnen

Textdatei öffnen Dateien vom Typ *.txt* werden Ihnen unter anderem dann zur Auswahl angezeigt, wenn Sie ALLE DATEIEN als Dateityp selektieren. Nun können Sie die Datei *ZFK01_Daten.txt* auswählen und die Schaltfläche ÖFFNEN anklicken, was Sie zum Bildschirmbild aus Abbildung 4.40 führt.

Microsoft Excel hat erkannt, dass es sich bei der zu öffnenden Datei nicht um eine XLS-Datei handelt und aktiviert daraufhin den Textkonvertierungsassistenten. Dieser hat bereits zutreffende Voreinstellungen durchgeführt, die über die Schaltfläche WEITER zu bestätigen sind. Sie erreichen die Ansicht aus Abbildung 4.41.

Auch diese Einstellungen können unverändert mit WEITER übernommen werden, da die Elemente von TXT-Dateien, wie bereits ausgeführt, stets durch Tabulatoren getrennt sind. Die Schaltfläche WEITER führt Sie zur Ansicht aus Abbildung 4.42.

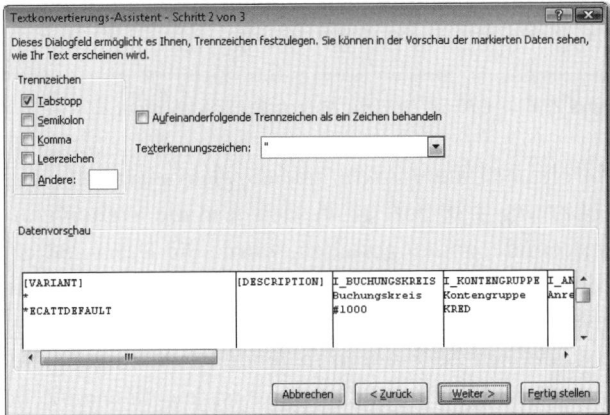

Abbildung 4.40 Microsoft Excel-Textkonvertierungsassistent (1)

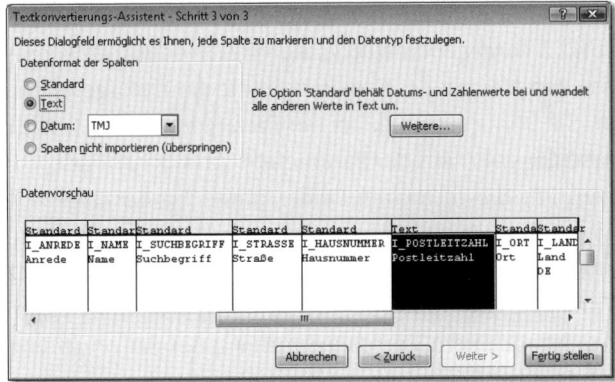

Abbildung 4.41 Microsoft Excel-Textkonvertierungsassistent (2)

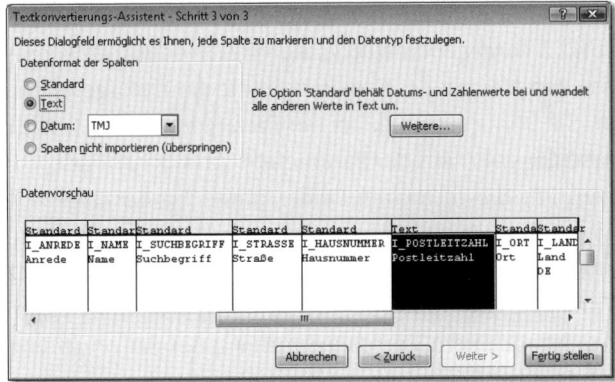

Abbildung 4.42 Microsoft Excel-Textkonvertierungsassistent (3)

Spalten-
formatierung

Hier legen Sie fest, welches Datenformat die einzelnen Spalten haben sollen. Sämtlichen Spalten bzw. Feldern, die mit einer führenden Null beginnen können, wie zum Beispiel Telefon, Telefax, Region oder Postleitzahl, sollte das Datenformat TEXT zugewiesen werden. Hierdurch ist gewährleistet, dass die führende Null nach Microsoft Excel übernommen wird. Für die restlichen Spalten können Sie es bei der Voreinstellung STANDARD belassen. Nach der Spaltenformatierung klicken Sie auf die Schaltfläche FERTIG STELLEN – die Textdatei wird in Microsoft Excel geöffnet (Abbildung 4.43).

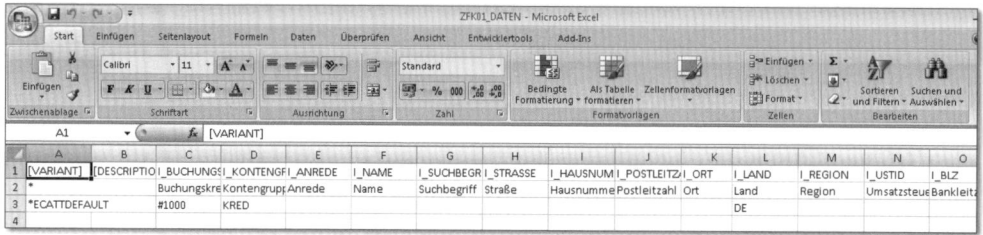

Abbildung 4.43 Datei ZFK01_DATEN.TXT mit Microsoft Excel geöffnet

Sie sehen dort die gleiche Datenstruktur und die gleichen Inhalte, wie sie bereits in Abbildung 4.38 gezeigt wurden. Um die Weiterverarbeitung benutzerfreundlicher zu gestalten, wurde die Datei *ZFK01_DATEN.txt* allerdings nun mit Microsoft Excel geöffnet. Auch hier gilt es, die Zeilen 1 bis 3 unverändert zu lassen, sodass für die eigentliche Bearbeitung ausschließlich Zeile 4 und folgende zur Verfügung stehen. Für einen zu übernehmenden Datensatz ist jeweils eine Zeile reserviert.

Weiterver-
arbeitung mit
Microsoft Excel

Um nun einen neuen Datensatz für einen Kreditor anzulegen, beginnen Sie in Zeile 4 und orientieren sich dabei an der Struktur, wie sie in den Zeilen 1 und 2 vorgegeben wurde. Konkret bedeutet dies, dass Sie beispielsweise den Namen des Kreditors in die dafür vorgesehene Spalte eintragen. Sie können sich dabei am Parameternamen I_NAME oder an dem Vorschlagswert aus der Parameterdefinition orientieren, sofern vorhanden. Für die restlichen Felder dieses Datensatzes verfahren Sie analog. Sollte ein Feldinhalt nicht zur Verfügung stehen, bleibt das betreffende Feld in Zeile 4 einfach leer. In der Konsequenz bestimmt der Vorschlagswert aus der Aufzeichnung nun den Feldinhalt dieses Feldes. Ist auch kein Vorschlagswert aus der Aufzeichnung vorhanden, was leicht aus Zeile 3 zu ersehen ist, bleibt der Feldinhalt für diesen Datensatz definitiv leer. Nachdem der erste Datensatz vollständig definiert ist, können Sie in Zeile 5 mit dem nächsten Datensatz fortfahren, wobei die Vorgehensweise stets identisch ist. Eine Datei *ZFK01_DATEN.txt*, die aus fünf Datensätzen besteht, könnte ein Erscheinungsbild wie in Abbildung 4.44 aufweisen.

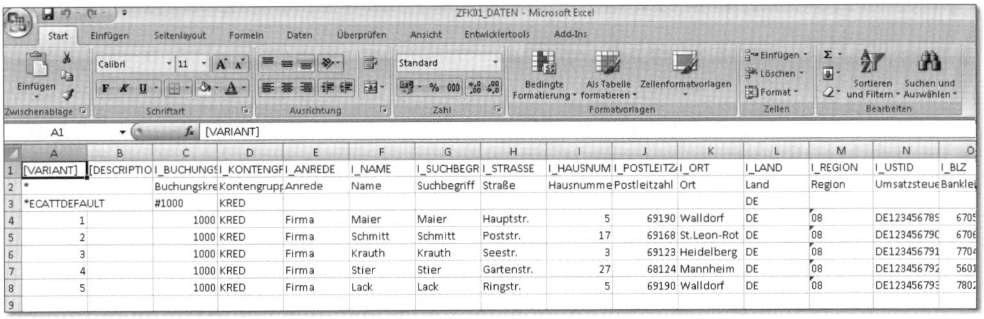

	A	B	C	D	E	F	G	H	I	J	K	L	M	N	O
1	[VARIANT]	[DESCRIPTIO	I_BUCHUNGS	I_KONTENGF	I_ANREDE	I_NAME	I_SUCHBEGR	I_STRASSE	I_HAUSNUM	I_POSTLEITZ	I_ORT	I_LAND	I_REGION	I_USTID	I_BLZ
2	*		Buchungskre	Kontengrupp	Anrede	Name	Suchbegriff	Straße	Hausnumme	Postleitzahl	Ort	Land	Region	Umsatzsteue	Bankle
3	*ECATTDEFAULT		#1000	KRED								DE			
4	1		1000	KRED	Firma	Maier	Maier	Hauptstr.	5	69190	Walldorf	DE	08	DE12345678	670
5	2		1000	KRED	Firma	Schmitt	Schmitt	Poststr.	17	69168	St.Leon-Rot	DE	08	DE12345679	670
6	3		1000	KRED	Firma	Krauth	Krauth	Seestr.	3	69123	Heidelberg	DE	08	DE123456791	770
7	4		1000	KRED	Firma	Stier	Stier	Gartenstr.	27	68124	Mannheim	DE	08	DE12345679	560
8	5		1000	KRED	Firma	Lack	Lack	Ringstr.	5	69190	Walldorf	DE	08	DE12345679	780
9															

Abbildung 4.44 Weiterverarbeitung der Datei mit Microsoft Excel

Datensätze fortlaufend nummerieren

Die erste Spalte `[VARIANT]` in Abbildung 4.44, die der Unterscheidung der einzelnen Datensätze dient, ist besonders zu beachten. Diese Spalte ist für jeden zu übernehmenden Datensatz mit einem *eindeutigen* Wert zu versehen. Es darf nicht vorkommen, dass verschiedene Datensätze die gleiche Kennung besitzen. Da hier die Unterscheidung der Datensätze ausschließlich technisch motiviert ist und somit keinen Einfluss auf das Ergebnis der Datenübernahme hat, bietet es sich an, die Datensätze fortlaufend zu nummerieren, beginnend mit »1«.

Übernahmedatei im Format .txt abspeichern

Typischerweise liegen die zu migrierenden Daten in einer sequenziellen Datei, vorzugsweise in Microsoft Excel. Sie können daher mit den Microsoft Excel-Funktionen KOPIEREN und EINFÜGEN Ihre sequenzielle Datei in das für die Datenmigration erforderliche Dateiformat aus Abbildung 4.44 überführen. Liegen alle zu migrierenden Datensätze in *ZFK01_DATEN.txt* vor, müssen die vorgenommenen Änderungen natürlich gespeichert werden. Wichtig in diesem Zusammenhang ist, dass die Datei wieder als *Textdatei* abgespeichert wird, da nur solche Dateien vom eCATT verarbeitet werden können. Bei der Durchführung dieser Aktion werden Sie von Microsoft Excel darüber informiert, dass die Datei *ZFK01_DATEN.txt* bereits existiert, und gefragt, ob sie ersetzt werden soll. Bestätigen Sie sämtliche Hinweise mit JA. Damit die Datei *ZFK01_DATEN.txt* schließlich in das

SAP-System eingelesen werden kann, muss sie zuvor geschlossen werden. Bestätigen Sie auch hier sämtliche von Microsoft Excel ausgegebenen Systemmeldungen mit JA bzw. OKAY.

4.5.4 Daten laden

Testkonfiguration anlegen

Sind die Vorarbeiten der vorausgegangenen Abschnitte durchgeführt, kann mit dem Einlesen der Datei *ZFK01_DATEN.txt* in das SAP-System begonnen werden. Hierzu ist zunächst in der Einstiegsmaske des eCATTs (Transaktion SECATT) eine sogenannte *Testkonfiguration* über die Schaltfläche OBJEKT ANLEGEN ( ) zu erstellen, wie Sie Abbildung 4.45 bzw. Abbildung 4.46 entnehmen können.

Abbildung 4.45 eCATT-Einstieg – Testkonfiguration anlegen

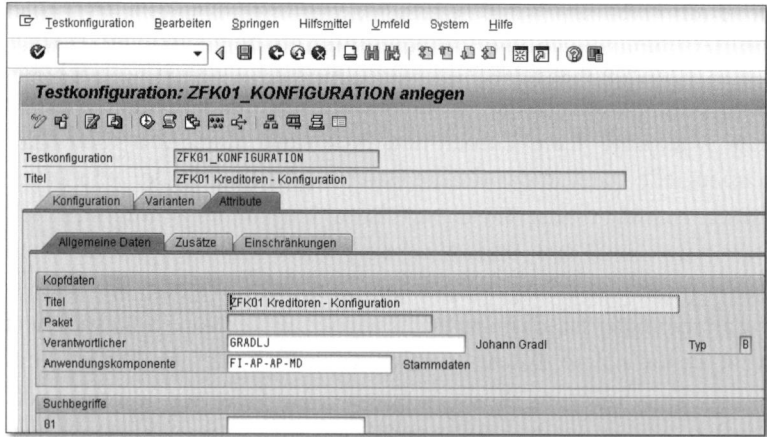

Abbildung 4.46 Testkonfiguration – Attribute pflegen

Wie bereits mehrfach erwähnt, gilt es, bei der Attributpflege einen TITEL für die Testkonfiguration sowie einen VERANTWORTLICHEN und die Zuordnung der Testkonfiguration zu einer ANWENDUNGSKOMPO-NENTE zu bestimmen. Dabei führt die Testkonfiguration – sozusagen als äußere Klammer – das Testskript und die Testdaten zusammen. Dies wird unmittelbar ersichtlich, wenn Sie auf die Registerkarte KONFIGURATION wechseln, wie in Abbildung 4.47 dargestellt.

Attribute und Konfiguration pflegen

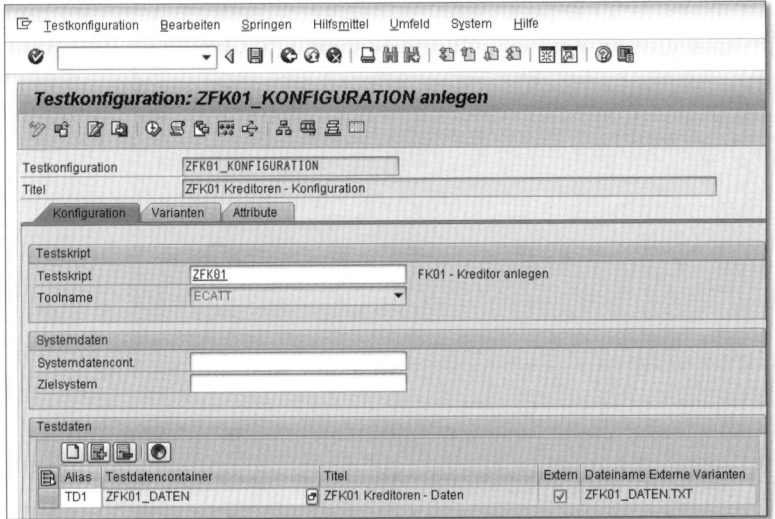

Abbildung 4.47 Testkonfiguration – Testskript und Testdaten pflegen

Nachdem Sie das Testskript ZFK01 und die Testdaten ZFK01_DATEN gemäß Abbildung 4.47 eingetragen haben, sichern Sie Ihre Eingaben, sodass mit der eigentlichen Datenübernahme begonnen werden kann. Hierzu klicken Sie auf die Schaltfläche TESTKONFIGURATION AUS-FÜHREN ( ), woraufhin das Dialogfenster der Abbildung 4.48 bzw. Abbildung 4.49 angezeigt wird.

Testkonfiguration ausführen

Die hier festgelegten Einstellungen bewirken, dass die Datenüber-nahme dunkel, das heißt im Hintergrund abläuft, und dass es zu einem Abbruch des gerade verarbeiteten Datensatzes kommt, wenn dieser fehlerhaft ist. In diesem Fall wird der fehlerhafte Datensatz komplett übersprungen und mit der Verarbeitung des nächsten Datensatzes fortgefahren. Der gesamte Ablauf vollzieht sich im Hin-tergrund.

Startoptionen

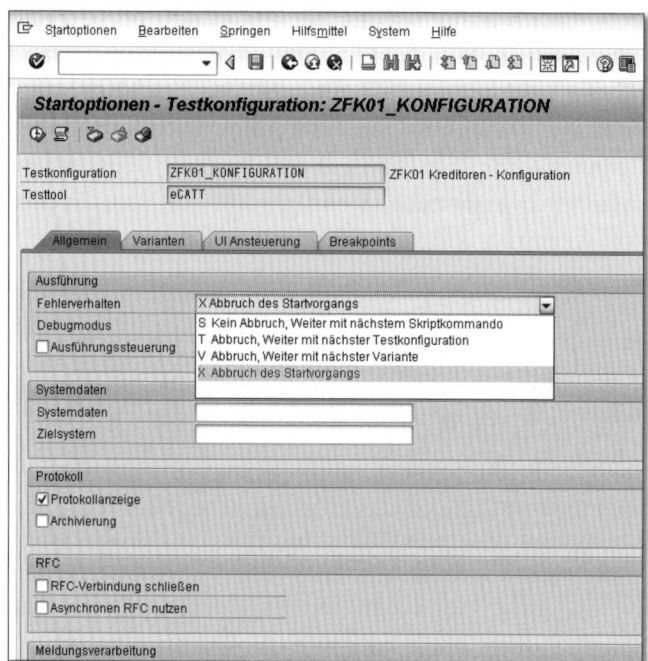

Abbildung 4.48 Testkonfiguration ausführen – Startoptionen (1)

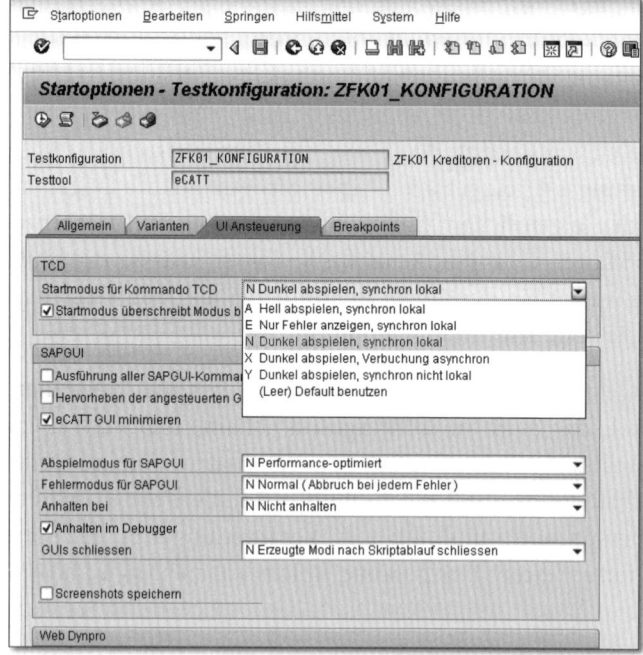

Abbildung 4.49 Testkonfiguration ausführen – Startoptionen (2)

Problematisch bei dieser Vorgehensweise ist, dass gegebenenfalls fehlerhafte Datensätze nicht übernommen werden, was zu einer unvollständigen Datenübernahme führen könnte. Deshalb ist es ratsam, das Protokoll, das am Ende der Datenmigration erzeugt wird (siehe Abbildung 4.28), genau zu analysieren und gegebenenfalls fehlende Datensätze nachzubearbeiten.

4.6   Tipps und Tricks

Wir geben Ihnen im Folgenden einige Empfehlungen, die Ihnen das Arbeiten mit dem eCATT bei Datenmigrationen erleichtern werden:

▶ Erstellen Sie nur Testskripte für Transaktionen, die Sie genau kennen. So kann einerseits das Systemverhalten bei der Aufzeichnung und Ausführung des Testskripts nachvollzogen werden, und andererseits wissen Sie aus Ihrer Erfahrung mit dieser Transaktion, wie eventuell auftretenden Fehlermeldungen begegnet werden kann.

Nur bekannte Transaktionen verwenden

▶ Belegen Sie ein Testskript immer nur mit einer Transaktion, auch wenn technisch mehrere Transaktionen innerhalb eines Testskripts verarbeitet werden können. Mit dieser Vorgehensweise können Sie die gesamte Datenmigration in kleinere Pakete partitionieren und transaktionsabhängig durchführen. Dies erleichtert die Zuordnung von Verantwortlichkeiten bei der Datenübernahme innerhalb eines Unternehmens.

▶ Um ein Testskript möglichst universell einsetzen zu können, sollten zur Wertübergabe an die Transaktion Parameter verwendet und auf Festwerte weitestgehend verzichtet werden.

▶ Der universelle Charakter des Testskripts sollte sowohl bei der Wahl der Parameter als auch bei der Bildfolge Berücksichtigung finden.

▶ Vermeiden Sie es, neue Testskripte anzulegen, wenn bestehende Testskripte angepasst werden können. Näheres hierzu erfahren Sie in Abschnitt 4.6.1, »Anpassen von Testskripten«.

▶ Verwenden Sie das Protokoll, das sich nach der Durchführung der Datenübernahme ergibt, als Dokumentationsunterlage, die auch gegenüber externen Prüfern verwendet werden kann.

▶ Falls Sie Transaktionen anderer Applikationen nutzen möchten, verwenden Sie deren Testskripte, und beantragen Sie gegebenenfalls deren Erweiterung (siehe folgenden Abschnitt).

4.6.1 Anpassen von Testskripten

Ausgangssituation Oftmals wird man mit der Situation konfrontiert, dass bereits jemand ein Testskript für eine Transaktion angelegt hat, die man nun selbst testen bzw. für eine Datenmigration verwenden möchte. Bei genauerer Analyse stellt sich jedoch heraus, dass im Testskript Felder belegt sind, die man für sein eigenes Projekt nicht benötigt, bzw. erforderliche Felder nicht gepflegt wurden. In einer derartigen Situation ist es aufgrund der möglichen Datenredundanz wenig sinnvoll, ein neues Testskript für dieselbe Transaktion zu erstellen. Es ist vielmehr darüber nachzudenken, das bereits existierende Testskript den geänderten Umständen anzupassen, was allerdings eine aufwendige Koordination mit dem Verantwortlichen des Testskripts erfordern kann.

Beispiel Zur Darstellung der beschriebenen Problematik wenden wir uns wieder dem in Abschnitt 4.4, »Wie funktioniert das eCATT?«, eingeführten Beispiel der Anlage eines Kreditors (FK01) zu. Hierbei erfordern die gegebenen Umstände, dass zu den bereits gefüllten bzw. parametrisierten Feldern zusätzlich das Feld ALTE KONTONUMMER gepflegt werden soll. Die alte Kontonummer führt die Kreditorennummer des abzulösenden Buchhaltungssystems, sodass im SAP-System nach ihr gesucht und ausgewertet werden kann.

Vorgehensweise Die Aufnahme einer zusätzlichen Information in ein bestehendes Testskript lässt sich dadurch erreichen, dass Sie es entsprechend modifizieren. Rufen Sie hierzu die Einstiegstransaktion des eCATTs auf, spezifizieren Sie das Testskript ZFK01, und klicken Sie anschließend auf ÄNDERN. Es öffnet sich das Dialogfenster aus Abbildung 4.50.

Parameter-definition Da das Feld ALTE KONTONUMMER für jeden Kreditor eine unterschiedliche Ausprägung annehmen kann, muss dafür zunächst einmal ein Parameter I_KONTO_ALT bereitgestellt werden, den Sie definieren, wie in Abschnitt 4.5.1, »Parametrisierung von Eingabefeldern«, beschrieben.

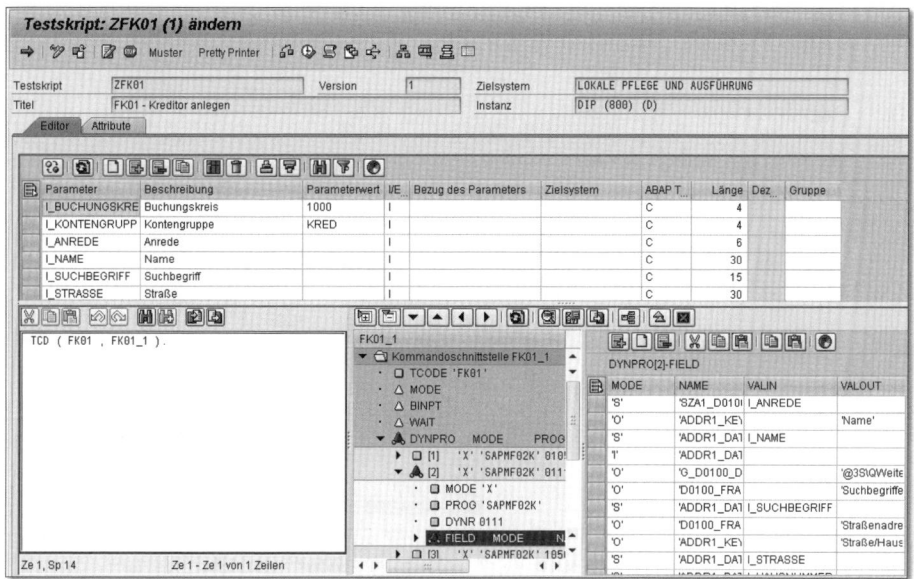

Abbildung 4.50 Testskript ändern – Parameter anlegen

Anschließend navigieren Sie im mittleren Fenster des unteren Bild-schirmabschnitts (KOMMANDOSCHNITTSTELLE) zu jener Bildschirm-maske, gekennzeichnet durch den SAP-Programmnamen SAPMF02K, in der sich das Feld ALTE KONTONUMMER befindet. Selektieren Sie diese Bildschirmmaske mit einem Doppelklick, gelangen Sie zu einer Ansicht ähnlich der in Abbildung 4.51, in der Sie dem Feld ALTE KON-TONUMMER den zuvor definierten Parameter I_KONTO_ALT zuweisen können. Mit SICHERN kann diese Änderung des Testskripts beendet werden.

Parameter-zuordnung

Im nächsten Schritt muss gewährleistet werden, dass das Feld ALTE KONTONUMMER in die Datei aufgenommen wird, die der Datenüber-nahme zugrunde liegt. Es gilt also, den Parameter I_KONTO_ALT in das Dateiformat aufzunehmen. Dies erreichen Sie, indem Sie im Ein-stiegsbildschirm zum eCATT den Auswahlknopf TESTDATEN markie-ren, ZFK01_DATEN spezifizieren und anschließend auf ÄNDERN klicken.

Parameter in Übernahmedatei aufnehmen

Dort verzweigen Sie auf die Registerkarte PARAMETER und wählen anschließend die Menüfolge BEARBEITEN • PARAMETER IMPORTIEREN. Es öffnet sich das in Abbildung 4.52 dargestellte Dialogfenster, in dem das zugehörige Testskript ZFK01 entsprechend zu spezifizieren ist und dessen Parameter über die Schaltfläche PARAMETER HOLEN zur Verfügung gestellt werden können.

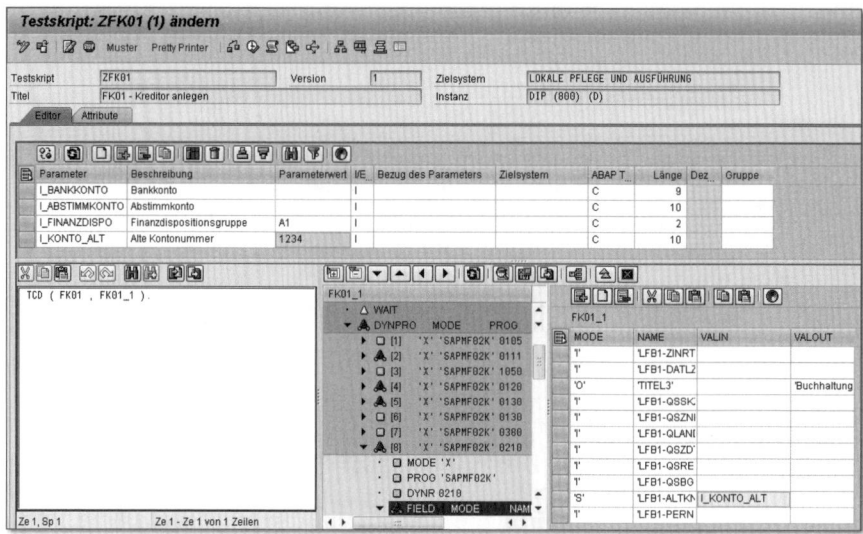

Abbildung 4.51 Testskript ändern – Parameter zuweisen

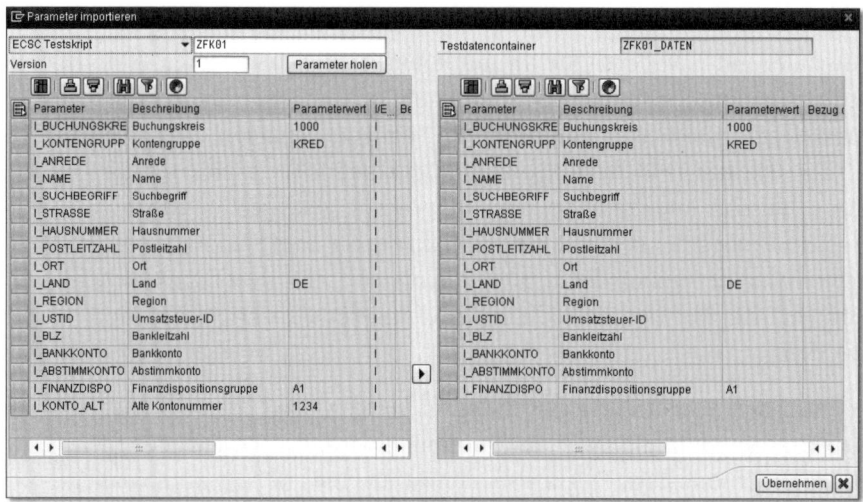

Abbildung 4.52 Parameter importieren

Im Unterschied zu Abbildung 4.32 zeigt Abbildung 4.52 zusätzlich den Parameter I_KONTO_ALT, den Sie nachträglich im Testskript definiert und zugeordnet haben. Über die Schaltflächen ANHÄNGEN und ÜBERNEHMEN werden die Parameter in den Testdatencontainer übertragen. Über SICHERN schließen Sie den Arbeitsschritt ab. Bezüglich des Downloads des geänderten Dateiformats auf Ihren PC verweisen wir Sie auf die Ausführungen in Abschnitt 4.5.2, »Dateiformat erzeugen«.

Wenn Sie die heruntergeladene Datei mit Microsoft Excel öffnen (siehe Abbildung 4.53), werden Sie feststellen, dass wieder eine drei- zeilige Datei erzeugt und der Parameter I_KONTO_ALT in die letzte Spalte der Datei eingefügt wurde. Nun können Sie in Anlehnung an Abschnitt 4.5.3, »Daten entsprechend Dateiformat anordnen«, die zu migrierenden Datensätze eintragen und im Anschluss den Upload in das SAP-System starten.

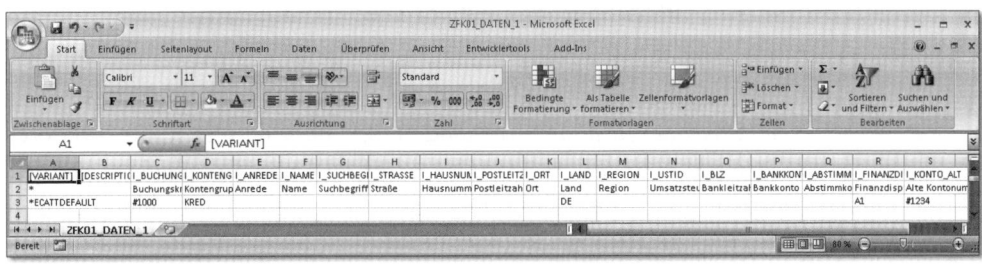

Abbildung 4.53 Alte Kontonummer als Parameter in ZFK01_DATEN.TXT

Die Testkonfiguration an sich ist nicht zu ändern. Da diese aber als äußere Klammer das Testskript und die Testdaten verbindet, wirkt sich eine Änderung dieser beiden Komponenten implizit auf die Test- konfiguration aus.

Es sind allerdings auch Situationen vorstellbar, in denen Sie Ihre Vor- bereitungen zur Datenmigration hinsichtlich der Aufzeichnung des Testskripts und der Datenpflege in Microsoft Excel (siehe Abschnitt 4.5.3, »Daten entsprechend Dateiformat anordnen«) weitestgehend abgeschlossen haben, jedoch vonseiten der Fachabteilung die Forde- rung gestellt wird, weitere Felder in das SAP-System zu übernehmen. Unter diesen Gegebenheiten empfiehlt es sich, das Testskript und die Testdaten wie beschrieben zu ändern und die zusätzlichen Felder auf- zunehmen und zu parametrisieren. Anschließend ist die für die Datenübernahme benötigte Textdatei zu erzeugen und beispielsweise als *ZFK01_1.txt* abzuspeichern. Hierbei dient die dreizeilige Datei *ZFK01_1.txt* lediglich als Hilfsdatei, da letztendlich nur ihre Struktur von Interesse ist, insbesondere die Spalten mit den hinzugekomme- nen Parametern.

Kopieren Sie nun diese zusätzlichen Spalten aus *ZFK01_1.txt*, und fügen Sie sie am rechten Rand Ihrer eigentlichen Übernahmedatei *ZFK01.txt* ein. Mit anderen Worten: Die Struktur von *ZFK01.txt* muss mit der Struktur von *ZFK01_1.txt* übereinstimmen. Danach kann die

Datei *ZFK01_1.txt* gelöscht und mit der Wertepflege der neu hinzu-gekommenen Parameter in *ZFK01.txt*, beginnend ab Zeile 4, fortge-fahren werden. Alternativ könnte man die Datensätze aus *ZFK01.txt* nach *ZFK01_1.txt* übertragen und *ZFK01_1.txt* als Übernahmedatei verwenden. Welche der beiden Alternativen letztlich vorzuziehen ist, bleibt Ihnen überlassen.

4.6.2 Initialisierung von Feldinhalten

Ausgangssituation Bisweilen kann es vorkommen, dass Sie beim Ausführen eines Test-skripts eine Fehlermeldung erhalten, dass bereits ein Stammsatz mit identischer Nummer vorhanden sei und demnach ein weiterer Stammsatz mit derselben Nummer nicht mehr angelegt werden könne. Der Grund ist, dass das SAP-System jenes Feld, das den Stammsatz identifiziert (zum Beispiel die Sachkontennummer), nach dem Anlegen über das eCATT nicht zwingend initialisiert, das heißt, auf »leer« zurücksetzt.

Beispiel Wie dieses Problem gelöst werden kann, wird am Beispiel der Anlage von Sachkonten im Buchungskreis (Transaktion FSS0) gezeigt:

Rufen Sie die Einstiegsmaske des eCATTs (SECATT) auf, und zeichnen Sie ein Testskript ZFSS0 für die Transaktion FSS0 auf. Um das Beispiel nicht mit überflüssigen Informationen unnötig komplex zu gestalten, beschränken wir uns im Testskript auf die Pflege der Felder SACH-KONTO, BUCHUNGSKREIS und FELDSTATUS. Abbildung 4.54 zeigt einen Ausschnitt dieser Wertepflege.

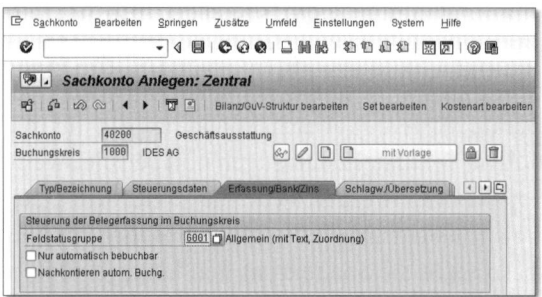

Abbildung 4.54 Sachkonto anlegen – Buchungskreisdaten

Initialisierung Wenn Sie den FELDSTATUS gepflegt und Ihre Daten gesichert haben und der Transaktionsrecorder nach wie vor aktiv ist, führen Sie die Initialisierung des Feldes SACHKONTO durch. Hierzu bedienen Sie sich einer alten, aus SAP R/2 übernommenen Funktionalität: Stellen Sie den Cursor einfach in das Feld SACHKONTO, fügen Sie zu der bestehenden Sachkontonummer ein Ausrufezeichen (»!«) hinzu, und bestätigen Sie Ihre Eingaben sowie das nachfolgende Dialogfenster mit ⏎ (siehe Abbildung 4.55).

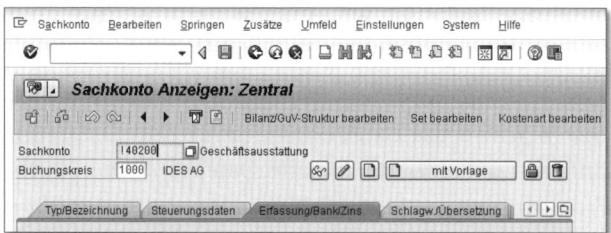

Abbildung 4.55 Initialisierung des Feldes »Sachkonto«

Der Transaktionsrecorder zeichnet einen entsprechenden Eintrag für die soeben durchgeführte Initialisierung auf. Danach können Sie mit der grünen Pfeiltaste ☺ oder F3 zurückgehen und die Aufzeichnung beenden. Nun gilt es, mit der Parametrisierung der Felder zu beginnen, wobei insbesondere das zuletzt aufgezeichnete Dynpro, das Informationen zur Initialisierung beinhaltet, Aufmerksamkeit verdient (siehe Abbildung 4.56).

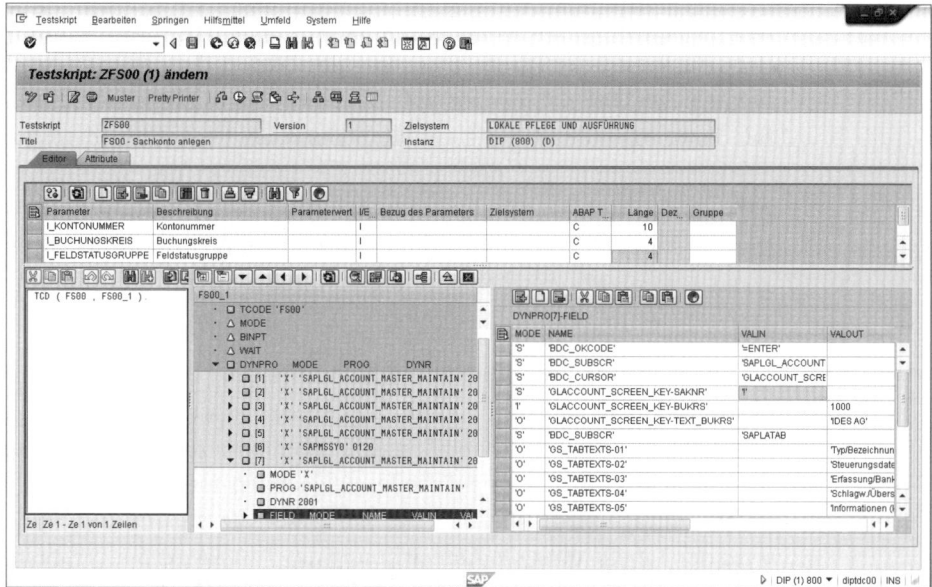

Abbildung 4.56 Aufgezeichneter Feldinhalt des letzten Dynpros

Festwert zur
Initialisierung
verwenden

Wie Sie Abbildung 4.56 entnehmen können, wurde auf dem letzten verarbeiteten Dynpro für die Sachkontonummer ein »!« aufgezeichnet. Wenn Sie diesen Festwert im Testskript verwenden, wird bei der Ausführung desselben bzw. der Testkonfiguration gewährleistet, dass die zuvor angelegte Sachkontonummer entfernt wird, bevor das nächste Konto angelegt wird. Somit kann das eingangs beschriebene Problem elegant beseitigt werden. Es sei der Vollständigkeit halber darauf hingewiesen, dass Sie die Parameterdefinition für die restlichen Felder inklusive Feldzuordnung wie üblich durchführen müssen, um im nächsten Schritt das Dateiformat für die Datenmigration erzeugen zu können. Da Festwerte für alle Datensätze die gleiche Ausprägung haben, werden Sie keine Spalte in der Migrationsdatei finden, die für die Initialisierung vorgesehen ist. Diese ist ausschließlicher Bestandteil des Testskripts, dem jeder zu verarbeitende Datensatz unterzogen wird.

4.6.3   Tabellenpflege mit eCATT

Generelle
Vorgehensweise

Es ist auch denkbar, das eCATT bei der Pflege kundeneigener Tabellen einzusetzen, was den applikationsübergreifenden Charakter dieses Werkzeuges einmal mehr unterstreicht. Möchten Sie von dieser Möglichkeit Gebrauch machen, heißt die aufzuzeichnende Transaktion ERWEITERTE TABELLENPFLEGE, und der zugehörige Transaktionscode lautet SM30. Die Vorgehensweise, die Sie bei der Aufzeichnung des Testskripts, der Parametrisierung der Felder, der externen Bearbeitung der Übernahmedatei mit Microsoft Excel, der anschließenden Zusammenführung des Testskripts und der Übernahmedatei zur Testkonfiguration und dem Upload der Daten in das SAP-System befolgten sollten, wurde bereits in den Abschnitten 4.4, »Wie funktioniert das eCATT?«, und 4.5, »Wie kann das eCATT für Migrationen genutzt werden?« beschrieben, daher verzichten wir hier auf eine erneute Darstellung.

Unterschiedliche
Dynpros

Es gibt in diesem Zusammenhang allerdings eine Besonderheit, die Ihnen in keiner anderen Applikation außer bei der Tabellenpflege begegnet. Diese Besonderheit kommt immer dann zum Tragen, wenn Sie ein Testskript für eine Tabelle aufzeichnen möchten, die noch keine Einträge führt, die also leer ist. Unter diesen Gegebenheiten wird der Tabelle über die Aufzeichnung des Testskripts der erste Eintrag zugewiesen. Da die Dynpro-Folge von den Tabelleneinträgen abhängig ist, wird Ihnen zum Zeitpunkt der Aufzeichnung des Testskripts (die Tabelle enthält noch keine Einträge) eine andere Dynpro-Folge geboten als bei der Ausführung des Testskripts bzw. der Testkonfiguration (die Tabelle enthält bereits einen Eintrag), was zu einer entsprechenden Fehlermeldung »Batch-Input-Daten für Dynpro ... nicht vorhanden« führt (siehe Abschnitt 4.4.2, »Ausführung eines Testskripts«). Dabei ist es völlig unbedeutend, ob es sich um kundeneigene Tabellen oder um Customizing-Tabellen handelt.

Sie können das Problem entschärfen, indem Sie dafür Sorge tragen, dass die Tabellen bereits vor der Aufzeichnung des Testskripts *mindestens zwei Einträge* haben. Hierdurch ist gewährleistet, dass Ihnen das System sowohl bei der Aufzeichnung als auch bei der Ausführung des Testskripts bzw. der Testkonfiguration identische Dynpro-Folgen präsentiert und die anfängliche Fehlermeldung unterbleibt.

Es wurde bereits angedeutet, dass Sie das eCATT auch zur Pflege von Customizing-Tabellen verwenden können. Der Einsatz bietet sich immer dann an, wenn Sie eine Vielzahl gleichartiger Einträge vornehmen müssen, die bereits in einer sequenziellen Datei vorliegen und nur noch in das SAP-System zu übernehmen sind. Abbildung 4.57, in der die Buchhaltungssachbearbeiter pro Buchungskreis gepflegt werden können, steht stellvertretend für eine derartige Customizing-Tabelle.

Problemlösung (margin)

Pflege von Customizing-Tabellen (margin)

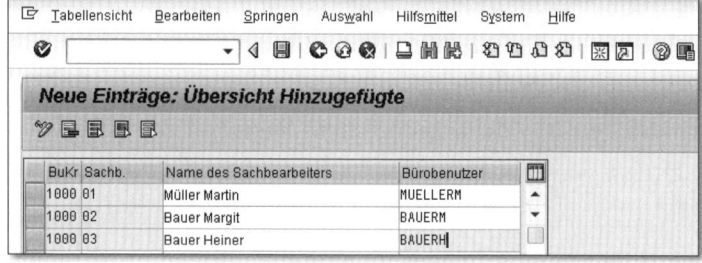

Abbildung 4.57 Customizing-Tabelle für Buchhaltungssachbeabeiter

Darüber hinaus sollten Sie vermeiden, dass während der Aufzeichnung des Testskripts ein Transportauftrag angelegt wird. In diesem Fall würde das System bei jedem Datensatz, der eingelesen wird, einen weiteren Transportauftrag anlegen. Bei 100 Datensätzen müssten 100 Transportaufträge in die Konsolidierungs- und Produktivsysteme transportiert werden, was zeitintensiv sein kann. Besser ist es, auch hier zunächst einen manuellen Eintrag in der betreffenden Customizing-Tabelle vorzunehmen und diesen unter einem separaten Transportauftrag abzuspeichern. Bei der anschließenden Aufzeichnung des Testskripts wird auf diesen Transportauftrag Bezug genommen und somit das Anlegen eines weiteren Transportauftrags während der Aufzeichnung vermieden.

4.7   Fazit

Unter Performance-Gesichtspunkten ist diese Art der Datenübernahme mittels eCATT mit der Batch-Input-Technik vergleichbar, nicht nur hinsichtlich der zu durchlaufenden Dynpros, sondern auch hinsichtlich der durchgeführten Konsistenzprüfungen, die bei der Verarbeitung der Eingabewerte erfolgen. Ein wesentlicher Vorteil gegenüber der Batch-Input-Technik ist allerdings der gänzliche Verzicht auf jegliches ABAP-Coding, was die Methode auch weniger technisch orientierten Personengruppen zugänglich macht. Eine ausführliche Beurteilung sämtlicher Techniken zur Datenmigration finden Sie auch in Kapitel 9.

Wenn es uns in diesem Kapitel gelungen ist, Sie von der Einfachheit des eCATT-Einsatzes zum Zweck der Datenübernahme zu überzeugen, haben wir unser Ziel erreicht. Sie mögen vielleicht einwenden, dass sich Ihre Ausgangssituation komplexer gestalte und somit das eCATT zur Problemlösung nicht das geeignete Mittel sei, was wir nicht in Abrede stellen möchten. In Kapitel 5 wird Ihnen daher ein Tool vorgestellt, das für die Lösung derart komplexer Probleme geradezu prädestiniert ist – die Legacy System Migration Workbench.

In diesem Kapitel lernen Sie ein flexibles und mächtiges Werkzeug kennen, mit dessen Hilfe Daten aus SAP-fremden Systemen weitgehend ohne Programmierung in ein SAP-System übernommen werden können.

5 Legacy System Migration Workbench

Die Verwendung der *Legacy System Migration Workbench* (nachfolgend auch *LSM Workbench* oder *LSMW*) bietet sich immer dann an, wenn die Struktur der Altdaten von der Struktur des SAP-Systems stark abweicht und somit Datenkonvertierung erforderlich ist. Dieses Kapitel wird die Möglichkeiten darstellen, die Ihnen mit der LSMW zur Verfügung stehen und erläutern, wie Sie mit ihrer Hilfe eine Datenmigration durchführen können.

Nach einem Überblick über die grundlegende Funktionsweise lernen Sie den Einsatz der LSM Workbench an einem Beispiel detailliert Schritt für Schritt kennen.

Anschließend erfahren Sie, wie Sie in diesem Zusammenhang Aufzeichnungen von Transaktionen verwenden können. Ausführungen zur Übernahme von Langtexten, zur Verwendung für periodische Datenübernahmen sowie zum Transport von Migrationsprojekten zwischen SAP-Systemen und zur Verwendung der IDoc-Schnittstelle verdeutlichen schließlich den breiten Funktionsumfang der LSM Workbench. Funktionen und Anwendungsbeispiele für fortgeschrittene Anwender runden dieses Kapitel ab.

5.1 Überblick über die LSM Workbench

Die *Legacy System Migration Workbench* ging historisch aus der R/2-R/3-Migration-Workbench hervor; wesentliche Konzepte und Erfah-

Entstehungsgeschichte

rungen aus der R/2-R/3-Migration flossen in die Entwicklung der LSM Workbench mit ein.

Leistungsumfang Die LSM Workbench ist ein mächtiges, auf SAP NetWeaver-Technologie basierendes Werkzeug, das Sie bei der einmaligen und periodischen Übernahme von Daten aus SAP-fremden Systemen (*Legacy Systems* oder *Altsystemen*) in auf SAP NetWeaver-Technologie basierende SAP-Systeme unterstützt.

Die LSM Workbench unterstützt in komfortabler Weise das *Einlesen* von Daten aus Dateien SAP-fremder Systeme, die *Umsetzung* (*Konvertierung*) dieser Daten in SAP-Formate und den *Import* der umgesetzten Daten in ein SAP-System mithilfe der SAP-Standardschnittstellen Batch-Input, Direct-Input, BAPI (Business Application Programming Interface) und IDoc (Intermediate Document).

Darüber hinaus ist die LSM Workbench mit der Aufzeichnungsfunktionalität von SAP-Transaktionen (ähnlich wie im eCATT) ausgestattet. Hierdurch haben Sie die Möglichkeit, eine Erfassungs- oder Änderungstransaktion aufzuzeichnen und die daraus resultierende Aufzeichnung als Grundlage für die Datenmigration zu verwenden.

Prinzipien Die Entwicklung der LSM Workbench wurde von folgenden Leitgedanken bestimmt:

- ▸ Es werden keine einzelnen Tabellen oder Feldinhalte migriert, sondern zusammenhängende betriebswirtschaftliche Datenobjekte wie Kundenstämme, Materialstämme, Finanzbelege etc.

- ▸ Die gesamte Funktionalität befindet sich im SAP-System. Es sollte keine Sammlung von verstreuten, zusammenhanglosen und schwer wartbaren Programmen auf unterschiedlichen Plattformen geben.

- ▸ Der Qualität und der Konsistenz der in das SAP-System importierten Daten wird ein höherer Stellenwert eingeräumt als der Geschwindigkeit der Datenmigration.

- ▸ Es werden keine vorgefertigten Programme zur Datenumsetzung ausgeliefert. Vielmehr werden die benötigten Programme aus vordefinierten Umsetzungsregeln generiert. Diese Umsetzungsregeln können mehrfach genutzt werden (»wiederverwendbar«) und gewährleisten dadurch ein hohes Maß an Datenkonsistenz.

Aus diesen Überlegungen heraus entstand ein Konzept, das in Abbildung 5.1 dargestellt ist.

Die Kernfunktionen der LSM Workbench sind folgende:

▸ **Daten einlesen**
Einlesen von Daten aus dem Altsystem, die in Dateien auf dem Frontend oder auf dem Applikationsserver abgelegt sind

▸ **Daten umsetzen**
Umsetzen der Daten in das SAP-Format. Für *Daten umsetzen* verwenden wir gleichbedeutend den Ausdruck *Daten konvertieren*.

▸ **Daten importieren**
Verbuchen der Daten in die Datenbank des SAP-Systems

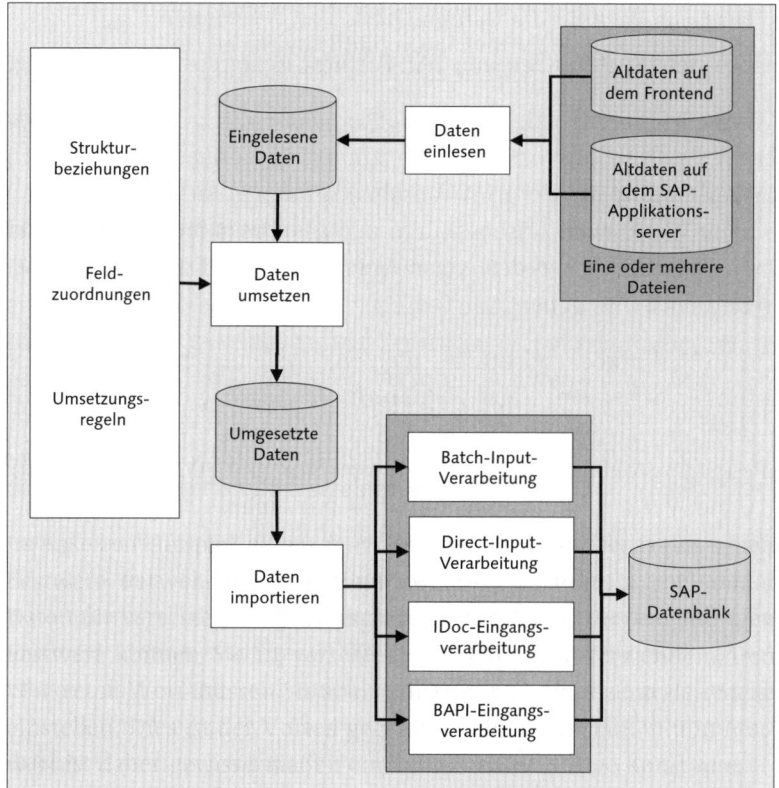

Abbildung 5.1 Schematischer Ablauf einer Datenmigration mit der LSM Workbench

Die Hauptvorzüge der LSM Workbench lassen sich also wie folgt zusammenfassen:

▸ Die LSM Workbench ist Bestandteil des SAP-Systems und daher plattformunabhängig.

▸ Sie bietet umfangreiche technische Möglichkeiten der Datenumsetzung.

▸ Sie gewährleistet Datenkonsistenz durch Verwendung von SAP-Standardimporttechniken (Standardschnittstellen).

▸ Sie generiert ABAP-Programme aus definierten Umsetzungsregeln.

▸ Sie bietet eine klare Benutzerführung.

▸ Sie unterstützt das Einlesen von Daten sowohl vom Frontend als auch vom Applikationsserver.

▸ Sie ist in der Lage, eine SAP-Erfassungs- oder Änderungstransaktion aufzuzeichnen und die daraus resultierende Aufzeichnung als Grundlage für die Datenmigration zu verwenden.

▸ Sie steht SAP-Kunden und SAP-Partnern kostenlos zur Verfügung.

Datenübernahme-Workbench

Wenn Sie bereits mit der *Datenübernahme-Workbench* (*DX-Workbench*, Transaktionscode SXDA) vertraut sind, können Sie diese auch in Verbindung mit der LSM Workbench nutzen. Auf die Datenübernahme-Workbench, insbesondere auf das Zusammenspiel mit der LSM Workbench, werden wir in Abschnitt 11.1, »Datenübernahme-Workbench«, eingehen.

Verfügbarkeit

Die LSM Workbench kann auf allen SAP-Systemen mit Basis-Release 4.0 oder höher eingesetzt werden. Im Standardlieferumfang ist sie jedoch erst ab SAP-Basis-Release 6.20 enthalten. Demzufolge steht die LSM Workbench in R/3 Enterprise, SAP ERP 2004 und SAP ERP 6.0 zur Verfügung. Für SAP-Systeme mit einem älteren SAP-Basis-Release ist es erforderlich, die LSM Workbench nachträglich zu installieren. Den zugehörigen Transportauftrag können Sie sich kostenlos vom SAP Service Marketplace herunterladen (*https://service.sap.com/lsmw*). Dort finden Sie neben der Software auch weitere Informationen zu diesem Thema. Darüber hinaus können Sie sich im SAP Community Network unter *http://www.sdn.sap.com/irj/sdn/lsmw* zu diesem Thema informieren. Durch eine Teilnahme an dem Standard-Trainingskurs »BC420 – Datenübernahme« können Sie Ihr Wissen weiter vertiefen. In diesem fünftägigen Kurs nimmt die LSM Workbench breiten Raum ein.

5.2 Datenmigration mit der LSM Workbench

In diesem Abschnitt zeigen wir Ihnen anhand eines konkreten Beispiels Schritt für Schritt, wie Daten mithilfe der LSM Workbench
migriert werden können. Es handelt sich insofern um den wichtigsten Abschnitt in diesem Kapitel.

Die zu bewältigende Aufgabe besteht darin, Debitorenstammdaten
von einem Altsystem in das SAP-System zu übernehmen. Wir nehmen an, dass die Altdaten bereits extrahiert sind und in zwei Tabellenblättern einer Microsoft Excel-Datei mit dem Namen *Debitoren.xls*
vorliegen:

Beispiel:
Debitoren-
stammdaten
migrieren

▸ Das Tabellenblatt `Debitoren_Kopf` enthält zu jedem Debitor einen
Kopfsatz (siehe Abbildung 5.2).

▸ Das Tabellenblatt `Debitoren_Kontakt` enthält zu jedem Debitor
einen oder mehrere Sätze mit Ansprechpartnerdaten (siehe Abbildung 5.3).

	A	B	C	D	E	F	G	H	
1	KUNDEN NUMMER	NAME	STRASSE	ORT	POST LEIT ZAHL	LAND	SPRA CHE	TELEFON NUMMER	
2	1001	Omega Soft-Hardware Markt	Gustav-Jung-Str. 425	Nuernberg	90455	GER	D	09256-4548-0	
3	1002	Lampen-Markt GmbH	Auf der Schanz 54	Frankfurt	65936	GER	D	069-467653-0	
4	1003	Hever Industrial UK		High Wycombe	HP12 3TL	GBR	E	00-170866645	
5	1004	Editorial Atlántida S.A.	Carrer de la Marina 34, Pl. 13	Barcelona	08005	ESP	S	34-91-556159	
6	1005	Adecom SA	ZI Les Echarmeaux	Longjumeau	91230	FRA	F	0165489712	

Debitoren_Kopf Debitoren_Kontakt

Abbildung 5.2 Beispiel – Migration von Debitorenstammdaten – Kopfsätze
(Ausschnitt)

	A	B	C	D	E	F	G
1	KUNDEN NUMMER	NACHNAME	VORNAME	ANREDE	ABTEILUNG	POSITION	TELEFONNUMMER KONTAKT
2	1001	Schmidt	Ralf	Herr	Einkauf	Leiter Einkauf	09256-45485
3	1001	Huber	Luise	Frau	Einkauf	Einkäuferin	09256-45486
4	1002	Luchs	Harald	Herr	Organisation	Marketingleiter	069-467653-145
5	1002	Wolf	Susanne	Frau	Einkauf	Leiterin Einkauf	069-467653-146
6	1003	Winchester	George	Mr	Vorstand	Vorstand Einkauf	170877755
7	1003	Smith	Judy	Ms	Finanzen	Leiterin Finanzbuchhaltung	170877756
8	1004	Lopez	Juan Carlos	Sr.	Geschäftsfüh	Vorstand	34-91-556153

Debitoren_Kopf **Debitoren_Kontakt**

Abbildung 5.3 Beispiel – Migration von Debitorenstammdaten – Ansprechpartner-
sätze (Ausschnitt)

5.2.1 Einstieg in die LSM Workbench

Starttransaktion Zum Einstieg in die LSM Workbench dient die Transaktion LSMW. Wenn Sie diese Transaktion zum ersten Mal aufrufen, sehen Sie den in Abbildung 5.4 dargestellten »Willkommensgruß«.

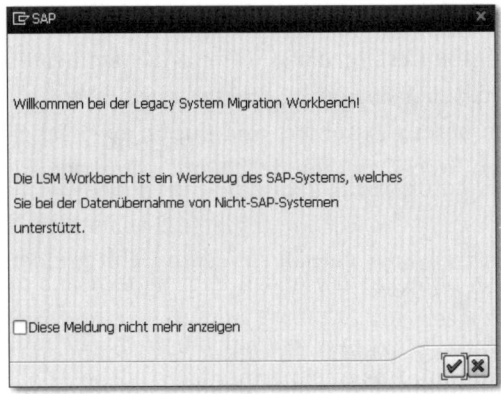

Abbildung 5.4 LSM Workbench – Willkommensgruß

Nach Bestätigung dieses Dialogfensters gelangen Sie in den Startbildschirm (siehe Abbildung 5.5).

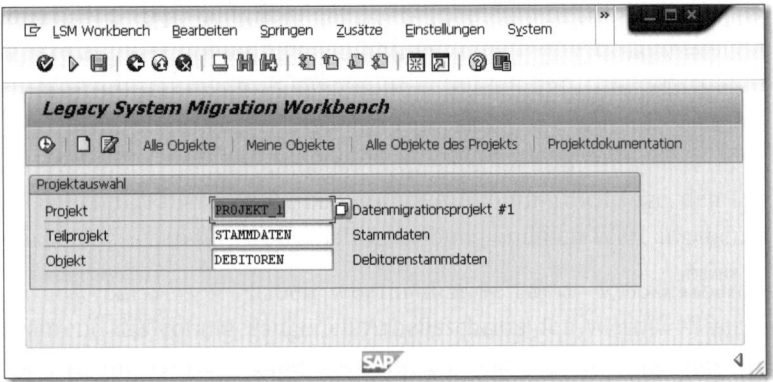

Abbildung 5.5 LSM Workbench – Startbildschirm

Projekt, Teilprojekt Diesem Startbildschirm können Sie entnehmen, dass die zu migrierenden Dateneinheiten (oder auch *Datenmigrationsobjekte*) in der LSM Workbench nach *Projekten* und *Teilprojekten* organisiert sind. Ein Projekt kann eine beliebige Anzahl von Teilprojekten, ein Teilprojekt eine beliebige Anzahl von Datenmigrationsobjekten enthalten. Diese Gliederung können Sie individuell nutzen.

Eine pauschale Empfehlung für die Verwendung dieser Gliederungsmöglichkeit kann nicht gegeben werden. Es ist jedoch weder sinnvoll, ein sehr großes Datenmigrationsprojekt in ein Projekt zu packen, noch tut man sich einen Gefallen damit, viele Kleinstprojekte zu erzeugen und sich damit der Gefahr des »Wildwuchses« auszusetzen.

Für unser Beispiel wählen wir folgende Gliederung:

Beispiel

- **Projekt**
  - Kürzel: PROJEKT_1
  - Bezeichnung: Datenmigrationsprojekt #1
- **Teilprojekt 1**
  - Kürzel: STAMMDATEN
  - Bezeichnung: Stammdaten
- **Teilprojekt 2**
  - Kürzel: BEWEGDATEN
  - Bezeichnung: Bewegungsdaten

Eine andere Möglichkeit der Gliederung, unabhängig von unserem Beispiel, ist folgende:

- **Projekt**
  - Kürzel: STAMMDATEN
  - Bezeichnung: Stammdaten
- **Teilprojekt 1**
  - Kürzel: DEBITOREN
  - Bezeichnung: Debitorenstammdaten
- **Teilprojekt 2**
  - Kürzel: KREDITOREN
  - Bezeichnung: Kreditorenstammdaten

Ein Teilprojekt kann eine beliebige Anzahl von Objekten enthalten. Als *Objekt* bezeichnet man eine betriebswirtschaftliche Dateneinheit (Debitorenstamm, Materialstamm, Finanzbeleg usw.) einschließlich aller Definitionen, die zur Datenmigration erforderlich sind (Quelle, Ziel, Feldzuordnungen, Umsetzungsregeln usw.).

Objekt

Für unser Beispiel müssen Sie also zunächst ein Projekt mit dem Kürzel PROJEKT_1 und der Bezeichnung Datenmigrationsprojekt #1 anle-

Projekt,
Teilprojekt, Objekt
anlegen

gen. Positionieren Sie hierzu den Cursor in das Feld PROJEKT, und klicken Sie auf die Schaltfläche EINTRAG ANLEGEN ( ). Im folgenden Dialogfenster (siehe Abbildung 5.6) geben Sie diese Daten ein.

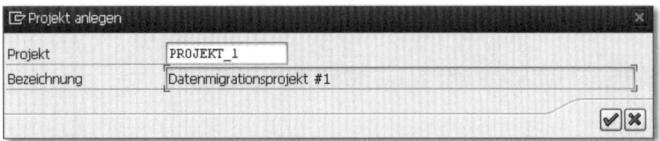

Abbildung 5.6 LSM Workbench – Projekt anlegen

Analog gehen Sie vor, um das Teilprojekt mit dem Kürzel STAMMDATEN und der Bezeichnung Stammdaten sowie das Objekt mit dem Kürzel DEBITOREN und der Bezeichnung Debitorenstammdaten anzulegen.

Die Kürzel für Projekte, Teilprojekte und Objekte können im Rahmen der maximal zulässigen Länge von 15 Zeichen völlig frei gewählt werden.

Nützliche Funktionen im Startbildschirm

Bevor wir fortfahren, gehen wir kurz auf eine Reihe nützlicher Funktionen ein, die Ihnen im Startbildschirm der LSM Workbench zur Verfügung stehen (siehe Abbildung 5.5):

► Die Schaltfläche ALLE OBJEKTE führt Sie zu einer Übersicht über alle bereits angelegten Projekte, Teilprojekte und Objekte.

► Die Schaltfläche MEINE OBJEKTE zeigt Ihnen eine Übersicht über alle von Ihnen (unter der aktuellen Benutzerkennung) angelegten Objekte.

► Die Schaltfläche ALLE OBJEKTE DES PROJEKTS führt Sie zu einer Übersicht aller Teilprojekte und Objekte des ausgewählten Projekts. Abbildung 5.7 zeigt diese Darstellung für unser Projekt PROJEKT_1 mit allen Teilprojekten und Objekten.

► Die Schaltfläche PROJEKTDOKUMENTATION zeigt Ihnen – falls vorhanden – die gesamte Dokumentation, die Sie zu den einzelnen Dialogfenstern und Arbeitsschritten erstellt haben. Sie können die Projektdokumentation ausdrucken, versenden oder in verschiedenen Dateiformaten sichern.

► Die Schaltfläche DOKUMENTATION erlaubt Ihnen, Ihre Anmerkungen anzulegen. Ihnen wird ein Dialogfenster angezeigt, in dem Sie Ihre persönliche Dokumentation hinterlegen können.

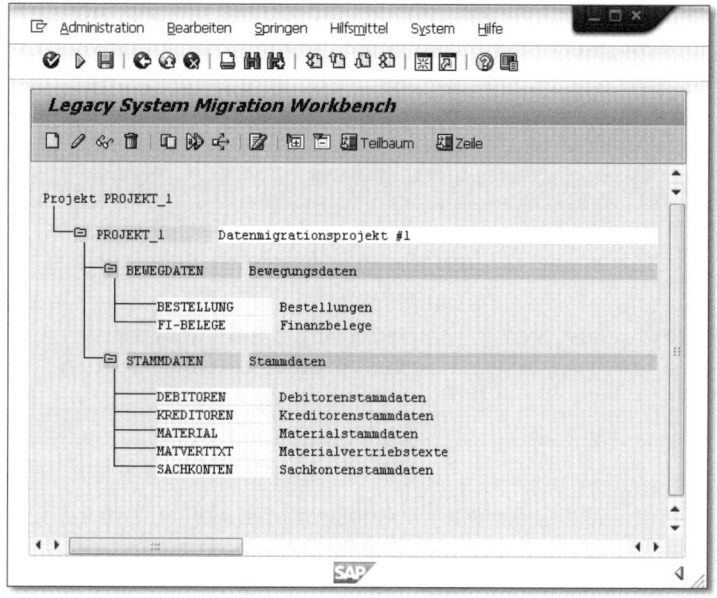

Abbildung 5.7 LSM Workbench – Übersicht über ein Projekt

Noch einen Schritt weiter als die Funktion ALLE OBJEKTE DES PRO- Administration
JEKTS geht ADMINISTRATION. Aus dem Startbildschirm gelangen Sie
über den Menüpfad SPRINGEN • ADMINISTRATION zu dieser Funktion.
Hier finden Sie alle in der LSM Workbench definierten Projekte in
einer Übersicht.

Des Weiteren haben Sie dort die Möglichkeit, Projekte, Teilprojekte,
Objekte und wiederverwendbare Regeln (siehe Abschnitt 5.2.8,
»Festwerte, Umschlüsselungen und eigene Routinen pflegen«) anzulegen, zu bearbeiten, anzuzeigen, zu löschen, zu kopieren oder umzu-
benennen. Durch einen Doppelklick auf einen Eintrag können Sie in
die Anzeige bzw. Bearbeitung eines Eintrags verzweigen.

Die Administrationsfunktion dient – wie der Name vermuten lässt –
zur allgemeinen Verwaltung von Projekten und deren Bestandteilen.

Wenn Sie den Cursor auf einen Eintrag positionieren, können Sie
über DOKUMENTATION eine Notiz anlegen. Bei jeder Bearbeitung werden der Name der Person, die die letzte Änderung vorgenommen hat,
und das Datum der letzten Änderung festgehalten.

Da die LSM Workbench in letzter Konsequenz den Datenbestand des Berechtigungs-
SAP-Systems manipuliert, muss der Zugriff auf diese Funktionalität konzept

kontrolliert werden; da die LSM Workbench in das SAP-Berechtigungskonzept integriert ist, lässt sich diese Kontrolle gut bewerkstelligen. Hierfür stehen vier geschachtelte Berechtigungsprofile zur Verfügung, die in Tabelle 5.1 erläutert werden.

Profil	Bezeichnung	Berechtigungen
B_LSMW_SHOW	Anzeigen	Projekte und ihre Arbeitsschritte anzeigen, ohne in den Änderungsmodus zu wechseln
B_LSMW_EXEC	Ausführen	Berechtigungen von B_LSMW_SHOW; zusätzlich: Daten einlesen, umsetzen und importieren
B_LSMW_CHG	Ändern	Berechtigungen von B_LSMW_EXEC; zusätzlich: Objekte ändern und kopieren
B_LSMW_ALL	Administrieren	Berechtigung für alle Funktionen der LSM Workbench

Tabelle 5.1 Berechtigungsprofile der LSM Workbench

Hinweis: Verfügbarkeit der Berechtigungsprofile

Bis einschließlich SAP-Basis-Release 4.6C sind diese Profile nicht in Standardprofilen des Standard-SAP-Systems enthalten, sondern werden bei der Installation der LSM Workbench im Mandanten 000 angelegt und müssen anschließend auf andere Mandanten verteilt werden.

5.2.2 Benutzerführung: Die Hauptschritte der Datenmigration

Nachdem Sie Ihr Projekt mit seinen Teilprojekten und Objekten angelegt bzw. ausgewählt haben, gelangen Sie über ↵ oder WEITER in die Benutzerführung der LSM Workbench (siehe Abbildung 5.8).

Navigation   Von diesem Bildschirm aus leitet Sie die LSM Workbench der Reihe nach durch die einzelnen Schritte der Datenmigration: Von hier springen Sie in die einzelnen Arbeitsschritte ab und kehren anschließend wieder hierhin zurück. Der Auswahlknopf am linken Bildrand springt jeweils zum nächsten auszuführenden Arbeitsschritt. Dies ist jedoch lediglich als unverbindliche Empfehlung zu betrachten. Sie können jederzeit zu jedem bereits ausgeführten Arbeitsschritt zurückspringen, falls dies erforderlich sein sollte.

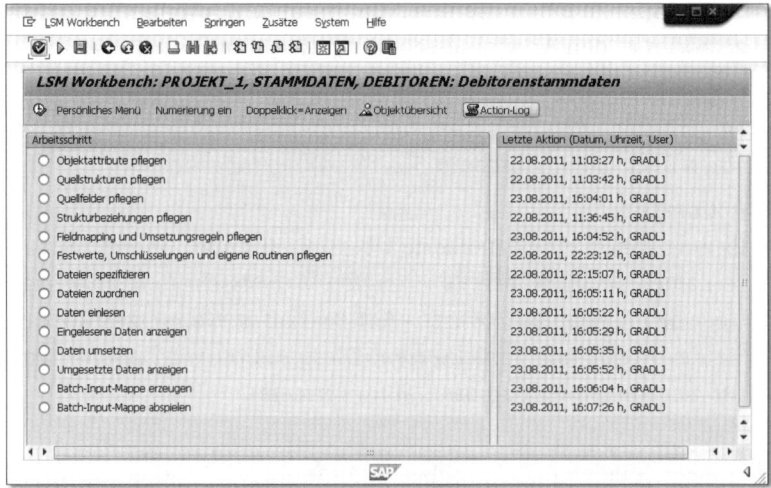

Abbildung 5.8 LSM Workbench – Benutzerführung

In dieser Bildschirmansicht stehen Ihnen folgende Funktionen zur Verfügung:

▶ **Ausführen**
Diese Funktion führt den Arbeitsschritt aus, bei dem der Auswahlknopf sich aktuell befindet. Alternativ dazu können Sie auf einen Eintrag doppelklicken.

▶ **Persönliches Menü**
Sie haben die Möglichkeit, eine individuelle Auswahl der angezeigten Arbeitsschritte zu treffen. Dies kann sinnvoll und praktisch sein, wenn Sie bestimmte Arbeitsschritte bereits abgeschlossen haben und diese in der Liste nicht mehr sichtbar sein sollen. Selbstverständlich können Sie einmal ausgeblendete Arbeitsschritte jederzeit wieder einblenden. Mit der Schaltfläche HAUPTSCHRITTE werden alle Arbeitsschritte, die für eine Datenumsetzung zwingend erforderlich sind, automatisch aktiviert (siehe Abbildung 5.9).

▶ **Nummerierung ein/aus**
Diese Funktion erlaubt Ihnen, die ausgewählten Arbeitsschritte fortlaufend zu nummerieren bzw. die Nummerierung auszublenden.

▶ **Doppelklick = Anzeigen/Ändern**
Hiermit legen Sie fest, ob im weiteren Verlauf durch einen Doppelklick der Anzeigemodus oder der Änderungsmodus gewählt werden soll. Wenn Sie DOPPELKLICK = ÄNDERN wählen, vermeiden

Sie, dass Sie in den einzelnen Arbeitsschritten jeweils vom Anzeigemodus in den Änderungsmodus wechseln müssen.

▶ **Objektübersicht**
Sie erhalten alle Informationen zum ausgewählten Objekt auf einen Blick (siehe Abschnitt 5.2.18, »Objektübersicht«).

▶ **Action-Log**
Es wird Ihnen eine detaillierte Übersicht (Datum, Uhrzeit, Benutzername) zu allen bereits erfolgten Arbeitsschritten angezeigt. Über den Menüpfad ZUSÄTZE • ACTION-LOG ZURÜCKSETZEN können Sie das Action-Log zurücksetzen. Diese Aktion wird mit Verweis auf den Anwender und das Datum vermerkt.

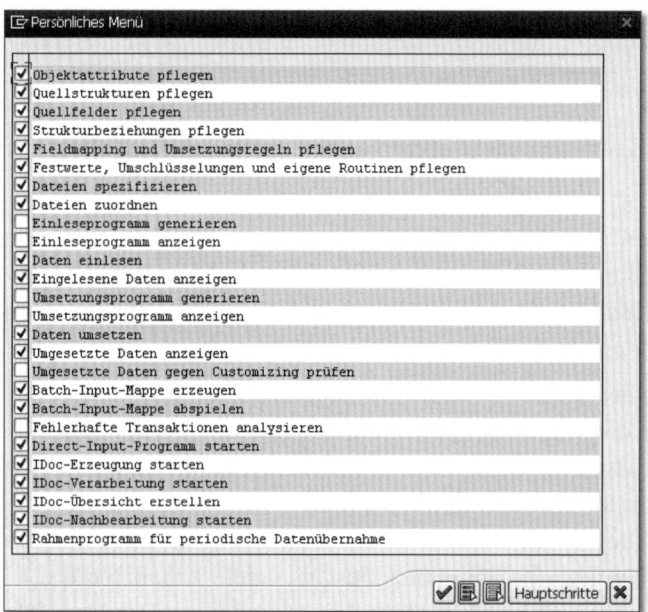

Abbildung 5.9 LSM Workbench – Persönliches Menü

Beginnen wir mit dem ersten Arbeitsschritt.

5.2.3 Objektattribute pflegen

Im Arbeitsschritt OBJEKTATTRIBUTE PFLEGEN legen Sie fest, welche Daten migriert werden und wie diese in das SAP-System importiert werden sollen. In der Sprache der LSM Workbench bedeutet dies, dass Sie den OBJEKTTYP und die IMPORTTECHNIK auswählen (siehe Abbildung 5.10).

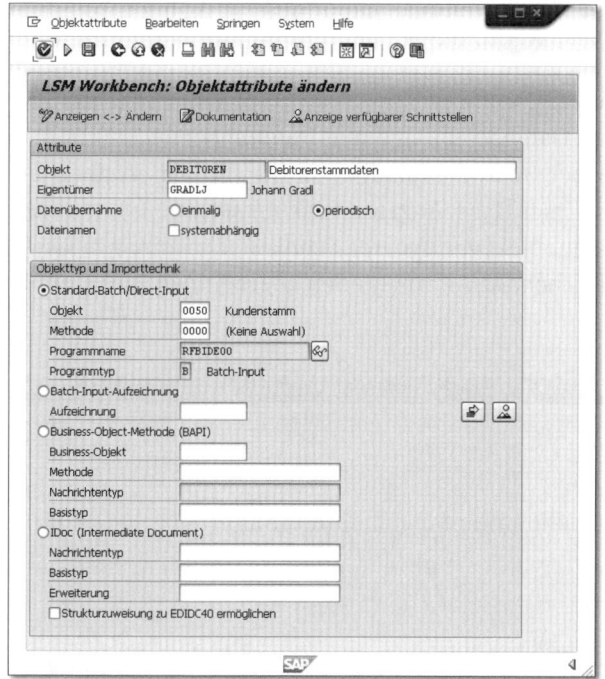

Abbildung 5.10 LSM Workbench – Objektattribute pflegen

Im Bildabschnitt ATTRIBUTE sind alle Eingaben bereits vorbelegt. Im Bildabschnitt OBJEKTTYP UND IMPORTTECHNIK entscheiden Sie sich für die Importtechnik BATCH-INPUT und wählen mittels Wertehilfe ([F4]) das Objekt KUNDENSTAMM (Kürzel 50) aus. Nachdem die Auswahl getroffen ist, wird angezeigt, dass das Programm RFBIDE00 verwendet wird und es sich um ein Standard-Batch-Input-Programm handelt.

Objekttyp und Importtechnik

Bei Batch-Input und Direct-Input können Sie mithilfe der Schaltfläche ANZEIGEN (⚙) zur Dokumentation des Programms navigieren und sich im Einzelnen über die Funktionalität dieses Programms informieren.

Die LSM Workbench unterstützt weitere Importtechniken, das heißt SAP-Standardschnittstellen. Daher kann es durchaus sinnvoll sein, für verschiedene Datenobjekte die folgenden unterschiedlichen Importtechniken zu verwenden:

Weitere Importtechniken

▶ Debitoren und Kreditoren: Batch-Input

▶ Materialstamm: Direct-Input

▶ Bestellungen: IDoc

Kriteriem für
Auswahl der
Importtechnik

Für die Auswahl der jeweiligen Importtechnik können folgende Gesichtspunkte eine Rolle spielen:

▶ **Verfügbarkeit**
Nicht für jedes Datenobjekt sind alle Datenimporttechniken verfügbar. Im Arbeitsschritt OBJEKTATTRIBUTE PFLEGEN können Sie sich über die Schaltfläche ANZEIGE VERFÜGBARER SCHNITTSTELLEN alle für ein Datenobjekt verfügbaren Schnittstellen anzeigen lassen und die entsprechenden Informationen übernehmen (siehe Abbildung 5.11).

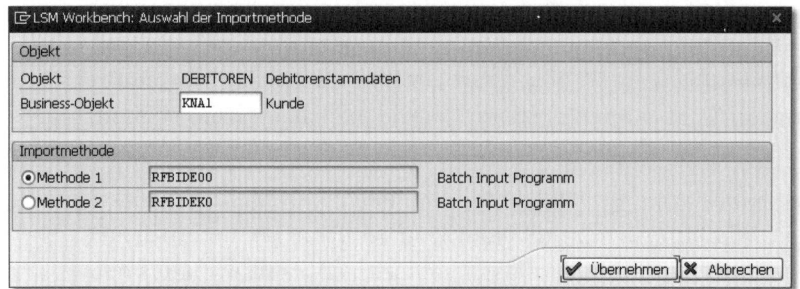

Abbildung 5.11 LSM Workbench – Anzeige verfügbarer Schnittstellen für ein Business-Objekt

▶ **Benutzerkomfort**
Die Batch-Input-Technik bietet Ihnen komfortable Möglichkeiten bei der Nachbearbeitung fehlerhafter Daten.

▶ **Laufzeiten**
Bei sehr großem Datenvolumen ist Direct-Input dem Batch-Input vorzuziehen, da die Batch-Input-Technik möglicherweise zu übermäßig langen Laufzeiten führt. Ein sehr grober Anhaltspunkt zur Einschätzung des Zeitbedarfs sind 3.000 bis 5.000 Transaktionen pro Stunde, wobei dieser Wert hardwareabhängig stark variieren kann.

Aufzeichnung nur
bei einfach
strukturierten
Altdaten

▶ **Komplexität**
Sind die Daten aus dem Altsystem so einfach strukturiert, dass sie in einer Tabelle abgelegt werden können, ist möglicherweise die Aufzeichnungstechnik vorzuziehen. Bei dieser Technik bereitet die Feldzuordnung (siehe Abschnitt 5.2.7, »Fieldmapping und Umsetzungsregeln pflegen«) in der Regel keine Schwierigkeiten, da normalerweise die Zahl der zu befüllenden SAP-Felder überschaubar ist.

▶ **Flexibilität**

Die Aufzeichnungstechnik sollte jedoch nur dann eingesetzt werden, wenn die zugehörige SAP-Transaktion für unterschiedliche Datensätze stets die gleichen Bildfolgen liefert. Wenn Ihre Altdaten so strukturiert sind, dass zu einem Kopfsatz eine variable Anzahl von Positionssätzen gehört, scheidet die Aufzeichnungstechnik definitiv aus.

Beachten Sie Folgendes: Wenn Sie die Importtechnik BAPI oder IDoc wählen, wird beim Sichern geprüft, ob zu dem voreingestellten Partner (siehe Abschnitt 5.7, »Vorbereitende Maßnahmen zur Nutzung der IDoc-Eingangsverarbeitung«) und dem gewählten Nachrichtentyp bereits eine sogenannte *Partnervereinbarung* vorliegt. Ist dies nicht der Fall, versucht das System, diese anzulegen. Eine Partnervereinbarung ist eine technische Verknüpfung zwischen einem Sender oder Empfänger einer Nachricht (Partner) und einem Nachrichtentyp. Durch Partnervereinbarungen wird demnach definiert, wer welche Typen von Nachrichten senden oder empfangen darf.

Zusätzlich zu den hier wesentlichen Angaben über Objekttyp und Importtechnik können Sie in diesem Arbeitsschritt eine Reihe weiterer nützlicher Attribute pflegen (siehe Abbildung 5.10). Sie können beispielsweise zu dem Objekt eine Bezeichnung eintragen bzw. diese ändern. | Weitere Attribute des Objekts

Durch einen Eintrag im Feld EIGENTÜMER wird das Projekt der Liste mit allen von Ihnen angelegten Projekten hinzugefügt. Sie finden das Projekt anschließend im Startbildschirm unter MEINE OBJEKTE.

Dieses Feld kann für einen »Mini-Workflow« folgendermaßen genutzt werden: | »Mini-Workflow«

▶ Benutzer 1 führt die Arbeitsschritte 1, 2 und 3 aus und ändert den Eigentümer auf Benutzer 2.

▶ Benutzer 2 führt die Arbeitsschritte 4, 5 und 6 aus und ändert den Eigentümer auf Benutzer 3 usw.

Demnach ist jederzeit erkennbar, wer zurzeit an einem Arbeitsschritt tätig ist bzw. tätig werden muss.

Des Weiteren kann festgelegt werden, ob die Datenübernahme einmalig oder periodisch erfolgen soll. Der Normalfall ist die einmalige Datenübernahme. Bei einer periodischen Datenübernahme können | Periodische Datenübernahme keine Dateien vom Frontend eingelesen werden. Ihnen wird in diesem Fall in der Liste der Arbeitsschritte der zusätzliche Arbeitsschritt RAHMENPROGRAMM FÜR DIE PERIODISCHE DATENÜBERNAHME angeboten (siehe Abschnitt 5.5, »Periodische Datenübernahme«).

Systemabhängige Dateinamen

Darüber hinaus können Sie bestimmen, ob die Dateinamen *systemabhängig* gepflegt werden sollen. Wenn Sie sich dafür entscheiden, können Sie in diesem Fall später pro SAP-System eigene Dateinamen erfassen. Dies ist sehr nützlich, wenn Daten in mehrere SAP-Systeme migriert werden sollen.

Nachdem wir in diesem Arbeitsschritt festgelegt haben, dass wir Debitorenstammdaten mithilfe der Batch-Input-Technik migrieren möchten, können wir uns nun der Definition der Altdaten zuwenden.

5.2.4 Quellstrukturen pflegen

Bei den bisher vorgestellten Verfahren mussten Sie als Anwender die Daten in das SAP-Format konvertieren. Das SAP-System benötigte keine Information über das Format der aus dem Altsystem exportierten Daten. Nun soll die LSM Workbench die Aufgabe der Konvertierung übernehmen und muss daher »wissen«, wie die Daten des Altsystems strukturiert sind.

Zwei Satzarten

Die Altdaten zu einem Anwendungsobjekt bestehen in der Regel aus einer oder mehreren *Satzarten*. Typische Satzarten sind Kopfsatz und Positionssatz. Diese Satzarten werden in der LSM Workbench als *Quellstrukturen* bezeichnet. In unserem Beispiel handelt es sich um zwei Satzarten: den Kopfsatz je Debitor (siehe Abbildung 5.2) und den Kontaktsatz je Ansprechpartner (siehe Abbildung 5.3), der formal betrachtet ein Positionssatz ist, da es beliebig viele Ansprechpartner pro Debitor geben kann.

Im Arbeitsschritt QUELLSTRUKTUREN PFLEGEN werden die Quellstrukturen des Objekts mit Namen, Bezeichnung und hierarchischen Beziehungen definiert. Sie rufen aus dem Navigationsbildschirm (siehe Abbildung 5.8) den Arbeitsschritt QUELLSTRUKTUREN PFLEGEN auf, klicken auf die Schaltfläche ANLEGEN STRUKTUR ( ) und legen eine Quellstruktur mit dem Kürzel KOPF und der Bezeichnung Debitor – Kopfsatz an. Anschließend positionieren Sie den Cursor auf die soeben angelegte Quellstruktur und klicken erneut auf ANLEGEN. Sie werden gefragt, ob die zweite Quellstruktur *gleichrangig* oder *untergeordnet* sein soll. Sie wählen UNTERGEORDNET und geben das Kürzel KONTAKT sowie die Bezeichnung Debitor – Ansprechpartner ein. Das Ergebnis ist in Abbildung 5.12 dargestellt.

Wann ist *gleichrangig* und wann *untergeordnet* zu wählen? Generell gilt Folgendes: Satzart 2 ist Satzart 1 untergeordnet, wenn zu jedem Satz der Satzart 2 genau ein Satz der Satzart 1 existiert. In unserem Beispiel bedeutet dies, dass zu jedem Ansprechpartnersatz genau ein zugehöriger Kopfsatz existiert. Die Umkehrung gilt jedoch nicht: Zu jedem Kopfsatz können ein, mehrere oder kein Ansprechpartnersatz existieren.

Gleichrangig oder untergeordnet?

Darüber hinaus haben Sie in diesem Arbeitsschritt die Möglichkeit, neue Quellstrukturen anzulegen, diese zu ändern, umzuhängen oder zu löschen. Für all diese Funktionen stehen Ihnen Schaltflächen zur Verfügung.

Weitere Funktionen

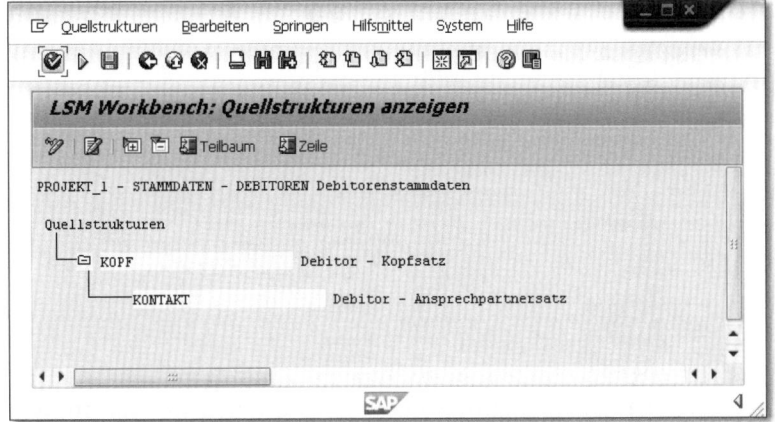

Abbildung 5.12 LSM Workbench – Quellstrukturen anzeigen

5.2.5 Quellfelder pflegen

Eine Quellstruktur besteht im Normalfall aus mehreren Feldern. Diese Felder werden in der LSM Workbench als *Quellfelder* bezeichnet.

Im Arbeitsschritt QUELLFELDER PFLEGEN (siehe Abbildung 5.8) werden zu den im vorangegangenen Schritt definierten Quellstrukturen die zugehörigen Quellfelder angelegt und mit den gewünschten Eigenschaften versehen.

Quellfelder und Eigenschaften definieren

In unserem Beispiel sind für die Quellstruktur KOPF die Felder KUNDENNUMMER, NAME, STRASSE, ORT usw. zu definieren. Dies bedeutet, dass wir die Struktur unserer Altdaten (siehe Abbildung 5.2 und Abbildung 5.3) in der LSM Workbench abbilden.

Attribute eines Quellfeldes

Ein Quellfeld wird in der LSM Workbench durch Feldname, Bezeichnung, Feldlänge und Feldtyp beschrieben. Diese Informationen können einzeln – Feld für Feld – eingegeben werden.

Hierfür positionieren Sie den Cursor auf die Quellstruktur KOPF, klicken auf die Schaltfläche ANLEGEN FELD (□) und geben die geforderten Attribute für das Feld KUNDENNUMMER ein. Anschließend positionieren Sie den Cursor auf das Quellfeld KUNDENNUMMER, klicken erneut auf die Schaltfläche ANLEGEN FELD und geben die geforderten Attribute für das Feld NAME etc. ein, um das Ergebnis gemäß Abbildung 5.13 zu erzielen.

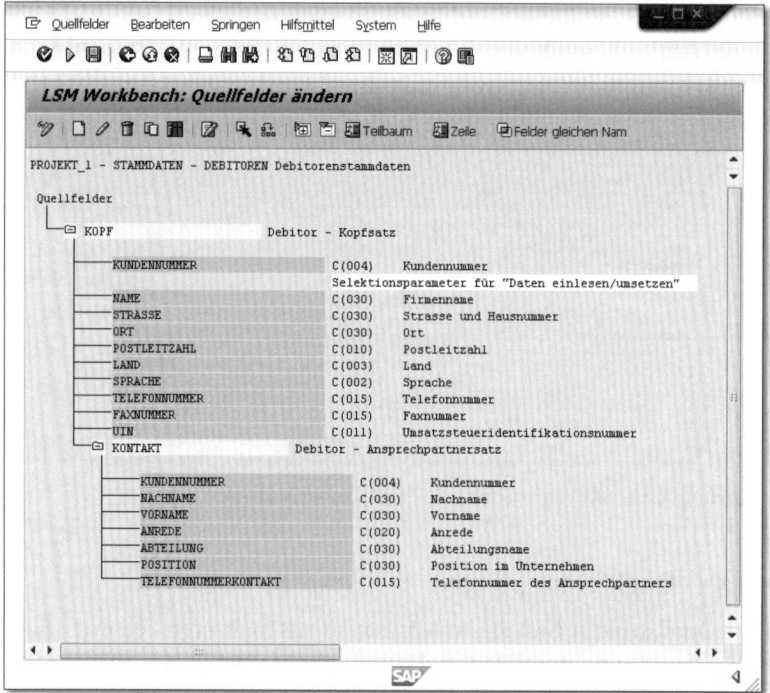

Abbildung 5.13 LSM Workbench – Quellfelder ändern

Die einzelnen Möglichkeiten zur Definition und Pflege der Quellfelder beschreiben wir in den folgenden Abschnitten.

Quellfelder einzeln anlegen

Wie bereits erläutert, positionieren Sie den Cursor auf eine Quellstruktur oder auf ein bereits angelegtes Quellfeld und wählen ANLEGEN FELD. Daraufhin gelangen Sie zu dem in Abbildung 5.14 dargestellten Dialogfenster.

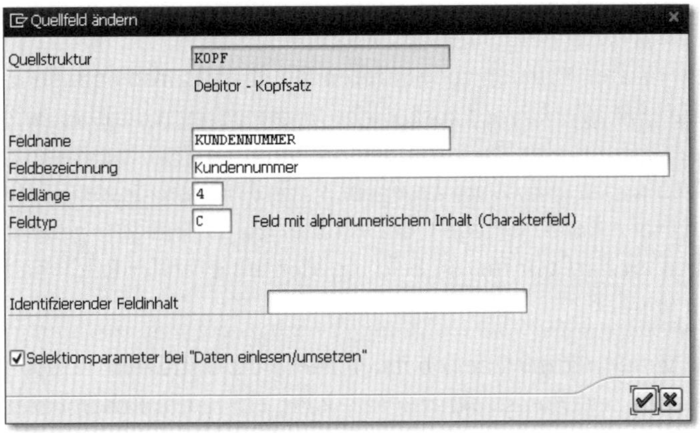

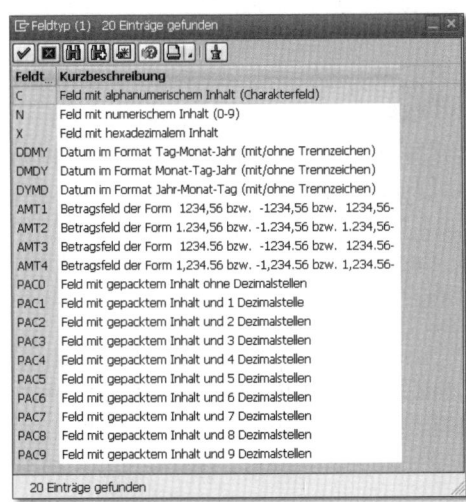

Abbildung 5.14 LSM Workbench – Quellfelder einzeln anlegen

Die FELDLÄNGE legen Sie nach Bedarf fest. Den FELDTYP können Sie mittels Wertehilfe (F4) auswählen (siehe Abbildung 5.15).

Abbildung 5.15 LSM Workbench – mögliche Typen von Quellfeldern

Wenn Sie ein Feld als Datumsfeld (Feldtypen DDMY, DMDY oder DYMD) oder Betragsfeld (Feldtypen AMT1, AMT2, AMT3 oder AMT4) definieren, **Datumsfelder, Betragsfelder** können Sie später beim Einlesen der Daten (siehe Abschnitt 5.2.13, »Daten einlesen«) wählen, ob Datumswerte in das interne Datumsformat (JJJJMMDD, das heißt vierstellige Jahreszahl, gefolgt von zweistelliger Monatszahl, gefolgt von zweistelliger Tageszahl) und Betragsfelder in das Rechenformat (1234.56, das heißt ohne Tausendergruppierungszeichen, mit Punkt als Dezimalzeichen) umgesetzt werden sollen.

Identifizierender Feldinhalt

Sind in einer Datei Altdaten zu mehreren Quellstrukturen enthalten, benötigt die LSM Workbench zusätzliche Informationen darüber, wie ein Satz identifiziert werden kann. Hierzu muss im Feld IDENTIFIZIERENDER FELDINHALT ein Wert angegeben werden, mit dessen Hilfe ermittelt werden kann, welche Quellstruktur zu diesem Satz gehört. Je Quellstruktur darf nur für ein Feld ein identifizierender Feldinhalt angegeben werden.

Selektionsparameter

Zu Feldern von Strukturen der obersten Hierarchiestufe – im Beispiel also zu Feldern der Quellstruktur KOPF – kann ein Kennzeichen unter SELEKTIONSPARAMETER BEI DATEN EINLESEN/UMSETZEN gesetzt werden. Wenn Sie dieses Kennzeichen setzen, wird Ihnen bei den Arbeitsschritten DATEN EINLESEN und DATEN UMSETZEN das betreffende Feld als Selektionsparameter zur Verfügung gestellt. Dieses Feld wird in der Regel für Tests verwendet, um dort den Datenumfang einzuschränken (siehe Abbildung 5.14).

Quellfelder in Tabellenform pflegen

Anstatt jedes Quellfeld einzeln zu pflegen, können Sie alle Felder zu einer Quellstruktur auf einmal bearbeiten. Positionieren Sie hierzu den Cursor wie in Abbildung 5.13 auf eine Quellstruktur oder ein bereits angelegtes Quellfeld, und klicken Sie auf die Schaltfläche TABELLENPFLEGE (⊞). Sie gelangen in eine Bildschirmmaske wie in Abbildung 5.16.

Vorschlagswerte

Wenn Sie einen Feldnamen eingeben und mit [↵] bestätigen, werden folgende Werte vorgeschlagen:

► Feldtyp: C
► Feldlänge: 10
► Feldbezeichnung: Falls es im SAP-System eine Domäne (siehe Abschnitt 5.8.4, »Wiederverwendbare Regeln – Namensfindung«)

gibt, deren Name mit dem Feldnamen übereinstimmt, wird die Bezeichnung dieser Domäne als Feldbezeichnung vorgeschlagen; anderenfalls wird der Feldname übernommen.

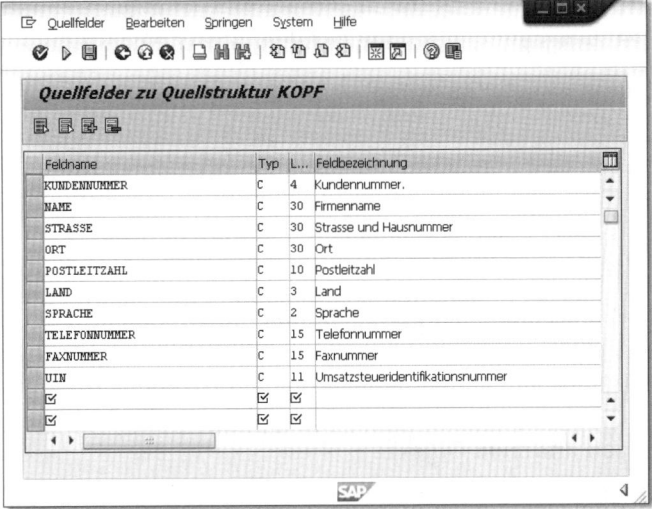

Abbildung 5.16 LSM Workbench – Quellfelder in Tabellenform pflegen

Diese Vorschlagswerte können Sie selbstverständlich überschreiben.

Quellfelder aus anderen Quellen kopieren

Darüber hinaus bietet Ihnen die LSM Workbench die Möglichkeit, die Beschreibung von Quellfeldern aus anderen Quellen zu kopieren, um auf diese Weise den Pflegeaufwand zu reduzieren. Positionieren Sie hierzu den Cursor auf eine Quellstruktur oder ein bereits angelegtes Quellfeld (siehe Abbildung 5.13), und klicken Sie auf die Schaltfläche QUELLFELDER KOPIEREN ( ). In dem in Abbildung 5.17 dargestellten Dialogfenster werden Sie aufgefordert, eine Quelle auszuwählen.

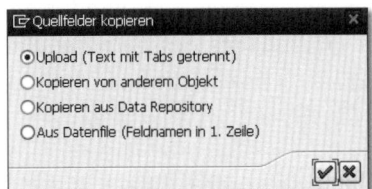

Abbildung 5.17 LSM Workbench – Quellfelder kopieren

Folgende Quellen stehen Ihnen zur Verfügung:

▶ **Upload (Text mit Tabstopps getrennt)**
In diesem Fall wird erwartet, dass die Beschreibung der Quellfelder in einer Textdatei abgelegt ist, deren Spalten mit Tabstopps getrennt sind, wie zum Beispiel in Abbildung 5.18 dargestellt.

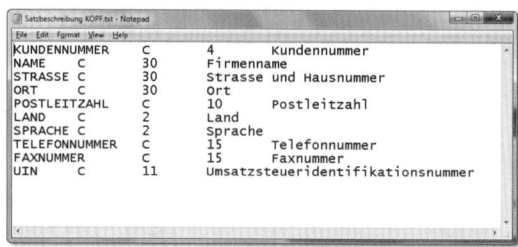

Abbildung 5.18 LSM Workbench – Quellfelder aus Textdatei kopieren (mit Tabstopps getrennt)

▶ **Kopieren von anderem Objekt**
Sie können die Quellfelder aus einer Quellstruktur eines anderen Objekts der LSM Workbench kopieren. Wenn Sie sich für diese Variante entscheiden, werden Sie im darauffolgenden Schritt aufgefordert, das entsprechende Objekt (genauer: Projekt, Teilprojekt, Objekt) auszuwählen.

▶ **Kopieren aus Data Repository**
Sie können die Quellfelder aus einer Struktur des ABAP Dictionarys des SAP-Systems kopieren. Bei dieser Variante werden Sie im folgenden Schritt aufgefordert, die gewünschte Struktur des ABAP Dictionarys auszuwählen.

▶ **Aus Datenfile (Feldnamen in 1. Zeile)**
Sie können die Quellfelder aus einer Datei kopieren, die die zugehörigen Altdaten enthält. Diese Datei muss auf dem PC im Format TEXT (TABSTOPP-GETRENNT) (*.TXT) vorliegen und die Feldnamen in der ersten Zeile enthalten. Dabei wird für alle Felder als Feldtyp C und als Feldbezeichnung der Feldname vergeben, während für die Feldlänge die größte Länge eines Feldinhaltes des betreffenden Feldes errechnet wird.

5.2.6 Strukturbeziehungen pflegen

In Abschnitt 5.2.4, »Quellstrukturen pflegen«, wurde ausgeführt, dass die Daten aus dem Altsystem zu einem Objekt aus einer oder mehreren Satzarten bestehen und diese Satzarten im Rahmen der LSM Workbench als *Quellstrukturen* bezeichnet werden. Folgerichtig werden die Satzarten des Zielformats – des SAP-Formats – als *Zielstrukturen* bezeichnet.

Im Arbeitsschritt STRUKTURBEZIEHUNGEN PFLEGEN werden die Beziehungen zwischen Quell- und Zielstrukturen definiert. Die möglichen Zielstrukturen werden bereits bei der Auswahl des Objekttyps und der Importtechnik festgelegt (siehe Abbildung 5.10).

Beziehungen zwischen Quell- und Zielstrukturen

In unserem Fall bedeutet dies, dass durch die Auswahl DEBITOREN/ STANDARD-BATCH-INPUT implizit festgelegt wurde, in welches Format die Daten gebracht werden müssen, damit sie vom Batch-Input-Programm RFBIDE00 verarbeitet werden können. Das Ergebnis sehen Sie, wenn Sie aus dem Navigationsbildschirm (siehe Abbildung 5.8) den Arbeitsschritt STRUKTURBEZIEHUNGEN PFLEGEN aufrufen (siehe Abbildung 5.19).

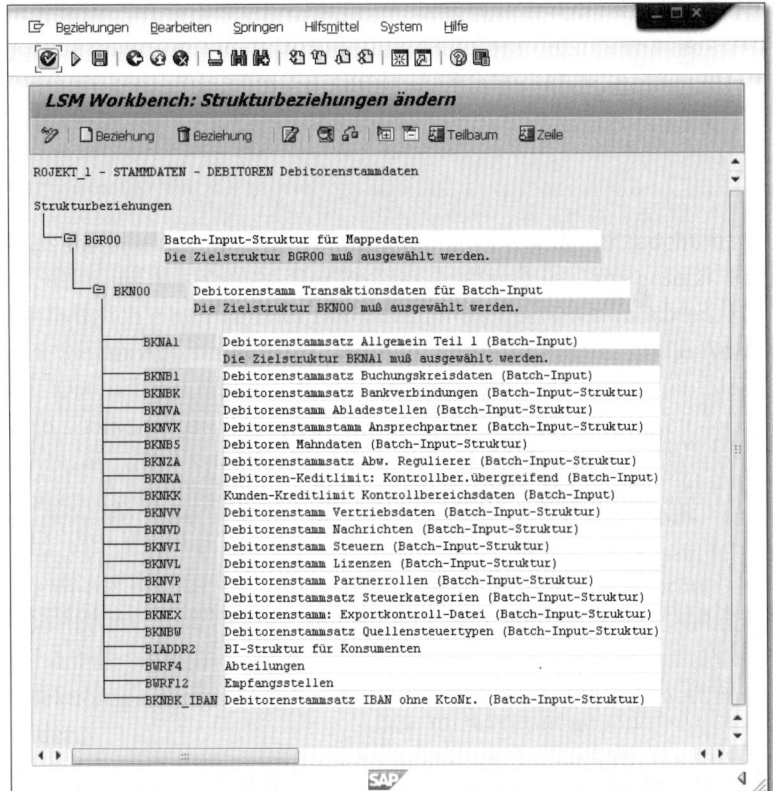

Abbildung 5.19 LSM Workbench – Strukturbeziehungen pflegen – initialer Zustand

Muss-
Zielstrukturen

Es gibt Zielstrukturen, die ausgewählt werden müssen (*Muss-Ziel-strukturen*). In einem solchen Fall erhalten Sie den Hinweis: »Die Zielstruktur muss ausgewählt werden« (siehe Abbildung 5.20).

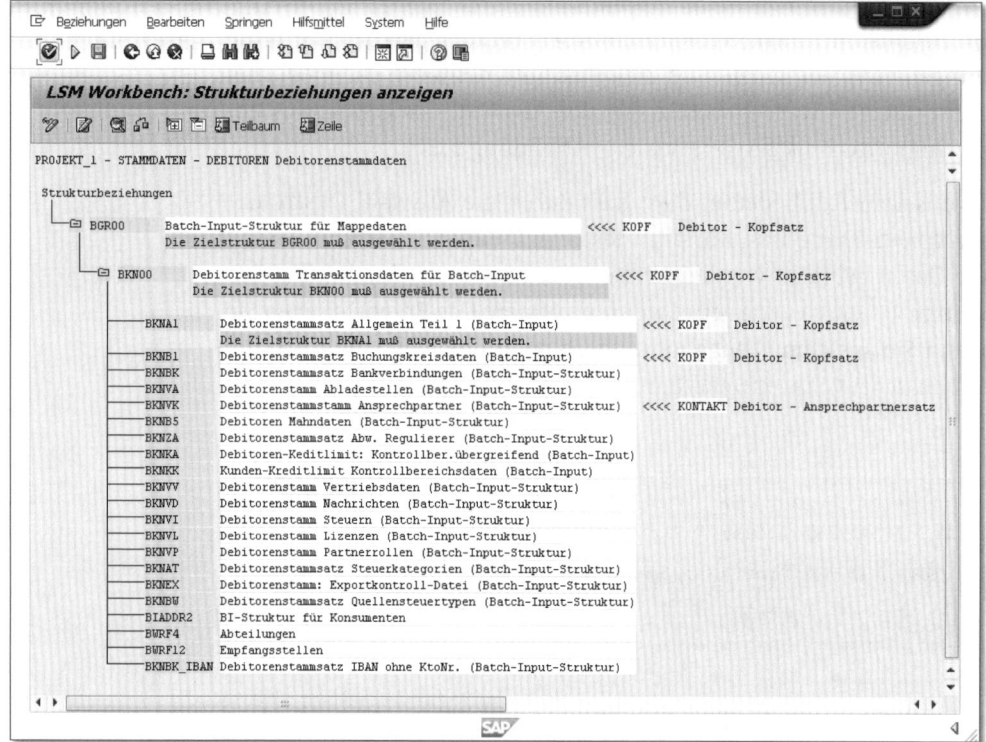

Abbildung 5.20 LSM Workbench – Strukturbeziehungen pflegen

Um Strukturbeziehungen festzulegen, positionieren Sie den Cursor auf eine Zielstruktur und klicken auf die Schaltfläche □ Beziehung . Ihnen wird ein Dialogfenster angezeigt, das Ihnen die bereits angelegten Quellstrukturen zur Auswahl anbietet. Möchten Sie die Beziehung ändern, entfernen Sie zunächst die bereits bestehende Beziehung. Auch hierfür steht Ihnen eine Schaltfläche zur Verfügung.

Prüfen der
Struktur-
beziehungen

Darüber hinaus haben Sie mit PRÜFEN (🔒) die Möglichkeit, die Strukturbeziehungen auf Fehler hin zu überprüfen. Sie erhalten in der Statusleiste entweder eine Fehlermeldung oder die Meldung: »Die Strukturbeziehungen sind fehlerfrei.«

Zielstrukturen
gezielt auswählen

In unserem Beispiel weisen wir den Zielstrukturen BGR00, BKN00, BKNA1 und BKNB1 jeweils die Quellstruktur KOPF zu, während der Zielstruktur BKNVK die Quellstruktur KONTAKT zugeordnet wird. Das Ergebnis ist in Abbildung 5.20 dargestellt.

Umgekehrt bedeutet unsere Festlegung, dass die Debitoren, die wir im SAP-System anlegen möchten, eine Reihe von Informationen *nicht* enthalten werden, und zwar alle Informationen, die in den Strukturen enthalten sind, die wir nicht ausgewählt haben: Bankverbindungen, Abladestellen, Mahndaten, abweichende Regulierer usw.

Abschließend soll zu diesem Arbeitsschritt Folgendes hervorgehoben werden: Viele Batch-Input- und Direct-Input-Programme verwenden einen Kontrollsatz namens BGR00 oder BI000. Weisen Sie diesem Satz stets die Quellstruktur der obersten Hierarchiestufe (Kopfstruktur) zu.

Kontrollsätze

5.2.7 Fieldmapping und Umsetzungsregeln pflegen

Wir gelangen nun zu dem Arbeitsschritt, der in der Regel den größten Arbeitsaufwand erfordert. Halten wir uns Folgendes vor Augen: Bisher haben wir lediglich die Struktur der Altdaten in der LSM Workbench abgebildet und die Beziehung zwischen Altsystem und SAP-System auf Strukturebene beschrieben. Nun begeben wir uns auf die Ebenen der einzelnen Felder.

In diesem Arbeitsschritt besteht die konkrete Aufgabe darin, den Zielfeldern Quellfelder zuzuordnen und festzulegen, wie die Feldinhalte umgesetzt werden sollen. Dieser Schritt wird auch als *Fieldmapping* bezeichnet. Genau genommen handelt es sich um zwei Arbeitsschritte:

Zwei Schritte in einem Schritt

1. Zuordnung der Quellfelder zu den Zielfeldern

2. Festlegung der Umsetzungsregeln

Da der Zusammenhang zwischen beiden Teilschritten jedoch sehr eng ist, sind sie in der LSM Workbench zu einem Arbeitsschritt zusammengefasst.

Wenn Sie diesen Arbeitsschritt aus dem Navigationsbildschirm (siehe Abbildung 5.8) aufrufen, sehen Sie alle ausgewählten Zielstrukturen und die dazugehörigen Felder in hierarchischer Baumstruktur dargestellt (siehe Abbildung 5.21).

Alle Zielfelder auf einen Blick

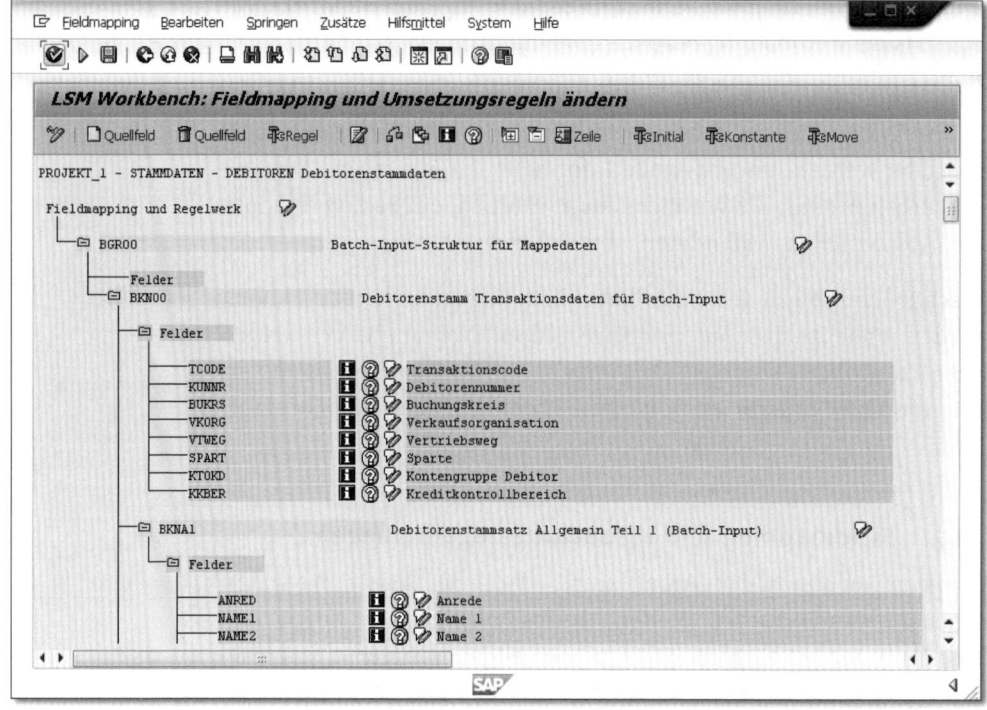

Abbildung 5.21 LSM Workbench – Fieldmapping – initialer Zustand

Da nun alle verfügbaren Zielfelder angezeigt werden, können wir die Zuordnung von Quellfeldern zu Zielfeldern – zunächst »auf Papier« – festlegen. Dieser vorbereitende Schritt ist in der Regel von den Fachabteilungen, gegebenenfalls in Zusammenarbeit mit den SAP-Beratern, zu leisten, da dort das erforderliche Applikationswissen zur Verfügung steht.

In unserem Beispiel kommen wir zu dem Ergebnis aus Tabelle 5.2:

Nr.	Zielfeld	Quellfeld	Umsetzungsregel
1	BKN00-TCODE	–	Konstante XD01
2	BKN00-KUNNR	KOPF-KUNDENNUMMER	Präfix 9
3	BKN00-BUKRS	–	Festwert FV_BUKRS
4	BKN00-KTOKD	–	Konstante 0001
5	BKNA1-NAME1	KOPF-NAME	Übertragen (MOVE)

Tabelle 5.2 Mapping auf dem Papier – Feldzuordnungen und Umsetzungsvorschriften für Debitorenstammdaten

Nr.	Zielfeld	Quellfeld	Umsetzungsregel
6	BKNA1-SORTL	KOPF-NAME	Übertragen (MOVE); abgeschnitten
7	BKNA1-STRAS	KOPF-STRASSE	Übertragen (MOVE)
8	BKNA1-ORT01	KOPF-ORT	Übertragen (MOVE)
9	BKNA1-PSTLZ	KOPF-POSTLEITZAHL	Übertragen (MOVE)
10	BKNA1-LAND1	KOPF-LAND	Umschlüsselung
11	BKNA1-SPRAS	KOPF-SPRACHE	Umschlüsselung
12	BKNA1-TELF1	KOPF-TELEFONNUMMER	Übertragen (MOVE)
13	BKNA1-TELFX	KOPF-FAXNUMMER	Übertragen (MOVE)
14	BKNA1-STCEG	KOPF-UIN	Übertragen (MOVE)
15	BKNB1-AKONT	–	Konstante 140000
16	BKNVK-NAME1	KONTAKT-NACHNAME	Übertragen (MOVE)
17	BKNVK-TELF1	KONTAKT-TELEFONNUMMER-KONTAKT	Übertragen (MOVE)
18	BKNVK-ABTNR	KONTAKT-ABTEILUNG	Umschlüsselung
19	BKNVK-NAMEV	KONTAKT-VORNAME	Übertragen (MOVE)
20	BKNVK-ANRED	KONTAKT-ANREDE	Übertragen (MOVE)
21	BKNVK-PAFKT	KONTAKT-POSITION	Umschlüsselung

Tabelle 5.2 Mapping auf dem Papier – Feldzuordnungen und Umsetzungs-vorschriften für Debitorenstammdaten (Forts.)

Als aufmerksamem Leser ist Ihnen sicherlich nicht entgangen, dass in Tabelle 5.2 kein einziges Feld der Kontrollstruktur BGR00 aufgeführt ist. Dies liegt daran, dass alle Felder der Struktur BGR00 von der LSM Workbench als sogenannte *technische* Felder angesehen und automatisch vorbelegt werden. Daher müssen in der Regel keine Änderungen an diesen Feldern vorgenommen werden.

Felder der Kontrollstruktur BGR00

Mit dem »Mapping auf dem Papier« ist bereits der größte Teil der Arbeit erledigt. Nun müssen diese Informationen lediglich noch der LSM Workbench mitgeteilt werden. Die Vorgehensweise wird in Tabelle 5.3 dargestellt. Die in der ersten Spalte angegebene laufende Nummer bezieht sich dabei auf die laufende Nummer aus Tabelle 5.2.

Nr.	Aktion
1	▸ Positionieren Sie wie in Abbildung 5.21 den Cursor auf das Feld BKN00-TCODE. ▸ Klicken Sie auf die Schaltfläche REGEL (🔲Regel). ▸ Wählen Sie in dem in Abbildung 5.22 dargestellten Dialogfenster die Regel KONSTANTE aus. ▸ Geben Sie im nachfolgenden Dialogfenster »XD01« ein, und bestätigen Sie die Eingabe.
2	▸ Positionieren Sie wie in Abbildung 5.21 den Cursor auf das Feld BKN00-KUNNR. ▸ Klicken Sie auf die Schaltfläche QUELLFELD ZUORDNEN (🔲 Quellfeld). ▸ Wählen Sie aus der Liste der möglichen Quellfelder per Doppelklick KOPF-KUNDEN-NUMMER aus. ▸ Klicken Sie auf die Schaltfläche REGEL. Wählen Sie in dem in Abbildung 5.22 dargestellten Dialogfenster die Regel PRÄFIX aus. ▸ Geben Sie im nachfolgenden Dialogfenster »9« ein, und bestätigen Sie die Eingabe.
3	▸ Positionieren Sie gemäß Abbildung 5.21 den Cursor auf das Feld BKN00-BUKRS. ▸ Klicken Sie auf die Schaltfläche REGEL. ▸ Wählen Sie in dem in Abbildung 5.22 dargestellten Dialogfenster die Regel FESTWERT (WIEDERVERWENDBAR)[1] aus. ▸ Die LSM Workbench schlägt Ihnen als Namen BUKRS vor. Übernehmen Sie diesen Vorschlag. ▸ In dem darauffolgenden Dialogfenster können Sie bereits den konkreten Wert eingeben. Sie nutzen diese Möglichkeit und hinterlegen 0001.
4	Analog zu 1
5	▸ Positionieren Sie wie in Abbildung 5.21 den Cursor auf das Feld BKNA1-NAME1. ▸ Klicken Sie auf die Schaltfläche QUELLFELD ZUORDNEN. ▸ Wählen Sie aus der Liste der möglichen Quellfelder per Doppelklick KOPF-NAME aus. ▸ Da die LSM Workbench automatisch die Regel ÜBERTRAGEN (MOVE) wählt, müssen keine weiteren Einstellungen vorgenommen werden.
6	Analog zu 5, allerdings ist in diesem Fall das Quellfeld länger als das Zielfeld. Dies bedeutet, dass bei der Übertragung der Inhalt des Quellfeldes abgeschnitten wird.
7	Analog zu 5
8	Analog zu 5
9	Analog zu 5
10	▸ Positionieren Sie wie in Abbildung 5.21 den Cursor auf das Feld BKNA1-LAND1. ▸ Klicken Sie auf die Schaltfläche QUELLFELD ZUORDNEN. ▸ Wählen Sie aus der Liste der möglichen Quellfelder per Doppelklick KOPF-LAND aus. 1. Klicken Sie auf die Schaltfläche REGEL.

Tabelle 5.3 Umsetzung des Mappings auf Papier in der LSM Workbench

Nr.	Aktion
	▸ Wählen Sie in dem in Abbildung 5.22 dargestellten Dialogfenster die Regel UMSCHLÜSSELUNG (WIEDERVERWENDBAR) aus. ▸ Die LSM Workbench schlägt Ihnen als Namen LAND1 vor. Übernehmen Sie diesen Vorschlag.
11	Analog zu 10
12	Analog zu 5
13	Analog zu 5
14	Analog zu 5
15	Analog zu 1
16	Analog zu 5
17	Analog zu 5
18	Analog zu 10
19	Analog zu 5
20	Analog zu 5
21	Analog zu 10

Tabelle 5.3 Umsetzung des Mappings auf Papier in der LSM Workbench (Forts.)

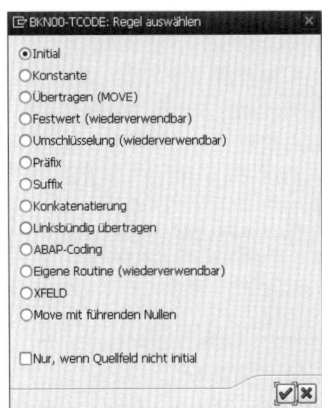

Abbildung 5.22 LSM Workbench – vordefinierte Umsetzungsregeln

Wenn Sie die Anweisungen gemäß Tabelle 5.3 ausführen, werden Sie feststellen, dass die LSM Workbench Ihre Instruktionen in ABAP-Coding übersetzt. Sie bietet Ihnen darüber hinaus die Flexibilität, das ABAP-Coding bei Bedarf nach Belieben zu ändern oder zu ergänzen.

---

1 Die sogenannten wiederverwendbaren Regeln werden in Abschnitt 5.2.8, »Festwerte, Umschlüsselungen und eigene Routinen pflegen«, ausführlich beschrieben.

Ein Beispiel wäre, dass in Telefonnummern die führende Null der Vorwahl durch die Ländervorwahl ersetzt werden soll, also etwa 06227 741117 durch +49 6227 741117. In diesem Fall würden Sie das generierte Coding `BKNA-TELF1 = KOPF-TELEFONNUMMER` ersetzen durch:

```
concatenate '+49' KOPF-TELEFONNUMMER+1 into BKNA1-TELF1
separated by space
```

In unserem Beispiel sind jedoch keine Anpassungen nötig.

Zusammenfassung Wir haben nun sämtliche Anweisungen aus Tabelle 5.3 abgearbeitet – das Ergebnis unserer Bemühungen ist in den Abbildungen 5.23 und 5.24 dargestellt.

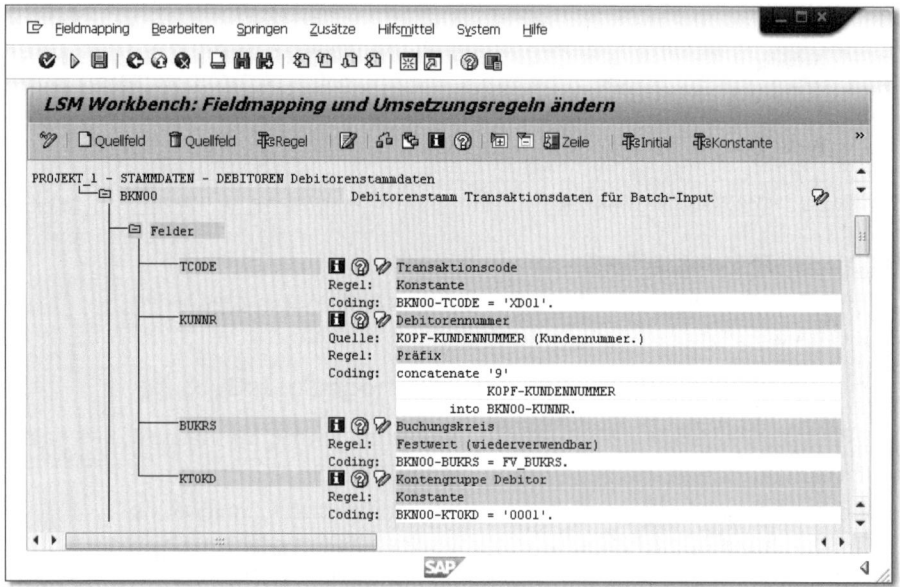

Abbildung 5.23 LSM Workbench – Fieldmapping (Ausschnitt 1)

Der Vollständigkeit halber muss erwähnt werden, dass in den Abbildungen alle initialen Felder ausgeblendet wurden. Dies wurde über die Schaltfläche ANZEIGEVARIANTE (🔧) erreicht, auf die wir in Abschnitt 5.8.1, »Anzeigevariante und Verarbeitungszeitpunkte«, ausführlich eingehen werden.

Syntaxprüfung Sie können sich nun direkt davon überzeugen, ob Ihre Bemühungen von Erfolg gekrönt waren. Klicken Sie hierzu die Schaltfläche SYNTAX PRÜFEN (🔧) an (siehe Abbildung 5.24). Hierdurch veranlassen Sie die

LSM Workbench, das Datenumsetzungsprogramm zu generieren und auf syntaktische Korrektheit hin zu überprüfen. Wenn alles richtig gemacht wurde, erscheint in der Statuszeile die Erfolgsmeldung: »Das Datenumsetzungsprogramm konnte erfolgreich generiert werden.« Wenn ausschließlich vordefinierte Regeln verwendet werden und kein eigenes ABAP-Coding hinzugefügt wird, sind Syntaxfehler unwahrscheinlich.

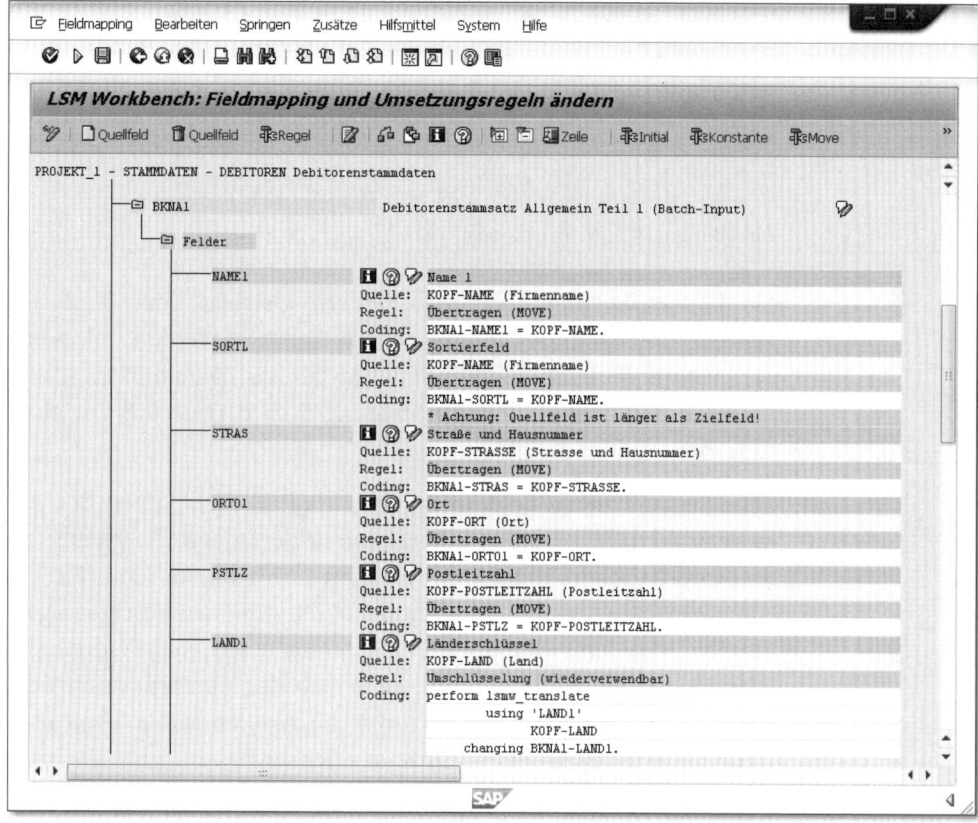

Abbildung 5.24 LSM Workbench – Fieldmapping (Ausschnitt 2)

Nun kennen Sie bereits die wichtigsten Funktionen des Arbeitsschrittes FIELDMAPPING UND UMSETZUNGSREGELN PFLEGEN. Es gibt darüber hinaus noch eine Reihe zusätzlicher nützlicher Funktionen, von denen wir Ihnen nun die wichtigsten vorstellen.

Eine sehr pfiffige Funktion ist das sogenannte *Auto-Fieldmapping*. Wenn Sie wie in Abbildung 5.21 ZUSÄTZE • AUTO-FIELDMAPPING wäh-

Auto-Fieldmapping

len, unterbreitet Ihnen die LSM Workbench Vorschläge für die Zuordnung von Quell- zu Zielfeldern.

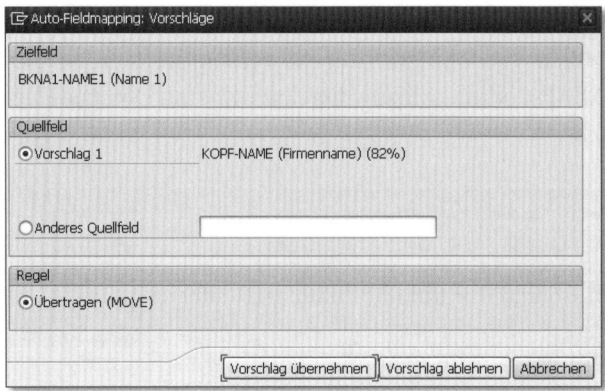

Abbildung 5.25 LSM Workbench – Auto-Fieldmapping

Sie können wählen, ob nach Feldern gleichen oder ähnlichen Namens (mit Trefferwahrscheinlichkeit[2]) gesucht werden soll. Wenn Sie in unserem Beispiel diese Funktion für das Zielfeld BKNA1-NAME1 aufrufen, wird Ihnen der in Abbildung 5.25 dargestellte Vorschlag unterbreitet.

Falls Sie mit vielen Feldern arbeiten und die Feldnamen des Altsystems (genauer: der Quellfelder) den Feldern des SAP-Systems (genauer: der Zielstrukturen) entsprechen oder ähneln, kann Sie das Auto-Fieldmapping dabei unterstützen, die Arbeit zu beschleunigen. Des Weiteren müssen Sie die Funktion nicht für jedes Feld einzeln aufrufen, sondern können alle Felder ab der Cursorposition oder sogar alle Felder aller Zielstrukturen durchlaufen lassen – mit oder ohne Bestätigung bei jedem einzelnen Schritt.

Technische Felder Einige Zielfelder werden durch das System vorbelegt. Diese Felder werden als *technische Felder* bezeichnet und mit dem Regeltyp DEFAULT-BELEGUNG gekennzeichnet. Die Regeln zu diesen Feldern werden zunächst im Fieldmapping nicht angezeigt, können aber mithilfe der Schaltfläche ANZEIGEVARIANTE (siehe Abschnitt 5.8.1,

---

2 Die Trefferwahrscheinlichkeit ist ein Maß für die Ähnlichkeit zweier Wörter. Je ähnlicher sich zwei Wörter sind, desto höher ist die Trefferwahrscheinlichkeit. Für zwei identische Wörter beträgt die Trefferwahrscheinlichkeit demnach 100 %.

»Anzeigevariante und Verarbeitungszeitpunkte«) eingeblendet werden (siehe Abbildung 5.24). Änderungen an der Default-Belegung können den Ablauf der Datenumsetzung unter Umständen gravierend beeinträchtigen. Haben Sie die Default-Belegung eines Feldes versehentlich geändert, können Sie diese wiederherstellen, indem Sie Zusätze • Default wiederherstellen wählen.

Zu jedem Zielfeld wird Ihnen folgende Information angezeigt (siehe Abbildung 5.24):

▶ SAP-Feldbezeichnung

▶ eventuell zugewiesene Quellfelder

▶ Regeltyp (Festwert, Umschlüsselung usw.)

▶ Coding

Darüber hinaus stehen Ihnen für jedes Ziel- bzw. Quellfeld folgende Funktionen zur Verfügung:

Funktionen je Ziel- und Quellfeld

▶ **Feld-Dokumentation** (🛈)
Es wird eine Kurzdokumentation zu dem Zielfeld angezeigt, auf dem sich der Cursor befindet. Die Dokumentation enthält möglicherweise Verzweigungen zu weiterführenden Informationen.

▶ **Mögliche Werte** (🔍)
Sie erhalten in manchen Fällen eine Auswahlliste aller zu diesem Zielfeld möglichen Werte. Ob die Auswahlliste zur Verfügung steht, hängt von der Definition des Zielfeldes im Data Dictionary ab.

▶ **Dokumentation** (✎)
Sie können die Dokumentation zu einem Feld oder zu einer Struktur pflegen und Feldzuordnung sowie Umsetzungsregel gegebenenfalls näher erläutern.

▶ **Nicht zugeordnete Quellfelder**
Wenn Sie mit vielen Feldern arbeiten, kann es vorkommen, dass Sie nicht mehr wissen, welche Quellfelder bereits zugeordnet wurden und welche noch nicht. Diesen Überblick können Sie wiedergewinnen, indem Sie wie in Abbildung 5.24 Zusätze • Nicht zugeordnete Quellfelder wählen.

▶ **Zuordnung eines Quellfeldes entfernen**
Um ein zugeordnetes Quellfeld wieder zu entfernen, positionieren Sie den Cursor auf ein Zielfeld in der Baumstruktur und wählen

QUELLFELD ENTFERNEN. Ist nur ein Quellfeld zugeordnet, wird dieses entfernt. Ist mehr als ein Quellfeld zugeordnet, erhalten Sie eine Liste aller zugeordneten Quellfelder zur Auswahl und können das gewünschte Quellfeld über einen Doppelklick auswählen.

Vordefinierte Umsetzungsregeln

Abschließend zum Arbeitsschritt FIELDMAPPING UND UMSETZUNGSREGELN PFLEGEN stellen wir Ihnen die vordefinierten Umsetzungsregeln detailliert vor (siehe Abbildung 5.22).

Initial

Zurücksetzen eines Feldes

Durch INITIAL wird das dem Zielfeld zugeordnete Coding gelöscht. Ebenso werden alle Quellfelder entfernt, die dem Zielfeld zugeordnet sind. Dem Zielfeld wird ferner ein Initialwert zugewiesen, der je nach gewählter Importtechnik unterschiedlich sein kann:

▸ **Standard-Batch-Input/Standard-Direct-Input**
Das Zielfeld wird mit dem Wert des Zeichens für »Keine Daten« gefüllt, dem sogenannten Nodata-Zeichen, das in der Regel im Kontrollsatz (BGR00, BI000) definiert und mit dem Zeichen »/« vorbelegt ist.

▸ **Batch-Input-Aufzeichnung**
Das Zielfeld wird mit dem Wert / als Nodata-Zeichen gefüllt.

▸ **BAPI, IDoc**
Auf das Zielfeld wird der ABAP-Befehl CLEAR angewendet. Hierdurch werden Charakterfelder mit Leerzeichen und numerische Felder mit Nullen gefüllt.

Konstante

Dem Zielfeld wird ein konstanter Wert zugewiesen.

Übertragen (MOVE)

Zuweisung

Die Übertragung der Daten vom Quellfeld zum Zielfeld erfolgt mithilfe der ABAP-Anweisung MOVE. Dies bedeutet in Abhängigkeit vom Feldtyp die in Tabelle 5.4 jeweils aufgeführte Art der Übertragung.

Darüber hinaus kommen die Konvertierungsregeln zur Anwendung, die für das ABAP-Kommando MOVE gelten. Einzelheiten hierzu enthält die einschlägige Dokumentation des SAP-Systems.

Feldtyp	Art der Übertragung
C (Character)	1:1-Übertragung
N (numerisch)	1:1-Übertragung, einschließlich eventueller führender Nullen
Gepacktes Feld	Entpacken in Zielfeld mithilfe der ABAP-Anweisung WRITE ... TO ...
Datumsfeld	Sie werden in einem Dialogfenster aufgefordert zu entscheiden, wie das Datumsfeld übertragen werden soll: internes Format (JJJJMMDD) Benutzerformat (zum Beispiel 30.01.2003)
Betragsfeld	Im Fall von Batch-Input oder Direct-Input wird der Betragswert gemäß den Einstellungen des Benutzerstamms im Ausgabeformat aufbereitet. Im Fall von BAPIs oder IDocs wird der Betragswert im internen Rechenformat belassen.

Tabelle 5.4 Art der Datenübertragung in Abhängigkeit vom Feldtyp

Festwert (wiederverwendbar)

Dem Zielfeld wird ein *Festwertobjekt* zugewiesen, das heißt eine Variable, deren Name mit »FV_« beginnt. Im Arbeitsschritt FESTWERTE, UMSCHLÜSSELUNGEN UND EIGENE ROUTINEN PFLEGEN wird diese Variable mit einem konkreten Wert versorgt. Festwerte sind wiederverwendbar, das heißt, dass sie im Gegensatz zu Konstanten in mehreren Objekten des Projekts verwendet werden. Der konkrete Wert muss dabei nur an einer Stelle festgelegt werden.

In unserem Beispiel haben wir für das Feld BUCHUNGSKREIS einen Festwert verwendet. Angenommen, Sie möchten nacheinander Daten für verschiedene Buchungskreise migrieren. Den zugehörigen Festwert können Sie in verschiedenen Objekten verwenden. Den konkreten Wert müssen Sie aber immer nur an einer zentralen Stelle einstellen. Dies ist der Vorteil gegenüber einer Konstanten. Ein Festwert ist daher gewissermaßen eine projektweit gültige Konstante.

Projektweit gültige Konstante

Umschlüsselung (wiederverwendbar)

Dem Zielfeld wird ein Coding zugeordnet, das die Umsetzung des Feldinhaltes des Quellfeldes anhand einer Umschlüsselungstabelle vornimmt. Die Werte dieser Umschlüsselungstabelle können im Schritt FESTWERTE, UMSCHLÜSSELUNGEN UND EIGENE ROUTINEN PFLEGEN eingetragen werden (siehe Abbildung 5.8). Dies wird ausführlich in Abschnitt 5.2.8, »Festwerte, Umschlüsselungen und eigene Routinen pflegen«, beschrieben.

Präfix

Sie können ein beliebiges Präfix bestimmen, das dem Feldinhalt des Quellfeldes vorangestellt wird.

Suffix

Sie können ein beliebiges Suffix bestimmen, das dem Feldinhalt des Quellfeldes nachgestellt wird.

Konkatenierung

Verbindung zweier Quellfelder

Sie haben die Möglichkeit, zwei oder mehrere Quellfelder zu verbinden und an das Zielfeld zu übergeben.

Linksbündig übertragen

Der Feldinhalt wird linksbündig übertragen.

ABAP-Coding

Wenn Sie diese Möglichkeit auswählen (oder auf ein Zielfeld doppelklicken), verzweigen Sie in den ABAP Editor. Dort können Sie generiertes ABAP-Coding nachbearbeiten oder eigenes Coding hinterlegen. Hier steht Ihnen ein Großteil der Funktionen des SAP-Standard-Editors zur Verfügung, zum Beispiel PRÜFEN (Syntaxcheck), PRETTY PRINTER usw.

Unter EINFÜGEN können Sie Ihr Coding in folgender Weise ergänzen:

▶ QUELLFELDER: Alle verfügbaren Quellfelder werden zur Auswahl angeboten.

▶ GLOBALE VARIABLE: siehe Abschnitt 5.8.2, »Globale Variablen«

▶ GLOBALE FUNKTIONEN: siehe Abschnitt 5.8.3, »Globale Funktionen«

Eigene Routine (wiederverwendbar)

Das System erstellt für Sie den Rahmen einer Formroutine (ABAP-Unterprogramm) mit dem Namenspräfix UR_. Diese Routine ist wiederverwendbar, das heißt, dass sie auch in anderen Objekten des Projekts verwendet werden kann. Hierin liegt der Unterschied zum ABAP-Coding, das Sie zu einem Zielfeld hinterlegen können.

Selbst geschriebenes Unterprogramm

Bei allen Arten wiederverwendbarer Regeln schlägt Ihnen die LSM Workbench einen bis drei mögliche Namen vor. Dabei wird ein Name vom System empfohlen. Wir raten, den Vorschlag zu übernehmen. Detaillierte Informationen zur Namensfindung erhalten Sie in Abschnitt 5.8.4, »Wiederverwendbare Regeln – Namensfindung«.

Beim Anlegen benutzereigener Routinen ist Folgendes zu beachten:

▶ Vor Anlegen der Routine ist die korrekte Anzahl von Quellfeldern zuzuordnen (entsprechend der Anzahl der Eingabeparameter der Routine).

▶ Die Quellfelder sind in der korrekten Reihenfolge (das heißt in der Reihenfolge der Parameter) zuzuordnen.

X-Feld

Beim *X-Feld* handelt es sich um eine spezielle Funktion für die Verarbeitung von IDocs. In einigen Fällen existiert zusätzlich zur Datenübernahmestruktur (in der die zu übernehmenden Werte stehen) eine sogenannte *Ankreuzstruktur*. Diese Ankreuzstruktur hat dieselben Feldnamen wie die Datenübernahmestruktur. Allerdings sind alle Felder dieser Struktur einstellig und werden mit »X« bzw. mit Leerzeichen gefüllt. Diese Ankreuzfelder bestimmen, ob das entsprechende Feld aus der Datenübernahmestruktur übernommen wird oder nicht.

X-Feld bei IDoc-Verarbeitung

Für ein X-Feld wird folgendes Coding automatisch generiert:

```
IF NOT <Feld der Datenübernahmestruktur> IS INITIAL.
    <Feld der Ankreuzstruktur> = 'X'.
ELSE.
    <Feld der Ankreuzstruktur> = ' '.
ENDIF.
```

Über den Menüpfad ZUSÄTZE • X-STRUKTUREN FÜLLEN (siehe Abbildung 5.21) können Sie dieses Coding für ganze Zielstrukturen hinzufügen.

X-Strukturen füllen

Nur wenn Quellfeld nicht initial

In dem Dialogfenster mit den vordefinierten Regeln (siehe Abbildung 5.22) befindet sich das Ankreuzfeld NUR WENN QUELLFELD NICHT INITIAL. Ist dieses Kennzeichen gesetzt, wird die ausgewählte Regel nur dann zur Anwendung gebracht, wenn das betreffende Quellfeld einen nicht initialen Wert besitzt.

5.2.8 Festwerte, Umschlüsselungen und eigene Routinen pflegen

Wir wenden uns nun der Bearbeitung der wiederverwendbaren Regeln eines Projekts zu.

Wiederverwendbare Regeln

In unserem Beispiel haben wir folgende wiederverwendbare Regeln verwendet: Festwert FV_BUKRS für das Feld Buchungskreis sowie Umschlüsselungen für die Felder Land, Sprache, Abteilung und Position.

Wenn Sie den Arbeitsschritt FESTWERTE, UMSCHLÜSSELUNGEN UND EIGENE ROUTINEN PFLEGEN aufrufen (siehe Abbildung 5.8), wird Ihnen die in Abbildung 5.26 dargestellte Bildschirmmaske angezeigt.

Alternativ hierzu können Sie auch im Schritt FIELDMAPPING UND UMSETZUNGSREGELN PFLEGEN (siehe Abbildung 5.8) und über einen Doppelklick auf eine Regel in Ihre Pflege verzweigen.

Festwert

Über FESTWERT können Sie neben der Bezeichnung die Länge, den Typ, das Kennzeichen für Groß-/Kleinschreibung und den Wert angeben.

In unserem Beispiel haben wir für den Festwert FV_BUKRS bereits während des vorangegangenen Arbeitsschritts den Wert 0001 vergeben. Ist die Wertevergabe noch nicht erfolgt, können Sie dies nun nachholen. Positionieren Sie hierzu den Cursor auf den Eintrag BUKRS, und klicken Sie auf die Schaltfläche EINTRAG BEARBEITEN (✎), oder doppelklicken Sie alternativ dazu auf den Namen des Festwertes. Sie sehen daraufhin das in Abbildung 5.27 dargestellte Dialogfenster.

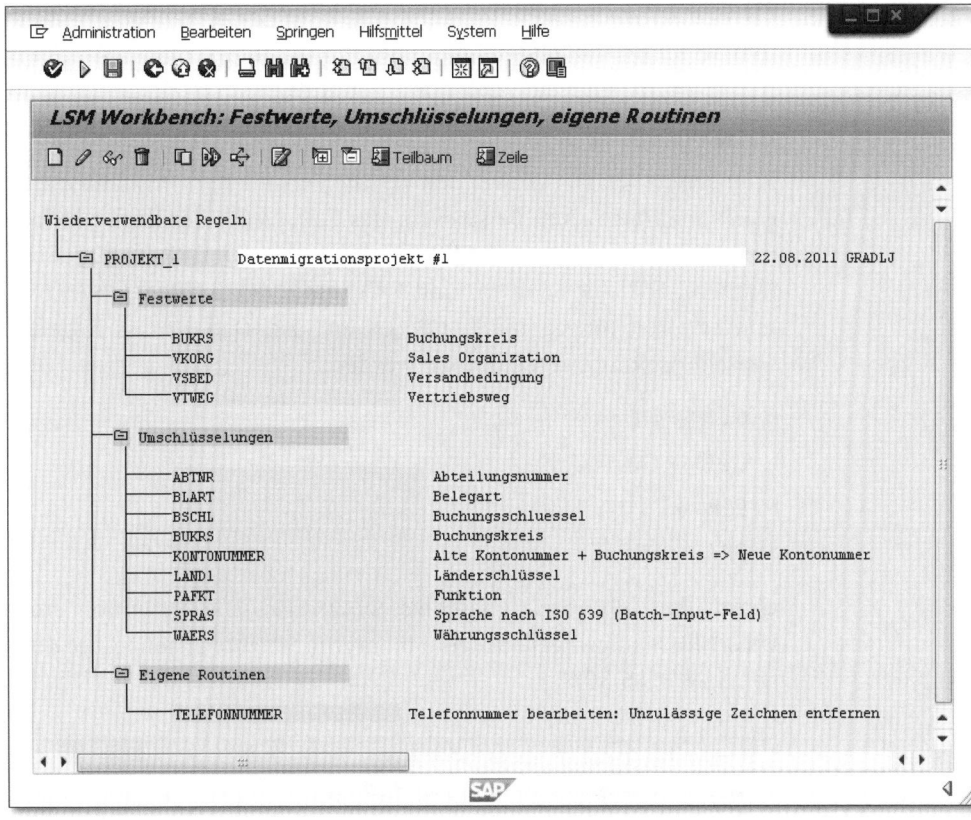

Abbildung 5.26 LSM Workbench – Wiederverwendbare Regeln

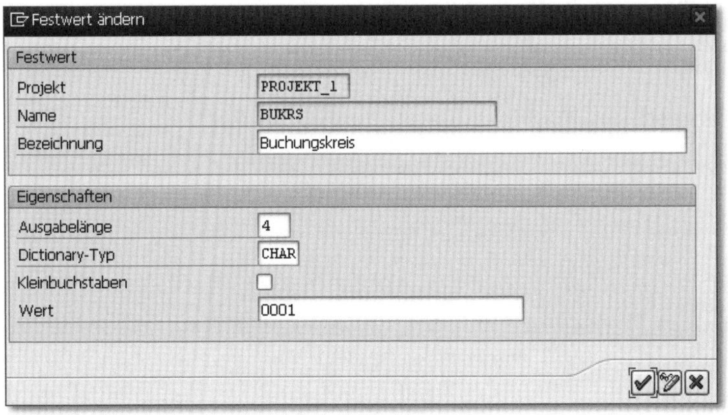

Abbildung 5.27 LSM Workbench – Festwert

Wertehilfe Ein sehr nützliches und daher erwähnenswertes Detail ist die Wertehilfe (F4) für das Wertefeld.

Umschlüsselung

In unserem Beispiel verwenden wir die Technik der Umschlüsselung
gleich mehrfach, zum Beispiel für das Feld LAND. Hier finden sich in
den Altdaten die Einträge GER (für Deutschland), GBR (für Großbritannien), ESP (für Spanien) und FRA (für Frankreich). Das SAP-System erwartet hingegen DE, GB, ES und FR. Daher muss folgende
Umschlüsselung vorgenommen werden:

- GER → DE
- GBR → GB
- ESP → ES
- FRA → FR

Genau dies leistet die Umschlüsselungsregel. Die Definition einer
Umschlüsselungsregel erfolgt in mehreren Schritten (siehe Abbildungen 5.28 bis 5.30):

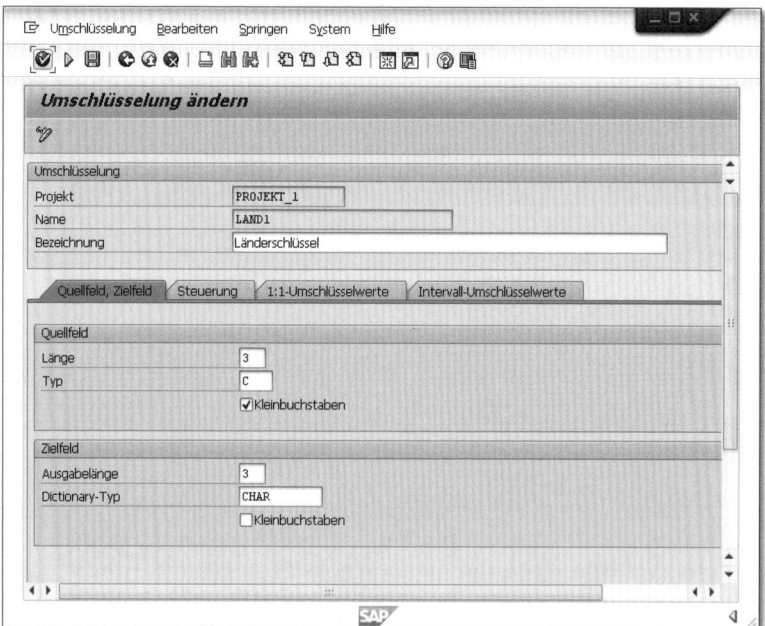

Abbildung 5.28 LSM Workbench – Umschlüsselung – Quellfeld, Zielfeld

▶ **Quellfeld, Zielfeld**

Hier können Sie Angaben zu Quell- und Zielfeld machen. Falls Sie eine neue Umschlüsselung anlegen, müssen Sie die Angaben zunächst speichern. Erst dann können Sie zur nächsten Register-karte wechseln.

▶ **Steuerung**

Hier legen Sie die Art der Umschlüsselung fest. Sie können dabei angeben, in welcher der beiden Umschlüsselungstabellen zuerst nach einem Wert gesucht und welche Alternative gewählt werden soll, wenn kein passender Eintrag gefunden wird (siehe Abbildung 5.29). Für unser Beispiel sind die vorgeschlagenen Einstellungen ausreichend: Ist die Suche in der 1:1-Umschlüsselungstabelle erfolglos, bleibt das Zielfeld initial.

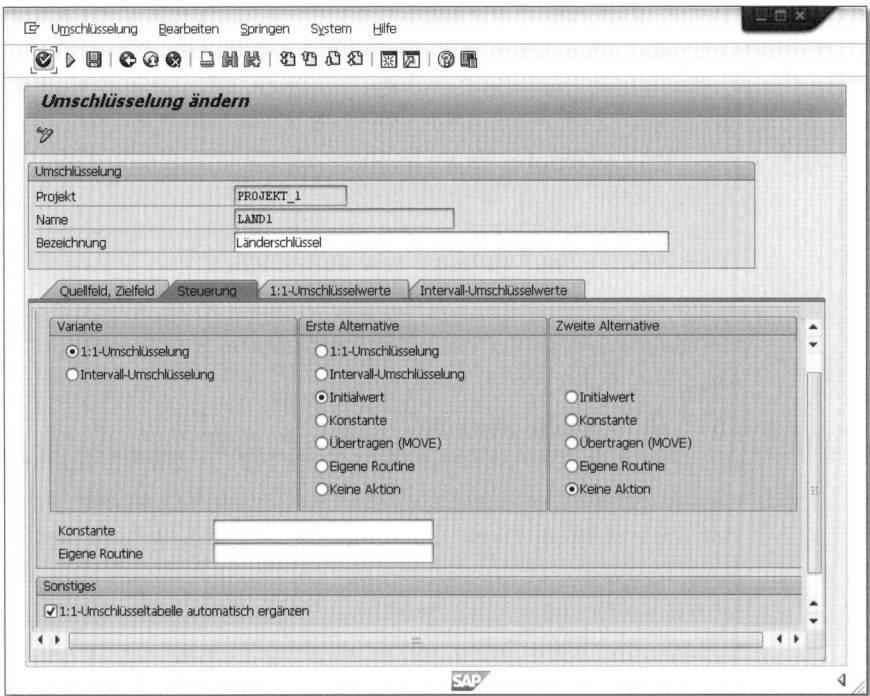

Abbildung 5.29 LSM Workbench – Umschlüsselung – Steuerung

▶ **1:1-Umschlüsselwerte**

Hier geben Sie die Wertetabelle an, die bei der Umschlüsselung verwendet werden soll. Sie haben auch die Möglichkeit, die Werte aus einer PC-Datei im Format TEXT (TABSTOPP-GETRENNT) (*.TXT) zu übernehmen, indem Sie die Schaltfläche UPLOAD (🖻) anklicken.

Wertehilfe

Sehr hilfreich ist auch, dass in der Regel in der Spalte NEUER WERT eine Wertehilfe (F4) zur Verfügung steht.

Beachten Sie, dass bei der Umschlüsselung nur die Werte berücksichtigt werden, für die das OK-Kennzeichen gesetzt ist.

Automatischer
Wertesammler

Von außerordentlichem Nutzen ist ferner, dass die Umschlüsselung bei der Datenumsetzung als automatischer Wertesammler fungiert. Dies bedeutet, dass alle verschiedenen Werte in den Quellfeldeinträgen aufgesammelt werden, wenn Sie den Schritt DATEN UMSETZEN (siehe Abschnitt 5.2.15, »Daten umsetzen«) ausführen. Dieses Feature bringt Vorteile, die nicht zu unterschätzen sind. Erfahrungsgemäß ist man in der Regel überrascht, welche Einträge sich im Lauf der Zeit in den Altdaten angesammelt haben. Um eine ordnungsgemäße Umsetzung zu erzielen, müssen all diese Werte auf Werte abgebildet werden, die vom SAP-System akzeptiert werden.

In unserem Beispiel führt dies dazu, dass in der Umschlüsselungstabelle zum Feld LAND in der linken Spalte alle Einträge ESP, FRA, GBR und GER aufgesammelt werden. Nun müssen Sie lediglich die rechte Spalte mit korrekten Werten versehen – die Wertehilfe (F4) erleichtert Ihnen dies – und das OK-Kennzeichen setzen. Das Endergebnis ist in Abbildung 5.30 dargestellt.

Damit der automatische Wertesammler aktiv wird, muss das Ankreuzfeld 1:1-UMSCHLÜSSELTABELLE AUTOMATISCH ERGÄNZEN (siehe Abbildung 5.29) gesetzt sein.

▶ **Intervall-Umschlüsselwerte**
Hier geben Sie die Wertetabelle an, die bei der Umschlüsselung nach Intervallen verwendet werden soll. Auch hier stehen Ihnen eine Upload-Möglichkeit und eine Wertehilfe (F4) zur Verfügung. Des Weiteren werden hier nur die Werte berücksichtigt, für die das OK-Kennzeichen gesetzt ist.

Das Feature der Umschlüsselungstechnik kommt relativ selten zum Einsatz. Ein möglicher Anwendungsfall liegt beispielsweise dann vor, wenn im Rahmen einer Kontenplanbereinigung jeweils mehrere Konten aus einem Nummernintervall (alte Werte) zu einem Konto (neuer Wert) zusammengefasst werden sollen.

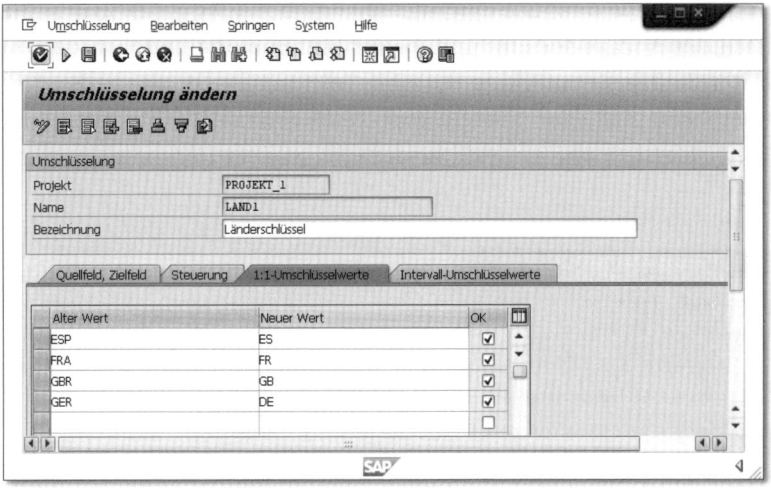

Abbildung 5.30 LSM Workbench – Umschlüsselung – 1:1-Umschlüsselwerte

Eigene Routine

Wie bereits erwähnt, kann zu jedem Zielfeld beliebiges ABAP-Coding hinzugefügt werden. Erfordert es die konkrete Situation, ABAP-Coding an verschiedenen Stellen innerhalb eines Projekts zu verwenden, bietet sich die Verwendung einer eigenen Routine an.

Angenommen, in den Telefonnummern Ihrer Altdaten befinden sich unzulässige Zeichen, die Sie entfernen möchten. Da Telefonnummern an verschiedenen Stellen im SAP-System vorkommen und auch Bestandteil der Korrespondenz nach außen sein können, ist eine Bereinigung der unzulässigen Zeichen durchaus sinnvoll.

Beispiel: Telefonnummern bearbeiten

Im Übersichtsbild der wiederverwendbaren Regeln (siehe Abbildung 5.26) positionieren Sie nun den Cursor auf das Label EIGENE ROUTINEN und wählen ANLEGEN ( ). In dem daraufhin erscheinenden Dialogfenster (siehe Abbildung 5.31) tragen Sie Namen und Bezeichnung ein und bestätigen dies mit .

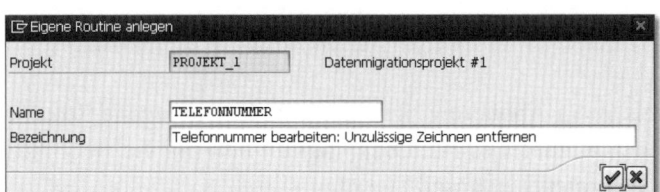

Abbildung 5.31 LSM Workbench – Eigene Routine – Name und Bezeichnung

Ein- und Ausgabe-
parameter pflegen

Es folgt ein weiteres Dialogfenster (siehe Abbildung 5.32), in dem Sie nach der Anzahl der Ein- und Ausgabeparameter gefragt werden. In unserem Beispiel möchten wir eine Telefonnummer an die Routine übergeben und eine »bereinigte« Telefonnummer zurückerhalten. Folglich tragen wir in beide Felder eine »1« ein und bestätigen mit ⏎.

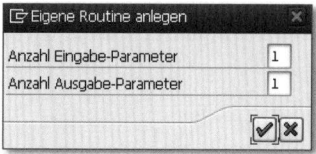

Abbildung 5.32 LSM Workbench – Eigene Routine – Anzahl Parameter

Daraufhin werden Sie in den ABAP Editor geführt, in dem die LSM Workbench bereits einen Rahmen vorgibt, den Sie nun mit eigenem ABAP-Coding füllen können. Dabei stehen die wesentlichen Funktionen (Pretty Printer, Syntaxprüfung usw.) zur Verfügung, die Ihnen im Zusammenhang mit dem ABAP Editor vertraut sind (siehe Abbildung 5.33).

Abbildung 5.33 LSM Workbench – Eigene Routine – Rahmen für ABAP-Coding

Das Ergebnis ist in Abbildung 5.34 dargestellt. Die eigene Routine kann nun im Volumen des Fieldmappings an beliebig vielen Stellen innerhalb des Projekts eingesetzt werden.

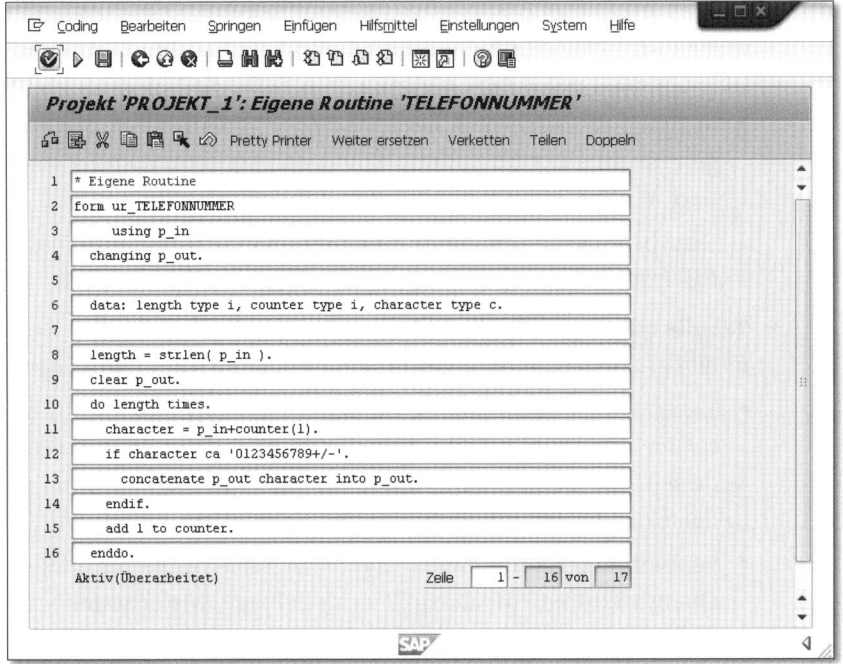

Abbildung 5.34 LSM Workbench – Eigene Routine – fertiggestelltes ABAP-Coding

5.2.9 Exkurs: Dateien

Bevor wir mit den Arbeitsschritten der LSM Workbench fortfahren, die die Dateien betreffen, legen wir dar, durch welche Eigenschaften Dateien beschrieben werden können und welche Arten von Dateien die LSM Workbench unterstützt.

Daten können in verschiedener Art und Weise in Dateien abgelegt werden. Damit ein Programm die Dateien korrekt verarbeiten kann, müssen folgende Informationen über die Dateien zur Verfügung stehen:

▶ **Satzendekennzeichen oder feste Satzlänge**   Satzbegrenzung
  Es gibt verschiedene Möglichkeiten, innerhalb einer Datei zu kennzeichnen, wo ein Satz endet und wo der nächste Satz beginnt. Die LSM Workbench unterstützt hier die drei folgenden Möglichkeiten:

  ▶ SATZENDEKENNZEICHEN: Dies ist zweifellos der häufigste Fall, der immer dann vorliegt, wenn die Datei mit einem Texteditor erstellt oder aus einem Tabellenkalkulationsprogramm exportiert wird. Dateien mit Satzendekennzeichen bezeichnen wir auch als Textdateien.

▸ FESTE SATZLÄNGE: Dies bedeutet, dass jeder Satz dieselbe Länge in Byte hat. Dieser Fall liegt häufig vor, wenn Daten per Programm aus einer Mainframe-Anwendung (Großrechner) exportiert werden.

▸ HEXADEZIMALES LÄNGENFELD (4 BYTE) AM SATZANFANG: Dieser Fall trat im Zusammenhang mit der R/2-R/3-Migration auf.

Struktur des Dateiinhalts ▸ **Tabelle oder sequenzielle Datei**
Es gibt grundsätzlich zwei Möglichkeiten bezüglich des Dateiinhalts:

▸ TABELLE: Der Inhalt einer Datei kann von tabellenartigem Charakter sein. Dies ist der Fall, wenn alle Sätze in der Datei dieselbe Struktur haben, also wenn alle Sätze in der Datei zu derselben Quellstruktur gehören.

▸ SEQUENZIELLE DATEI: Wenn die Datei Sätze zu verschiedenen Quellstrukturen enthält, stellt sich die Frage, wie ermittelt werden kann, welche Sätze zusammengehören. Die einzig vernünftige Lösung hierfür besteht darin, dies über die Reihenfolge zu lösen. In diesem Fall sprechen wir von einer sequenziellen Datei.

Feldbegrenzung ▸ **Trennzeichen**
Um innerhalb eines Satzes kenntlich zu machen, wo ein Feld endet und wo das nächste Feld beginnt, stehen folgende Alternativen zur Verfügung:

▸ TRENNZEICHEN: Eine Methode besteht darin, dass zwischen je zwei Feldern ein vereinbartes Trennzeichen eingefügt wird. Typische Trennzeichen sind das Tabulatorzeichen, das Komma und das Semikolon. In der Praxis führt die Verwendung von Komma oder Semikolon als Trennzeichen häufig zu Problemen, da diese Zeichen in Textfeldern vorkommen können und in diesem Fall zu unerwünschten Trennungen führen.

▸ KEIN TRENNZEICHEN: In diesem Fall legt die LSM Workbench die definierte Quellstruktur gewissermaßen als Schablone über den Satz einer Datei und ermittelt auf diese Weise die Feldgrenzen.

▸ **Feldnamen am Dateianfang**
Möglicherweise sind am Anfang der Datei die Feldnamen aufgeführt. Bei tabellenartigen Dateien kann diese Information für die

korrekte Zuordnung des Dateiinhalts zu den Quellfeldern herangezogen werden, das heißt, dass in diesem Fall die Reihenfolge der Quellfelder innerhalb der Quellstruktur nicht notwendigerweise mit der Reihenfolge der Spalten in der Datei übereinstimmen muss. Allerdings wird erwartet, dass die Felder jeweils durch ein Trennzeichen getrennt sind.

▶ **Zeichensatz (Codepage)**
Wenn Sie Ihr Altsystem und Ihr SAP-System in unterschiedlichen Betriebssystemumgebungen betreiben, sind die Daten aus dem Altsystem möglicherweise in einem Zeichensatz codiert, der von Ihrem SAP-System nicht interpretiert werden kann. In diesem Fall muss eine Zeichensatzkonvertierung durchgeführt werden. Die LSM Workbench erledigt dies automatisch für Sie. Voraussetzung ist allerdings, dass Sie den Zeichensatz spezifizieren, in dem Daten des Altsystems codiert sind. Hierfür steht Ihnen eine komfortable Wertehilfe (F4) zur Verfügung.

Zeichensatz-konvertierung bei Bedarf

Tipp: Arbeiten mit Dateien auf dem Frontend

Wenn Sie mit Dateien auf dem Frontend arbeiten, empfehlen wir Ihnen, Dateien des Formats TEXT (TABSTOPP-GETRENNT) (*.TXT) einzusetzen. Dateien dieses Typs haben drei Vorteile:

▶ Sie können von allen gängigen Tabellenkalkulationsprogrammen (zum Beispiel Microsoft Excel) erzeugt werden.

▶ Das »Hochladen« von Textdateien in das SAP-System ist wesentlich schneller als von Dateien im Originalformat des Tabellenkalkulationsprogramms (zum Beispiel *.xls).

▶ Das Tabulatorzeichen kommt in Daten normalerweise nicht vor. Ein Komma oder Semikolon hingegen kann durchaus in Ihren Daten enthalten sein. Wenn Sie daher als Trennzeichen das Semikolon wählen und in Ihren Daten ein Semikolon enthalten ist, wird dieses Semikolon fälschlicherweise als Trennzeichen gedeutet – mit der sehr wahrscheinlichen Konsequenz, dass der betreffende Datensatz nicht richtig interpretiert werden kann.

5.2.10 Dateien spezifizieren

Wir kommen nun zu dem Arbeitsschritt, in dem Sie alle Dateien, die in den nachfolgenden Schritten verwendet werden sollen, beschreiben und dem System bekannt machen müssen.

Zu spezifizierende
Dateien Im Einzelnen handelt es sich um folgende Dateien:

▶ die Dateien auf dem PC und/oder SAP-Applikationsserver, die Ihre Altdaten enthalten

▶ Zwei interne Arbeitsdateien der LSM Workbench:

　▷ die Datei für die eingelesenen Daten

　▷ die Datei für die umgesetzten Daten

In unserem Beispiel liegen die Altdaten in zwei Tabellenblättern einer Microsoft Excel-Datei vor. Bevor Sie diese der LSM Workbench bekannt machen können, müssen Sie jedes Tabellenblatt im Format TEXT (TABSTOPP-GETRENNT) (*.txt) abspeichern. Sie vergeben dabei die Dateinamen *Debitoren_Kopf.txt* und *Debitoren_Kontakt.txt* (siehe Abbildung 5.35).

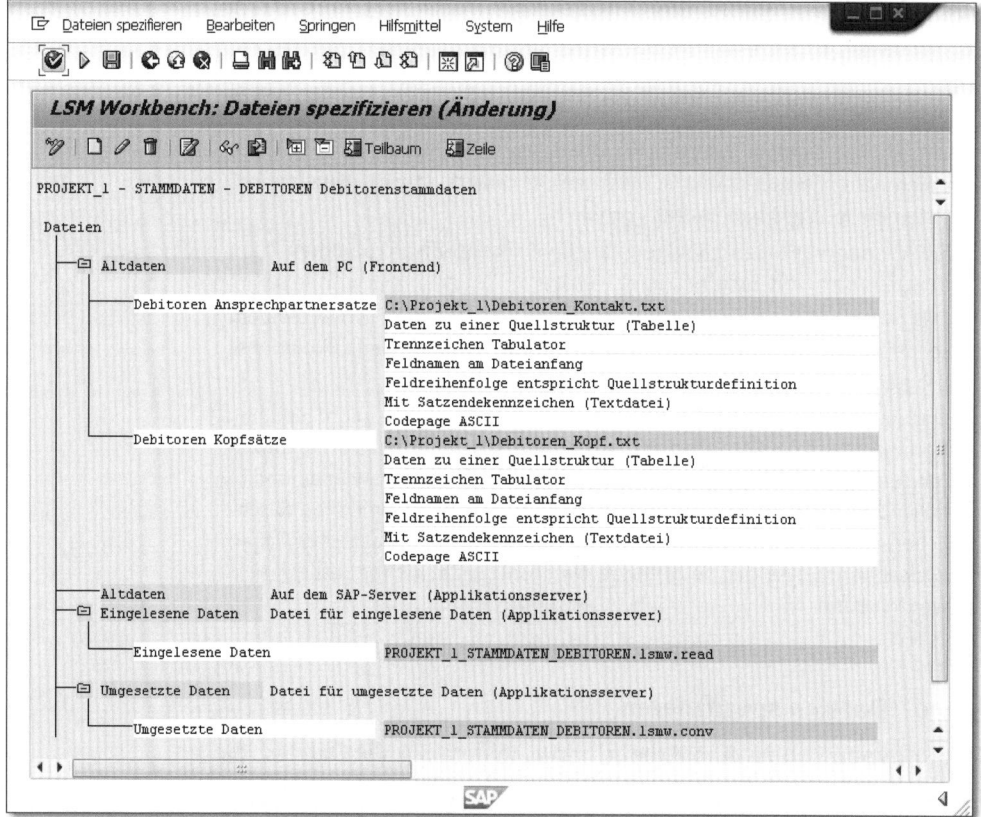

Abbildung 5.35 LSM Workbench – Dateien spezifizieren

Altdaten auf dem Frontend (PC)

Im vorliegenden Beispiel gehen wir davon aus, dass sich sämtliche Altdaten auf dem PC befinden. Sie gehen wie folgt vor:

▸ Im Navigationsbildschirm (siehe Abbildung 5.8) rufen Sie den Arbeitsschritt Dateien spezifizieren auf.

▸ Sie positionieren den Cursor im Änderungsmodus auf die Zeile Altdaten – Auf dem PC (Frontend) (siehe Abbildung 5.35).

▸ Sie wählen Eintrag hinzufügen und sehen daraufhin das in Abbildung 5.36 dargestellte Dialogfenster.

▸ Im Dialogfenster geben Sie den Dateipfad, den Dateinamen, die Dateibezeichnung sowie die weiteren Eigenschaften entsprechend an. Für die Auswahl des Dateipfads steht eine Wertehilfe ([F4]) zur Verfügung.

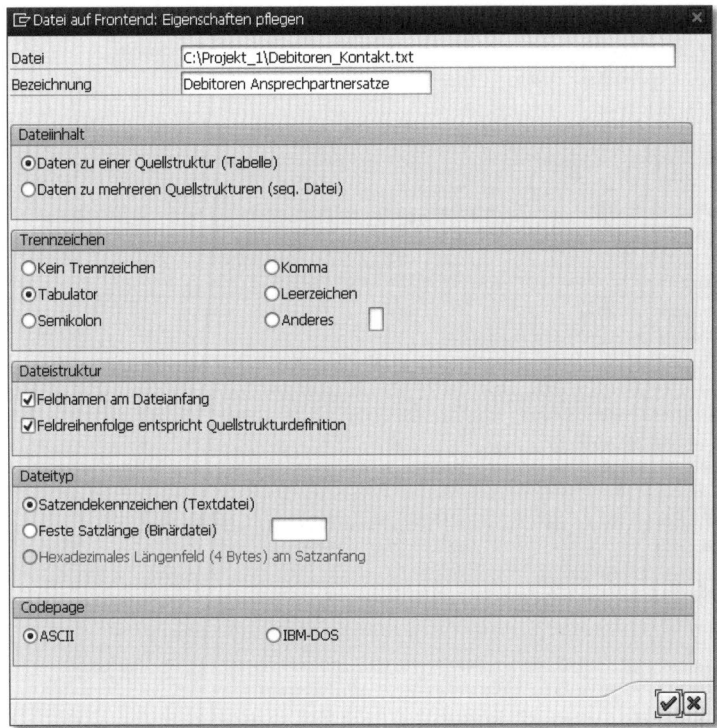

Abbildung 5.36 LSM Workbench – Datei auf dem Frontend spezifizieren

Altdaten auf dem SAP-Applikationsserver

Falls Sie Dateien verwenden möchten, die auf dem Applikationsserver abgelegt sind, gehen Sie ähnlich vor, wie im vorhergehenden Abschnitt »Altdaten auf dem Frontend (PC)« beschrieben:

- ► Positionieren Sie den Cursor im Änderungsmodus auf die Zeile ALTDATEN – AUF DEM SAP-SERVER (APPLIKATIONSSERVER) (siehe Abbildung 5.35).

- ► Wenn Sie EINTRAG HINZUFÜGEN wählen, wird Ihnen das in Abbildung 5.37 dargestellte Dialogfenster angezeigt.

- ► Geben Sie auch hier den Dateipfad, den Dateinamen und die Dateibezeichnung sowie die weiteren Eigenschaften an.

Abbildung 5.37 LSM Workbench – Dateien auf dem SAP-Applikationsserver spezifizieren

Zusätzliche Regeln bezüglich Dateien

In Bezug auf die Dateien, die die Altdaten enthalten, verlangt die LSM Workbench die Einhaltung einiger Regeln, die in unserem Beispiel keine Rolle spielen, die in Ihrer konkreten Migrationssituation jedoch von Bedeutung sein können. Wir möchten sie Ihnen daher nicht vorenthalten:

▸ Das SAP-System tritt gegenüber dem Betriebssystem unter der Benutzerkennung `<sid>adm` auf, wobei `<sid>` für die dreistellige Kennung des SAP-Systems steht. Es muss daher sichergestellt sein, dass in dem gewählten Verzeichnis eine Lese- bzw. Schreibberechtigung vorliegt.

Notwendige
Rechte für
SAP-System

▸ Enthält eine Datei Daten zu mehreren Quellstrukturen, muss die Feldreihenfolge in der Datei mit der Reihenfolge der in der LSM Workbench definierten Quellfelder übereinstimmen.

▸ Enthält eine Datei Daten zu einer Quellstruktur, muss entweder die Feldreihenfolge mit der Quellstrukturdefinition übereinstimmen, oder es müssen Feldnamen am Dateianfang stehen, anhand derer die Zuordnung der Spalten der Datei zu den Quellfeldern erfolgen kann.

Feldreihenfolge
oder Feldnamen

▸ Enthält die Datei Satzendekennzeichen (Textdatei), sind gepackte Felder nicht erlaubt. In einem gepackten Feld ist nicht jede Ziffer in einem separaten Byte abgelegt. Vielmehr ist die Ablage in kompakterer Weise gestaltet.

▸ Enthält eine Datei Trennzeichen, sind gepackte Felder nicht erlaubt.

▸ Sie können auch innerhalb eines Objekts Dateien auf dem Frontend und dem SAP-Applikationsserver verwenden.

Mix aus Frontend
und Applikations-
server erlaubt

▸ Eine Datei, die Daten zu mehreren Quellstrukturen enthält, kann im folgenden Arbeitsschritt (Dateien zuordnen) mehreren Quellstrukturen zugeordnet werden. Eine Datei, die Daten zu nur einer Quellstruktur enthält, kann dagegen nur einer Quellstruktur zugeordnet werden.

▸ Wenn Sie in einem Objekt mehrere Dateien verwenden, müssen die zugehörigen Quellstrukturen Felder gleichen Namens enthalten. In unserem Beispiel ist dies das Feld KUNDENNUMMER. Mithilfe der Felder gleichen Namens erfolgt die Zuordnung zusammengehöriger Sätze. Die Felder, die für diese Zuordnung genutzt werden, lassen sich bei der Pflege der Quellfelder (siehe Abbildung 5.13) über die Schaltfläche FELDER GLEICHEN NAMENS farblich hervorheben.

Datei der eingelesenen Daten, Datei der umgesetzten Daten

Vollständige
Vorschlagswerte
Für die beiden internen Arbeitsdateien *Datei der eingelesenen Daten* und *Datei der umgesetzten Daten* der LSM Workbench werden Ihnen vollständige Vorschläge unterbreitet, die Sie in aller Regel komplett übernehmen können.

Als Dateipfad wird das sogenannte *SAP-Home-Directory* des SAP-Applikationsservers bzw. das letzte von Ihnen in der LSM Workbench verwendete Verzeichnis gewählt.

Hinweis
Die Transaktion AL11 gibt Ihnen einen Überblick über alle SAP-Directorys. Unter der Kennung DIR_HOME finden Sie dort den physischen Pfad des SAP-Home-Directorys.

Der Dateiname wird aus den Kürzeln für Projekt, Teilprojekt und Objekt zusammengesetzt (jeweils durch einen Unterstrich getrennt) und mit der Dateierweiterung lsmw.read (für die Datei der eingelesenen Daten) bzw. lsmw.conv (für die Datei der umgesetzten Daten) versehen. In unserem Beispiel ergibt dies die folgenden Dateinamen (siehe Abbildung 5.38):

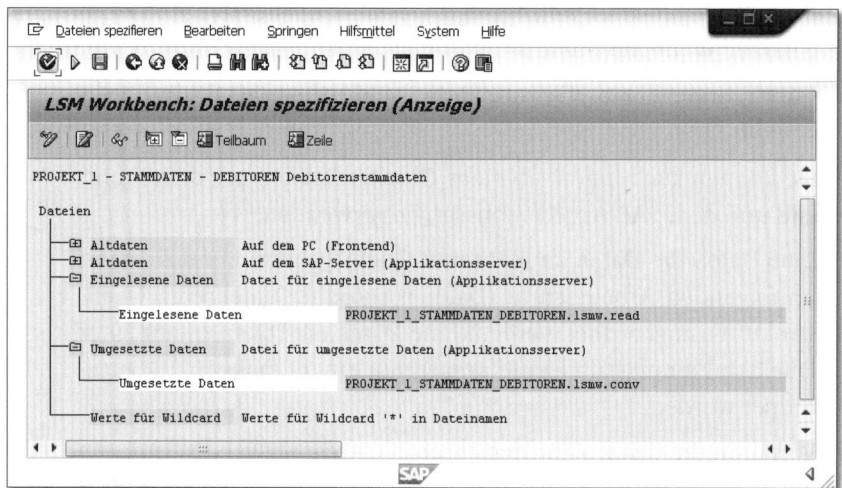

Abbildung 5.38 LSM Workbench – Dateien der eingelesenen und umgesetzten Daten spezifizieren

▸ PROJEKT_1_STAMMDATEN_DEBITOREN.lsmw.read für die Datei der eingelesenen Daten

▸ PROJEKT_1_STAMMDATEN_DEBITOREN.lsmw.conv für die Datei der umgesetzten Daten[3]

Die Felder LOGISCHER PFAD und LOGISCHER DATEINAME werden nur angezeigt, wenn das im weiteren Verlauf aufzurufende Batch-Input- bzw. Direct-Input-Programm dies erfordert. Für die beiden Felder steht eine Wertehilfe (F4) zur Verfügung. Wir empfehlen Ihnen ausdrücklich, keine logischen Pfade und Dateinamen zu verwenden, die auch von anderen Anwendungen genutzt werden.

Logischer Pfad,
logischer
Dateiname

5.2.11 Verwendung von Wildcards in Dateinamen

Die Verwendung von Wildcards in Dateinamen erläutern wir an einem Beispiel. Nehmen wir an, dass die Altdaten in den folgenden vier Dateien vorliegen:

Beispiel

▸ Datei 1: *C:\Projekt_1\Debitoren_Kopf_1.txt*

▸ Datei 2: *C:\Projekt_1\Debitoren_Kontakt_1.txt*

▸ Datei 3: *C:\Projekt_1\Debitoren_Kopf_2.txt*

▸ Datei 4: *C:\Projekt_1\Debitoren_Kontakt_2.txt*

Dabei bilden je zwei Dateien (*1.txt* und *2.txt*) ein *Set*, das heißt, dass die Datei 2 die Positionsdaten zu den Kopfsätzen in Datei 1 und die Datei 4 die Positionsdaten zu den Kopfsätzen in Datei 3 enthält.

Beim Einlesen der Daten sollen zunächst Datei 1 und Datei 2, anschließend Datei 3 und Datei 4 verarbeitet werden. Dies erreichen Sie mit den Einstellungen im Arbeitsschritt DATEIEN SPEZIFIZIEREN, die in Abbildung 5.39 dargestellt sind.

Beachten Sie, dass Sie auch in den Dateinamen der Datei der eingelesenen und umgesetzten Daten Wildcards verwenden können.

Wildcards in allen
Dateinamen

---

3 Ein undokumentiertes Feature ist die Wertehilfe F4 für Dateien auf dem Applikationsserver. Um diese verfügbar zu machen, müssen Sie mit der Transaktion SE16 (Data Browser) einen Eintrag in der SAP-Datenbanktabelle /SAPDMC/LSGCUST erfassen

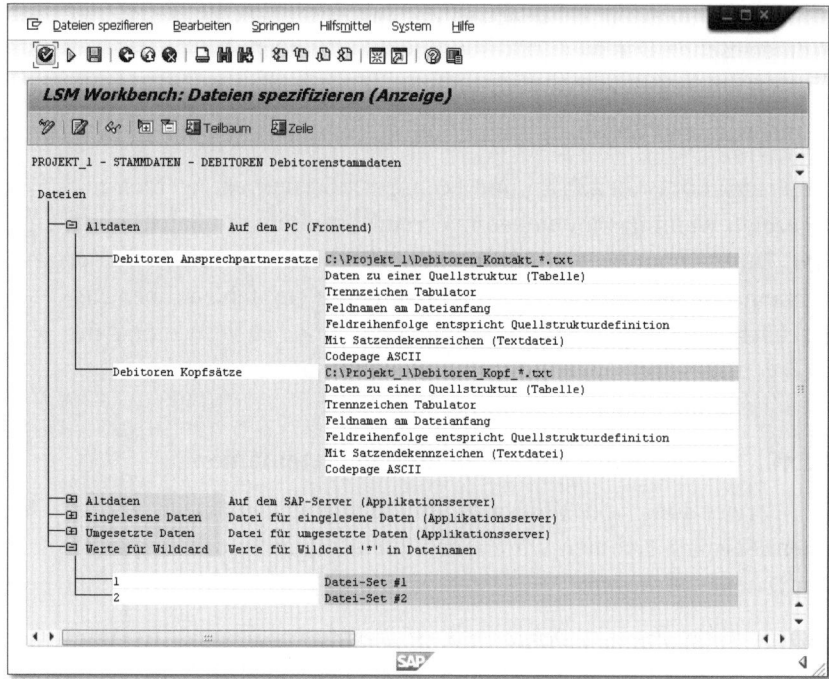

Abbildung 5.39 LSM Workbench – Verwendung von Wildcards in Dateinamen

5.2.12 Dateien zuordnen

In diesem Schritt ordnen Sie den Quellstrukturen die Dateien zu, die Sie im vorangegangenen Schritt definiert haben (siehe Abbildung 5.40).

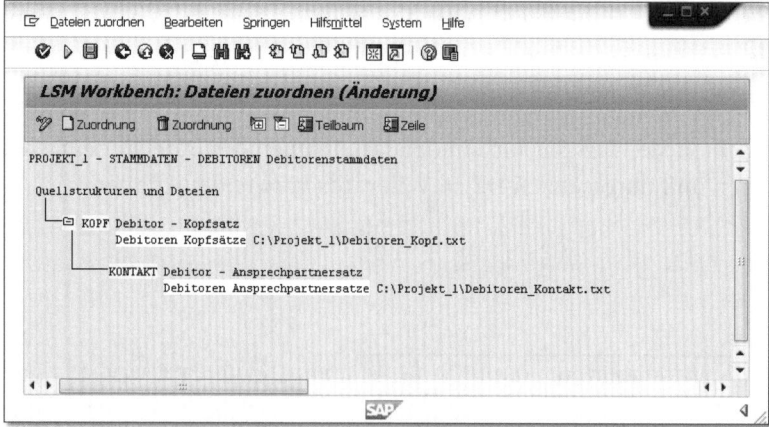

Abbildung 5.40 LSM Workbench – Dateien zuordnen

In unserem Beispiel rufen Sie aus dem Navigationsbildschirm (siehe Abbildung 5.8) den Arbeitsschritt DATEIEN ZUORDNEN auf, positionieren den Cursor auf die Quellstruktur KOPF und klicken auf die Schaltfläche DATEI ZUORDNEN (🗋 Zuordnung). Aus der Liste der definierten Dateien wählen Sie die Datei aus, die die Kopfsätze enthält. Entsprechend verfahren Sie mit der Quellstruktur KONTAKT.

Hinweis: Dateinamen und Dateizuordnung

Beachten Sie Folgendes: Wenn Sie nachträglich Dateinamen oder Dateieigenschaften ändern, bleibt die Dateizuordnung erhalten.

5.2.13 Daten einlesen

Das Einlesen der Daten bewirkt, dass die Dateien mit Daten aus Ihrem Altsystem in ein technisch einheitliches Format überführt werden. Davon ausgehend erfolgt im nächsten Schritt die Umsetzung in das SAP-Format.

Im Navigationsbildschirm (siehe Abbildung 5.8) rufen Sie den Arbeitsschritt DATEN EINLESEN auf und erhalten die in Abbildung 5.41 dargestellte Bildschirmmaske. Das System prüft zunächst, ob das Daten-Einlese-Programm noch aktuell ist. Ist dies nicht der Fall, wird es automatisch neu generiert.

Programm bei Bedarf neu generiert

Falls Sie alle zum Objekt gehörenden Daten einlesen möchten, klicken Sie auf AUSFÜHREN. Der Prozess wird nun in Gang gesetzt. Falls Sie lediglich einen Teil des Datenbestandes migrieren möchten, können Sie im Abschnitt ALLGEMEINE SELEKTIONSPARAMETER die Anzahl der Daten beschränken, die Sie migrieren möchten. Treffen Sie im Feld TRANSAKTION NUMMER Ihre Datenauswahl. Wir raten jedoch davon ab, diese Selektionsmöglichkeit bei der Produktivmigration zu nutzen, da in diesem Fall die Gefahr besteht, dass nicht alle Daten lückenlos migriert werden.

Selektionsparameter

Wenn Sie bei der Definition der Quellfelder (siehe Abschnitt 5.2.5, »Quellfelder pflegen«) ein oder mehrere Quellfelder als Selektionsparameter gekennzeichnet haben, werden Ihnen auch diese Felder als Selektionsparameter angeboten. Darüber hinaus gibt es zwei Ankreuzfelder:

▶ BETRAGSFELDER: Betragsfelder werden in das Rechenformat (mit Dezimalpunkt) umgesetzt.

▶ DATUMSWERTE: Datumsfelder werden in das SAP-interne Format (JJJJMMDD) umgesetzt.

Wildcards Falls Sie in den Namen der Dateien der Altdaten das Wildcard-Zeichen (*) verwenden (siehe Abschnitt 5.2.11, »Verwendung von Wildcards in Dateinamen«) und mindestens einen Wert für die Wildcard definiert haben, wird in dem Daten-Einlese-Programm ein Selektionsparameter für die Wildcard generiert. Dieser Selektionsparameter verhält sich ganz normal in folgendem Sinn: Wenn Sie bei der Ausführung des Programms keine Eingabe vornehmen, werden alle definierten Wildcard-Werte abgearbeitet. Wenn Sie eine Eingabe vornehmen, werden die dazu passenden Werte verarbeitet.

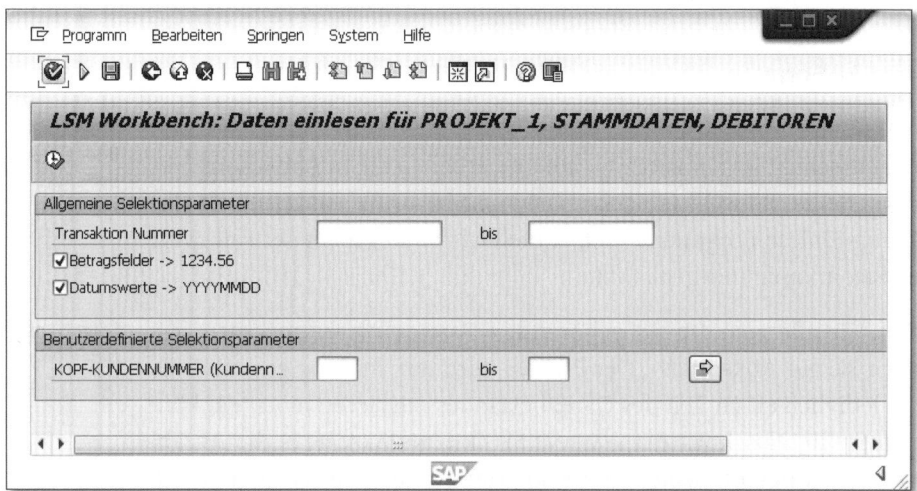

Abbildung 5.41 LSM Workbench – Daten einlesen – Selektionsbild

Übernehmen Sie in unserem Beispiel die Vorschlagswerte, und wählen Sie AUSFÜHREN.

Protokoll Nach erfolgreichem Abschluss des Vorgangs erhalten Sie ein kleines summarisches Protokoll (siehe Abbildung 5.42), dem Sie entnehmen können, ob alle Sätze erfolgreich verarbeitet werden konnten.

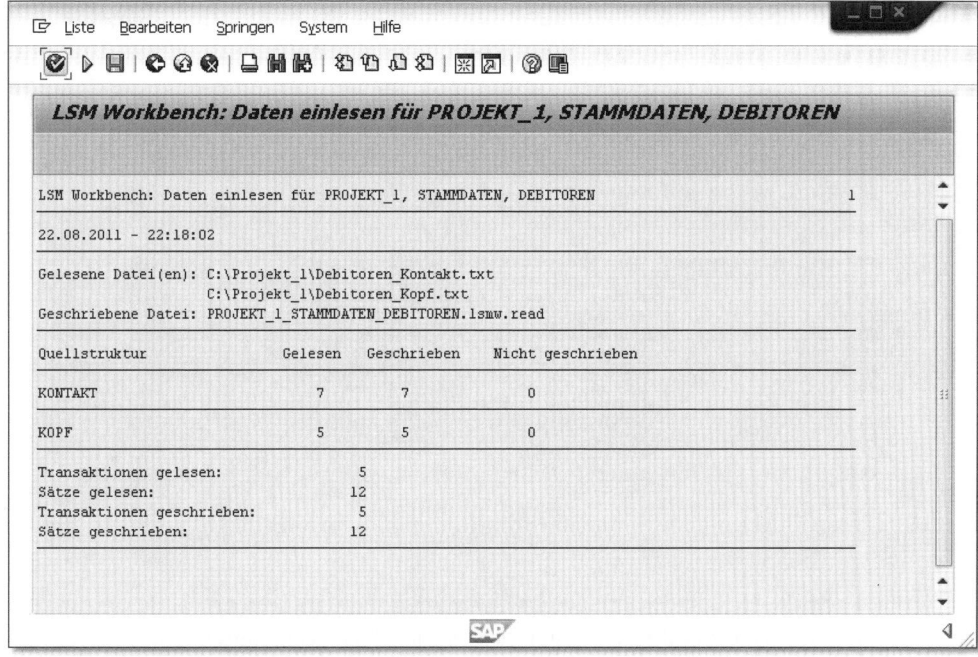

Abbildung 5.42 LSM Workbench – Daten einlesen – Protokoll

5.2.14 Eingelesene Daten anzeigen

Nach dem Einlesen der Daten werden Sie sich das Ergebnis ansehen wollen. Sie können sich alle oder einen Teil der eingelesenen Daten in Tabellenform anzeigen lassen. Die einzelnen Satzarten (Quellstrukturen) sind der Übersichtlichkeit halber farblich voneinander abgesetzt (siehe Abbildung 5.43).

Farbliche Kennzeichnung

Mit ANZEIGE ÄNDERN können Sie zwischen einer einzeiligen oder mehrzeiligen Ansicht wählen. Über ANZEIGE FARBLEGENDE werden Ihnen die Farben der einzelnen Hierarchieebenen angezeigt.

Durch Anklicken einer Zeile erhalten Sie alle Informationen, die sich in dieser Zeile befinden, in übersichtlicher Form untereinander angezeigt. Das gleiche Ergebnis erhalten Sie, wenn Sie auf FELDINHALTE klicken (siehe Abbildung 5.44).

An dieser Stelle lassen sich gegebenenfalls Fehler erkennen, die im Rahmen der Zeichensatzkonvertierung oder der Verarbeitung von Trennzeichen entstanden sind. Diese Fehler sollten selbstverständlich vor der weiteren Verarbeitung bereinigt werden.

Fehler erkennen

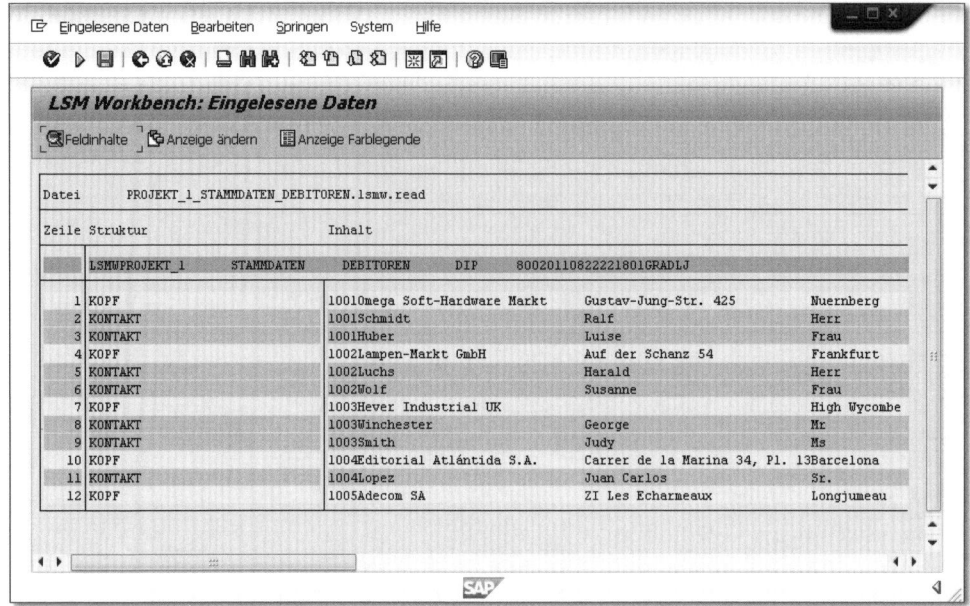

Abbildung 5.43 LSM Workbench – Eingelesene Daten anzeigen

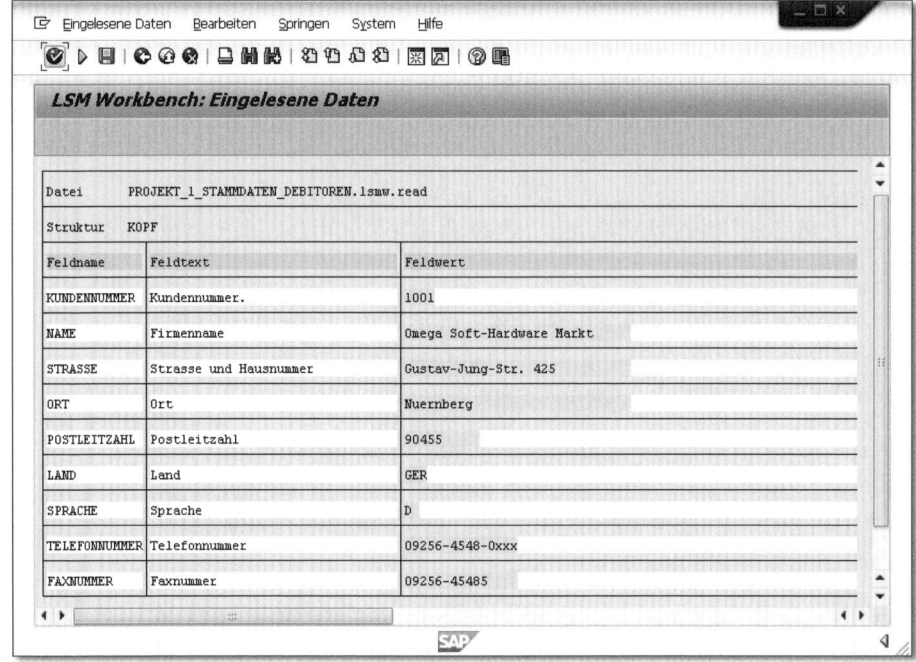

Abbildung 5.44 LSM Workbench – Eingelesene Daten anzeigen – Detail

5.2.15 Daten umsetzen

Nachdem durch den Vorgang des Einlesens die Daten aus Ihrem Altsystem in ein technisch einheitliches Format gebracht wurden, erfolgt nun anhand der von Ihnen definierten Feldzuordnungen und Umsetzungsregeln die Umsetzung dieses Formats in das SAP-Format.

Umsetzung gemäß Feldzuordnungen und Umsetzungsregeln

Im Navigationsbildschirmbild (siehe Abbildung 5.8) rufen Sie den Arbeitsschritt DATEN UMSETZEN auf und sehen das in Abbildung 5.45 dargestellte Selektionsbild. Auch hier prüft das System zunächst, ob das Datenumsetzungsprogramm noch aktuell ist. Ist dies nicht der Fall, wird es automatisch neu generiert.

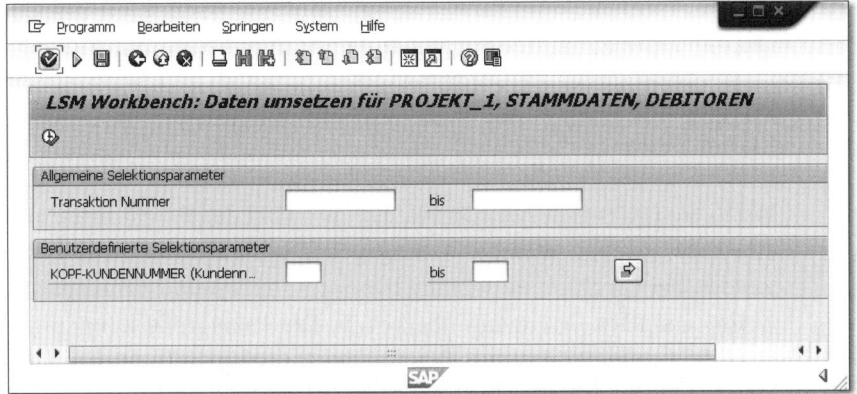

Abbildung 5.45 LSM Workbench – Daten umsetzen – Selektionsbild

Falls Sie keine Datenselektion vornehmen möchten, starten Sie mit AUSFÜHREN (⊕) den Prozess. Alternativ treffen Sie im Feld TRANSAKTION NUMMER die Datenauswahl.

Haben Sie bei der Definition der Quellfelder ein oder mehrere Quellfelder als Selektionsparameter gekennzeichnet, werden Ihnen auch diese Felder als Selektionsparameter angeboten. Falls Sie in den Namen der Dateien der Altdaten eine Wildcard verwenden und mindestens einen Wert dafür definiert haben, erhalten Sie auch hier einen Selektionsparameter für die Wildcard. Wenn Sie hier keine Eingabe vornehmen, werden alle definierten Wildcard-Werte abgearbeitet.

Selektionsparameter und Wildcards

Wenn Sie unter OBJEKTATTRIBUTE PFLEGEN (siehe Abschnitt 5.2.1, »Einstieg in die LSM Workbench«) die Importtechnik BAPI oder IDoc

Zusatzfunktion im Fall BAPI, IDoc

gewählt haben, erhalten Sie im Selektionsbild des Datenumsetzungsprogramms weitere Selektionsparameter (siehe Abbildung 5.46).

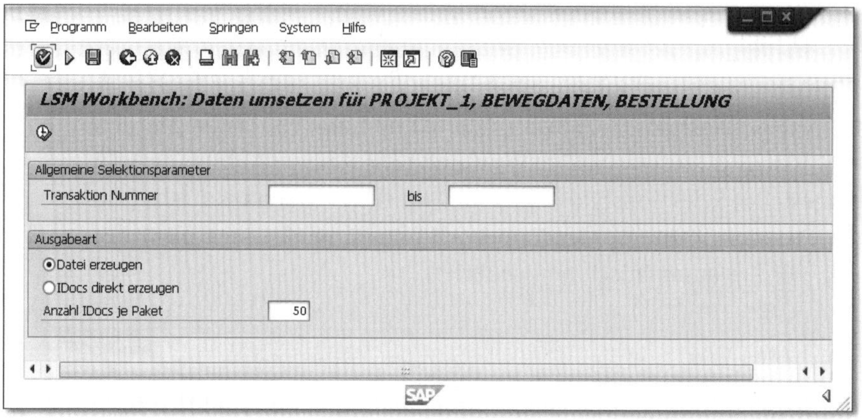

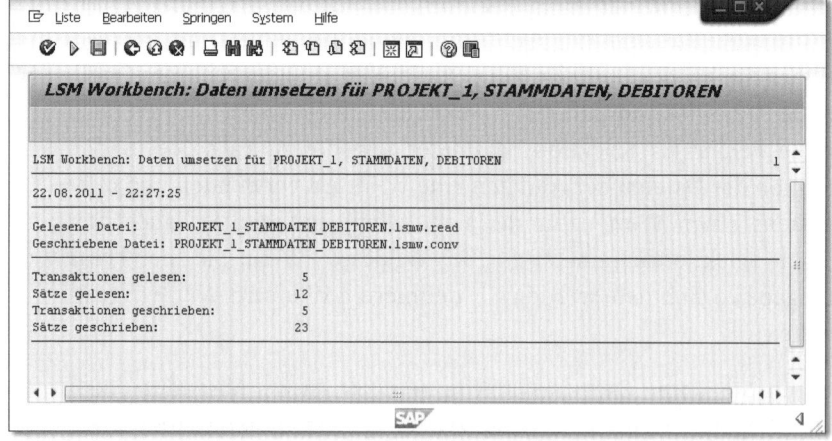

Abbildung 5.46 LSM Workbench – Datenumsetzungsprogramm – Selektionsbild –
weitere Selektionsparameter für BAPI/IDoc

Wenn Sie DATEI ERZEUGEN auswählen, wird bei der Datenumsetzung
eine Datei erzeugt. Wählen Sie hingegen IDOCS DIREKT ERZEUGEN aus,
werden bei der Datenumsetzung IDocs gesammelt und dann »paketweise« zur IDoc-Erzeugung übergeben. Die Paketgröße können Sie
mit dem Parameter ANZAHL IDOCS JE PAKET festlegen. Die Voreinstellung hierfür ist 50.

Protokoll In unserem Beispiel klicken Sie wiederum nur auf AUSFÜHREN (⊕).
Sie erhalten ein Protokoll, wie es in Abbildung 5.47 zu sehen ist.

Abbildung 5.47 LSM Workbench – Daten umsetzen – Protokoll

5.2.16 Umgesetzte Daten anzeigen

Nach Ausführung der Datenumsetzung können Sie sich im nächsten Schritt vom Ergebnis der Datenumsetzung überzeugen. Sie haben hier im Wesentlichen die gleichen Möglichkeiten wie im Schritt EIN-GELESENE DATEN ANZEIGEN (siehe Abschnitt 5.2.14, »Eingelesene Daten anzeigen«). Beachten Sie, dass die Anzahl der Sätze im Allgemeinen von der Anzahl der Sätze in den Altdaten abweicht. Dies liegt an der unterschiedlichen Struktur von Altdaten und SAP-Format. Die Anzahl der Dateneinheiten (hier: fünf Debitoren) sollte jedoch übereinstimmen.

Abweichende Anzahl an Sätzen

In unserem Beispiel wird ein BGR00-Satz und zu jedem Debitor je ein BKN00-Satz, ein BKNA1-Satz und ein BKNB1-Satz erzeugt. Für jeden Ansprechpartnersatz wird ein BKNVK-Satz erzeugt (23 Sätze, siehe Abbildung 5.48). Auch hier können Sie sich durch Anklicken einer Zeile eine detaillierte Darstellung anzeigen lassen (siehe Abbildung 5.49).

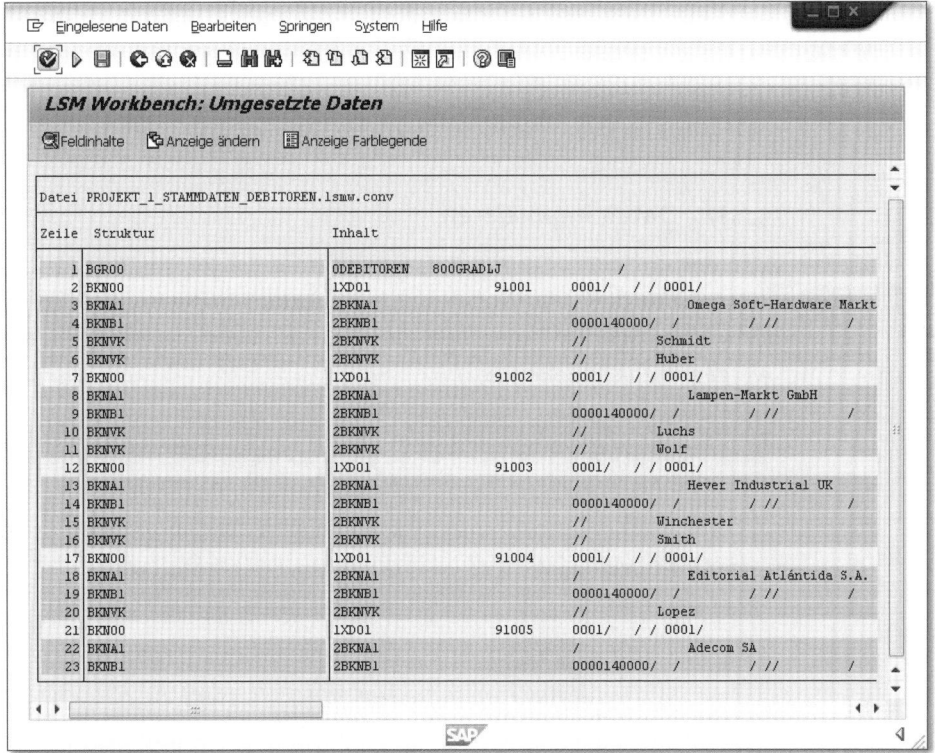

Abbildung 5.48 LSM Workbench – Umgesetzte Daten anzeigen

In Abbildung 5.49 sind einige Felder mit dem Wert »/« zu sehen. Das nachfolgend aufzurufende Batch-Input-Programm interpretiert diesen Wert als »Keine Eingabe« – im Unterschied zur Eingabe »«.

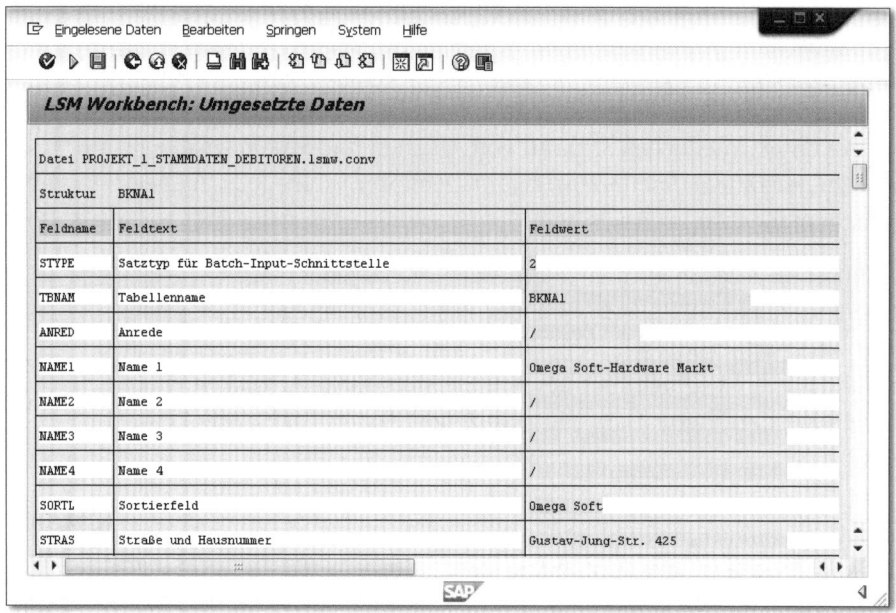

Abbildung 5.49 LSM Workbench – Umgesetzte Daten anzeigen – Detail

5.2.17 Daten importieren

Abhängig von Importtechnik

Von der im Schritt OBJEKTATTRIBUTE PFLEGEN (siehe Abschnitt 5.2.1, »Einstieg in die LSM Workbench«) gewählten Importtechnik hängt ab, welche Schritte Ihnen bezüglich DATEN IMPORTIEREN angeboten werden (siehe Tabelle 5.5).

Importtechnik	Datenimportschritt
Standard-Batch-Input oder Aufzeichnung	Batch-Input-Mappe erzeugen
	Batch-Input-Mappe abspielen
Standard-Direct-Input	Direct-Input-Session starten
BAPI oder IDoc	IDoc-Erzeugung starten
	IDoc-Verarbeitung starten
	IDoc-Übersicht erstellen
	IDoc-Nachbearbeitung starten

Tabelle 5.5 Datenimportschritte abhängig von der Importtechnik

In unserem Beispiel (Standard-Batch-Input) müssen Sie zunächst den Schritt BATCH-INPUT-MAPPE ERZEUGEN ausführen (siehe Abbildung 5.8). Der Name der Datei mit den umgesetzten Daten wird hierbei bereits vorgeschlagen. Sie klicken daher gleich auf AUSFÜHREN (⊕).

Daten importieren mit Batch-Input

Der weitere Verlauf dieses Arbeitsschrittes hängt stark vom jeweiligen Batch-Input-Programm ab. Im vorliegenden Beispiel bringt das Programm einige Meldungen und kehrt dann zum Ausgangspunkt zurück. Die Batch-Input-Mappen, die wir hier erzeugen, heißen genauso wie das Objekt der LSM Workbench – in unserem Falle also DEBITOREN. Beachten Sie, dass es beliebig viele Batch-Input-Mappen gleichen Namens geben kann.

Sie sind nun fast am Ziel. Sie müssen lediglich noch den Schritt BATCH-INPUT-MAPPE ABSPIELEN ausführen (siehe Abbildung 5.8). Hier erfolgt ein Absprung in die SAP-Standardtransaktion SM35. Dabei werden allerdings nur die Batch-Input-Mappen zum ausgewählten Objekt angezeigt. Beachten Sie: Falls Sie den Namen des Objekts auch in anderen Projekten bzw. Teilprojekten verwendet haben, werden möglicherweise auch Batch-Input-Mappen aus diesen Objekten angezeigt. Mit dem Abspielen von Batch-Input-Mappen sind Sie seit Kapitel 3, »Batch-Input«, vertraut. Daher gehen wir an dieser Stelle nicht näher darauf ein.

Letzter Schritt: Batch-Input-Mappe abspielen

Wenn Sie die Importtechnik Direct-Input gewählt haben (siehe Tabelle 5.5), rufen Sie im Schritt DIRECT-INPUT-SESSION STARTEN – je nach Objekttyp – entweder direkt das zum Objekt gehörende Standard-Direct-Input-Programm auf, oder Sie erhalten die Möglichkeit, zwischen Direct-Input-Programm und Direct-Input-Transaktion zu wählen.

Daten importieren mit Direct-Input

Haben Sie BAPI oder IDoc als Importtechnik gewählt, erfolgt der Import im Wesentlichen in drei Schritten:

Daten importieren mit BAPI bzw. mit IDoc

1. **IDoc-Erzeugung starten**
   Zunächst wird die Datei der umgesetzten Daten eingelesen. Die darin enthaltenen »Informationspakete« werden im IDoc-Format in der SAP-Datenbank – allerdings nicht in der Datenbank der zugehörigen Anwendung – abgespeichert. Dabei wird jedem IDoc vom System eine Nummer zugewiesen. Anschließend wird die Datei der umgesetzten Daten gelöscht.

2. IDoc-Verarbeitung starten

Die im ersten Schritt angelegten IDocs werden an das zugehörige Anwendungsprogramm übergeben. Dieses Anwendungsprogramm prüft die Daten und verbucht sie gegebenenfalls in der Datenbank der Anwendung.

3. IDoc-Übersicht erstellen

Sie erhalten eine Statusübersicht, in der Sie mit Drill-down bis zum einzelnen IDoc gelangen.

Abkürzung: IDocs direkt erzeugen

Beachten Sie: Der Schritt IDoc-ERZEUGUNG STARTEN entfällt, wenn Sie bei der Datenumsetzung die Option IDocs DIREKT ERZEUGEN gewählt haben (siehe Abbildung 5.46).

Es hängt von den Einstellungen des ALE-EDI-Customizings ab, ob der zweite Schritt (IDoc-VERARBEITUNG STARTEN) automatisch angestoßen wird oder nicht. Eine wesentliche Einstellung hierfür ist in der Partnervereinbarung (zu einem Partner und einem Nachrichtentyp) hinterlegt (siehe Abschnitt 5.2.3, »Objektattribute pflegen«). Dort ist festgelegt, ob die Verarbeitung der IDocs sofort oder mithilfe eines Hintergrundprogramms erfolgen soll.

Hinweis: IDoc-Eingangsverarbeitung

Bei der IDoc-Eingangsverarbeitung sollten Sie Folgendes beachten:

▸ Bei den von der LSM Workbench automatisch angelegten Partnervereinbarungen lautet die Einstellung ANSTOSS DURCH HINTERGRUNDPROGRAMM. Sie können dies jederzeit manuell ändern.

▸ Bei der Verarbeitung von eingehenden IDocs werden im Standard sogenannte *Workitems* erzeugt. Dies sind Elemente des SAP-Workflows, die man bei der Datenmigration im Allgemeinen nicht benötigt. Wie man die Erzeugung von Workitems unterdrücken kann und welche Folgen das hat, ist in SAP-Hinweis 149368 beschrieben.

Unser Beispiel, das uns durch die wichtigsten Funktionen der LSM Workbench geführt hat, ist damit abgeschlossen.

5.2.18 Objektübersicht

Bevor wir das Beispiel endgültig beenden, zeigen wir Ihnen, wie Sie sich einen Überblick über alle Definitionen verschaffen, die Sie im Zusammenhang mit dem Objekt DEBITOREN vorgenommen haben.

Kehren Sie hierzu in das Übersichtsbild der Arbeitsschritte zurück (siehe Abbildung 5.8), und klicken Sie dort auf die Schaltfläche

OBJEKTÜBERSICHT (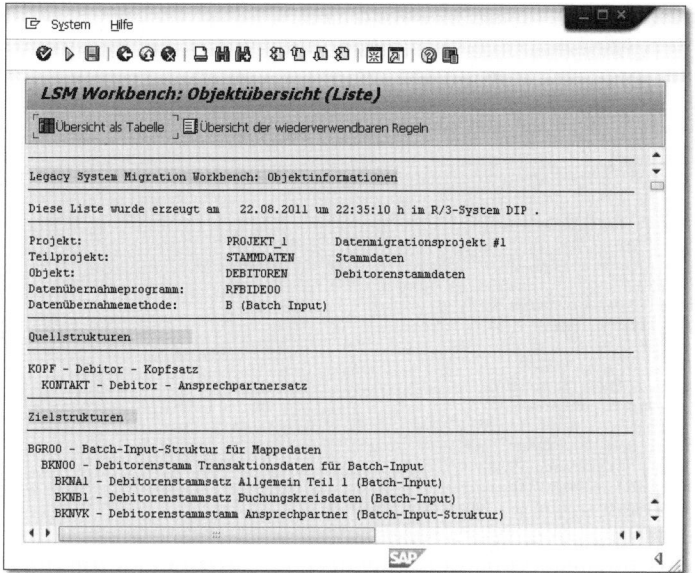 Objektübersicht). Das Ergebnis ist in den Abbildungen 5.50 bis 5.52 dargestellt.

Abbildung 5.50 Objektübersicht in Listenform – allgemeine Daten, Quellstruktur, Zielstrukturen

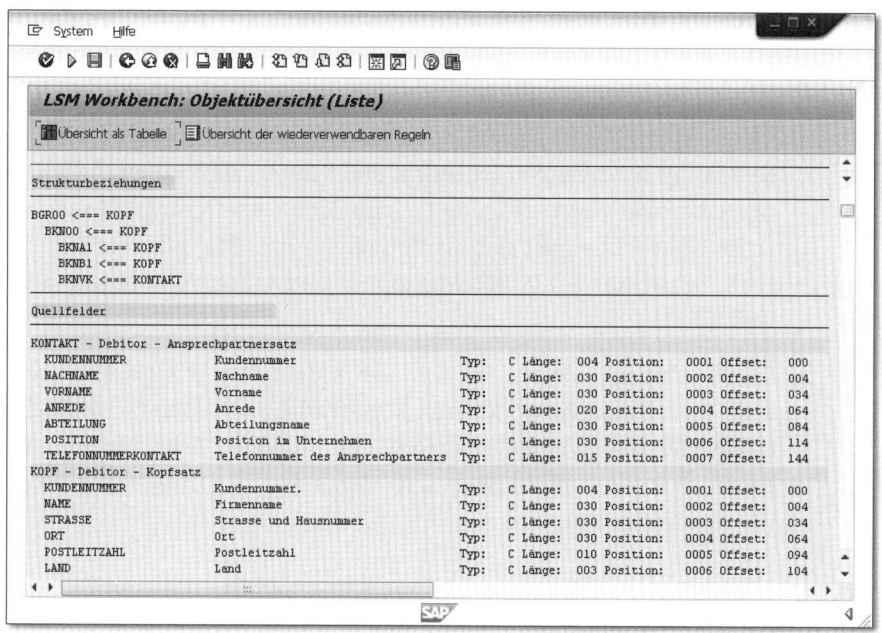

Abbildung 5.51 Objektübersicht in Listenform – Strukturbeziehungen, Quellfelder

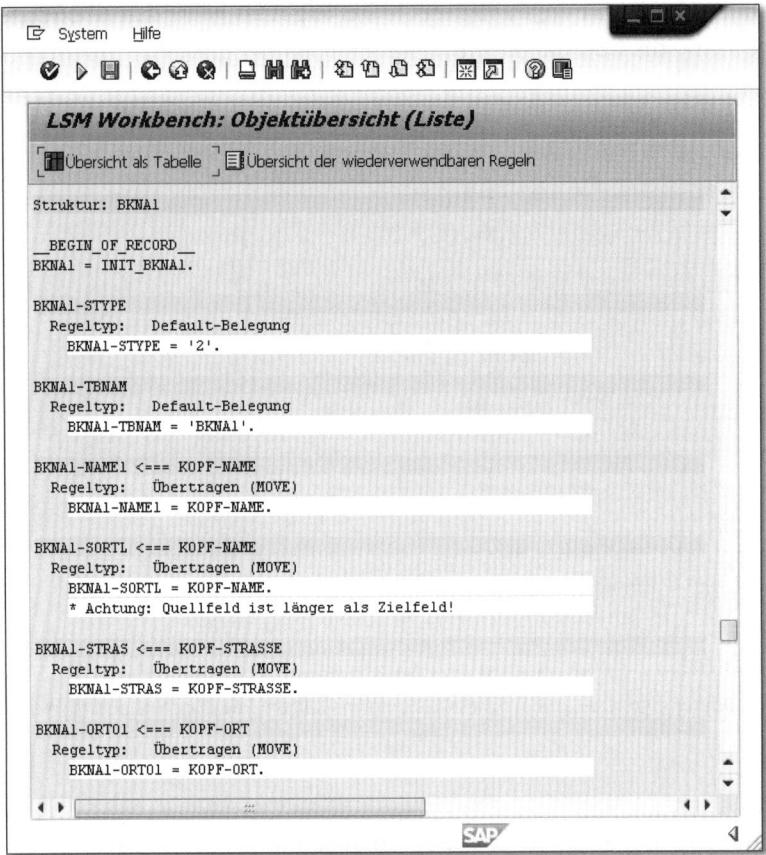

Abbildung 5.52 Objektübersicht in Listenform – Umsetzungsregeln (Auszug)

Neben der listenartigen Übersicht steht Ihnen auch eine tabellenartige Übersicht zur Verfügung (Schaltfläche ÜBERSICHT ALS TABELLE). Diese Übersicht eignet sich als Vorlage für das »Mapping auf Papier« (siehe Abschnitt 5.2.7, »Fieldmapping und Umsetzungsregeln pflegen«).

Darüber hinaus können Sie sich alle in dem Objekt tatsächlich verwendeten wiederverwendbaren Regeln auflisten lassen (Schaltfläche ÜBERSICHT DER WIEDERVERWENDBAREN REGELN). Sehr hilfreich ist dabei, dass für Umschlüsselungen der Inhalt der Umschlüsselungstabelle ausgegeben wird.

5.3 Aufzeichnungen

In Abschnitt 5.2, »Datenmigration mit der LSM Workbench«, haben wir Sie anhand des Beispiels *Debitorenstammdaten migrieren mittels Standard-Batch-Input* durch die zentralen Funktionen der LSM Workbench geführt. In diesem Abschnitt werden wir Ihnen anhand eines weiteren Beispiels zeigen, wie die LSM Workbench in die Aufzeichnungsfunktion des SAP-Systems integriert ist. Den Transaktionsrecorder haben Sie bereits in Kapitel 3, »Batch-Input«, kennengelernt. Natürlich werden wir dieses zweite Beispiel nicht so ausführlich darlegen wie das erste. Vielmehr werden wir uns auf die Stellen konzentrieren, bei denen die Vorgehensweise von der Vorgehensweise im ersten Beispiel abweicht.

Das von uns gewählte Beispiel heißt *Sachkonto anlegen*. Nun werden Sie möglicherweise fragen, warum wir diese Aufgabe nicht mit dem Standard-Batch-Input-Programm RFBISA00 für die Übernahme von Sachkonten durchführen. Dies wäre selbstverständlich auch möglich. Da unsere Altdaten jedoch nur über sehr wenige Felder verfügen, können wir Sie hoffentlich bis zum Ende des Abschnitts davon überzeugen, dass die Aufzeichnungsfunktion in diesem Fall schneller zum Ziel führt.

Beispiel: Sachkonto anlegen

Nehmen wir an, unsere Aufgabe bestünde darin, basierend auf den in Abbildung 5.53 angegebenen Altdaten, Sachkonten im SAP-System anzulegen.

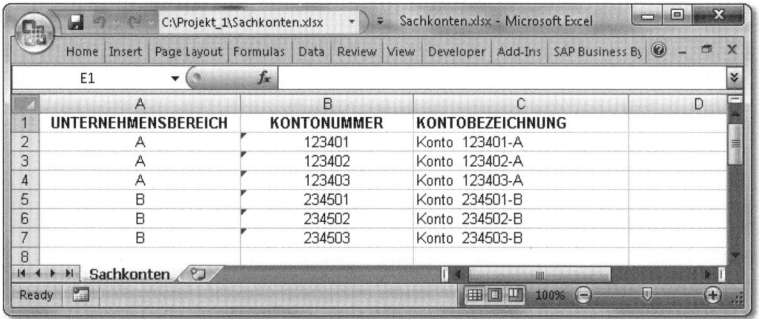

Abbildung 5.53 Beispiel – Migration von Sachkontenstammdaten (Ausschnitt)

Wir gehen weiter davon aus, dass wir uns bereits mit der zugehörigen Transaktion FS01 vertraut gemacht haben und daher wissen, welche Daten wir wo einzugeben haben (siehe Tabelle 5.6).

Feld aus Transaktion FS01	Eingabe
Kontonummer	Feld Kontonummer aus Altdaten
Buchungskreis	Soll durch Umschlüsselung aus dem Feld Unternehmensbereich der Altdaten abgeleitet werden: A → 0001 B → 1000
Kurztext	Feld Kontobezeichnung aus Altdaten
Bestandskonto	X
Kontengruppe	SAKO
Konzernkontonummer	110100
Salden in Hauswährung	X
Feldstatusgruppe	G001

Tabelle 5.6 Sachkonto anlegen – Mapping auf Papier

Damit ist alles vorbereitet. Wir können nun mit der LSM Workbench ans Werk gehen.[4]

5.3.1 Aufzeichnung anlegen und nachbearbeiten

Keine Simulation Im Startbildschirm (siehe Abbildung 5.5) wählen Sie SPRINGEN • AUF-
ZEICHNUNGEN. Hierdurch gelangen Sie in das Übersichtsbild, in dem
alle Aufzeichnungen zum aktuellen Projekt aufgelistet werden (siehe
Abbildung 5.54). Beachten Sie, dass eine Aufzeichnung immer zu
einem Projekt gehört. Darüber hinaus sei daran erinnert, dass beim
Erstellen einer Aufzeichnung die entsprechende Transaktion tatsächlich ausgeführt und nicht nur simuliert wird. Wir werden die Aufzeichnung daher mit einem Konto erstellen, das nicht in unseren
Altdaten aufgeführt ist.

Hinweis: Erstellung von Aufzeichnungen mit der Transaktion SM35

Die Verwendung von Aufzeichnungen, die direkt in der Transaktion SM35
erstellt wurden, ist hier leider nicht möglich, da die LSM Workbench
zusätzliche Angaben benötigt, die eine in Transaktion SM35 erstellte Aufzeichnung nicht enthält.

---

4 Die Konzernkontonummer wurde hier konstant gesetzt, um das Beispiel möglichst einfach zu halten.

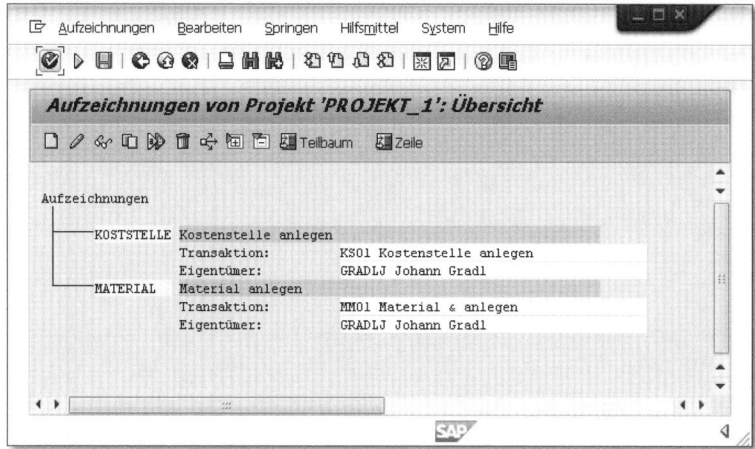

Abbildung 5.54 LSM Workbench – Aufzeichnungen

Im Übersichtsbild der Aufzeichnungen klicken Sie auf die Schaltfläche AUFZEICHNUNG ANLEGEN (🗋). In dem daraufhin erscheinenden
Dialogfenster (siehe Abbildung 5.55) geben Sie das Kürzel SACHKONTO
und die Bezeichnung Sachkonto anlegen ein.

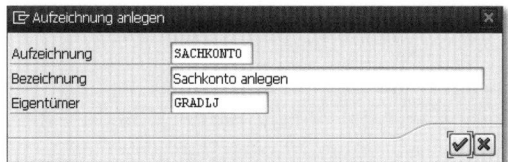

Abbildung 5.55 LSM Workbench – Aufzeichnung anlegen

Klicken Sie die Schaltfläche WEITER (✅) an. Sie werden nun aufgefordert, den Transaktionscode FS01 einzugeben (siehe Abbildung 5.56).

Abbildung 5.56 LSM Workbench – Transaktionscode für Aufzeichnung eingeben

Geben Sie den Transaktionscode ein, und bestätigen Sie die Eingabe.
Daraufhin gelangen Sie in die Transaktion FS01, die Sie mit dem
Konto 123499 durcharbeiten (siehe Abbildungen 5.57 bis 5.59).

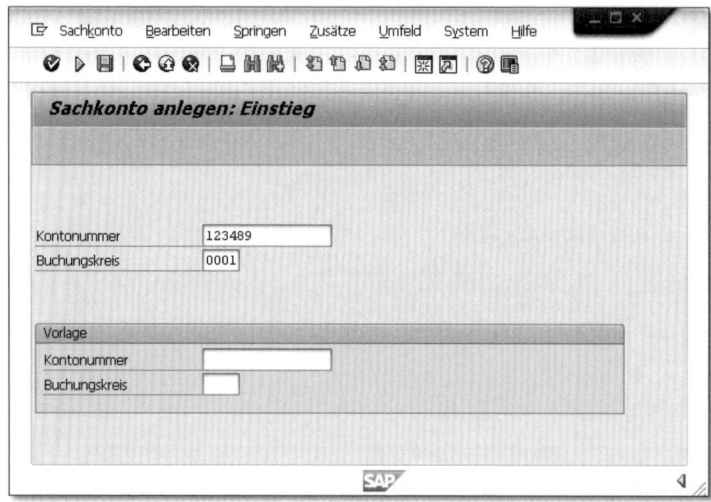

Abbildung 5.57 LSM Workbench – Aufzeichnung – Transaktion FS01 (Bild 1)

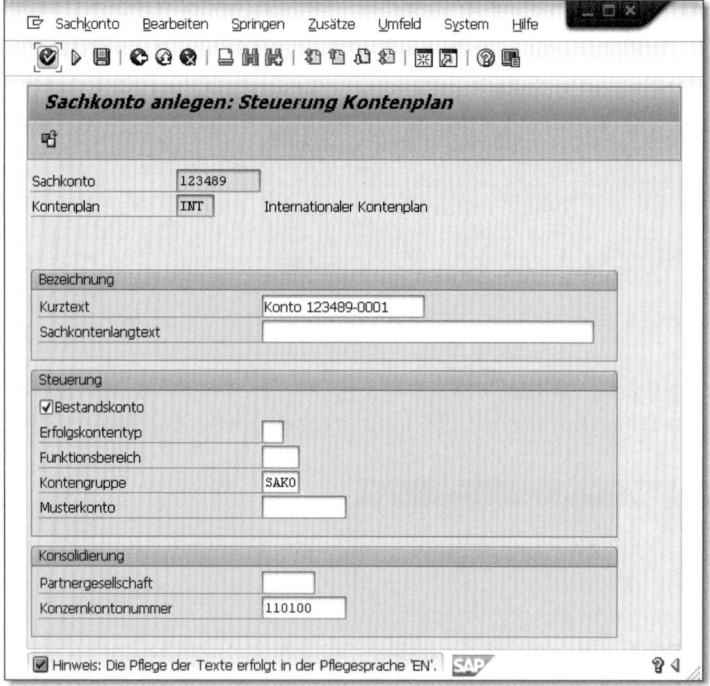

Abbildung 5.58 LSM Workbench – Aufzeichnung – Transaktion FS01 (Bild 2)

Das Sichern des neu erfassten Kontos beendet die Aufzeichnung, und die LSM Workbench übernimmt wieder die Kontrolle.

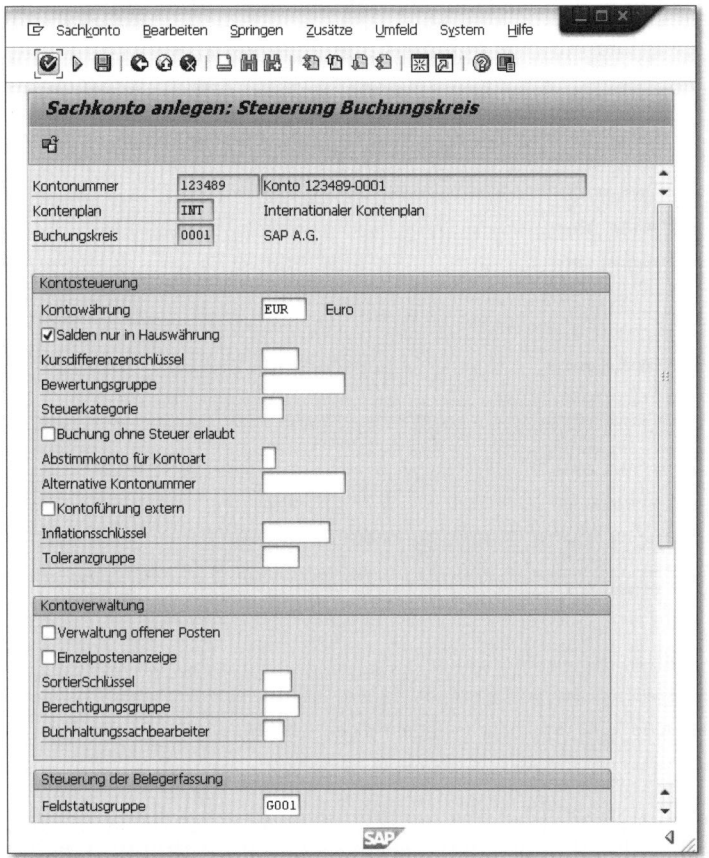

Abbildung 5.59 LSM Workbench – Aufzeichnung – Transaktion FS01 (Bild 3)

Sie führt uns in ein Bild, in dem die Aufzeichnung mit ihren technischen Bestandteilen dargestellt ist (siehe Abbildung 5.60). Die Darstellung entspricht der Struktur, wie Sie sie bereits in Kapitel 3, »Batch-Input«, kennengelernt haben. Die baumartige Struktur ist nach Transaktion (FS01), Dynpros (SAPMF02H 0402 usw.) und Feldern (RF02H-SAKNR usw.) gegliedert. In der mittleren Spalte[5] finden Sie in den farbig unterlegten Feldern die Werte, die Sie bei der Erstellung der Aufzeichnung verwendet haben, bzw. die Werte, die uns vom SAP-System vorgeschlagen wurden. Die rechte Spalte ist leer und deutet an, dass Sie hier nacharbeiten müssen.

Baumartige Darstellung der Aufzeichnung – drei Spalten

---

5 Wenn Sie dies am System nachvollziehen, erkennen Sie anhand der Farbgebung deutlich drei Spalten. In der schwarz-weißen Wiedergabe wird die rechte Spalte nicht deutlich genug hervorgehoben.

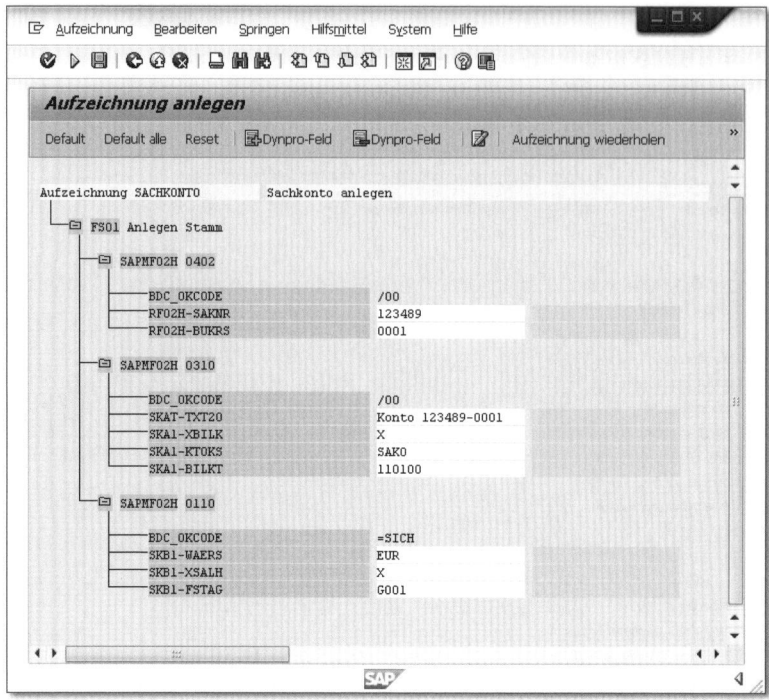

Abbildung 5.60 LSM Workbench – Ergebnis der Aufzeichnung der Transaktion FS01

Feldnamen der
Zielstruktur
definieren

Aus Abschnitt 5.2, »Datenmigration mit der LSM Workbench«, wissen Sie bereits, dass die Legacy System Migration Workbench eine Zielstruktur benötigt, auf die die Altdaten im weiteren Verlauf abgebildet werden. Eine Struktur erfordert Feldnamen, und diese Feldnamen müssen Sie nun vergeben. Positionieren Sie hierzu den Cursor auf das erste Eingabefeld in der Liste – das Dynpro-Feld RF02H-SAKNR mit dem Wert 123499 –, und klicken Sie doppelt darauf. Es erscheint ein Dialogfenster (siehe Abbildung 5.61), das Sie auffordert, einen Namen und eine Bezeichnung für das Feld zu vergeben. Diese Angaben werden später in der Zielstruktur erscheinen. Tragen Sie KONTONUMMER als Namen und Kontonummer als Bezeichnung ein, und klicken Sie auf WEITER.

Benennung der
zu versorgenden
Felder

Analog verfahren Sie nun mit allen Eingabefeldern, die Sie mit Feldwerten aus den Altdaten versorgen möchten. Für alle anderen Felder lassen Sie Namen und Bezeichnung leer. Wenn für ein Feld Name und Bezeichnung leer sind, übernimmt die LSM Workbench automatisch den hinterlegten Vorschlagswert.

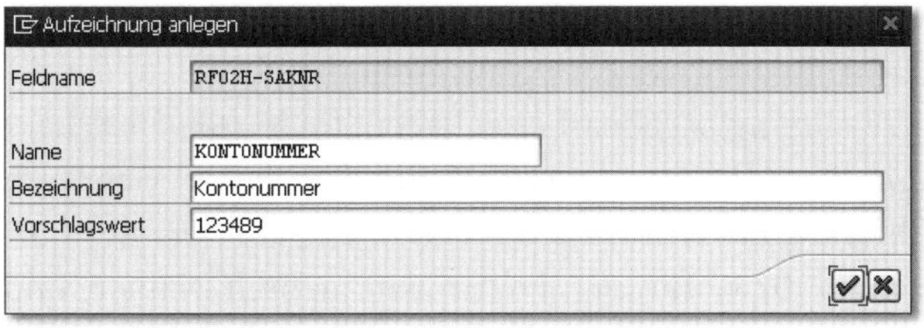

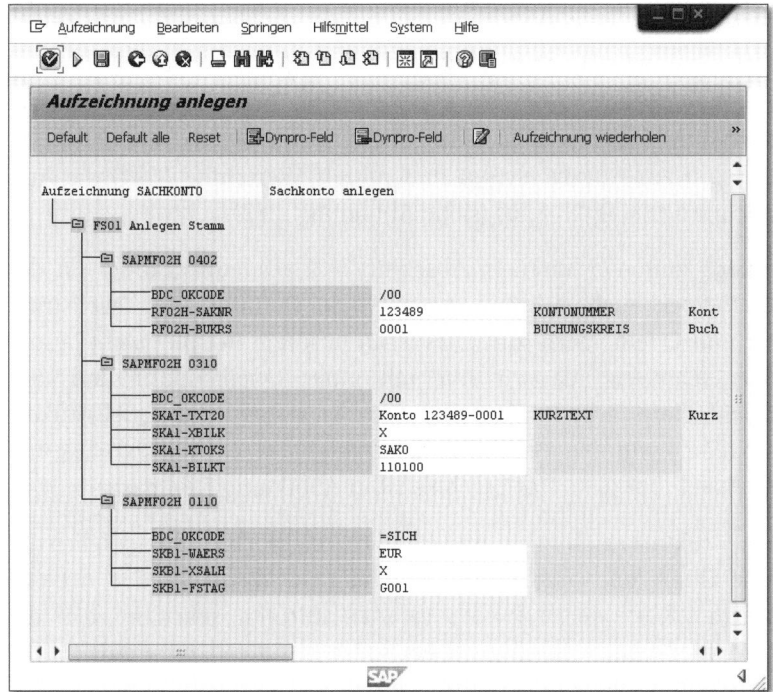

Abbildung 5.61 LSM Workbench – Aufzeichnung – Feldnamen vergeben

Dies bedeutet, dass Sie lediglich für drei Felder Namen und Bezeichnung vergeben: KONTONUMMER, BUCHUNGSKREIS und KURZTEXT (siehe Abbildung 5.62).

Abbildung 5.62 LSM Workbench – Ergebnis der Aufzeichnung der Transaktion FS01 – Feldnamen und Bezeichnungen

Aus technischen Gründen muss mindestens einem Feld ein Name und eine Bezeichnung zugewiesen werden. Sichern Sie das Ergebnis, und kehren Sie zum Übersichtsbild aller Aufzeichnungen des Projekts zurück (siehe Abbildung 5.54).

Abkürzung Default

Bevor wir fortfahren, zeigen wir Ihnen noch eine »Abkürzung« für den letzten Schritt. In der Darstellung aus Abbildung 5.60, in der Sie soeben die Aufzeichnung nachbearbeitet haben, finden Sie die Schaltflächen DEFAULT bzw. DEFAULT ALLE. Wenn Sie davon Gebrauch machen, vergibt die LSM Workbench für das Feld, auf dem der Cursor positioniert ist, bzw. für alle Felder automatisch Namen und Bezeichnungen, die aus den zugrunde liegenden Dynpro-Feldern abgeleitet werden. Der Vorteil liegt in der Schnelligkeit. Der Nachteil besteht darin, dass die Feldnamen nicht immer sprechend sind.[6]

5.3.2 Aufzeichnung verwenden

Nun können Sie bereits wie gewohnt die Aufzeichnung in der LSM Workbench verwenden. Hierzu legen Sie im Projekt PROJEKT_1 und Teilprojekt STAMMDATEN ein Objekt mit dem Namen SACHKONTEN und der Bezeichnung Sachkontenstammdaten an. Im Arbeitsschritt OBJEKTATTRIBUTE PFLEGEN wählen Sie unter OBJEKTTYP UND IMPORTTECHNIK BATCH-INPUT-AUFZEICHNUNG und mittels Wertehilfe ([F4]) die Aufzeichnung SACHKONTO aus (siehe Abbildung 5.63).[7]

Quellstruktur, Quellfelder definieren

Analog zum Verfahren in Abschnitt 5.2, »Datenmigration mit der LSM Workbench«, fahren wir nun mit der Definition von Quellstruktur und Quellfeldern fort. Dies ist in unserem Beispiel nicht besonders schwierig, da wir nur mit einer Quellstruktur und drei Quellfeldern arbeiten.[8] Definieren Sie daher eine Quellstruktur KONTOSATZ mit den Feldern UNTERNEHMENSBEREICH, KONTONUMMER und KONTOBEZEICHNUNG. Das Ergebnis ist in Abbildung 5.64 dargestellt.

Struktur-beziehungen

Die Strukturbeziehungen sind geradezu trivial, da es sich lediglich um eine Quell- und eine Zielstruktur handelt. Wenn Sie den Arbeitsschritt STRUKTURBEZIEHUNGEN PFLEGEN aufrufen, sehen Sie, dass die LSM Workbench »intelligent« genug ist, hier gleich die einzig mögliche Zuordnung automatisch zu treffen.

---

6 Darüber hinaus kann es vorkommen, dass dadurch zwei Feldern der gleiche Name zugeordnet wird – mit der Konsequenz, dass im Fieldmapping nur ein Feld mit diesem Namen zur Verfügung steht.

7 Darüber hinaus bietet die LSM Workbench die Möglichkeit, mehrere Aufzeichnungen »hintereinander zu hängen«, um zwei oder mehrere Transaktionen nacheinander auf einen Datensatz anzuwenden. Dieses Feature wird jedoch nur selten genutzt.

8 Generell gilt: Bei Verwendung der Aufzeichnungstechnik darf nur eine Quellstruktur definiert werden.

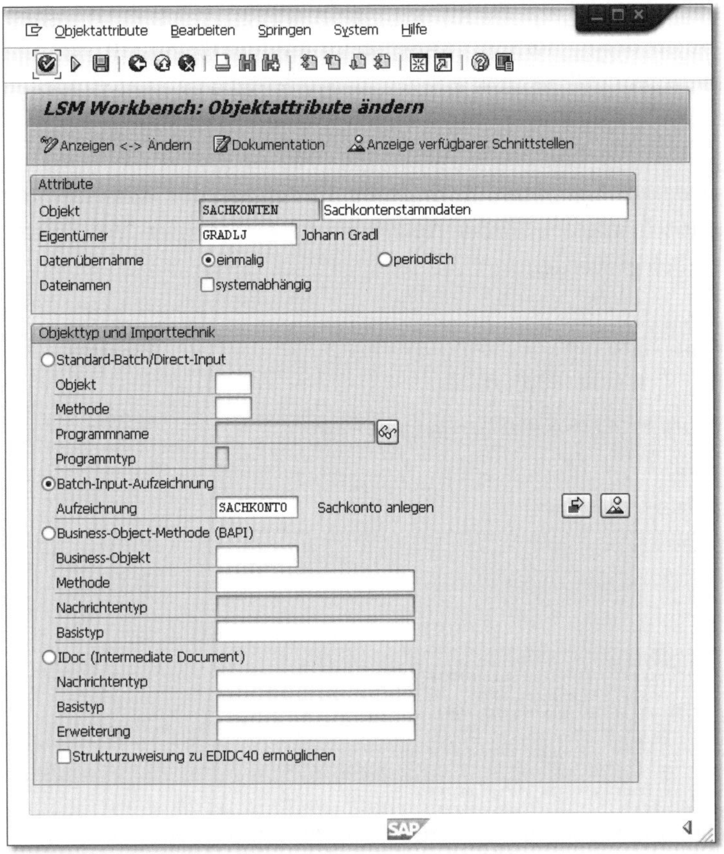

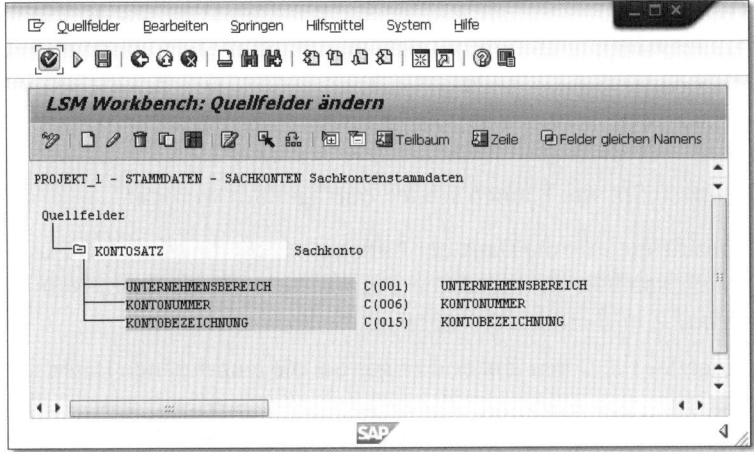

Abbildung 5.63 LSM Workbench – Aufzeichnung – Objektattribute pflegen

Abbildung 5.64 LSM Workbench – Aufzeichnung – Quellfelder

Wir kommen nun zur Pflege von Fieldmapping und Umsetzungsregeln. Auch dieser normalerweise recht aufwendige Schritt gestaltet sich in diesem Fall denkbar einfach, da wir lediglich drei Zielfelder zu versorgen haben. Die Strategie hatten wir bereits in Tabelle 5.5 festgelegt. Das Ergebnis ist in Abbildung 5.65 dargestellt. Wir weisen erneut darauf hin, dass alle anderen Felder aus der Aufzeichnung automatisch mit den in der Aufzeichnung hinterlegten Vorschlagswerten belegt werden.

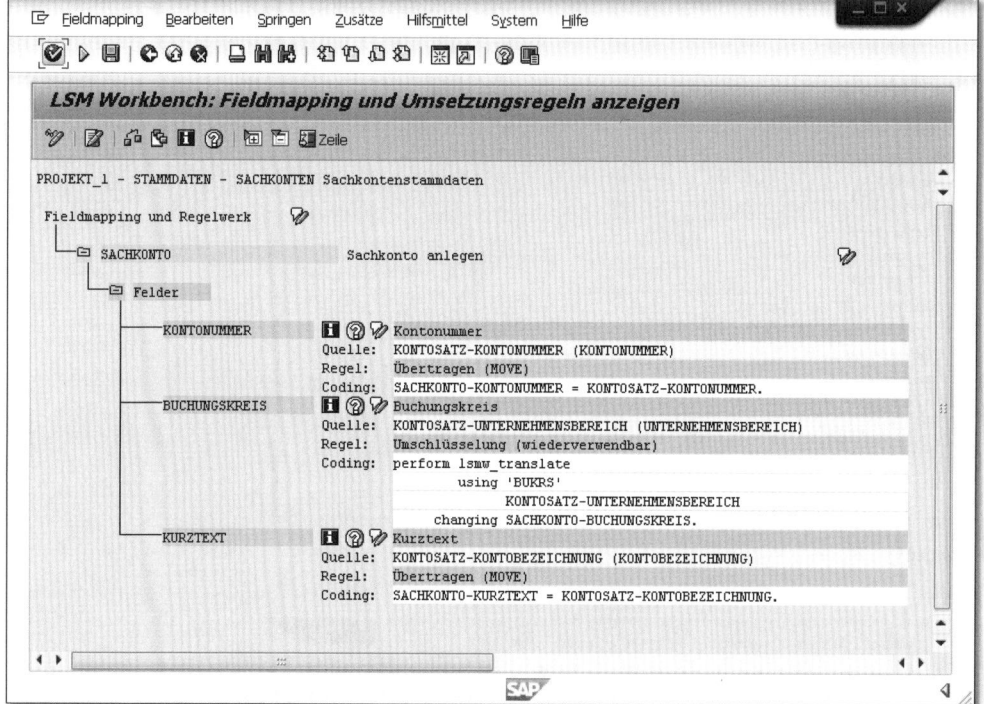

Abbildung 5.65 LSM Workbench – Aufzeichnung – Fieldmapping

Die letzten Schritte können schnell durchgeführt werden:

▸ Spezifizieren Sie die Datei der Altdaten – nicht die Microsoft Excel-Datei, sondern die Kopie im Format TEXT (TABSTOPP-GETRENNT) (*.TXT) –, und ordnen Sie diese zu.

▸ Lesen Sie die Daten ein, und zeigen Sie die eingelesenen Daten an.

▸ Setzen Sie die Daten um, und zeigen Sie die umgesetzten Daten an.

▸ Erzeugen Sie eine Batch-Input-Mappe, und spielen Sie diese ab.

Mit diesem Beispiel konnten wir Ihnen hoffentlich zeigen, dass die Aufzeichnungstechnik in der LSM Workbench schnell zum Ziel führt, vorausgesetzt, dass sie anwendbar ist.

Anwendbarkeit der Aufzeichnungs-technik

Unter welchen Voraussetzungen ist die Aufzeichnungstechnik jedoch anwendbar?

▶ Die Altdaten müssen sich in einer einzigen Tabelle darstellen lassen, und zwar so, dass eine Zeile einer Transaktion entspricht. Erinnern Sie sich an unser erstes Beispiel aus Abschnitt 5.2, »Datenmigration mit der LSM Workbench«? Dort hatten wir je Debitor eine Variable, das heißt eine beliebige Anzahl von Ansprechpartnern. In diesem Fall ist die Aufzeichnungstechnik nicht anwendbar.

▶ Für jeden Datensatz muss die Transaktion die gleiche Bildfolge durchlaufen.

5.4   Langtexte

Mit den Langtexten wenden wir uns nun einem Thema zu, das häufig vernachlässigt wird, das aber immer dann Ärger verursacht, wenn es nicht ordnungsgemäß behandelt wurde. Unter *Langtexten* verstehen wir mehrzeilige Texte. Langtexte zu einem Objekt müssen in der Regel separat migriert werden. Dies liegt daran, dass im SAP-System eine zentrale Ablage für Langtexte verwendet wird.

Mehrzeilige Texte

In der LSM Workbench steht Ihnen für die Übernahme von Langtexten der Objekttyp mit der Kennung 0001 zur Verfügung. Damit Ihnen dieses Objekt jedoch zur Verfügung steht, müssen Sie das Programm /SAPDMC/SAP_LSMW_SXDA_TEXTS einmal ausführen.

Objekttyp 0001

Bevor wir allerdings die Migration von Langtexten beschreiben, gehen wir zunächst darauf ein, wie Langtexte im SAP-System abgelegt sind.

5.4.1   Langtexte im SAP-System

Langtexte werden im SAP-System in einem Textpool abgelegt. Der Schlüssel eines Langtextes setzt sich aus vier Bestandteilen zusammen (siehe Tabelle 5.7).

Schlüsselfeld	Bedeutung	Beispiel	Länge	Prüftabelle
OBJECT	Anwendungs-objekt	MVKE = Materialvertriebstexte	10	TTXOB, TTXOT
ID	Text-ID	0001	4	TTXID, TTXIT
NAME	Eigentlicher Text-Key	Materialnummer (18-stellig) + Verkaufsorganisation (vierstellig) + Vertriebsweg (zweistellig)	70	(keine)
SPRAS	Sprache	DE	1-2	T002

Tabelle 5.7 Bestandteile eines Langtextschlüssels

Text-Key: keine einheitliche Regel

Für den Aufbau des eigentlichen Text-Keys Name gibt es keine einheitliche Regel. Um zu einer bestimmten Textart die Werte für OBJECT und ID sowie den Aufbau von Name zu ermitteln, gehen Sie wie folgt vor:

1. Bringen Sie einen Text der gewünschten Textart (zum Beispiel Materialvertriebstext) zur Anzeige, und verzweigen Sie in den Editor.

2. Im Editor können Sie sich über den Menüpfad SPRINGEN • KOPF die gewünschten Informationen anzeigen lassen.

5.4.2 Zielstrukturen und Feldzuordnung

Zwei Zielstrukturen

Wir beschreiben nun, wie Sie den Objekttyp 0001 für die Migration von Langtexten nutzen können. Dieses Objekt hat die folgenden zwei Zielstrukturen:

▶ /SAPDMC/LTXTH: **Langtext-Header**

  ▷ STYPE: Satztyp (technisches Feld, Wert = 1)

  ▷ OBJECT: Anwendungsobjekt

  ▷ NAME: Textname

  ▷ ID: Text-ID

  ▷ SPRAS: Sprache

▶ /SAPDMC/LTXTL: **Langtext-Textzeile**

  ▷ STYPE: Satztyp (technisches Feld, Wert = 2)

  ▷ TEXTFORMAT: Formatfeld (zweistellig)

  ▷ TEXTLINE: Textzeile

Das Feld TEXTFORMAT dient zur Aufnahme von Formatierungsangaben für den Text. Möchten Sie den Text eins zu eins übertragen, geben Sie in dieses Feld stets das Wildcard-Zeichen (*) ein.

Wie am Beispiel der Materialvertriebstexte ein Objekt in der LSM Workbench aussehen könnte, ist in den Abbildungen 5.66 bis 5.69 dargestellt.

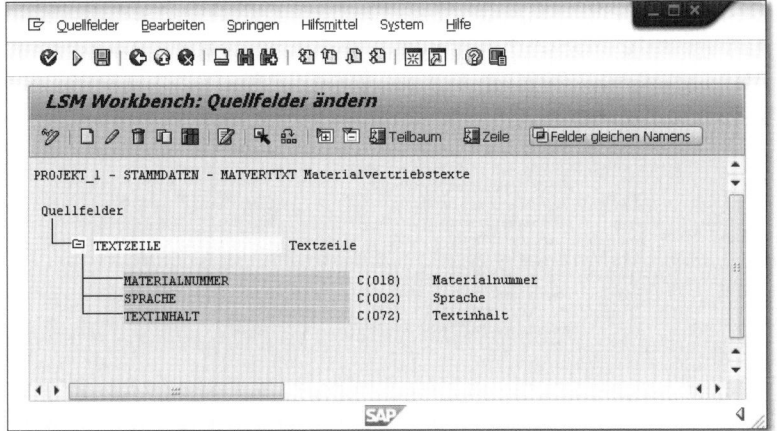

Abbildung 5.66 LSM Workbench – Langtexte – Quellfelder

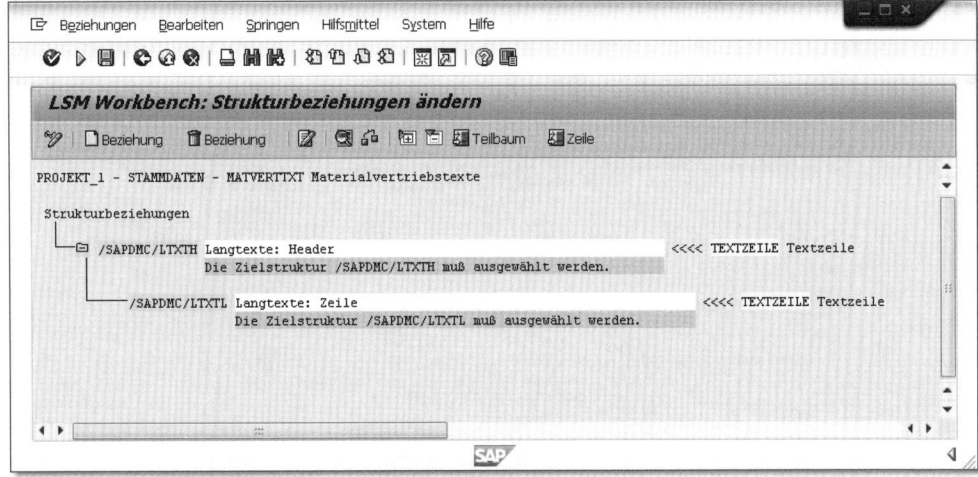

Abbildung 5.67 LSM Workbench – Langtexte – Strukturbeziehungen

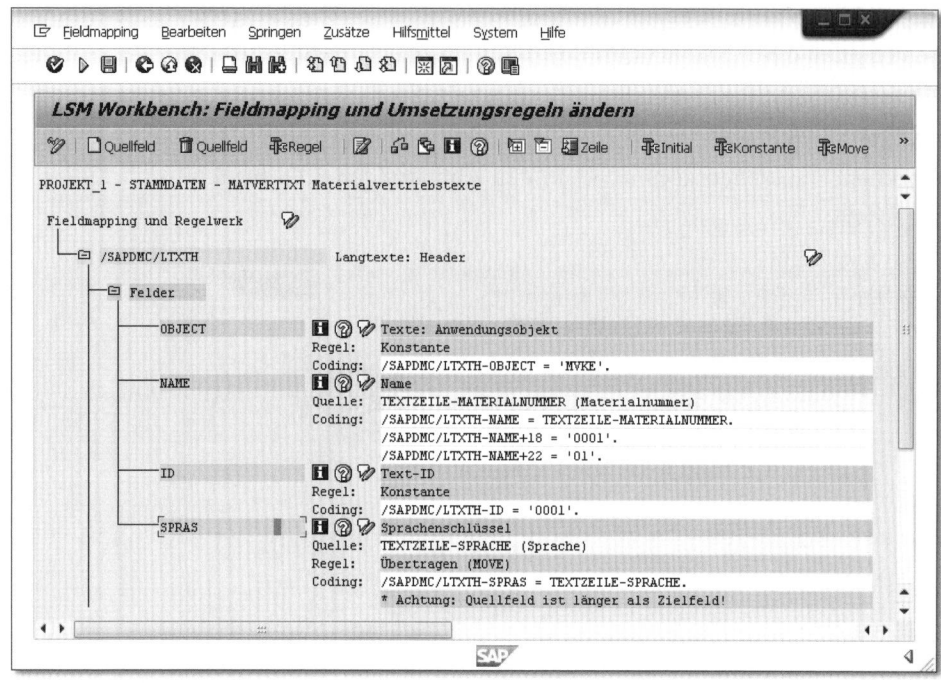

Abbildung 5.68 LSM Workbench – Langtexte – Fieldmapping (Teil 1)

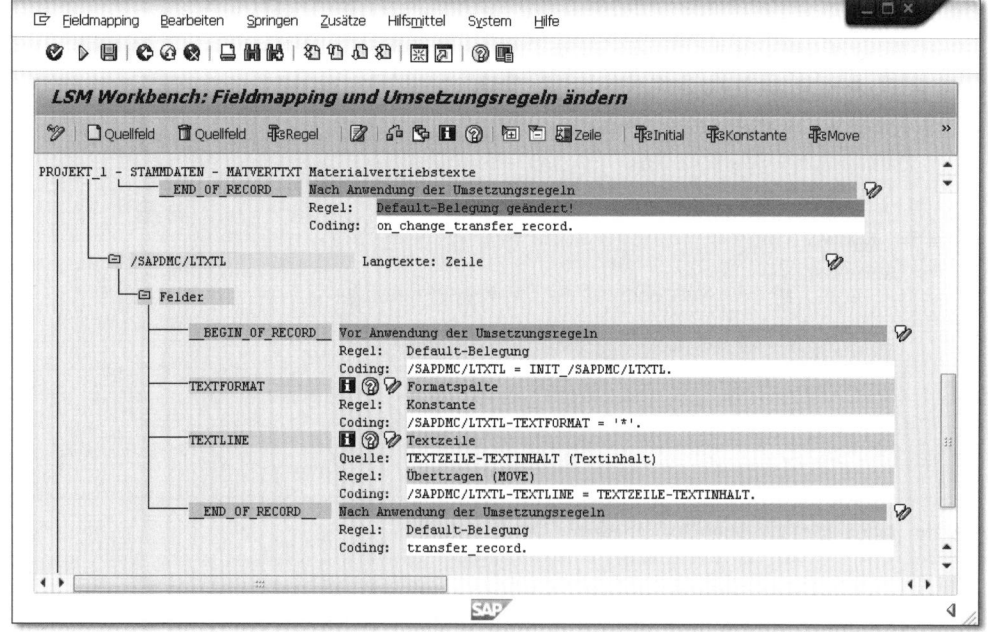

Abbildung 5.69 LSM Workbench – Langtexte – Fieldmapping (Teil 2)

Im Einzelnen sind dazu folgende Schritte durchzuführen:

Langtext
Schritt für Schritt

1. **Objekt definieren**

   Legen Sie im Projekt PROJEKT_1 und im Teilprojekt STAMMDATEN ein Objekt mit dem Kürzel MATVERTTXT und der Bezeichnung Materialvertriebstexte an.

2. **Objektattribute pflegen**

   Im Bildabschnitt OBJEKTTYP UND IMPORTTECHNIK wählen Sie STANDARD-BATCH/DIRECT-INPUT, Objekt 0001 und Methode 0001.

3. **Quellstrukturen pflegen**

   Definieren Sie eine Quellstruktur mit dem Kürzel TEXTZEILE und der Bezeichnung Textzeile.

4. **Quellfelder pflegen**

   Drei Felder werden benötigt: MATERIALNUMMER (Länge 18), SPRACHE (Länge 2), TEXTINHALT (Länge 72). Alle Felder sind vom Typ C.

5. **Strukturbeziehungen pflegen**

   Die einzige Quellstruktur TEXTZEILE wird den beiden Zielstrukturen /SAPDMC/LTXTH und /SAPDMC/LTXTL zugewiesen.

6. **Fieldmapping und Umsetzungsregeln pflegen**

   Die folgenden Aktionen sind auszuführen (siehe Tabelle 5.8):

Zielfeld	Aktion
/SAPDMC/LTXTH-OBJECT	Konstante MVKE zuweisen
/SAPDMC/LTXTH-NAME	Quellfeld TEXTZEILE-MATERIALNUMMER zuordnen
	Doppelklick auf /SAPDMC/LTXTH-NAME
	ABAP-Coding eingeben: /SAPDMC/LTXTH-NAME = TEXTZEILE-MATERIALNUMMER. /SAPDMC/LTXTH-NAME+18 = '0001'. /SAPDMC/LTXTH-NAME+22 = '01'.
/SAPDMC/LTXTH-ID	Konstante 0001 zuweisen
/SAPDMC/LTXTH-SPRAS	Quellfeld TEXTZEILE-SPRACHE zuordnen
/SAPDMC/LTXTL-TEXTFORMAT	Konstante * zuweisen
/SAPDMC/LTXTL-TEXTLINE	Quellfeld TEXTZEILE-TEXTINHALT zuordnen

Tabelle 5.8 Übersicht über die Aktionen, die auf Zielfeldern ausgeführt werden

Wenn wir es dabei belassen, tritt ein höchst unerwünschter Effekt ein: Für jede Textzeile wird ein Textkopf angelegt; jede Textzeile ist also ein eigener Text. Um dies zu verhindern, müssen wir in die »Trickkiste« der LSM Workbench greifen (siehe Abschnitt 5.8.3, »Globale Funktionen«):

▶ Klicken Sie auf die Schaltfläche Anzeigevariante, und kreuzen Sie Verarbeitungszeitpunkte an.

▶ Es erscheinen nun verschiedene Labels – unter anderem __END_OF_ RECORD__ – am Ende einer jeden Zielstruktur. Doppelklicken Sie auf dieses Label am Ende der Zielstruktur /SAPDMC/LTXTH. Es öffnet sich der ABAP Editor, in den Sie on_change_transfer_record. eingeben.

Diese Anweisung bewirkt, dass der Textkopf nur dann übertragen wird, wenn er sich gegenüber dem vorhergehenden Satz geändert hat – genau dies wollten wir erreichen.

Für weitergehende Ausführungen verweisen wir auf Abschnitt 5.8, »Funktionen für Fortgeschrittene«.

5.4.3 Import von Langtexten

Import per Direct-Input

Der Import von Texten in das SAP-System erfolgt mithilfe der Direct-Input-Technik. Das zugehörige Direct-Input-Programm /SAPDMC/SAP_ LSMW_IMPORT_TEXTS kann über Direct-Input-Session starten bequem aus der LSM Workbench aufgerufen werden.

Nachbearbeitung

Importierte Langtexte sind jedoch teilweise aus der entsprechenden Anwendung heraus nicht lesbar, obwohl sie korrekt auf der Datenbank abgelegt sind. Dies liegt daran, dass einige Anwendungen in den Stammdaten ein Feld führen, in dem die Sprache enthalten ist, in der ein Langtext verfasst ist, bzw. in dem vermerkt wird, ob ein Langtext existiert. Dieses Feld wird vom Direct-Input-Programm nicht gefüllt, da dieses Programm für alle Anwendungen gilt und zur Laufzeit keine Informationen darüber vorliegen, zu welcher Anwendung ein Text gehört.

Für dieses Problem gibt es zwei Lösungsmöglichkeiten:

1. Das betreffende Feld wird durch einen selbst zu schreibenden Report versorgt, der nach dem Import der Langtexte aufgerufen wird.

2. Bei der Definition der Umsetzungsregeln des zugehörigen Objekts (siehe Abschnitt 5.2.7, »Fieldmapping und Umsetzungsregeln pflegen«) füllen Sie das betreffende Feld in entsprechender Weise.

5.5   Periodische Datenübernahme

Die LSM Workbench unterstützt auch die periodische Datenübernahme. In diesem Fall sprechen wir nicht von einem Altsystem (da dieses nicht abgelöst wird), sondern vielmehr von einem Quellsystem. Voraussetzungen für die periodische Datenübernahme sind folgende Aspekte:

Quellsystem statt Altsystem

▶ Das entsprechende Objekt der LSM Workbench ist komplett erstellt und getestet.

▶ Die Anwendung des Quellsystems stellt periodisch eine oder mehrere Dateien auf dem SAP-Applikationsserver bereit.

▶ Das Objekt der LSM Workbench greift nicht auf Dateien auf dem Frontend zu, da Dateien auf dem Frontend im Hintergrundmodus nicht gelesen werden können.

Sind all diese Voraussetzungen erfüllt, können Sie im Schritt OBJEKTATTRIBUTE PFLEGEN (siehe Abbildung 5.10) den Auswahlknopf PERIODISCH markieren. Daraufhin wird im Navigationsbildschirm (siehe Abbildung 5.8) der Schritt RAHMENPROGRAMM FÜR PERIODISCHE DATENÜBERNAHME eingeblendet. Dieses Programm führt nacheinander die Schritte DATEN EINLESEN, DATEN UMSETZEN und DATEN IMPORTIEREN aus.

Rahmenprogramm für periodische Datenübernahme

Das Programm mit dem Namen `/SAPDMC/SAP_LSMW_INTERFACE` können Sie nach Ihren Wünschen einplanen. Die zahlreichen Selektionsparameter dieses Programms können Sie den Abbildungen 5.70 bis 5.72 entnehmen.

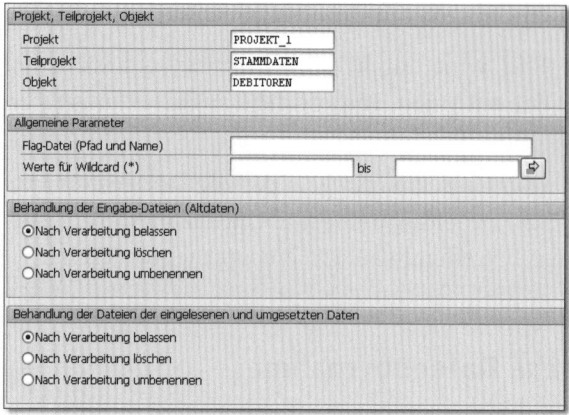

Abbildung 5.70 Rahmenprogramm für periodische Datenübernahme – Selektionsparameter (Teil 1)

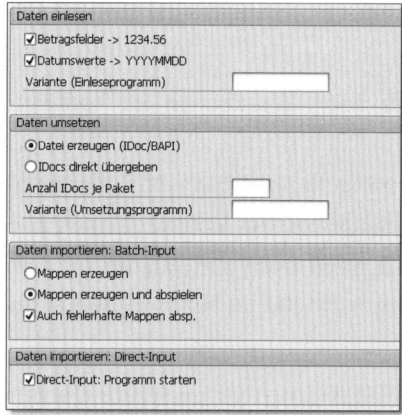

Abbildung 5.71 Rahmenprogramm für periodische Datenübernahme – Selektionsparameter (Teil 2)

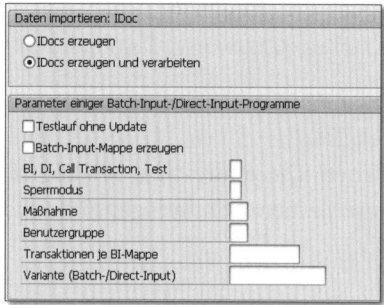

Abbildung 5.72 Rahmenprogramm für periodische Datenübernahme – Selektionsparameter (Teil 3)

Die Angabe eines Flag-Files ist dabei optional. Ein Flag-File dient dazu, mit dem Quellsystem, das die Input-Datei(en) bereitstellt, einen *Handshake* herzustellen:

Flag-File

▸ Das Rahmenprogramm für die periodische Datenübernahme führt seine Arbeit nur aus, wenn das angegebene Flag-File existiert.

▸ Nach Abschluss der Datenübernahme löscht das Rahmenprogramm für periodische Datenübernahme das Flag-File.

▸ Die »liefernde« Anwendung sollte sich komplementär verhalten: Bevor neue Dateien erzeugt werden, wird geprüft, ob das Flag-File existiert.[9] Ist dies der Fall, stoppt das Programm. Anderenfalls werden die Dateien erzeugt; das Flag-File wird angelegt.

Das Zusammenspiel zwischen Quellsystem und SAP-System in Bezug auf das Flag-File ist in Abbildung 5.73 dargestellt.

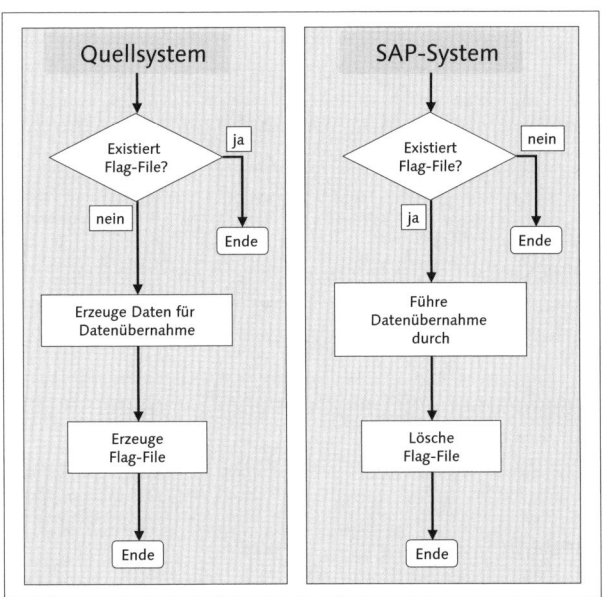

Abbildung 5.73 LSM Workbench – periodische Datenübernahme – Flag-File-Handling

Sie können für das Einlese-Programm, das Umsetzungsprogramm und (im Fall Batch-/Direct-Input) das Batch- bzw. Direct-Input-Programm jeweils eine Variante angeben. Diese Varianten müssen Sie

Varianten

---

9 Das Flag-File darf eine leere Datei sein. Es wird ausschließlich geprüft, ob ein Flag-File existiert.

zuvor definieren. Wenn Sie keine Variante angeben, werden die Voreinstellungen des Rahmenprogramms `/SAPDMC/SAP_LSMW_INTERFACE` herangezogen.

Zusätzliche Parameter

Einige der von SAP ausgelieferten Batch-Input- und Direct-Input-Programme verwenden zusätzliche Parameter. Manche dieser Parameter werden nach außen »durchgereicht« (siehe Tabelle 5.9).

Programm	Parameter					
	Testlauf ohne Update	Batch-Input-Mappe erzeugen	BI, DI, Call Transaction, Test	Sperrmodus	Maßnahme	Benutzergruppe
RAALTD01 RAALTD11 (Anlagen)	X					
RCCLBI01 RCCLBI02 RCCLBI03 (Klassen) RCCTBI01 (Merkmale)		X				
RCSBI010 RCSBI020 RCSBI030 RCSBI040 (Stücklisten)		X				
RCVBI010 (Dokumentinformationssätze)		X				
RFBIBL00 (Finanzbelege)			X			
RHALTD00 (Personalplanungsdaten)			X			
RLBEST00 (Bestände) RLPLAT00 (Lagerplätze)		X				
RMDATIND (Materialstämme)				X		
RPUSTD00 (Personalstammdaten)					X	X

Tabelle 5.9 Parameter der Batch-Input- und Direct-Input-Programme

5.6   Projekte transportieren

Die LSM Workbench bietet Ihnen die Möglichkeit, die Daten zu einem Projekt sowohl mit dem SAP-Transportsystem als auch per Download und Upload zwischen zwei SAP-Systemen zu transportieren. Die von der LSM Workbench generierten Programme werden dabei nicht transportiert, sondern im Zielsystem neu erzeugt.

5.6.1   Änderungsauftrag erzeugen

Sie können auf Knopfdruck einen SAP-Änderungsauftrag erzeugen, der alle Informationen zu einem Projekt der LSM Workbench enthält.

Dieser SAP-Änderungsauftrag kann mit den üblichen Mitteln des SAP-Änderungs- und Transportwesens exportiert und importiert werden. Sie finden diese Funktion im Startbildschirm (siehe Abbildung 5.5) unter ZUSÄTZE • ÄNDERUNGSAUFTRAG ERZEUGEN.

Wenn Sie Daten zu einem Projekt auf die beschriebene Weise transportieren, können Sie im SAP-Änderungs- und Transportwesen jederzeit nachvollziehen, wer was wann wohin transportiert hat.

SAP-Änderungs- und Transportwesen

Beachten Sie dabei Folgendes:

▶ Beim Importieren eines derartigen Änderungsauftrages wird zunächst das gesamte Projekt im Zielsystem gelöscht und anschließend neu angelegt.

▶ Wenn Sie den Transportauftrag exportieren, wird der aktuelle Stand exportiert und nicht der Stand zum Zeitpunkt der Erstellung des Transportauftrages.

▶ Da das gesamte Projekt exportiert wird, ist darauf zu achten, dass das Projekt zum Zeitpunkt des Exports einen »sauberen« Stand hat.

5.6.2   Projekt exportieren

Wählen Sie im Startbildschirm (siehe Abbildung 5.5) ZUSÄTZE • PROJEKT EXPORTIEREN. Hierdurch wird zunächst der Strukturbaum des ausgewählten Projekts angezeigt (siehe Abbildung 5.74). Über SELECT/DESELECT können Sie auswählen, ob Sie das gesamte Projekt oder Teile davon exportieren möchten. Anschließend wählen Sie EXPORTIEREN ($\boxed{\text{F8}}$). Hierdurch wird eine Textdatei erzeugt.

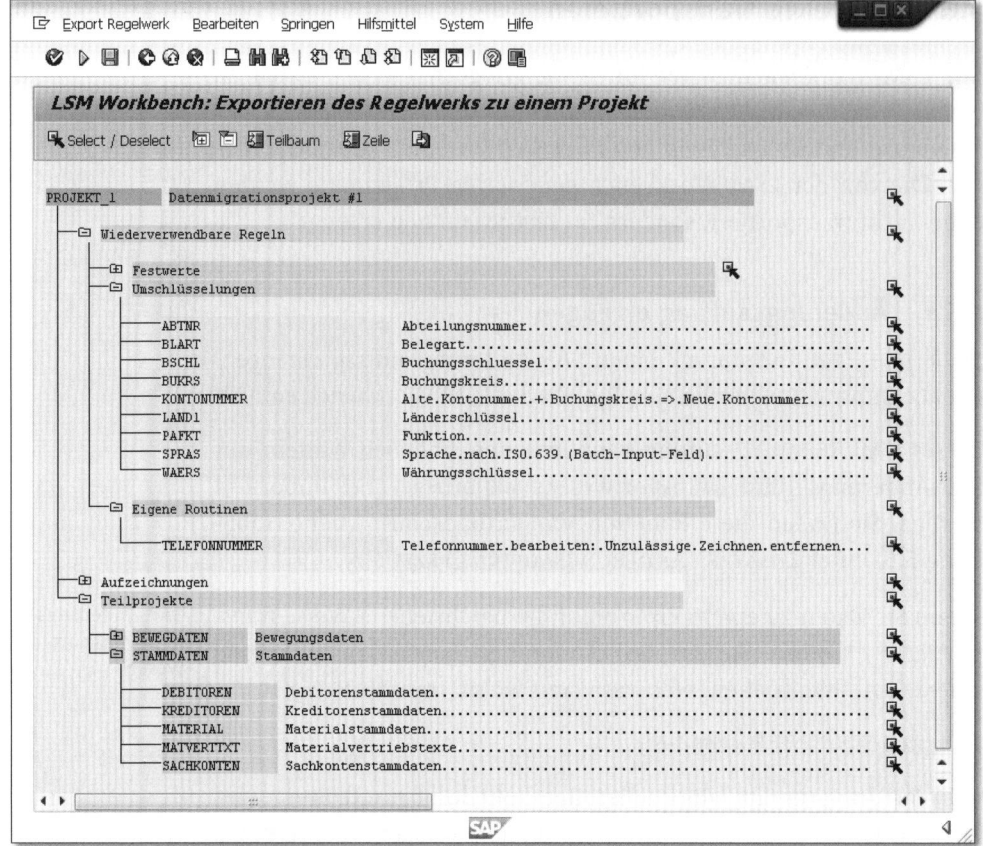

Abbildung 5.74 LSM Workbench – Projekt exportieren

Selbstverständlich wird zu den ausgewählten Elementen auch die zugehörige Dokumentation mit exportiert.

5.6.3 Projekt importieren

Das exportierte Projekt kann in ein anderes SAP-System importiert werden. Wählen Sie hierzu im Startbildschirm des anderen SAP-Systems ZUSÄTZE • PROJEKT IMPORTIEREN. Daraufhin werden Sie aufgefordert, den Namen der Textdatei anzugeben. Die Datei wird eingelesen und der Inhalt analysiert. Nach Abschluss der Analyse erhalten Sie eine Liste der ermittelten Teilprojekte und Objekte.

Vorhandene Elemente überschreiben
Sie können nun die Objekte ankreuzen, die importiert werden sollen. Bereits vorhandene Daten des Projekts sind durch Haken gekennzeichnet; Sie werden beim Importieren überschrieben. Das Über-

schreiben eines bereits im Zielsystem existierenden Projekts kann verhindert werden, indem die Funktion IMPORTIEREN UNTER ANDEREM NAMEN verwendet wird.

5.7 Vorbereitende Maßnahmen zur Nutzung der IDoc-Eingangsverarbeitung

IDocs (*Intermediate Document*) wurden für den Austausch von Nachrichten zwischen verschiedenen Systemen (zum Beispiel zwischen zwei SAP-Systemen) entwickelt. Eine ausführliche Behandlung dieses Themas würde zweifellos den Rahmen dieses Buches überschreiten. Wir begnügen uns daher mit dem Hinweis, dass es sich hierbei um eine Standardschnittstelle handelt und diese Technik daher für die Datenübernahme genutzt werden kann.

Wir haben bereits mehrfach darauf hingewiesen, dass die LSM Workbench diese Importtechnik unterstützt. Damit sie allerdings verwendet werden kann, sind einige Voreinstellungen und Vorbereitungen erforderlich. Sie finden diese Einstellungen zusammengefasst im Startbildschirm der LSM Workbench (siehe Abbildung 5.5) unter EINSTELLUNGEN • IDOC-EINGANGSVERARBEITUNG (siehe Abbildung 5.75). Diese Einstellungen müssen je Mandant und Projekt vorgenommen werden.

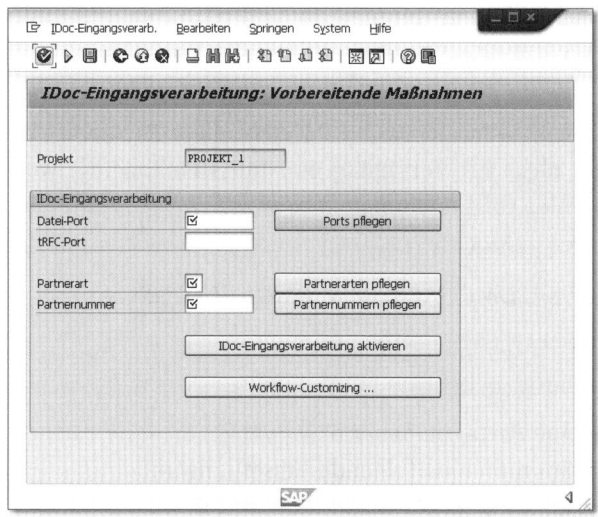

Abbildung 5.75 LSM Workbench – Einstellungen zur IDoc-Eingangsverarbeitung

Im Einzelnen sind folgende Schritte durchzuführen:

Datei-Port 1. Zunächst muss ein *Datei-Port* für den Transfer der Datei existieren. Legen Sie gegebenenfalls über PORTS PFLEGEN einen Port des Typs DATEI an, indem Sie den Cursor auf DATEI positionieren und ANLEGEN wählen. Hierzu müssen Sie sich im Änderungsmodus befinden. Wir empfehlen folgende Einstellungen:

▶ Port: LSMW

▶ Beschreibung: »Legacy System Migration Workbench«

▶ Version: »IDoc-Satzarten SAP-Release 4.x«

▶ Ausgabedatei: Eingabe eines beliebigen Dateipfads und Dateinamens (zum Beispiel *filelsmw*)

tRFC-Port 2. Ergänzend hierzu können Sie einen *tRFC-Port* angeben. Dieser Port ist erforderlich, wenn Sie bei der Datenumsetzung keine Datei erzeugen, sondern die Daten paketweise direkt an die IDoc-Eingangsverarbeitung übergeben möchten. Folgende Einstellungen werden empfohlen:

▶ Port: Kann ab Release 6.20 vom System vergeben werden.

▶ Version: »IDoc-Satzarten SAP-Release 4.x«

▶ RFC-Destination: Name des SAP-Systems

▶ Beschreibung: »Legacy System Migration Workbench«

Partnerart 3. Definieren Sie eine *Partnerart* bzw. wählen Sie eine Partnerart aus. Wir empfehlen folgende Einstellungen:

▶ Partnerart: US

Ab Release 4.5A steht diese Partnerart im Standardsystem zur Verfügung. Bis einschließlich Release 4.0B steht diese Partnerart im Standardsystem nicht zur Verfügung und muss hinzugefügt werden. Wir empfehlen folgende Einstellungen:

▶ Partnerart: US anlegen

▶ Reportname: */SAPDMC/SAP_LSMW_PARTNERTYPES*

▶ Formroutine: READ_USER

▶ Kurzbeschreibung: beliebig

Partnernummer 4. Definieren Sie eine *Partnernummer* bzw. wählen Sie eine Partnernummer aus. Wir empfehlen folgende Einstellungen:

▶ Partnernummer: LSMW

▶ Partnerart: US

- ▶ Partnerstatus: A
- ▶ Art: US
- ▶ Sprache: DE oder EN
- ▶ Bearbeiter: Ihre Benutzerkennung

▶ Aktivieren Sie die IDoc-Eingangsverarbeitung. Bestätigen Sie die Aufforderung mit JA. Dies muss einmal je System erfolgen.

▶ Verifizieren Sie das WORKFLOW-CUSTOMIZING. Dies muss ebenfalls einmal je System erledigt werden.

Workflow-Customizing

Folgende Einträge des Workflow-Laufzeitsystems müssen mit einem grünen Haken versehen sein (siehe Abbildung 5.76):

- ▶ RFC-Destination konfigurieren
- ▶ Systemadministrator für Workflow pflegen
- ▶ Entscheidungsaufgabe als »generell« klassifizieren
- ▶ das Senden an Objekte und an HR-Objekte aktivieren

Sie können hierzu das automatische Customizing starten. Anschließend sollten Sie den Punkt HINTERGRUNDJOB FÜR FEHLERHAFTE WORKITEMS EINPLANEN auf NICHT EINGEPLANT setzen. Anderenfalls würde das SAP-System immer wieder versuchen, fehlerhafte IDocs einzubuchen, die im Rahmen der Datenmigration entstehen.

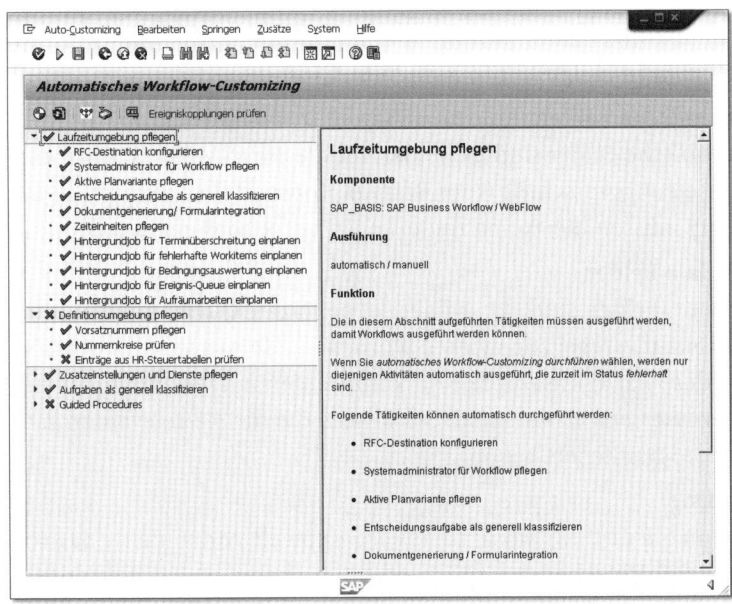

Abbildung 5.76 Workflow-Customizing

5.8   Funktionen für Fortgeschrittene

In diesem Abschnitt stellen wir einige Funktionen vor, die für Sie von Interesse sind, wenn Sie sich intensiver mit der LSM Workbench beschäftigen.

5.8.1   Anzeigevariante und Verarbeitungszeitpunkte

Klicken Sie im Arbeitsschritt Fieldmapping und Umsetzungsregeln pflegen (siehe Abbildung 5.21) auf die Schaltfläche Anzeigevariante. Ihnen wird das Dialogfenster Anzeigevariante bestimmen (siehe Abbildung 5.77) angezeigt.

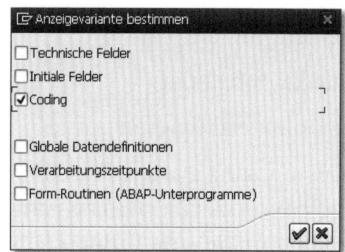

Abbildung 5.77 LSM Workbench – Anzeigevariante bestimmen

Diese Funktion ist insbesondere für erfahrene Anwender von Nutzen, die ihr Fieldmapping modifizieren möchten. Sie können bestimmen, welche Informationen angezeigt werden:

▶ **Technische Felder**
Technische Felder sind Zielfelder, für die die LSM Workbench eine Umsetzungsvorschrift (zum Beispiel Konstante) vorschlägt. In der Regel müssen hier keine Änderungen vorgenommen werden.

▶ **Initiale Felder**
Initiale Felder sind die Felder, denen kein Quellfeld und keine Umsetzungsregel zugewiesen wurden. Diese Auswahl dient insbesondere dazu, die Anzeige zu komprimieren. Dies empfiehlt sich allerdings erst dann, wenn Sie bereits die für Sie relevanten Zielfelder identifiziert haben.

▶ **Coding**
Wenn Sie Coding ankreuzen, wird – soweit vorhanden – das von der LSM Workbench implizit oder von Ihnen explizit formulierte ABAP-Coding angezeigt.

▶ **Globale Datendefinitionen**

Wenn GLOBALE DATENDEFINITIONEN angekreuzt ist, wird das Label
__GLOBAL_DATA__ eingeblendet. Dort können Sie Variablen, Struk-
turen, Tabellen etc. definieren, die Sie in eigenem Coding im
Fieldmapping verwenden möchten. Hierdurch befinden sich alle
Datendefinitionen gebündelt an zentraler Stelle, was der Über-
sichtlichkeit zugutekommt.

▶ **Verarbeitungszeitpunkte**

Mit VERARBEITUNGSZEITPUNKTE haben Sie die Möglichkeit, eigenes
Coding zu bestimmten Verarbeitungszeitpunkten einzufügen. Fol-
gende Verarbeitungszeitpunkte stehen zur Verfügung (siehe
Tabelle 5.10):

Verarbeitungszeitpunkt	Default-Belegung
__BEGIN_OF_PROCESSING__	Vor Beginn der Verarbeitung der Daten
__BEGIN_OF_TRANSACTION__	Vor Beginn der Verarbeitung der Daten zu einer Transaktion
__BEGIN_OF_RECORD__	Vor Anwendung der Umsetzungsregeln zu einer Quellstruktur
__END_OF_RECORD__	Nach Anwendung der Umsetzungsregeln zu einer Quellstruktur Default-Belegung: Transfer_record.
__END_OF_TRANSACTION__	Nach Ende der Verarbeitung der Transaktion Transfer_transaction.
__END_OF_PROCESSING__	Nach Ende der Verarbeitung aller Transaktionen

Tabelle 5.10 Verarbeitungszeitpunkte

▶ **Form-Routinen**

Schließlich können Sie das Label __FORM_ROUTINES__ für FORM-
ROUTINEN (ABAP-UNTERPROGRAMME) einblenden. Hier können Sie
ABAP-Unterprogramme definieren, die Sie in eigenem Coding im
Fieldmapping verwenden möchten, oder Includes mit Form-Rou-
tinen einbinden.

5.8.2 Globale Variablen

Die LSM Workbench verwendet intern eine Reihe von globalen Variablen. Diese können Sie in eigenem ABAP-Coding innerhalb der LSM

Workbench nutzen. Wählen Sie in der Liste der Arbeitsschritte Fieldmapping und Umsetzungsregeln pflegen aus (siehe Abbildung 5.21). Verzweigen Sie durch einen Doppelklick auf ein Zielfeld in das Coding, und wählen Sie Einfügen • Globale Variablen.

Die folgenden Variablen können Sie in Ihrem ABAP-Coding verwenden (siehe Tabelle 5.11):

Globale Variable	Bezeichnung
g_project	Aktuelles Projekt
g_subproj	Aktuelles Teilprojekt
g_object	Aktuelles Objekt
g_record	Aktuelle Zielstruktur
g_cnt_records_read	Anzahl der bislang gelesenen Sätze
g_cnt_records_skipped	Anzahl der bislang übersprungenen Sätze
g_cnt_records_transferred	Anzahl der bislang in die Ausgabedatei übertragenen Sätze
g_cnt_transactions_read	Anzahl der bislang gelesenen Transaktionen
g_cnt_transactions_skipped	Anzahl der bislang übersprungenen Transaktionen
g_cnt_transactions_transferred	Anzahl der bislang in die Ausgabedatei übertragenen Transaktionen
g_cnt_transactions_group	Anzahl der in der aktuellen Batch-Input-Mappe enthaltenen Transaktionen
g_userid	Benutzer-ID
g_groupname	Name der aktuellen Batch-Input-Mappe
g_groupnr	Laufende Nummer der aktuellen Batch-Input-Mappe

Tabelle 5.11 Globale Variablen der LSM Workbench

5.8.3 Globale Funktionen

Die LSM Workbench stellt Ihnen eine Reihe von Funktionen zur Verfügung, die an beliebigen Stellen im ABAP-Coding verwendet werden können. Mit diesen Funktionen können Sie den Ablauf des Datenumsetzungsprogramms zum Teil erheblich beeinflussen. Verwenden Sie diese Funktionen daher sehr vorsichtig.

Wählen Sie in der Liste der Arbeitsschritte FIELDMAPPING UND UM-
SETZUNGSREGELN PFLEGEN aus (siehe Abbildung 5.21), und verzweigen Sie durch einen Doppelklick auf ein Zielfeld in das Coding.
Wählen Sie dort EINFÜGEN • GLOBALE FUNKTIONEN. Folgende Funktionen stehen Ihnen zur Verfügung (siehe Tabelle 5.12):

Globale Funktion	Beschreibung
transfer_record.	Der aktuelle Satz (zur aktuellen Ziel-struktur) wird in den Ausgabepuffer übertragen.
transfer_this_record '...'.	Ein Satz einer anderen Zielstruktur wird in den Ausgabepuffer übertragen. Der Name der Zielstruktur muss dabei als Argument in Hochkommata angegeben werden.
at_first_transfer_record.	Der aktuelle Satz wird in den Ausgabe-puffer übertragen, wenn es sich um die erste Transaktion handelt.
on_change_transfer_record.	Der aktuelle Satz wird in den Ausgabe-puffer übertragen, wenn dieser sich gegenüber dem letzten Satz geändert hat.
transfer_transaction.	Die aktuelle Transaktion wird in die Aus-gabedatei geschrieben. Hierdurch wer-den alle Sätze des Ausgabepuffers in die Ausgabedatei übertragen.
skip_record.	Der aktuelle Satz wird nicht in den Aus-gabepuffer übertragen.
skip_transaction.	Die aktuelle Transaktion wird nicht in die Ausgabedatei geschrieben.

Tabelle 5.12 Globale Funktionen der LSM Workbench

5.8.4 Wiederverwendbare Regeln – Namensfindung

Wiederverwendbare Regeln haben Sie als Regeln kennengelernt, die
projektweit, das heißt in allen Objekten eines Projekts, verwendet
werden können. Wiederverwendbare Regeln sind: Festwerte, Umschlüsselungen und eigene Routinen.

Wenn Sie einem Zielfeld eine wiederverwendbare Regel zuordnen,
schlägt das System Ihnen bis zu drei unterschiedliche Namen vor. Um

Bis zu drei vorgeschlagene Namen

die Namensfindung zu verstehen, ist es erforderlich, einen Blick auf die Definition von Datenobjekten im SAP-System zu werfen.

Datenobjekte im SAP-System

Die Definition von Datenobjekten im SAP-System erfolgt in drei Stufen:

1. **Domäne**
   Auf der untersten Ebene werden technische Eigenschaften definiert, zum Beispiel Feldtyp, Feldlänge, Wertetabelle bzw. Festwerte.

2. **Datenelement**
   Auf der zweiten Ebene werden, basierend auf einer Domäne und deren Eigenschaften, »semantische« Eigenschaften definiert, zum Beispiel sprachabhängige Texte, Dokumentation etc.

3. **Feld**
   Auf der obersten Ebene werden, basierend auf einem Datenelement, Eigenschaften des Feldes im Kontext einer Struktur bzw. einer Tabelle definiert, zum Beispiel Fremdschlüsselbeziehungen, Suchhilfen usw.

Dies bedeutet insbesondere: Zu einer Domäne gibt es im Allgemeinen mehrere Datenelemente, die sich auf die Domäne beziehen. Zu einem Datenelement gibt es gewöhnlich mehrere Felder, die sich auf dieses Element beziehen.

Empfehlung übernehmen

In der Regel empfiehlt es sich, den Namensvorschlag des Systems zu übernehmen. Eine Ausnahme von dieser Empfehlung liegt dann vor, wenn die Domäne von sehr allgemeiner Art ist, wie zum Beispiel CHAR1 oder XFELD. Würden Sie in einem solchen Fall den Namen der Domäne verwenden, wäre die wiederverwendbare Regel bei einem anderen Feld mit derselben Domäne unter Umständen nicht brauchbar, da dieses Feld möglicherweise eine vollkommen andere Bedeutung hat.

Durch dieses Verfahren der Namensfindung wird die Zahl der Umsetzungsregeln klein gehalten und die Konsistenz in der Datenumsetzung gewährleistet. Tabelle 5.13 zeigt ein Beispiel.

Nr.	Feld	Datenelement	Domäne	Bezeichnung
1	BUKRS	BUKRS	BUKRS	Buchungskreis
2	CO_CODE	CO_CODE	BUKRS	Buchungskreis

Tabelle 5.13 Namensfindung

Beide Felder haben die Bezeichnung `Buchungskreis`. Die Feldnamen sind verschieden, die Domäne ist gleich. Demnach sollten beide Felder mit dem gleichen Festwert bzw. der gleichen Umschlüsselung oder derselben eigenen Routine versorgt werden.

5.9 Anwendungsbeispiele für Fortgeschrittene

In diesem Abschnitt beschreiben wir einige Techniken, die Sie vermutlich nicht sehr häufig benötigen werden. Falls Ihnen jedoch ein entsprechender Anwendungsfall vorliegt, kann Ihnen die hier dargestellte Lösung unter Umständen nennenswerten Aufwand ersparen.

5.9.1 Ermittlung des Transaktionscodes zur Laufzeit

Angenommen, Sie möchten Datensätze übernehmen, von denen einige bereits im System angelegt sind. Für die Datensätze, die bereits existieren, möchten Sie statt der Erfassungstransaktion die jeweilige Änderungstransaktion aufrufen. Am Beispiel des Kundenstamms erläutern wir Ihnen die Lösung.

Zunächst müssen Sie feststellen, welcher Fall vorliegt. Im Beispiel des Kundenstamms ist zu prüfen, ob in der Tabelle `KNA1` ein Eintrag mit der fraglichen Kundennummer existiert.

Anlegen oder ändern

Im Einzelnen sind folgende Schritte auszuführen:

1. Fügen Sie Folgendes unter `__GLOBAL_DATA__` (siehe Abschnitt 5.8.2, »Globale Variablen«) ein:
   ```
   TABLES: KNA1.
   ```

2. Fügen Sie in das Feld `BKN00-TCODE` folgendes ABAP-Coding ein:
   ```
   SELECT count(*) FROM knal
     WHERE kunnr = <alte_kundennummer>.
   IF sy-dbcnt = 0.
     bkn00-tcode = 'XD01'.
   ELSE.
     bkn00-tcode = 'XD02'.
   ENDIF.
   ```

Hierdurch wird für einzufügende Sätze die Transaktion XD01 und für zu ändernde Sätze die Transaktion XD02 aufgerufen.

5.9.2 Überspringen eines Satzes

Möglicherweise möchten Sie gewisse Datensätze aus Ihrem Altsystem nicht in Ihr SAP-System übernehmen. Selbstverständlich können Sie diese Filterung auch bereits beim Exportieren der Daten aus dem Altsystem vornehmen. Wir zeigen Ihnen hier, wie Sie dies auch bequem in der LSM Workbench erledigen können. Ein Satz soll übersprungen werden, das heißt, dass er nicht umgesetzt und in die Ausgabedatei übertragen werden soll.

Die Lösung ist sehr einfach: Sie müssen die entsprechende Bedingung in ABAP formulieren und in folgende ABAP-Anweisungen einbauen:

```
IF <bedingung>.
  skip_record.
ENDIF.
```

Diese ABAP-Anweisungen können im Coding zu einem beliebigen Feld der betreffenden Zielstruktur eingefügt werden.

Beachten Sie, dass damit nur ein Satz (zum Beispiel ein Ansprechpartner zu einem Debitor) und nicht das ganze Datenobjekt (zum Beispiel Debitor) übersprungen wird.

5.9.3 Überspringen aller Sätze einer Transaktion

Wenn Sie in Abhängigkeit von einer gewissen Bedingung alle Sätze eines Datenobjekts (einer Transaktion) überspringen, müssen Sie an einer beliebigen Stelle im Fieldmapping die folgenden ABAP-Anweisungen einfügen:

```
IF <bedingung>.
  skip_transaction.
ENDIF.
```

5.9.4 Duplizieren eines Satzes

Beispiel Angenommen, Sie möchten (oder müssen) aus einem Quellsatz zwei (oder mehrere) Zielsätze erzeugen. Ihr Kundenstamm besteht zum Beispiel im Altsystem aus einem Satz, der unter anderem die Felder VORNAME, NAME und TELEFON für zwei Ansprechpartner enthält (siehe Abbildung 5.78). Im SAP-System ist dagegen für jeden Ansprechpartner ein Satz BKNVK zu füllen.

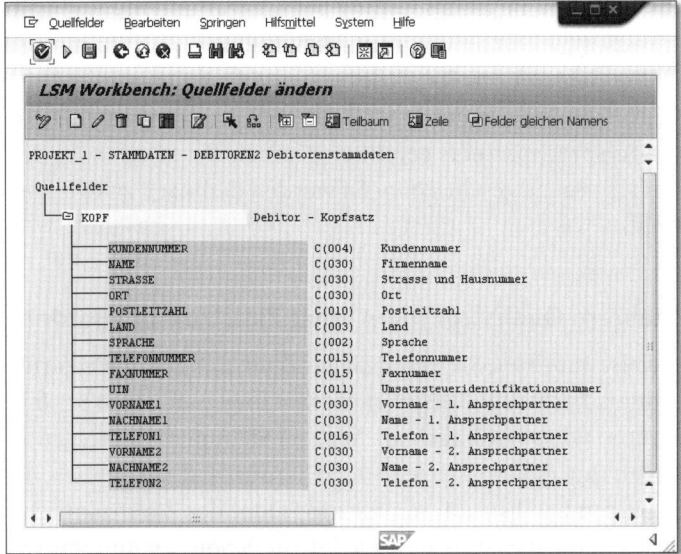

Abbildung 5.78 LSM Workbench – alle Felder in einer Quellstruktur

Sie können dieses Problem lösen, indem Sie für die Zielstruktur BKNVK das in Abbildung 5.79 dargestellte Regelwerk erstellen.

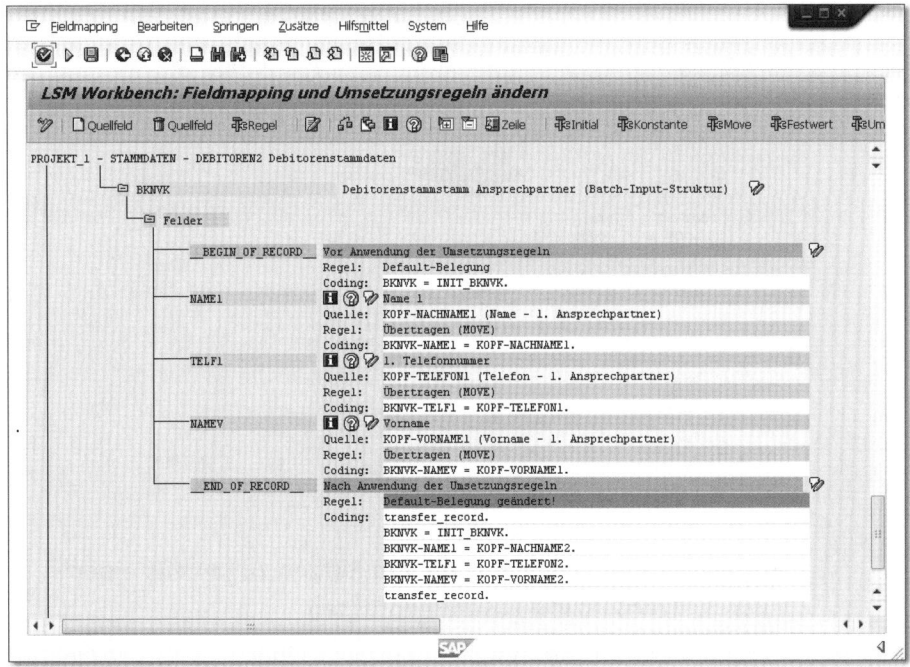

Abbildung 5.79 LSM Workbench – Duplizieren eines Satzes

Die entscheidende Stelle ist das Coding beim Verarbeitungszeitpunkt __End_of_Record__. Durch die erste Anweisung transfer_record wird der BKNVK-Satz mit den Daten des ersten Ansprechpartners übertragen. Anschließend wird der BKNVK-Satz initialisiert, mit den Daten des zweiten Ansprechpartners gefüllt und mittels der zweiten Anweisung transfer_record geschrieben. Es werden demnach zwei BKNVK-Sätze erzeugt.

5.9.5 Mehrere Quellstrukturen einer Zielstruktur zuordnen

Möglicherweise möchten Sie einer Zielstruktur mehrere Quellstrukturen zuordnen. In diesem Fall gehen Sie wie folgt vor: Legen Sie Ihre Quellstrukturen wie gewöhnlich an. Weisen Sie nun die untergeordnete Quellstruktur der Zielstruktur zu. Hierdurch stehen Ihnen die Felder aus beiden Quellstrukturen für die Felder der Zielstruktur zur Verfügung. Abbildung 5.80 zeigt diese Konstellation. Im unteren Teil der Abbildung ist das ABAP-Coding schematisch dargestellt, das die LSM Workbench aus den Strukturbeziehungen generiert.

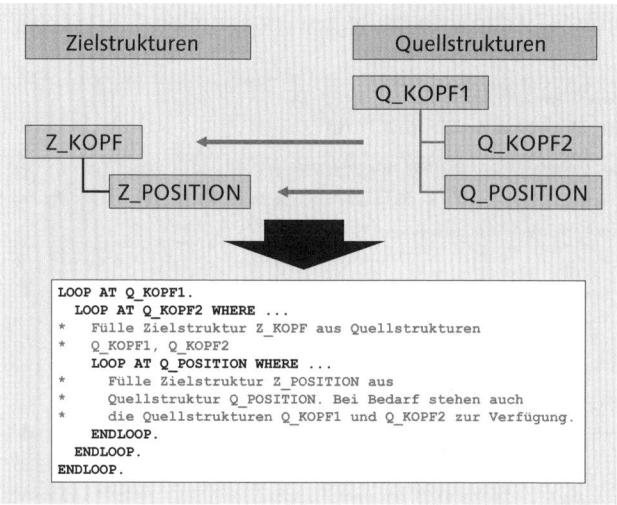

Abbildung 5.80 LSM Workbench – Strukturbeziehungen – mehrere Quellstrukturen zu einer Zielstruktur

5.9.6 Eine variable Anzahl von Sätzen zu jeweils einer Transaktion zusammenfassen

Nehmen wir an, die Altdaten liegen in einer flachen Tabelle vor. Dabei gehören jeweils ein oder mehrere Sätze zu einer Transaktion.

Die Anzahl dabei kann von Transaktion zu Transaktion variieren. So weit die abstrakte Ausgangssituation. Konkret können wir etwa an Verkaufsbelege mit einer beliebigen Anzahl von Positionen denken. Liegen Kopf und Positionen als separate Satztypen vor, können wir die Strukturen eins zu eins aufeinander abbilden.

Hier nehmen wir nun an, dass eine flache Tabelle von einheitlichen Sätzen vorliegt, in der jeweils am Anfang die Nummer des Belegs aufgeführt ist, gefolgt von der Nummer der Belegposition. An der Belegnummer kann man erkennen, welche Sätze zusammengehören. Abbildung 5.81 illustriert diese Situation exemplarisch. Im Beispiel haben wir es mit drei Belegen mit jeweils drei, zwei und vier Positionen zu tun.

Selbstverständlich braucht es im »richtigen Leben« viele weitere Datenfelder. Für den Aspekt, der uns hier interessiert, reichen diese beiden Felder jedoch aus.

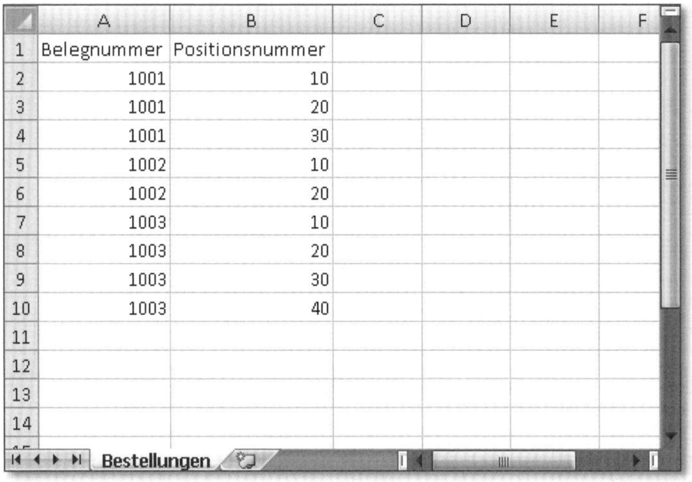

	A	B	C	D	E	F
1	Belegnummer	Positionsnummer				
2	1001	10				
3	1001	20				
4	1001	30				
5	1002	10				
6	1002	20				
7	1003	10				
8	1003	20				
9	1003	30				
10	1003	40				
11						
12						
13						
14						

Bestellungen

Abbildung 5.81 Variable Anzahl von Sätzen zu jeweils einer Transaktion

Wir legen ein Migrationsobjekt BESTELLUNG2 an und wählen die Importtechnik STANDARD-BATCH/DIRECT-INPUT aus, hier speziell das Objekt 0085 (siehe Abbildung 5.82).

Bei der Definition der Struktur der Altdaten beschränken wir uns auf die zitierten zwei Felder BELEGNUMMER und POSITIONSNUMMER, wie in Abbildung 5.83 dargestellt.

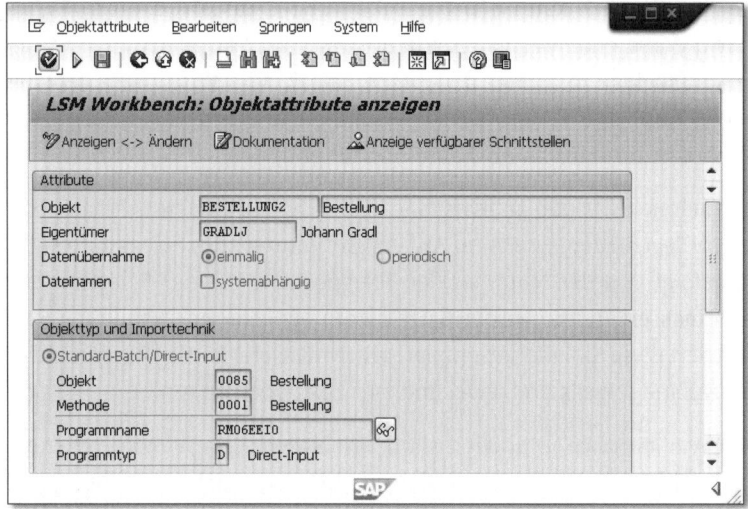

Abbildung 5.82 Migrationsobjekt »Bestellung2« zu Importtechnik Standard-Direct-Input und Objekt »0085«

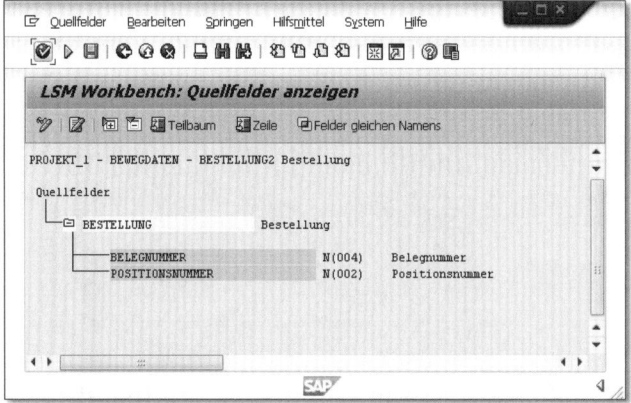

Abbildung 5.83 Struktur der Altdaten – Belegnummer und Positionsnummer in einer flachen Struktur

Die Strukturbeziehungen sind denkbar einfach: Die eine Quellstruktur wird beiden Zielstrukturen zugewiesen (siehe Abbildung 5.84).

Der springende Punkt kommt jetzt: Würden wir einfach die Quellfelder den entsprechenden Zielfeldern zuweisen, würde für jeden Satz aus den Altdaten ein Kopf- und ein Positionssatz erzeugt werden. Das Ergebnis ist in Abbildung 5.85 dargestellt.

Abbildung 5.84 Strukturbeziehungen

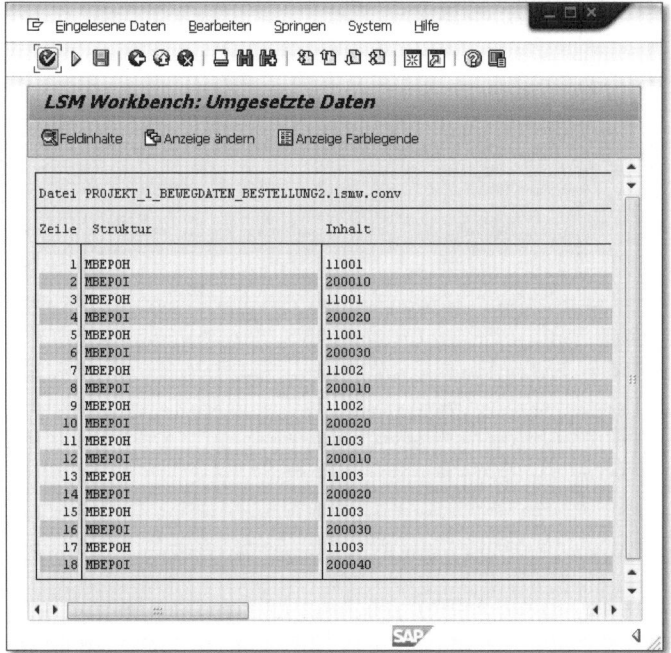

Abbildung 5.85 Unbrauchbares Ergebnis – ein Header für jede Position

Die erforderliche Anpassung geschieht im Arbeitsschritt FIELDMAPPING UND UMSETZUNGSREGELN PFLEGEN. Es ist entscheidend, dafür zu sorgen, dass der Kopfsatz MBEPOH nicht für jeden Satz aus den Altdaten übertragen wird, sondern nur dann, wenn der Inhalt sich geändert hat – nämlich dadurch, dass eine neue Belegnummer beginnt.

Dies erreichen Sie durch einen kleinen Eingriff in die sogenannte Default-Belegung. Hierzu wählen Sie zunächst ZUSÄTZE • ANZEIGE-VARIANTE und kreuzen dort VERARBEITUNGSZEITPUNKTE an.

Unsere Aufmerksamkeit richtet sich auf den Verarbeitungszeitpunkt __END_OF_RECORD__ zur Zielstruktur MBEPOH. Dort ist standardmäßig die Anweisung transfer_record hinterlegt, mit deren Hilfe der Satz dem Ausgabepuffer hinzugefügt wird (siehe Abbildung 5.86).

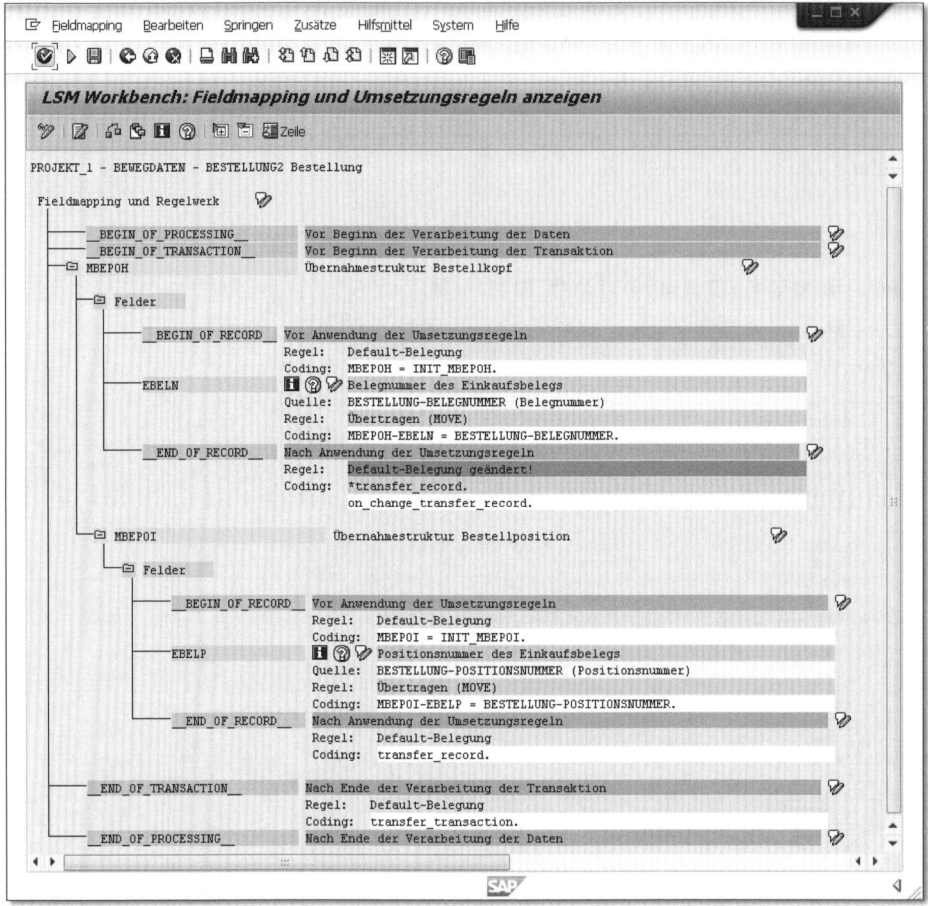

Abbildung 5.86 Fieldmapping – Übertragen des Belegkopfsatzes nur, wenn dieser sich geändert hat

Diese Anweisung ersetzen wir durch on_change_transfer_record. Durch diesen kleinen Eingriff erhalten wir das gewünschte Ergebnis: Der Kopfsatz wird für jeden Beleg nur einmal übertragen (siehe Abbildung 5.87).

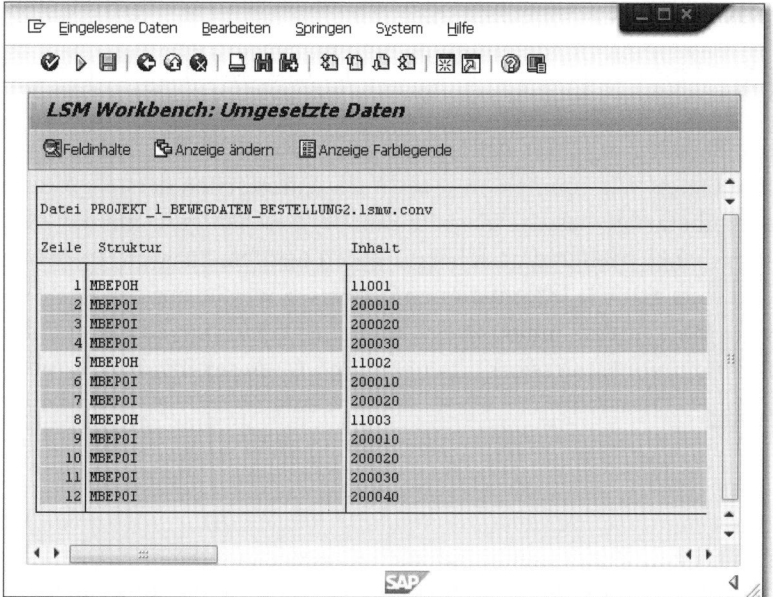

Abbildung 5.87 Umgesetzte Daten – mit korrekter Satzstruktur

5.9.7 Ausgabe von Fehlermeldungen

In der Regel möchten Sie über Fehler, die bei der Umsetzung auftreten, in geeigneter Weise informiert werden. Zu diesem Zweck können Sie eigene Fehlermeldungen im Umsetzungsprotokoll mit ausgeben lassen. Die folgenden zwei Möglichkeiten stehen Ihnen zur Verfügung:

1. Sie verwenden die ABAP-Anweisung WRITE im Coding, zum Beispiel WRITE: 'Fehler bei der Umsetzung von Feld ....'.

2. Im Fieldmapping verzweigen Sie in den ABAP Editor und wählen dort EINFÜGEN • MELDUNG. So können Sie eine im SAP-System existierende Meldung ausgeben, zum Beispiel:

```
WA_ERRORTAB-ID = '/SAPDMC/LSMW'.
WA_ERRORTAB-MSGNO = 012.
WA_ERRORTAB-PAR1 = 'A'.
WA_ERRORTAB-PAR2 = 'B'.
WA_ERRORTAB-PAR3 = 'C'.
WA_ERRORTAB-PAR4 = 'D'.
INSERT WA_ERRORTAB INTO TABLE G_ERROR_TAB.
```

Im Umsetzungsprotokoll wird daraufhin die entsprechende Fehlermeldung aufgeführt.

5.10   Fazit

Wir konnten zeigen, dass Ihnen mit der LSM Workbench ein Werkzeug zur Verfügung steht, das Ihnen umfangreiche Unterstützung bei der Bewältigung Ihrer Anforderungen hinsichtlich der Datenmigration bietet. Wir konnten zwar nicht alle Einzelheiten darstellen, sind aber überzeugt, dass Sie diese im Lauf der Beschäftigung mit der LSM Workbench nach und nach herausfinden werden. Für weitergehende und stets aktuelle Informationen verweisen wir Sie auf den SAP Service Marketplace unter *https://service.sap.com/lsmw* sowie auf das SAP Community Network unter *http://www.sdn.sap.com/irj/sdn/lsmw*.

TEIL III
Alternative Verfahren

In diesem Kapitel lernen Sie die Möglichkeit kennen, mittels eines ETL-Tools eine Datenübernahme in SAP durchzuführen. Dabei haben die Datenqualität und Datenvalidierung sowie die abschließende Fehlerbehebung durch aussagekräftige Analysen einen besonderen Stellenwert.

6 Datenübernahme mit SAP BusinessObjects Data Services

Das erweiterte Portfolio von SAP im Bereich Enterprise Information Management (EIM) und Business Intelligence (BI) bietet die Gelegenheit, auch auf eine gänzlich neue Art und Weise Daten in SAP zu migrieren. Dabei machen von SAP bereitgestellte Vorlagen aus der Integrationsplattform *SAP BusinessObjects Data Services* ein modernes, über Drag & Drop bedienbares Migrationswerkzeug, das bereits über eingebaute Möglichkeiten für Datenextraktion und Datenbereinigung verfügt. Daneben ist die Plattform SAP BusinessObjects Business Intelligence (BI) durch ebenfalls vorgefertigte Berichte ein geeignetes Hilfsmittel, um Datenmigrationsprojekte mittels Reportings zu begleiten und Fehlerauswertungen zu vereinfachen.

In diesem Kapitel stellen wir Ihnen diese Werkzeuge vor und erläutern anhand eines konkreten Beispiels, wie Sie mithilfe des bereitgestellten Datenmigrations-Contents eine Übernahme in SAP durchführen können.

6.1 Überblick über SAP BusinessObjects Data Services

SAP BusinessObjects Data Services (nachfolgend auch nur *Data Services*) ist ein *ETL-Werkzeug* (Extraktion, Transformation, Laden), das sich über unterschiedliche Schnittstellen an eine Vielzahl von Quell- (Extraktion) und Zielsysteme (Laden) anbinden lässt. Dabei ermöglicht es die skalierbare Datenintegrationsplattform durch das Model-

ETL

lieren von Datenflüssen und Daten-Mappings (Transformation), die unterschiedlichen Schnittstellen aufeinander abzubilden. Dadurch wird das ETL-Tool interessant für beliebige Datenmigrationsprozesse. Die Datenmodellierung erfolgt dabei über eine grafische Benutzerschnittstelle für die Abbildung der Datenflüsse mittels Drag & Drop.

Data Quality   SAP BusinessObjects Data Services ist durch das Zusammenführen der SAP BusinessObjects-Lösungen *Data Integrator* für Datenintegration und *Data Quality* entstanden. Daher bietet sie neben den notwendigen Mapping-Eigenschaften auch die Möglichkeit, bereits vor und während einer Datenmigration die Qualität der geladenen Daten wesentlich zu verbessern. Im Gegensatz zu herkömmlichen Konzepten wird somit bereits beim »Umzug« der Geschäftsdaten das Mitnehmen falscher, doppelter und überflüssiger Datensätze vermieden.

Web Intelligence   Mit der Version 4.0 von SAP BusinessObjects Data Services ist das Tool erstmals komplett in die Plattform *SAP BusinessObjects Business Intelligence* (BI) integriert, wodurch eine direkte Anbindung an das Reporting über *SAP BusinessObjects Dashboards*, *SAP Crystal Reports* und *SAP BusinessObjects Web Intelligence* möglich wird. So können Sie mittels Reportings ein ETL-Projekt begleiten und frühzeitig Probleme aufdecken. Neben Data Services, das als eigenständige Software zwischen die Quell- und Zielsysteme geschaltet ist, bietet SAP im Rahmen des sogenannten *Enterprise-Information-Management-Portfolios* (EIM) auch weitere nützliche und für die Datenmigration verwendbare Werkzeuge an. Hervorzuheben ist dabei das Werkzeug *SAP BusinessObjects Information Steward*, das die Funktionalität für das Profiling und die Beurteilung der Daten (Data Insight) mit dem Datenabgleich vom Quell- bis hin zum Zielsystem (Metadata Manager) vereint.

Durch die Integration von SAP BusinessObjects Data Services in klassische SAP-Systeme (ERP, CRM) bietet sich Data Services als Plattform für die Datenmigration nach SAP an. Zum Beispiel können IDocs (Intermediate Document) oder BAPIs (Business Application Programming Interface) als SAP-Standardschnittstellen direkt angesprochen werden.

Vorteile   Der Einsatz von SAP BusinessObjects Data Services für eine Datenmigration in SAP hat folgende Vorteile:

- ▸ direkte Anbindung an ein oder mehrere Quellsysteme über Datenbankschnittstellen

- ▸ Bereinigung der Datensätze bereits auf dem Quellsystem

- ▸ Beginn des Mapping- und des Validierungsprozesses, bevor das SAP-Customizing vollständig abgeschlossen ist

- ▸ einfaches und wiederverwendbares Mapping über Drag & Drop

- ▸ Visualisierung des gesamten Datenflusses vom Quell- zum Zielsystem

- ▸ wiederverwendbare Prüfroutinen, um eigenes Coding zu minimieren

- ▸ Validierung der Fremddaten gegen SAP-Prüfroutinen ohne dafür Datensätze in SAP laden zu müssen

- ▸ Verwendung von SAP-Standardschnittstellen

6.2 Architektur der Datenmigrationslösung in SAP BusinessObjects

Nachdem Sie nun einen Eindruck haben, wie und mit welchen Vorteilen ein ETL-Tool für die Datenmigration eingesetzt werden kann, möchten wir Ihr Augenmerk nun auf die Architektur der Lösung lenken.

Technisch gesehen, besteht die hier verwendete SAP BusinessObjects-Datenmigrationslösung aus drei Komponenten: der eigentlichen Software, einem Datenbankserver und einem Webserver. Der Datenbankserver wird verwendet, um die SAP BusinessObjects Repositories in mehreren getrennten Datenbankinstanzen zu verwalten. Ein Repository enthält dabei beispielsweise den gesamten Content von Data Services und die Metadaten der Schnittstellen, die als »Daten über Daten« die Struktur der Schnittstelle beschreiben. Der Webserver ermöglicht den einfachen Zugriff auf die Software über einen Webbrowser, beispielsweise über die sogenannte *Central Management Console* (CMC) für die Plattform SAP BusinessObjects Business Intelligence (BI).

Neben den Softwarekomponenten beinhaltet die SAP BusinessObjects-Datenmigrationslösung im Paket die folgenden Komponenten:

Paketinhalt

- ▸ Datenmigrationsvorlagen (*Content*) für Data Services (siehe Abschnitt 6.3.1, »Datenmigrations-Content«)

▶ *Migration Services* – ein Tool für das Werte-Mapping (siehe Abschnitt 6.3.5, »Werte-Mapping und Umschlüsselungstabellen«)

▶ SAP BusinessObjects Web Intelligence-Berichte für Monitoring und Reporting (siehe Abschnitt 6.3.8, »Monitoring«)

▶ Content für den Abgleich zwischen SAP-Zielsystem und Quellsystem(en) (siehe Abschnitt 6.3.8, »Monitoring«)

SAP Best Practices-Pakete, RDS-Pakete

Diese Bestandteile bietet SAP als *SAP Best Practices-Pakete* oder *SAP Rapid Deployment Solutions-Pakete* (RDS-Pakete) an. Dabei sind die kostenlosen Best Practices-Pakete speziell auf die SAP-Mittelstandslösung *SAP Business All-in-One* zugeschnitten, aber erweiterbar auf jedes SAP ERP- und CRM-System. Die RDS-Pakete beinhalten neben dem vordefinierten Content und der Konfiguration zusätzlich noch Serviceangebote für Datenmigrationsprojekte (siehe Abbildung 6.1).

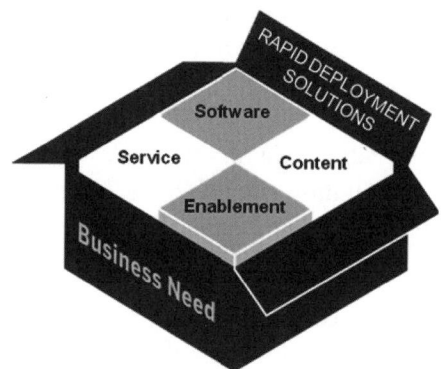

Abbildung 6.1 Veranschaulichung eines RDS-Pakets

Der vordefinierte Content für SAP BusinessObjects Data Services beinhaltet die Metadaten der SAP-Zielschnittstelle sowie Validierungen, um das Mapping der Quellseite zu vereinfachen. Die Zahl der unterstützten Business-Objekte wächst ständig, theoretisch kann mindestens jedes IDoc oder asynchrone BAPI angesprochen werden. Beispiele für vorgefertigte Templates sind:

▶ Geschäftspartnerdaten wie Kunden- und Lieferantenstamm

▶ Logistikdaten wie Materialstamm, Stücklisten, Verkaufsbelege

▶ FI-Daten wie Forderungen und Verbindlichkeiten

Für BAPIs ohne ausgelieferte IDoc-Schnittstelle kann über die SAP-Transaktion BDBG auf einfache Weise eine BAPI/ALE-Schnittstelle im

Kundennamensraum angelegt werden (siehe Abschnitt 6.5.2, »IDoc-Einführung«). Mit dieser Voraussetzung lässt sich dann auch der Content in Data Services unbeschränkt erweitern.

Business-Objekte

Auf einen Blick: die wichtigsten Business-Objekte
▶ Kostenarten (CO)
▶ Merkmale (CA)
▶ Klassen (CA)
▶ Leistungsarten (CO)
▶ Tarife (CO)
▶ Kundenstamm (SD, FI)
▶ Lieferantenstamm (MM, FI)
▶ Materialstamm (MM)
▶ Materialstamm Klassifizierung (MM)
▶ Materialinspektion (QM)
▶ Einkaufsinfosätze (MM)
▶ Prüfmethoden (QM)
▶ Stammprüfmerkmale (QM)
▶ Prüfpläne (QM)
▶ Objektabhängigkeiten
▶ Stücklisten (PP)
▶ Arbeitspläne (PP)
▶ SD-Preise (SD)
▶ Bestände (MM)
▶ Debitoren-/Kreditorenkonten (FI)
▶ Kundenaufträge (SD)
▶ Bestellungen (MM)
▶ Innenaufträge (CO)
▶ Orderbuch (MM)
▶ Projektstrukturplan (PS)
▶ Technische Plätze (PM)
▶ Geschäftspartner (CRM)
▶ Leads (CRM)
▶ Opportunities (CRM)
▶ Prospects (CRM)
▶ Quotations (CRM)
▶ Personalabrechnung (HCM)
▶ Personalmanagement (HCM)

ODBC Mit dem SAP Best Practices-Content wird aus dem ETL-Werkzeug Data Services überhaupt erst eine perfekt auf SAP-Zielsysteme abgestimmte Datenmigrationsplattform. Die Architektur um Data Services herum ist in Abbildung 6.2 dargestellt. Die Plattform selbst läuft auf einer relationalen Datenbank, die auch gleichzeitig als *Staging Area* verwendet wird. SAP BusinessObjects Data Services kann sich mittels eines Adapter-Frameworks beispielsweise über ODBC (Open Database Connectivity), Dateischnittstellen, Mainframe, XML und Microsoft Excel-Dateien mit beliebigen Quellsystemen verbinden.

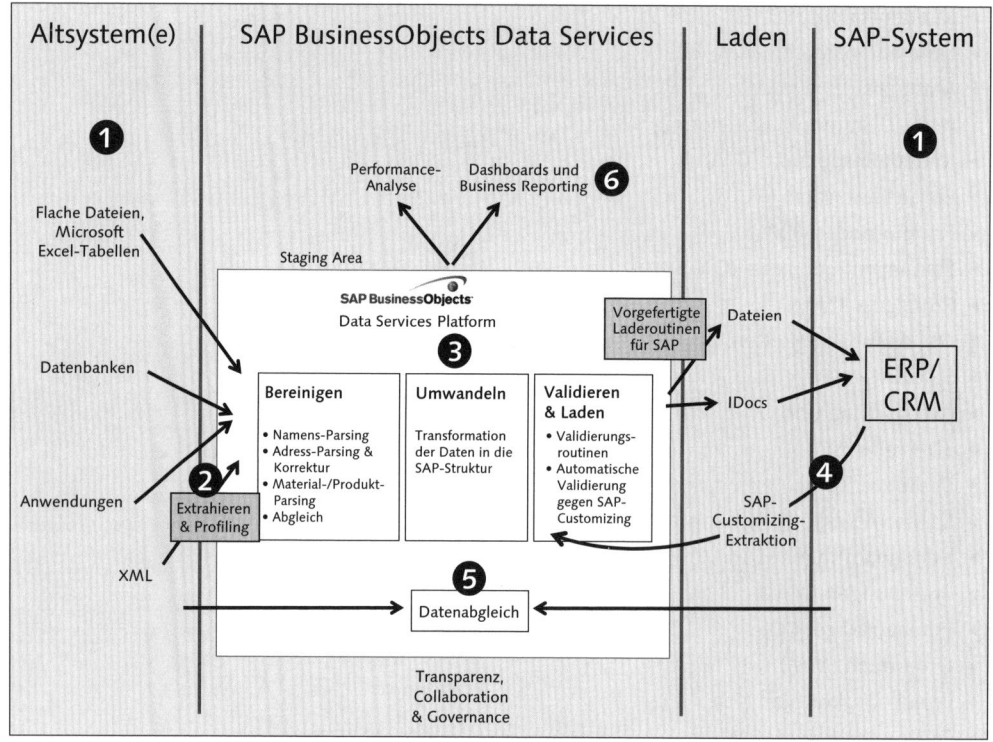

Abbildung 6.2 Architektur der Data Services-Lösung

Architektur Nachfolgend erläutern wir Ihnen die Architektur der Data Services-Lösung für Datenmigration in SAP gemäß Abbildung 6.2.

❶ Quell- und Zielsystem
Auf der linken Seite finden Sie die Anbindung an ein oder mehrere Nicht-SAP-Altsysteme über verschiedene Schnittstellen, rechts die Anbindung an ein SAP ERP- oder SAP CRM-System über IDocs oder eine Dateischnittstelle.

❷ Extrahieren und Profiling

Die Staging Area zwischen Quell- und Zielseite wird von der Datenbank in SAP BusinessObjects Data Services bereitgestellt. Hier werden Daten von der Quellseite extrahiert und untersucht. Dieses Untersuchen oder *Profiling* ist ein entscheidender Schritt, da es einen tiefen Einblick in das Altsystem gewährt.

Dieser Einblick dient dazu, Muster in den Daten aufzufinden und wichtige Details zu prüfen, zum Beispiel: Sind alle Postleitzahlen für Deutschland fünfstellig und numerisch? Welche unterschiedlichen Notationen für das Land Deutschland werden im Altsystem verwendet (etwa »Deutschland«, »Bundesrepublik Deutschland«, »BRD«, »DE« sowie »Germany«)?

❸ Bereinigen, Umwandeln sowie Validieren und Laden

Dieser Schritt beinhaltet das Bereinigen der Datensätze, damit diese einem bestimmten Muster gerecht werden, sowie das Umwandeln gemäß bestimmter Regeln und schließlich das Validieren gegen das SAP-Customizing. Dies kann beispielsweise das Zusammenführen zweier Felder zu einem einzigen Feld, das Aufteilen von Feldern, die Konvertierung von Werten in ein bestimmtes Format (zum Beispiel die Umwandlung von Telefonnummern in das internationale Format mit »+49« für Deutschland) sowie die Validierung gegen Mussfelder und Prüftabellen sein. Anschließend werden die so bereinigten und geprüften Daten in das SAP-System geladen.

❹ Customizing-Extraktion aus SAP

Da SAP-Systeme konfigurierbar sind, muss das Customizing, etwa für Buchungskreise, Werke, Materialarten und -gruppen, in die Data Services-Zwischenschicht überführt werden. Dies geschieht durch Replizieren des Customizings in Data Services über ebenfalls vorausgeliefertem Content. Auf diese Weise kann bereits in Data Services zu jeder Zeit sichergestellt werden, dass die zu ladenden Datensätze mit dem SAP-System konform sind. Der Vorgang des Delta-Abgleichs kann dabei bei Bedarf mehrfach wiederholt werden, wenn etwa im SAP-System noch Änderungen am Customizing vorgenommen werden müssen.

❺ Datenabgleich

Der Datenabgleich nach dem Laden der Daten vergleicht die tatsächlich in das SAP-System geladenen Daten mit den bei der Migration von SAP BusinessObjects Data Services erwarteten Daten.

❻ Dashboards und Reporting

Der gesamte Prozess kann von den involvierten Projektmitarbeitern und Fachbereichsverantwortlichen mittels Dashboards und Business-Analytics-Berichten jederzeit verfolgt werden. Dadurch ist der Status der Datenübernahme stets ersichtlich.

Als voll funktionsfähige Integrations- und Orchestrierungsplattform kann Data Services darüber hinaus nach einer erfolgreichen Datenübernahme auch weiterhin für Stammdatenintegration aus mehreren Systemen oder für Datenqualitätsprozesse eingesetzt werden.

6.3 Durchführung der Datenmigration

Beispiel In einem Schritt-für-Schritt-Beispiel werden Sie nun durch den gesamten Datenmigrationsprozess geführt. Als Beispiel dient abermals der Kundenstamm, da dieser zum einen in jeder Datenmigration vorkommt und zum anderen auch für Techniker oder Mitarbeiter anderer Fachbereiche als der Debitorenbuchhaltung leicht nachvollziehbar ist. Außerdem kann somit der Prozess einfach mit dem Laden der Daten über die LSM Workbench (siehe Kapitel 5, »Legacy System Migration Workbench«) verglichen werden. Die Aufgabe besteht darin, die Debitorenstammdaten mittels Data Services nach SAP zu migrieren.

6.3.1 Datenmigrations-Content

Zunächst stellen wir Ihnen den Inhalt der SAP Best Practices- und RDS-Pakete vor.

ATL-Dateien Der in den Paketen verfügbare Datenmigrations-Content enthält sogenannte *Jobs* für SAP BusinessObjects Data Services. Pro Business-Objekt wird ein Job ausgeliefert, der im Allgemeinen einem IDoc-Typ entspricht. Aufgrund der BAPI/ALE-Schnittstelle kann dahinter auf SAP-Seite neben einem klassischen IDoc auch ein BAPI liegen. Eine Ausnahme stellt industriespezifischer Content dar, der nicht über IDocs geladen wird. Die ausgelieferten und vormodellierten Jobs dienen als Templates für die Data Services-Plattform und werden in einem proprietären Dateiformat (*.atl) zur Verfügung gestellt. Darüber hinaus enthält ein solches Paket eine Dokumentation in Form einer für den Business-Content spezifischen Installationsanleitung. Des Weiteren enthalten sind Mapping-Templates pro Business-Objekt (Tabellen für Mapping auf Papier), ein Erweiterungs-Guide (um eigene IDocs oder kundenspezifische Felder zu ergänzen) sowie eine Geschäftsprozessbeschreibung, ebenfalls für jedes Business-Objekt, um den Aufbau des IDocs bis ins Detail verstehen zu lernen.

Nähere Informationen dazu finden Sie auch im Internet unter *http://www.sap.com/rds* oder im SAP Service Marketplace unter *http://service.sap.com/bp-datamigration*. Beachten Sie, dass der vordefinierte Content zwar für unterschiedliche Länder lokalisierbar ist, aber nur in englischer Sprache ausgeliefert wird. Aus diesem Grund sind alle Inhalte und Abbildungen des gesamten Contents und der SAP BusinessObjects Data Services-Plattform in diesem Buch in englischer Sprache gehalten.

Über die Importfunktionalität in Data Services können Sie die verfügbaren Objekte aus den ATL-Dateien einfach hochladen. Es besteht umgekehrt auch jederzeit die Möglichkeit, eigenes Mapping oder eigene Validierungen auf diese Weise zu sichern und in anderen Projekten wiederzuverwenden. Dieser Export ist auch als regelmäßige Backup-Funktion zu empfehlen. | Import

Falls Sie die SAP BusinessObjects Data Services-Software bisher noch nicht im Einsatz haben, gibt es auch die Möglichkeit, mittels eines eingebauten Tutorials die grundlegenden Funktionalitäten des ETL-Werkzeugs kennenzulernen. Sie können das Tutorial direkt aus dem Hauptmenü des *Data Services Designers* über HELP • TUTORIAL aufrufen. | Tutorial

Im weiteren Verlauf geht es nun speziell um die Möglichkeit der Datenmigration in SAP mit der Data Services-Plattform, weshalb nicht im Einzelnen auf alle ETL-Funktionalitäten eingegangen wird.

> **Hinweis: Testlizenz anfordern**
>
> Wenn Sie nicht über eine Lizenz für Data Services verfügen, können Sie zu Testzwecken jederzeit eine Demolizenz (Temporary License Key) für die ETL-Plattform SAP BusinessObjects Data Services unter: *http://service.sap.com/licensekey* anfordern.

Für die Datenmigration nach SAP wird in der Best Practices-Lösung die SAP-Standardschnittstelle IDoc verwendet, deren Struktur und Felder als Metadaten in Data Services repliziert wurden. Auf diese | IDoc

Weise können Sie im Data Services Designer die Quellseite des Alt-systems auf die SAP-Zielstruktur mappen. Ein IDoc ist dabei eine hie-rarchisch geschachtelte Struktur; die einzelnen Datensätze eines IDocs heißen *Segmente*. Abbildung 6.3 zeigt die Segmente des IDoc-Nachrichtentyps DEBMAS an, die Bestandteil des vorausgelieferten Contents im SAP Best Practices-Paket sind. Der Nachrichtentyp DEBMAS wird zur Migration des Kundenstamms nach SAP verwendet.

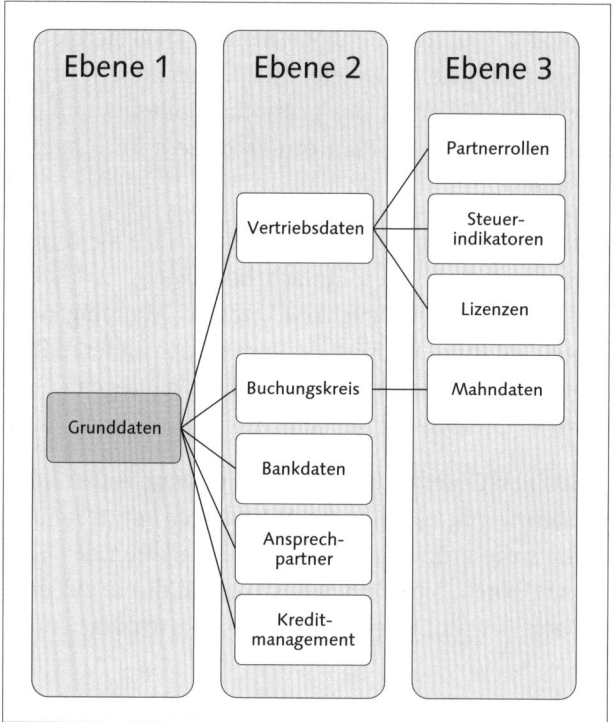

Abbildung 6.3 IDoc-Nachrichtentyp DEBMAS zur Migration des Kundenstamms nach SAP

Aufgabenstellung In unserem Beispiel beschränken wir uns auf die Grunddaten des Kundenstamms und verwenden dazu das Segment mit dem techni-schen SAP-Namen E1KNA1M. Im Data Services-Content heißt dieses Segment CustomerMasterBasicData. Die Basisdaten befinden sich dabei auf der ersten Ebene; zusätzlich gibt es weitere IDoc-Segmente auf tieferen Ebenen. Diese können je nach IDoc-Typdefinition mehr-fach wiederholt werden, sind aber nicht alle obligatorisch.

Aufgrund der verwendeten IDoc-Standardstruktur ist der Data Ser-vices-Content für jedes Business-Objekt analog aufgebaut und besteht stets aus Mapping (*_Map), Validierung (*_Validate) und Anreicherung der Daten (*_Enrich).

Die Standardaufteilung der Benutzeroberfläche im SAP BusinessObjects Data Services Designer (siehe Abbildung 6.4) umfasst die *Project Area* ❶ und die *Local Object Library* ❷ innerhalb des linken Fensterbereichs. Der ganze Bereich rechts davon ❸ wird neben der *Start Page* von den grafischen Darstellungen der Prozessflüsse eingenommen. Diese bilden den Fluss der Datensätze von oben links nach unten rechts ab. Abbildung 6.4 zeigt den Debitorenjob Job_AIO_CustomerMaster_IDOC mit dem Datenfluss DF_AIO_CustomerMasterBasicData_Validate für die Kundenstammbasisdaten. Neue Fenster werden im rechten Anzeigebereich stets in Form von Registerkarten geöffnet.

Arbeitsbereich

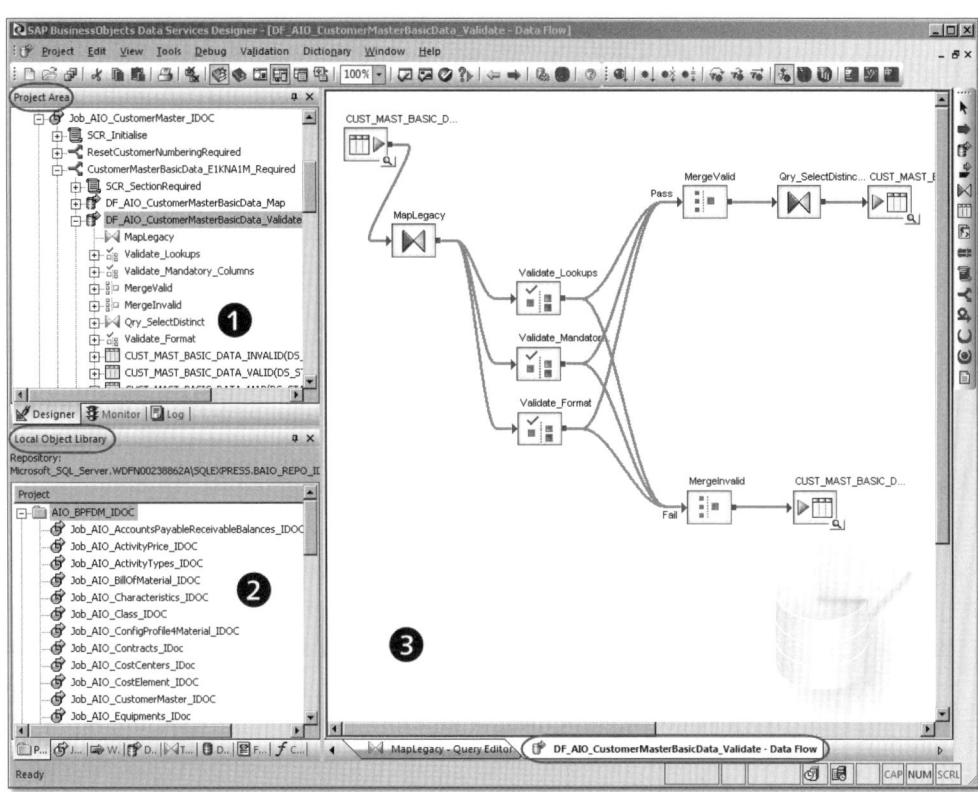

Abbildung 6.4 SAP BusinessObjects Data Services Designer

Der eingespielte Content für ERP weist die in Abbildung 6.5 dargestellte Struktur auf. Data Services-Jobs werden in Projekten organisiert, wobei ein Job mehreren Projekten zugeordnet sein kann.

Projekt

Ändert man etwas in einem bestimmten Job, wirken sich diese Änderungen auf alle Projekte aus. Im Wesentlichen ist der Projektname demnach nur eine Sammlung von Verweisen auf Data Services-Jobs. Gleiches gilt für alle untergeordneten Objekte, wie zum Beispiel Datenflüsse. Diese können alle mehrfach verwendet werden, Änderungen wirken sich dabei immer auf alle Instanzen aus. Um dies zu umgehen, kann man jedes Objekt replizieren und die Kopie für seine Zwecke weiterverwenden.

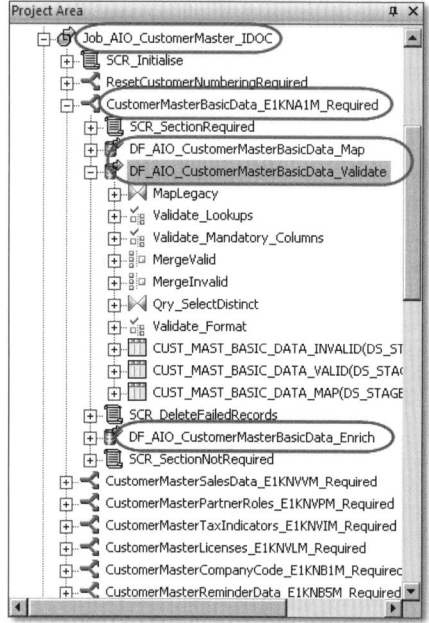

Abbildung 6.5 Struktur eines Projekts mit Job und IDoc-Segmenten

Wir verwenden in unserem Beispiel das `AIO_BPFDM_IDOC` benannte Data Services-Projekt. Dieses beinhaltet einen Job pro Business-Objekt, da bei der Datenmigration mit SAP BusinessObjects – wie bei anderen Techniken auch – stets Daten pro komplettem Business-Objekt als logische Einheit und nicht pro SAP-Tabelle migriert werden.

Job Wir verwenden nun den Job `Job_AIO_CustomerMaster_IDOC` für die Übernahme der Debitorenstammdaten.

Im Wesentlichen sind für jede Datenmigration zwei Datenflüsse signifikant; diese müssen pro IDoc-Segment bearbeitet werden:

▶ `DF_AIO_CustomerMasterBasicData_Map`
(Datenfluss für das Mapping, siehe Abschnitt 6.3.4, »Fieldmapping«)

▶ `DF_AIO_CustomerMasterBasicData_Validate`
(Datenfluss für die Validierungen, siehe Abschnitt 6.3.6, »Validierung der Daten«)

Im Mapping-Schritt wird das *Fieldmapping* durchgeführt, während im Validierungsdatenfluss nach einem erfolgten Lauf die Ergebnisse der unterschiedlichen Datenvalidierungen angezeigt werden können.

Zu guter Letzt gibt es noch den Datenfluss `DF_AIO_Customer-MasterBasicData_Enrich`, auf den wir später noch einmal eingehen werden. Für die Durchführung der Datenmigration ist dieser Schritt erst einmal zweitrangig, da hier lediglich nicht gefüllte Felder mit Standardwerten angereichert (»enriched«) werden.

Als Vorlage für das Mapping verwenden wir ein Mapping auf Papier. **Mapping-Template** Diese Mapping-Vorlagen werden mit leerer Quellseite pro Business-Objekt im Paket des SAP Best Practices-Contents ausgeliefert, um die Zuweisungen von Feldern und Werten im Tool zu vereinfachen. Außerdem sind sie ein geeignetes Mittel, um schwierige Feldbeziehungen mit Fachbereichsverantwortlichen zu diskutieren. In den Mapping-Templates gibt es stets eine vereinfachte Sicht auf die Hauptfelder und eine Sicht auf alle Felder eines einzelnen IDoc-Segments. Im Weiteren verwenden wir zur besseren Übersichtlichkeit die vereinfachte Sicht.

Abbildung 6.6 zeigt die IDoc-Zielstruktur als Ausschnitt aus dem vereinfachten Mapping-Template für das IDoc-Segment `E1KNA1M`.

Nachfolgend erläutern wir die einzelnen Spalten mit den in allen ausgelieferten Mapping-Templates einheitlich verwendeten Begriffen. Als Abkürzungen, sowohl in Data Services als auch in allen Templates, dienen dabei das Sternchen (*) als Zeichen für Mussfelder, das Dollar-Zeichen ($) zur Kenntlichmachung vorhandener Default-Werte und das Pluszeichen (+) für Felder mit Prüftabellen im SAP-System. Die Felder mit einem Plus, für die neben dem Fieldmapping ein eigenes *Werte-Mapping* notwendig werden wird (*Umschlüsselungstabelle*), werden in Abschnitt 6.3.5, »Werte-Mapping und Umschlüsselungstabellen«, ausführlich behandelt.

283

System Required	Enrichment Rule	Look Up Required	Text Description	SAP Technical Field Name	Field Length	Default	Segment Name	Lookup Table
E1KNA1M - Basic Data (KNA1)								
*			Customer Number 1	KUNNR	10		E1KNA1M	
*	$	+	Customer Account Group	KTOKD	4	Default to global variable $G_Customer_Account_Group _Default value 'YB01' if left null	E1KNA1M	Customer Account Group
*		+	Country Key	LAND1	3		E1KNA1M	Country
*			Name 1	NAME1	35		E1KNA1M	
*			City	ORT01	35		E1KNA1M	
			District	ORT02	35		E1KNA1M	
			Postal Code	PSTLZ	10		E1KNA1M	
*		+	Region	REGIO	3		E1KNA1M	Country Region
*			Sort field	SORTL	10		E1KNA1M	
		+	Language Key	SPRAS	1		E1KNA1M	Language
			Tax Number 1	STCD1	16		E1KNA1M	
			House number and street	STRAS	35		E1KNA1M	
			First telephone number	TELF1	16		E1KNA1M	
			Fax Number	TELFX	31		E1KNA1M	
*	$	+	Transportation zone to or from which the goods are delivered	LZONE	10	Default to global variable $G_Transportation_Zone_Defa ult value 'US00040000' if left	E1KNA1M	Transportation Zone
		+	Tax Jurisdiction	TXJCD	15		E1KNA1M	Tax Jurisdiction Code

Abbildung 6.6 SAP-Zielseite als Ausschnitt aus dem Mapping-Template

Spalte	Beschreibung
System Required	Bei diesem Feld handelt es sich um ein Mussfeld.
Enrichment Rule	Das Feld wird mit einem Standardwert angereichert, wenn es nicht einem Quellfeld zugewiesen wurde.
Look Up Required	Für dieses Feld gibt es eine Prüftabelle (Lookup). Nur die Werte aus der Wertehilfe (F4) sind zulässig.
Text Description	Ausführliche und eindeutige Beschreibung des Feldes
SAP Technical Field Name	Technischer Name des Feldes im ABAP-Dictionary

Tabelle 6.1 Wichtigste Spalten der SAP-Zielseite im Mapping-Template

Spalte	Beschreibung
Field Length	Feldlänge im SAP-Zielsystem
Default	Standardvorbelegung für Felder mit Dollar-Zeichen
Segment Name	Name des IDoc-Segments
Lookup Table	Prüftabelle für das Feld, die später beim Werte-Mapping Einfluss auf gültige Werte hat

Tabelle 6.1 Wichtigste Spalten der SAP-Zielseite im Mapping-Template (Forts.)

Nachdem Sie nun die grundlegende Struktur des ausgelieferten Contents kennengelernt haben, können wir uns dem eigentlichen Datenmigrationsprozess und der Anbindung der Quellseite zuwenden.

6.3.2 Anbindung der Quellsysteme

Als erster Schritt wird das Altsystem an Data Services angebunden, da auf diesem Weg auch die Strukturen und Metadaten bekannt gemacht werden. Sie können auch mehrere Quellsysteme über verschiedene Schnittstellen an Data Services anbinden. In unserem Beispiel verwenden wir eine Tabelle der Altsystemdatenbank mit dem Namen CUSTOMERADDRESS und eine Microsoft Excel-Datei mit dem Namen *Customer_Header.xls*, die die Bezeichnung der Debitoren aus dem Altsystem enthält. Daneben ist auch eine direkte Anbindung an eine Applikation oder das Laden von flachen Dateien möglich.

Quellsysteme

Um zunächst die Tabelle CUSTOMERADDRESS aus dem Altsystem anzubinden, gehen Sie folgendermaßen vor: Wechseln Sie auf den Karteireiter DATASTORES in der LOCAL OBJECT LIBRARY, und legen Sie über einen Rechtsklick in den leeren Bereich eine Datenbankverbindung an. In diesem Beispiel wird die Datenbank DS_LEGACY über eine ODBC-Schnittstelle angebunden. Jede Verbindung erhält einen Unterpunkt namens TABLES, über den alle oder eine Selektion beliebiger Tabellen des Altsystems ausgewählt werden können. Auf diese Weise werden sogleich die Metadaten wie *Feldnamen* und *Feldlängen* in Data Services bekannt. Des Weiteren können über diese Anbindung sogar die vorhandenen Datensätze in der Tabelle angezeigt werden (siehe Abbildung 6.7).

Datenbank-anbindung

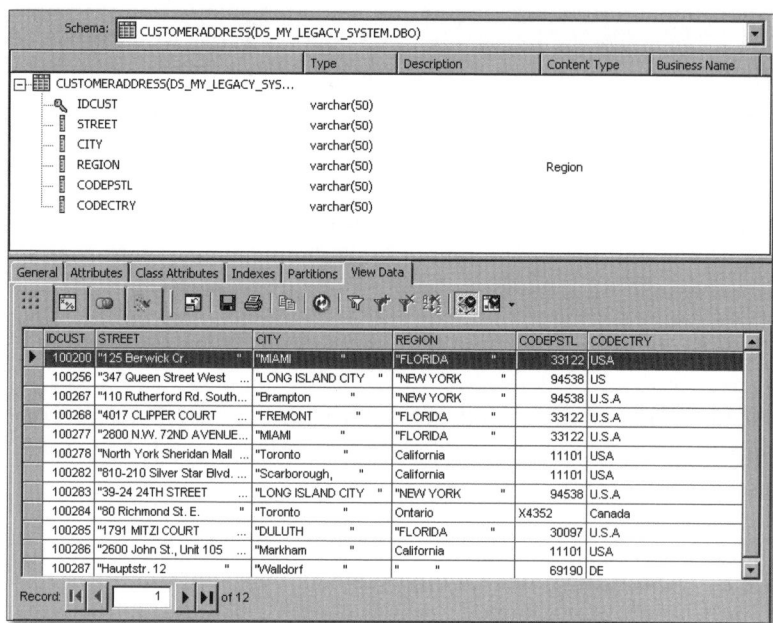

Abbildung 6.7 Anbindung einer Tabelle über Open Database Connectivity

Dateischnittstelle

Anschließend werden die Microsoft Excel-Dateien eingebunden, indem Sie auf dem Karteireiter FORMATS mit der rechten Maustaste klicken und dann den Menüpunkt NEW wählen. Hier können Sie ein spezielles Tabellenblatt selektieren und einen Bereich innerhalb der Tabelle auswählen. Verfügt die Tabelle über Spaltennamen in der ersten Zeile, können auch die Metadaten direkt aus der Microsoft Excel-Datei übernommen werden. Wählen Sie dazu gemäß Abbildung 6.8 die entsprechende Funktionalität aus, und bestätigen Sie dies über IMPORT SCHEMA. Default-Datenformate, wie beispielsweise `varchar 255`, können Sie bei Bedarf manuell anpassen. Wir empfehlen Ihnen auch für alle rein numerischen Werte die Verwendung des Character-Datentyps, sofern Sie keine mathematischen Operationen mit den Feldwerten ausführen möchten.

Für eingebundene Microsoft Excel-Dateien ist die gleiche Vorschau auf die Daten möglich wie bei der Anzeige der Tabellendatensätze, sofern Data Services Zugriff auf die Datei hat. Nach einem erfolgten Import in Data Services ist kein großer Unterschied mehr feststellbar, und die beiden Objekte können nahezu gleichwertig verwendet werden. Eine Einschränkung gibt es jedoch: Während innerhalb von Data Services Datenbanktabellen und flache Dateien sowohl Quelle als auch Ziel der Daten sein können, ist die Verwendung von Microsoft Excel-Dateien auf die Quellseite beschränkt, das heißt, es kann nicht direkt in eine Microsoft Excel-Datei geschrieben werden.

Abbildung 6.8 zeigt die mit `Customer_Header` benannte Microsoft Excel-Datei *Customer_Header.xls*.

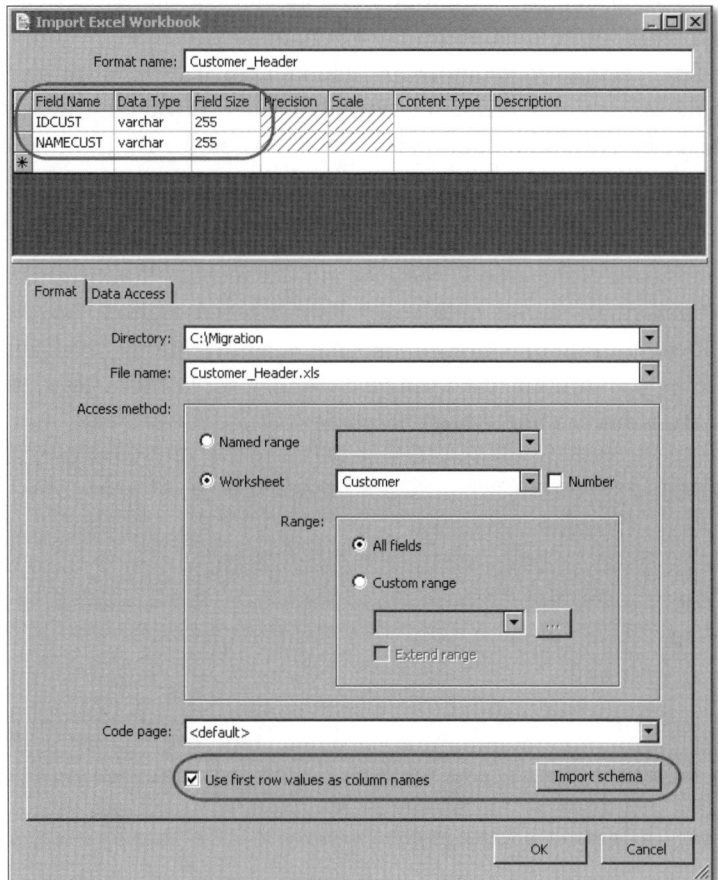

Abbildung 6.8 Einbinden von Microsoft Excel-Tabellen

Hinweis: Formatierung in Microsoft Excel

Da Microsoft Excel ein Tabellenkalkulationsprogramm und keine Textverarbeitungssoftware ist, werden Zellen mit nur numerischem Inhalt automatisch als Zahlen formatiert. Dadurch kann es zu unerwünschten Exponentialschreibweisen sowie zum Verlust von führenden Nullen kommen. Letzteres ist besonders bei deutschen Postleitzahlen ein häufig auftretendes Problem, da sie mit einer Null beginnen können.

Dass SAP BusinessObjects Data Services nicht nur einen Einblick in die tatsächlichen Altdaten gewähren kann, sondern sogar noch mächtiger ist, zeigt der nächste Abschnitt.

6.3.3 Profiling der Daten

Profiler

Nun haben Sie die Metadaten zweier unterschiedlicher Altsystemquellen an SAP BusinessObjects Data Services angebunden. Mithilfe des in Data Services eingebauten *Profilers* können Sie bereits vor dem Mapping Muster in den Daten ausfindig machen sowie die Qualität der Daten im Altsystem überprüfen. Dazu müssen die Daten entweder in Tabellen oder flachen Dateien vorliegen.

Spalten-Profiling

Wählen Sie dazu in der LOCAL OBJECT LIBRARY die Tabelle CUSTOMERADDRESS aus, und klicken Sie mit der rechten Maustaste auf den Tabellennamen. Im geöffneten Kontextmenü wählen Sie die Funktionalität SUBMIT COLUMN PROFILE REQUEST. Im Beispiel aus Abbildung 6.9 wird für jede Spalte ein detaillierter Profiling-Request abgesetzt, wenn Sie mit SUBMIT bestätigen.

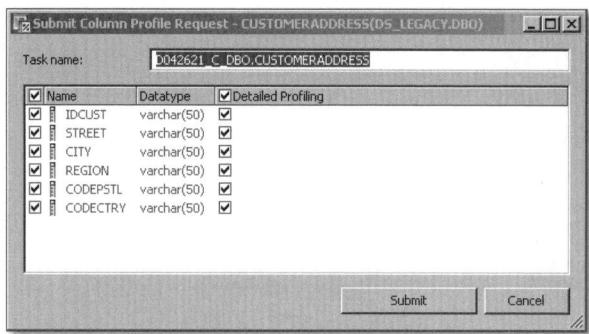

Abbildung 6.9 Spalten-Profiling

Das Ergebnis wird in Abbildung 6.10 angezeigt. Innerhalb des Bereichs VIEW DATA ist es auch jederzeit möglich, einen erneuten Profiling-Request abzusetzen.

Das Ergebnis des Spalten-Profilings zeigt eine möglicherweise falsche Postleitzahl an. Von den insgesamt zwölf Datensätzen aus unterschiedlichen Ländern gibt es nur einen, der eine nicht rein numerische Postleitzahl hat. Es handelt sich dabei um den *ZIP-Code* eines Debitors aus Kanada mit dem Wert X4352, der über dieses Profiling selbst aus einer sehr viel größeren Datenmenge herausgefallen wäre.

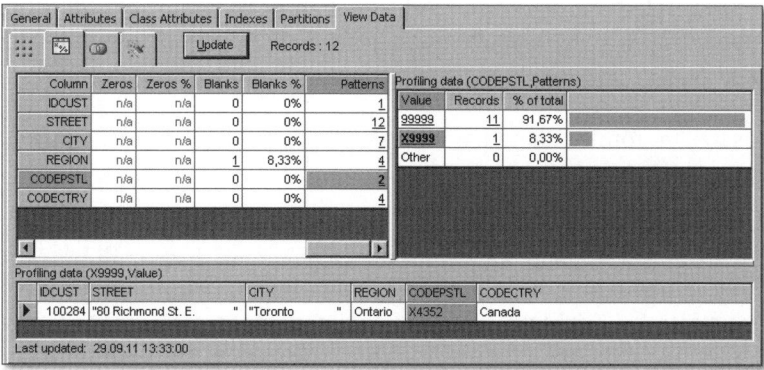

Abbildung 6.10 Ergebnis des Spalten-Profilings

Es stellt sich also die Frage, ob eine Postleitzahl in Kanada das Format X9999 – das heißt ein Buchstabe gefolgt von vier Ziffern – haben darf. Wir werden die Antwort auf diese Frage spätestens bei der Auswertung der in Data Services eingebauten Validierungen (Abschnitt 6.3.6, »Validierung der Daten«) beantworten können.

Neben den in diesem Beispiel verwendeten sogenannten PATTERNS für Muster in den Datensätzen gibt es noch weitere wichtige Analysen beim Spalten-Profiling, wie zum Beispiel:

▶ **Min**
kleinster Wert nach lexikografischer Ordnung

▶ **Max**
größter Wert nach lexikografischer Ordnung

▶ **Median**
Medianwert

▶ **Min string length**
kürzester Wert

▶ **Max string length**
längster Wert

▶ **Average string length**
durchschnittliche Länge

▶ **Distincts**
Anzahl der disjunkten Werte

▶ **Nulls**
fehlende Werte

So lassen sich also bereits fehlerhafte Werte erkennen; auch zu lange Werte aus dem Altsystem werden erfahrenen Benutzern über die MAX STRING LENGTH-Funktionalität sofort ins Auge fallen.

Relationen-Profiling

Zusätzlich können Sie auch komplexere Profiling-Anfragen starten, die Datenbanktabellen miteinander vergleichen und durch Analyse der Relationen zum Beispiel verlorene Datensätze auffinden (Datensatz ohne Kopf, Kopf ohne Positionen etc.). Starten Sie dazu das Profiling ausgehend von der ersten Tabelle, indem Sie mit der rechten Maustaste im Kontextmenü des Tabellennamens den Punkt SUBMIT RELATIONSHIP PROFILE REQUEST WITH... auswählen. Dadurch wird der Cursor zu einem Fadenkreuz, mit dem Sie die zweite Tabelle (alternativ zu Tabellen auch flache Dateien) auswählen. In dem darauffolgenden Dialog können Sie mittels SUBMIT einen *Relationship Profile Request* absetzen, nachdem Sie die Schlüsselbeziehung zwischen den beiden Tabellen bestätigt oder entsprechend angepasst haben. In diesem Beispiel wird die CUSTOMERHEADER-Tabelle anstatt über die Microsoft Excel-Datei ebenfalls direkt aus dem Altsystem angebunden. Der Schlüssel ist dabei die Kundennummer im Altsystem, IDCUST (siehe Abbildung 6.11).

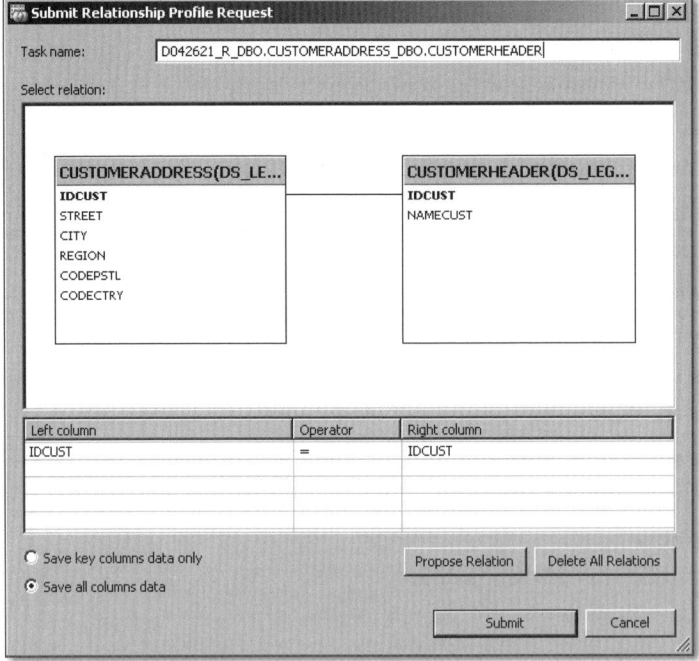

Abbildung 6.11 Relationen-Profiling

Das Ergebnis des Relationen-Profilings sehen Sie in Abbildung 6.12: 8,33 % aller Adressen haben keinen Kopfsatz, und 15,38 % aller Kopfdatensätze haben keine Adresse. In unserem kleinen Beispiel von lediglich zwölf Datensätzen bedeutet dies, dass es eine Adresse gibt, die eine Karteileiche darstellt. Sie ist keinem Debitor zugeordnet und existiert im Altsystem nur noch als Adresse ohne jeglichen Bezug. Auf der anderen Seite gibt es zwei Kundensätze im Altsystem ohne Adressdaten. Wir wissen, dass diese beiden Datensätze sicherlich nicht in das SAP-System übernommen werden, da bestimmte Adressdaten zu den Mussfeldern gehören.

Mit dem Data Services-Tool kann man nun jedoch noch weiter gehen und die problematischen Datensätze anzeigen lassen. In dem in Abbildung 6.12 gezeigten Beispiel ist das der Datensatz des Kunden mit der Legacy-Kundennummer 100289. Genauso kann man sich die verlorene Adresse anzeigen lassen, die in einer relationalen Datenbank ohne Kopf von der Applikation nicht mehr ohne Weiteres auffindbar wäre.

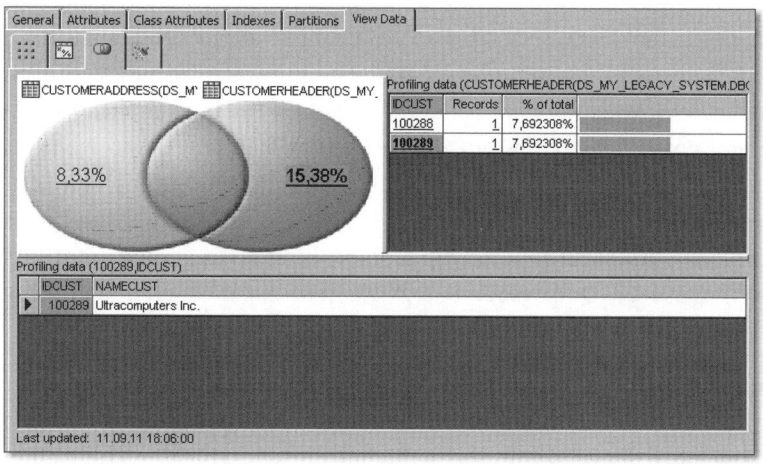

Abbildung 6.12 Ergebnis des Relationen-Profilings

Die nächsten Schritte hängen stets vom jeweiligen Einzelfall ab, doch die Erfahrung lehrt, dass es sich auszahlt, bereits im abzulösenden Altsystem zu entscheiden, ob zum Beispiel die Adresse noch zu übernehmen ist oder nicht, und, wenn nötig, eine Korrektur der Daten vorzunehmen. Denn wenn bereits dort die Daten entweder nicht mehr aktuell, falsch oder inkonsistent sind, bedeutet das im Folgenden unnötigen Arbeits- und Zeitaufwand.

6.3.4 Fieldmapping

Nun haben Sie bereits ein klares Bild von der Datenmenge, der Datenqualität und den einzelnen Feldern, die nun den SAP-Feldern zugeordnet werden müssen. Beim Fieldmapping handelt es sich um den zentralen Schritt einer jeden Datenmigration: Den vorgegebenen Feldern der SAP-Zielseite werden die verfügbaren Felder der Quellseite zugeordnet. In unserem Fall ist die SAP-Seite durch die IDoc-Segmente bereits definiert, analog zu den Mapping-Templates. Die Quellseite hingegen wird durch Ihre Quellstrukturen vorgegeben, in unserem Beispiel durch die Excel-Datei *Customer_Header.xls* und die Tabelle CUSTOMERADDRESS. Diese beiden sollen nun als Quellstrukturen für die Debitorenbasisdaten dienen.

Mapping auf Papier

Schauen wir uns zunächst das Mapping auf Papier für unsere beiden Quellstrukturen an, wie es in Abbildung 6.13 ausschnittweise gezeigt wird. Auf der linken Seite dieser Tabelle finden Sie stets das Altsystem und rechts die SAP-Struktur. In unserem Beispiel ist die linke Seite bereits mit zuzuweisenden Quellfeldern für unser Beispiel der Debitorenübernahme ausgefüllt worden. Dies erleichtert später das Mapping im Data Services-Tool. Eine Zeile ergibt von links nach rechts gelesen immer die Zuordnung eines Quellfeldes zu einem Zielfeld. Die Anweisung move bedeutet in diesem Fall eine einfache Übertragung des Quellfeldes auf das SAP-Zielfeld. Ferner benötigen wir Umschlüsselungen (->) für Felder mit Prüftabelle (+) und einen Festwert (fixed value) für die Sprache, da diese Information nicht aus unserem Altsystem geliefert wird. Dabei ist es wichtig zu wissen, dass auch mehrere Quellfelder einem Zielfeld zugeordnet und diverse Regeln angewendet werden können.

Auf den ersten Blick wird ersichtlich, dass alle obligatorischen Felder (*) versorgt wurden, bis auf jene, die eine Default-Belegung besitzen ($). Diese Felder müssen also trotz der Eigenschaft »Mussfeld« nicht gemappt werden, sofern später eine Konstante als globale Variable in Data Services mitgegeben wird.

Mapping

Nun muss dieses Mapping im Data Services Designer umgesetzt werden. Rufen Sie dazu die Mapping-Ansicht auf, indem Sie den Datenfluss DF_AIO_CustomerMasterBasicData_Map durch einen einfachen Klick auf den Namen in der *Project Area* oder durch einen Doppelklick auf das Symbol im übergeordneten Datenfluss auswählen (Abbildung 6.14).

Legacy Object: CUSTOMER

Field Name	Table Name	Field Type (Char, Date, Number etc.)	Field Length	Rule	System Required	Enrichment Rule	Look Up Required	Text Description	S? Fi
Basic Data (KNA1)					**E1KNA1M - Basic Data (KNA1)**				
IDCUST	Customer_Header	Varchar	255	move	*			Customer Number 1	KU
					*	$	+	Customer Account Group	KT
COUNTRY	CUSTOMERADDRESS	Varchar	255	USA -> US US -> US U.S.A -> US Canada -> CA DE -> DE	*		+	Country Key	LA
NAMECUST	Customer_Header	Varchar	255	move	*			Name 1	NA
CITY	CUSTOMERADDRESS	Varchar	255	move	*			City	OF
								District	OF
CODEPSTL	CUSTOMERADDRESS	Varchar	255	move				Postal Code	PS
REGION	CUSTOMERADDRESS	Varchar	255	FLORIDA -> FL NEW YORK -> NY California -> CA Ontario -> ON	*		+	Region	RE
IDCUST	CUSTOMERADDRESS	Varchar	255		*			Sort field	SO
				fixed value 'EN'			+	Language Key	SF
								Tax Number 1	ST
STREET	CUSTOMERADDRESS	Varchar	255	move				House number and street	ST
								First telephone number	TE
								Fax Number	TE
					*	$	+	Transportation zone to or from which the goods are delivered	LZ
							+	Tax Jurisdiction	TX

Abbildung 6.13 Mapping auf Papier im Mapping-Template

```
⊟ ⚙ Job_AIO_CustomerMaster_IDOC
  ⊞ 📘 SCR_Initialise
  ⊞ ⚡ ResetCustomerNumberingRequired
  ⊟ ⚡ CustomerMasterBasicData_E1KNA1M_Required
     ⊞ 📘 SCR_SectionRequired
     ⊟ 🗂 DF_AIO_CustomerMasterBasicData_Map
        ⊞ ▧ Qry_AllFields
        ⊞ ▦ CUST_MAST_BASIC_DATA_MAP(DS_STAGE_INIT.DS_OWNER)
        ⊞ ▧ Qry_BestPractices
        ⊞ ▦ CUSTOMERHEADER(DS_MY_LEGACY_SYSTEM.DBO)
        ⊞ ▦ CUSTOMERADDRESS(DS_MY_LEGACY_SYSTEM.DBO)
     ⊞ 🗂 DF_AIO_CustomerMasterBasicData_Validate
     ⊞ 📘 SCR_DeleteFailedRecords
     ⊞ 🗂 DF_AIO_CustomerMasterBasicData_Enrich
     ⊞ 📘 SCR_SectionNotRequired
```

Abbildung 6.14 Auswahl des Mapping-Schritts

Markieren und entfernen Sie den Platzhalter für die Quelldatei, und bringen Sie mittels Drag & Drop Ihre beiden Quellen Customer_Header (Name der angebundenen Microsoft Excel-Datei) und CUSTOMERADDRESS (Datenbanktabelle) als Quellen in den Arbeitsbereich des Datenflusses. Durch Verbinden der beiden Quellen mit der Query Qry_BestPractices werden die Quellfelder auf dem Arbeitsbereich für ein vereinfachtes Mapping verfügbar. Den korrekten Datenfluss zeigt Abbildung 6.15.

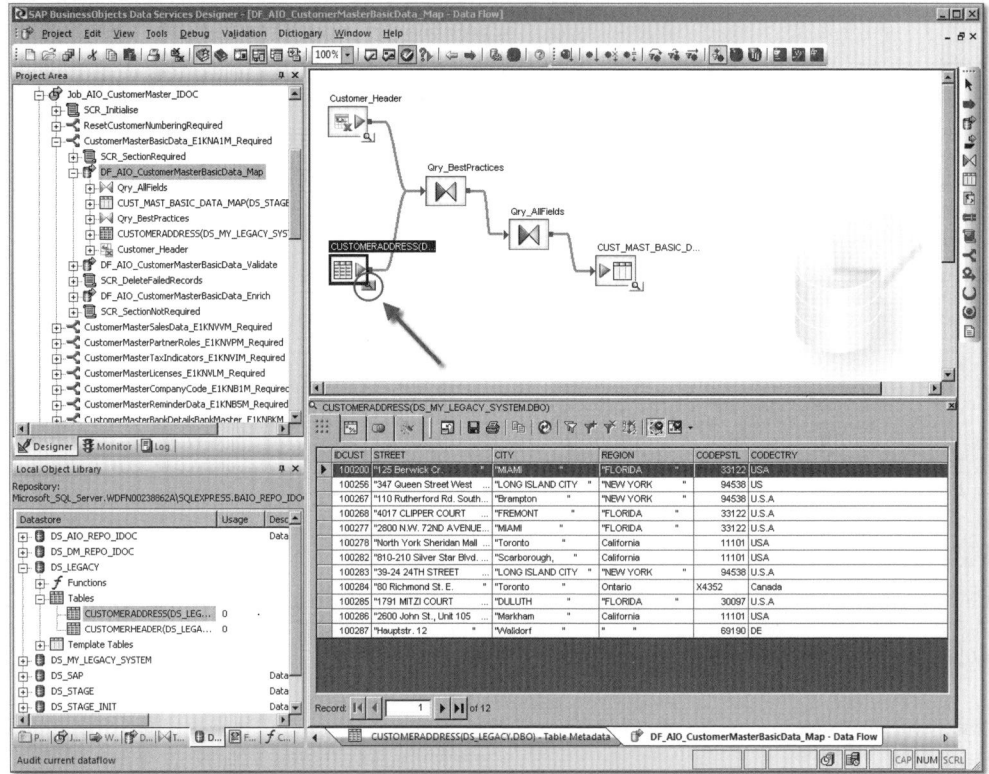

Abbildung 6.15 Anbindung des Altsystems

Über die kleine Lupe (🔍) an den unterschiedlichen Objekten im Datenfluss können Sie sich jederzeit die Inhalte anzeigen lassen; somit haben Sie die einzelnen oder typischen Datensätze (über das auch hier mögliche Profiling) immer im Blick. Eine Fehlersuche wird dadurch sehr stark vereinfacht.

Benötigen Sie mehr Felder als im Best-Practices-Baseline-Umfang verfügbar sind, können Sie diese in der zweiten Query Qry_AllFields finden. Wir verwenden in unserem Beispiel jedoch die vereinfachte Version (siehe Abbildung 6.6), die alle Felder für ein SAP Business All-in-One-System bereithält.

Es bietet sich an, beim Arbeiten im Datenfluss oder in den Querys interne Validierungen in Data Services durchzuführen. Dabei fallen Mapping-Fehler oder inkonsistente Einstellungen schnell auf. Verwenden Sie die Schaltfläche VALIDATE CURRENT ( ) zum Überprüfen des lokalen Objekts oder VALIDATE ALL ( ) für den Syntax-Check über alle Objekte. Alternativ können Sie VALIDATION • VALIDATE aus dem Hauptmenü auswählen.

Mittels Doppelklick auf das `Qry_BestPractices`-Symbol oder eines einfachen Klicks auf den Namen gelangen Sie in die Mapping-Ansicht. Wie zuvor finden Sie auf der linken Seite die Quellen (SCHEMA IN) und auf der rechten die IDoc-Zielfelder (SCHEMA OUT). Der Bereich darunter zeigt das Coding für die Zuweisung in der SAP BusinessObjects eigenen (namenlosen) Skriptsprache an. Für alle Standardfunktionen wird hier das Coding generiert, Sie haben aber stets die Möglichkeit, das generierte Skript zu ändern bzw. Ihr eigenes Coding zu ergänzen.

Fieldmapping

Tipp: Vorausgelieferte Funktionen nutzen

Nutzen Sie eine der zahlreichen vorausgelieferten Funktionen, und passen Sie das Skript-Coding für Ihre Bedürfnisse lediglich an. So können Sie auf einfache Weise Ihre Umschlüsselungsregeln erstellen, ohne jedes Mal von Neuem beginnen zu müssen.

Da Sie zwei Quellstrukturen haben, muss es eine eindeutige Schlüsselbeziehung zwischen den Quellen `Customer_Header` und CUSTOMERADDRESS geben. Sie können diese Schlüsselbeziehung im Skripteditor frei definieren oder sich über die Funktionalität PROPOSE JOIN in der WHERE-Bedingung das Coding generieren lassen. Da in unserem Fall die Kundennummer in der Microsoft Excel-Datei genauso heißt wie in der Tabelle, nämlich IDCUST, passt die vorgeschlagene Bedingung genau, und Sie können sie stehen lassen, wie in Abbildung 6.16 dargestellt.

Das eigentliche Mapping findet nun gemäß Mapping-Template (Abbildung 6.13) ganz einfach statt, indem die notwendigen Felder auf der linken Seite markiert und dann auf die rechte Seite gezogen werden, um sie auf dem entsprechenden Zielfeld loszulassen (Drag & Drop). Das Ergebnis zeigt Abbildung 6.17.

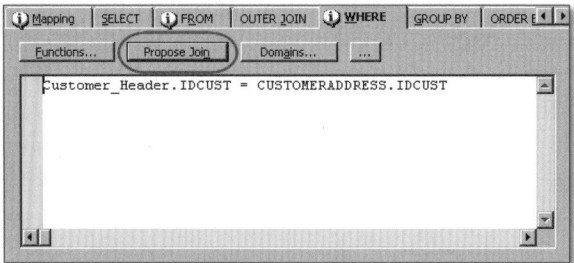

Abbildung 6.16 Schlüsselbeziehung zwischen den beiden Quellstrukturen

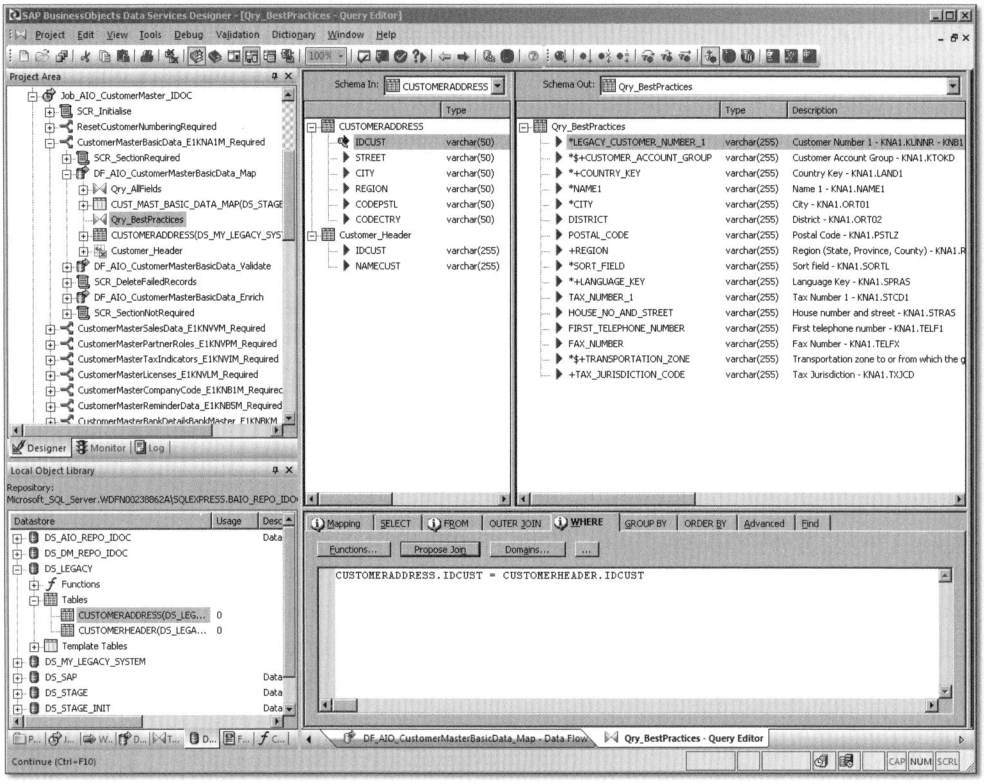

Abbildung 6.17 Mapping mittels Drag & Drop

Sofern ein Feld bereits zugewiesen war (auch mit dem initialen Wert NULL), werden Sie beim Mapping stets gefragt, ob Sie das Feld neu mappen oder einfügen möchten. Für das Mapping wählen Sie REMAP COLUMN.

Nachdem Sie das Mapping abgeschlossen und eventuell eigenes Coding hinzugefügt haben, wählen Sie abermals die Validierung über die Schaltflächen VALIDATE CURRENT (⬚) bzw. VALIDATE ALL (⬚) oder über VALIDATION • VALIDATE aus dem Hauptmenü, um das Mapping zu überprüfen. Sofern Sie keine Fehlermeldung erhalten, können Sie mit den weiteren Schritten fortfahren. Für gewöhnlich erhalten Sie jedoch Warnungen für all jene Felder, die unterschiedliche Datentypen auf Quell- und Zielseite aufweisen. Diese Warnung können Sie zunächst ignorieren, da es automatisch zu einer Typkonvertierung während der Laufzeit kommt. Sofern diese Konvertierung für alle Datensätze funktioniert (zum Beispiel Umwandlung einer Zahl auf ein Character-Textfeld), wird der weitere Prozess dadurch nicht beeinträchtigt.

Typkonvertierung

Lassen Sie uns noch einmal einen genaueren Blick auf das Mapping werfen und die einzelnen Zuweisungen im ETL-Prozess veranschaulichen. Sie haben es bisher nur mit einem direkten Mapping von Feld auf Feld zu tun, es gibt noch keine Transformationen oder komplexen Regeln.

Vergleichen Sie Abbildung 6.18 mit dem Mapping-Template aus Abbildung 6.13, sehen Sie die Umsetzung in Data Services.

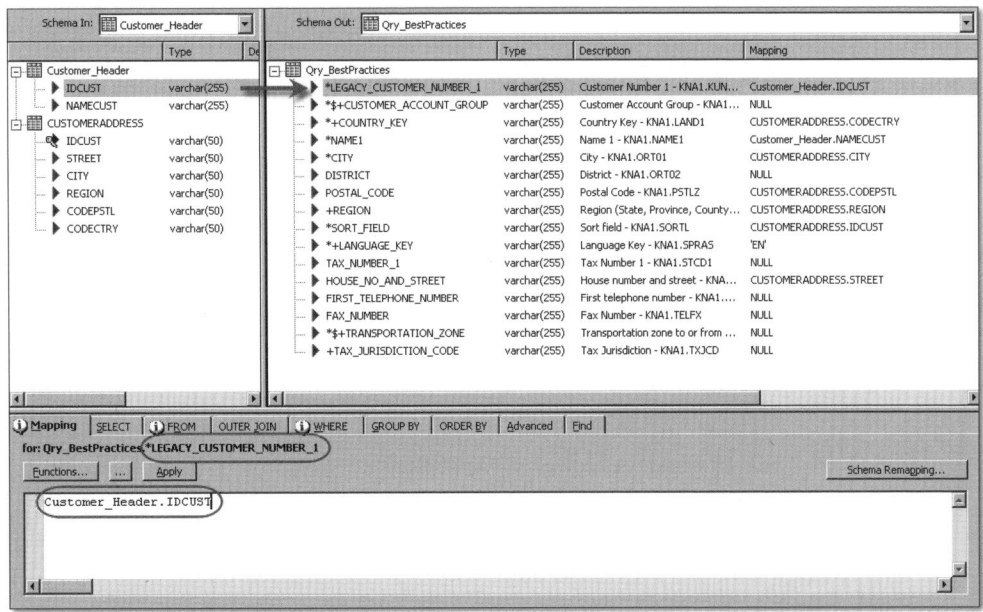

Abbildung 6.18 Fieldmapping im Detail

Konkret lauten die Feldzuweisungen nun wie folgt:

```
Customer_Header.IDCUST    → *LEGACY_CUSTOMER_NUMBER_1
CUSTOMERADDRESS.CODECTRY  → *+COUNTRY_KEY
Customer_Header.NAMECUST  → *NAME1
CUSTOMERADDRESS.CITY      → *CITY
CUSTOMERADDRESS.CODEPSTL  → POSTAL_CODE
CUSTOMERADDRESS.REGION    → +REGION
CUSTOMERADDRESS.IDCUST    → *SORT_FIELD
CUSTOMERADDRESS.STREET    → HOUSE_NO_AND_STREET
```

Folgende Felder sind nicht gemappt (Mapping auf NULL):

```
*$+CUSTOMER_ACCOUNT_GROUP
DISTRICT
TAX_NUMBER_1
FIRST_TELEPHONE_NUMBER
FAX_NUMBER
*$+TRANSPORTATION_ZONE
+TAX_JURISDICTION_CODE
```

Folgendes Feld hat eine Konstante als Zuweisung:

```
*+LANGUAGE_KEY
```

Abbildung 6.19 zeigt die einfache Zuweisung einer Konstanten, hier mit dem ISO-Code für Englisch, 'EN'.

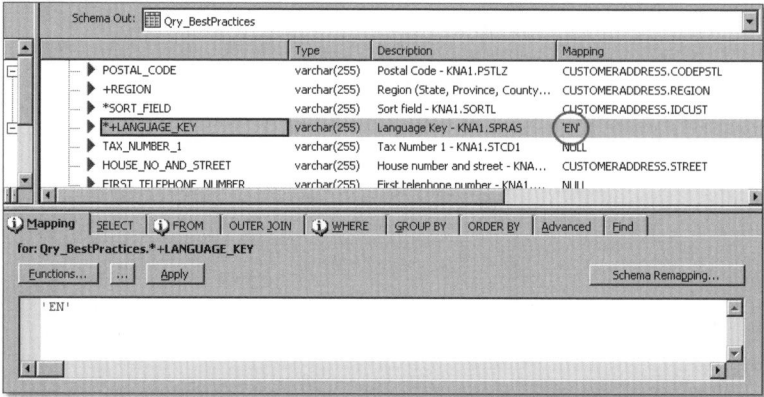

Abbildung 6.19 Mapping für eine Konstante

Dies entspricht genau dem in diesem Beispiel vorliegenden Mapping-Template aus Abbildung 6.13.

> **Hinweis: Zurücksetzen des Mappings**
>
> Möchten Sie ein mittels Drag & Drop oder manuell vorgenommenes Fieldmapping zurücknehmen, reicht es nicht aus, das generierte oder selbst erstellte Coding zu löschen. Beim Validieren der Daten werden Sie feststellen, dass ein solches leeres Mapping nicht zulässig ist. Stattdessen müssen Sie das Coding in dem Eingabefeld auf »nichts« zurücksetzen, was übersetzt in die Data Services-Skriptsprache NULL ist.

6.3.5 Werte-Mapping und Umschlüsselungstabellen

Nachdem Sie das Mapping im zentralen Schritt des Data Services Designers grundsätzlich abgeschlossen haben, können Sie die noch ausstehenden Umschlüsselungen der Werte, das sogenannte *Werte-Mapping*, für das Land (COUNTRY) und die Region (REGION) durchführen. Dabei ist die Region eine mehrstufige Umschlüsselung, da sie auch vom Land abhängt und nur durch die Umschlüsselung von Region *und* Land eindeutig wird. Für die Wertkonvertierungen werden Sie das Werkzeug *Migration Services* verwenden. Dieses im SAP Best Practices- oder RDS-Content verfügbare Tool hat Zugriff auf die SAP BusinessObjects Staging Area, in der alle SAP-Prüftabellen aus Ihrem angeschlossenen SAP-System repliziert sind (siehe Abbildung 6.20). Es dient dazu, den SAP-Werten, wie beispielsweise dem ISO-Code für das Land, die korrekten Werte aus dem Altsystem zuzuordnen. Dabei ist nur die Spalte für die Altdaten änderbar, die SAP-Seite entspricht dem Customizing im System und lässt sich nicht ändern. Es handelt sich also im Wesentlichen um eine Umschlüsselungstabelle, ähnlich wie die, die Sie bereits in Kapitel 5, »Legacy System Migration Workbench«, für die LSM Workbench kennengelernt haben.

Wir empfehlen Ihnen, einen initialen Joblauf durchzuführen, bevor Sie mit dem Werte-Mapping starten. Dafür muss das eigentliche Mapping nicht notwendigerweise komplett abgeschlossen sein. Bei diesem ersten Lauf wird eine Initialisierung sowohl der internen Nummernkreise als auch der notwendigen Puffertabellen vorgenommen. Darüber hinaus werden für all diejenigen Felder, für die eine Umschlüsselung des Wertes vorgesehen ist (Lookup-Felder), die Ausprägungen der unterschiedlichen Werte im Altsystem gesammelt. Dies ist eine sehr bequeme Möglichkeit, da man im Allgemeinen – auch trotz vorangegangenem Profiling – nicht alle unterschiedlichen Ausprägungen der Werte aus dem Altsystem kennt und daher beim Mapping auch nicht alle vorhandenen Ausprägungen versorgt.

Lookup

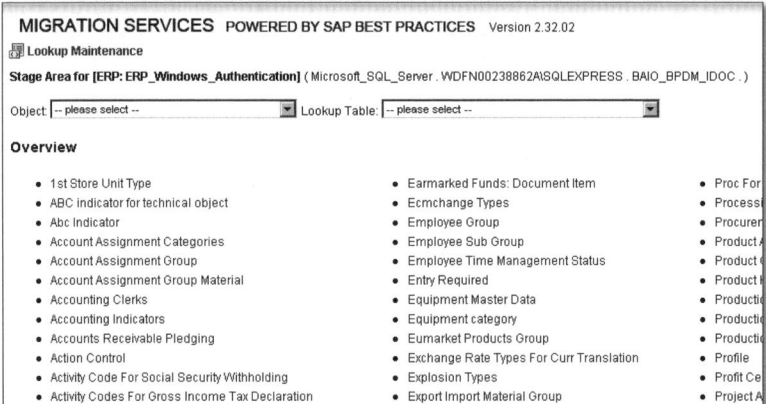

Abbildung 6.20 Lookup-Prüftabellen in Migration Services

Zum Starten eines Jobs, in diesem Fall von `Job_AIO_CustomerMaster_IDOC`, klicken Sie mit der rechten Maustaste auf den entsprechenden Knoten in der Project Area. Wählen Sie dann EXECUTE…, wie in Abbildung 6.21 dargestellt.

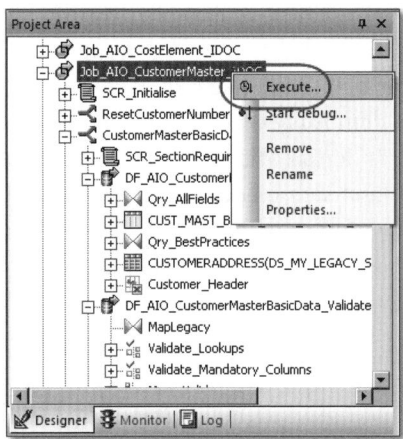

Abbildung 6.21 Ausführen eines Jobs in Data Services

Globale Variablen

Data Services gibt Ihnen in einem Pop-up die Möglichkeit, Parameter für den Joblauf festzulegen. Wechseln Sie auf den Karteireiter GLOBAL VARIABLE. Bei diesem Lauf ist es wichtig, dass Sie den Wert der globalen Variablen `$G_ProfileMapTables` auf `'Y'` für *Ja* setzen, damit werden die Altwerte beim Lauf gesammelt. Sie haben an dieser Stelle eine komplette Übersicht über die globalen Variablen, die auch später im Enrichment-Schritt für die Vorbelegung der `$`-Felder verwendet werden (siehe Abbildung 6.22). Sie können diese Werte entweder beim Joblauf direkt ändern oder über einen Rechtsklick und Auswählen von PROPERTIES... für einen Job und all seine Läufe als Eigenschaft festlegen. Neben Vorbelegungen werden hier auch der IDoc-Nachrichtentyp und das SAP-Partnersystem bestimmt. Diese Werte werden später von SAP BusinessObjects Data Services automatisch in den Kontrollsatz des IDocs geschrieben, bevor dieses an SAP gesendet wird.

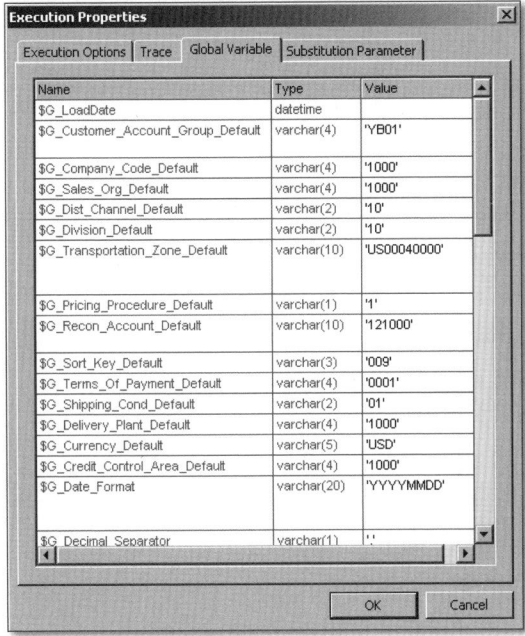

Abbildung 6.22 Globale Variablen für den Joblauf

Das Ergebnis des Joblaufs ist ein Protokoll, das im Idealfall keine Fehlermeldung anzeigt (siehe Abbildung 6.23).

Über den Karteireiter MONITOR können Sie Jobläufe verfolgen und auch stoppen (siehe Abbildung 6.24). Eine grüne Ampel zeigt dabei einen noch laufenden Job an, während eine rote Ampel angibt, dass der Job beendet wurde. Diese Anzeige ist unabhängig vom tatsächlichen Status des Jobs, das heißt, ob er erfolgreich beendet oder vorzeitig abgebrochen wurde. Im Fall eines Abbruchs sehen Sie eine rote Schaltfläche im Protokoll, wie in Abbildung 6.25 dargestellt. Über diese Funktionalität können Sie sich die Details des Fehlers anzeigen lassen.

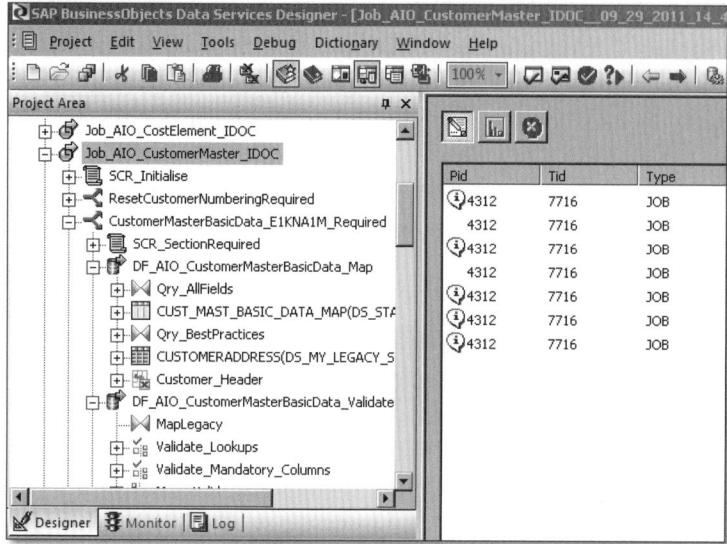

Abbildung 6.23 Infomeldungen während des Joblaufs im Protokoll

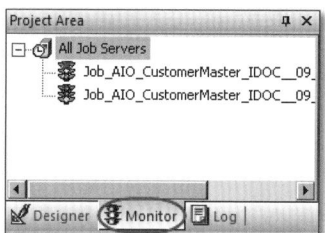

Abbildung 6.24 Job-Monitor in der Project Area

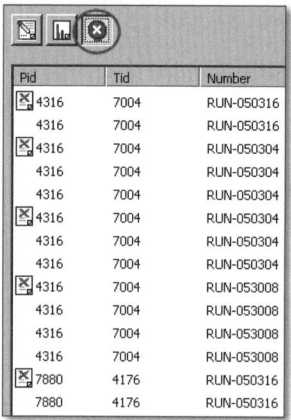

Abbildung 6.25 Abbruch und Fehlermeldungen im Protokoll

Mit diesem ersten Joblauf »lernt« Data Services bereits, welche Feldwerte in den Altdaten überhaupt vorkommen. Sie können dies mit einer Teilmenge der umzusetzenden Daten durchführen oder mit allen bereits verfügbaren Daten. Bedienen wir uns wieder des Länderbeispiels. Beinhaltet Ihr Altsystem die Länder in Klartextnotation, anstatt dafür einen einheitlichen Code zu verwenden, könnten durchaus aufgrund von Uneinheitlichkeiten und Tippfehlern unterschiedliche Ausprägungen für ein Land vorkommen. Im SAP-System wird aus all diesen Feldern ein einzelner Wert, der korrekte ISO-Code für das Land, wie in Tabelle 6.2 dargestellt.

Wert im Altsystem	ISO-Code im SAP-System
Deutschland	DE
Deutschlnd	DE
BRD	DE
USA	US
U.S.A	US

Umschlüsselungs-tabelle

Tabelle 6.2 Beispiel für ein Werte-Mapping des Landes

In unserem Beispiel entnehmen wir dem Mapping-Template aus Abbildung 6.13 die notwendigen Feldwerte für die vorkommenden Länder und Regionen. Diese könnten Sie nun manuell in Migration Services pflegen. Durch den initialen Joblauf, den Sie durchgeführt haben, nachdem diese Felder bereits gemappt waren, stehen sie im Werkzeug nun gesammelt zur Verfügung. Dies macht das Werte-Mapping genauso einfach wie das Fieldmapping. In Migration Services können Sie nun über Drag & Drop die gesammelten Werte den entsprechenden SAP-Werten zuweisen (Abbildung 6.26) oder über eine Dropdown-Liste auswählen (Abbildung 6.27). Auch eine Suchhilfe steht Ihnen zur Verfügung (siehe Abbildung 6.29).

Migration Services

Der Status des Werte-Mappings in Migration Services wird an allen Stellen über Ampeln (Quadrat, Dreieck und Kreis) angegeben, wie die Abbildungen 6.26 und 6.28 verdeutlichen. Dies zeigt dem Anwender bereits während der Durchführung der Wertkonvertierungen den jeweiligen Fortschritt an. Damit sind die Daten nun bereit für die Validierungen.

Abbildung 6.26 Werte-Mapping über Drag & Drop

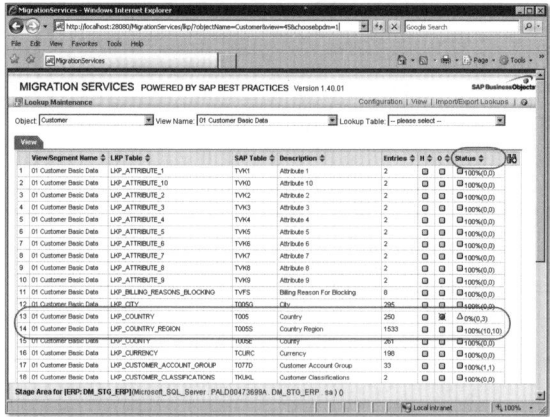

Abbildung 6.27 Zuweisung unterschiedlicher Altwerte über Dropdown-Listen

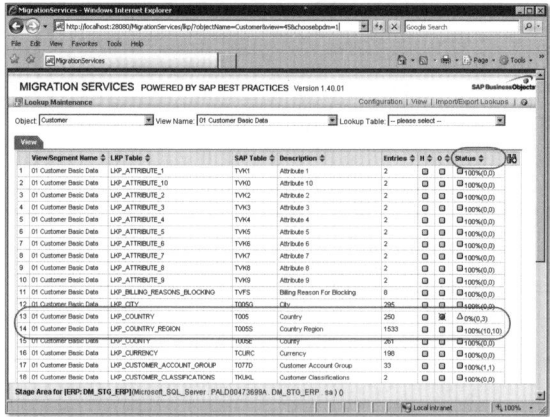

Abbildung 6.28 Status des Werte-Mappings in Migration Services

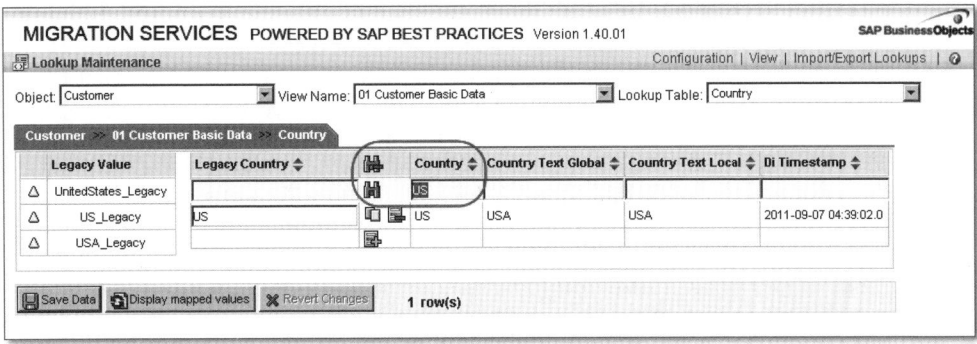

Abbildung 6.29 Suchhilfe für Werte in Migration Services

6.3.6 Validierung der Daten

Nachdem Sie das Werte-Mapping mithilfe von Migration Services erfolgreich durchgeführt haben, können Sie sich der Validierung der Daten im Data Services Designer zuwenden.

Validierungen

SAP BusinessObjects Data Services lädt keinerlei Datensätze in das SAP-System, die eine der drei folgenden Prüfungen nicht bestanden haben (Abbildung 6.30):

▶ **Validierung gegen Prüftabellen** (Validate_Lookups)
Für alle Felder, die mit einem Plus (+) gekennzeichnet sind, werden die Werte gegen die SAP-Prüftabellen geprüft. Dabei bestehen nur diejenigen Altwerte die Prüfung, die zuvor in Migration Services auf einen im SAP-System erlaubten Lookup-Wert umgeschlüsselt wurden.

▶ **Validierung der Mussfelder** (Validate_Mandatory_Columns)
Für alle Felder, die mit einem Sternchen (*) gekennzeichnet sind, wird überprüft, dass diese Felder nicht leer sind bzw. nur Leerzeichen enthalten (NOT NULL).

▶ **Validierung des Formats** (Validate_Format)
Für alle Felder, die im SAP-System einer Formatüberprüfung unterliegen, wird diese Validierung durchgeführt, sofern dies vom Data-Migration-Content vorgesehen ist. Dabei kann es sich zum einen um die korrekte Feldlänge im SAP-System handeln oder um die syntaktische Korrektheit einer Postleitzahl.

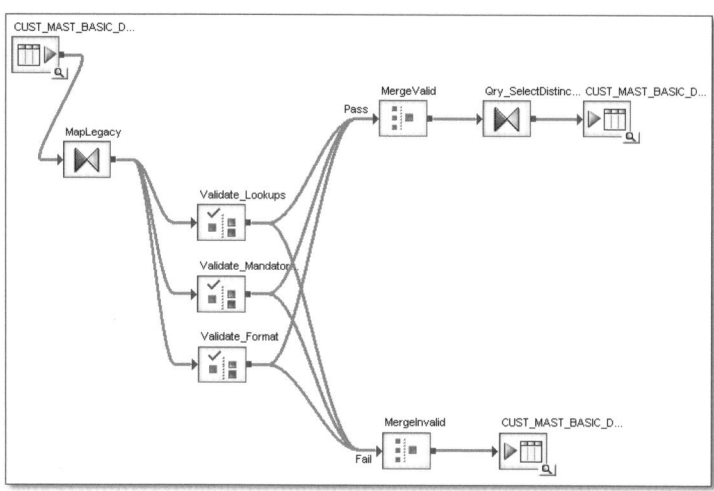

Abbildung 6.30 Datenfluss für die Validierungen in Data Services

Joblauf Um die Prüfroutinen zu durchlaufen, lassen Sie abermals den Job `Job_AIO_CustomerMaster_IDOC` ausführen. Setzen Sie die Parameter in dem zu bestätigenden Pop-up ruhig so, dass nur das ausgewählte IDoc-Segment für die Basisdaten durchlaufen wird, `CustomerMaster-BasicData_E1KNA1M_Required`. Dadurch verkürzen Sie die Laufzeit von Data Services, da nicht das komplexe und tief geschachtelte IDoc komplett aufgebaut werden muss. In diesem Fall beinhaltet das IDoc dann lediglich das Segment auf der obersten Ebene. Auch dieser Lauf wird noch keine IDocs an das SAP-System schicken. Es handelt sich vielmehr um einen Trockenlauf, den Sie immer und immer wieder durchführen können – so lange, bis Sie mit dem Ergebnis der Validierungen zufrieden sind.

Sämtliche Validierungen finden nicht sukzessive, sondern nebeneinander statt. Das heißt, dass alle Felder sämtliche Prüfungen durchlaufen und nicht – wie bei anderen Techniken – nach dem ersten Fehler abgebrochen wird. Außerdem bedeutet dies, dass Datensätze auch bei mehreren Prüfungen auf einmal durchfallen können. Ist beispielsweise das Land des Debitors, `*+COUNRY_KEY`, ein Mussfeld, nicht gefüllt, wird dieses Feld gleich doppelt an den Validierungen scheitern. Zum einen ist das obligatorische Feld nicht gefüllt (`Validate_Mandatory_Columns`), und zum anderen ist die Forderung, dass der Wert eine Umschlüsselung besitzt (`Validate_Lookups`), nicht erfüllt. Gemäß dem in Abbildung 6.30 dargestellten Datenfluss landet der Wert über den Weg `Fail` gleich doppelt im Bereich INVALID.

Über die kleine Lupe (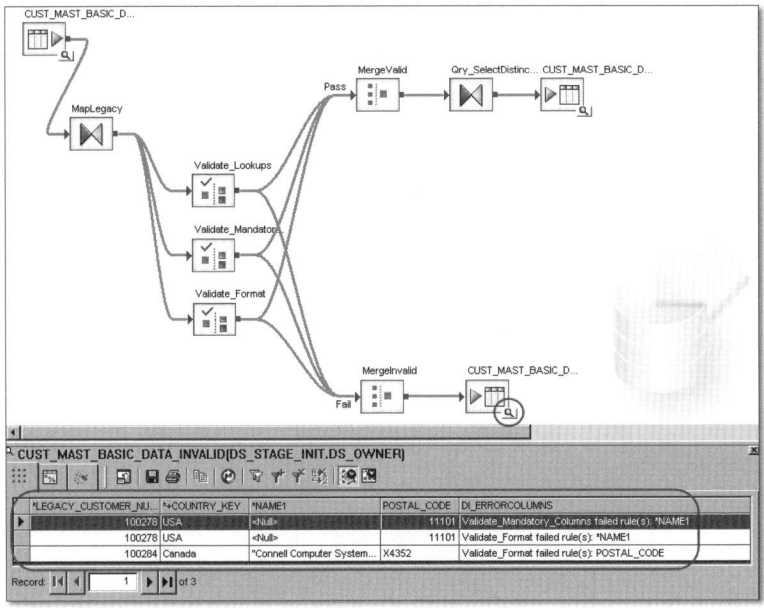) am Endpunkt kann man sich die fehlerhaften Sätze im Data Services Designer anschauen und die Ursache feststellen. Damit keine doppelten Werte über `Pass` im Bereich VALID landen, gibt es für die erfolgreich verprobten Datensätze eine `SELECT DISTINCT`-Anweisung. Der Volksmund würde nun sagen: *Die Guten ins Töpfchen, die Schlechten ins Kröpfchen* – wobei das *Töpfchen* der Bereich der validen Daten oben rechts und das *Kröpfchen* der Bereich für die invaliden Datensätze unten rechts ist. Eine Weiterverarbeitung mit Anreicherung von Standardwerten und das Laden per IDoc ist stets nur für die guten Daten möglich.

Nun kann endlich die spannende Frage nach der Richtigkeit der kanadischen Postleitzahl aus Abschnitt 6.3.3, »Profiling der Daten«, beantwortet werden. Dazu schauen Sie sich in Abbildung 6.31 über die Lupe ( ) die fehlerhaften Datensätze im Bereich der invaliden Daten an.

Abbildung 6.31 Fehlerhafte Datensätze nach dem Testlauf

Insgesamt sind drei Fehler aufgetreten, allerdings sind nur zwei verschiedene Datensätze betroffen. Ursache ist, dass für den Kunden mit der Altsystemkundennummer 100278 zwei verschiedene Prüfungen fehlschlagen, beide aber aus demselben Grund: Das Mussfeld NAME ist nicht gefüllt. Außerdem muss der Name eines Kunden im SAP-System zwischen 1 und 35 Zeichen lang sein, was durch den fehlenden Wert ebenfalls nicht erfüllt ist.

Postleitzahl   Wir sehen außerdem, dass die Formatüberprüfung der Postleitzahl einen Fehler für den Debitor 100284 anzeigt, das heißt, X4352 ist keine gültige Postleitzahl für Kanada. Tatsächlich haben Postleitzahlen in Kanada eine sehr viel komplexere Struktur. Statt des hier vorliegenden Formats X9999 für *Buchstabe – Zahl – Zahl – Zahl – Zahl* lautet die Syntax dort X9X 9X9. Außerdem ist die Postleitzahl nicht fünfstellig, sondern benötigt sechs Stellen. Dies ist ein sehr gutes Beispiel für eine durch den SAP Best Practices-Content verfügbare und in Data Services eingebaute Funktion.

Das Coding für die Validierungfunktion der Postleitzahl ist in der SAP BusinessObjects Data Services-eigenen Skriptsprache geschrieben, die an dieser Stelle auch für beliebige Länder erweiterbar ist. Grundsätzlich orientiert sich das Coding in diesem Fall an der *Backus-Naur-Form (BNF)*, einer Metasprache für Grammatiken. Abbildung 6.32 zeigt den Editor und das ausgelieferte Coding zur Postleitzahlenvalidierung.

Funktioneneditor

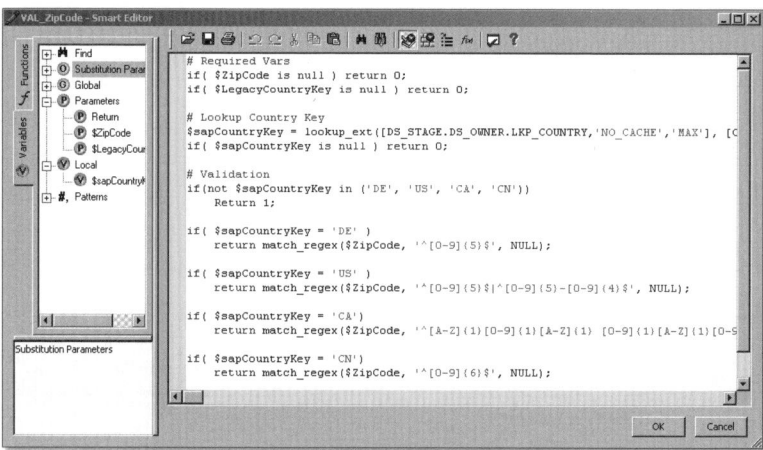

Abbildung 6.32 Funktioneneditor in Data Services

Beachten Sie jedoch an dieser Stelle, dass über diese Validierung nur die reine Syntaxprüfung, nicht aber eine Plausibilitätsprüfung der Postleitzahl selbst stattfindet. Während die Prüfung einer konkreten Postleitzahl gegen Ort und Straße technisch in SAP BusinessObjects Data Services mittels der Data-Quality-Funktionalität einfach durchführbar ist, sind für die Plausibilitätsprüfung kostenpflichtige Datenbanken anzubinden, die von den lokalen Postdienstleistern (zum Beispiel Deutsche Post) zur Verfügung gestellt werden und stets aktualisiert werden müssen.

Im Bereich für Fortgeschrittene werden wir uns in Abschnitt 6.6.4, »Erweiterungen der Validierungen«, weitere ausgesuchte Prüfroutinen genauer anschauen und auch selbst Ergänzungen daran vornehmen.

Wie ist nun in diesem Fall weiter vorzugehen? Generell ist es natürlich möglich, die mittels Data Services ausgesiebten Daten komplett zu verwerfen und nicht zu migrieren. Dann wäre in diesem Fall nichts weiter zu tun. Viel eleganter ist jedoch die Möglichkeit, die nun festgestellten Unstimmigkeiten direkt im Altsystem zu korrigieren, das heißt den Kunden 100278 über die Editierfunktion im Legacy-System mit einem Namen zu versehen. Das Gleiche gilt für die Korrektur der offensichtlich falschen Postleitzahl des kanadischen Kunden. So verbessern Sie ganz nebenbei die Datenqualität in Ihrem Altsystem. Nach der Änderung werden die beiden Datensätze dann beim nächsten Lauf erneut eingelesen und bestehen die Prüfroutinen. Dies ist ein iterativer Vorgang, der so lange zu wiederholen ist, bis nur noch der Ausschuss in Data Services hängen bleibt – Datensätze, die tatsächlich nicht in das SAP-System migriert werden sollen.

Fehlerbehebung

6.3.7 Daten importieren

Nachdem Sie nun erfolgreich Datensätze eingelesen, umgesetzt, transformiert und validiert haben, können Sie den nächsten Schritt angehen: das Laden der IDocs in das SAP-System.

Es ist wichtig zu wissen, dass bei jedem Joblauf die Quelldaten stets aufs Neue aus den Datenquellen extrahiert werden. Das heißt, es wird nicht mit in Data Services zwischengespeicherten Daten gearbeitet, sondern stets mit aktuellen Werten aus der Microsoft Excel-Tabelle bzw. der angebundenen Datenbank.

Bevor Sie die IDocs in das SAP-System laden können, müssen Sie die Verbindung zum vorliegenden SAP-System anpassen. Der SAP Datastore DS_SAP (LOCAL OBJECT LIBRARY • DATASTORES) wird lediglich mit einer Dummy-Verbindung ausgeliefert. Um das eigene SAP-System anbinden zu können, benötigen Sie zahlreiche Informationen über

Verbindung zu SAP

das System. Tabelle 6.3 erläutert dabei den Zusammenhang zwischen dem im SAP-Umfeld gebräuchlichsten Begriff und dem in der Data Services-Konfiguration verwendeten Namen.

SAP	Data Services	Beispiel
Anwendungsserver	Application Server	myserver01.me.com
Instanznummer	System Number	00
System-ID	–	PRD
Mandant	Client Number	100
Benutzer	User Name	–
Passwort	Password	–

Tabelle 6.3 Unterschiede bei den Namen für die Konfiguration

Des Weiteren benötigen Sie noch einen FTP-Server auf dem SAP-Applikationsserver oder alternativ ein Shared Directory mit Schreib- und Lesezugriff. Abbildung 6.33 zeigt beispielhaft eine Verbindung zu einem SAP-System mit der System-ID RSZ, dem Mandanten 120 und FTP-Zugriff. Das File Transfer Protocol wird dabei nicht zum Laden der IDocs oder anderer Daten in das SAP-System verwendet, sondern lediglich für die in Abschnitt 6.3.8, »Monitoring«, beschriebenen Jobs für Monitoring und Datenabgleich. Informationen zur Konfiguration entnehmen Sie auch dem *Configuration Guide* des SAP RDS- oder Best Practices-Pakets für Datenmigration.

RFC Damit die IDocs nun beim nächsten Lauf auch tatsächlich geladen werden können, müssen Sie den Standardwert einer entscheidenden globalen Variablen ändern, nämlich $G_GenerateIDOC_Req. Setzt man diesen Wert auf 'Y', wird nicht nur ein Testlauf durchgeführt, sondern es werden auch IDocs in Data Services aufgebaut und per *Remote Function Call* (RFC) an das SAP-System geschickt.

Die IDocs werden standardmäßig über einen Remote Function Call (RFC) an das SAP-System geschickt, alternativ können sie jedoch auch in lokalen Dateien abgelegt werden. Dies ist zum Beispiel dann erforderlich, wenn das SAP-System nicht angebunden werden kann oder noch nicht zur Verfügung steht. Der Transport der Dateien zum SAP-Applikationsserver muss in diesem Fall über einen separaten FTP-Prozess erfolgen.

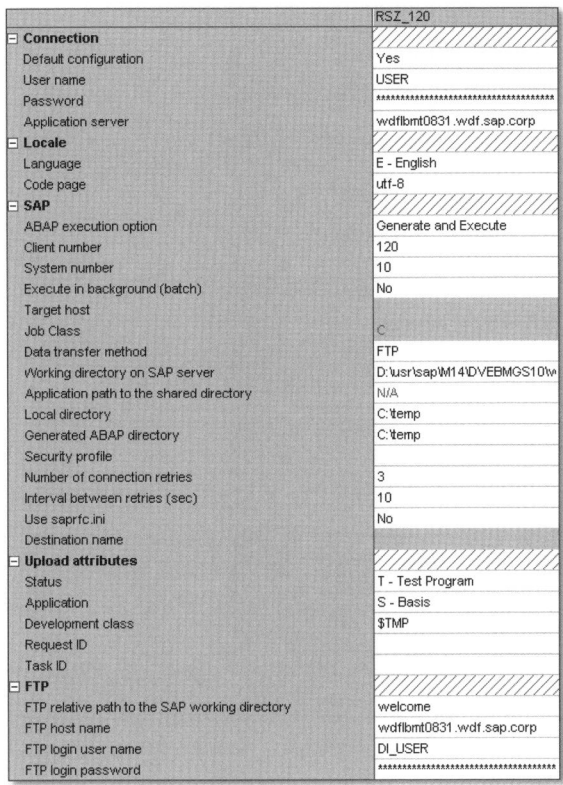

	RSZ_120
Connection	
Default configuration	Yes
User name	USER
Password	**************************************
Application server	wdflbmt0831.wdf.sap.corp
Locale	
Language	E - English
Code page	utf-8
SAP	
ABAP execution option	Generate and Execute
Client number	120
System number	10
Execute in background (batch)	No
Target host	
Job Class	C
Data transfer method	FTP
Working directory on SAP server	D:\usr\sap\M14\DVEBMGS10\w
Application path to the shared directory	N/A
Local directory	C:\temp
Generated ABAP directory	C:\temp
Security profile	
Number of connection retries	3
Interval between retries (sec)	10
Use saprfc.ini	No
Destination name	
Upload attributes	
Status	T - Test Program
Application	S - Basis
Development class	$TMP
Request ID	
Task ID	
FTP	
FTP relative path to the SAP working directory	welcome
FTP host name	wdflbmt0831.wdf.sap.corp
FTP login user name	DI_USER
FTP login password	**************************************

Abbildung 6.33 Beispielhafte Konfiguration des SAP Datastores DS_SAP

Abbildung 6.34 zeigt das zu bestätigende Pop-up für den Echtlauf. Unsere DEBMAS-IDocs vom Basistyp DEBMAS06 werden an das vorhin eingerichtete SAP-System mit der ID RSZ und dem Mandanten 120 geschickt. Die hier gepflegten globalen Variablen werden in den IDoc-Kontrollsatz geschrieben, den »Umschlag« des IDocs.

Sobald der Job erfolgreich beendet wurde, sind die IDocs an das SAP-System geschickt und – die korrekte Einstellung des sogenannten *IDoc-Eingangs* vorausgesetzt – dort verbucht worden. Die Einstellungen zum IDoc-Customizing in Ihrem System werden in Abschnitt 6.5.3, »IDoc-Customizing im SAP-System«, ausführlicher behandelt.

Sie können sich nun am SAP-System anmelden, dort den IDoc-Monitor nutzen oder gleich in der Transaktion FD03 unsere frisch angelegten Debitoren anzeigen lassen. Dass dies noch sehr viel eleganter und ohne das Verlassen von SAP BusinessObjects Data Services funktioniert, wird Ihnen der folgende Abschnitt zeigen.

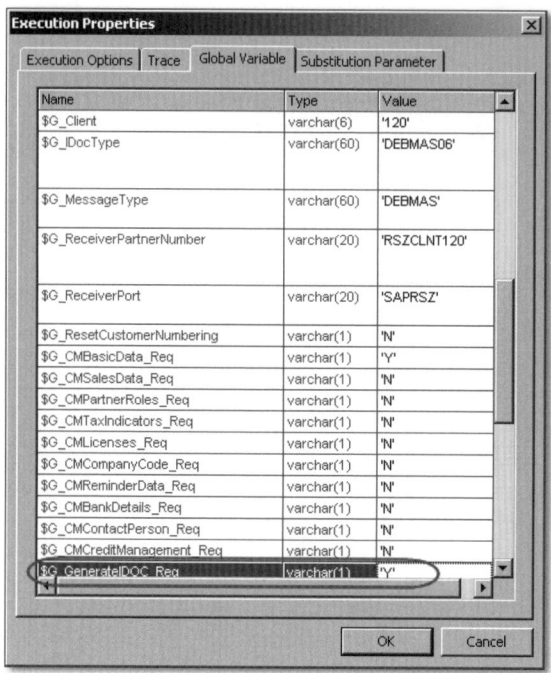

Abbildung 6.34 Globale Variablen zum Versenden der IDocs

6.3.8 Monitoring

Web-Intelligence-Berichte

Durch die Integration von SAP BusinessObjects Data Services mit der Plattform SAP BusinessObjects Business Intelligence (BI) können Business-Analytics-Berichte auf einfache Art angebunden werden. Der bereitgestellte Data-Migration-Content enthält vorgefertigte Web-Intelligence-Reports zum Überwachen des Datenmigrationsprojekts (siehe Abbildung 6.35). Diese können entweder als Template verwendet und angepasst oder auch ohne weitere Anpassung eingesetzt werden.

BI Launch Pad

Der Zugriff auf die Berichte erfolgt, ähnlich wie beim Migration-Services-Tool, über einen Webbrowser. Mittels *BI Launch Pad* (siehe Abbildung 6.36) können selbst Fachabteilungen, die nicht in die Datenmigration oder den Systemaufbau involviert sind, auf die Berichte zugreifen und so mit eingebunden werden. In der Regel ist die Einbindung der Fachabteilungen auch sinnvoll, denn oft sind es die Benutzer der Daten im Altsystem, die das nötige Know-how zur Verwendung der Datensätze und zur Fehlerbehebung besitzen. Die Web-Intelligence-Berichte lassen sich auswerten, aktualisieren, ohne zusätzliche Software ändern sowie als Report ausdrucken.

Sie sollten die Daten des Berichts nach jedem erneuten Joblauf auffrischen.

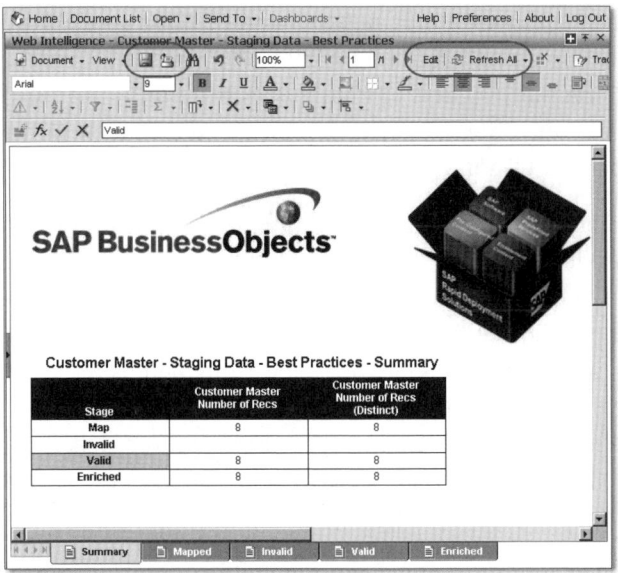

Abbildung 6.35 Web-Intelligence-Report zur Anzeige fehlerhafter Datensätze

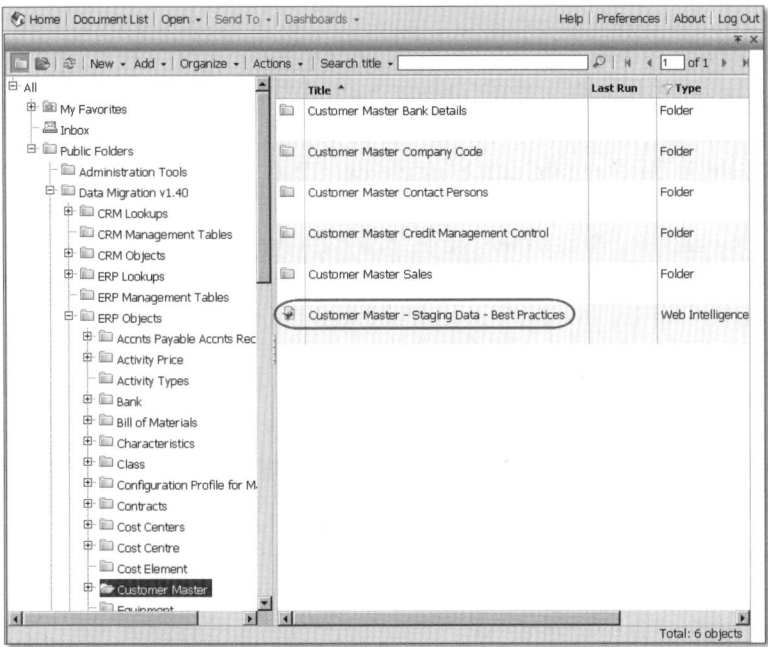

Abbildung 6.36 SAP BusinessObjects BI Launch Pad

Ihnen stehen neben Berichten für Validierungen pro Business-Objekt und IDoc-Segment auch zahlreiche vorgefertigte Auswertungen für Massendaten-Uploads zur Verfügung. In unserem Beispiel mit den wenigen Kundendatensätzen mag Reporting noch keine große Rolle spielen und die Funktionalität über die Lupe (🔍) in den Datenflüssen des Data Services Designers absolut ausreichend sein, doch spätestens bei größeren Datenmengen werden Sie die mitgelieferten Berichte zu schätzen wissen.

IDoc-Status

In dem mitausgelieferten Projekt AIO_BPFDM_Reconciliation können Sie in Data Services den Job Job_AIO_CheckIDocStatus ausführen, um einen IDoc-Monitor aufseiten von SAP BusinessObjects zu erhalten. Damit können Sie den Status der IDocs anschauen, ohne sich am SAP-System anmelden zu müssen. Die Auswertung beinhaltet Informationen, wie Sie sie von den IDoc-Monitoren in den SAP-Transaktionen WE02/WE05 oder BD87 kennen. Das korrekte Verbuchen der IDocs können Sie bequem in Data Services oder mittels eines verfügbaren Web-Intelligence-Berichts überwachen.

Reconciliation

Stellt sich im IDoc-Monitor heraus, dass die Validierung der Altdaten gegen das aus dem SAP-System replizierte Customizing erfolgreich war und die IDocs tatsächlich fehlerfrei geladen werden konnten, steht das Datenmigrationsteilprojekt für den Business-Objekt-Debitor fast vor dem Abschluss. Dennoch fragen Sie sich vielleicht nach dem erfolgreichen Laden, ob die Daten auch tatsächlich so im SAP-System angekommen sind, wie Sie es zuvor erwartet haben. Normalerweise ist dies nur durch ausgiebige Tests festzustellen. Mit dem Content, der Ihnen im AIO_BPFDM_Reconciliation-Projekt zur Verfügung gestellt wird, haben Sie jedoch auch die Möglichkeit, über den Job Job_AIO_Reconcile einen ersten Abgleich zwischen erwarteten Daten und im SAP-System vorhandenen Daten durchzuführen. Dies ist sehr hilfreich, denn Abhängigkeiten der Daten, die zuvor nicht berücksichtigt wurden, können dazu führen, dass es bei der Verbuchung im SAP-System zu einem unerwarteten Resultat kommt. Auch das Ergebnis dieses Joblaufs lässt sich bequem über das BI Launch Pad abrufen.

Fazit

Am Ende dieses Abschnitts angelangt, haben Sie nun in einem durchgehenden Beispiel die Grundfunktionalitäten des SAP Best Practices-Contents für Datenmigration kennengelernt und sind in der Lage, den Prozess mit einer selbst erstellten Microsoft Excel-Datei und einigen fiktiven Altdaten allein durchzuführen. Dies ist die Grundlage für Ihre erste erfolgreiche Datenmigration mit SAP BusinessObjects Data Services. In den folgenden Abschnitten werden wir Sie in die technischen Hintergründe einführen und Ihnen weitere Funktionalitäten vorstellen.

6.4 Lookups als Wertehilfen und Validierungsroutinen

In diesem Abschnitt lernen Sie, wie Sie das Customizing aus Ihrem eigenen SAP-System in das SAP BusinessObjects Data Services Repository replizieren können. In unserem Beispiel zur Datenübernahme haben Sie mit dem Standard-Customizing von SAP Business All-in-One gearbeitet, für das die SAP Best Practices-Pakete vorkonfiguriert sind. Da diese Systeme für kleine und mittlere Unternehmen gedacht sind, gibt es dort beispielsweise nur einen Buchungskreis, und für die Debitoren ist nur eine Standardkontengruppe vorgesehen. Im Folgenden wird die Vorgehensweise für eine Verallgemeinerung auf ein tatsächlich vorhandenes Customizing beschrieben.

6.4.1 Abgleich der Prüftabellen mit dem SAP-System

In der Local Object Library des Data Services Designers öffnen Sie das Projekt `AIO_BPFDM_Lookups`. Dieses Projekt beinhaltet die folgenden vier Lookup-Jobs (siehe auch Abbildung 6.37), die Daten aus den SAP-Prüftabellen bereitstellen:

Lookup-Jobs

▸ **Job_AIO_Lookups_FileToApp**
Dieser Job dient dazu, sämtliche mit dem Datenmigrations-Content ausgelieferten SAP-Prüftabellen aus einer während der Installation des Pakets angelegten Datei in das Data Services Repository einzuspielen. Damit haben Sie in jedem Fall immer ein komplettes SAP Standard-Customizing in Data Services verfügbar und können bereits mit grundlegenden Validierungen starten, bevor das neue SAP-System verfügbar oder dessen Customizing abgeschlossen ist.

▸ **Job_AIO_Lookups_Initialise**
Mit diesem Job initialisieren Sie das gesamte Data Services Repository, das die Metadaten und die Inhalte der SAP-Prüftabellen enthält. Beim allerersten Lauf werden auch alle benötigten Tabellen

im Repository angelegt, unter anderem auch die Tabellen für das Profiling und die Nummernkreisverwaltung.

▶ **Job_AIO_Lookups_SAPToApp**
Vergleichbar mit dem Job `Job_AIO_Lookups_FileToApp` werden diesmal die Lookup-Werte nicht aus einer Datei, sondern per RFC direkt aus dem angebundenen SAP-System geladen. Auch nach Änderungen am Customizing können hiermit Delta-Abgleiche der in Data Services replizierten Daten vorgenommen werden.

▶ **Job_AIO_Lookups_SAPToFile**
Dieser Job verbindet sich ebenfalls mit dem angebundenen SAP-System, schreibt die Werte jedoch nicht in das Repository, sondern in eine Datei. Mit diesem Job wird beispielsweise die mit dem Job `Job_AIO_Lookups_FileToApp` einspielbare Datei aus einem vorkonfigurierten SAP Business All-in-One-System von der SAP-Entwicklung erzeugt.

Abbildung 6.37 Jobs des Lookup-Projekts

Um Ihre Installation von SAP BusinessObjects Data Services für die Datenmigration zu initialisieren, starten Sie zunächst den Job `Job_AIO_Lookups_Initialise`. Anschließend lassen Sie entweder den Job `Job_AIO_Lookups_FileToApp` laufen, um das von SAP vorausgelieferte Best Practices-Customizing einzuspielen, oder Sie starten den Job `Job_AIO_Lookups_SAPToApp`, um das Customizing Ihres in Abschnitt 6.3.7, »Daten importieren«, eingebundenen SAP-Systems in Data Services zu importieren. Die Jobs müssen nacheinander in dieser Reihenfolge durchgeführt werden. Besonders der Ladejob für die Lookups benötigt eine lange Laufzeit, falls sämtliche SAP-Prüftabellen zu aktualisieren sind.

6.4.2 Umschlüsselungstabellen

Mit den im vorhergehenden Abschnitt eingespielten Daten der Wertehilfe aus den Prüftabellen (*Lookup*) ist die SAP-Zielseite der sogenannten Umschlüsselungstabellen bereits definiert. Diese enthalten die Werte der Wertehilfe (F4), das heißt alle im SAP-System akzeptierten Werte aus dem Customizing. Diese Prüftabellen sind für sämtliche mit einem Dollarzeichen ($) gekennzeichneten Zielfelder der Datenmigration verfügbar. Selbstverständlich sind diese Tabellen im Werte-Mapping wiederverwendbar und dies über Business-Objekte übergreifend.

Beispielsweise kann die einmal gepflegte Tabelle für die Region, die zusätzlich noch abhängig vom Land ist, sowohl für den Debitor als auch für den Kreditor eingesetzt werden. Abbildung 6.38 zeigt die Umschlüsselungstabelle für die Regionen in den USA. Mithilfe des Migration-Services-Tools können nur Legacy-Werte – und nicht die SAP-Daten selbst – geändert werden (siehe Abschnitt 6.3.5, »Werte-Mapping und Umschlüsselungstabellen«). Sämtliche SAP-Werte entsprechen in diesem Beispiel den international gültigen ISO-Codes.

Umschlüsselungstabelle

Legacy Region ⇕	Region ⇕	Country ⇕	Region Text Global ⇕	Region Text Local ⇕	Di Timestamp ⇕	🔍
		US				
AK	AK	US	Alaska	Alaska	2011-09-20 20:38:00.0	
AL	AL	US	Alabama	Alabama	2011-09-20 20:38:00.0	
AR	AR	US	Arkansas	Arkansas	2011-09-20 20:38:00.0	
AS	AS	US	American Samoa	American Samoa	2011-09-20 20:38:00.0	
AZ	AZ	US	Arizona	Arizona	2011-09-20 20:38:00.0	
California	CA	US	California	California	2011-09-20 20:38:00.0	
CO	CO	US	Colorado	Colorado	2011-09-20 20:38:00.0	
CT	CT	US	Connecticut	Connecticut	2011-09-20 20:38:00.0	
DC	DC	US	District of Columbia	District of Columbia	2011-09-20 20:38:00.0	
DE	DE	US	Delaware	Delaware	2011-09-20 20:38:00.0	
Florida	FL	US	Florida	Florida	2011-09-20 20:38:00.0	
GA	GA	US	Georgia	Georgia	2011-09-20 20:38:00.0	
GU	GU	US	Guam	Guam	2011-09-20 20:38:00.0	
HI	HI	US	Hawaii	Hawaii	2011-09-20 20:38:00.0	

Abbildung 6.38 Umschlüsselungstabelle der Regionen für das Land USA

6.5 Einsatz von IDocs

In Abschnitt 6.3, »Durchführung der Datenmigration«, haben Sie bereits IDocs als Schnittstelle kennengelernt und verwendet. Nun soll es um den Hintergrund dieser Interface-Technologie gehen und Ihnen das Wissen vermittelt werden, um alle nötigen Schritte für das IDoc-Setup und die Performanceoptimierung im SAP-System selbst durchführen zu können.

6.5.1 Warum IDocs als Schnittstelle?

EDI
ALE

Historisch gesehen, liegt der Ursprung der heutigen IDocs noch weit vor der Verwendung von XML-Strukturen im Bereich des *Electronic Data Interchange* (EDI). Bei EDI kam es zu einem Austausch von Dateien in einer wohldefinierten Struktur, einer Vorgängerin der heutigen IDoc-Struktur. Diese IDoc-Struktur wurde später innerhalb der SAP-Kommunikation auch für *Application Link Enabling* (ALE) eingesetzt, wobei in diesem Fall die IDocs anstatt über Dateien über RFC ausgetauscht wurden. Beiden Einsatzbereichen gemein ist die Tatsache, dass nicht wie im Fall von XML jedes Mal die Metadaten mit den eigentlichen Daten mitgeschickt werden. Daher ist es bei der IDoc-Kommunikation ganz wichtig, dass beide Kommunikationspartner dieselbe IDoc-Definition für einen bestimmten IDoc-Typ kennen, um sich zu verstehen.

Der Datenmigrations-Content für SAP BusinessObjects Data Services verwendet die Schnittstelle IDoc, um allen Business-Objekten in den modellierten Datenflüssen und jeder einzelnen Mapping-Struktur das gleiche Aussehen und die gleiche Funktionalität zu geben. Auf diese Weise sind Sie in der Lage, neue Business-Objekte auch ohne tiefes Anwendungswissen zu nutzen.

6.5.2 IDoc-Einführung

In einem SAP ERP-Standardsystem gibt es zahlreiche IDocs, die von den einzelnen Anwendungsbereichen innerhalb von SAP mit Mitteln der IDoc-Technologie und IDoc-Entwicklungswerkzeugen entwickelt wurden. Neben der bereits vorgestellten hierarchischen Struktur der Segmente besteht ein IDoc auch immer aus einem *Ausgangsfunktionsbaustein* zum Senden von Daten und einem *Eingangsfunktionsbaustein* zum Empfangen und Weiterverarbeiten von IDocs. Im Fall der

Datenmigration mittels der in diesem Kapitel vorgestellten SAP BusinessObjects-Technologie sendet Data Services die IDocs, weshalb lediglich der IDoc-Eingang im SAP-System wichtig ist.

Ein IDoc im SAP-System hat zu jeder Zeit einen definierten Status. Die für die Datenmigration mit Data Services wichtigsten Statuswerte im IDoc-Eingang sind:

▸ **Status 64** (Wartestatus)
  IDoc ist übergabebereit an die Anwendung.

▸ **Status 53** (IDoc erfolgreich verbucht)
  Anwendungsbeleg gebucht.

▸ **Status 51** (IDoc fehlerhaft)
  Anwendungsbeleg nicht gebucht.

IDoc-Statuswerte

Man unterscheidet *IDoc-Nachrichtentypen*, die die Semantik eines IDocs angeben, und *IDoc-Basistypen*, die die Syntax bestimmen. Zum Beispiel ist der IDoc-Nachrichtentyp DEBMAS für Kundendaten zuständig, während der Basistyp DEBMAS06 die genaue Syntax der Segmente und aller Felder darin angibt. Für IDocs gibt es außerdem ein Erweiterungskonzept, wodurch beispielsweise eine IDoc-Erweiterung ZDEBMAS06 entstehen kann, die zusätzliche kundenspezifische Felder oder Kundensegmente im IDoc-Typ vereint.

Tiefer als mit diesem Überblick müssen wir gar nicht in die IDoc-Technologie eintauchen. SAP BusinessObjects Data Services übernimmt für uns die Arbeit. Der Content ist so vorkonfiguriert, dass die enthaltenen IDocs vom Tool selbst mit korrektem IDoc-Kontrollsatz und mit korrekter Syntax aufgebaut werden können.

Im Lauf der Zeit haben sich IDocs als stabile und konsistente, mit einem ausgeklügelten Versionskonzept ausgestattete Schnittstellen erwiesen. Außerdem sind IDocs sehr verbuchungssicher, da es bei einem Abbruch immer zu einem kompletten *Rollback* kommt und die IDocs zur erneuten Verarbeitung bereitstehen. Dies sind auch die Gründe, warum von SAP mit der Transaktion BDBG ein Generierungstool zur Verfügung gestellt wurde, das auf Knopfdruck aus einem asynchronen BAPI eine IDoc-Schnittstelle generieren kann. Asynchrone BAPIs sind dabei genau jene, die Daten in ein System laden können, anstatt eine Operation auszuführen und eine Antwort zu geben. Sie geben lediglich eine Information über Erfolg oder Miss-

BDBG, BAPI

erfolg zurück, ähnlich einem klassischen IDoc. Mit der Transaktion BDBG wurde es möglich, die IDoc-Welt erheblich zu erweitern.

Die meisten BAPIs werden heute bereits mit der sogenannten *BAPI/ALE-Schnittstelle* ausgeliefert. Dadurch werden eine IDoc-Struktur und ein IDoc-Typ aus dem BAPI generiert. Dabei ist das IDoc eine Art Hülle um das BAPI herum. Verschickt werden die Daten als IDoc, anstatt ein BAPI direkt remote in einem entfernten System zu rufen. Das IDoc wird dann im Eingang ausgepackt und das BAPI lokal im Zielsystem gerufen. Im Wesentlichen ist ein BAPI nämlich ein SAP-Funktionsbaustein mit einem definierten Interface und einer Dokumentation. Der Vorteil liegt darin, dass wie beim Application Link Enabling der Sendeprozess vom Verarbeitungsprozess entkoppelt wird. Anderenfalls müsste die Verbindung zwischen den Systemen während der gesamten BAPI-Verarbeitungszeit geöffnet bleiben.

Abbildung 6.39 zeigt exemplarisch das Ergebnis einer ALE-Schnittstelle für das BAPI des Objekttyps BUS1030 und der Methode CREATEMULTIPLE. Dieses BAPI dient zur Übernahme von Kostenarten und wird nicht mit einer generierten IDoc-Schnittstelle ausgeliefert.

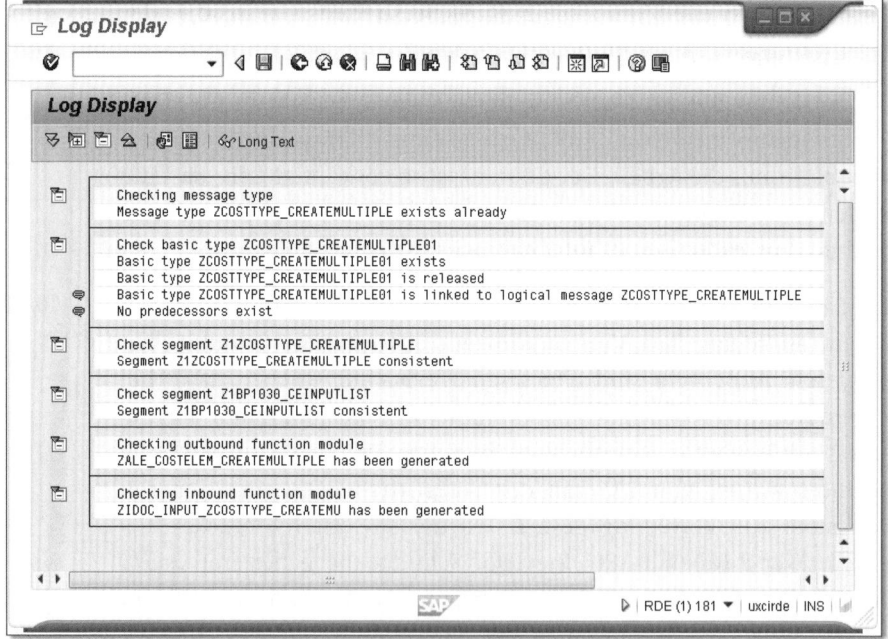

Abbildung 6.39 Ergebnis einer BDBG-Generierung

Auf eine ähnliche Art werden die im SAP CRM-System vorhandenen und auf sogenannte *BDocs* verweisenden *XIF-Schnittstellen* zu IDocs, die im Grunde auch SAP-Funktionsbausteine mit tiefen Strukturen sind. Hier stellt SAP ebenfalls ein Generierungstool zur Verfügung, die Transaktion BDFG. Auch für SAP CRM sind bereits zahlreiche XIF-Interfaces als IDocs mit vorausgeliefert.

BDFG, XIF-Interface

Dadurch ist im Data Services-Content für Datenmigration eine Vielzahl von Business-Objekten enthalten, und es ist technisch kein Unterschied, ob am Ende ein IDoc-Eingangsfunktionsbaustein, ein BAPI oder ein XIF-Interface gerufen wird. Der Anwender bemerkt diesen Unterschied noch nicht einmal.

Wichtige IDoc-Transaktionen im Rahmen der Datenmigration
▸ **SALE** – IDoc-Customizing
▸ **WE20** – IDoc-Partnervereinbarungen
▸ **WE30** – IDoc-Typübersicht
▸ **WE31** – IDoc-Segmentübersicht
▸ **WE60** – IDoc-Dokumentation
▸ **WE02/WE05** – IDoc-Monitor
▸ **WE09** – erweiterte IDoc-Suche
▸ **BD87** – IDoc-Übersicht
▸ **BDBG** – BAPI/ALE-Schnittstelle
▸ **BDFG** – CRM XIF-Schnittstelle
▸ **SLG1** – Fehlerprotokolle im Application Log

6.5.3 IDoc-Customizing im SAP-System

Um das SAP-System auf das Empfangen von Data Services-IDocs vorzubereiten, ist dort ein Grund-Customizing durchzuführen. Alle ALE-relevanten Customizing-Funktionalitäten sind in der Transaktion SALE abrufbar und die für die Datenmigration obligatorischen nachfolgend aufgeführt. Sämtliche Schritte sind durchzuführen, falls zuvor noch kein IDoc-Customizing vorgenommen wurde.

▸ **IDoc-Administrator festlegen**
Grundeinstellungen • IDoc-Administration

▸ **Workflow-Customizing durchführen**
Grundeinstellungen • Automatisches Workflow-Customizing durchführen

▶ **Logisches System »BOBJTFR« für Data Services anlegen**
GRUNDEINSTELLUNGEN • LOGISCHE SYSTEME EINRICHTEN • LOGISCHES
SYSTEM BENENNEN

▶ **Globalen Buchungskreis anlegen für jeden Buchungskreis**
GESCHÄFTSPROZESSE MODELLIEREN UND IMPLEMENTIEREN • GLOBALE
ORGANISATIONSEINHEITEN EINRICHTEN • GLOBALE BUCHUNGSKREISE
EINRICHTEN

Globaler
Buchungskreis

Der globale Buchungskreis ist eine IDoc/ALE-spezifische Einstellung im SAP-System. Da ALE-Kommunikation über IDocs durchaus zwischen zwei entfernten SAP-Systemen stattfinden kann, die für denselben Buchungskreis Daten vorhalten, musste man sich dieses Hilfskonstrukts bedienen. Dies ist notwendig, da die beiden autarken Systeme ein und denselben Buchungskreis unter verschiedenen Buchungskreisnummern als Bezeichnung kennen können. Meist hat dies historische Gründe. Daher ist für die Übermittlung von buchungskreisabhängigen Daten in einem ALE-Szenario (zum Beispiel mit dem DEBMAS-IDoc) ein neuer, eindeutiger Name als Bezeichner zu verwenden. Diesen Namen nennt man *globalen Buchungskreis*. Da wir im Fall der Datenmigration keine ALE-Kommunikation zwischen SAP-Systemen durchführen, ist hier nicht weiter darauf zu achten. Die einzige notwendige Maßnahme ist das Anlegen des globalen Buchungskreises, da das IDoc stets mit diesem internen Wert arbeitet. Im Normalfall ist es für eine Migration ausreichend, für den globalen Buchungskreis einfach die Bezeichnung des (lokalen) Buchungskreises zu wählen.

IDoc-Partnerprofil

Des Weiteren müssen Sie für die verwendeten IDoc-Nachrichtentypen Einstellungen im SAP-System vornehmen, um festzulegen, was nach dem Empfang eines spezifischen IDocs mit den Daten geschehen soll. Im SAP Best Practices-Content finden Sie dafür eine Generierungsmöglichkeit; dennoch soll hier am Beispiel des Kundenstamms dieses sogenannte *Partnerprofil* manuell eingerichtet werden. Dazu verwenden Sie die SAP-Transaktion WE20 und legen dort Folgendes fest (siehe Abbildung 6.40):

1. IDocs vom spezifischen Partner LOGISCHES SYSTEM (LS) BOBJTFR dürfen empfangen werden. Dazu legen Sie einen entsprechenden Partnereintrag unter dem Knoten LS an.

2. IDocs vom Typ DEBMAS werden an die Debitorenerzeugung übergeben. Dazu legen Sie einen entsprechenden Eingangsparameter für den Partnereintrag an.

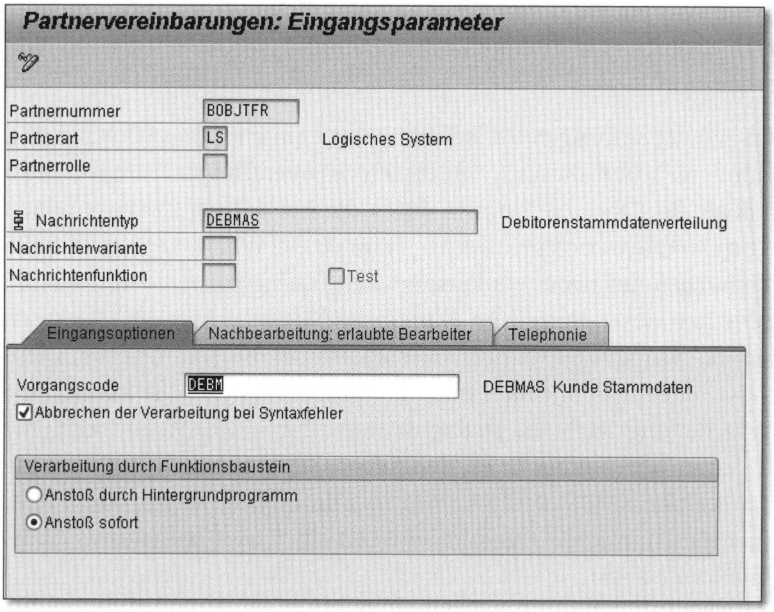

Partnervereinbarungen: Eingangsparameter

Partnernummer	BOBJTFR
Partnerart	LS Logisches System
Partnerrolle	

Nachrichtentyp	DEBMAS Debitorenstammdatenverteilung
Nachrichtenvariante	
Nachrichtenfunktion	☐ Test

Eingangsoptionen | Nachbearbeitung: erlaubte Bearbeiter | Telephonie

Vorgangscode   DEBM   DEBMAS Kunde Stammdaten
☑ Abbrechen der Verarbeitung bei Syntaxfehler

Verarbeitung durch Funktionsbaustein
○ Anstoß durch Hintergrundprogramm
◉ Anstoß sofort

Abbildung 6.40 IDoc-Partnervereinbarungen

Der VORGANGSCODE legt fest, was die Debitorenanwendung mit den Daten tun soll; in diesem Fall werden über den Code DEBM die Debitorenstammdaten im System angelegt.

Hinweis: Hintergrundverarbeitung

Die Standardeinstellung in den Partnervereinbarungen ist ANSTOSS SOFORT, was zu einer quasi synchronen Abarbeitung eines IDocs führt, nachdem es empfangen wurde. Da dadurch aber für jedes einzelne IDoc ein eigener Workprozess belegt wird, ist diese Vorgehensweise nicht immer zu empfehlen. Bei großen Datenmengen kommt es sehr schnell zu Ressourcenengpässen. Eine Alternative ist die Hintergrundverarbeitung und der Anstoß durch das Hintergrundprogramm RBDAPP01.

6.5.4   IDoc-Performanceoptimierung

Um für einen IDoc-Massen-Upload, wie er bei einer Datenmigration durchgeführt wird, eine geeignete Performance zu erreichen, ist die angesprochene Hintergrundverarbeitung obligatorisch. Nur in diesem Fall können mehrere IDocs als Paket an einen Workprozess zur Verarbeitung übergeben und dieser Prozess selbst parallelisiert werden. Im Idealfall verwendet man so gleichzeitig mehrere SAP-Workprozesse,

Report RBDAPP01

die jeweils ein Paket von IDocs abarbeiten. Im Wesentlichen erreicht man dadurch eine Entkopplung des Empfangsprozesses von der Verarbeitung.

Im Fall der sofortigen Verarbeitung wird ein einzelnes IDoc per RFC empfangen und dieses in einem Prozess verarbeitet. Sammelt man jedoch die IDocs im Eingang durch die Einstellung ANSTOSS DURCH HINTERGRUNDPROGRAMM in der Transaktion WE20, kann man beim Verbuchen der IDocs ein Performance-Tuning vornehmen. Generell bedeutet dieser Anstoß im Hintergrund jedoch, dass die IDocs erst einmal im Status 64 »hängen«, sie warten auf die Verarbeitung. Diese muss nicht ausschließlich im Hintergrund erfolgen, Sie können die Verarbeitung auch im Dialog starten. Die beste Möglichkeit, die IDocs zu verarbeiten, ist es, den Report RBDAPP01 entweder über die Transaktion SM36 als ABAP-Job im Hintergrund einzuplanen oder aber direkt mittels Transaktion SE38 im Dialog zu starten (siehe Abbildung 6.41).

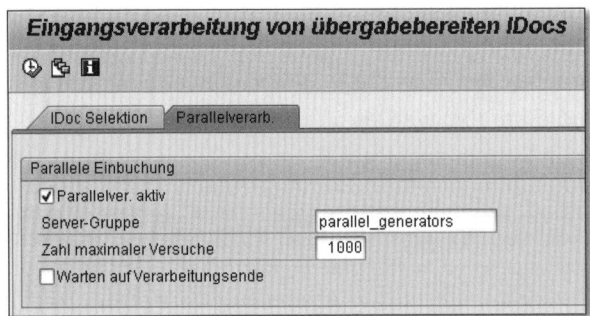

Abbildung 6.41 Parallelverarbeitung im Report RBDAPP01

Paketgröße   Wichtige Einstellungen im Selektionsbild des Programms RBDAPP01 sind:

▸ **Karteireiter »IDoc Selektion«**

   ▸ PAKETGRÖSSE: Die Paketgröße steuert die maximale Anzahl der IDocs, die in einer Logical Unit of Work (LUW) in einem Dialog-Workprozess verarbeitet werden sollen. Eine große Paketgröße hält die Anzahl der notwendigen Prozesse klein, verlangt aber auch nach einem großen Rollbereich. Der Datenbank-Commit passiert stets entweder für das gesamte Paket, oder es gibt einen Datenbank-Rollback, und keine Daten des Pakets werden abgespeichert.

▶ **Karteireiter »Parallelverarb.«**

    ▶ PARALLELVER. AKTIV: Mit diesem Schalter aktivieren Sie die Parallelverarbeitung. Wird dieses Ankreuzfeld markiert, wird auf dem Applikationsserver ein freier Dialogprozess pro IDoc-Paket für die Eingangsverarbeitung der Anwendung eingesetzt. Das bedeutet, dass die Pakete parallel verarbeitet werden. Wenn viele Pakete selektiert wurden, werden alle Dialogprozesse des Servers durch die IDoc-Verarbeitung belegt. Sie sollten daher zusätzlich eine Servergruppe angeben, die die Belegung der Workprozesse steuert (zum Beispiel `parallel_generators`), um eine Überlast des Systems zu vermeiden. Wird das Kennzeichen nicht gesetzt, erfolgt keine parallele Verarbeitung der IDocs, das heißt, jedes Paket wird sequenziell an die Anwendung übergeben. Insgesamt wird dann nur ein Workprozess auf dem Applikationsserver belegt.

    ▶ SERVER-GRUPPE: Die Servergruppe bestimmt, wie die Ressourcen auf die vorhandenen Workprozesse des oder der Applikationsserver verteilt werden, das heißt, wie viele Workprozesse jeweils zur Verfügung gestellt werden. Die Einstellungen dazu nehmen Sie in der Transaktion RZ12 vor (siehe Abbildung 6.42).

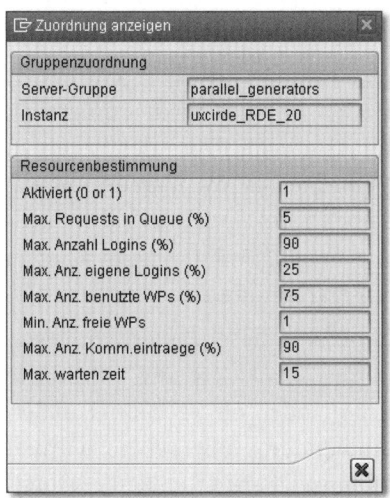

Abbildung 6.42 Servergruppenpflege in Transaktion RZ12

Es gibt keine generelle Empfehlung für Paketgröße und Anzahl der Workprozesse in einer Servergruppe für die Parallelverarbeitung. Sie sollten daher in jedem Fall versuchen, mithilfe von Testdaten den für

Ihren Fall besten Wert zu ermitteln. Beeinflusst wird dieser Wert von unterschiedlichen IDoc-Typen, IDoc-Größen (Anzahl der Segmente), Datenbank- und Serverleistungen. Eine Anzahl von 50 IDocs pro Paket bei großen IDocs und 100 pro Paket bei eher wenigen Segmenten ist dabei aber sicherlich kein schlechter Startwert.

Tipps Weitere wichtige Einstellungen des Programms RBDAPP01 für zusätzliche Performanceoptimierung und als Hilfestellung im Migrationsprojekt sind die folgenden:

▶ **Karteireiter »IDoc Selektion«**

▶ AUSGABELISTE: Das Kennzeichen AUSGABELISTE steuert, ob am Ende der IDoc-Verarbeitung eine detaillierte Liste als Protokoll ausgegeben wird. Im Allgemeinen ist diese Ausgabe nicht notwendig, da sämtliche Informationen über die IDoc-Monitor-Transaktionen und auch über das Zurückmelden des IDoc-Status an Data Services abrufbar sind und somit separat zur Verfügung stehen. Vielmehr kann ein Auslassen dieses Schrittes in Abhängigkeit von der selektierten Datenmenge zu einem entsprechenden Performancegewinn führen.

▶ **Karteireiter »Parallelverarb.«**

▶ ZAHL MAXIMALER VERSUCHE: Hier wird die Zeitspanne (in Sekunden) definiert, in der versucht wird, einen parallelen Prozess mit einem Paket von zu verarbeitenden IDocs zu belegen. Dieser Versuch erfolgt sekündlich. Ist der Versuch nicht erfolgreich, werden nach dieser Zeitspanne sämtliche IDocs des Pakets in einen Fehlerstatus gesetzt. Wenn Sie massive Parallelisierung einsetzen und die Paketgröße noch nicht optimiert haben, sollten Sie diesen Wert so groß wie möglich wählen (zum Beispiel 99999), um einen Abbruch der Verarbeitung zu vermeiden.

▶ WARTEN AUF VERARBEITUNGSENDE: Mit dieser Einstellung legen Sie fest, ob der Lauf des Programms RBDAPP01 endet, sobald alle IDocs verarbeitet sind (*synchron*), oder ob er bereits endet, nachdem alle Pakete der Anwendung übergeben wurden (*asynchron*). Das Setzen dieses Kennzeichens ist im Hintergrundmodus sinnvoll, um die gesamte Verarbeitungszeit zu protokollieren. Das Protokoll erleichtert Ihnen den Optimierungsprozess, da Sie mit unterschiedlichen Einstellungen testen und anschließend die Verarbeitungszeiten vergleichen können. Für den produktiven Lauf sollte es jedoch wieder entfernt werden, damit die Performance nicht durch diesen wartenden Prozess negativ beeinflusst wird.

Sie sind nun in der Lage, auch für eine Massenübernahme, wie sie für einige Business-Objekte immer wieder notwendig ist, geeignete Einstellungen zur Performanceoptimierung auf der SAP-Zielseite vorzunehmen.

6.6 SAP BusinessObjects Data Services für Fortgeschrittene

In diesem Abschnitt stellen wir Ihnen weitere Funktionalitäten von SAP BusinessObjects Data Services und dem SAP Best Practices-Content für die Datenmigration vor, die über das in Abschnitt 6.3, »Durchführung der Datenmigration«, Erlernte hinausgehen.

6.6.1 Skriptsprache

Die in SAP BusinessObjects Data Services verwendete Skriptsprache lehnt sich an andere Skriptsprachen an, beruht aber letztlich auf einer eigenen Syntax. Die Sprache besitzt keinen Namen. Sie eignet sich hervorragend zum Erlernen durch Verifizieren und Verändern bzw. Kopieren von bereits vorhandenem Coding. Auch die Syntaxhervorhebung und die Vorschlagswerte, die während des Tippens im Editor angezeigt werden, helfen Benutzern, die mit Programmiersprachen ein wenig vertraut sind, sich von Beginn an gut zurechtzufinden.

Coding

Da unser oberstes Ziel das Vermeiden von Programmieren ist, sollen an dieser Stelle nur einige wenige Beispiele näher erläutert werden. Die Devise lautet stets, Programmieren nur als Ergänzung zu verstehen. Mit der Hilfe von einigen Eingriffen in das Coding wird es jedoch möglich, im Fall von komplexen Mappings oder schwierigen Validierungen nicht allzu schnell an Grenzen zu stoßen.

Abschließend sei auch an dieser Stelle nochmals auf die Validierungsmöglichkeiten über die Schaltfläche VALIDATE CURRENT ( ) hingewiesen. Diese sind vor allem bei der Anpassung von Coding sehr hilfreich, denn sie unterstützen Sie dabei, früh etwaige Syntaxfehler zu erkennen, die Sie dann korrigieren können.

6.6.2 Eingebaute Funktionen

Funktionen Die ETL-Plattform SAP BusinessObjects Data Services kennt eine Reihe von eingebauten Funktionen, die man in jeder Query einbinden und somit beispielsweise im Fieldmapping verwenden kann. Dazu zählen Aggregierungsfunktionen (`Min`, `Max`, `Count`, `Average`), Konvertierungsfunktionen (`Cast`, `To_Date`, `To_Decimal`), Datenbankfunktionen, mathematische Funktionen und Zeichenkettenfunktionen (`Concatenate`, `Replace`, `Upper_Case`), um nur einige zu nennen.

Betrachten wir ein konkretes Beispiel und stellen uns vor, dass uns die Postleitzahl als Integer-Wert geliefert wird und wir ein explizites Umwandeln in den Datentyp String vornehmen möchten. Dies erreichen wir durch die Verwendung einer eingebauten Konvertierungsfunktion.

Rufen Sie dazu im Projekt `AIO_BPFDM_IDOC` den Mapping-Schritt der Debitorengrunddaten auf:
Job_AIO_CustomerMaster_IDOC • CustomerMasterBasicData_E1KNA1M_Required • DF_AIO_CustomerMasterBasicData_Map • Qry_BestPractices

Dort klicken Sie auf das Feld `POSTAL_CODE` der Zielseite (Schema Out) und löschen das vorhandene Mapping. Klicken Sie auf die Schaltfläche Functions..., und wählen Sie aus dem Funktionen-Wizard die Conversion Functions mit dem Namen `cast` aus, wie in Abbildung 6.43 dargestellt.

Bestätigen Sie daraufhin den ersten Schritt im Wizard, und geben Sie als Expression per Dropdown-Funktion das Input-Feld `CODEPSTL` in dem Schema `CUSTOMERADDRESS` ein. Als Datentyp wählen Sie `'int'`. Damit erreichen Sie, dass der Eingabeparameter wie ein Integer behandelt und eine explizite Typkonvertierung auf den Zieldatentyp `varchar 255` vorgenommen wird.

Das Ergebnis ist folgende Zeile generierten Codings in dem Skripteingabefeld für die Postleitzahl, mit der die Funktion zur Typkonvertierung der Postleitzahl aufgerufen wird:

```
cast(CUSTOMERADDRESS.CODEPSTL, 'int')
```

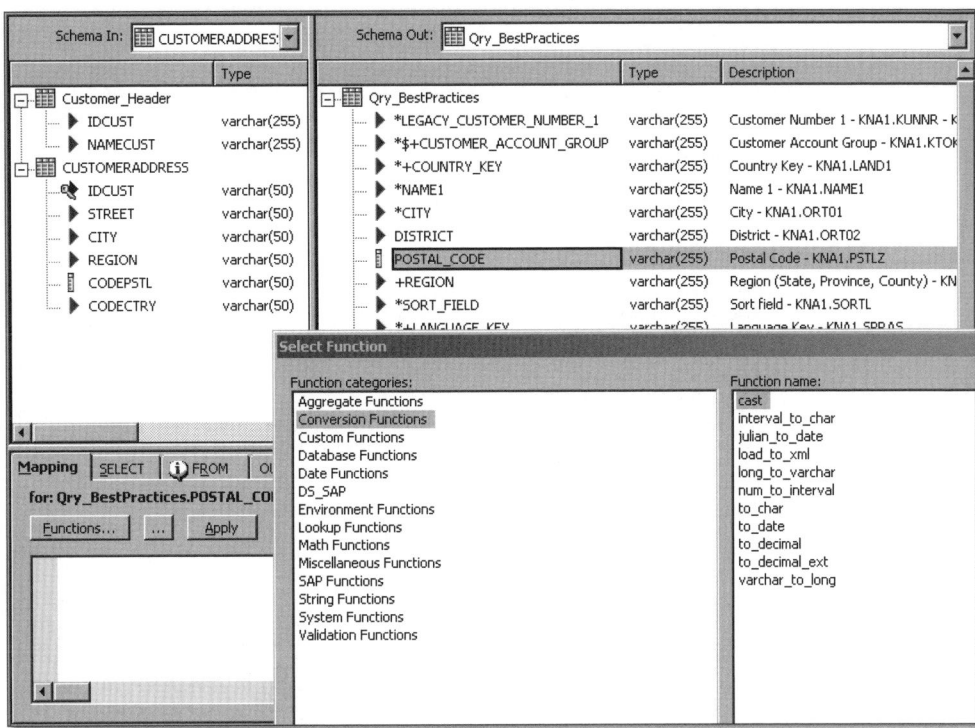

Abbildung 6.43 Konvertierungsfunktion für die Postleitzahl

Auf diese Art und Weise lässt sich ganz einfach mittels des Wizards Skript-Coding erzeugen. Selbstverständlich können Sie den Funktionsaufruf auch direkt manuell eintippen, Sie werden dabei ebenfalls von den Vorschlagswerten im Editor unterstützt.

6.6.3 Eigene Funktionen

Der SAP Best Practices-Content für Datenmigration liefert eine Vielzahl an Coding-Beispielen in Form von *Custom Functions* mit aus. Gehen Sie dazu im Data Services Designer in das Projekt AIO_BPFDM_IDOC, und öffnen Sie in der LOCAL OBJECT LIBRARY den Karteireiter CUSTOM FUNCTIONS. Abbildung 6.44 zeigt einen Ausschnitt der vorhandenen Funktionen.

Eigene Funktionen

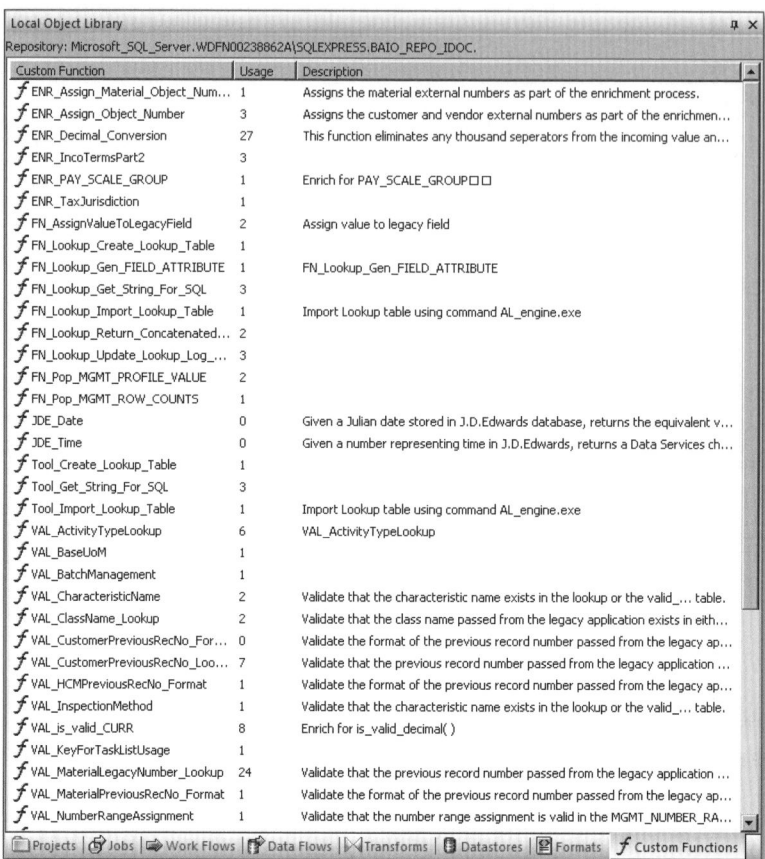

Abbildung 6.44 Eigene Funktionen im SAP Best Practices-Content

Ein erstes Beispiel für eine mit ausgelieferte Funktion haben Sie bereits in Abschnitt 6.3.6, »Validierung der Daten«, bei der Validierung der Postleitzahl kennengelernt (siehe Abbildung 6.32).

Eine andere häufig verwendete Funktion ist `ENR_Decimal_Conversion`. Wie das Namenspräfix schon anzeigt, wird diese Funktion im Anreicherungsschritt ENRICH verwendet. Das SAP-Zielformat IDoc erwartet grundsätzlich alle Werte im internen Format. Das gilt auch bei Zahlen und Nummern, die häufig mit uneinheitlichen Tausendertrennzeichen und Dezimalzeichennotationen aus den Altsystemen geliefert werden.

Eine einzige Zeile Code in der SAP BusinessObjects-Skriptsprache erlaubt das Eliminieren jeglicher Tausendertrennzeichen und das

Ersetzen des Dezimalzeichens einheitlich durch einen Punkt für das interne SAP-Format, wie Abbildung 6.45 illustriert.

Dabei besteht die Funktion aus zwei Eingabevariablen, dem Wert selbst (`$P_Instring`) und der Variablen für das Standarddezimalzeichen (`$P_DefaultDecimalSeperator`). Später im Job ist diese Variable für das Default-Dezimalzeichen als globale Variable definiert und beim Lauf für unterschiedliche Altsysteme anpassbar. Der Rückgabewert ist der konvertierte Wert. In diesem Coding-Schnipsel ist zudem die Schachtelung mit der eingebauten Funktion (*Custom Function*) `replace_substr` hervorzuheben.

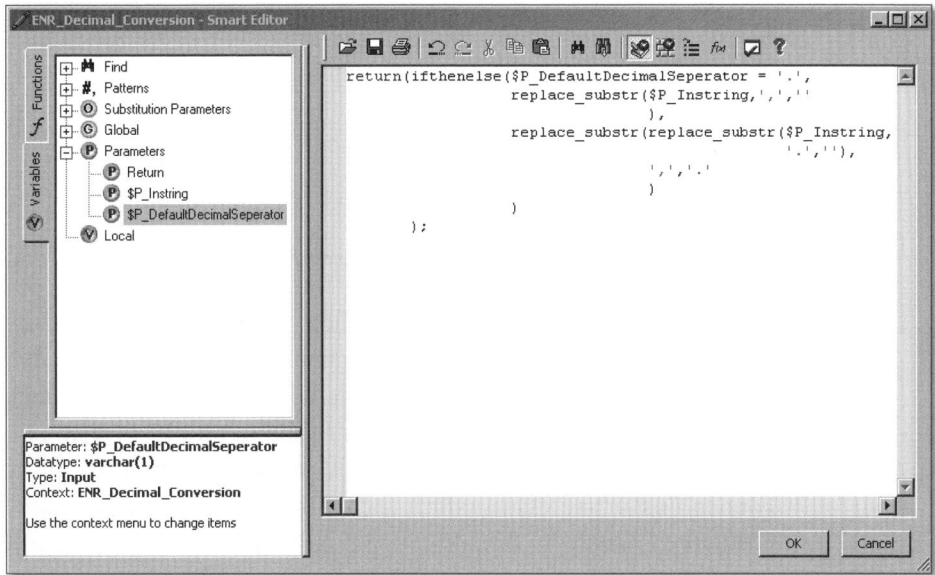

Abbildung 6.45 Konvertierung von Dezimalzahlen

6.6.4 Erweiterungen der Validierungen

Ein sehr schönes Beispiel für die Erweiterung der ausgelieferten Validierungsfunktionen ist die Postleitzahlenvalidierung in der Funktion `VAL_ZipCode`. Diese ist ebenfalls abhängig vom Land, ausgeliefert werden aber nur USA, Kanada, China und Deutschland als Beispielländer. Das Coding für die Validierung dieser Länder finden Sie in Listing 6.1.

Erweiterungen

```
# Validation
if(not $sapCountryKey in ('DE', 'US', 'CA', 'CN'))
    Return 1;

if( $sapCountryKey = 'DE' )
    return match_regex($ZipCode, '^[0-9]{5}$', NULL);

if( $sapCountryKey = 'US' )
    return match_regex($ZipCode,
    '^[0-9]{5}$|^[0-9]{5}-[0-9]{4}$', NULL);

if( $sapCountryKey = 'CA')
    return match_regex($ZipCode,
    '^[A-Z]{1}[0-9]{1}[A-Z]{1}
    [0-9]{1}[A-Z]{1}[0-9]{1}$', NULL);

if( $sapCountryKey = 'CN')
    return match_regex($ZipCode, '^[0-9]{6}$', NULL);

return 0;
```

Listing 6.1 Standard-Coding für die Postleitzahlenvalidierung

Damit Sie andere in Ihrer spezifischen Datenmigration vorkommende Länder ebenfalls validieren können, zeigen wir Ihnen an dieser Stelle eine Erweiterung. Nehmen wir an, Sie möchten auch Kunden aus der Schweiz und Österreich migrieren. In beiden Ländern sind Postleitzahlen vierstellig und numerisch. In der Schweiz können Postfachadressen jedoch auch eine sechsstellige numerische Postleitzahl haben.

Damit erweitert sich das Coding, wie in Listing 6.2 dargestellt.

```
# Validation
if(not $sapCountryKey in ('DE', 'US', 'CA', 'CN', 'CH', 'AT'
))
    Return 1;

if( $sapCountryKey = 'DE' )
    return match_regex($ZipCode, '^[0-9]{5}$', NULL);

if( $sapCountryKey = 'US' )
    return match_regex($ZipCode,
    '^[0-9]{5}$|^[0-9]{5}-[0-9]{4}$', NULL);
```

```
if( $sapCountryKey = 'CA')
    return match_regex($ZipCode,
    '^[A-Z]{1}[0-9]{1}[A-Z]{1}
    [0-9]{1}[A-Z]{1}[0-9]{1}$', NULL);

if( $sapCountryKey = 'CN')
    return match_regex($ZipCode, '^[0-9]{6}$', NULL);

if( $sapCountryKey = 'CH')
    return match_regex($ZipCode,
     '^[0-9]{4}$|^[0-9]{6}$', NULL);

if( $sapCountryKey = 'AT')
    return match_regex($ZipCode, '^[0-9]{4}$', NULL);

return 0;
```

Listing 6.2 Erweitertes Coding für die Postleitzahlenvalidierung

Vergessen Sie nicht, vor dem Speichern eine Überprüfung der Syntax mittels VALIDATE CURRENT ( ) durchzuführen, um die Richtigkeit Ihres eigenen Codings zu verifizieren. Anderenfalls kommt es im Fehlerfall später beim Joblauf zu einem Abbruch.

6.6.5 Datenqualität

Neben dem Datenintegrationsanteil bietet SAP BusinessObjects Data Services auch eine bedeutende Funktionalität zur Sicherstellung der Datenqualität. Dieser Bereich ist selbst so umfangreich, dass an dieser Stelle nur ein Ausblick gegeben werden kann. **Data Quality**

Abbildung 6.46 zeigt einen Datenfluss im Data Services Designer, der *Data-Cleanse-* und *Address-Cleanse-Transformationen* zur Datenbereinigung enthält. Diese sind genauso wie die bisher verwendeten Datenflüsse und Querys als Standardobjekte in der Palette der Standardfunktionen in Data Services verfügbar.

Mit der DATACLEANSE-Transformation können Standardisierungen für Namen (zum Beispiel »Susi« wird zu »Susanne«), Telefonnummern (zum Beispiel das Umwandeln in das internationale Format +49 170 1234567) und E-Mail-Adressen (zum Beispiel alles in Kleinbuchstaben) vorgenommen werden. Mit der ADDRESSCLEANSE-Transformation werden Straßennamen (zum Beispiel »Beispielstr.« und »Beispielstraße«) vereinheitlicht sowie unterschiedliche Adresszusätze in ein einheitliches Format gebracht.

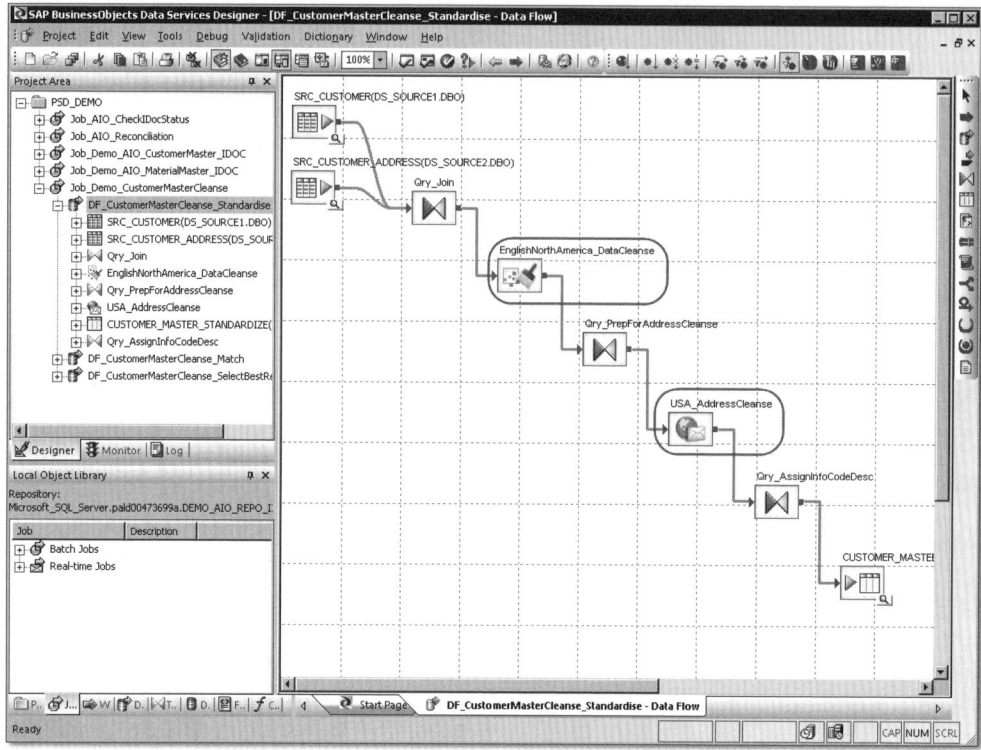

Abbildung 6.46 Einbindung eines Data Cleanse Dictionarys

Dubletten   Nach der Standardisierung der Daten können anschließend Dubletten
aufgespürt und entfernt werden. Im Rahmen einer Datenmigration
kann so festgelegt werden, dass vielleicht aufgrund eines Tippfehlers
in der Adresse fälschlicherweise doppelt angelegte Debitoren aus dem
Altsystem nur einmal in das neue SAP-Zielsystem migriert werden.

Das Thema *Data Quality* ist natürlich nicht nur relevant, wenn eine
Datenmigration ansteht, vielmehr ist die Bereinigung der Daten eine
ständige Herausforderung. Insofern besteht das besondere Flair der
Datenqualitätsfunktionalität in SAP BusinessObjects Data Services
darin, dass diese Lösung auch nach einem abgeschlossenen Datenmigrationsprojekt im Einsatz bleiben kann.

6.7 Erweiterungen des Contents

Der mittels SAP Best Practices- oder RDS-Paketen ausgelieferte und vorgefertigte Datenmigrations-Content deckt noch nicht die gesamte SAP-Welt ab. SAP stellt zwar laufend Erweiterungen bereit, Sie können aber natürlich auch selbst Content erstellen, falls Sie diesen für Ihren speziellen Fall benötigen. Für diesen Content ist Wiederverwendbarkeit gegeben, Sie können ihn daher in mehreren Projekten und über einzelne Business-Objekte hinaus einsetzen.

6.7.1 Zusätzliche Segmente

Die im SAP-System verfügbaren IDocs sind für gewöhnlich sehr komplex, da sie sämtliche Felder eines Business-Objekts beinhalten müssen. Der in diesem Kapitel vorgestellte Content versteckt diese Komplexität durch die Standardisierung und die Verwendung der wesentlichen IDoc-Segmente. Dies kann in einem umfangreichen Projekt jedoch bedeuten, dass gewisse im IDoc verfügbare Segmente in dem Ihnen vorliegenden Data Services-Content noch nicht berücksichtigt wurden. In diesem Fall leitet Sie der ebenfalls mit ausgelieferte Erweiterungsleitfaden durch die im Data Services Designer notwendigen Schritte.

Erweiterungen

6.7.2 IDoc-Erweiterungen

In einigen Fällen kommt es jedoch vor, dass selbst die umfangreichen SAP-Standard-IDocs Ihren Anforderungen nicht genügen. Dies ist zum Beispiel der Fall, wenn Sie zusätzliche Felder im Kundennamensraum versorgen müssen. Hier unterscheidet man zwischen kundeneigenen *Appends* für SAP-Standardtabellen und komplett neu angelegten Z-Tabellen.

Im ersten Fall ist die Erweiterung denkbar einfach und ebenfalls im Erweiterungsleitfaden des Data-Migration-Contents beschrieben. Da im ABAP-Coding zusätzliche Append-Felder immer mit versorgt werden, müssen Sie lediglich eine Erweiterung des IDoc-Segments im SAP-System vornehmen und dies in Data Services übertragen.

Im zweiten, wesentlich komplexeren Fall ist sogar ABAP-Coding im IDoc-Eingangsfunktionsbaustein zu erweitern. Das neu anzulegende IDoc-Segment, das die Z-Tabelle versorgt, muss in einem *User-Exit*,

BAdI oder *Erweiterungs-Spot* ausgelesen werden. In diesem Fall ist der Aufwand auf der Seite von SAP BusinessObjects Data Services ebenfalls wesentlich höher. Wir empfehlen Ihnen jedoch, stets bereits vorhandene Datenflüsse zu replizieren und dann für Ihre Bedürfnisse anzupassen, anstatt jedes Mal komplett neu zu beginnen.

> **Hinweis: Verwendung der Funktion »Replicate«**
>
> Verwenden Sie im Data Services Designer die Funktion REPLICATE, wenn Sie beispielsweise einen Datenfluss kopieren und anschließend modifizieren möchten.
>
> Wenn Sie das Objekt lediglich kopieren, wird aufgrund der Wiederverwendbarkeit nur eine Referenz auf das Original kopiert und angelegt. In diesem Fall würden Sie also stets das Original verändern, unabhängig davon, ob Sie von der Kopie oder direkt vom Original aus zugreifen.

Weitere Informationen zum IDoc- und Content-Erweiterungskonzept entnehmen Sie der SAP Best Practices- oder RDS-Dokumentation sowie dem IDoc-Erweiterungsleitfaden im SAP Knowledge Warehouse.

6.8   Tipps & Tricks

In diesem Abschnitt möchten wir Ihnen abschließend noch einige weiterführende Hinweise und Ratschläge für Ihr Datenmigrationsprojekt mit SAP BusinessObjects Data Services auf den Weg geben.

6.8.1   Management Console

Neben dem bereits vorgestellten Werkzeug Data Services Designer ist auch die *Data Services Management Console* im Umfang von SAP BusinessObjects Data Services enthalten. Diese Webanwendung kann ähnlich wie das Migration-Services-Tool von Anwendern aus den Fachbereichen direkt genutzt werden. Die Data Services Management Console dient zur Analyse der Datenmigration und des gesamten Projektablaufs. Dieses Werkzeug ist mit der Data Services-Installation sofort verfügbar und beinhaltet ebenfalls vorgefertigte Analysemöglichkeiten. Abbildung 6.47 zeigt das Einstiegsbild der Webanwendung.

Funktionen der Data Services Management Console

Die Data Services Management Console stellt Ihnen folgende Funktionen zur Verfügung:

- **Administration**
  Einstellungen zu den Repositorys, Jobservern und dem Profiler

- **Auto Documentation**
  grafische Visualisierung der Data Services-Objekte

- **Data Validation**
  Analyse der Data Services-Validierungsobjekte

- **Impact and Lineage Analysis**
  Analyse der Data Services Repositorys

- **Operational Dashboard**
  Analyse und Statistiken der Jobläufe

- **Data Quality Reports**
  Analyse der Datenqualität

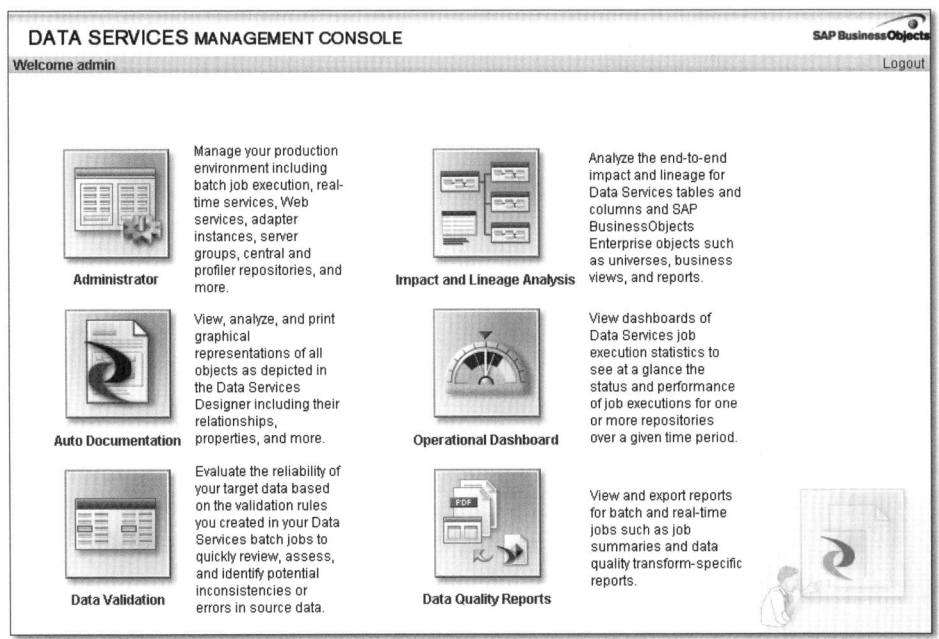

Abbildung 6.47 Data Services Management Console

Mit diesem Werkzeug erhalten Sie bereits Basis-Reporting-Möglichkeiten für Ihr Datenmigrationsprojekt mit Data Services, ohne die Plattform SAP BusinessObjects Business Intelligence (BI) zu verwenden. Abbildung 6.48 zeigt das Operational Dashboard in der Data Services Management Console.

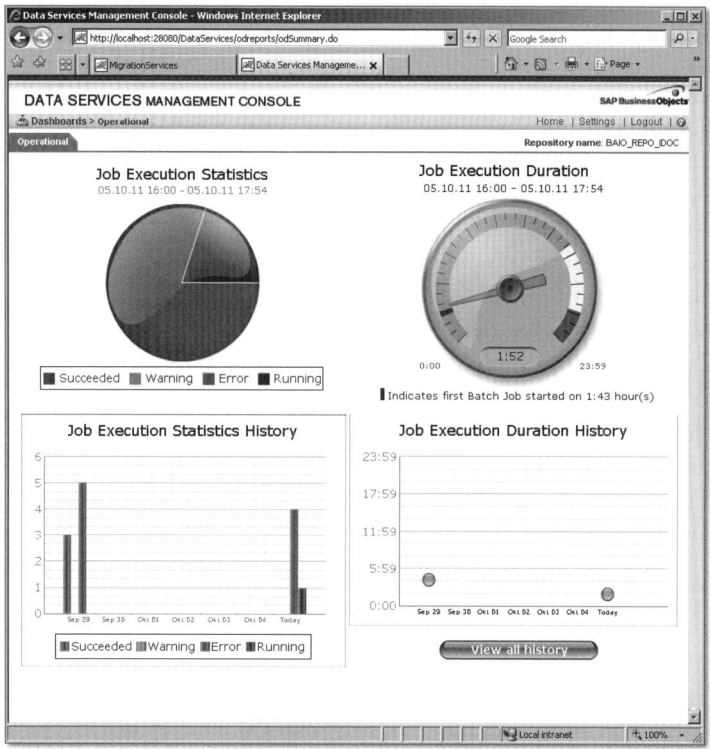

Abbildung 6.48 Data Services Operational Dashboard

6.8.2 Jobarchitektur

In Abschnitt 6.3, »Durchführung der Datenmigration«, konnten Sie ein komplettes Migrationsbeispiel verfolgen, die Aufgabe war allerdings stark vereinfacht: Wir haben uns nur um ein einzelnes IDoc-Segment aus dem DEBMAS-IDoc für die Kundendaten gekümmert, dem Segment für die Basisdaten. Die Gesamtkomplexität ist sehr viel größer, aber durch den modularen Aufbau wiederholen sich die einzelnen Schritte stets.

Ablauf   Abbildung 6.49 zeigt im Überblick den Ablauf für einen kompletten Data Services-Job, bei dem für gewöhnlich mehr als nur ein IDoc-Segment befüllt wird. Trotzdem ist der Vorgang mit Mapping, Validierung und Anreicherung in jedem Segment stets der gleiche. Darüber hinaus hat jeder Job und damit jedes SAP-Business-Objekt den gleichen Aufbau. Dadurch wird der Transfer, zum Beispiel auf den Materialstamm, nach erfolgreicher Debitorenübernahme stark erleichtert.

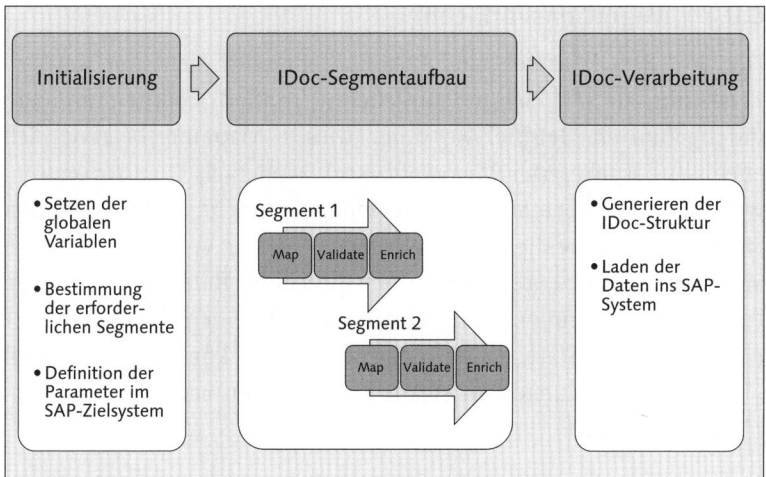

Abbildung 6.49 Genereller Aufbau eines Datenmigrationsjobs in Data Services

6.8.3 IDoc-Nesting

Zu guter Letzt, wenn alle Segmente aufgebaut worden sind, wird die IDoc-Struktur mit dem IDoc-Kontrollsatz EDI_DC40 als Kopf aufgebaut. Dies wird in Abbildung 6.50 verdeutlicht.

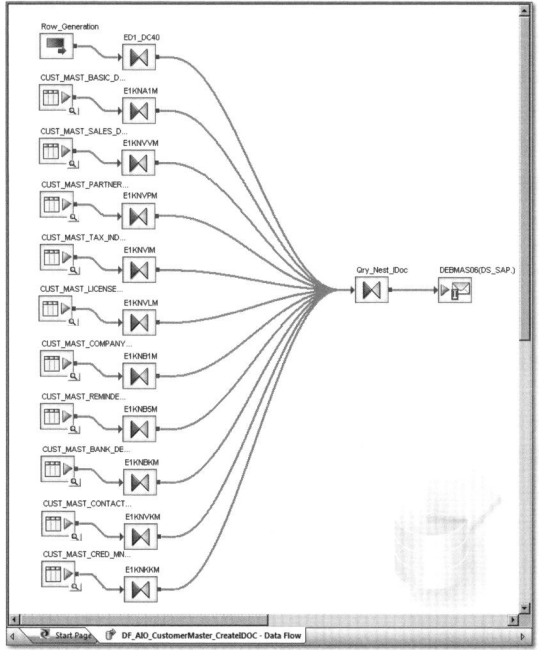

Abbildung 6.50 Datenfluss zur IDoc-Erzeugung in Data Services

6.8.4 Migrationsvorlagen

Der SAP Best Practices- und RDS-Content wird nicht nur mit den Templates zur SAP-Zielseite ausgeliefert, sondern bereits mit einem durchgeführten Beispiel-Mapping. Dieses Mapping bedient sich ebenfalls ausgelieferter Microsoft Excel-Dateien als Quellstrukturen, wobei eine Tabelle einem IDoc-Segment entspricht. Dadurch können Sie auch alternativ dieses vorgefertigte Mapping verwenden, indem Sie die Microsoft Excel-Tabellen entsprechend füllen oder von den Fachabteilungen füllen lassen. Dies ermöglicht einen ersten Test oder einen schnellen Start, da Sie darauf verzichten können, erst einmal sämtliche Anbindungen an eigene Datenbanken oder Dateien komplett vorzunehmen.

6.8.5 ABAP-Funktionsbausteine einbinden

FuBas
Neben den in Data Services integrierten Funktionen (siehe Abschnitt 6.6.2, »Eingebaute Funktionen«) und den kundenspezifischen Funktionen (siehe Abschnitt 6.6.3, »Eigene Funktionen«) können auch RFC-fähige Funktionsbausteine im angebundenen SAP-System aufgerufen werden. Diese werden dann mittels einer *Data Services Custom Function* verschalt.

Um dies zu erreichen, gehen Sie in der LOCAL OBJECT LIBRARY auf den Karteireiter DATASTORES. Wählen Sie Ihren SAP Datastore aus, und klicken Sie mit der rechten Maustaste auf FUNCTIONS. Über die Funktionalität IMPORT BY NAME... können Sie RFC-fähige ABAP-Bausteine (zum Beispiel ein BAPI) einbinden. Die Metadaten werden geladen und die Übergabeparameter in Data Services bereitgestellt (Abbildung 6.51).

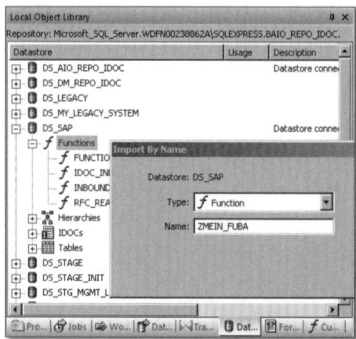

Abbildung 6.51 Einfügen von SAP-Funktionsbausteinen

Auf dem gleichen Weg importieren Sie übrigens auch die Metadaten von IDocs und SAP-Tabellen.

6.8.6 Einbinden der LSMW und der ISMW

SAP BusinessObjects Data Services kann nicht nur Funktionsbausteine im SAP-System aufrufen oder IDocs an SAP versenden, das Tool kann auch dazu verwendet werden, spezielle Dateiformate zu erzeugen. Sie können mit Data Services beispielsweise IDoc-Dateien erstellen, wenn keine RFC-Verbindung zum SAP-System besteht. Möglich ist auch das Erzeugen von bereinigten und validierten Quelldateien für die *Legacy System Migration Workbench* (LSMW), die dann über die Transaktion LSMW geladen werden (siehe Kapitel 5).

LSMW

SAP-Branchenlösungen wie etwa die Lösung für Energieversorger, SAP for Utilities (IS-U), stellen hinsichtlich der Datenmigration nochmals gesonderte Anforderungen. Dort müssen beispielsweise auch Ablesedaten von Strom- und Wasserzählern migriert werden. Aus diesem Grund gibt es im Industrie-Add-on eine eigene Workbench für die Datenmigration, die *Industry Solution Migration Workbench* (ISMW). Dieses Tool arbeitet ähnlich wie die LSMW mit Quelldateien, um die Daten in das SAP-System zu laden.

ISMW

Mit dem SAP RDS-Paket für Datenmigration in die SAP Utilities-Industrielösung kann die Industry Solution Migration Workbench gemeinsam mit Data Services eingesetzt werden. Dabei übernimmt Data Services exakt die gleiche Aufgabe wie im vorgestellten Beispiel für die Debitorenübernahme. Der einzige Unterschied besteht darin, dass am Ende nicht etwa IDocs verschickt, sondern Dateien in exakt dem Format erzeugt werden, das die Industry Solution Migration Workbench verarbeiten kann. Dabei ist das auf den Data Services-Content abgestimmte Projekt für die ISMW ebenfalls Teil des RDS-Pakets. Nach erfolgreichem Joblauf im Data Services Designer starten Sie den Ladeprozess für die ISMW dann manuell in der SAP-Transaktion EMIGALL (siehe Abbildung 6.52).

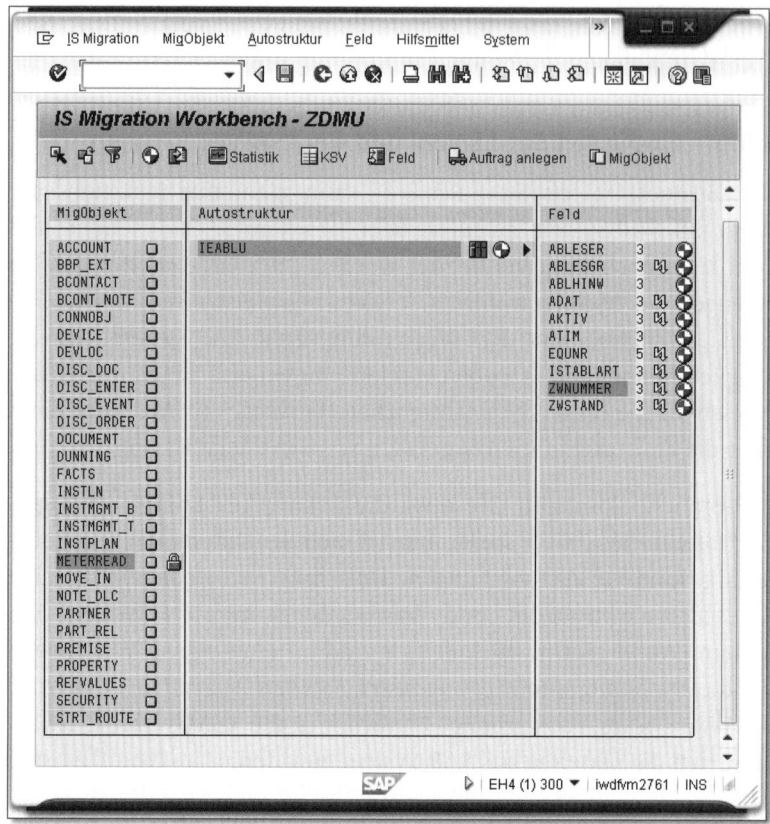

Abbildung 6.52 Industry Solution Migration Workbench

6.9 Fazit

Data Governance In diesem Kapitel haben Sie anhand eines durchgehenden Beispiels gelernt, eine komplette Datenmigration durchzuführen – von der Anbindung an ein oder mehrere Quellsysteme über das Feld- und Werte-Mapping bis hin zum Laden der Daten in SAP per IDoc-Schnittstelle. Wir konnten zeigen, dass der Ansatz einer Migration mit einem ETL-Tool auch einen sehr positiven Einfluss auf die Datenqualität hat. Dadurch bietet sich SAP BusinessObjects Data Services auch für dauerhafte *Data Governance* in der neu aufgebauten SAP-Systemlandschaft an.

Die Vorteile dieser Lösung nochmals auf einen Blick:

▸ Datenbankextraktion zur Anbindung an Altsysteme

▸ einfaches, wiederverwendbares Mapping per Drag & Drop

▸ wiederverwendbare Transformationen und Funktionen

▸ einheitliche Benutzerschnittstelle

▸ Visualisierung des gesamten Datenflusses

▸ Profiling und Validierung der Daten

▸ Funktionalitäten für Monitoring und Reporting

Dokumentationen zum gesamten Prozess, die weit über den Inhalt dieses Buches hinausgehen, finden Sie als Bestandteil eines jeden SAP Best Practices- und RDS-Pakets. Es sind Migrationspakete für ERP, CRM, HCM und Industrielösungen wie Banking und Utilities verfügbar. Außerdem gibt es komplett vorgefertigten Content inklusive ausgelieferten Mappings für die Migration von einem *SAP Business One*-System, der SAP-Software für kleine Unternehmen, zu einem auf SAP NetWeaver basierenden SAP-System. So wird das »Upgrade« von einem SAP Business One- auf ein SAP Business All-in-One- oder SAP ECC-System zum Kinderspiel. Darüber hinaus werden Pakete zu angrenzenden Themen wie *Data Quality Management* und *Information Governance* für die Datenmigration zur Verfügung gestellt.

Da dieser Content ständig erweitert wird, finden Sie die aktuellsten Informationen dazu im Internet unter *http://www.sap.com/rds* für die verfügbaren RDS-Pakete und im SAP Service Marketplace unter *http://service.sap.com/bp-datamigration* für die SAP Best Practices-Pakete.

Das Migationstool von SAP Business ByDesign zeichnet sich durch einen geführten Ablauf aus. Dieses Kapitel macht Sie mit den zur Vergfügung stehenden Funktionen vertraut.

7 Datenmigration in SAP Business ByDesign

SAP Business ByDesign ist eine der jüngsten Lösungen von SAP; bei der On-demand-Lösung handelt es sich um eine integrierte Unternehmenssoftware vor allem für mittelständische Unternehmen, die für die Datenmigration ein eigenes Tool zur Verfügung stellt. Als Anwender werden Sie dabei Schritt für Schritt durch den Prozess geführt, die Interaktion erfolgt größtenteils über dynamische Aufgabenlisten.

Sie können zahlreiche betriebswirtschaftliche Datenobjekte migrieren, wobei auch die komplexeren Objekte so aufgebaut sind, dass eine Übernahme der Daten in vielen Fällen ohne Programmierung auskommt. In der Regel genügt der Einsatz programmierloser Microsoft Excel-Funktionen, wie sie in Kapitel 8, »Techniken zur Vermeidung von Programmierung«, vorgestellt werden.

Je einfacher die Abläufe zu bedienen sind, desto mehr läuft man Gefahr, die Bedeutung und Komplexität der betriebswirtschaftlichen Details in der Datenmigration zu unterschätzen. Dieses Kapitel soll Sie in die Lage versetzen, das Migrationstool bewusst einzusetzen und seine Möglichkeiten wirkungsvoll zu Ihrem Vorteil zu verwenden sowie Fehlersituationen zu vermeiden und bei ihrem Auftreten Ursachen gezielt eingrenzen zu können.

In Abschnitt 7.1, »Migrationsvorlagen«, werden zunächst die objektspezifischen Vorlagen im Microsoft Excel Spreadsheet-Format vorgestellt, die Ausgangspunkt der Migration sind. Abschnitt 7.2, »Migrationstool«, wird Sie mit der für die Migration relevanten Toolumgebung vertraut machen.

Anhand eines Beispiels werden Sie in Abschnitt 7.3, »Hauptschritte der Migration«, die Migration durchführen und dabei die zentralen Schritte *Validierung*, *Wertkonvertierung* und *Simulation* kennenlernen. Auf die Möglichkeiten zur Korrektur von aufgedeckten Datenfehlern wird hierbei genauer eingegangen. Vertieft wird dies in Abschnitt 7.4, »Migration von Buchhaltungsdaten«, durch die Vorstellung von Spezialfunktionen zur Migration von Buchhaltungsdaten.

In Abschnitt 7.5, »Migration als Teilprojekt«, wechselt die Perspektive zu der eines Teilprojektleiters Migration. Wir betrachten die zur Migration gehörigen Schritte in den einzelnen Projektphasen. Besonderes Augenmerk legen wir dabei auf die zur jeweiligen Phase passende Teststrategie.

7.1   Migrationsvorlagen

Zur Aufnahme der Daten Ihres Altsystems stellt SAP Business ByDesign im System sogenannte Migrationsvorlagen zum Herunterladen bereit. Das sind XML-Dateien, die sich mit Microsoft Excel öffnen und weitgehend wie eine gewöhnliche Tabellenkalkulationsdatei bearbeiten lassen.

7.1.1   Aufbau und Struktur der Migrationsvorlagen

Technisch gesehen, handelt es sich bei Migrationsvorlagen um Dateien in dem mit Microsoft Office 2003 eingeführten XML-Dateiformat; dieses lässt sich auch mit neueren Microsoft Excel-Versionen bearbeiten. Für jedes Migrationsobjekt (zum Beispiel Kunden, Materialdaten, Sachkontensalden) gibt es eine eigene Migrationsvorlage. Neben der deutschen Version stehen dabei auch eigene Versionen in den anderen von SAP Business ByDesign unterstützten Sprachen (aktuell Chinesisch, Englisch, Französisch, Spanisch) zur Verfügung.

Aufbau der Migrationsvorlagen

Jede Migrationsvorlage besteht aus mehreren Tabellenblättern, zu denen Sie wie üblich über die Registerkarten am unteren Rand des Bildschirms navigieren können:

- Tabellenblatt EINFÜHRUNG: Informationen zur Arbeit mit Migrationsvorlagen

- eines oder mehrere Datenblätter für die eigentlichen *Daten* (darunter auch ausgeblendete Datenblätter)

- Tabellenblatt DOKUMENTATION mit objektspezifischen Informationen

- Tabellenblatt FELDLISTE: Übersicht über alle Tabellenblätter und Felder (auch ausgeblendete)

Schauen Sie sich anhand eines Beispiels die Datenblätter für die eigentlichen Daten etwas genauer an. Wir wählen als Beispiel die Migrationsvorlage für den Kundenstammsatz. Das Tabellenblatt ALLGEMEIN enthält die Kopfsätze, das heißt eine Zeile für jeden Kunden (siehe Abbildung 7.1).

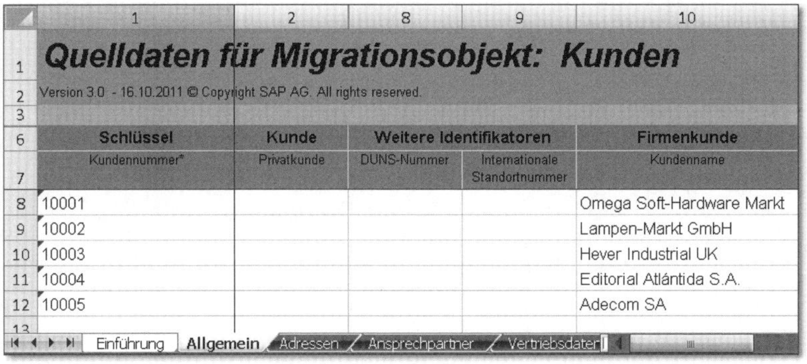

Datenblätter

Abbildung 7.1 Beispieldaten – Kopfsatz der Migrationsvorlage für Kundendaten

Bei einem Kunden können ein, mehrere oder auch kein Ansprechpartner bekannt sein. Entsprechend enthält das nachfolgende Tabellenblatt ANSPRECHPARTNER dann zu jedem Kunden eine oder mehrere Zeilen – oder eben auch keine. Über die Kundennummer im ersten Feld der Zeile ist die Zuordnung zum Kopfsatz eindeutig festgelegt (siehe Abbildung 7.2).

Jedes Feld besitzt als Eingabehilfe eine kurze Felddokumentation. Sie finden diese in Zeile 7 unterhalb des Feldnamens. Vergrößern Sie die Zeilenhöhe von Zeile 7, um den gesamten Zelleninhalt zu sehen (siehe Abbildung 7.3).

Felddokumentation in Zeile 7

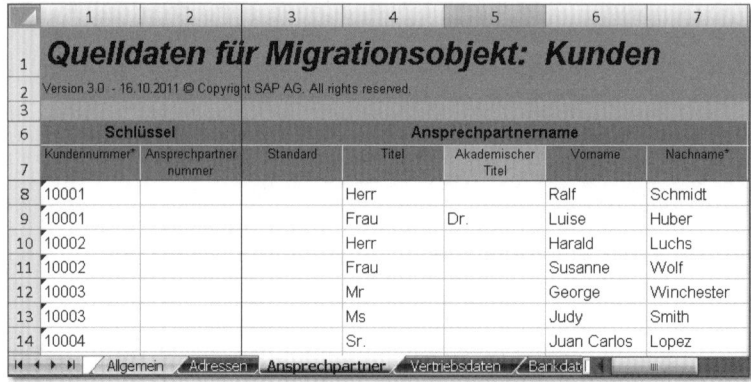

Abbildung 7.2 Beispieldaten – Karteireiter »Ansprechpartner« in der Migrationsvorlage für Kundendaten

Abbildung 7.3 Eingabehilfe in Zeile 7

Obligatorische Datenblätter

Datenblätter, deren Registerkarte in oranger Farbe markiert ist, müssen immer gefüllt werden. (Bei den meisten Vorlagen ist das allerdings nur das allererste Datenblatt.)

Obligatorische Felder

Es wird Ihnen aufgefallen sein, dass einige Felder mit einem Sternchen (*) gekennzeichnet sind, sowohl in der Spaltenüberschrift als auch in der Feldliste. Die so gekennzeichneten Felder sind Pflichtfelder.

Es gibt eine Reihe von Sonderfällen, in denen es von bestimmten Bedingungen abhängt, ob die Angaben auf einem Datenblatt oder in einem bestimmten Feld vorhanden sein müssen. Beispiele für solche Bedingungen sind der Wert eines Nachbarfeldes, ein Fine-Tuning-

Eintrag in der Konfiguration oder auch nur die geplante Verwendung eines Datensatzes im betriebswirtschaftlichen Prozess. In solchen Fällen finden Sie entsprechende Anweisungen in der Felddokumentation (Zeile 7 unterhalb des Feldnamens) oder in der Objektdokumentation (vorletztes Tabellenblatt).

Es gibt zahlreiche Datenblätter, die nur selten gefüllt werden, und doch ihre Berechtigung haben. Zugunsten einer größeren Übersichtlichkeit sind solche Datenblätter in den Migrationsvorlagen zunächst ausgeblendet. Sie erkennen ursprünglich ausgeblendete Datenblätter am grau gefärbten Karteireiter. Ein Beispiel ist das Datenblatt GESCHÄFTSZEITEN in der Migrationsvorlage für Kundendaten, in der für die einzelnen Kunden mögliche Besuchs- und Warenannahmezeiten hinterlegt werden können.

Ausgeblendete Datenblätter

In der Feldliste auf dem gleichnamigen Tabellenblatt sind diese Datenblätter mit der Einstufung OPTIONAL (AUSGEBLENDET) kenntlich gemacht. Sie können diese Datenblätter leicht einblenden:

▸ Microsoft Excel 2003: Verwenden Sie den Menüpfad FORMAT • BLATT • EINBLENDEN. Wählen Sie das Blatt aus, das eingeblendet werden soll.

▸ Microsoft Excel 2007: Verwenden Sie den Menüpfad START • ZELLEN • FORMAT • AUSBLENDEN & EINBLENDEN • BLATT EINBLENDEN. Wählen Sie das Blatt aus, das eingeblendet werden soll.

▸ Alternativ können Sie in beiden Microsoft Excel-Versionen den Cursor über die Registerblätter am unteren Bildschirmrand bewegen, dort mit der rechten Maustaste klicken und aus dem erscheinenden Kontextmenü EINBLENDEN wählen.

Auch für Spalten innerhalb eines Datenblatts gilt: Selten verwendete Felder sind in den Migrationsvorlagen zunächst ausgeblendet. In der Feldliste auf dem letzten Tabellenblatt erkennen Sie so ein Feld und seine nächsten sichtbaren Nachbarfelder sehr gut. Möchten Sie ein solches Feld einblenden, markieren Sie zunächst den Spaltenbereich zwischen den nächsten sichtbaren Nachbarfeldern zur linken und zur rechten Seite. Wählen Sie danach folgende Menüpfade:

Ausgeblendete Spalten

▸ Microsoft Excel 2003: Menüpfad FORMAT • SPALTE • EINBLENDEN

▸ Microsoft Excel 2007: Menüpfad START • ZELLEN • FORMAT • AUSBLENDEN & EINBLENDEN • SPALTEN EINBLENDEN

▶ Alternativ können Sie in beiden Microsoft Excel-Versionen den Cursor über das obere Ende der markierten Spalten bewegen, mit der rechten Maustaste klicken und aus dem erscheinenden Kontextmenü EINBLENDEN wählen.

Möchten Sie alle Spalten eines Blattes einblenden, ziehen Sie die Markierung entsprechend über alle Spalten.

Bevor Sie Datenwerte blockweise aus der Zwischenablage in eine Migrationsvorlage einfügen, sollten Sie alle Spalten einblenden, um mehr Kontrolle über den Kopiervorgang und die tatsächlich gefüllten Spalten zu bekommen. Zur weiteren Bearbeitung können Sie natürlich umgekehrt auch selbst alle Spalten und Tabellenblätter ausblenden, die Sie nicht benötigen.

7.1.2 Worauf müssen Sie achten?

Strukturelle Änderungen der Migrationsvorlage vermeiden

Verwenden Sie möglichst nur Migrationsvorlagen, die Sie aus demselben System heruntergeladen haben. Das erspart Kompatibilitätsprobleme, die bei der Verwendung unterschiedlicher Versionen sowie bei der Verwendung kundenspezifischer Felder entstehen können.

Sie sollten die Struktur der Migrationsvorlage nicht ändern, insbesondere sollten Sie keine Spalten oder Datenblätter hinzufügen. Wenn Sie ein Feld vermissen, prüfen Sie auf dem Datenblatt FELDLISTE, ob es sich bei den optionalen (ausgeblendeten) Feldern befindet. Verzichten Sie in der Migrationsvorlage auf die Definition von Formeln, Druckbereichen oder ähnlichen Microsoft Excel-Funktionen.

Dateityp

Speichern Sie die Migrationsvorlage immer unter dem bestehenden XML-Format (Microsoft Excel-Spreadsheet) ab. Vermeiden Sie unbedingt, die Datei als XLS- oder XLSX-Datei abzuspeichern – auch nicht vorübergehend!

Hinweis: Speichern von Migrationsvorlagen

Beim Speichern in Microsoft Excel erhalten Sie üblicherweise eine Warnung (siehe Abbildung 7.4). Sie bezieht sich darauf, dass Sie Änderungen vorgenommen haben könnten, die mit dem XML-Dateiformat nicht kompatibel sind (zum Beispiel eine Makrodefinition) und die jetzt beim Speichern wieder verloren gehen würden. Da Sie keine solchen Änderungen vorgenommen haben, beantworten Sie die Frage, ob Sie dennoch im XML-Format speichern möchten, mit JA.

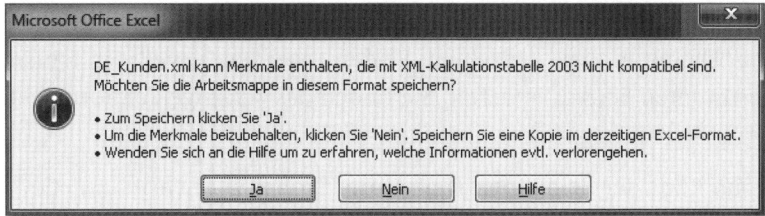

Abbildung 7.4 Warnung beim Speichern im XML-Format

Kundenspezifische Erweiterungsfelder können Sie im jeweiligen Applikations-Work-Center anlegen. Wählen Sie dazu einen Datensatz in der Listenanzeige des Work Centers aus (zum Beispiel im Work Center KUNDENMANAGEMENT, Sicht KUNDEN), und öffnen Sie die Einzelsatzanzeige (im Beispiel etwa mit der Schaltfläche BEARBEITEN • ALLGEMEIN). Über die Menüfolge ANPASSEN • ANPASSUNGSMODUS ÖFFNEN, anschließend ANPASSEN • LAYOUT BEARBEITEN erreichen Sie nun einen Bildschirmdialog, in dem Sie KUNDENSPEZIFISCHE FELDER festlegen können. Sobald Sie ein Feld dort veröffentlicht haben (Schaltfläche VERÖFFENTLICHEN), ist es ab diesem Zeitpunkt auch in den neu heruntergeladenen Migrationsvorlagen enthalten.

Kundenspezifische Erweiterungsfelder

Prüfen Sie zuvor die Objektdokumentation des jeweiligen Objekts auf mögliche Einschränkungen hin; nicht jedes Objekt unterstützt Erweiterungsfelder auf jedem Datenblatt.

Häufige Fehler beim Befüllen von Migrationsvorlagen

Probleme beim Hochladen von Migrationsvorlagen werden häufig durch folgende Fehler verursacht:

▶ Außerhalb des eigentlichen Datenbereichs werden Inhalte in zusätzliche frei angelegte Spalten geschrieben.

▶ In Zellen werden Formeln statt Werte eingetragen.

▶ Die Datei enthält eine zusätzliche Zeile mit Summenwerten oder Ähnliches.

▶ In der Datei sind Druckbereiche oder Ähnliches definiert worden.

▶ Die Migrationsvorlage stammt aus einem früheren Release.

▶ Unabsichtlich wurden Inhalte in ausgeblendete Spalten kopiert.

Nicht zulässige Feldformate sind ebenfalls immer wieder eine Fehlerursache. Welche Feldformate kommen in den Migrationsvorlagen vor? Diese Frage beantworten wir Ihnen im folgenden Abschnitt.

7.1.3 Feldformate

Die Daten in den einzelnen Feldern werden jeweils in einem bestimmten Format erwartet. Sie finden das zulässige Feldformat an zwei Stellen:

▸ am Ende der Feldinformation in der Spaltenüberschrift in Zeile 7

▸ in der Feldliste auf dem letzten Tabellenblatt

Typ »Text«

Die meisten Felder in Migrationsvorlagen sind Felder vom Typ TEXT. Dabei existieren Einschränkungen für *Schlüsselfelder* (Identifikatoren, Kundennummern, Materialnummern, Belegnummern etc.). Verwenden Sie für Schlüsselfelder nur folgende Zeichen:

▸ **Großbuchstaben A–Z**
  Kleinbuchstaben werden bei Schlüsselfeldern automatisch in Großbuchstaben umgewandelt. Achten Sie bei der Verwendung von Kleinbuchstaben in den Schlüsselfeldern also darauf, dass diese auch großgeschrieben noch eindeutig sind.

▸ **Ziffern 0–9**
  Nummernkreisdefinitionen sind meist so eingestellt, dass Identifikatoren vom Typ »1ABC« oder »1_2000« nicht vorgesehen sind, sondern nur reine Ziffernfolgen mit einer Ziffer beginnen dürfen. Ebenso sind führende Nullen in der Regel sinnvollerweise nicht vorgesehen.

▸ **Einige Sonderzeichen**
  ▹ Schrägstrich (/)
  ▹ Rückstrich (\)
  ▹ Doppelpunkt (:)
  ▹ Bindestrich (–)
  ▹ Unterstrich (_)
  ▹ Punkt (.)

Für einzelne Fälle gelten noch stärkere Einschränkungen, die in der Regel in der jeweiligen Feldhilfe beschrieben sind. Wichtigstes Beispiel sind Buchhaltungsbelege: *Belegnummern* der Buchhaltung dürfen nur Großbuchstaben und Ziffern enthalten. Führende Nullen sind hier in jedem Fall ausgeschlossen. Beispiele für zulässige Belegnummern sind also 140000 oder A10023.

Haben wir uns bei Schlüsselfeldern vernünftigerweise noch zurückgehalten, können wir nun bei Beschreibungsfeldern und anderen Textfeldern richtig aus dem Vollen schöpfen. SAP Business ByDesign ist ein Unicode-System, das heißt, Sie können Schriftzeichen verschiedenster Sprachen verwenden (zum Beispiel Chinesisch, Japanisch, Kyrillisch), ebenso stehen zahlreiche Unicode-Symbole zur Verfügung, bis hin zum Beispiel für Gefahrgutsymbole. Ausgenommen sind lediglich bestimmte technische Steuerzeichen.

Bei den meisten Textfeldern in Migrationsvorlagen ist eine explizite Maximallänge angegeben, zum Beispiel »Ort: Text, Länge: 40«. Längere Einträge werden mit einer Fehlermeldung abgefangen. Felder für Notizen und Langtexte sind in der Regel als »unbeschränkt« gekennzeichnet. Mögliche Grenzen werden hier nur durch die lokale Hardware und Software vorgegeben.

Ein Sonderfall sind Längenangaben der Form »Länge: 10 (80)« oder »Länge 40 (80)«, die vor allem bei Identifikatoren (Kundennummer, Materialnummer etc.) zu finden sind. Ansprechpartnernummern haben beispielsweise in SAP Business ByDesign eine Länge von maximal zehn Stellen. Sollten die Ansprechpartnernummern in Ihrem Quellsystem länger sein, können Sie die Quellnummer trotzdem in die Migrationsvorlage übernehmen – zumindest, solange sie nicht mehr als 80 Zeichen umfasst. Die Wertkonvertierung zu den (auf Wunsch automatisch zugeteilten) Zielnummern sorgt dann auch für die Reduzierung auf zehn Zeichen.

Mengen- und Betragsangaben werden im Format ZAHL erwartet. Beispiele sind:

- Nettozahlungsfrist: »Länge 10« (keine Nachkommastellen)
- Prozentsatz: Länge: 6; Dezimalstellen: 2

»Länge: 6; Dezimalstellen: 2« bedeutet dabei, dass insgesamt sechs Stellen für die Zahl zur Verfügung stehen, davon maximal vier Stellen vor dem Komma und maximal zwei danach. Ein möglicher Wert ist etwa 1234,50. Ob Sie als Dezimalzeichen ein Komma oder einen Punkt verwenden müssen, hängt von den Einstellungen auf Ihrem Rechner ab. Die Grundeinstellung wird durch die Länderversion Ihres Betriebssystems vorgegeben: Das ist ein Komma (123,50) in den Länderversionen für Deutschland, Österreich und viele andere europäische Länder, ein Punkt (123.50) für Großbritannien, die Schweiz

Unicode

Feldlänge

Typ »Zahl«

oder etwa die USA. Sie können diese Definition jedoch direkt in den Optionen von Microsoft Excel noch ändern:

▶ Microsoft Office 2003: Folgen Sie dem Menüpfad EXTRAS • OPTIONEN • INTERNATIONAL, und verwenden Sie dort das Kontrollkästchen TRENNZEICHEN VOM BETRIEBSSYSTEM ÜBERNEHMEN sowie die Einstellungen DEZIMALTRENNZEICHEN und TAUSENDERTRENNZEICHEN.

▶ Microsoft Office 2007: Öffnen Sie über die OFFICE-Taste die EXCEL-OPTIONEN, und wählen Sie dort im Abschnitt ERWEITERT das Kontrollkästchen TRENNZEICHEN VOM BETRIEBSSYSTEM ÜBERNEHMEN sowie die Felder zur Einstellung von DEZIMALTRENNZEICHEN und TAUSENDERTRENNZEICHEN aus.

Ein wichtiger Spezialfall einer Zahl sind *Betragsfelder*. Die Währung wird dabei meistens in einem Nachbarfeld mitgegeben. Für diese Betragsfelder sind in den Migrationsvorlagen meist fünf Dezimalstellen definiert. Achtung: Wie viele Nachkommastellen Sie tatsächlich verwenden dürfen, hängt von der Währung ab, in der der Betrag angegeben ist. Bei Euro-Beträgen sind das nur zwei Nachkommastellen (Euro-Cent). 123,12 (angezeigt als 123,12000) ist also ein typischer zulässiger Euro-Betrag. 123,12900 und 100,230001 sind ungültige Euro-Beträge.

Typ »Datum« Das Datumsformat ist ebenfalls in den Ländereinstellungen Ihres Betriebssystems festgelegt. Der Initialwert kommt aus der gewählten Länderversion, beispielsweise DD.MM.JJJJ (zum Beispiel 31.12.2012) für die deutschsprachigen Länder und MM/DD/JJJJ (zum Beispiel 12/31/2012) für die US-Version, international sind noch andere Formate in Gebrauch. Diese Einstellungen können Sie auf Ihrem Rechner ändern:

▶ Microsoft Windows 7: Öffnen Sie dazu die SYSTEMSTEUERUNG, und folgen Sie dem Menüpfad ZEIT, SPRACHE UND REGION • DATUM, UHRZEIT ODER ZAHLENFORMT ÄNDERN • DATUMS- UND UHRZEITFORMATE.

▶ In Windows XP und früheren Versionen erreichen Sie den Zugang zu diesen Optionen über den Menüpfad SYSTEMSTEUERUNG • REGIONS- UND SPRACHOPTIONEN • FORMATE • REGIONALE EINSTELLUNGEN ANPASSEN.

Unabhängig von der lokalen Einstellung können Sie Datumswerte immer im Format JJJJ-MM-DD (zum Beispiel 2012-12-31) in die Migrationsvorlage übertragen. Dieses Format wird von Microsoft Excel in jedem Fall als Datum erkannt (solange Sie das Zellenformat nicht fälschlicherweise explizit in den Typ TEXT ändern).

Tipp: Verdächtige Datums- und Betragsfelder

Es gibt ein Indiz dafür, dass ein Datums- oder Betragswert von Microsoft Excel als solcher erkannt wurde: Korrekte Datums- und Betragswerte werden in der Regel automatisch rechtsbündig ausgerichtet. Prüfen Sie daher linksbündig ausgerichtete Datums- oder Betragswerte noch einmal auf mögliche Fehler hin:

▸ Ungültiger Wert, zum Beispiel ist 30.02.2012 kein Datum.

▸ Format entspricht nicht der Einstellung (zum Beispiel wurde ein falsches Dezimalzeichen verwendet).

▸ Das Microsoft Excel-Feldformat in der Migrationsvorlage wurde durch falsches Kopieren überschrieben (»Text« statt »Datum« oder »Betrag«).

Geben Sie Uhrzeiten im Format HH:MM:SS an, zum Beispiel 02:52:40 mit 24-Stunden-Zählung.

Typ »Uhrzeit«

Das Format DATUM/UHRZEIT kombiniert Datum und Uhrzeit in einem Feld: Formatieren Sie das Datum und die Uhrzeit jeweils wie beschrieben, getrennt durch ein Leerzeichen, zum Beispiel 31.12.1998 02:52:40 für das in Deutschland übliche Länderformat. Auf der sicheren Seite sind Sie auch hier mit dem von lokalen Einstellungen unabhängigen Format JJJJ-MM-DD HH:MM:SS, etwa 2012-12-31 02:52:40.

Datum/Uhrzeit

7.1.4 Migrationsvorlagen mit Daten befüllen

Nachdem Sie sich mit den Migrationsvorlagen vertraut gemacht haben, können Sie damit beginnen, diese mit Daten zu befüllen. Die in der Praxis gängigste Methode ist, die Reporting- und Download-Funktionen des Altsystems zu nutzen, um Daten in einem tabellenartigen Format auf Ihren lokalen PC zu exportieren. Über die Zwischenablage werden die Werte aus dieser Tabelle dann meist spalten- oder blockweise in die Datenblätter der Migrationsvorlage eingefügt.

Folgendes sollten Sie bei der Datenübernahme beachten:

▸ Übernehmen Sie Originalwerte aus dem Altsystem in die Migrationsvorlage so, wie sie sind (zum Beispiel Länderbezeichner). Während der Verarbeitung mit dem Migrationstool von SAP Business ByDesign können Sie die Originalwerte auf einfache Weise in Werte konvertieren, die in SAP Business ByDesign als gültige Werte erkannt werden. Es hat mehrere Vorteile, die Wertkonvertierung des Migrationstools zu verwenden:

   ▸ Die Konvertierung wird auf alle Folgeobjekte angewendet, was sowohl die Effektivität als auch die Datenkonsistenz erhöht.

   ▸ Die Konvertierungen stehen allen späteren Migrationsläufen zur Verfügung.

Wir empfehlen, nicht nur ein Kürzel (zum Beispiel SI) oder einen Zahlencode (0003) zu übernehmen, sondern eine aussagekräftige Beschreibung (Slowenien, Handelsware) zu verwenden. Eignen sich die Beschreibungen aus dem Quellsystem hierfür nicht (zum Beispiel, da sie nicht eindeutig sind), dann ist eine Kombination von beidem hilfreich, in diesem Beispiel: SI – Slowenien, 0003_ Handelsware. Die Verwendung der »sprechenden« Beschreibungen erleichtert die Arbeit mit den Migrationsvorlagen und verhindert wirksam Verwechslungen. Ihre Firma wäre nicht die erste, deren kanadische Lieferanten (KFZ-Nationalitätskennzeichen CDN, ISO-Länderkürzel CA) nach einer Migration plötzlich im Kongo liegen (ISO-Länderkürzel CD, Demokratische Republik Kongo).

▸ Sofern Sie beim Auslesen einen Einfluss auf das technische Zeichenformat haben, wählen Sie UTF-8, das am weitesten verbreitete Unicode-Zeichenformat.

▸ Verwenden Sie beim Kopieren und Einfügen nicht das einfache EINFÜGEN, sondern die Microsoft Excel-Funktion zum Einfügen von Werten.

   ▸ Microsoft Excel 2003: Öffnen Sie das Menü BEARBEITEN • INHALTE EINFÜGEN, und wählen Sie im Folgebild den Radiobutton WERTE aus.

   ▸ Microsoft Excel 2007: Öffnen Sie das Menü START, und wählen Sie den Menüpunkt WERTE EINFÜGEN aus.

Auf diese Weise vermeiden Sie Fehler, die durch das Überschreiben der ursprünglichen Feldformate in der Migrationsvorlage entstehen können. Das kann im ungünstigen Fall dazu führen, dass das Tausendertrennzeichen bei einem Quellwert 10.000 falsch als Dezimalpunkt interpretiert wird.

▶ Machen Sie sich früh mit den Spalten der Migrationsvorlage vertraut. Soweit Sie das beim Export beeinflussen können, wählen Sie eine Spaltenreihenfolge, die der Reihenfolge im jeweils zu füllenden Datenblatt der Migrationsvorlage möglichst ähnlich ist – das erleichtert das blockweise Kopieren der Werte.

▶ Selten genutzte Spalten sind in der Migrationsvorlage ausgeblendet. Blenden Sie alle Spalten ein, bevor Sie Daten kopieren! Erzeugen Sie möglichst schon beim Datenabzug aus dem Quellsystem Leerspalten an den entsprechenden Positionen.

Ausgeblendete Spalten

Merkliste: Daten in Migrationsvorlage übernehmen

Fassen wir die wichtigsten Punkte zusammen, die Sie bei der Übernahme der Daten in die Migrationsvorlagen beachten sollten:

▶ Quelle: Verwenden Sie Originalwerte, die Konvertierung sollte erst im Tool erfolgen.

▶ Bevorzugen Sie sprechende Feldinhalte.

▶ Migrationsvorlage: Blenden Sie sie im Zieldatenblatt ein.

▶ Quelle: Wählen Sie die Spaltenreihenfolge beim Export günstig, fügen Sie gegebenenfalls Leerspalten ein.

▶ Kopieren Sie die Daten blockweise.

▶ Verwenden Sie INHALTE EINFÜGEN: WERTE statt EINFÜGEN.

7.1.5 Andere Möglichkeiten zum Füllen von Migrationsvorlagen

Welche anderen Möglichkeiten bestehen, um eine Migrationsvorlage zu füllen? Es ist grundsätzlich immer möglich, Daten von Hand in eine Migrationsvorlage einzutippen – eine gute Möglichkeit, um mit einem Objekt vertraut zu werden sowie für erste schnelle Beispiele. Sonst kommt das in der Praxis nur in speziellen Fällen vor:

Manuelle Eingabe

▶ Wenn für ein Objekt nur sehr wenige Datensätze vorhanden sind – aber auch dann kann die Erfassung in der Migrationsvorlage im Einzelfall effizienter sein als eine manuelle Eingabe direkt im Work Center der Anwendung, da Sie dieselbe Migrationsvorlage in anderen Systemen (zum Beispiel einem weiteren Testsystem oder Ihrem Produktivsystem) wiederverwenden können.

▶ Es gibt noch andere Gründe, auch ein sehr kleines Datenobjekt über eine Migrationsvorlage zu migrieren: Das Migrationstool enthält eine objektübergreifende Buchungsvorschau, die ganz erheblich hilft, die Gesamtheit der migrierten Buchhaltungsdaten auf Konsistenz hin zu prüfen, noch bevor sie geladen werden. Um diese Chance zu nutzen, müssen natürlich wirklich alle Buchhaltungsdaten die toolgestützte Migration nutzen, auch die naturgemäß kleine Liste der Salden Ihrer Hausbankkonten.

▶ In seltenen Fällen lassen Quellsysteme tatsächlich keinen Zugriff auf Tabellen- oder Datenbankebene zu und haben nur eine sehr eingeschränkte Reporting-Funktionalität. Im Extremfall ist Abtippen von Bildschirmmasken tatsächlich die einzige Möglichkeit, auf Ihre Daten zuzugreifen.

Programmiertechnische Lösungen/ ETL-Tools
Weitere Optionen, Daten für die Migration bereitzustellen, hängen natürlich ganz wesentlich von den Funktionen ab, die Ihr Quellsystem Ihnen für den Datenexport anbietet. Migrationsvorlagen sind letztlich XML-Dateien mit einem bestimmten Format. Daher ist es natürlich prinzipiell möglich, eine Textdatei zu erzeugen, die genau dem XML-Quellcode einer gefüllten Migrationsvorlage entspricht, mit allen Dateninhalten in den jeweils richtigen XML-Tags.

Um diesen Quellcode auf programmiertechnischem Weg zu generieren, muss das Quellsystem allerdings über adäquate Möglichkeiten verfügen. Ebenso ist der Einsatz eines separaten ETL-Tools (»Extraktion, Transformation, Laden«) möglich, um die Quelldaten in das vorgegebene XML-Format zu übertragen. Mehr zu diesem Ansatz erfahren Sie in Kapitel 6, »Datenübernahme mit SAP BusinessObjects Data Services«. Voraussetzung ist natürlich, dass Tool und Know-how vorhanden sind und ein entsprechender Zugriff auf die Quelltabellen besteht.

7.1.6 Daten bereinigen

In Abschnitt 1.2., »Vorüberlegungen«, wurden bereits grundlegende Überlegungen zur Datenbereinigung vorgestellt. Anwender erleben immer wieder, dass die Feldprüfungen in SAP Business ByDesign schärfer sind als in ihrem vorherigen System. So lässt sich etwa *www.beispiel.com* in SAP Business ByDesign nicht als E-Mail-Adresse speichern. Alles ist darauf ausgerichtet, später einen reibungslosen operativen Betrieb zu gewährleisten – spätestens beim Versuch, eine

E-Mail an *www.beispiel.com* zu schicken, gäbe es in jedem Fall Probleme. Dies bedeutet natürlich, dass Sie manche Daten vor oder während der Migration bereinigen müssen.

Bei der Datenbereinigung sollten Sie die folgenden Dinge beachten:

▶ Überflüssige Datensätze (zum Beispiel ehemalige Testdaten, obsolete Datensätze etc.) sollten Sie nach Möglichkeit schon beim Export herausfiltern. Es muss dabei gesichert sein, dass diese wirklich überflüssig sind, vor allem, dass nicht abhängige Daten migriert werden, die sich auf diese beziehen.

▶ Überflüssige Leerzeilen oder Leerzeichen in Textfeldern können zu einem optisch unerwünschten Ergebnis führen.

▶ Numerische Felder dürfen keine Buchstaben enthalten.

▶ Negative Zahlen: Beachten Sie insbesondere bei Buchhaltungsdaten (Soll/Haben) die Eingabehilfe in Zeile 7 der Migrationsvorlage, um die Werte mit den jeweils richtigen Vorzeichen anzuliefern. In Einzelfällen werden nur positive Werte erwartet, da die Soll-/Haben-Information in einem separaten Nachbarfeld gespeichert wird.

▶ Postleitzahlen müssen dem Standard im jeweiligen Land entsprechen. Die Prüfung ist hier sehr strikt.

▶ E-Mail-Adressen müssen formal korrekt sein.

▶ Telefonnummern dürfen keine Buchstaben enthalten.

▶ Achten Sie auf zweckentfremdete Felder in Ihrem Altsystem und stellen Sie sicher, dass diese Inhalte in einem geeigneten Zielfeld eingegeben werden. Gegebenenfalls legen Sie ein Erweiterungsfeld in SAP Business ByDesign an.

▶ Wir verstehen Datenbereinigung hier bewusst etwas konservativ. Zumindest bei Migrationen, in denen abhängige Daten migriert werden (Bewegungsdaten, Buchhaltungsdaten, aber auch höhere Stammdaten wie etwa das Produktionsmodell), sollte man zum Beispiel mit Dublettenbereinigungen zurückhaltend sein. Werden nur Stammdaten migriert, haben Sie natürlich mehr Spielraum.

Beispiele für Datenbereinigung

Für eine umfassende Datenbereinigung vor der Migration spricht wiederum, dass die Daten außerhalb der Systeme leichter geändert werden können. Sie sollten andererseits nicht den Arbeitsaufwand unterschätzen, den gerade eine zügige Implementierung und Daten-

Nutzen und Risiko abwägen

migration fordern – oft neben bestehenden Aufgaben im Tages-geschäft. Wägen Sie Nutzen und Risiko für Ihre individuelle Situation ab.

7.2 Migrationstool

In diesem Abschnitt zeigen wir Ihnen Schritt für Schritt und im Detail, wie Sie Daten nach SAP Business ByDesign migrieren können. Dabei gehen wir anhand eines konkreten Datenbeispiels vor.

Für die Leser, die noch nicht mit dem System gearbeitet haben, vorab noch ein Wort zur Navigation in SAP Business ByDesign: Wir werden uns stark auf die Begriffe und Navigationsmöglichkeiten beschränken, die Sie im Umfeld als Minimalvoraussetzung benötigen. Eine allgemeine Einführung in SAP Business ByDesign kann und soll hier nicht geleistet werden.

7.2.1 Navigation in SAP Business ByDesign

Nach der Anmeldung werden Sie von der Startseite begrüßt, die Sie in Abbildung 7.5 sehen.

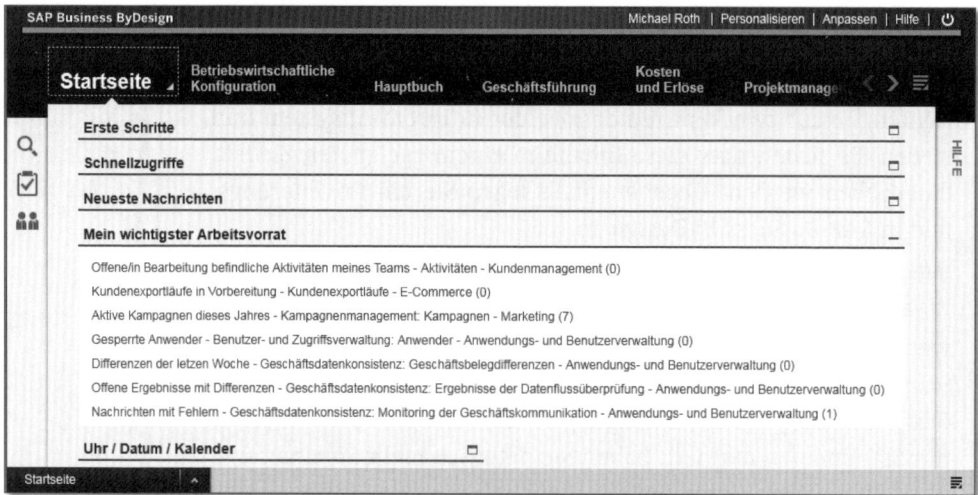

Abbildung 7.5 SAP Business ByDesign – Startseite

Über die Karteireiter im oberen Bereich des Bildschirms (STARTSEITE, BETRIEBSWIRTSCHAFTLICHE KONFIGURATION etc.) können Sie zu den verschiedenen Anwendungsbildschirmen gelangen, den sogenannten *Work Centern*. Zu jedem Work Center sind spezielle *Sichten* definiert. Um ein Work Center direkt in einer bestimmten Sicht zu öffnen, verwenden Sie am besten das Work-Center-Menü, das sich mit dem START-Icon (▓) in der Schaltfläche unten links öffnet (siehe Abbildung 7.6). Dort werden alle Work Center mit den jeweiligen Sichten angezeigt, die Ihnen zugeordnet sind.

Navigation zwischen Work Centern

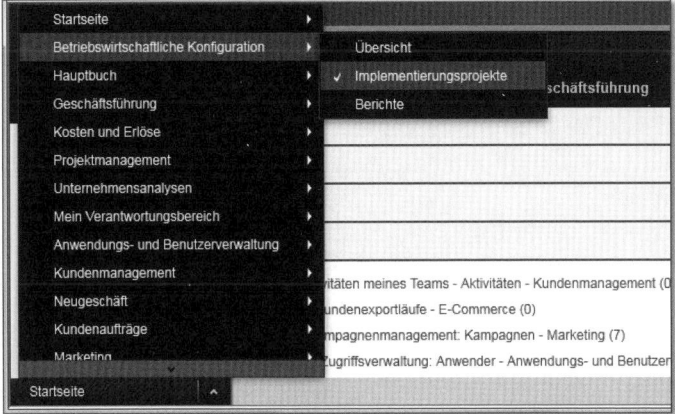

Abbildung 7.6 Navigation zu Work Centern und Sichten

Die Datenmigration finden Sie im Work Center BETRIEBSWIRTSCHAFT-LICHE KONFIGURATION in der Sicht IMPLEMENTIERUNGSPROJEKTE. Öffnen Sie diese Sicht nun.

> **Tipp: Work Center »Betriebswirtschaftliche Konfiguration« nicht sichtbar**
>
> Fehlt das Work Center BETRIEBSWIRTSCHAFTLICHE KONFIGURATION in Ihrer Ansicht, überprüfen Sie die Zuweisung von Work Centern und Sichten im Work Center ANWENDUNGS- UND BENUTZERVERWALTUNG. Achten Sie darauf, dass Ihnen das Work Center BETRIEBSWIRTSCHAFTLICHE KONFIGURATION mit der Sicht BC_DATAMIGRATION zugeordnet ist.

7.2.2 Migrationsaufgaben im Implementierungsprojekt

Die angezeigte Liste der Implementierungsprojekte enthält in der Regel erst einen Eintrag, das Projekt ERSTE IMPLEMENTIERUNG.

Ihr gesamtes Implementierungsprojekt wird in SAP Business ByDesign durch eine Aufgabenliste gesteuert, die entsprechend dem ausgewählten Projektumfang im System bereitgestellt wird. Das Teilprojekt Datenmigration wird dabei durch mehrere Einzelaufgaben dargestellt. Mit der Schaltfläche AUFGABENLISTE ÖFFNEN (Aufgabenliste öffnen) gelangen Sie zu der in Abbildung 7.7 gezeigten Aufgabenliste. Die Aufgaben sind auf fünf Projektphasen verteilt, angezeigt werden zunächst die Aufgaben der ersten Phase (VORBEREITUNG).

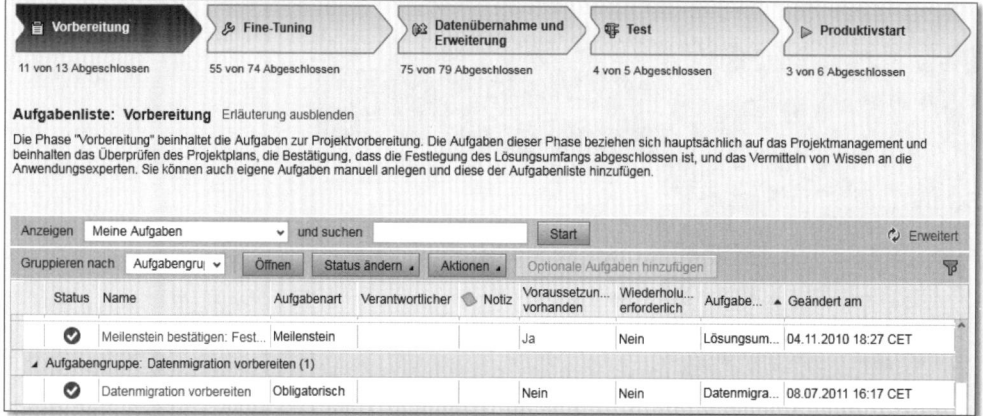

Abbildung 7.7 Aufgabenliste

Wir konzentrieren uns in diesem Abschnitt zunächst auf diejenigen Aufgaben, die sich mit den eigentlichen Datenmigrationsarbeiten befassen. Das sind erst einmal nur die Aufgaben:

▶ DATENMIGRATION VORBEREITEN (Phase VORBEREITUNG)

▶ MIGRATION VON <NAME DES MIGRATIONSOBJEKTS> (Phase DATEN-ÜBERNAHME UND ERWEITERUNG), hierbei wird für jedes beteiligte Objekt eine separate Aufgabe erstellt.

Es gibt noch eine Reihe weiterer migrationsspezifischer Aufgaben, die in Abschnitt 7.5, »Migration als Teilprojekt«, genauer betrachtet werden. Dort wird die Migration in einen größeren Kontext gestellt und als Teilprojekt des gesamten Implementierungsprojektes behandelt.

7.2.3 Migration vorbereiten

Nach dem Öffnen der Aufgabenliste werden die Aufgaben der Phase VORBEREITUNG angezeigt. Wenn Sie etwas nach unten scrollen, sehen

Sie schon die gesuchte Aufgabe: Klicken Sie auf den Eintrag DATEN-
MIGRATION VORBEREITEN, um zu den Details dieser Aufgabe zu gelangen (siehe Abbildung 7.8).

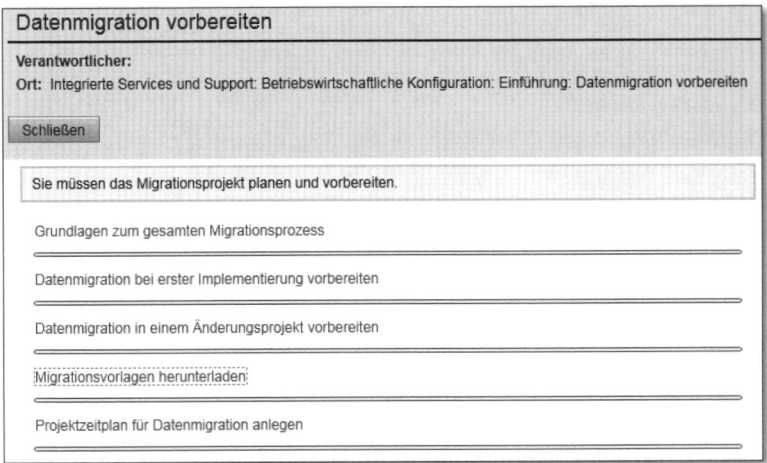

Abbildung 7.8 Details zur Aufgabe »Datenmigration vorbereiten«

Die ersten beiden Einträge verzweigen zu genaueren Informationen
und Anweisungen:

▶ Unter GRUNDLAGEN ZUM GESAMTEN MIGRATIONSPROZESS finden Sie
die Dokumentation mit weiteren Details zu den einzelnen Migrationsaufgaben.

Grundlagen zum
gesamten Migra-
tionsprozess

▶ Der Link DATENMIGRATION BEI ERSTER IMPLEMENTIERUNG VORBEREI-
TEN führt zu einer Kurzanleitung der folgenden vorbereitenden
Schritte:

 ▸ Benutzer anlegen mit Berechtigung

 ▸ Migrationsvorlage herunterladen

 ▸ Zeitplan für Migration aufstellen

Die wichtigste Einzelaufgabe auf dieser Seite ist sicherlich MIGRATIONS-
VORLAGEN HERUNTERLADEN. Für jedes beteiligte Objekt können Sie
hier eine leere Migrationsvorlage herunterladen (siehe Abbildung
7.9). Die Objekte sind dabei in drei Gruppen eingeteilt:

Migrations-
vorlagen
herunterladen

▶ Stammdaten

▶ Bewegungsdaten

▶ Bewegungsdaten der Finanzbuchhaltung

Abbildung 7.9 Migrationsvorlagen herunterladen

Klicken Sie auf HERUNTERLADEN, und legen Sie die Datei lokal ab. Eine objektspezifische Dokumentation erhalten Sie, wenn Sie auf den Objektnamen selbst klicken. (Diese ist auch in der Migrationsvorlage selbst noch einmal enthalten, allerdings ohne die weiterführenden Hyperlinks.) In unserem Beispiel legen wir die Migrationsvorlage für Kunden auf dem lokalen Rechner ab, hier im Beispiel unter dem Pfad *C:/Migrationsvorlagen/Kunden.xml*.

Zum Herunterladen werden genau die Objekte zur Auswahl angeboten, die dem ausgewählten Projektumfang entsprechen.

Hinweis: Kundenspezifische Erweiterungsfelder

Die heruntergeladene Migrationsvorlage enthält alle Erweiterungsfelder, die Sie bis zu diesem Zeitpunkt im SAP Business ByDesign-System definiert und veröffentlicht haben. Sollten diese Erweiterungsfelder migrationsrelevant sein, müssen diese Schritte zeitlich aufeinander abgestimmt werden.

Sie erreichen das Fenster MIGRATIONSVORLAGEN HERUNTERLADEN (siehe Abbildung 7.9) übrigens auch aus der Phase FINE-TUNING heraus, der zweiten von fünf Implementierungsphasen. Öffnen Sie dort die Aufgabe DATENEXTRAKTION DURCHFÜHREN, und folgen Sie dem Eintrag MIGRATIONSVORLAGEN HERUNTERLADEN.

> **Tipp: Objekt fehlt in Download-Liste**
>
> Wenn Sie in der Liste zum Herunterladen der Migrationsvorlagen ein Objekt vermissen, prüfen Sie die Angaben, die Sie bei der Definition des Projektumfangs gemacht haben. Dies können Sie im Work Center BETRIEBSWIRTSCHAFTLICHE KONFIGURATION in der Sicht IMPLEMENTIERUNGS-PROJEKTE über die Schaltfläche PROJEKTUMFANG BEARBEITEN tun. Beispiel: Ist im Lösungsumfang das Element PERSONALVERWALTUNG nicht ausge-wählt, wird das Objekt *Personalstammdaten* in der Migration nicht zur Verfügung stehen.

Der Eintrag PROJEKTZEITPLAN FÜR MIGRATION HERUNTERLADEN bietet einen Teilprojektplan für das Teilprojekt Datenmigration an. Wir werden in Abschnitt 7.5.1, »Projektsteuerung«, genauer über die Projektplanung sprechen.

Projektzeitplan für Migration herunterladen

7.2.4 Migrationsobjekte

In der Regel enthält die Phase DATENÜBERNAHME UND ERWEITERUNG für jedes beteiligte Objekt eine eigene Aufgabe, etwa MIGRATION VON MATERIALDATEN. Dabei ist die Auswahl auf diejenigen Objekte beschränkt, die dem ausgewählten Lösungsumfang entsprechen. Sie können die in Abbildung 7.10 gezeigte Filtereinstellung verwenden, um die Sicht auf migrationsrelevante Aufgaben einzuschränken.

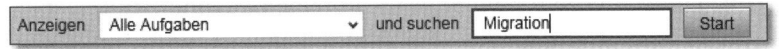

Abbildung 7.10 Filter für Migrationsaufgaben

In wenigen, inhaltlich sinnvollen Fällen sind kleinere ergänzende Objekte der Aufgabe des jeweiligen Hauptobjekts angefügt:

▶ Die Objekte für die Zuweisung von Kontenfindungsgruppen finden Sie bei der Migration von Kunden- bzw. Lieferantendaten.

▶ Das Objekt für die Geschäftspartnerbeziehungen finden Sie jeweils bei der Migration der einzelnen Geschäftspartner (Kunden, Lieferanten, Dienstleister, allgemeine Geschäftspartner).

▶ Die Aufgaben zur Migration aller Personalwirtschaftsdaten sind in der Aufgabe MIGRATION VON MITARBEITERDATEN zusammenge-fasst: Hier finden Sie die Migration von Mitarbeitergrunddaten, Personalstammdaten, Zeitwirtschaftsdaten sowie von Vergütungs- und Abrechnungsdaten.

Tipp: Wenn Sie Objekte vermissen

▸ Die Aufgabenliste wird mit der Standardanzeige Meine Aufgaben geöffnet. Eventuell ist die Migrationsaufgabe für das gesuchte Objekt bereits einer Kollegin oder einem Kollegen zugeordnet worden. Stellen Sie die Auswahl auf Alle Aufgaben um, und aktualisieren Sie die Anzeige mit der Schaltfläche Start.

▸ Wenn Sie die Bezeichnung des Objektes kennen, nutzen Sie das Suchfeld. Auf diese Weise finden Sie auch die erwähnten kleinen Ergänzungsobjekte, die keine eigene Aufgabe in der Liste besitzen, sondern einer anderen Aufgabe zugeordnet worden sind.

▸ Zugunsten einer leichteren Bearbeitung von Standardfällen werden die Migrationsaufgaben einzelner selten verwendeter Objekte als »optional« klassifiziert (zum Beispiel Privatadressen für Ansprechpartner, Zuständigkeiten). Sie sehen diese Aufgaben, wenn Sie die Schaltfläche Optionale Aufgaben hinzufügen anklicken. Mit dem Kontrollkästchen In Aufgabenliste wählen Sie solche Migrationsaufgaben aus, über die Schaltfläche OK gelangen Sie zurück zur Anzeige der aktiven Aufgaben.

▸ Wenn das Objekt dort nicht zu finden war: Prüfen Sie, ob es bei der Aufgabe Datenmigration vorbereiten zum Download angeboten worden ist. Wenn es auch dort schon fehlte, ist in der Regel bereits bei der Definition des Funktionsumfangs Ihres Projektes etwas vergessen worden.

Beim Auswählen einer »Migration von...«-Aufgabe (zum Beispiel Migration von Kundendaten) öffnet sich eine Detailansicht (siehe Abbildung 7.11).

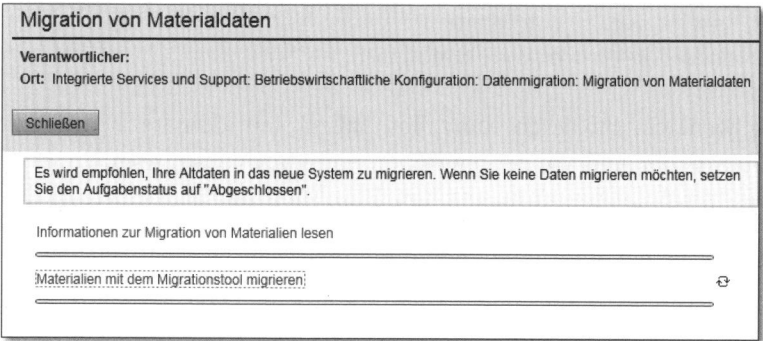

Abbildung 7.11 Migration von Materialdaten

Diese Detailansicht ist für jedes Objekt weitgehend gleichförmig aufgebaut. Grundsätzlich gibt es die folgenden zwei Einträge:

▸ **Informationen zur Migration von <Migrationsobjekt> lesen**
In diesem Beispiel ist das Informationen zur Migration von

KUNDENDATEN LESEN. Unter diesem Punkt finden Sie genau die Objektdokumentation, die auch in der Migrationsvorlage noch einmal angeboten wird (vorletztes Datenblatt). Die Online-Version hat den Vorteil, dass sie mit weiteren Online-Dokumentationsseiten verlinkt ist. Bei einzelnen Objekten werden noch weitere Informationen angeboten, meist über Abhängigkeiten innerhalb einer bestimmten Gruppe von Objekten.

Bei einzelnen Migrationsobjekten (KUNDEN, LIEFERANTEN, MITARBEITER, ANLAGEN) gibt es zusätzlich die Rubrik BEVOR SIE ANFANGEN mit Informationen zu objektübergreifenden Fragen, bei Kunden etwa zur Auswahl des richtigen Geschäftspartnertyps.

▶ **<Migrationsobjekt> mit dem Migrationstool migrieren**
Diese Funktion, in diesem Beispiel KUNDEN MIT DEM MIGRATIONSTOOL MIGRIEREN, ist sicherlich die prominenteste in diesem Bildschirm. Hier erreichen Sie das eigentliche Migrationstool.

Bei bestimmten Objekten werden in diesem Bildschirm noch weitere Arten von Funktionen angeboten.

Für die meisten Objekte können Sie ohnehin jederzeit Daten über die regulären, für den operativen Betrieb vorgesehenen Work Center erfassen. In solchen Fällen gibt es hier nicht extra noch einmal einen Absprung. Das ist für unser Beispiel der Kundendaten der Fall; im Work Center GESCHÄFTSPARTNERPFLEGE, Sicht KUNDEN können Sie über die Schaltfläche NEU Kundenstammdaten direkt eingeben.

<Migrationsobjekt> manuell migrieren

In Einzelfällen genügen die Funktionen der operativen Arbeitsbereiche jedoch nicht, um Daten aus dem Altsystem zu übernehmen. Ein Beispiel sind offene Bestellungen. Würden Sie den Vorgang noch einmal als neue Bestellung im Work Center BESTELLANFORDERUNGEN UND BESTELLUNGEN erfassen, würden Sie den Bestellprozess mit allen Nebeneffekten erneut auslösen – was sicher nicht in Ihrem Sinn ist. In solchen Fällen werden für die Zeit der Datenmigration spezielle Bildschirme für die manuelle Datenübernahme angeboten, die etwas anders reagieren, als es im operativen Betrieb der Fall ist. Der Absprung in diese Bildschirme wird dann als Teilaufgabe angeboten. So finden Sie bei der MIGRATION VON BESTELLUNGEN hier den Eintrag BESTELLUNGEN MANUELL ERFASSEN. Von diesem Fall sind folgende Migrationsobjekte betroffen: Mitarbeiter, Zuständigkeiten, Bankkontensalden und Kasse, Projekte, Bestände, Einkaufskontrakte, Bestellungen.

<Zusatzobjekt>
mit dem
Migrationstool
migrieren

Schließlich gibt es noch Einzelfälle (Kunden, Lieferanten, Geschäftspartner, Dienstleister, Mitarbeiter), in denen Zusatzdaten zwar technisch gesehen ein eigenes Objekt sind, diese inhaltlich aber in einem so engen Zusammenhang mit einem Hauptobjekt stehen, dass sie mit in die Aufgabenliste dieses Hauptobjekts aufgenommen wurden. In unserem Beispiel MIGRATION VON KUNDENDATEN sind das etwa die Daten zu Geschäftspartnerbeziehungen und die Zuordnung zu Kontenfindungsgruppen.

Bei der Migration von Mitarbeiterdaten sind sogar alle zugehörigen Objekte in einer länderspezifischen Aufgabe MIGRATION VON MITARBEITERDATEN gebündelt: Mitarbeitergrunddaten, Personalstammdaten, Zeitwirtschaftsdaten, Vergütungsdaten und Abrechnungsdaten.

7.2.5 Migrations-Cockpit

Die Ausgangsbasis für die meisten Migrationsarbeiten an einem Objekt ist das Migrations-Cockpit, der Eingangsbildschirm des Migrationstools. Von hier laden Sie die Migrationsvorlagen in das System, verwalten und bearbeiten die hochgeladenen Dateien und stoßen ihre Verarbeitung an. Gehen Sie am Beispiel der Kundendaten vor. Wählen Sie KUNDEN MIT DEM MIGRATIONSTOOL MIGRIEREN, um zu dem in Abbildung 7.12 gezeigten Migrations-Cockpit zu gelangen.

Im oberen Bereich erhalten Sie Anweisungen für den Schritt-für-Schritt-Ablauf der Migration. Hier wird angezeigt, welche Vorgängerobjekte für die Migration dieses Objektes als Voraussetzung erforderlich sind. In unserem Beispiel ist das das BANKVERZEICHNIS. Mögliche Angaben zu Bankverbindungen der Kunden werden bei der Migration gegen das Bankenverzeichnis geprüft, daher muss dieses vor den Kundendaten angelegt werden.

Im mittleren Bereich sehen Sie die Liste der bisher hochgeladenen Dateien. Durch Markieren der jeweiligen Zeile können Sie eine dieser Dateien auswählen. Folgende Informationen werden angezeigt:

▶ Migrationsstatus: Mögliche Werte sind NICHT GESTARTET, IN BEARBEITUNG oder ABGESCHLOSSEN. Bereits importierte Dateien sind für weitere Änderungen gesperrt, das wird auch durch ein Sperrsymbol (🔒) angezeigt.

▶ Dateiname und Dateibeschreibung

▶ Anzahl der Datensätze (insgesamt, davon importiert)

▶ Importprotokoll: Für bereits vollständig prozessierte Dateien können Sie von hier in das Importprotokoll verzweigen.

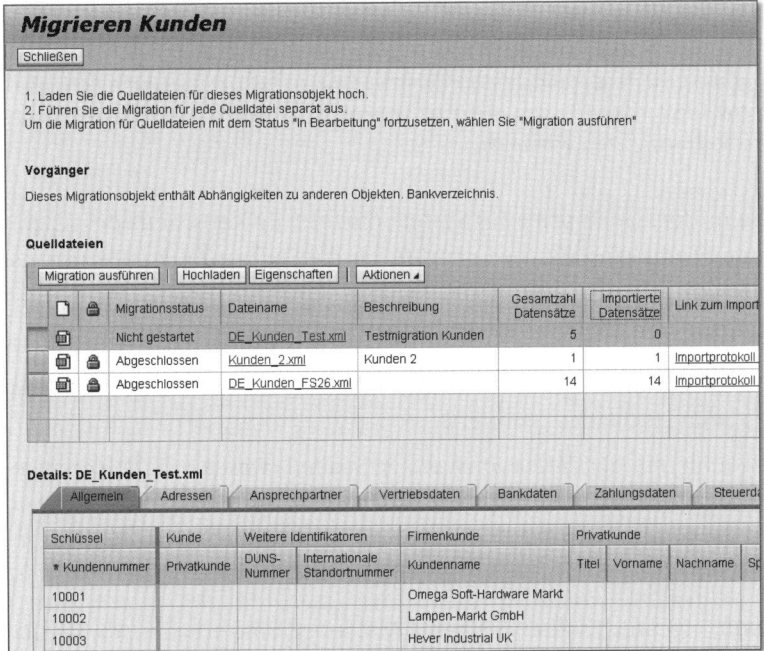

Abbildung 7.12 Migrations-Cockpit für Kundendaten

Im unteren Bereich sehen Sie eine Vorschau auf die Daten der gerade ausgewählten Datei. Sie erkennen leicht die Struktur der Migrationsvorlage wieder, die gleichen Karteireiter und Spaltenüberschriften.

Mit der Schaltfläche [Hochladen] öffnen Sie den Dialog, um die Migrationsvorlage von Ihrem Rechner hochzuladen. Verwenden Sie das Feld BESCHREIBUNG nach einer eigenen Systematik, um die Übersicht über verschiedene Dateien und Versionen zu bewahren. Notieren Sie im KOMMENTAR nähere Angaben zum Inhalt. Die Beschreibung und der Kommentar sind keine Pflichtfelder. Wir empfehlen trotzdem, die Zeit für das Ausfüllen dieser Felder zu investieren. Wenn für ein Objekt noch gar keine Datei hochgeladen worden ist, öffnet sich der Dialog zur Dateiauswahl beim ersten Aufruf des Migrations-Cockpits automatisch.

Hochladen

Das Migrationstool kann eine Migrationsvorlage auch in gezipptem Format verarbeiten. Dabei darf jede ZIP-Datei nur eine einzige Migrationsvorlage enthalten.

> **Tipp: Verwenden Sie ZIP-Dateien!**
>
> Die Verwendung von gezippten Migrationsvorlagen ist ab 100 MB Dateigröße zwingend, jedoch schon weit vor dieser Grenze zu empfehlen. Migrationsvorlagen haben meist hohe Kompressionsraten, das verkürzt die Übertragungszeit erheblich.

Spaltenprüfung | Beim Hochladen prüft das System die formale Konsistenz des Migrations-Templates. Es wird geprüft, ob die Spalten in der Migrationsvorlage mit den erwarteten Spalten übereinstimmen. Meldungen informieren Sie über Abweichungen:

▸ Enthält die Migrationsvorlage unbekannte Spalten, werden diese beim Hochladen ignoriert.

▸ Fehlen in der Migrationsvorlage Spalten, werden diese leer angelegt und könnten mit dem Dateneditor manuell gefüllt werden, der in Abschnitt 7.2.7, »Integrierter Dateneditor«, vorgestellt wird. Das gilt auch für kundenspezifische Felderweiterungen.

Nun, eigentlich sollten Sie beide Meldungen nie erhalten, da Sie sich an die Spielregeln aus Abschnitt 7.1.2, »Worauf müssen Sie achten?«, halten:

▸ Sie verwenden in Migrationsvorlagen das Ein- und Ausblenden von Spalten, aber Sie löschen keine Spalten und fügen keine hinzu.

▸ Möchten Sie kundenspezifische Felderweiterungen nutzen, laden Sie die Migrationsvorlage erst herunter, nachdem Sie diese Felderweiterungen im entsprechenden Work Center angelegt und veröffentlicht haben.

> **Hinweis: Fehler beim Hochladen**
>
> Mögliche Fehlerursachen beim Hochladen sind:
> ▸ Der Klassiker: Statt INHALTE EINFÜGEN: WERTE wird einfaches EINFÜGEN verwendet. Dies kann zur Folge haben, dass Feldformate überschrieben werden oder dass beim Kopieren von HTML-artigen Quellen HTML-Code in Textfelder eingefügt wird.
> ▸ Migrationsobjekte werden verwechselt, und die hochgeladene Migrationsvorlage gehört in Wirklichkeit zu einem anderen Migrationsobjekt.

Strategien zur Selbsthilfe:

▸ Laden Sie eine neue Migrationsvorlage herunter. Übertragen Sie einen oder wenige Datensätze noch einmal, achten Sie dabei auf die Verwendung von INHALTE EINFÜGEN: WERTE.

▸ Verwenden Sie eine gute Namenskonvention für Dateinamen, die auf das Migrationsobjekt und die enthaltenen Daten schließen lässt und gegebenenfalls Angaben zur Version oder zur zeitlichen Einordnung enthält, zum Beispiel *Kunden_DE_Test2_20120117.xml*.

Tipp: Falls Sie sich wegen eines Abbruchs beim Hochladen an den Support wenden, geben Sie als Anlage die gezippte Migrationsvorlage mit, anderenfalls fehlt die Datenbasis für eine Analyse.

Ein Klick auf den Dateinamen öffnet schließlich die Datei im *Dateneditor*. Der Dateneditor ermöglicht Ihnen, Daten in eine Migrationsdatei einzugeben und in vielfältiger Weise zu bearbeiten. In Abschnitt 7.2.7, »Integrierter Dateneditor«, werden Sie diese Möglichkeit ausführlich kennenlernen. | Dateneditor

Bleiben wir noch bei den Funktionen, die Ihnen im Migrations-Cockpit zur Verfügung stehen:

Über die Schaltfläche `Migration ausführen` starten Sie die Verarbeitung der markierten Quelldatei. Beim ersten Aufruf startet die Verarbeitung mit dem Schritt DATEI VALIDIEREN. Bei erneuten Aufrufen setzt die Verarbeitung bei dem Schritt ein, an dem sie zuletzt unterbrochen worden ist. | Migration ausführen

Einige Eigenschaften der Datei können Sie über die Schaltfläche `Eigenschaften` bearbeiten. Die Felder BESCHREIBUNG und KOMMENTAR kennen Sie noch vom Hochladen. Über die Schaltfläche ERWEITERT sehen Sie, wer die Datei wann hochgeladen bzw. zuletzt geändert hat. Zusätzlich gelangen Sie hier zur Auswahl des MIGRATIONSMODUS, der bei der Anreicherung bereits existierender Datensätze benötigt wird. | Eigenschaften

Der Menüpunkt AKTIONEN • ANLEGEN erzeugt im Migrationstool eine neue Migrationsvorlage. Sobald Sie den geforderten Dateinamen und die Beschreibung der Datei angegeben haben, öffnet sich der bereits erwähnte Dateneditor zur Eingabe von Daten (mehr dazu in Abschnitt 7.2.7, »Integrierter Dateneditor«). | Aktionen: Anlegen

> **Tipp: Migrationsvorlagen für erste Testmigrationen**
>
> Die Funktion ANLEGEN ist eine effiziente Möglichkeit, erste Tests mit manuell eingegebenen Datensätzen durchzuführen. Sie ist damit eine Alternative zu der in Abschnitt 7.2.3, »Migration vorbereiten«, vorgestellten Aufgabe DATENMIGRATION VORBEREITEN • MIGRATIONSVORLAGEN HERUNTERLADEN.

Aktionen: Kopieren

Mit dem Befehl AKTIONEN • KOPIEREN erzeugen Sie eine Kopie der markierten Datei. Wie beim Anlegen geben Sie dabei den Dateinamen und einen Beschreibungstext an. In Verbindung mit den Möglichkeiten des Dateneditors, die Daten einer hochgeladenen Migrationsvorlage zu verändern, können Sie mit der Kopierfunktion rasch verschiedene Varianten einer Migrationsdatei ausprobieren.

> **Tipp: Eingrenzung von Datenfehlern**
>
> In der Praxis ist oft nicht auf den ersten Blick klar, welches Feld oder welche Kombination eine inkorrekte Datenkonstellation verursacht. Verwenden Sie Kopien, um den Datenfehler einzugrenzen. Testen Sie denselben Migrationsschritt (Validierung, Simulation) mit einer Kopie, die Sie mit dem Dateneditor sukzessive vereinfachen, bis der auslösende Faktor klar wird.

Aktionen: Löschen

Mit der Funktion AKTIONEN • LÖSCHEN wird die markierte Datei endgültig gelöscht, sofern Sie Ihren Wunsch im nachfolgenden Dialog bestätigen. Dateien mit dem Migrationsstatus ABGESCHLOSSEN haben einschließlich des Verarbeitungsschritts IMPORT AUSFÜHREN schon alle Migrationsschritte durchlaufen und werden in der Dateiübersicht mit dem GESPERRT-Symbol (🔒) gekennzeichnet. Zugunsten der Nachweisbarkeit erfolgter Importe können solche Dateien weder geändert noch gelöscht werden.

Aktionen: Bearbeiten

Die Funktion AKTIONEN • BEARBEITEN öffnet die markierte Datei im Bearbeitungsmodus des Dateneditors, der in Abschnitt 7.2.7, »Integrierter Dateneditor«, im Detail vorgestellt wird. Alternativ können Sie auf den Dateinamen klicken, wodurch sich der Dateneditor im Ansichtsmodus öffnet, und von dort in den Bearbeitungsmodus wechseln.

Aktionen: Herunterladen

Wenn Sie den Dateneditor intensiv nutzen, werden Sie für manche Zwecke eine lokale Kopie von editierten Migrationsdateien haben wollen. Hierfür dient der Befehl AKTIONEN • HERUNTERLADEN, der die markierte Datei auf dem lokalen PC speichert.

7.2.6   Weitere Funktionen des Migrations-Cockpits

Über die Schaltfläche WEITERE MÖGLICHKEITEN erreichen Sie die
Objektdokumentation sowie einige Spezialfunktionen des in Abbildung 7.12 gezeigten Migrations-Cockpits:

▶ **Dokumentation zum Migrationsobjekt anzeigen**

Dies ist eine weitere Möglichkeit, um die Objektdokumentation
anzuzeigen, der Sie schon an anderen Stellen begegnet sind, nämlich (am Beispiel der Kundendaten):

  ▶ in der Aufgabe MIGRATION VON KUNDENDATEN unter INFORMATIONEN ZUR MIGRATION VON KUNDENDATEN LESEN

  ▶ in der Aufgabe DATENMIGRATION VORBEREITEN unter MIGRATIONSVORLAGEN HERUNTERLADEN

  ▶ Als Offline-Version in der Migrationsvorlage selbst, Tabellenblatt DOKUMENTATION. Die Online-Version hat allerdings den
    Vorteil, über Hyperlinks direkt mit Einträgen der Online-Dokumentation der jeweiligen Applikation vernetzt zu sein.

▶ **Export und Import von Wertkonvertierungen (TRV-Datei)**

Eine Ihrer wichtigsten Interaktionen mit dem Migrationstool ist
die Auswahl oder Eingabe von Wertkonvertierungen. Typisches
Beispiel ist der Wert D im Feld Land der Migrationsvorlage, der
auf das Länderkürzel DE umgeschlüsselt wird, das in SAP Business
ByDesign verwendete Kürzel für Deutschland.

Sie können Umschlüsselwerte in eine lokale Datei vom Typ TRV
exportieren und in ein anderes System importieren. Dabei gibt es
wichtige Punkte zu beachten. Verwenden Sie diese Funktion nur,
wenn Sie sich über die Details informiert haben, die in Abschnitt
7.3.2, »Werte konvertieren«, beschrieben sind.

▶ **Migrationsobjekt anpassen**

Es empfiehlt sich, nötige Felderweiterungen sehr früh im Projekt
festzulegen. Alle migrationsrelevanten Erweiterungsfelder sollten
unbedingt im System definiert sein, bevor Sie mit der Arbeit an der
Datenmigration beginnen. Der Umzug zwischen verschiedenen
Versionen von Migrationsvorlagen im laufenden Projekt ist eine
potenzielle Fehlerquelle.

Sollten Sie eine kundenspezifische Felderweiterung definieren
(oder eine bereits definierte wieder löschen), nachdem Sie in dem
betroffenen Objekt bereits Migrationsvorlagen in das Migrationstool hochgeladen haben, ist die Struktur dieser Dateien im System

nicht mehr aktuell. Mit der Funktion MIGRATIONSOBJEKT ANPASSEN können Sie eine Aktualisierung dieser bereits hochgeladenen Dateien veranlassen. Die entsprechenden Spalten werden dann in schon hochgeladenen Dateien leer hinzugefügt (bzw. gelöscht).

Kundenspezifische Erweiterungsfelder werden durch einen technischen Identifikator unterschieden. Fügen Sie nach dem Löschen eines kundenspezifischen Erweiterungsfeldes ein gleichnamiges Feld wieder hinzu, handelt es sich technisch um ein anderes Feld. Sie kommen nicht umhin, in eine frische Migrationsvorlage zu wechseln.

Hinweis: Migration von Buchhaltungsdaten

Für die Bewegungsdaten der Buchhaltung sieht das Migrations-Cockpit und der gesamte Ablauf der Migration etwas anders aus, hier werden die Dateien der beteiligten Objekte (Sachkonten, offene Kundenposten, Anlagen etc.) zu einer sogenannten *Migrationseinheit* (EINHEIT) gruppiert. Nach der Simulation der einzelnen Dateien wird ein Saldenabgleich über alle Dateien der Migrationseinheit angeboten. Auch der Import kann nur für die Migrationseinheit als Ganzes vorgenommen werden. In Abschnitt 7.4, »Migration von Buchhaltungsdaten«, lernen Sie diese Besonderheiten im Detail kennen.

7.2.7 Integrierter Dateneditor

Das Migrationstool in SAP Business byDesign hat einen integrierten Dateneditor. Sie werden ihn in der Regel bei den Schritten DATEI VALIDIEREN und IMPORT SIMULIEREN benötigen, um auftretende Datenfehler direkt zu korrigieren. Daher lohnt es sich, die Möglichkeiten dieses Dateneditors kurz genauer anzuschauen.

In der Datenvorschau im unteren Bereich des Migrations-Cockpits (siehe Abbildung 7.12) war schon zu sehen, dass die hochgeladenen Migrationsvorlagen in derselben Struktur auch hier im SAP Business ByDesign-System vorliegen. Dabei ist auch im Detail vieles so, wie Sie es von der lokalen Datei inzwischen schon kennen.

Anzeigemodus

Klicken Sie im Migrations-Cockpit auf einen Dateinamen, öffnet sich der Dateneditor ganzseitig im Anzeigemodus (siehe Abbildung 7.13).

Abbildung 7.13 Dateneditor – Anzeigemodus

Mit ein paar Klicks auf verschiedene Karteireiter können Sie sich leicht davon überzeugen, dass hier dieselben Datenblätter mit denselben Spalten angezeigt werden wie in der lokalen Migrationsvorlage. Falls mehr Karteireiter eingeblendet sind, als auf eine Bildschirmbreite passen, werden am rechten Bildschirmrand auf Höhe der Karteireiter die drei Icons ⎦⎦⎦ angezeigt, die zur Navigation zwischen den Datenblättern dienen.

Auch hier sind zunächst nicht alle Datenblätter eingeblendet. Sie können zwischen zwei Sichten wechseln: Zunächst wird die Standardsicht angezeigt. Sichtbar sind hier alle Datenblätter, die auch in der lokalen Migrationsvorlage von Anfang an eingeblendet sind. Zusätzlich werden diejenigen Datenblätter gezeigt, auf denen sich tatsächlich Daten befinden. Mit der Schaltfläche ▶ Alle RegKarten anzeigen wechseln Sie zur Ansicht aller Datenblätter und mit der Schaltfläche ▶ Standardregister anzeigen wieder zurück.

Sichtbarkeit der Datenblätter

Wie bei den Migrationsvorlagen sind auch online erst einmal nur die häufig genutzten Spalten sichtbar. Über die Auswahlschaltfläche EINBLENDEN können Sie zwischen folgenden Spaltenansichten wählen (siehe Abbildung 7.14):

Sichtbarkeit der Spalten

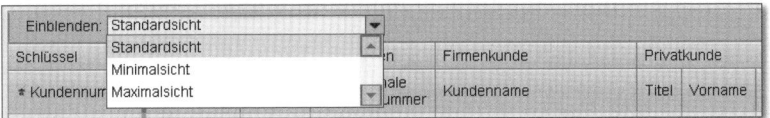

Abbildung 7.14 Auswahl der Spaltenanzeige

▶ STANDARDSICHT: alle Spalten, die auch in der lokalen Migrationsvorlage von Anfang an eingeblendet sind, sowie zusätzlich diejenigen Spalten, in denen sich tatsächlich Daten befinden

▶ MINIMALSICHT: alle Spalten, die als Pflichtspalten gekennzeichnet sind, sowie zusätzlich diejenigen Spalten, in denen sich tatsächlich Daten befinden

▶ MAXIMALSICHT: Alle Spalten sind sichtbar.

Filter setzen

Eine Filterfunktion erlaubt Ihnen, die Auswahl der angezeigten Datensätze einzuschränken. Dazu befindet sich am rechten Bildschirmrand die Schaltfläche FILTER SETZEN (⟲), durch die eine zunächst leere Selektionszeile unterhalb der Spaltenüberschriften eingeblendet wird (siehe Abbildung 7.15).

Geben Sie in dieser Zeile in der Spalte KUNDENNUMMER den Wert 1 ein und bestätigen dies mit der ⏎-Taste, werden auf diesem Datenblatt nur noch diejenigen Datensätze angezeigt, die mit 1 beginnen. Sie können dabei ein Sternchen (*) als Wildcard-Zeichen verwenden, zum Beispiel liefert die Selektion *111 in der Spalte KUNDENNUMMER nur noch diejenigen Datensätze, deren Kundennummer die Zeichenfolge 111 enthält.

Sie werden eine Anwendung des Filters später noch kennenlernen: Bei der Bearbeitung von Fehlermeldungen wird die Sicht mit diesem Filter automatisch auf fehlerhafte Datensätze eingeschränkt, bis hin zur Einzelsatzbearbeitung.

Am rechten Bildschirmrand erkennen Sie die Schaltfläche FILTERUNG AUFHEBEN. Die Schaltfläche SCHLIESSEN bringt Sie schließlich wieder zurück zu dem Bildschirm, von dem aus Sie den Dateneditor aufgerufen haben.

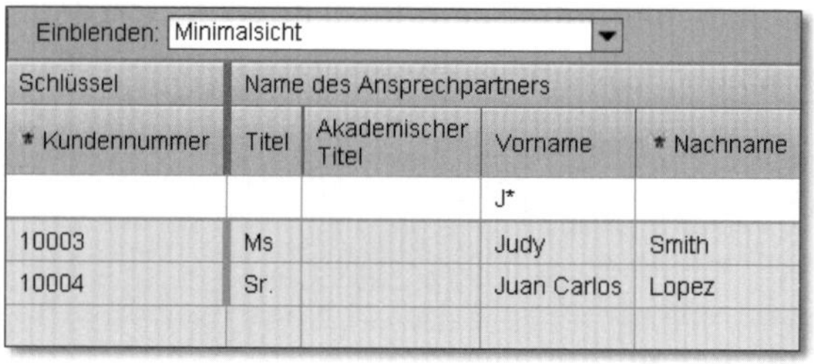

Einblenden: Minimalsicht ▼				
Schlüssel		Name des Ansprechpartners		
* Kundennummer	Titel	Akademischer Titel	Vorname	* Nachname
			J*	
10003	Ms		Judy	Smith
10004	Sr.		Juan Carlos	Lopez

Abbildung 7.15 Editor – Filter mit Wildcard

Bearbeitungsmodus

Über die Schaltfläche `Bearbeiten` wechseln Sie nun zum Bearbeitungsmodus des Dateneditors. Sie können hier Daten ändern oder ergänzen. Zusätzlich stehen Ihnen Funktionen zur Verfügung, die auf
Zeilen (ZEILE HINZUFÜGEN, KOPIEREN, LÖSCHEN) oder Spalten (sogenannte Massenänderungsfunktionen) wirken. Diesen Bearbeitungsmodus erreichen Sie auch direkt vom Migrations-Cockpit (Abbildung
7.12) aus über die Schaltfläche AKTIONEN • BEARBEITEN.

Die Wahl der Spaltenansicht, den Filter sowie die Schaltflächen ALLE
REGKARTEN ANZEIGEN und SCHLIESSEN kennen Sie schon vom An-
sichtsmodus. Des Weiteren haben Sie die im Folgenden vorgestellten
Möglichkeiten.

Die Schaltfläche SICHERN speichert die gesamte Datei im SAP Business
ByDesign-System, die Schaltfläche SICHERN & SCHLIESSEN beendet
zusätzlich den Editor.

Mit `Zeile hinzufügen` wird eine neue Zeile oberhalb der bestehenden | Zeilenfunktionen
Zeilen eingefügt.

Eine Zeile markieren Sie mit den Schaltflächen am Zeilenanfang. Wie
bei vielen anderen Programmen können Sie dabei ein ganzes Intervall von benachbarten Zeilen markieren, indem Sie während der Zei-
lenauswahl die ⌂-Taste gedrückt halten. In ähnlicher Weise können
Sie bei gehaltener `Strg`-Taste mehrere nicht benachbarte Zeilen
eines Datenblatts markieren.

Zusätzlich steht Ihnen links neben den Zeilenüberschriften ein kleines Menü zur Verfügung, mit dem Sie alle Zeilen markieren können
(ALLES AUSWÄHLEN) oder eine bestehende Markierung bei allen Zeilen entfernen (ALLES ABWÄHLEN).

Die Schaltflächen `Kopieren` und `Löschen` wirken auf alle markierten
Zeilen. KOPIEREN erzeugt direkt unter jeder markierten Zeile eine
neue Zeile mit identischem Inhalt.

LÖSCHEN ist eine der hilfreichsten Funktionen des integrierten Dateneditors: Es handelt sich hier um ein *datensatzlogisches, konsistentes
Löschen*. Außer der markierten Zeile selbst werden auch die zugehörigen Zeilen auf hierarchisch untergeordneten Datenblättern
gelöscht. Schauen Sie sich das am konkreten Beispiel aus der Migration von Materialdaten an.

Löschen Sie auf dem Datenblatt ALLGEMEIN die Kopfzeile eines obsoleten Materialstamms (zum Beispiel das Material mit der Nummer A-1010), dann löscht das Migrationstool automatisch auch auf allen anderen Datenblättern jeweils alle Zeilen, die zu diesem Material A-1010 gehören. Dieses konsistente Löschen über mehrere Datenblätter hinweg ist eine Funktion, die natürlich deutlich über die Möglichkeiten eines reinen Tabellenbearbeitungsprogramms hinausgeht.

Spaltenfunktionen: Massenänderung

Die Schaltfläche [Massenänderung ◢] verwenden Sie, um bestimmte Änderungen auf eine ganze Spalte eines Datenblatts anzuwenden. Dabei gehen Sie in vier Schritten vor:

1. Schränken Sie, sofern erforderlich, mit der Filterfunktion die Menge der angezeigten Zeilen ein.

2. Markieren Sie nun manuell oder über die Schaltfläche ALLES MARKIEREN diejenigen Zeilen, die an der Massenänderung teilnehmen sollen. ALLES MARKIEREN bezieht sich dabei nur auf das angezeigte Ergebnis der Filterung. Zeilen, die aufgrund von Filterung ausgeblendet sind, werden von der Änderung nicht erfasst.

3. Wählen Sie über die Schaltfläche MASSENÄNDERUNG die Spalte aus, die Sie ändern möchten (Abbildung 7.16).

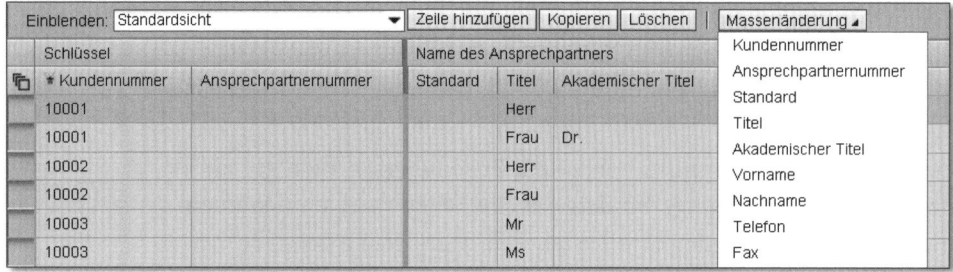

Abbildung 7.16 Massenänderung im Dateneditor – Feldauswahl

4. Wählen Sie die Funktion, die Sie ausführen möchten, und geben Sie die jeweils nötigen Parameter an (Abbildung 7.17).

> **Tipp**
>
> Eine vergessene oder falsche Zeilenmarkierung ist die häufigste Ursache für ein unerwartetes Ergebnis bei der Massenänderung. Sie können den Editor in so einem Fall schließen ohne zu sichern, wenn Sie zum letzten gesicherten Stand zurückgehen möchten.

Bei der Massenänderung stehen folgende Funktionen zur Verfügung:

▶ NEUEN WERT FESTLEGEN: Der bestehende Feldwert wird in allen markierten Zeilen durch einen festen Wert ersetzt.

▶ SUCHEN UND ERSETZEN: In der ausgewählten Spalte wird in allen markierten Zeilen eine Zeichenkette gesucht und durch eine andere Zeichenkette ersetzt.

▶ WERT LÖSCHEN: Die Feldwerte in der ausgewählten Spalte werden gelöscht (in allen markierten Zeilen).

▶ WERT IN NEUE SPALTE KOPIEREN: Die Inhalte der ausgewählten Spalte werden in eine andere Spalte kopiert (in allen markierten Zeilen).

▶ WERT IN NEUE SPALTE VERSCHIEBEN: Die Inhalte der ausgewählten Spalte werden in eine andere Spalte verschoben (in allen markierten Zeilen). Diese Funktion ist zum Beispiel hilfreich, wenn beim Übertragen von Datenbereichen aus einer Quelldatei in die Migrationsvorlage ausgeblendete Spalten übersehen wurden und Werte deshalb in falschen Spalten gelandet sind.

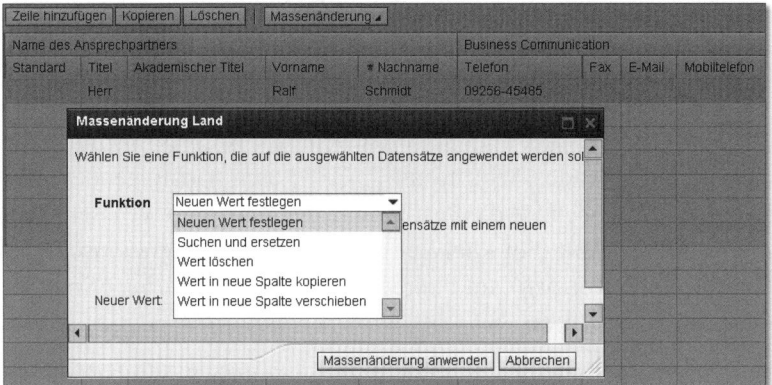

Abbildung 7.17 Massenänderung im Dateneditor – Funktionsauswahl

Aber nun genug der Vorbereitungen, hinein in die Migration!

Nachdem Sie die Daten gemäß den Informationen aus Abschnitt 7.1, »Migrationsvorlagen«, in eine Migrationsvorlage gebracht haben und sich in Abschnitt 7.2, »Migrationstool«, mit dem Werkzeug vertraut gemacht haben, können Sie sich gut vorbereitet dem Herzstück der Datenmigration in SAP Business ByDesign zuwenden.

7.3 Hauptschritte der Migration

In diesem Abschnitt durchlaufen Sie die Hauptschritte der Migration einer Datei:

▶ Datei validieren

▶ Werte konvertieren

▶ Import simulieren

▶ Import ausführen

▶ Bestätigung

Dabei folgen Sie Schritt für Schritt der geführten Aktivität, die in Abbildung 7.18 zu sehen ist.

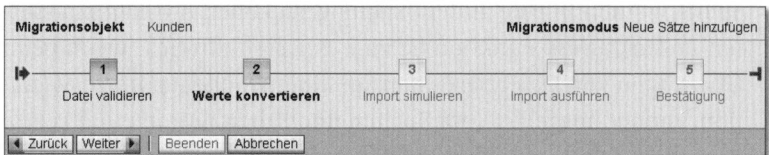

Abbildung 7.18 Hauptschritte der Migration

Etliche Bildschirmelemente sind in allen Schritten gleich, wir erklären sie deshalb direkt hier:

Die Navigation erfolgt über Schaltflächen: Mit ◀ Zurück kommen Sie zum vorhergehenden Schritt, mit Weiter zum nachfolgenden. Mit Abbrechen verlassen Sie die Bearbeitung der Datei und wechseln zum Migrations-Cockpit. Ein Klick auf den Namen des Migrationsobjekts (zum Beispiel KUNDEN) am oberen Rand des Bildschirms öffnet die Objektdokumentation.

Die einzelnen Schritte enthalten noch zusätzlich Schaltflächen mit spezifischen Funktionen, zum Beispiel für eine ganze oder teilweise Wiederholung des jeweiligen Schritts, diese werden im jeweiligen Abschnitt vorgestellt.

Wir gehen anhand des konkreten Datenbeispiels *Kunden.xml* vor, das ausschnittweise in Abschnitt 7.1.4, »Migrationsvorlagen mit Daten befüllen«, zu sehen war. In das Datenbeispiel haben wir – an bisher nicht gezeigten Stellen – typische Fehler eingebaut. Wir werden damit repräsentativ die verschiedenen Formen der Systemreaktion zeigen und gängige Vorgehensweisen zur Fehlerbehandlung vorstellen.

7.3.1 Daten validieren

Im Migrations-Cockpit für Kundendaten markieren Sie die Datei *Kunden.xml* und klicken auf die Schaltfläche MIGRATION AUSFÜHREN. Damit starten Sie den ersten Schritt der Verarbeitung, die *Datenvalidierung*.

Im Schritt DATEI VALIDIEREN wird die formale Korrektheit der Datensätze und ihrer Feldinhalte geprüft. Dabei wird überprüft:

Datenvalidierung

▶ Sind Pflichtfelder gefüllt?

▶ Sind Feldlängen eingehalten?

▶ Sind die Datumswerte gültig?

▶ Enthalten Zahlfelder gültige Formate?

Zusätzlich laufen bestimmte Prüfungen ab, die grundlegende Datenfehler aufdecken sollen. Beispielsweise wird hier die erneute Migration einer bereits migrierten Kundennummer abgefangen.

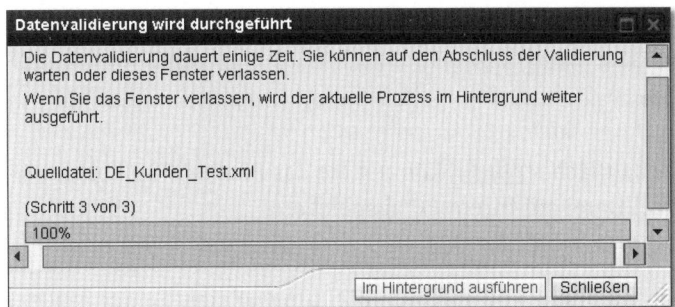

Abbildung 7.19 Datenvalidierung – Fortschrittsbalken

Am Fortschrittsbalken können Sie den Grad der Abarbeitung ablesen – je nach Objekt und Datenumfang mehr oder weniger genau. Über die Schaltfläche IM HINTERGRUND AUSFÜHREN könnten Sie zum Migrations-Cockpit zurückkehren, während die Verarbeitung der Datei im Hintergrund weiterläuft. Wenn Sie dann später die Datei im Migrations-Cockpit wieder per MIGRATION AUSFÜHREN aufrufen, kehren Sie automatisch zum Fortschrittsbalken zurück, der in Abbildung 7.19 zu sehen ist. Sobald alle Datensätze validiert sind, wird die Schaltfläche SCHLIESSEN aktiv, mit der Sie zur Anzeige des Validierungsergebnisses gelangen.

Protokoll der
Validierung

Ein Validierungsprotokoll listet alle gefundenen Fehler in Form einer strukturierten Korrekturliste auf (siehe Abbildung 7.20).

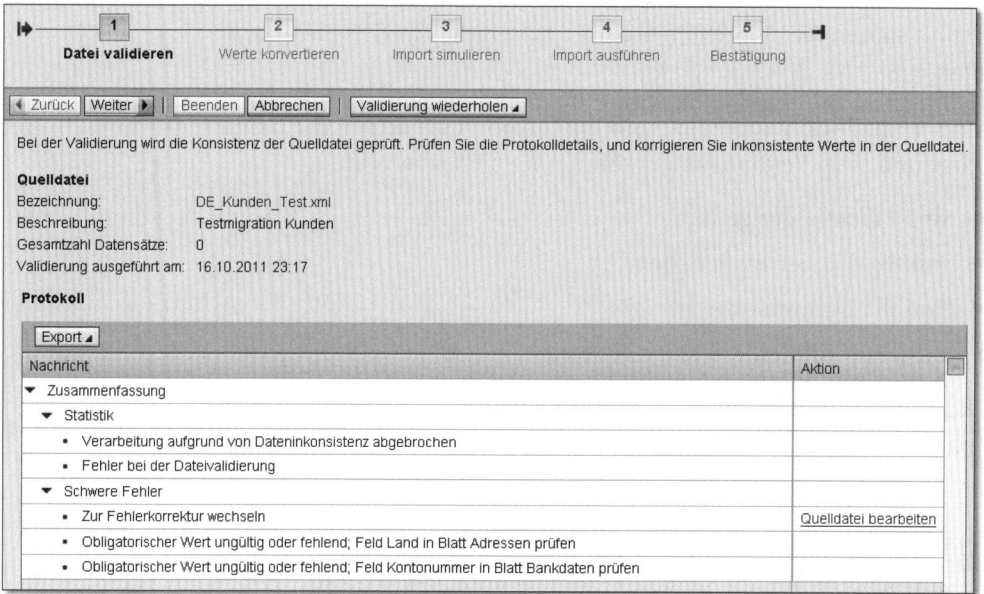

Abbildung 7.20 Datenvalidierung – Fehlerprotokoll mit Korrekturanweisungen

Export des
Protokolls

Über die Schaltfläche Export ⊿ können Sie das Protokoll als lokale Microsoft Excel-Datei auf Ihrem PC abspeichern.

Haben Sie beim Befüllen der Migrationsvorlage alles richtig gemacht, belohnt Sie das Protokoll mit der Meldung »Keine Fehler bei der Dateivalidierung«. In der Regel aber werden Sie hier beim ersten Lauf zunächst einmal eine mehr oder minder lange Arbeitsliste vorfinden. Die Abarbeitung dieser Fehlerliste ist die eigentliche Aufgabe dieses Migrationsschrittes.

Iteratives
Vorgehen

Dabei gehen Sie iterativ vor:

▶ Sie korrigieren einen oder mehrere angezeigte Datenfehler, in der Regel mithilfe des Dateneditors.

▶ Mit einem erneuten Lauf der Validierung (VALIDIERUNG WIEDER-HOLEN • NUR GEÄNDERTE DATENSÄTZE VALIDIEREN) überprüfen Sie die aktualisierten Daten.

Diesen Zyklus wiederholen Sie, bis alle Datenfehler behoben sind. Abschließend empfiehlt es sich, noch einmal eine Validierung der gesamten Datei vorzunehmen: Validierung wiederholen • Alle Datensätze validieren (siehe Abbildung 7.21).

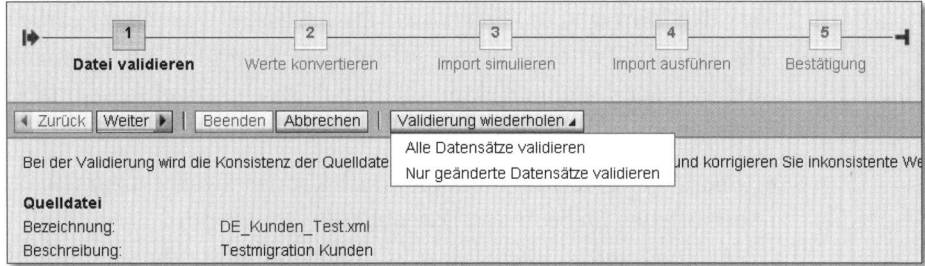

Abbildung 7.21 Validierung wiederholen

Bei bestimmten Datenfehlern werden Feldwerte als *inkonsistent* gewertet, zum Beispiel wenn Schlüsselfelder nicht gefüllt oder Schlüsselbeziehungen zwischen den einzelnen Datenblättern falsch sind. Liegt ein solcher Fehler vor, erhalten Sie bereits im Dialog des Validierungslaufs (Abbildung 7.19) den Hinweis: »In der Quelldatei wurden inkonsistente Werte gefunden. Korrigieren Sie zunächst alle Fehler.« Die Fehler dieser Klasse müssen erst vollständig behoben sein, bevor die Validierung der Datei fortgesetzt wird und weitere Fehler angezeigt werden. Sie werden hier in jedem Fall mindestens eine weitere Iterationsrunde durchlaufen.

Inkonsistente Werte

Validierung wiederholen

Für die Revalidierung haben Sie zwei Möglichkeiten:

1. Validierung wiederholen • Nur geänderte Datensätze validieren
   - ▸ Nur die seit dem letzten Lauf geänderten Datensätze werden validiert.
   - ▸ Vorteil: kurze Laufzeiten.
   - ▸ Überprüft, ob Ihre Datenkorrektur den Fehler behoben hat.
   - ▸ Es können neue Fehler sichtbar werden, da eine weitergehende Prüfung eines Datensatzes erst nach Behebung des ursprünglichen Fehlers erfolgt (zum Beispiel immer bei inkonsistenten Werten).

2. Validierung wiederholen • Alle Datensätze validieren
   Der Validierungslauf erfüllt noch einen weiteren Zweck: Er sammelt alle Werte auf, die im nächsten Migrationsschritt umgeschlüsselt werden müssen. Durch Einzelkorrekturen können solche Werte wieder überflüssig werden. Ein abschließender Gesamtlauf reduziert die Sammlung auf die Werte, die tatsächlich noch relevant sind.

Für die Korrektur verwenden Sie, soweit sich der Fehler durch Editieren beheben lässt, den Editor, den Sie in Abschnitt 7.2.7, »Integrierter Dateneditor«, kennengelernt haben. Sie verzweigen dabei über den Eintrag »Zur Fehlerkorrektur wechseln: Quelldatei bearbeiten« aus dem Protokoll direkt auf spezielle Ansichten des Dateneditors. Bei der Datenkorrektur im Editor gibt es zwei komfortable Funktionen:

▶ Über eine Fehlerliste im Kopfbereich können Sie direkt zur jeweils betroffenen Stelle in den Datenblättern navigieren.

▶ Die fehlerhaften Felder sind rot unterlegt und dadurch leicht zu erkennen.

Um die Arbeit geeignet zu strukturieren, gibt es im Editor zwei Ansichten, beide werden Sie in den Praxisbeispielen sehen: eine Sammelansicht für sogenannte *schwere Fehler* und eine *Einzelsatzansicht* für alle anderen Fehler.

Schwere Fehler ▶ Einige Fehler sind als *schwer* klassifiziert. Dazu gehören die erwähnten *inkonsistenten Werte*, aber auch andere. Diese Fehler werden am Anfang des Protokolls in einem eigenen Abschnitt ausgewiesen. Dabei wird jeder Fehler nur einmal aufgeführt, unabhängig davon, wie viele Datensätze betroffen sind. Über QUELLDATEI BEARBEITEN gelangen Sie zu einer Sammelansicht im Editor, die nur die betroffenen Datensätze zeigt ist (siehe Abbildung 7.22).

Abbildung 7.22 Korrekturanweisungen im Dateneditor – schwerer Fehler

▶ Die Liste der sonstigen Fehler ist im Protokoll nach den einzelnen Datensätzen gruppiert, für jeden Datensatz können Sie in eine Einzelsatzansicht verzweigen, in der alle Fehler dieses Datensatzes sichtbar sind.

Typische Datenfehler in der Validierung

Fehler bei der Validierung sind häufig auf einen der folgenden Datenfehler zurückzuführen:

Schwere Fehler mit inkonsistenten Werten:

▶ Schlüssel- und Pflichtfelder sind nicht gefüllt.

▶ Es gibt zwei Datensätze mit derselben Kundennummer.

▶ Es gibt einzelne Zellen mit versehentlichen Einträgen außerhalb des Datenbereichs.

Schwere Fehler (sonstige):

▶ Ein Datensatz mit derselben Kundennummer wurde bereits migriert.

Einfache Fehler:

▶ Texte sind zu lang.

▶ Das Datum ist ungültig, oder der Feldinhalt wurde nicht als Datum erkannt.

▶ Zahlenwerte haben eine falsche Formatierung.

Praxisbeispiel Datenvalidierung

Schauen wir uns die Vorgehensweise an einem konkreten Beispiel an. In unser Datenbeispiel haben wir Fehler eingebaut, wie sie in der Praxis gerne passieren.

Die Validierung liefert zunächst das in Abbildung 7.23 gezeigte Protokoll, das *inkonsistente Werte* meldet.

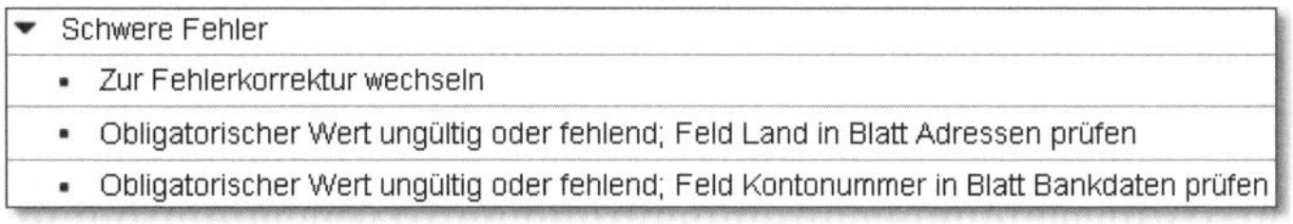

Abbildung 7.23 Praxisbeispiel – schwere Fehler

Über QUELLDATEI BEARBEITEN wechseln Sie zum Dateneditor, um einen Überblick über den Fehler und die betroffenen Datensätze zu erhalten.

Wie in Abbildung 7.23 zu sehen ist, kam es in diesem Beispielfehler offensichtlich zu einer Verwechslung bei der Spaltenzuordnung; die

Daten für das Feld LAND sind im Nachbarfeld c/o gelandet. Die Werte können mit den Spaltenfunktionen des Dateneditors rasch verschoben werden. Mittels der Schaltfläche ALLES AUSWÄHLEN (🗐) markieren Sie alle angezeigten Datensätze und wählen unter der Schaltfläche MASSENÄNDERUNG das zu verschiebende Feld aus (c/o, siehe Abbildung 7.24).

Abbildung 7.24 Dateneditor – Werte in eine andere Spalte verschieben

Im nachfolgenden Dialog wählen Sie die Funktion WERT IN NEUE SPALTE VERSCHIEBEN und die Zielspalte LAND. Mit der Schaltfläche [Massenänderung anwenden] führen Sie die Änderung aus, die Länderangaben stehen nun in der richtigen Spalte. Eine Informationsmeldung quittiert die Änderung.

Im Kopfbereich des Dateneditors ist in unserem Beispiel noch eine weitere Fehlermeldung aufgelistet. Wenn Sie auf diese Meldung klicken, springt die Ansicht zur entsprechenden Stelle in den Daten. In diesem Fall ist es das Feld KONTONUMMER auf dem Datenblatt BANK-DATEN (siehe Abbildung 7.25).

Sie beheben den Fehler und kehren mit SICHERN & SCHLIESSEN zum Protokoll zurück. Dort veranlassen Sie über VALIDIERUNG WIEDERHOLEN • NUR GEÄNDERTE DATENSÄTZE VALIDIEREN eine Revalidierung, um gegebenenfalls weitere Datenfehler zu korrigieren.

Abbildung 7.25 Navigation über die Fehlermeldung im Kopfbereich

Parallel arbeiten

Wir sollten noch erwähnen, dass die Validierung eines Objektes nicht davon abhängt, ob andere Objekte schon bearbeitet wurden oder nicht. Sie können zum Beispiel ein Template mit offenen Kundenaufträgen validieren, unabhängig davon, wie weit die Arbeiten an der Kunden- oder Materialdatenmigration vorangekommen sind. Das ermöglicht zumindest bis hierher eine Parallelisierung zwischen den verschiedenen Gewerken, die Daten zu migrieren haben.

Sobald alle Fehler behoben sind, sollten Sie eine abschließende Revalidierung aller Datensätze durchführen. Danach bringt Sie die Schaltfläche WEITER zum nächsten Schritt, der Wertkonvertierung.

7.3.2 Werte konvertieren

Eine Ihrer wichtigsten Interaktionen mit dem Migrationstool ist die Konvertierung von Werten, die in Abschnitt 2.2.3, »Daten konvertieren«, bereits beleuchtet wurde. Die Daten in Ihren Migrationsvorlagen enthalten etliche Werte, denen im SAP Business ByDesign-System entsprechende, aber möglicherweise andere Werte gegenüberstehen. Drei repräsentative Beispiele:

▶ Länderkürzel: Hier arbeitet das SAP Business ByDesign-System intern mit den zweistelligen ISO-3166-Codes, also DE für Deutschland, AT für Österreich etc.

▶ Nummern der Verkaufsorganisationen, die Sie in Ihrem SAP Business ByDesign-System definiert haben

▶ Identifikatoren wie Lieferanten- und Kundennummern

Werte konvertieren Im Schritt WERTE KONVERTIEREN ordnen Sie diesen Werten jeweils einen zugehörigen Zielwert zu. In einer Aufgabenliste werden Ihnen die Werte systematisch zur Entscheidung vorgelegt, zudem werden Sie durch Vorschläge unterstützt. Werfen Sie einen Blick auf den Dialog (siehe Abbildung 7.26).

Abbildung 7.26 Werte konvertieren – Arbeitsvorrat

Im Hauptteil des Dialogs sehen Sie den Arbeitsvorrat für die Wertkonvertierungen. Jede Aufgabe bezieht sich auf ein bestimmtes Feld, fast alle Aufgaben sind von der Art WERTKONVERTIERUNG BEARBEITEN für ein bestimmtes Feld, zum Beispiel LAND. Bei einzelnen Objekten sind hier noch andere Aufgaben eingereiht, in der Regel die Auswahl bestimmter Steuerparameter. Diesen Spezialfall stellen wir bis zum Ende dieses Abschnitts zurück (siehe Seite 392).

Der Status ist AKTION ERFORDERLICH oder ABGESCHLOSSEN und wird zusätzlich durch ein Icon visualisiert (‼ oder 🔖). In der Spalte OFFENE WERTE lesen Sie ab, wie viele Wertzuordnungen in dieser Aufgabe noch vorgenommen werden müssen.

Mit der Dropdown-Liste können Sie die angezeigte Aufgabenliste filtern, hier haben Sie die folgenden Alternativen: ALLE AUFGABEN, OFFENE AUFGABEN oder nur BEENDETE AUFGABEN. Der Klick auf eine Bezeichnung öffnet die Aufgabe. Sie können stattdessen auch eine Zeile markieren und dann die Schaltfläche AUFGABE VERARBEITEN anklicken. Im unteren Bereich des Bildschirms finden Sie noch die Information, wer die Zuordnungen in dieser Aufgabe zuletzt bearbeitet hat.

Sie öffnen die Aufgabe WERTKONVERTIERUNG BEARBEITEN FÜR LAND und erhalten den in Abbildung 7.27 gezeigten Dialog. In diesem Dialog ordnen Sie die einzelnen Zielwerte zu.

Abbildung 7.27 Wertkonvertierung bearbeiten – grüner Status

Der Status der einzelnen Wertkonvertierungen wird durch eine Ampelfarbe wiedergegeben:

Status der Wertkonvertierung

▶ Rot (⚫) »Konvertierung erforderlich«: Für den Quellwert in dieser Zeile ist noch kein gültiger Zielwert ausgewählt worden. Wählen Sie aus der Wertehilfe ([F4]) einen gültigen Zielwert aus (siehe Abbildung 7.28). Die Statusanzeige wechselt auf »Grün« (⬛) und markiert die Aufgabe damit als erledigt.

▶ Gelb (△) »Bestätigung erforderlich«: Für den eingetragenen Zielwert ist eine Bestätigung nötig. Grund kann ein Vorschlag sein, der nur auf Basis eines Kürzels erfolgt ist, oder eine doppelte Zuordnung zum selben Zielwert. Bestätigen Sie den Vorschlag über die Schaltfläche Wert bestätigen, oder wählen Sie selbst den richtigen Wert aus; in beiden Fällen springt der Status auf »Grün«.

▶ Grün (■) »OK«: Viele Zuordnungen werden automatisch gefunden und als korrekt erkannt (zum Beispiel Deutschland → DE). Bei anderen Einträgen profitieren Sie von der Vorarbeit bei anderen Objekten, die dasselbe Feld enthalten.

Auch diese Liste besitzt einen Filter. Für eine gezielte Bearbeitung können Sie mit der Dropdown-Liste die Anzeige auf die »gelben« bzw. »roten« Zeilen einschränken.

Abbildung 7.28 Wertkonvertierung bearbeiten – Wertehilfe

Mit SICHERN & SCHLIESSEN speichern Sie schließlich die Änderungen und kehren zur Aufgabenliste der Wertkonvertierung zurück. Die Funktion SCHLIESSEN verwirft dagegen alle Eingaben, die Sie hier vorgenommen haben.

Bei der Wertkonvertierung gibt es einige Sonderfälle:

Doppelte Zielwerte bestätigen
▶ Es kann sein, dass Sie zwei verschiedenen Quellwerten denselben Zielwert zuordnen möchten, etwa wenn im Quellfeld verschiedene Schreibweisen für denselben Wert verwendet wurden. Um sicher zu gehen, dass die doppelte Zuordnung kein Versehen ist,

wechselt der Status erst einmal auf »Gelb«, und Sie werden aufgefordert, die Zuordnung explizit zu bestätigen (Wert bestätigen).

Sonderfall: Bei Identifikatoren (Kundennummern, Materialnummern) gibt es keine Wertehilfe. Eine Sicherung vor versehentlicher doppelter Zuordnung existiert aber auch hier.

▶ Regionen sind ein gutes Beispiel für eine mehrstufige Umschlüsselung. Kürzel für Regionen sind nur innerhalb eines Landes eindeutig, so steht das Kürzel AR für den US-Bundesstaat Arkansas, aber zugleich auch für den Schweizer Kanton Appenzell Ausserrhoden. Die Umschlüsselung ist hier also nur im Kontext sinnvoll durchführbar.

Mehrstufige Umschlüsselungen

Um eine korrekte Zuordnung von Regionsangaben vornehmen zu können, müssen zu diesem Zeitpunkt die in den Daten vorkommenden Länderangaben bereits vollständig umgeschlüsselt sein. Sie brauchen aber keine Sorge zu haben: Das Migrationstool verhindert von selbst, dass Sie die Umschlüsselungen in der falschen Reihenfolge bearbeiten.

Es gibt übrigens auch dreistufige Umschlüsselungen, etwa US-Steuerstandortschlüssel auf County-Ebene, bei deren Wertkonvertierung die US-Bundesstaaten bereits umgeschlüsselt sein müssen.

▶ Eigentlich sollte die betriebswirtschaftliche Konfiguration zum Zeitpunkt der Migration bereits weitgehend abgeschlossen sein. Das betrifft insbesondere die Definition der Organisationseinheiten und die Einstellungen, die zur sogenannten *Fine-Tuning-Phase* gehören.

Nachträgliche Änderung der Konfiguration

Bei der Zuordnung von Umschlüsselwerten sehen Sie sofort, ob die Einstellungen auf die tatsächlich in den Daten vorhandene betriebswirtschaftliche Vielfalt vorbereitet sind. In dem einen oder anderen Fall wird sich nun die Notwendigkeit ergeben, die Konfiguration noch nachzubessern. Ein Beispiel wäre das Hinzufügen einer Organisationseinheit in der Implementierungsaufgabe ORGANISATIONSSTRUKTUR AUFBAUEN. Sobald ein neues Element aktiviert ist, steht es in der Wertehilfe der Umschlüsselung zur Verfügung.

Schwieriger ist es, wenn Eigenschaften von Elementen geändert werden, die in der Umschlüsselung bereits verwendet worden sind – und erst recht beim Löschen. Die Umschlüsselung behält zunächst ihren Status. Allerdings fehlt bei ungültig gewordenen Zielwerten die Zielbeschreibung, was Sie in jedem Fall misstrauisch machen sollte. Auf der sicheren Seite sind Sie mit einer Revalidierung.

Tipp: Nachträgliche Konfigurationsänderungen

Wird die betriebswirtschaftliche Konfiguration geändert (insbesondere Organisationsstrukturen und sogenannte Fine-Tuning-Einstellungen), empfehlen wir eine Revalidierung. Dazu gehen Sie zurück zum Schritt VALIDIERUNG und wählen VALIDIERUNG WIEDERHOLEN • ALLE DATENSÄTZE VALIDIEREN.

Steuerparameter festlegen

Bei einzelnen Objekten enthält die Arbeitsliste im Schritt WERTE KONVERTIEREN noch einen weiteren Eintrag, mit dem das Verhalten des Migrationstools bei diesem Objekt gesteuert werden kann. Beispiele:

▶ Objekte *Kunden* und *Lieferanten*: In der Aufgabe EINSTELLUNGEN PRÜFEN FÜR NUMMERNVERGABE kann festgelegt werden, ob bei der Migration die Kunden- bzw. Lieferantendaten beibehalten werden sollen oder ob das System neue Nummern zuteilen soll (und dabei natürlich entsprechende Umschlüsseleinträge erzeugt).

▶ Objekt *Opportunities*, Aufgabe EINSTELLUNGEN PRÜFEN FÜR CRM-BELEGFLUSS ANLEGEN: Mit diesem Parameter kann gesteuert werden, ob zusätzlich zu den Objekten selbst auch Verknüpfungen zwischen Leads, Opportunitys und Kundenaufträgen angelegt werden sollen, die im CRM-Belegfluss sichtbar werden.

Tipps zur Wertkonvertierung

▶ Vermissen Sie Zielwerte in der Wertehilfe? Vergleichen Sie sie mit der Wertehilfe im jeweiligen Work Center. Meist fehlt in einem solchen Fall noch eine Einstellung in der betriebswirtschaftlichen Konfiguration.

▶ Nutzen Sie die Hilfe im Work Center der jeweiligen Anwendung, um zur zugehörigen Konfigurationseinstellung zu gelangen.

▶ Werden Quellwerte im Status ROT angezeigt, die nicht (mehr) im Datenbestand enthalten sind? Veranlassen Sie eine Revalidierung der Datei: Navigieren Sie über ZURÜCK erneut zur Validierung, und wählen Sie VALIDIERUNG WIEDERHOLEN • ALLE DATENSÄTZE VALIDIEREN.

Nutzen Sie die hier vorgestellte Wertkonvertierung gezielt, indem Sie die Migrationsvorlagen mit aussagekräftigen Inhalten befüllen. Entladen Sie nach Möglichkeit nicht nur Codes aus dem Altsystem, hier kommt es leicht zu Fehlern und Missverständnissen. Verwenden Sie Beschreibungstexte oder eine Kombination aus beidem (zum Beispiel `05 - Rohstoffe`), das erleichtert die Zuordnung von SAP Business ByDesign-Werten und ist auch mit zeitlichem Abstand noch gut nachvollziehbar.

Wichtige Vorteile der hier vorgestellten Wertkonvertierung sind:

▶ Die Wertkonvertierung ist in die betriebswirtschaftliche Konfiguration integriert. Ergänzen Sie beispielsweise einen Eintrag im Fine-Tuning, steht dieser unmittelbar nach der Freigabe als auswählbarer Zielwert in der Wertkonvertierung zur Verfügung.

▶ Umschlüsselwerte werden bei allen anderen Objekten wiederverwendet, in denen ein gleichwertiges Feld vorkommt. Das reduziert von vornherein die Anzahl der noch offenen Umschlüsselungen bei nachfolgenden Objekten.

▶ Die Wiederverwendung sorgt für eine Konsistenz über Objektgrenzen hinweg.

Haben Sie in Ihrem Testsystem in größerem Umfang Wertkonvertierungen erfasst, möchten Sie diese Werte später beim Aufbau des Produktivsystems nicht noch einmal eingeben. Das Migrationstool in SAP Business ByDesign ermöglicht Ihnen, Wertkonvertierungen zu exportieren und zu importieren. Die Funktionen dafür finden Sie im Migrations-Cockpit unter ANDERE FUNKTIONEN • WERTKONVERTIERUNGEN IN DATEI EXPORTIEREN bzw. WERTKONVERTIERUNGEN AUS EINER LOKALEN DATEI IMPORTIEREN.

Export und Import von Wertkonvertierungen (TRV-Datei)

Damit können Sie Wertkonvertierungen in eine lokale Datei vom Dateityp TRV auf Ihren Rechner exportieren und von dort in Ihr Produktivsystem importieren. Wir lösen das in Abschnitt 7.2.6, »Weitere Funktionen des Migrations-Cockpits«, gegebene Versprechen ein, Sie mit den Details bekannt zu machen.

Hier ist eine Reihe von wichtigen Punkten zu beachten:

▶ Beim Export werden nur Wertkonvertierungen von bereits exportierten Dateien berücksichtigt (Status ABGESCHLOSSEN in der Dateiliste), und auch hier nur diejenigen mit Status OK (grünes Icon, ![Icon]). Im System werden Sie entsprechend über den in Abbildung 7.29 gezeigten Dialog informiert.

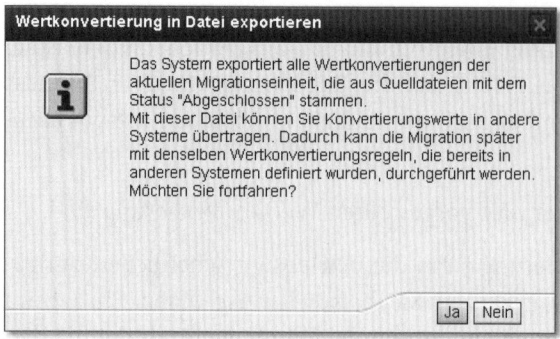

Abbildung 7.29 Export von Wertkonvertierungen

▸ Verwenden Sie diese Funktionalität nur, wenn die zu exportierenden Werte in produktionsreifer Qualität erfasst wurden. Sie müssen sich sicher sein, dass nicht jemand bei einer schnellen Testmigration »irgendeine« Wertzuordnung ausgewählt hat. Auch bei
einer im Testsystem noch fehlenden Konfigurationseinstellung
wird schnell einmal ersatzweise ein »ähnlicher« Zielwert zugeordnet. Solche Werte möchten Sie sicher nicht in Ihr Produktivsystem
übernehmen.

▸ Der Import überschreibt auf Basis der einzelnen Umschlüsselungen. Enthält die zu importierende TRV-Datei beispielsweise die
Umschlüsselung Handelsware → 0003, und im Zielsystem gibt es
schon die Umschlüsselung Handelsware → 0004, dann überschreibt der Import diese und ersetzt sie durch Handelsware →
0003. Dabei bleibt der Status OK (GRÜN) der Umschlüsselung erhalten.

▸ Umschlüsselungen für Werte, die in der TRV-Datei nicht enthalten
sind, bleiben im Zielsystem unverändert.

▸ Der Import hat Auswirkung auch auf andere Objekte: Wie alle
Umschlüsselungen werden die importierten Umschlüsselungen in
allen Objekten verwendet, die ein entsprechendes Feld enthalten.

Hinweis: Vorsicht beim Export und Import von Umschlüsselwerten!
Der Export und Import von Umschlüsselwerten kann ein sehr wirkungsvolles Werkzeug sein. Falsch angewendet, kann dieses Werkzeug aber auch
schaden, bis hin zu einem Datenimport formal zwar richtiger, aber durch
eine falsche Umschlüsselung inhaltlich verfälschter Daten. Wir betrachten
diese Technik daher als ein Hilfsmittel für fortgeschrittene Benutzer. In
jedem Fall muss mit der notwendigen Umsicht vorgegangen werden.

Die technisch versierten Anwender unter Ihnen haben zu diesem Zeitpunkt möglicherweise die TRV-Datei ohnehin bereits mit einem Texteditor (zum Beispiel Notepad) geöffnet und werden festgestellt haben, dass sie eine transparente und übersichtliche Struktur besitzt.

7.3.3 Import simulieren

Nachdem Sie die Aufgabenliste der Wertkonvertierung bearbeitet haben, navigieren Sie mit WEITER zum nächsten Schritt, der Simulation.

Im Schritt IMPORT SIMULIEREN werden die gleichen Routinen aufgerufen wie später beim Schritt IMPORT AUSFÜHREN – nur eben ohne zu speichern. Dabei werden alle betriebswirtschaftlichen Prüfungen durchlaufen, die auch beim Echtimport prozessiert werden. Eine besondere Bedeutung erlangt die Simulation bei der Migration im SAP Business ByDesign-System, weil der Import in der Regel nicht rückgängig gemacht werden kann.

Entsprechend der Vielfalt dieser Prüfungen bei der Simulation ist die Bandbreite der Fehlermeldungen höher als in den vorangegangenen Schritten. Die höhere Komplexität schlägt sich auch in einer gegenüber der Validierung deutlich längeren Laufzeit nieder.

Während die Validierung auch durchgeführt werden konnte, ohne dass die vorausgesetzten Daten, auf die sich die aktuellen Datensätze beziehen, wirklich im System vorhanden waren, ist das für die Simulation nicht mehr möglich. Möchten Sie zum Beispiel den Import eines Kundenauftrags simulieren, müssen sowohl der Kundenstamm als auch die Materialstämme, die in diesem Kundenauftrag verwendet werden, bereits im System vorhanden sein. Die vorausgesetzten Objekte werden in der Objektdokumentation aufgezählt (auch in der Migrationsvorlage selbst, auf dem vorletzten Tabellenblatt).

Ein kurzer Dialog, den Sie auch dauerhaft ausblenden können, erinnert Sie beim Aufruf der Simulation an die vorausgesetzten Objekte. Sollten Sie eine Voraussetzung übersehen haben, hat das aber keine ernsten Konsequenzen, lediglich zusätzliche Fehlermeldungen während der Simulation. Wie schon bei der Validierung können Sie auch bei der Simulation den Prozess im Hintergrund weiterlaufen lassen (Schaltfläche IM HINTERGRUND AUSFÜHREN) und währenddessen etwas anderes bearbeiten (siehe Abbildung 7.30).

Was passiert bei der Simulation?

Objektabhängigkeit: Vorausgesetzte Daten müssen geladen sein

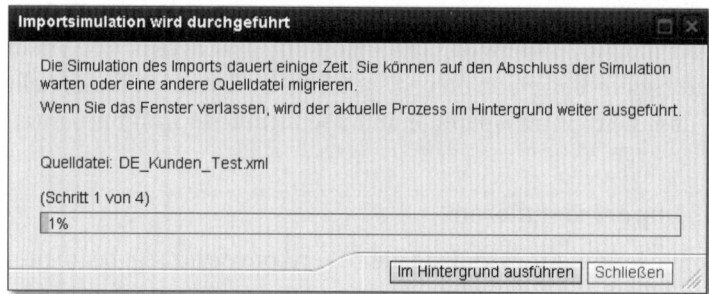

Abbildung 7.30 Importsimulation im Hintergrund ausführen

Sobald die gesamte Datei verarbeitet ist, wird die Schaltfläche
Schließen freigegeben, und Sie können zum Ergebnisbildschirm des
Simulationslaufs weitergehen, der in Abbildung 7.31 gezeigt ist. Die
Bildschirmoberfläche ist ähnlich wie die Oberfläche, die Sie aus der
Validierung kennen.

Simulation wiederholen
▶ Mit der Schaltfläche Simulation wiederholen ▲ lösen Sie eine erneute
Simulation aus. Sie haben dabei die Wahl, das entweder für alle
Datensätze zu tun oder nur für die seit dem letzten Lauf geänder-
ten.

▶ Eine Zusammenfassung informiert Sie darüber, wie viele Datensätze verarbeitet wurden und wie viele davon Fehler ausgelöst
haben.

▶ Das Protokoll mit Fehlermeldungen und Korrekturanweisungen
füllt den wichtigsten Teil des Bildschirms. Per EXPORT speichern
Sie eine Kopie des Protokolls lokal auf Ihrem PC.

Protokoll der Simulation
Wie in Abbildung 7.31 zu sehen ist, ist das Protokoll nach Datensät-
zen strukturiert. Zu jedem Datensatz gibt es einen Absprung (QUELL-
DATENSATZ BEARBEITEN) zum Dateneditor, die Ansicht ist dabei nur
auf diesen einen Datensatz gefiltert. Danach werden die Fehler und
Korrekturanweisungen aufgelistet, zum Teil mit der lohnenswerten
Möglichkeit, ausführlichere Informationstexte aufzurufen.

Im Dateneditor werden die Korrekturanweisungen im Kopfbereich
nochmals angezeigt. Leider wird das Feld, das den Fehler verursacht,
hier oft nicht mehr hervorgehoben.

Vorgehensweise
Die Abarbeitung der Fehler und Handlungsanweisungen im Protokoll
ist die eigentliche Aufgabe dieses Migrationsschrittes.

Datei migrieren DE_Kunden_Test.xml   Hilfe

| Migrationsobjekt | Kunden | | **Migrationsmodus** Neue Sätze hinzufügen |

```
→|   ①              ②                ③                ④              ⑤           |←
   Datei validieren   Werte konvertieren   Import simulieren   Import ausführen   Bestätigung
```

◄ Zurück | Weiter ► | | Beenden | Abbrechen | | Simulation wiederholen ▲

In diesem Prozessschritt wird der Import der Quelldaten simuliert. Überprüfen Sie die Protokolldetails, und korrigieren Sie inkonsistente Werte in der Quelldatei.

Quelldatei

Bezeichnung:	DE_Kunden_Test.xml
Beschreibung:	Testmigration Kunden
Gesamtzahl Datensätze:	6
Datensätze mit Fehlern:	2
Simulation ausgeführt am:	17.10.2011 01:07

Protokoll

Export ▲

Nachricht	Aktion
▼ Zusammenfassung	
▼ Statistik	
• Fehler bei der Importsimulation	
▼ Importsimulation (0002 Quelldatensätze mit Fehlern, 0000 Quelldatensätze mit Warnungen)	
▼ Fehler in Quelldatensatz mit Schlüsselwert '10001'	
• Zur Fehlerkorrektur wechseln	Quelldatensatz bearbeiten
• Bankreferenz zu 10022200 nicht in Bankverzeichnis gefunden	
▼ Fehler in Quelldatensatz mit Schlüsselwert '10004'	
• Zur Fehlerkorrektur wechseln	Quelldatensatz bearbeiten
• Postleitzahl 08005B muss Länge 5 besitzen	

Abbildung 7.31 Ergebnis des Simulationslaufs

Hier macht es sich besonders bezahlt, wenn Sie erst einmal eine kleine Datei mit einem »Pilotset« verschiedener Datensätze in die Simulation schicken. So können Sie die meisten Hindernisse identifizieren und beseitigen, bevor Sie größere Dateien (mit entsprechend längeren Laufzeiten) ins Spiel bringen.

Kleine Pilotdateien

Sie gehen wieder iterativ vor:

Iteration

▶ Sie korrigieren einen oder mehrere Punkte aus dem Protokoll.

▶ Mit einem erneuten Lauf der Simulation überprüfen Sie das Ergebnis.

Diesen Zyklus wiederholen Sie, bis Sie das Simulationsprotokoll mit der Meldung begrüßt: »Keine Fehler in der Importsimulation« (siehe Abbildung 7.32).

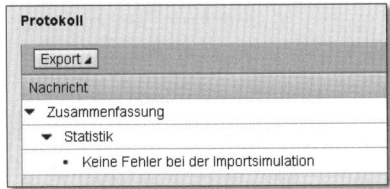

Abbildung 7.32 Simulationslauf ohne Fehler

Sie dürfen nicht überrascht sein, wenn die Anzahl der gemeldeten Fehler in den ersten Runden noch ansteigt. Manche betriebswirtschaftlich komplexeren Prüfungen können überhaupt erst durchlaufen werden, nachdem bestimmte Grundprobleme behoben worden sind.

Je nach Fehlerursache kommt für die Korrektur von Simulationsfehlern üblicherweise eine von drei Stellen infrage:

▶ die zu migrierenden Daten

▶ die betriebswirtschaftliche Konfiguration

▶ Wertkonvertierungen

Schauen wir uns die Stellen und die jeweils nötigen Korrekturschritte etwas genauer an:

Fehler in den Daten

▶ Korrektur der zu migrierenden *Daten* – so weit wie möglich – mit dem Dateneditor:

  ▸ Mit der Funktion QUELLDATENSATZ BEARBEITEN öffnen Sie den Dateneditor in der *Einzelsatzansicht*.

  ▸ Betrifft ein Fehler viele oder alle Datensätze, klicken Sie stattdessen auf die BEZEICHNUNG der Datei, wodurch sich der Dateneditor in der *Gesamtansicht* öffnet. Für Änderungen können Sie die Filter- und Spaltenfunktionen nutzen, die Sie in Abschnitt 7.2.7, »Integrierter Dateneditor«, kennengelernt haben.

Solange nur Daten geändert werden, verwenden Sie eine erneute Simulation mit der schnelleren Option SIMULATION WIEDERHOLEN • IMPORT NUR FÜR GEÄNDERTE DATENSÄTZE SIMULIEREN. Die zugehörige Datenvalidierung startet dabei automatisch.

Benötigen Sie zusätzliche externe Daten aus dem Quellsystem oder komplexere Funktionen, ändern Sie die Migrationsvorlage außerhalb des Systems, und laden Sie sie dann erneut hoch. Der Zusatzaufwand durch den Wechsel der Datei ist überschaubar, Validierung und Wertkonvertierung sollten bis auf Angaben zu neuen oder geänderten Werten keine Aktionen erforderlich machen.

Typische Datenfehler in der Simulation

Fehler bei der Simulation sind häufig auf einen der folgenden Datenfehler zurückzuführen:

> ▸ »Bedingte« Pflichtfelder sind nicht gefüllt, das heißt Felder, die nur in bestimmten Konstellationen gefüllt werden müssen und deshalb nicht generell als Pflichtfeld gekennzeichnet sind.
>
> ▸ Postleitzahl ist nicht korrekt (genaue länderspezifische Prüfung).
>
> ▸ Beträge ohne Währung
>
> ▸ Dubletten auf untergeordneten Datenblättern der Migrationsvorlage

▸ Zur *betriebswirtschaftlichen Konfiguration* gehören hier alle Angaben, die im gleichnamigen Work Center in der Aufgabenliste vor der Migration gemacht werden. Insbesondere sind das:

Fehler in der betriebswirtschaftlichen Konfiguration

  ▹ die Definition der organisatorischen Strukturen

  ▹ Einstellungen in der Phase FINE-TUNING

  ▹ Grunddaten (zum Beispiel das Bankenverzeichnis, Lagerdefinition)

Nach Korrekturen in den Einstellungen der betriebswirtschaftlichen Konfiguration lösen Sie die erneute Überprüfung selbst aus; wählen Sie dazu den Menüeintrag SIMULATION WIEDERHOLEN • ALLE DATENSÄTZE SIMULIEREN.

Typische Konfigurationsfehler in der Simulation

Einige typische Beispiele für Konfigurationsfehler, die zu Problemen bei der Simulation führen, haben wir hier zusammengestellt:

▸ Das Gültigkeitsintervall von organisatorischen Einheiten ist zu knapp bemessen für die Daten, die migriert werden sollen.

▸ Bei organisatorischen Einheiten fehlen Eigenschaften, wie zum Beispiel die Kostenstellenzuordnung.

▸ Grunddaten fehlen (zum Beispiel Einträge im Bankenverzeichnis).

▸ Fine-Tuning-Angaben fehlen oder sind unvollständig (zum Beispiel ist die Anlagenklasse betriebswirtschaftlich nicht ausreichend definiert).

▸ Parametereinstellungen oder Umschlüsselungen im Schritt WERTE KONVERTIEREN:

Fehler in der Wertkonvertierung

  ▹ In der Praxis findet man hier gelegentlich Umschlüsselungen, die nicht mit der nötigen Sorgfalt erstellt wurden. Darunter sind auch Fälle, in denen in einem frühen Test erst mal »irgendeine« Zuordnung getroffen wurde, diese dann aber nie mehr infrage gestellt wurde.

▷ Vor allem die Einstellung des Steuerparameters, der bei der Migration von Kunden über eine Neuverteilung von Kundennummern entscheidet, sollte früh im Projekt gut überlegt werden.

Sind Sie aus der Simulation zum Schritt WERTKONVERTIERUNG zurück navigiert und haben dort eine Korrektur vorgenommen, dann wird die erneute Simulation automatisch gestartet, sobald Sie über die Schaltfläche WEITER den Schritt WERTKONVERTIERUNG wieder verlassen.

Unklare Fehlerursache

Zum Ende dieses Abschnitts haben wir noch einige generelle Tipps zum Vorgehen bei schwer identifizierbaren Simulationsfehlern zusammengestellt.

Tipps bei unklaren Fehlern in der Simulation

Der Rückschluss vom Symptom, das in der Fehlermeldung genannt wird, auf die eigentliche Ursache ist bei Simulationsfehlern nicht immer offensichtlich. Sie haben die Fehlermeldung genau gelesen, ebenso ein eventuell verlinktes Detaildokument. Was können Sie noch tun?

▶ Öffnen Sie die Migrationsvorlage, und lesen Sie in Zeile 7 die Felddokumentation der beteiligten Felder noch einmal genau.

▶ Versuchen Sie, den Datensatz im entsprechenden Work Center in Ihrem Testsystem zu erfassen. Meist kommt es dort dann ebenfalls zu einer Fehlerreaktion, eventuell erhalten Sie so zusätzliche Informationen zum Eingrenzen des Fehlers.

▶ Kopieren Sie ein bis fünf fehlerhafte Datensätze in eine leere Datei. Grenzen Sie den Fehler ein, bis er nicht mehr auftritt. Dazu vereinfachen Sie den Inhalt sukzessive.

▶ Beginnen Sie mit einem fehlerfreien Datensatz in einer neuen Testdatei, und bauen Sie schrittweise Feldinhalte aus einem fehlerhaften Datensatz ein, bis ein ursächliches Feld lokalisiert ist.

▶ Nutzen Sie die Schlagwortsuche in der Online-Hilfe im entsprechenden Applikations-Work-Center.

▶ Nutzen Sie den Austausch mit anderen Benutzern in einem Forum.

Mit dem fehlerfreien Simulationslauf, wie er in Abbildung 7.32 gemeldet wird, haben Sie die wichtigsten Schritte bereits hinter sich gebracht. Alle Unebenheiten sind beseitigt, die dem Import im Weg gestanden hätten, und Sie sind nun bereit, über die Schaltfläche WEITER den Datenimport aufzurufen.

7.3.4 Import ausführen

Beim Wechsel zum Migrationsschritt IMPORT AUSFÜHREN wird der Import selbst gestartet, der sich umgehend mit der in Abbildung 7.33 gezeigten Warnung meldet. Die Warnung ist ernst gemeint: Ein einfaches Löschen migrierter Daten ist in den allermeisten Fällen nicht möglich!

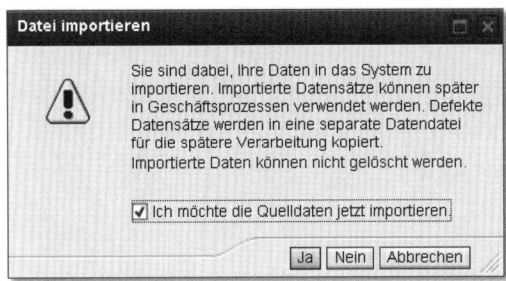

Abbildung 7.33 Import – Warnung und Bestätigung

Erst nachdem Sie den Importauftrag explizit bestätigt haben, startet der Importlauf. Wie schon bei der Validierung und Simulation können Sie auch diesen Lauf im Hintergrund ausführen lassen. Nachdem der Importlauf zum Ende gekommen ist, erwarten Sie mit Spannung das Ergebnisprotokoll, das in Abbildung 7.34 zu sehen ist:

- Die wichtigsten Informationen erhalten Sie zuerst:
  - Anzahl der insgesamt prozessierten Datensätze
  - Wie viele davon wurden erfolgreich importiert?
  - Wie viele wurden aufgrund von Fehlern nicht importiert?
- Das Importprotokoll informiert Sie über Details, insbesondere, falls Datensätze in diesem Schritt als fehlerhaft erkannt wurden. Mit EXPORT können Sie eine Kopie des Protokolls lokal ablegen.
- Über die Schaltfläche IMPORTIERTE DATENSÄTZE ANZEIGEN können Sie überprüfen, welche Datensätze importiert wurden.
- Mit ABBRECHEN kehren Sie wie immer zum Migrations-Cockpit zurück – aber importiert sind die Daten natürlich trotzdem.
- Über die Schaltfläche `Importdatei ▲` können Sie den Import starten, sofern das noch nicht geschehen ist. Daher ist dieses Bildschirmelement normalerweise inaktiv, wenn Sie nach dem Importlauf zu diesem Bildschirm gelangen. Haben Sie dagegen den Bestätigungs-

dialog für den Import (siehe Abbildung 7.33) mit NEIN oder ABBRE-CHEN beantwortet, dann ist die Schaltfläche aktiv, und Sie können den Import direkt von hier anstoßen. Wählen Sie dazu IMPORT-DATEI • NICHT IMPORT. DATENSÄTZE IMPORTIEREN.

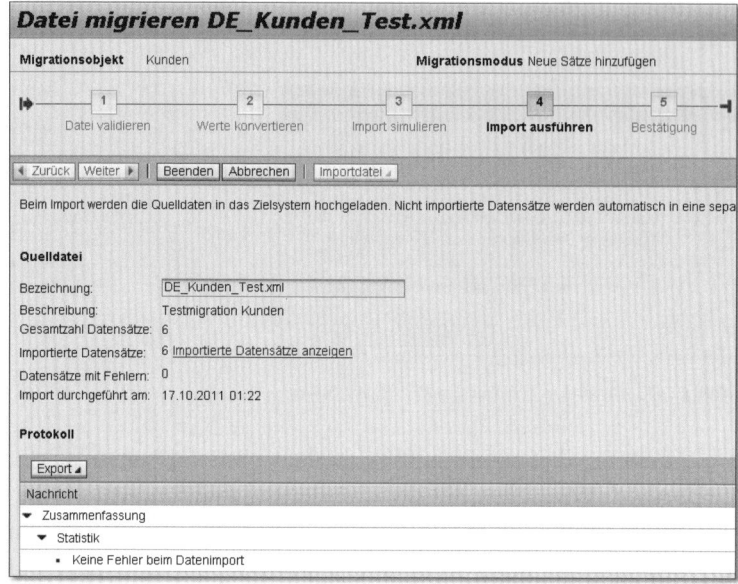

Abbildung 7.34 Ergebnis des Schritts »Import ausführen«

▶ Mit der Schaltfläche Beenden schließen Sie die Migration der Datei ab und wechseln zum Bildschirm BESTÄTIGUNG. Der Bildschirm BESTÄTIGUNG selbst enthält nichts Neues. Jedoch laufen beim Wechsel hierher zwei wichtige Vorgänge ab: Die sogenannte *Delta-Datei* wird erzeugt, und ein separates Protokoll mit Daten-exportmöglichkeit wird bereitgestellt.

Nicht importierte Datensätze

Was ist mit den Datensätzen, die nicht importiert werden konnten? Die fehlerhaften Datensätze stammen aus zwei Quellen:

▶ In den allermeisten Fällen waren diese Datensätze schon in der Validierung oder Simulation als fehlerhaft erkannt worden. Die sogenannte *Delta-Datei-Technik* erlaubt aber, bei Bedarf trotzdem mit der Migration voranzuschreiten.

▶ Im Schritt IMPORT neu erkannte Fehler sind eher die Ausnahme. Nach einer erfolgreichen Simulation gibt es nur wenige neue Feh-ler, mit denen Sie beim Import noch rechnen müssen, in der Regel bestimmte Arten von Kollisionen zwischen zwei importierten Datensätzen. Ein Beispiel aus dem Objekt KUNDEN ist die doppelte Vergabe der gleichen sogenannten D&B D-U-N-S®-Nummer (einer eindeutigen Nummer aus einem internationalen Unternehmensverzeichnis).

Alle aufgrund von Fehlern nicht importierten Datensätze werden nun, am Ende der Bearbeitungskette, in eine neue Datei übertragen, die sogenannte *Delta-Datei*. Die angekündigte Delta-Datei wird aufgebaut und in der Dateiliste des Migrations-Cockpits zugänglich gemacht. Sie enthält alle Datensätze, die nicht importiert werden konnten. Sie erkennen die Datei am Dateinamen. Die Delta-Datei heißt wie die zuvor importierte Datei, nur ist am Ende noch das Suffix »_DELTAXL_0000000001« angehängt.

Verarbeitung der Delta-Datei

Sie durchlaufen mit der Delta-Datei wieder alle Verarbeitungsschritte, beginnend bei DATEI VALIDIEREN. Sollten auch in dieser Runde noch einzelne fehlerhafte Datensätze verblieben sein, greift der Delta-Mechanismus erneut: Der nicht importierbare Bodensatz wird wieder in eine neue Delta-Datei fortgeschrieben. Zur Unterscheidung sind die Delta-Dateien im Dateinamen fortlaufend nummeriert: Was beim Import von »..._DELTAXL_0000000001« noch offen ist, wird als »...DELTAXL_0000000002« erneut vorgelegt.

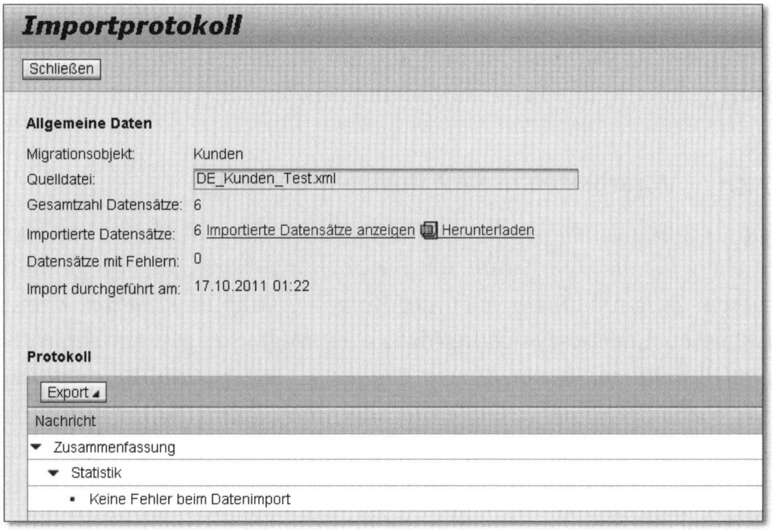

Importprotokoll

Schließen

Allgemeine Daten

Migrationsobjekt:	Kunden
Quelldatei:	DE_Kunden_Test.xml
Gesamtzahl Datensätze:	6
Importierte Datensätze:	6 Importierte Datensätze anzeigen 🗐 Herunterladen
Datensätze mit Fehlern:	0
Import durchgeführt am:	17.10.2011 01:22

Protokoll

Export ▲

Nachricht
▼ Zusammenfassung
  ▼ Statistik
    • Keine Fehler beim Datenimport

Abbildung 7.35 Importprotokoll – importierte Datensätze herunterladen

Export der importierten Daten

Im Migrations-Cockpit wird in der Dateiliste ein Link auf das Importprotokoll hinterlegt. Das Protokoll kennen Sie schon, aber diese Anzeige des Protokolls bietet die zusätzliche Funktion HERUNTERLADEN. Es gibt nicht nur die Möglichkeit, das Protokoll selbst zu exportieren, sondern auch die tatsächlich importierten Daten in eine eigene Migrationsvorlage herunterzuladen (siehe Abbildung 7.35).

Der Import unserer Migrationsvorlage ist abgeschlossen, damit haben wir das Ziel dieses wichtigen Abschnitts erreicht. Sie haben die zentralen Schritte *Validierung*, *Wertkonvertierung*, *Simulation* und *Import* sowie mögliche Fehlerquellen kennengelernt.

7.4 Migration von Buchhaltungsdaten

Dieser Abschnitt beschreibt die Migration von Finanzbuchhaltungsdaten in ein SAP Business ByDesign-System.

Die zwei wichtigsten Besonderheiten bei Buchhaltungsdaten sind:

▶ Die beteiligten Migrationsvorlagen eines Unternehmens werden zu einer sogenannten *Migrationseinheit* zusammengefasst.

▶ Buchungsdatum der Migration: Sie legen den Stichtag fest (zum Beispiel 31.05.2012), zu dem Sie die Buchhaltung aus dem Quellsystem übernehmen.

Beginnen Sie mit dem Buchungsdatum der Migration, seine Festlegung gehört zu den vorbereitenden Aufgaben im Zielsystem.

7.4.1 Vorarbeiten in SAP Business ByDesign

Eine grundlegende Wahl, die Sie in Ihrem Projekt treffen, ist der Stichtag für die Übernahme der Buchhaltungsdaten. Sie begegnen in diesem Zusammenhang auch der Kurzform *Migrationsdatum*, damit ist hier ebenfalls das Buchungsdatum der Migration gemeint. Im Normalfall nehmen Sie den letzten Tag eines Monats, zum Beispiel den 31.05.2012 (zur Sicherheit: nicht aber den 01.06.2012). Tatsächlich ausgeführt wird die Migration meist erst einige Tage später, da Sie noch Zeit benötigen, um im Quellsystem einen vorläufigen Abschluss zu erstellen.

Prinzipiell gibt es drei Ansätze, das Buchungsdatum der Migration festzulegen:

1. Migration zu einem Periodenende (zum Beispiel 31.05.2012): Das ist mit großem Abstand der häufigste Fall. Das Datum ist organisatorisch günstig, da es eine Kollision der Jahresabschlussarbeiten mit den Migrationsarbeiten vermeidet.

Buchungsdatum der Migration

2. Migration zum Geschäftsjahresende: Ein Vorteil dieses Ansatzes ist, dass die für das Migrationsjahr gültigen Belege in einem System sind. Ein Risiko ist, dass der Ansatz keine Projektverschiebung zulässt, ohne die Strategie grundsätzlich infrage zu stellen.

3. Migration unter dem Monat: Auch dieser Ansatz ist möglich, hat allerdings Nachteile. Um nur zwei davon zu nennen: Die Migrationsbuchungen und die in derselben Periode entstandenen operativen Buchungen sind schwerer voneinander abzugrenzen. Die Steuermeldung muss aus zwei Systemen zusammengeführt werden, was je nach Land erhebliche Aufwände verursachen kann.

Sie hinterlegen das Buchungsdatum der Migration im Work Center Betriebswirtschaftliche Konfiguration in der Aufgabenliste in der Phase Datenübernahme und Erweiterung. Wählen Sie dort die Aufgabe Migrationsdatum und Prozesssteuerung festlegen (siehe Abbildung 7.36).

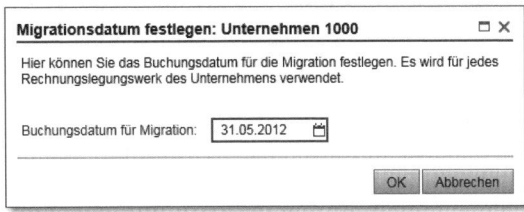

Abbildung 7.36 Buchungsdatum der Migration festlegen

Wählen Sie das Migrationsdatum auch schon bei Testmigrationen bewusst. Sobald die erste wirkliche Buchung im System vorgenommen wurde, können Sie das einmal gewählte Buchungsdatum für die Migration nicht mehr ändern, nur noch ein späteres Datum als Buchungsdatum für die aktuelle Migrationsarbeit zusätzlich festlegen. Schon deswegen möchten Sie mit Sicherheit die Kontrolle darüber behalten, ab wann Sie welche Zeiträume für Buchungen öffnen. Das Konzept hierzu ist zweistufig:

Buchhaltungs-perioden öffnen und schließen

Zunächst einmal ist jede Buchhaltungsperiode einzeln geschützt. Die Einstellungen nehmen Sie im Work Center HAUPTBUCH vor, wählen Sie dort in der Sicht STAMMDATEN • UNTERNEHMEN die Funktion PERIODEN ÖFFNEN UND SCHLIESSEN. Die Einstellungen, die Sie hier vornehmen, haben auch Auswirkungen außerhalb der Migration. Nehmen Sie keine Änderungen vor, deren Konsequenzen Ihnen nicht vollständig klar sind.

Prozesssteuerung festlegen

Zusätzlich können Sie mit der sogenannten *Prozesssteuerung* Buchungsvorgänge abhängig vom Geschäftsprozess sperren oder freigeben. Die Prozesssteuerung öffnen Sie wahlweise über einen der zwei eben erwähnten Orte im System: entweder wie das Buchungsdatum über die Aufgabe MIGRATIONSDATUM UND PROZESSSTEUERUNG FESTLEGEN oder wie die Periodensteuerung im Work Center HAUPTBUCH über STAMMDATEN • UNTERNEHMEN, Schaltfläche PROZESSSTEUERUNG FESTLEGEN.

Der Zeitraum bis einschließlich des Buchungsdatums der Migration soll nur durch die Migration bebucht werden. Genau genommen ist das normalerweise sogar nur das Buchungsdatum der Migration selbst, dieser Stichtag trägt seinen Namen schon zu Recht. Es gibt allerdings Ausnahmen (zum Beispiel bestimmte Spezialfälle in der Anlagenbuchhaltung), in denen auch frühere Perioden des laufenden Geschäftsjahres bebucht werden. Umgekehrt ist der Zeitraum nach diesem Datum den Buchungen vorbehalten, die manuell oder durch den operativen Betrieb ausgelöst werden. Sobald Sie das Buchungsdatum für die Migration hinterlegt haben, trägt das System in die Prozesssteuerung automatisch eine passende Gültigkeitszeile für die Migration ein. Überprüfen Sie die voreingestellten Datumsgrenzen.

Sie werden in jedem Fall Ihr Migrationsintervall von unabgestimmten manuellen Buchungen freihalten wollen. Es wäre nicht das erste System, dessen Bücher liebe Kollegen mit einem kleinen Test eröffnet hätten. Selbst wenn Sie den Vorgang stornieren können – beides hinterlässt unschöne Spuren. Zumindest in Ihrem Produktivsystem werden Sie Zugriffe bis zur Abnahme des Migrationsergebnisses sehr restriktiv handhaben. Nehmen Sie dazu in die Prozesssteuerung einen weiteren Eintrag auf, diesmal für die Geschäftsprozessgruppe »01 – Alle« mit dem Status »3 – gesperrt« und einem entsprechend großen Zeitintervall (zum Beispiel 01.01.1900 – 31.12.9999).

Dessen ungeachtet haben Sie natürlich auch über die Benutzerverwaltung noch eine Stellschraube, die Sie ohnehin verwenden werden. Der Menüpfad im Work Center lautet: ANWENDUNGS- UND BENUTZERVERWALTUNG, dort BENUTZER- UND ZUGRIFFSVERWALTUNG • ANWENDER • ZUGEORDNETE WORK CENTER UND SICHTEN.

7.4.2 Vorarbeiten im Quellsystem

Auch im Quellsystem müssen Sie Vorbereitungen treffen. Für die ersten Tests werden Sie oft für die einzelnen Objekte nur kleinere Testdatenbestände in die Migrationsvorlagen eintragen. Diese Testdateien werden Sie in kleinen Migrationseinheiten isoliert simulieren und die in den folgenden Abschnitten erklärten Möglichkeiten der Buchungsvorschau nutzen, um prinzipielle Schwierigkeiten und Missverständnisse ausschließen zu können – aber Sie werden solche Daten nicht wirklich in das System importieren. Für einen betriebswirtschaftlich relevanten Test benötigen Sie ein abgestimmtes, in sich konsistentes Set an Haupt- und Nebenbuchdaten. Berücksichtigen Sie diese zeitliche Abhängigkeit bei Ihrer Projektplanung. Nutzen Sie die Gelegenheit, in einer richtigen Generalprobe mit einem eigenen Migrationsbuchungsdatum das Vorgehen bei der Produktivsetzung in einer realitätsnahen Weise zu üben. Entsprechend gelten die folgenden Punkte in gleicher Weise für die Produktivmigration wie für die Generalprobe und beziehen sich auf das jeweilige Buchungsdatum der Migration, wobei wir hier in beiden Fällen von einem *Stichtag zum Monatsende* ausgehen.

Bevor Sie mit dem Export der Buchhaltungsdaten beginnen, sollten Sie Folgendes sicherstellen:

Vorarbeiten im Quellsystem

▶ Alle verfügbaren Belege mit Buchungsdatum bis einschließlich des Stichtags sind im Quellsystem gebucht.

▶ Anlagenbuchhaltung: Die Abschreibungen des laufenden Geschäftsjahres sind bis einschließlich des Stichtags gebucht.

▶ Prüfen Sie, dass der Kontostand jedes Ihrer Bankkonten mit dem jeweiligen Wert in Ihrer Buchhaltung übereinstimmt (dass insbesondere keine Vorfälle bei Ihnen bereits verbucht sind, die bei der Bank noch nicht verarbeitet wurden).

▸ Melden und bezahlen Sie offene Steuern aus dem Altsystem. (Die Migration offener Steuern ist nicht unterstützt, mit der Ausnahme latenter Steuern.)

▸ Stimmen Sie die Bücher ab, und führen Sie einen vorläufigen Monatsabschluss durch.

▸ Die Datenübernahme selbst führen Sie üblicherweise in den ersten Tagen des neuen Monats durch. Sammeln Sie sämtlichen Buchungsstoff, der für die neue Periode bestimmt ist, und erfassen Sie ihn nach der Produktivsetzung direkt im SAP Business ByDesign-System.

Produktiv-
migration:
Quellsystem
sperren
Beim Entladen müssen Sie die Konsistenz der Daten gewährleisten. Die ausgelesenen Haupt- und Nebenbuchdaten müssen exakt demselben Stand entsprechen. Der Datenbestand darf sich während des Auslesens der Daten nicht verändern. Bei der Produktivübernahme sperren Sie nun das Quellsystem bis zur Abnahme des Migrationsergebnisses, um die Vergleichbarkeit und Abstimmfähigkeit sicherzustellen.

Testmigration:
eingefrorene Kopie
des Quellsystems
Bei der Testmigration läuft die operative Nutzung des Quellsystems weiter, daher sind hier zusätzliche Schritte nötig. Am einfachsten haben Sie es, wenn die Möglichkeit besteht, zum Zeitpunkt des Auslesens eine Kopie des Quellsystems zu erstellen und sie bis zur Abnahme gegen Änderungen zu schützen. Sie erleichtern sich die Arbeit in zweifacher Hinsicht:

▸ Sie können das Migrationsergebnis relativ komfortabel vergleichen, indem Sie die jeweiligen Berichte und Auswertungen online auf beiden Systemen parallel laufen lassen, auf der eingefrorenen Quellkopie und auf dem SAP Business ByDesign-System. In beiden Systemen haben Sie alle Informationen zur Verfügung, um bei Bedarf in die Tiefe zu gehen.

▸ Die Daten für die Migrationsvorlagen sollten Sie bereits aus der Kopie auslesen. Da diese eingefroren ist, können Sie das Auslesen bei Bedarf vom selben Datenbestand wiederholen, etwa wenn Sie beim Test feststellen, dass ein Feld beim Auslesen nicht berücksichtigt wurde.

Sollte es nicht möglich sein, eine temporäre Kopie des Quellsystems zu erstellen, müssen Sie sich für die Testmigration anders behelfen:

▸ Während des Auslesens aller für die Testmigration benötigten Daten muss das Produktivsystem gegen Änderungen gesperrt werden.

▸ Sie müssen alle Berichte und Auswertungen, die Sie für die Abnahme des Migrationsergebnisses heranziehen möchten, ebenfalls bereits beim Auslesen der Daten erstellen und lokal speichern. Dabei muss die Änderungssperre des Produktivsystems auch für diese Tätigkeiten noch aufrechterhalten werden, damit die Auswertungen exakt demselben Stand entsprechen wie die Daten selbst. Infrage kommen hier etwa Summen- und Saldenliste je Sachkonto, Listen mit offenen Debitoren- und Kreditorenposten, der Anlagenspiegel und weitere Details zu Anlagenbewegungen (Zugänge, Abgänge, Umbuchungen) sowie Bestandslisten einschließlich Preisinformationen von diesem Zeitpunkt.

7.4.3 Buchhaltungsdaten als Migrationseinheit

Eine Migrationseinheit fasst alle zu migrierenden Haupt- und Nebenbuchdaten eines Unternehmens zusammen. Die entsprechenden Migrationsvorlagen werden dabei gemeinsam migriert. Folgende Objekte stehen zur Verfügung:

▸ Sachkontensalden

▸ Anlagen

▸ Bestand

▸ offene Posten – Forderungen

▸ Bankkontosalden

▸ offene Posten – Verbindlichkeiten

▸ offene Posten – Wareneingang

▸ offene Ausgangsschecks

Migrationsobjekte für Buchhaltungsdaten

Je nach Wahl des Lösungsumfangs kommen noch die selten verwendeten Objekte Schuldwechsel und Besitzwechsel hinzu.

Hinweis: Wer bei AHK an ein Autoteil denkt ...

Es gibt einige Migrationsobjekte, in denen etwa eine falsche Umschlüsselung dem »Allrounder« formal korrekt erscheint, tatsächlich aber betriebswirtschaftlich falsch ist.

In der Migration von Finanzdaten können die Folgen bis hin zur Verletzung von Gesetzesvorschriften reichen. Gerade weil die geführten Abläufe überschaubar erscheinen, unterschätzt man leicht die betriebswirtschaftliche Komplexität, die hinter den Daten steckt.

Wer bei AHK zuerst an eine Anhängerkupplung denkt, wird bei der Migration von Anlagen nicht glücklich werden. Sorgen Sie dafür, dass die einzelnen Objektmigrationen intensiv durch Verantwortliche aus der jeweiligen Fachabteilung begleitet werden und dass die Fachabteilung das Ergebnis der »Generalprobe« formal nachvollziehbar abnimmt.

Bei der Migration von Buchhaltungsdaten werden Sie wieder Schritt für Schritt durch den Ablauf geführt:

Für die beteiligten Objekte laden Sie je eine Migrationsvorlage hoch. Diese Dateien bearbeiten Sie zunächst einzeln in den bekannten Schritten: Validieren, Wertkonvertierung festlegen, Import simulieren. Nun können Sie mit der Buchungsvorschau prüfen, auf welche Konten diese Daten gebucht werden würden. Wenn das Ergebnis passt, geben Sie die Datei frei, und wiederholen Sie die Schritte für die anderen Objekte.

Über alle freigegebenen Dateien können Sie eine Vorschau für den Saldenabgleich aufrufen. Ist die Abstimmung mit dem Altsystem erfolgreich, können Sie den Import der Migrationseinheit starten, bei dem alle freigegebenen Dateien gemeinsam geladen werden.

Konsistenz und Vollständigkeit

Wie bei allen Migrationsvorlagen erwarten wir, dass die einzelnen Datensätze korrekt sind. Darüber hinaus müssen wir bei den Finanzdaten eines Unternehmens besonders hohe Anforderung an die Konsistenz und Vollständigkeit erfüllen. Die Migrationseinheit bildet eine Klammer, die uns bei dieser Aufgabe unterstützt. Dazu wurde die bekannte Importsimulation um zwei wichtige Elemente ergänzt: Der Migrationsablauf enthält bei jedem Objekt eine spezielle Buchungsvorschau und zusätzlich eine gemeinsame Vorschau für den Saldenabgleich, der über alle beteiligten Objekte reicht. Der Ablauf im Migrationstool ist hierfür erweitert worden. Der erste Bildschirm beim Aufruf der Migration aus einem der genannten Objekte ist eine – anfänglich noch leere – Liste der Migrationseinheiten. Wie in Abbildung 7.37 zu sehen ist, werden Status und Zuordnung der Migrationseinheiten angezeigt. Für die jeweils markierte Migrationseinheit sehen Sie im unteren Bereich des Bildschirms den Bearbeitungsstatus der zugehörigen Migrationsvorlagen.

Abbildung 7.37 Migration von Buchhaltungsdaten – Liste der Migrationseinheiten

Praktisch alle Schaltflächen beziehen sich auf Migrationseinheiten:

▶ Ein Klick auf die Schaltfläche [Migration ausführen] öffnet die markierte Migrationseinheit im Migrations-Cockpit. Dort können Sie die Migrationsvorlagen hochladen und die Migration durchführen.

▶ Mit der Schaltfläche [Einheit anlegen] legen Sie eine neue Migrationseinheit an. Wir werden uns gleich im Detail anschauen, welche Angaben Sie dabei machen müssen.

▶ Solange Sie den Import noch nicht durchgeführt haben, können Sie mit AKTIONEN • EINHEIT BEARBEITEN die beim Anlegen vorgenommenen Einstellungen noch ändern oder die Migrationseinheit mit AKTIONEN • LÖSCHEN vollständig entfernen.

▶ Sobald Sie die erste Datei einer Migrationsvorlage für den Import freigegeben haben, können Sie durch Klicken auf die Schaltfläche [Vorschau für Saldenabgleich] eine Vorschau auf die Saldenliste aufrufen, die auf der Simulation der Buchungen aller freigegebenen Dateien beruht. Für bereits importierte Migrationseinheiten wird hier auch die Saldenvorschau dauerhaft dokumentiert, die zum Zeitpunkt des Imports angezeigt worden war.

▶ Die übrigen Interaktionsmöglichkeiten (zum Beispiel Öffnen der Datei im Dateneditor, Funktionen im Menü WEITERE MÖGLICHKEI-

411

TEN) sind identisch mit den entsprechenden Funktionen, die in Abschnitt 7.2.5, »Migrations-Cockpit«, vorgestellt wurden.

Migrationseinheit anlegen

Beim Anlegen einer Migrationseinheit müssen Sie, wie in Abbildung 7.38 gezeigt, drei Angaben machen:

▸ Legen Sie einen Titel für die Migrationseinheit fest.

Migration mehrerer Unternehmen

▸ Wählen Sie das Unternehmen aus, dessen Daten Sie migrieren möchten. Falls Sie mehrere Unternehmen in Ihrem System abgebildet haben: Für jedes dieser Unternehmen benötigen Sie eine eigene Migrationseinheit. In der Buchhaltung migrieren Sie daher jedes Unternehmen separat.

▸ Das Buchungsdatum der Migration, das Sie für dieses Unternehmen festgelegt haben, wird angezeigt. Überprüfen Sie das Datum und korrigieren Sie es gegebenenfalls wie im vorangegangenen Abschnitt 7.4.1, »Vorarbeiten in SAP Business ByDesign«, beschrieben.

Anlagenbuchhaltung: Wahl der Migrationsvorlagen

▸ Entscheiden Sie, mit welcher der zwei möglichen Migrationsvorlagen Sie die Anlagenbuchhaltung migrieren möchten: Meistens genügen die Möglichkeiten der erheblich einfacher zu befüllenden Standardmigrationsvorlage. Die erweiterte Migrationsvorlage deckt als eine Art Expertenmodus auch spezielle Sonderfälle ab, entsprechend hoch sind die Anforderungen an Ihre Buchhaltungskenntnisse, sowohl beim Befüllen der Migrationsvorlage als auch bei der Wertkonvertierung.

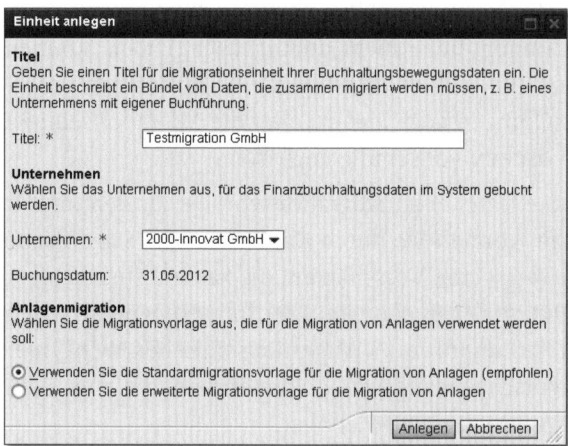

Abbildung 7.38 Migrationseinheit anlegen

Wir werden die Verarbeitung der Migrationseinheit in Abschnitt 7.4.5, »Hauptschritte der Buchhaltungsmigration«, mit MIGRATION AUSFÜHREN starten. Zuvor besprechen wir die Besonderheiten bei den Migrationsvorlagen in der Buchhaltung sowie die nötigen Vorarbeiten.

7.4.4 Migrationsvorlagen

Bevor wir uns den eigentlichen Buchhaltungsobjekten zuwenden, noch einige Hinweise zu den Stammdaten, die als Basis für diese Objekte benötigt werden.

Folgende Datenobjekte müssen vor den Buchhaltungsdaten migriert worden sein:

Vorausgesetzte Stammdaten

- *Kunden, Lieferanten* und *Mitarbeiterdaten*
- die Zuordnung der Kunden, Lieferanten und Mitarbeiter zu den Kontenfindungsgruppen (Objekte *Kontenfindungsgruppen für Forderungen, Kontenfindungsgruppen für Verbindlichkeiten*)
- *Materialien* (wichtig: die Bewertungsmengeneinheit im Datenblatt ALLGEMEIN • Feld BESTANDSBEWERTUNGS-ME, ME steht hier für Mengeneinheit)
- *Materialbewertungsdaten*

Für das Füllen von Buchhaltungsvorlagen gilt alles, was in Abschnitt 7.1.4, »Migrationsvorlagen mit Daten befüllen«, über Migrationsvorlagen generell erläutert wurde, zum Beispiel die Regel, Daten per INHALTE EINFÜGEN: WERTE in die Migrationsvorlage zu kopieren, da Sie bei einfachem EINFÜGEN Feldformate überschreiben würden.

Sollten in Ihrem System mehrere Unternehmen definiert sein, füllen Sie die Buchhaltungsdaten jedes dieser Unternehmen in ein eigenes Set von Migrationsvorlagen.

Die Notwendigkeit einer vollständigen Konsistenz der Haupt- und Nebenbuchdaten haben wir schon erwähnt. Sie werden nach der Simulation in einer Buchungsvorausschau Gelegenheit haben, die Konsistenz genau zu prüfen. Zugunsten eines effizienten Vorgehens empfehlen wir Ihnen, die Konsistenz auf der obersten Ebene bereits anhand der Migrationsvorlagen zu prüfen.

> **Hinweis: Konsistenz in den Migrationsvorlagen**
>
> Konsistenz ist auf allen Ebenen erforderlich. Die beiden wichtigsten Prinzipien können Sie für einen schnellen Plausibilitätstest verwenden:
>
> ▸ Der Gesamtsaldo aller Sachkonten muss immer 0 betragen.
> ▸ Der Gesamtsaldo eines Nebenbuchobjekts muss dem Wert des entsprechenden Sachkontos im Objekt SACHKONTENSALDEN entsprechen.

Sichtprüfung der Migrations-vorlagen

Schauen wir uns an, was diese Konsistenzanforderungen konkret für die Migrationsobjekte bedeutet. Sie können mit relativ einfachen Mitteln schon in den Migrationsvorlagen sehen, ob es überhaupt sinnvoll ist, mit einem Vorlagen-Set in das Rennen zu gehen. Die Prüfungen können Sie mit einfachen Microsoft Excel-Funktionen durchführen – nutzen Sie dazu am besten temporär eine Kopie der Migrationsvorlage, in der Sie den Blattschutz aufheben. Schauen wir uns das kurz für die wichtigsten Fälle an.

▸ Beginnen Sie mit einer kurzen Sichtprüfung der Feldformate bei den Betragswerten. (Wir erinnern uns: Ein automatisch linksbündig ausgerichteter Betragswert kann ein Indiz für ein falsches Zellenformat sein.)

▸ Migrationsvorlage *Sachkontensalden*: Der Gesamtsaldo aller Sachkonten muss immer 0 sein. In der Migrationsvorlage muss daher die Summe über die Spalte »Betrag in Hauswährung« den Wert 0 ergeben. Verwenden Sie dazu in einer Kopie der Migrationsvorlage die Microsoft Excel-Summenfunktion Summe(). Achten Sie bei diesem Objekt auf die richtigen Vorzeichen.

▸ Migrationsvorlage *Anlagen*: Achten Sie hier auf die richtigen Vorzeichen. Der Gesamtbetrag über die angegebenen Beträge muss gleich der Summe der entsprechenden Sachkonten sein. Je nach Datenbestand könnten Sie auch schon einen kurzen Check auf Teilsummen für bestimmte Anlagenklassen durchführen (zum Beispiel Grundstücke, Bauten, Maschinen).

▸ Migrationsvorlage *Offene Posten Forderungen* und *Offene Posten Verbindlichkeiten*: Achten Sie hier auf die richtige Belegart (Rechnung, Gutschrift etc.). Die Werte sind hier ohne Vorzeichen einzutragen, die Information über das richtige Vorzeichen steckt implizit in der Belegart. Für Teilsummen über einzelne Belegarten könnten Sie die Microsoft Excel-Funktion `Summewenn()` einsetzen oder die Datensätze zunächst geschickt sortieren – alles natürlich in einer temporären Kopie, deren Blattschutz Sie aufgehoben haben. Die aus den Teilsummen mit den richtigen Vorzeichen gebildete Gesamtsumme muss mit der Summe der beteiligten Konten in der Migrationsvorlage *Sachkontensalden* übereinstimmen.

▶ Migrationsvorlage *Offene Ausgangsschecks*: Die Summe der Beträge in der Migrationsvorlage *Offene Ausgangsschecks* muss identisch sein mit dem Saldo des entsprechenden Kontos bei den *Sachkontensalden*.

▶ Migrationsvorlage *Bestand*: Die Summe aller Bestandswerte in der Migrationsvorlage *Bestand* muss identisch sein mit der Summe der entsprechenden Sachkonten in der Migrationsvorlage *Sachkontensalden*.

7.4.5 Hauptschritte der Buchhaltungsmigration

Schauen wir uns den Ablauf im Einzelnen an. Dabei setzen wir die aus Abschnitt 7.2, »Migrationstool«, und 7.3, »Hauptschritte der Migration«, vorgestellten Handgriffe im Migrationstool als bekannt voraus. Wir fokussieren hier auf die Elemente, die es so nur bei der Buchhaltungsmigration gibt.

Zur Migration eines Buchhaltungsobjekts gelangen Sie wie üblich im Work Center Betriebswirtschaftliche Konfiguration über den Menüpfad Aufgabenliste • Datenübernahme und Erweiterung • Migration von <Objekt> • <Objekt> mit dem Migrationstool migrieren. Über jedes der beteiligten Objekte gelangen Sie so zur selben Liste der bisher angelegten Migrationseinheiten. Legen Sie eine neue Migrationseinheit an, wie in Abschnitt 7.4.3, »Buchhaltungsdaten als Migrationseinheit«, beschrieben. Wählen Sie Migration ausführen, um die markierte Migrationseinheit im Migrations-Cockpit zu verarbeiten.

Wie Sie in Abbildung 7.39 sehen, wurde das in Abschnitt 7.3, »Hauptschritte der Migration«, vorgestellte Migrations-Cockpit für die Verarbeitung von Migrationseinheiten geeignet erweitert. Was ist anders?

Abbildung 7.39 Migrations-Cockpit für Buchhaltungsdaten

Hauptschritte bei der Migration von Migrationseinheiten

▶ Schaltfläche [Datei verarbeiten]: Die bisher bekannten Schritte DATEI VALIDIEREN, WERTE KONVERTIEREN und IMPORT SIMULIEREN wurden in der Ablaufgrafik zum Sammelschritt DATEIEN VERARBEITEN zusammengefasst. In diesem Schritt werden die Dateien einzeln bis zur Simulation verarbeitet, die auch eine Buchungsvorschau zeigt, und anschließend für den Import der Migrationseinheit freigegeben. Mit der Schaltfläche DATEI VERARBEITEN wechseln Sie zur Bearbeitung der markierten Migrationsvorlage.

▶ Ins Auge springt die Dateiliste im unteren Bereich des Bildschirms. Hier verwalten Sie alle Dateien der Migrationseinheit. Am Statuskennzeichen erkennen Sie, wie weit die einzelne Datei schon vorbearbeitet worden ist.

▶ Schaltfläche [Vorschau für Saldenabgleich]: Haben Sie alle verwendeten Dateien freigegeben, können Sie mit der Migrationseinheit zum neuen Schritt SALDEN ABGLEICHEN vorrücken. Bis dahin können Sie mit der Schaltfläche VORSCHAU FÜR SALDENABGLEICH schon mal eine Vorschau über die bisher freigegebenen Dateien aufrufen.

Laden Sie nun eine Migrationsvorlage für ein Objekt hoch, und starten Sie die Verarbeitung über DATEIEN VERARBEITEN.

7.4.6 Vorbearbeitung der Migrationsvorlagen

Als Teilschritte a bis c begegnen Ihnen hier DATEI VALIDIEREN, WERTE KONVERTIEREN und IMPORT SIMULIEREN, die Ihnen aus Abschnitt 7.3, »Hauptschritte der Migration«, vertraut sind (Abbildung 7.40). Neu ist der Teilschritt d, BUCHUNGSVORSCHAU PRÜFEN, der wie eine vielversprechende Fortsetzung der Simulation klingt – zu Recht.

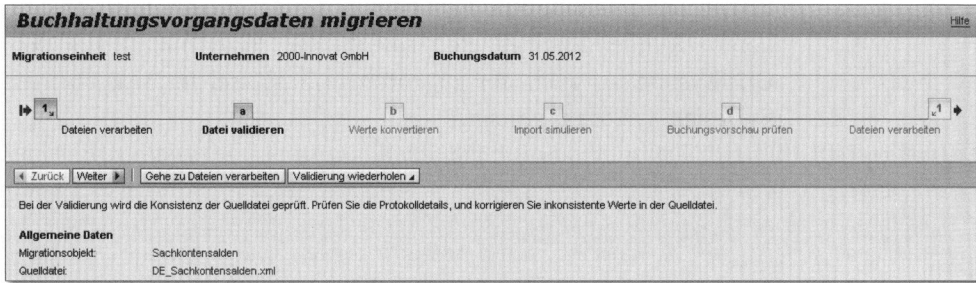

Abbildung 7.40 Vorbearbeitung der einzelnen Objekte

In den Teilschritten a bis c bearbeiten Sie die Datei genau wie in den Abschnitten 7.3.1, »Daten validieren«, bis 7.3.3, »Import simulieren«, beschrieben.

Hinweis: Keine Delta-Dateien in der Buchhaltungsmigration

Bei Buchhaltungsdaten wird die in Abschnitt 7.3.4, »Import ausführen«, vorgestellte Delta-Datei-Technik nicht unterstützt, da sie die Forderung nach vollständigen und konsistenten Migrationseinheiten unterlaufen würde.

Bei der Migration durchlaufen die Datensätze die gleichen Prüfungen wie bei einer manuellen Buchung des entsprechenden Vorgangs. Sie werden in der Praxis gerade bei der Simulation mit Fehlermeldungen rechnen müssen, die Sie über Unzulänglichkeiten der Daten (im einfachsten Fall eine Migrationsvorlage für Sachkontensalden, deren Gesamtsaldo doch nicht 0 ist) oder in den vorgenommenen Systemeinstellungen informieren.

7.4.7 Buchungsvorschau und Saldenabgleich

Nach erfolgreicher Simulation wird die Liste aller Einzelbuchungen angezeigt, die diese eine Datei auslösen wird. Abbildung 7.41 zeigt ein Beispiel für das Migrationsobjekt *Sachkontensalden*. Prüfen Sie, ob

Buchungsvorschau

die angezeigten Salden mit den Auswertungen aus dem Quellsystem übereinstimmen. Diese Buchungsvorschau ist ein wertvolles Werkzeug, wenn es von fachkundiger Seite genutzt wird. Die Ansicht ist an das jeweilige Objekt angepasst. Bei den Buchungszeilen können Sie durch Auf- und Zuklappen der Aggregationsebenen zwischen einer Detailansicht und einer Summendarstellung wählen. Eine Besonderheit ist, dass diese Vorschau eine Kontrolle über die Wertkonvertierung erlaubt: Es wird bei jedem relevanten Schlüssel (Sachkonto, Kundennummer etc.) sowohl die Bezeichnung aus dem Quellsystem als auch der zugeordnete Schlüssel im SAP Business ByDesign-System angezeigt.

Buchungsvorschau

Export ▲

Sachkonto ▲	Sachkonto alt	Sachkonto zugeordnet	Hauswährung	Hauswährungsbetrag	Beschreibung der
▼			EUR	• • • • 0,00	
▼ Unternehmen 1000			EUR	• • • 0,00	
▼ Rechnungslegungswerk 4010			EUR	• • 0,00	
▼ 086000 - Jahresüberschuss / Jahresfehlbetrag			EUR	• -2.073.091,49	
086000 - Jahresüberschuss / Jahresfehlbetrag	086000	086000	EUR	-2.073.091,49	Eigenkapital
▼ 400000 - Aufwendungen für Rohstoffe			EUR	• -9.764,55	
400000 - Aufwendungen für Rohstoffe	400000	400000	EUR	-9.764,55	Kosten/Aufwände
▶ 411000 - Löhne			EUR	• -254.036,88	
▶ 412000 - Gehälter			EUR	• -1.638.840,00	
▶ 413000 - Gesetzliche soziale Aufwendungen			EUR	• -189.287,52	
▼ 420000 - Sonst. betriebl. Aufwendungen			EUR	• -3.426,00	
420000 - Sonst. betriebl. Aufwendungen	420000	420000	EUR	-3.426,00	Kosten/Aufwände
▼ 421000 - Miete			EUR	• -48.000,00	
421000 - Miete	421000	421000	EUR	-48.000,00	Kosten/Aufwände
▼ 423000 - Heizung			EUR	• -25.894,56	

Abbildung 7.41 Buchungsvorschau Sachkonten

Auch die *Buchungslogik der Migration*, die mehrere Migrationsverrechnungskonten verwendet, wird hier gut nachvollziehbar, etwa anhand einer Testdatei mit nur wenigen Datensätzen, die bis zur Buchungsvorschau verarbeitet wird.

Datei freigeben Hat die Fachabteilung die Buchungsvorschau geprüft, können Sie die Datei über die Schaltfläche [Datei für Import freigeben] für die weitere Verarbeitung im Rahmen der Migrationseinheit freigeben.

Die Schaltfläche GEHE ZU DATEIEN VERARBEITEN bringt Sie schließlich zurück zum Migrations-Cockpit.

Vorschau für Saldenabgleich Sobald die ersten Migrationsvorlagen freigegeben sind, können Sie sich mit der Schaltfläche [Vorschau für Saldenabgleich] die Sachkontensalden anzeigen lassen, die durch die bisher freigegebenen Migrationsvorlagen entstehen werden. Diese Vorschau ist das Herzstück der Buchhaltungsmigration. Hier sind die Verantwortlichen aus der Buchhaltung aufgefordert, das vorhergesagte Ergebnis im Detail zu prüfen und gegen das Quellsystem abzugleichen. Einen Datenbestand, der hier schon als fehlerhaft erkannt wird, sollten Sie auf keinen Fall laden.

In der Saldenvorschau (siehe Abbildung 7.42) werden alle Sachkonten angezeigt, die bebucht werden. Für jedes Objekt, das zu einem Sachkonto beiträgt, wird eine Summenzeile dargestellt. Die Analyse möglicher Differenzen wird wirkungsvoll unterstützt. Über einen Link am Ende der Zeile können Sie direkt zur Buchungsvorschau des entsprechenden Objekts navigieren und haben dort alle zugehörigen Einzelbuchungen im Blick. Mit der Schaltfläche OK kommen Sie wieder zur Saldenvorschau zurück. Sie können die Saldenvorschau auch in eine lokale Datei exportieren.

Abbildung 7.42 Saldenvorschau

In der Saldenvorschau werden mit einem Warnzeichen (⚠) alle Migrationsverrechnungskonten markiert, die nicht ausgeglichen sind.

Beim Verbuchen der Migrationsvorlagen werden die Gegenbuchungen jeweils auf einem von mehreren Migrationsverrechnungskonten gebucht. Die Migrationsverrechnungskonten für die verschiedenen Objekte legen Sie in der Fine-Tuning-Aufgabe für die KONTENFINDUNG im Unterpunkt DATENMIGRATION fest (Menüpfad: Work Center BETRIEBSWIRTSCHAFTLICHE KONFIGURATION • Sicht IMPLEMENTIERUNG • AUFGABENLISTE • Phase FINE-TUNING • Aufgabe KONTENPLÄNE, BERICHTSSTRUKTUREN, KONTENFINDUNG • Unterpunkt DATENMIGRATION).

Migrationsverrechnungskonten mit Saldo 0

Wenn die Haupt- und Nebenbuchdaten zusammenpassen, ist jedes einzelne Migrationsverrechnungskonto am Ende ausgeglichen. Ein Migrationsverrechnungskonto mit Saldo ungleich 0 in der Saldenvorschau weist demach auf eine Differenz in den angelieferten Daten hin. (Einzige Ausnahme ist das Migrationsverrechnungskonto für offene Wareneingänge, das erst durch die Erfassung noch ausstehender Lieferantenrechnungen in den Wochen nach der Migration ausgeglichen wird.)

In der Praxis werden Sie nach den ersten Aufrufen der Saldenvorschau meist noch Korrekturen vornehmen. Stoßen Sie danach die Simulation für alle Datensätze erneut an, um die Saldenvorschau neu aufzubauen.

Typische Fehler bei der Migration von Buchhaltungsdaten

Beispiele für typische Fehler, die durch die Analyse der Saldenvorschau gefunden werden:

- unvollständige Datenbestände
- falsche Wertkonvertierungen
- Fehler in den Betragsfeldern beim Füllen der Migrationsvorlage, Vorzeichenfehler
- Datenfehler in Feldern mit steuernder Funktion, zum Beispiel Belegart oder Kontenfindungsgruppen

---

Fehleranalyse mit Buchhaltung und Steuerberater

Die Fehleranalyse wird in der Regel zusammen mit Verantwortlichen aus der Buchhaltung durchgeführt, auch Rückfragen beim Steuerberater kommen in der Praxis regelmäßig vor.

Sind nach den Iterationsrunden alle Differenzen geklärt, wechseln Sie mit WEITER zum Schritt SALDEN ABGLEICHEN, wodurch noch ein letztes Mal der Saldenabgleich aufgerufen wird. Die Richtigkeit der in der Vorschau angezeigten Buchungen muss im Kontrollkästchen unterhalb der Saldenvorschau explizit bestätigt werden: »Ich habe die Buchhaltungswerte sorgfältig geprüft. Ich bestätige, dass die Daten korrekt und für den endgültigen Import in das Zielsystem bereit sind.«

Bei den Schritten IMPORT AUSFÜHREN und BESTÄTIGUNG biegen Sie nun auf die Zielgerade ein, der Ablauf ist ab hier wieder identisch mit dem bekannten Ablauf für einzelne Dateien, den Sie in Abschnitt 7.3.4, »Import ausführen«, kennengelernt haben.

7.4.8 Abnahme der importierten Daten

Die Daten sind nun in Ihr SAP Business ByDesign-System importiert. Zum Feiern ist es einen kleinen Moment zu früh, erst müssen die Daten noch von der Fachabteilung abgenommen werden. Bis dahin bleiben Quelle und Ziel für Buchungen weiter gesperrt.

In bestimmten Fehlersituationen werden Buchungen automatisch einem Sachbearbeiter zur Klärung vorgelegt. Diese Buchungen würden bei der Abstimmung fehlen. Vergewissern Sie sich deshalb kurz an den folgenden zwei Stellen, dass kein Migrationsbeleg davon betroffen ist:

▶ Work Center ANWENDUNGS- UND BENUTZERVERWALTUNG, dort GE-SCHÄFTSDATENKONSISTENZ • Liste FEHLER IN DER PROZESSKOMMU-NIKATION

▶ Work Center HAUPTBUCH, dort PERIODENABSCHLUSS • ABSCHLUSS-RELEVANTE AUFGABEN

Um diese Listen zu sehen, benötigen Sie Key-User-Berechtigungen.

Nun werden Ihre Buchhalterin oder Ihr Buchhalter das System gründlich prüfen und gegen das Altsystem abstimmen wollen. Bei der Produktivübernahme läuft der Vergleich direkt gegen das seit dem Datenauslesen eingefrorene Quellsystem, bei der Testmigration idealerweise gegen die eingefrorene Kopie des Quellsystems. Dabei kommt, angefangen bei einer Probebilanz bis hin zu Inventurlisten, eine Vielzahl an Auswertungen zum Einsatz.

Prüfung und Abnahme des Migrationsergebnisses

7.4.9 Nacharbeiten

Sobald die Daten abgenommen wurden, können Sie die Nacharbeiten angehen, die das System für den produktiven Betrieb bereit machen. Die wichtigsten Punkte sind:

▸ Nehmen Sie den Monatsabschluss vor (falls das Buchungsdatum der Migration wie empfohlen ein Monatsultimo ist).

▸ Sperren Sie die Perioden bis zum Migrationsbuchungsdatum.

▸ Passen Sie die Sperren in der Prozesssteuerung an. Navigieren Sie dazu im Work Center HAUPTBUCH in die Sicht STAMMDATEN • UNTERNEHMEN, und klicken Sie auf die Schaltfläche PROZESSSTEUERUNG FESTLEGEN.

  ▹ Setzen Sie den Eintrag für MIGRATION auf »gesperrt«, mit einem entsprechend großen Gültigkeitsintervall.

  ▹ Schränken Sie die in Abschnitt 7.4.1, »Vorarbeiten in SAP Business ByDesign«, für die Benutzergruppe ALLE gesetzte Sperre zeitlich ein, sodass nur noch das Intervall bis einschließlich des Buchungsdatums der Migration gesperrt ist.

7.5 Migration als Teilprojekt

Nachdem wir in den vorangegangenen Abschnitten die Arbeit mit den Migrationsprogrammen in den Mittelpunkt gestellt haben, möchten wir die Migration in diesem Abschnitt in den größeren Zusammenhang des gesamten Einführungsprojektes stellen. Einen Schwerpunkt legen wir dabei auf die zur jeweiligen Projektphase passende Teststrategie.

7.5.1 Projektsteuerung

Zahlreiche Abhängigkeiten zwischen Gewerken

Schon bei einer mittleren Anzahl von Migrationsobjekten sind wir mit zahlreichen Abhängigkeiten zu anderen Gewerken sowohl innerhalb wie außerhalb des Teilprojekts Migration konfrontiert. Nennen wir nur einige Beispiele, und wir sehen sofort, dass hier rasch ein größeres Spannungsfeld entsteht:

▸ Für Objekte mit vielen Voraussetzungen ist es wichtig, dass Stammdaten möglichst früh im Projekt geladen werden. Beispiele sind Bewegungsdaten und höhere Stammdaten wie etwa Produktionsmodelle.

▶ Gleichzeitig wartet die Stammdatenmigration häufig selbst auf andere Gewerke, etwa auf die Felderweiterungen. Vor allem hinsichtlich migrationsrelevanter Felder ist es wichtig, dass diese sich nicht immer wieder ändern.

▶ Änderungen am Fine-Tuning werfen die Migration oft zurück, was in der Regel Mehraufwand verursacht. Umgekehrt ist es immer wieder das Teilprojekt Migration, das solche Defizite an Daten und Fine-Tuning konkret aufdeckt.

▶ Erst relativ spät im Projekt erhalten Sie die volle Transparenz darüber, wie gut die Datenqualität wirklich ist. Hier kann es leicht zu unliebsamen Überraschungen kommen.

Bei der Vielzahl von Abhängigkeiten ist es wichtig, dass die einzelnen Beiträge uhrwerkartig ineinander greifen. Dies können Sie nur mit einem wirkungsvollen Projektmanagement sicherstellen, das bis hinunter auf die Ebene der Einzelobjekte reicht. Als ein Werkzeug empfehlen wir die Projektplanvorlage (siehe Abbildung 7.43), die Sie in der Aufgabe MIGRATION VORBEREITEN herunterladen können.

1 2		1	2	3	4	5	6	7	8
	2	**Datenmigration – Umfang und Planung**							
	3	Activity List Phase	Anwendungsbereich	Typ	Aktivität / Objekt		Reihenfolge	Im Projektumfang	Migrationsmethode
·	32	Fine-Tuning	FIN	Vorausset	Grenzwert für die Aktivierung von		1		-
·	33	Fine-Tuning	FIN	Vorausset	Standardkontenfindungsgruppe für		1		-
·	34	Fine-Tuning	FIN	Vorausset	Ermittlung der Abgrenzungsmethoden		1		-
+	35	Fine-Tuning		Vorausset	**Human Resources**		1		-
+	39	Fine-Tuning		Vorausset	**Allgemeine Geschäftsdaten**		1		-
+	43	Fine-Tuning		Vorausset	**Integrierte Services und Support**		1		-
+	47	Datenübernahme und Erweiterung			**Grunddaten pflegen**		2	-	-
–	69	Datenübernahme und Erweiterung			**Stammdaten migrieren**		2	-	-
·	70	Datenübernahme und Erweiterung	SCM	Migrationsobjekt	Arbeitspläne		2	Ja	Migrationsvorlage
·	72	Datenübernahme und Erweiterung	Foundation	Migrationsobjekt	Kunden mit Kontenfindungsgruppen für Forderungen und Geschäftspartnerbeziehungen		3	Ja	Migrationsvorlage
·	73	Datenübernahme und Erweiterung	Foundation	Migrationsobjekt	Lieferanten mit Kontenfindungsgruppen für Verbindlichkeiten und Geschäftspartnerbeziehungen		3	Ja	Migrationsvorlage
·	74	Datenübernahme und Erweiterung	Foundation	Migrationsobjekt	Mitarbeiterdaten		3	Ja	Migrationsvorlage
·	75	Datenübernahme und Erweiterung	Foundation	Migrationsobjekt	Dienstleister		3	Ja	Migrationsvorlage
·	77	Datenübernahme und Erweiterung	Foundation	Migrationsobjekt	Materialien		4	Ja	Migrationsvorlage

Abbildung 7.43 Vorlage für den Migrationsprojektplan

Der Projektplan zeigt neben den reinen Importaufgaben auch wichtige Tätigkeiten aus dem Umfeld der Migration, etwa die Fine-Tuning-Aufgabe NUMMERNKREISE FESTLEGEN. Passen Sie den Migrationsprojektplan an Ihre Situation, Ressourcen und Datenqualität an, und integrieren Sie ihn in den Gesamtprojektplan. Beginnen Sie früh im Einführungsprojekt mit den Migrationsarbeiten, und gehen Sie in geplanter und terminlich überwachter Weise vor. Gerade zu spät erkannte Probleme bei der Qualität der entladenen Daten verursachen immer wieder Projektverzögerungen.

Binden Sie die Fachabteilungen bei Datenbereinigungen frühzeitig ein, und machen Sie Verantwortlichkeiten klar. Kein Leiter Buchhaltung würde die Verantwortung für die Daten in der Bilanz aus der Hand geben. Mit gleichem Maß muss auch die Migration dieser Daten in ein neues System gemessen werden. Fordern Sie die verantwortliche Beteiligung der Fachabteilung gegebenenfalls ein. Die Migration ist nicht nur ein technischer Transport von Bits und Bytes, sondern auch ein mächtiger betriebswirtschaftlicher Prozess.

Die Entscheidungen, die hier zu treffen sind, erfordern oft einen tieferen Einblick in die betriebswirtschaftlichen Abläufe und einen guten Überblick über den Gesamtprozess.

7.5.2 Migrationsaufgaben im Implementierungsprojekt

Über die eigentliche Migration haben wir ausführlich gesprochen. Gehen wir noch eine Reihe von weiteren wichtigen Aufgaben im Implementierungsprojekt durch, um migrationsrelevante Aspekte anzumerken.

- **Vereinbarungen bei Abhängigkeiten zwischen Objekten**
  Treffen Sie Vereinbarungen auf Basis des Gesamtprojektplans.

- **Migrationsplan**
  Delegieren Sie, binden Sie die Fachabteilungen ein. Fordern Sie Einschätzungen der Fachabteilungen zur Qualität der Daten ein, und dokumentieren Sie diese.

- **Benutzer bereitstellen**
  Stellen Sie für die Mitglieder des Migrationsteams Benutzer mit ausreichenden Berechtigungen zur Verfügung (BETRIEBSWIRTSCHAFTLICHE KONFIGURATION mit Sicht DATENMIGRATION, sowie die jeweiligen Anwendungs-Work-Center).

Tipp: Temporäre Benutzer für das Migrationsteam

Falls Sie im Migrationsteam tätig sind und parallel an den Applikationstests für den operativen Betrieb teilnehmen, sollten Sie zwei verschiedene Benutzer verwenden. Dabei sollten Sie Applikationstests mit genau dem Berechtigungsprofil durchführen, über das Sie später auch verfügen. Verwenden Sie in diesem Fall für Ihre Migrationsarbeiten einen separaten Benutzer (Typ *Dienstleister*), den Sie nach Abschluss des Migrationsprojekts wieder deaktivieren.

▶ **Fine-Tuning**

In der Phase FINE-TUNING werden zahlreiche Einstellungen vorgenommen, die sich auch auf die Migration auswirken. Prominente Beispiele sind: die Definition der Organisationsstrukturen, die Kontenfindung, die Festlegung der Nummernkreise für die zentralen Stammdatenobjekte (zum Beispiel Kundennummer, Materialnummer).

▶ **Migrationstestsystem anfordern**

Nutzen Sie ein Migrationstestsystem. Dieses System hat dasselbe betriebswirtschaftliche Konfigurationsprofil wie Ihr Produktivsystem und eignet sich deshalb ideal für umfassende realistische Tests.

▶ **Migration im Produktivsystem planen**

Auf diese Aufgabe läuft alles zu. Entzerren Sie die Migrationsarbeiten in diesem System zeitlich so weit wie möglich, migrieren Sie einzelne Datenobjekte schon früher, wenn das geht. Entscheidend dafür ist die Frage, wie viele Änderungen für die Zeit bis zum Go-Live erwartet werden und welche Alternativen infrage kommen (zum Beispiel Zurückstellen oder doppelte Pflege). Sollten Sie Objekte mit hohem Volumen und langen Laufzeiten im Portfolio haben, haben Sie aus den Volumentests schon einen Erfahrungswert, mit dem Sie die benötigten Laufzeiten einschätzen können. Erstellen Sie vorab einen detaillierten Cut-Over-Plan, der für die entscheidenden Tage auf Stundenbasis durchgeplant ist. Planen Sie bei größeren Migrationen Sicherungspunkte ein.

▶ **Produktivstart bestätigen**

Eine der letzten Aufgaben in der Aufgabenliste zur Implementierung ist die Bestätigung des Produktivstarts (Aufgabenliste: Phase PRODUKTIVSTART, Aufgabe MEILENSTEIN BESTÄTIGEN: PRODUKTIVSTART). Ab diesem Zeitpunkt ist die Migration über die Aufgabenliste nicht mehr zugänglich. Dadurch soll verhindert werden, dass die Datenübernahmefunktionen unkoordiniert im Produktivsystem verwendet werden.

▶ **Benutzerverwaltung nach dem Produktivstart**
Für die Ausführung der Migration benötigen die mit Migrationsaufgaben betrauten Mitarbeiter temporär relativ umfassende Berechtigungen, die in der Sicht DATENMIGRATION im Work Center BETRIEBSWIRTSCHAFTLICHE KONFIGURATION zusammengefasst sind. Im normalen operativen Betrieb müssen Sie diese spezielle Berechtigung wieder zurücknehmen. Die Berechtigungen werden im Work Center ANWENDUNGS- UND BENUTZERVERWALTUNG • ANWENDER verwaltet.

7.5.3 Testen: Tipps und Tricks

Testmigrationen dienen nicht nur dem Test der Migration selbst, sondern schaffen auch eine Datenumgebung, von der alle Applikationstests profitieren können. Gleichzeitig testen sie natürlich auch den Datenexport aus dem Altsystem. Mit dem Fortschreiten des Implementierungsprojekts ändert sich auch die Strategie beim Testen.

▶ **Erste Schritte: Frühe Migrationstests**
Machen Sie sich bei jedem Migrationsobjekt früh mit der Migrationsvorlage vertraut. Beginnen Sie mit einer kleinen Beispieldatei, in die Sie manuell einige Datensätze eingeben. Verarbeiten Sie diese Migrationsvorlage mindestens bis zu einer erfolgreichen Simulation. Bei Stammdaten führen Sie auch den Import durch und vergleichen ihn mit der Ansicht in den einzelnen Arbeitsbereichen der Anwendung. So lassen sich etwa Missverständnisse bei Feldern früh erkennen. (Beispiel: Nicht alle Adressfelder werden in allen Anwendungen angezeigt.)

▶ **In die Breite gehen: Datenvielfalt**
Frühe Tests beginnen meist mit vereinfachten Ausprägungen, schon weil die betriebswirtschaftliche Konfiguration zu dem Zeitpunkt noch nicht so weit individuell vorangeschritten ist. Mit dem zunehmenden Fortschritt dort wird es für die Migration möglich, mehr Felder zu verwenden und diese mit vielfältigeren Ausprägungen zu testen. Dabei wird automatisch überprüft, ob die Konfigurationseinstellungen und die Grunddaten (zum Beispiel Organisationsstrukturen) auf die tatsächlich vorkommende Daten-

vielfalt bereits vorbereitet sind. Die Realität der Daten bringt häufig doch noch einige Sonderfälle ans Tageslicht, an die bisher nicht gedacht wurde.

Typisch für diese Runde ist deshalb, in den Aufgaben der Phase Fine-Tuning noch ein wenig nachzubessern und die Validierungs- und Simulationsschritte in der Datenmigration zu wiederholen. Dabei ist es effizienter, vorübergehend mit einer großen Vielfalt, aber noch mit einem geringen Volumen zu arbeiten. So weit dies möglich ist, verwenden Sie hier schon den Exportmechanismus aus dem Altsystem, den Sie auch für den Export aller Daten später einsetzen werden, so wird dieser gleich auf die Probe gestellt.

▶ **Frühe Daten für die Fachabteilungen: Testumgebungen schaffen**
Auch wenn noch nicht alle Details geklärt sind, können Sie bei Ihren Kollegen aus den Fachabteilungen mit einer ersten Testumgebung punkten, die Sie ihnen zur Verfügung stellen können. Dabei hilft Ihnen die sogenannte *Delta-Datei-Technik*. Sie erlaubt Ihnen, die Bearbeitung einer Datei auch dann fortzuführen, wenn sie noch fehlerhafte Datensätze enthält. Diese Datensätze werden in den Folgeschritten jeweils ignoriert. Am Ende des Durchlaufs, nachdem alle »guten« Sätze im System verbucht worden sind, wurden alle unterwegs in irgendeiner Stufe als fehlerhaft erkannten Datensätze gesammelt und Ihnen in einer neuen sogenannten *Delta-Datei* automatisch wieder vorgelegt.

Hinweis: Delta-Datei-Technik

Während Ihre Kollegen auf den importierten Daten schon die ersten Tests vornehmen, können Sie sich in Ruhe den noch offenen Punkten zuwenden. Das lässt sich auch iterieren; was beim Import von »..._DELTAXL_ 0000000001« noch offen ist, wird als »..._DELTAXL_0000000002« wieder vorgelegt.

Achtung: Eine Ausnahme bilden die als »Inkonsistenzfehler« klassifizierten Fehler. Zumindest diese Fehler müssen vollständig behoben sein, bevor eine Datei den Schritt *Validierung* verlassen kann.

▶ **Prozesstests auf migrierten Daten: vollständige Testmigration**
Bei einem Integrationstest stehen die Prozesse der Anwendung im Vordergrund. Gleichzeitig testen Sie aber auch den Weg von der Quelldatei zur Migrationsvorlage (Entladeprogramme, manuelle Zwischenschritte etc.) auf Korrektheit und Vollständigkeit hin.

Führen Sie im Rahmen des Integrationstests eine möglichst vollständige Migration in Ihr Migrationstestsystem durch. Jetzt ist die letzte Chance, vor der Produktivmigration noch etwas zu ändern. Sind die Daten erst einmal im Produktivsystem geladen, ist es für Änderungswünsche meist zu spät. Nur für bestimmte Daten gibt es im System Massenänderungen, und diese zielen auf Änderungen im Rahmen betriebswirtschaftlicher Prozesse ab. Für ein bei allen Datensätzen vergessenes oder massenweise falsch gefülltes Feld bleibt in vielen Fällen nur die manuelle Änderung. Lassen Sie daher das Datenergebnis der vollständigen Testmigration von den Fachabteilungen abnehmen, bevor Sie zur Produktivmigration übergehen.

▶ **Generalprobe**
Im Rahmen des Integrationstests (oder separat) sollten Sie nach Möglichkeit bis zu einer richtigen Generalprobe für die Produktivübernahme kommen, in der Sie möglichst Ihren vollständigen Migrationsdatenbestand einmal testweise in das Migrationstestsystem laden.

▶ **Volumentest**
Bei sehr großen Datenmengen wird der vorangegangene Schritt meist nur für eine Teilmenge ausgeführt. Diese Teilmenge muss zumindest groß genug sein, um eine Hochrechnung für die gesamte Laufzeit zu erlauben. Dabei ist wichtig, dass der ausgewählte Teilbestand repräsentativ für die übrigen Daten ist.

7.6   Fazit

Sie haben nun die Migration in SAP Business ByDesign ausführlich kennengelernt. Dabei haben wir gezeigt, wie ein geführter Prozess mit dynamischen Aufgabenlisten Sie durch alle Teilschritte der Migration leitet. Die Benutzerführung macht den Ablauf damit leichter zugänglich, vor allem für »Nicht-ITler« aus den Fachabteilungen (Verkauf, Einkauf, Buchhaltung etc.). Eine starke Beteiligung von Verantwortlichen aus den Fachabteilungen ist in jedem Fall notwendig, gerade bei Themen wie einer Übernahme der Finanzbuchhaltung. Sie haben gesehen, dass die Betriebswirtschaft, die hinter der Migration steckt, sich angesichts einer hohen Vielfalt betriebswirtschaftlicher Optionen nicht im gleichen Maß vereinfacht hat wie die technischen Abläufe in der Migration.

TEIL IV
Bewertung und Ausblick

In diesem Kapitel stellen wir Ihnen einfache, aber wirkungs-
volle Techniken vor, die es ermöglichen, auf Programmierung
im Rahmen der Datenmigration zu verzichten, und Ihnen auf
diese Weise helfen, Zeit und Geld zu sparen.

8 Techniken zur Vermeidung von Programmierung

Dass man im Rahmen der Datenübernahme aufwendige Programmierung vermeiden möchte, versteht sich von selbst: Meist würden die erzeugten Programme genau einmal zum Einsatz kommen. In vielen Fällen lässt sich Programmierung umgehen, indem die Möglichkeiten der in diesem Buch vorgestellten Datenmigrationstechniken mit den Möglichkeiten der Microsoft Office-Programme kombiniert werden. Dieses Kapitel stellt Ihnen einige häufige Anwendungsfälle vor.

8.1 Kritische Stelle: Datenkonvertierung

Wird im Rahmen der Datenmigration programmiert, erfolgt dies in den meisten Fällen an den folgenden zwei Stellen:

▶ **Exportieren der Altdaten aus dem Altsystem**
Stellt das Altsystem keine Möglichkeit zur Anbindung oder Funktion zum Exportieren der Daten zur Verfügung, müssen Sie entsprechende Programme dafür entwickeln bzw. entwickeln lassen. Unter Kostengesichtspunkten ist dies normalerweise unkritisch, da in der Regel Experten für Ihr Altsystem im Haus sind und daher keine kostenintensive externe Unterstützung erforderlich ist.

▶ **Konvertieren der Altdaten in das SAP-Datenformat**
Beim Konvertieren der Altdaten in das SAP-Datenformat verhält es sich anders: Für diese Aufgabe benötigen Sie sowohl Kenntnisse der Struktur des SAP-Datenformats als auch Kenntnisse der SAP-Programmiersprache ABAP, da die Datenkonvertierung (Datenum-

setzung) im SAP-System erfolgt. Zum Zeitpunkt der Einführung von SAP sind jedoch nicht immer beide Kenntnisse in ausreichendem Maß vorhanden.

In diesem Kapitel konzentrieren wir uns auf den zweiten Problemkomplex, das Konvertieren der Altdaten in das SAP-Datenformat.

8.2 Techniken im Rahmen der Datenkonvertierung

Mit den im Folgenden beschriebenen Techniken zur Vermeidung von Programmierung bei der Datenkonvertierung zeigen wir Ihnen, wie Sie Ihre Altdaten in Verbindung mit eCATT oder der LSM Workbench weitgehend ohne Programmierung in das SAP-System übertragen können.

80 % »per Knopfdruck« in der LSM Workbench lösbar

Wie kann dies erreicht werden? In Kapitel 5, »Legacy System Migration Workbench«, haben wir Ihnen gezeigt, dass eine Reihe von Konvertierungsfunktionen »per Knopfdruck« – also ohne Programmierung – zur Verfügung steht. Diese vorgedachten Regeln wie Zuweisung, Umschlüsselung, Festwert, Präfix, Konstante etc. decken in der Regel mindestens 80 % aller anfallenden Umsetzungen ab. Dieses Kapitel beschäftigt sich demnach mit den restlichen 20 %. Von diesen 20 % möchten wir den größten Teil eliminieren, indem wir Ihnen zeigen, wie Sie mithilfe programmierloser Techniken in Microsoft Excel und/oder Microsoft Access Ihre Altdaten so aufbereiten können, dass die gesamte Konvertierung, zum Beispiel mittels der LSM Workbench, ohne Programmierung durchgeführt werden kann.

Anpassung von Strukturen und Feldinhalten

Es gibt hierbei grundsätzlich zwei Problemfelder, das heißt Situationen, die mithilfe von eingebauten Konvertierungsfunktionen der LSM Workbench nicht (oder nicht elegant) bewältigt werden können. Es handelt sich um folgende Bereiche:

▸ Anpassung von Strukturen
▸ Anpassung von Feldinhalten

Auf diese Punkte werden wir in den folgenden Abschnitten ausführlich eingehen.

8.2.1 Anpassung von Strukturen

Strukturen müssen angepasst werden, wenn sich die Verteilung der Daten auf Tabellen im Altsystem von der Verteilung im SAP-System unterscheidet.

Ist die Struktur des Altsystems »flacher« als die des SAP-Systems, liegen also bestimmte Daten im Altsystem in einer Tabelle, die im SAP-System auf mehrere Tabellen verteilt sind, gibt es kein Problem. Die LSM Workbench erlaubt Ihnen, ein und dieselbe Struktur des Altsystems (Quellstruktur) mehreren Strukturen des SAP-Systems (Zielstruktur) zuzuweisen. Dieser Fall war in dem Debitorenbeispiel in Kapitel 5, »Legacy System Migration Workbench«, gegeben. Die zugehörigen Strukturbeziehungen sind in Abbildung 8.1 noch einmal dargestellt.

Flache Strukturen im Altsystem unproblematisch

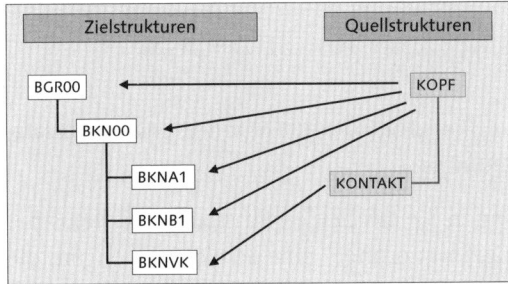

Abbildung 8.1 Quellstrukturen flacher als Zielstrukturen – Beispiel Debitoren

Der gegenteilige Fall – die Strukturen des Altsystems sind »tiefer« als die des SAP-Systems – ist problematischer. In unserem Debitorenbeispiel wäre dies der Fall, wenn die Daten des Debitorenkopfes im Altsystem auf zwei Strukturen verteilt wären. Diese Situation ist in Abbildung 8.2 dargestellt. Wie wir in Kapitel 5, »Legacy System Migration Workbench«, beschrieben haben, können Sie einer Zielstruktur maximal eine Quellstruktur zuweisen.[1] Wie lässt sich dieses Problem beheben? Eine einfache Lösung bietet Ihnen Microsoft Access.

Die Grundidee besteht darin, die beiden Strukturen KOPF1 und KOPF2 zu einer Struktur zusammenzufassen. In der Datenbanksprache spricht man dabei von einem *Join*.

Join mit Microsoft Access

---

1 Ein Trick, mit dem sich diese Beschränkung umgehen lässt, wurde in Abschnitt 5.9.5 beschrieben. Er lässt sich jedoch nicht immer anwenden.

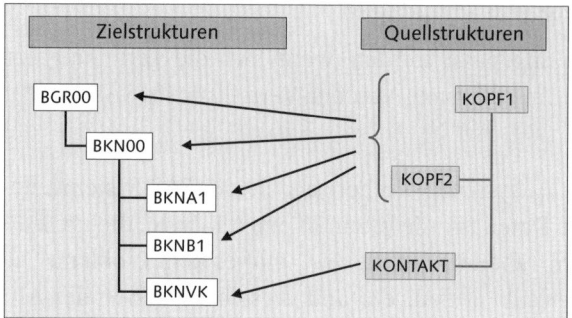

Abbildung 8.2 Quellstrukturen tiefer als Zielstrukturen – Beispiel Debitoren

Nehmen wir also an, dass die Felder der Struktur KOPF aus dem Beispiel zu den Debitoren wie folgt auf die Strukturen KOPF1 und KOPF2
verteilt sind:

▸ **KOPF1**
KUNDENNUMMER, NAME, STRASSE, ORT, POSTLEITZAHL, LAND

▸ **KOPF2**
KUNDENNUMMER, SPRACHE, TELEFONNUMMER, FAXNUMMER, UIN (Umsatzsteuer-Identifikationsnummer)

Mit Microsoft Access können Sie aus beiden Strukturen mühelos per
Drag & Drop – ohne Programmierung – eine Struktur erzeugen, die
alle Felder beider Strukturen enthält.

Gehen Sie nun folgendermaßen vor:

1. Importieren Sie die Tabellen KOPF1 und KOPF2 in Microsoft Access.[2]

2. Definieren Sie für diese beiden Tabellen eine sogenannte *Auswahlabfrage.*

3. Definieren Sie hierfür Schlüsselbeziehungen, indem Sie die entsprechenden Felder einander zuweisen, z. B. ziehen Sie das Feld
   KUNDENNUMMER von KOPF1 auf das Feld KUNDENNUMER von KOPF2.

4. Wählen Sie mithilfe von Drag & Drop alle Tabellenfelder von
   KOPF1 und KOPF2 für die Ergebnistabelle aus.

---

2 Microsoft Access kann Tabellenblätter von Microsoft Excel-Dateien direkt lesen,
   ohne dass diese im Format TEXT (TABSTOPP-GETRENNT) (*.TXT) abgespeichert werden müssen. Darüber hinaus ist es möglich, zwischen Access und einer Excel-
   Datei eine sogenannte *Verknüpfung* herzustellen. In diesem Fall greift Access auf
   die Originaldatei zu.

5. Speichern Sie die Abfrage unter dem Namen KOPF1_KOPF2.

6. Führen Sie die Abfrage aus.

7. Exportieren Sie das Ergebnis im Format TEXT (TABSTOPP-GETRENNT) (*.TXT).

8. Verarbeiten Sie diese Datei mit der LSM Workbench.

Die hier skizzierte Auswahlabfrage wird (in der Entwurfsansicht) in Abbildung 8.3 dargestellt.

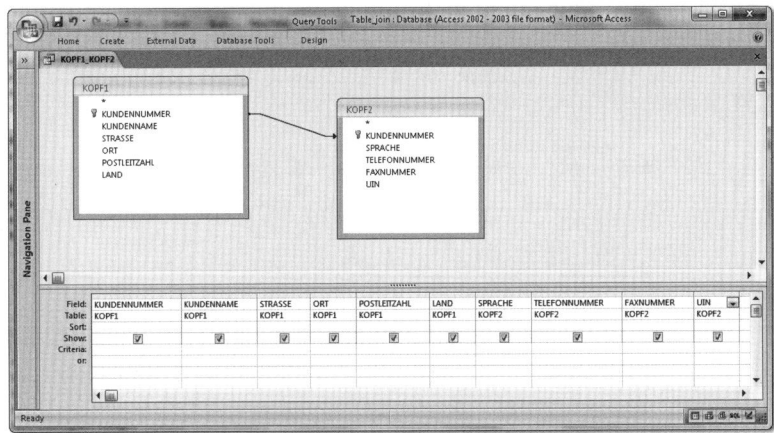

Abbildung 8.3 Microsoft Access – Join von KOPF1 und KOPF2

Somit vereinfachen sich die Strukturbeziehungen gemäß Abbildung 8.4. Der ursprünglich von der LSM Workbench nicht lösbare Fall (siehe Abbildung 8.2) kann nun in eine Situation überführt werden, deren Strukturbeziehungen denen in Abbildung 8.1 entsprechen und folglich von der LSM Workbench bewältigt werden können.

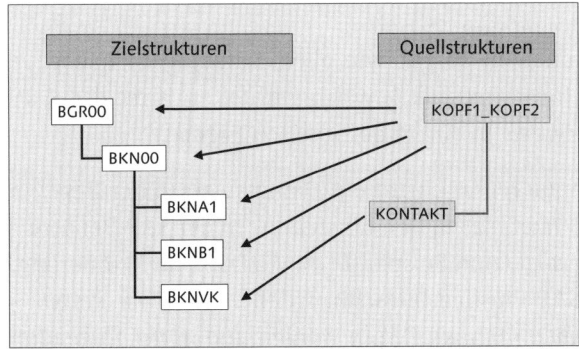

Abbildung 8.4 Vereinfachte Strukturbeziehungen nach Join über KOPF1 und KOPF 2

Verall-
gemeinerung der
Technik

Die einfache, aber wirksame Technik des Joins ist mehrfach anwendbar, wie das in Abbildung 8.5 dargestellte, etwas abstrakte Beispiel
illustriert.

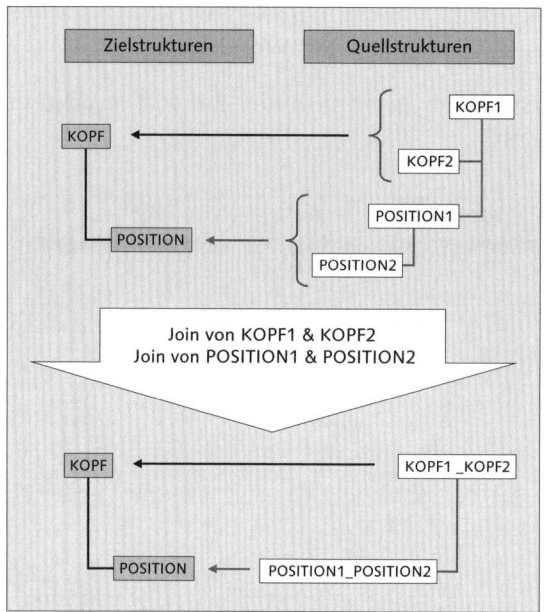

Abbildung 8.5 Join-Technik – abstraktes Beispiel

8.2.2 Anpassung von Feldinhalten

In diesem Abschnitt gehen wir darauf ein, in welchen Fällen notwendige Anpassungen von Feldinhalten ohne Programmierung in Microsoft Excel vorgenommen werden können.

Datumsformate

Datumswerte kommen in so gut wie allen Datenobjekten vor. Je
nachdem, welche Importtechnik gewählt wurde, erwartet das SAP-
System die Datumswerte in einem bestimmten Format:

Batch-Input

▸ Bei der Batch-Input-Technik wird ein Datumswert in der Regel in
dem Format erwartet, das in den Einstellungen der SAP-Benutzer-
kennung definiert ist (zum Beispiel TT.MM.JJJJ.). Zur Erinnerung:
Wenn Sie im SAP-Einstiegsbildschirm den Menüpfad SYSTEM •
BENUTZERVORGABEN • EIGENE DATEN wählen und in der folgenden
Bildschirmmaske die Registerkarte FESTWERTE anklicken, gelangen

Sie zur in Abbildung 8.6 gezeigten Eingabemaske. Dort können Sie unter anderem angeben, wie Datumswerte dargestellt werden sollen.

▶ Bei der BAPI- und IDoc-Importtechnik wird ein Datumswert normalerweise im internen Format JJJJMMTT verlangt.   BAPI und IDoc

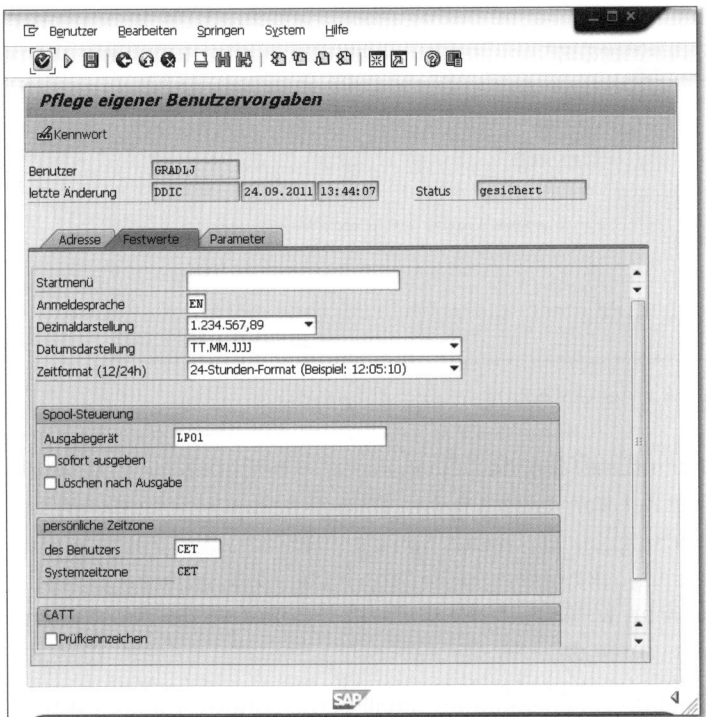

Abbildung 8.6 SAP-System – Benutzervorgaben pflegen

Wie verwandeln Sie nun einen Datumswert, beispielsweise von TT.MM.JJJJ in JJJJMMTT? Hierzu gehen Sie folgendermaßen vor:

1. Wählen Sie in Microsoft Excel in der betreffenden Tabellenspalte aus dem Kontextmenü (rechte Maustaste) ZELLEN FORMATIEREN. Dort wählen Sie die Registerkarte ZAHLEN.

2. Klicken Sie auf die Kategorie BENUTZERDEFINIERT, und geben Sie im Feld TYP – wie in Abbildung 8.7 dargestellt – den Wert »JJJJMMTT« ein.

3. Wenn Sie nun die Datei im Format TEXT (TABSTOPP-GETRENNT) (*.TXT) abspeichern, werden die Datumswerte im Format JJJJMMTT ausgegeben.

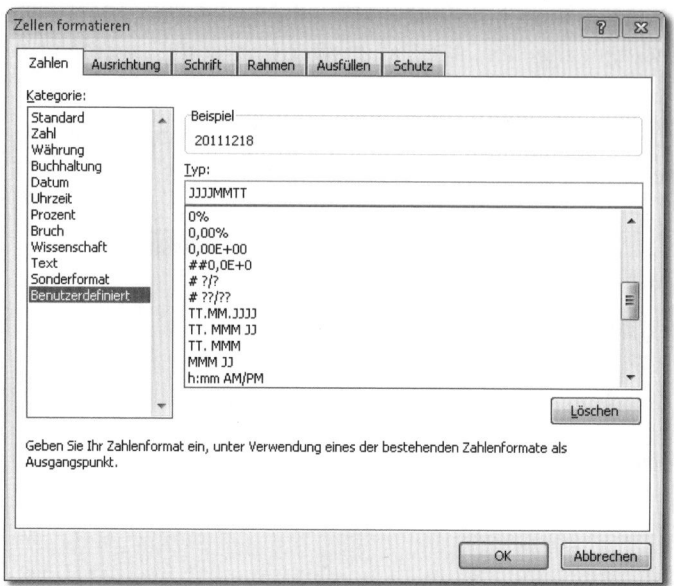

Abbildung 8.7 Auswahl des Datumsformats JJJJMMTT

Wir weisen darauf hin, dass die in Kapitel 5 beschriebene LSM Workbench bei der Konvertierung von Datumswerten eine umfangreiche
Unterstützung bietet: Wenn Sie ein Feld aus dem Altsystem als
Datumswert deklarieren (siehe Abschnitt 5.2.5, »Quellfelder pflegen«) und im weiteren Verlauf einem Datumsfeld des SAP-Systems
zuweisen, sorgt die LSM Workbench automatisch dafür, dass das
richtige Format errechnet wird.

Zahlenformate

Zahlenwerte kommen wie Datumswerte in fast allen Datenobjekten
vor. Je nach Importtechnik erwartet das SAP-System auch von den
Zahlenwerten ein bestimmtes Format:

▸ Bei der Batch-Input-Technik wird in der Regel – analog zu Datumswerten – ein Zahlenwert in dem Format erwartet, wie es in den
Einstellungen der SAP-Benutzerkennung vorliegt, beispielsweise
123.456,78, das heißt mit Tausendertrennzeichen und Komma als
Dezimalzeichen (siehe Abbildung 8.6).

▸ Bei der BAPI- und IDoc-Importtechnik wird ein Zahlenwert normalerweise im internen Format 123456.78 erwartet, das heißt
ohne Tausendertrennzeichen und mit Punkt als Dezimalzeichen.

Wie verwandeln Sie nun einen Zahlenwert von beispielsweise 123.456,78 in 123456.78? Dies ist sehr einfach:

1. Wählen Sie in Microsoft Excel in der betreffenden Tabellenspalte aus dem Kontextmenü (rechte Maustaste) ZELLEN FORMATIEREN. Es erscheint das in Abbildung 8.8 gezeigte Dialogfenster.

2. Wählen Sie die Registerkarte ZAHLEN.

3. Klicken Sie auf die Kategorie ZAHL, und deaktivieren Sie das Ankreuzfeld MIT 1000ER-TRENNZEICHEN (.).

4. Wenn Sie nun die Datei im Format TEXT (TABSTOPP-GETRENNT) (*.TXT) abspeichern, werden die Zahlenwerte im Format 123456,78 ausgegeben.

Zahlenformat umwandeln

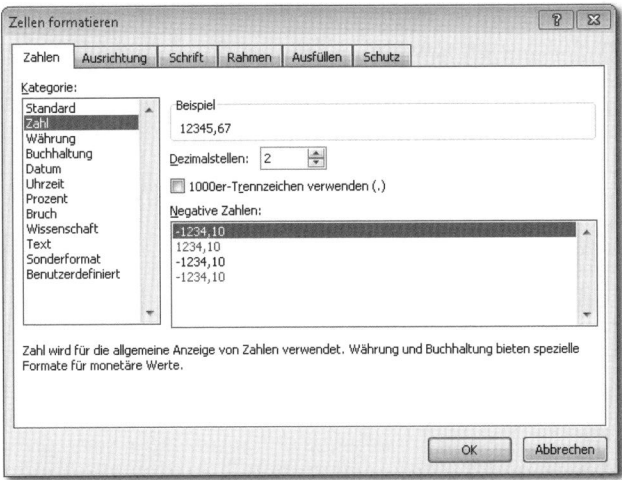

Abbildung 8.8 Auswahl des Zahlenformats – ohne Tausendertrennzeichen

Des Weiteren muss geklärt werden, wie das Dezimalzeichen von einem Komma in einen Punkt verwandelt werden kann. Dies können Sie einfach erreichen, indem Sie – während Excel geöffnet ist – die REGIONAL OPTIONS aus den Windows-Systemeinstellungen aufrufen und dort die entsprechenden Änderungen vornehmen (siehe Abbildung 8.9). Die Aktualisierung der Daten in Microsoft Excel erfolgt unmittelbar.

Auch hier weisen wir darauf hin, dass die in Kapitel 5 beschriebene LSM Workbench bei der Konvertierung von Zahlenformaten Unterstützung bietet: Wenn Sie ein Feld aus dem Altsystem als Betragswert deklarieren (siehe Abschnitt 5.2.5, »Quellfelder pflegen«) und im

LSM Workbench bietet Unterstützung

weiteren Verlauf einem Betragsfeld des SAP-Systems zuweisen, sorgt die LSM Workbench automatisch dafür, dass das richtige Format errechnet wird.

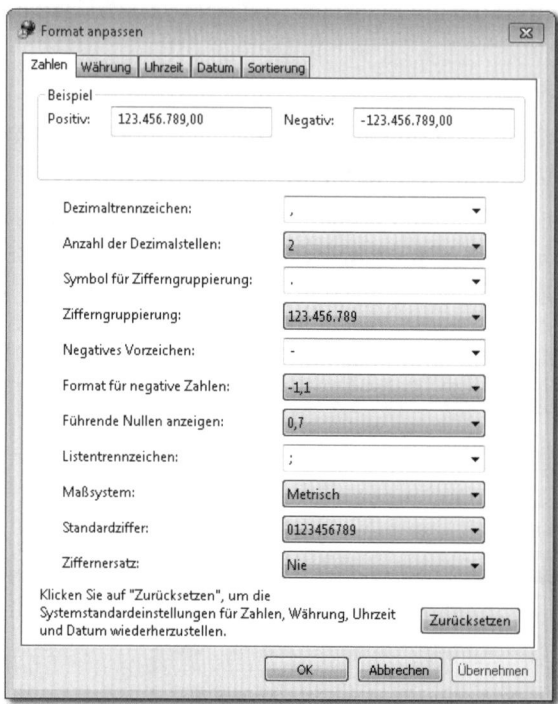

Abbildung 8.9 Regional Options – Auswahl des Dezimalzeichens

Währungsformate anpassen

Am Beispiel eines Währungsfeldes zeigen wir Ihnen, wie Sie Daten, die im Altsystem möglicherweise in einem einzigen Feld enthalten sind, auf zwei Felder aufteilen können.

Feldinhalt aufteilen

Angenommen, das Altsystem enthält in einem Feld sowohl einen Betrag als auch eine Währungseinheit, zum Beispiel 123456,78 EUR. Im SAP-System müssen Sie Betrag und Währungseinheit getrennt zur Verfügung stellen. Hierbei gehen Sie folgendermaßen vor:

1. Markieren Sie in Microsoft Excel die betreffenden Tabellenspalten, und wählen Sie DATEN • TEXT IN SPALTEN... Es erscheint der erste Schritt des Textkonvertierungsassistenten (siehe Abbildung 8.10).

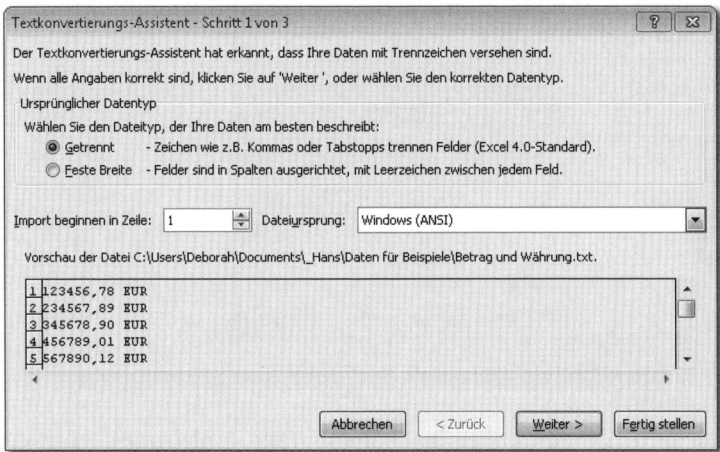

Abbildung 8.10 Textkonvertierungsassistent – Schritt 1

2. Wählen Sie die Option GETRENNT, und klicken Sie auf die Schaltfläche WEITER. Daraufhin erscheint Schritt 2 des Textkonvertierungsassistenten (siehe Abbildung 8.11).

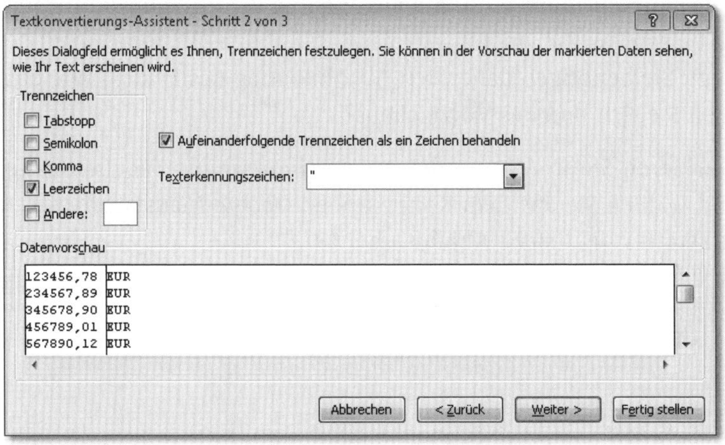

Abbildung 8.11 Textkonvertierungsassistent – Schritt 2

3. Nun markieren Sie die Option LEERZEICHEN ALS TRENNZEICHEN. In der Vorschau können Sie das Ergebnis sofort kontrollieren.

4. Über die Schaltfläche WEITER gelangen Sie zu Schritt 3 (siehe Abbildung 8.12). Hier können Sie die Voreinstellungen übernehmen und den Vorgang über die Schaltfläche FERTIG STELLEN beenden.

Abbildung 8.12 Textkonvertierungsassistent – Schritt 3

5. Speichern Sie die Datei im Format TEXT (TABSTOPP-GETRENNT) (*.TXT) ab.

Zahl mit Vorzeichen in Absolutbetrag übersetzen

Vorzeichen eliminieren

In diesem Beispiel nehmen wir an, dass Sie aus Ihrem Altsystem ein Betragsfeld exportieren und dieses ohne Vorzeichen in das SAP-System überführen müssen, da das SAP-System die Vorzeicheninformation, beispielsweise im Finanzwesen, über den Buchungsschlüssel festlegt. Sie benötigen daher den Absolutbetrag des Feldes. Wie entledigen Sie sich nun des Vorzeichens?

1. Markieren Sie in Microsoft Excel die betreffende Tabellenspalte, und wählen Sie aus dem Kontextmenü (rechte Maustaste) ZELLEN FORMATIEREN... (siehe Abbildung 8.13).

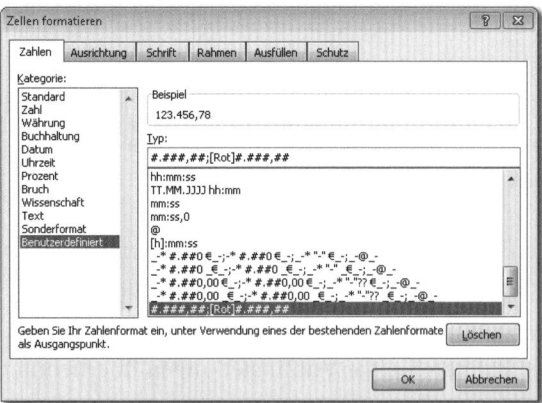

Abbildung 8.13 Auswahl des Zahlenformats – negative Zahlen in Rot, aber ohne Vorzeichen

2. Aktivieren Sie die Registerkarte ZAHLEN.

3. Klicken Sie auf die Kategorie BENUTZERDEFINIERT, und markieren Sie den Typ ####,##;[ROT]####,##. Dies bedeutet, dass negative Zahlen in Rot, aber ohne Vorzeichen dargestellt werden.

4. Wenn Sie nun die Datei im Format TEXT (TABSTOPP-GETRENNT) (*.TXT) abspeichern, werden die Zahlenwerte im Format 123456,78 – ohne Vorzeichen – abgespeichert.

Führende Nullen bei Post- oder Bankleitzahlen

In Deutschland können die Postleitzahlen auch mit einer Null beginnen. Gleiches gilt außerhalb Deutschlands, zum Beispiel in Spanien, auch für Bankleitzahlen. Falls das Customizing Ihres SAP-Systems so eingestellt ist, dass eine Post- oder Bankleitzahl über eine bestimmte Länge verfügen muss, müssen Sie die führenden Nullen mitliefern. Anderenfalls weist das SAP-System die Eingabe mit einer Fehlermeldung zurück.

Wird eine Datei, die eine Spalte mit Post- oder Bankleitzahlen enthält, mit Microsoft Excel geöffnet, werden die führenden Nullen entfernt, da Excel diese Werte als Zahlen interpretiert.

Um dieses Feature von Excel zu unterdrücken, gehen Sie so vor:

Führende Nullen bewahren

1. Öffnen Sie die Textdatei mit Excel. Es erscheint der erste Schritt des Textkonvertierungsassistenten.

2. Wählen Sie hier gemäß Abbildung 8.14 die Option GETRENNT, und gehen Sie weiter zu Schritt zwei.

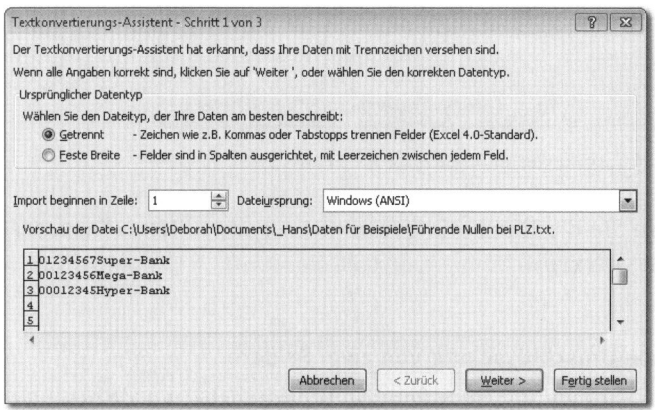

Abbildung 8.14 Textkonvertierungsassistent – Schritt 1

3. Selektieren Sie hier TABSTOPP als Trennzeichen (siehe Abbildung 8.15). Wiederum können Sie das Ergebnis sofort in der Vorschau kontrollieren.

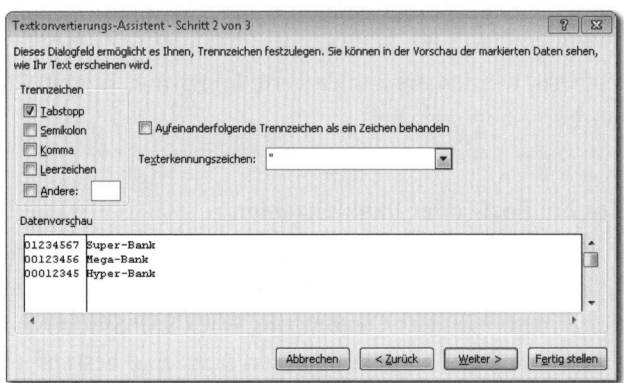

Abbildung 8.15 Textkonvertierungsassistent – Schritt 2

4. Im dritten Schritt markieren Sie die Spalte mit den Bankleitzahlen und aktivieren das Datenformat TEXT (siehe Abbildung 8.16). Hierdurch bleiben die führenden Nullen erhalten. Anschließend können Sie den Vorgang über FERTIGSTELLEN beenden.

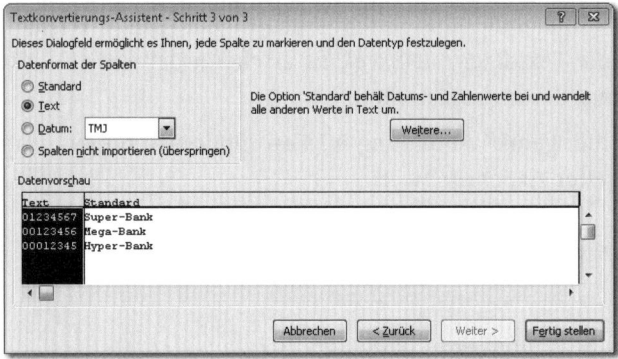

Abbildung 8.16 Textkonvertierungsassistent – Schritt 3

5. Speichern Sie die Datei wie gewohnt im Format TEXT (TABSTOPP-GETRENNT) (*.TXT) ab.

Gemeinsame Umschlüsselung von zwei Feldern

In Kapitel 5, »Legacy System Migration Workbench«, wurde beschrieben, wie Sie ein Feld aus dem Altsystem »per Knopfdruck« anhand einer Tabelle in ein Feld des SAP-Systems umschlüsseln können. Nun gibt es durchaus den Fall, dass Sie den Wert eines bestimmten Feldes des SAP-Systems nur aus der gemeinsamen Betrachtung von zwei (oder mehreren) Feldern des Altsystems ermitteln können.

Im Rahmen der Ablösung Ihres Altsystems möchten Sie beispielsweise die Nummerierung Ihrer Konten neu gestalten. Basierend auf der alten Kontonummer und dem Buchungskreis soll eine neue Kontonummer ermittelt werden. Sie stehen also vor der Aufgabe, eine Tabelle wie die folgende bei der Datenkonvertierung zur Anwendung zu bringen (siehe Tabelle 8.1).

Konten neu nummerieren

Quellfelder		Zielfeld
AltesKonto	Buchungskreis	NeuesKonto
4000	1000	400001
5000	1000	500001
4000	2000	400002
5000	2000	500002 usw.

Tabelle 8.1 Ableitung der neuen Kontonummer aus Buchungskreis und alter Kontonummer

Wie bewerkstelligen Sie in diesem Fall die Umschlüsselung? Wenn man die beiden Quellfelder zu einem Feld zusammenfasst, lässt sich das Problem auf das bereits gelöste Problem der 1:1-Umschlüsselung zurückführen. Die Lösungsstrategie lautet also wie folgt:

Zwei Quellfelder zu einem zusammenfassen

1. Konkatenieren Sie die beiden Quellfelder zu einem Quellfeld.

2. Führen Sie eine 1:1-Umschlüsselung des neuen, durch Konkatenierung entstandenen Quellfeldes in das Zielfeld durch.

Der erste Schritt – das Konkatenieren – lässt sich sehr einfach in Microsoft Excel durchführen:

1. Fügen Sie in die Datei Ihrer Konten eine neue Spalte mit der Überschrift AltesKonto_Buchungskreis ein.

2. Geben Sie in Zelle C2 folgende Formel ein: =A2&"_"&B2.

3. Hierbei wird unterstellt, dass sich das Feld AltesKonto in der Spalte A und das Feld Buchungskreis in der Spalte B befindet (siehe Abbildung 8.17).

	A	B	C	D	E	F
1	AltesKonto	Buchungskreis	AltesKonto_Buchungskreis	Konto		
2	4000	1000	=A2&"_"&B2	400001		
3	5000	1000	5000_1000	400002		
4	4000	2000	4000_2000	500001		
5	5000	2000	5000_2000	500002		
6						
7						
8						

K ◀ ▶ ▶I   Konten

Abbildung 8.17 Zwei Felder konkatenieren

4. Kopieren Sie diese Formel in alle weiteren Zeilen. Hierdurch werden die Feldinhalte von ALTESKONTO und BUCHUNGSKREIS konkateniert und zur besseren Lesbarkeit durch einen Unterstrich (_) getrennt.

5. Wenn Sie nun die Datei im Format TEXT (TABSTOPP-GETRENNT) (*.TXT) abspeichern, haben Sie die beiden Felder ALTESKONTO und BUCHUNGSKREIS zu einem Feld zusammengefügt und können darauf die 1:1-Umschlüsselung anwenden.

Die Umschlüsselung könnte in der LSM Workbench wie in Abbildung 8.18 aussehen.

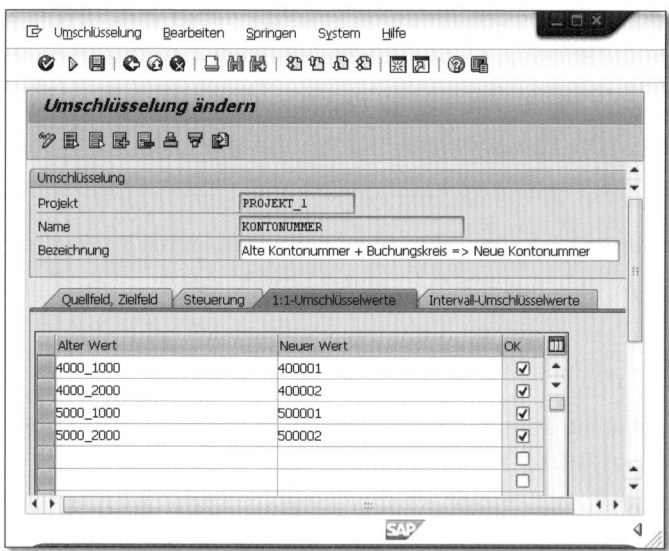

Abbildung 8.18 LSM Workbench – Umschlüsselung der konkatenierten Felder in die neue Kontonummer

Wenn Sie die Spalten A und B aus der Microsoft Excel-Datei löschen und lediglich die Spalten C und D im Format TEXT (TABSTOPP-GETRENNT) (*.TXT) abspeichern, können Sie die Upload-Funktion der Umschlüsselungsfunktionalität in der LSM Workbench nutzen. Dies erspart eine manuelle Eingabe der Werte.

Upload-Funktion in der LSM Workbench

8.2.3 Zugriff auf Daten des SAP-Systems

Im Zuge der Datenkonvertierung kann es durchaus vorkommen, dass Sie auf Daten des SAP-Systems zugreifen müssen.

Nehmen wir an, Sie möchten im Rahmen der SAP-Einführung Ihre historisch gewachsenen Kundennummern bereinigen, und Sie entscheiden sich aus diesem Grund dafür, bei der Datenübernahme neue Kundennummern vom SAP-System vergeben zu lassen. Sie wählen demnach die sogenannte *interne Nummernvergabe*. Um den Bezug zwischen alter und neuer Kundennummer nicht zu verlieren, hinterlegen Sie die alte Kundennummer in einem speziell dafür vorgesehenen Tabellenfeld des SAP-Systems.

Historisch gewachsene Kundennummern

Möchten Sie jedoch auch debitorische offene Posten übernehmen, die in der Regel nur die alte Kundennummer kennen, müssen Sie in diesen offenen Posten die alte Kundennummer durch die neue ersetzen, da erstere für das SAP-System ausschließlich Informationscharakter hat – also kein Konto darstellt, das bebucht werden kann.

Der Bezug zwischen alter und neuer Kundennummer ist jedoch nur dem SAP-System bekannt, genauer der SAP-Tabelle `KNB1`. Um bei der Datenkonvertierung der Belege diesen Bezug herzustellen, können Sie entweder programmieren oder folgendermaßen vorgehen:

Bezug zwischen alter und neuer Kundennummer

▸ Sie laden den Ausschnitt der SAP-Tabelle, der den Bezug zwischen alter und neuer Kundennummer herstellt, auf Ihren Arbeitsplatzrechner.

▸ Nun ersetzen Sie in den Daten der Belege mittels Microsoft Access die alte durch die neue Kundennummer.

Im Einzelnen gehen Sie dabei wie folgt vor:

1. Migrieren Sie Ihre Kundenstammdaten in das SAP-System unter Verwendung der internen Nummernvergabe. Hinterlegen Sie dabei die alte Kundennummer im Feld `KNB1-ALTKN`.

2. Starten Sie im SAP-System die Transaktion SE16 (Data Browser), geben Sie im Feld TABELLENNAME »KNB1« ein und drücken Sie [↵].

3. Im folgenden Selektionsbildschirm (Abbildung 8.19) selektieren Sie über die Felder KUNNR und BUKRS alle relevanten Datensätze.

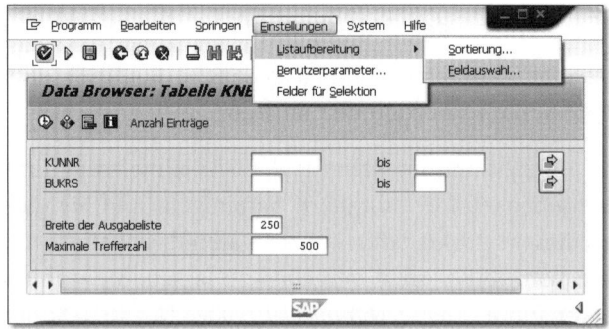

Abbildung 8.19 Transaktion SE16 (Data Browser)

4. Geben Sie im Feld MAXIMALE TREFFERZAHL eine hinreichend große Zahl ein.

5. Wählen Sie den Menüpfad EINSTELLUNGEN • LISTAUFBEREITUNG • FELDAUSWAHL... , und markieren Sie im folgenden Dialogfenster (siehe Abbildung 8.20) die Felder MANDT, KUNNR und ALTKN. Bestätigen Sie Ihre Auswahl mit ÜBERNEHMEN.

Abbildung 8.20 Transaktion SE16 (Data Browser) – Feldauswahl

6. Wenn Sie nun AUSFÜHREN ([F8]) wählen, erhalten Sie die gewünschten Daten in tabellarischer Darstellung.

7. Wählen Sie nun den Menüpfad SYSTEM • LISTE • SICHERN • LOKALE DATEI.

8. In dem sich öffnenden Dialogfenster (siehe Abbildung 8.21) entscheiden Sie sich für das Format TABELLENKALKULATION.

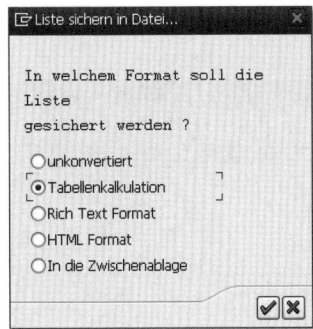

Abbildung 8.21 Transaktion SE16 (Data Browser) – Datei sichern

9. Nach der Bestimmung eines Dateinamens mit der Erweiterung *.xls* wählen Sie ÜBERTRAGEN.

10. Sobald die Daten auf Ihren Arbeitsplatzrechner übertragen wurden, öffnen Sie die Datei mit Microsoft Excel. Sie müssen zusätzlich einige Korrekturen vornehmen, das heißt überflüssige leere Zeilen und Spalten löschen, sodass die Datei ähnlich aussieht wie in Abbildung 8.22.

	A	B	C	D
1	MANDT	KUNNR	ALTKN	
2	100	1000000040	3697	
3	100	1000000041	1865	
4	100	1000000042	1347	
5	100	1000000043	4547	
6	100	1000000044	4588	
7	100	1000000045	4566	
8	100	1000000046	4533	
9	100	1000000047	4500	
10	100	1000000048	2640	
11	100	1000000049	3699	
12	100	1000000050	1866	
13	100	1000000051	1348	
14	100	1000000052	4548	
15				
16				

Kundennummer Alt Neu

Abbildung 8.22 Tabelle mit neuer und alter Kundennummer

Sie können nun mithilfe von Microsoft Access und dieser Tabelle in den Belegdaten die alte Kundennummer ALTKN durch die neue SAP-Kundennummer KUNNR ersetzen.

Alte
Kundennummer
durch neue
ersetzen

Definieren Sie hierzu eine Auswahlabfrage, indem Sie mittels der alten Kundennummern eine Beziehung zwischen der Tabelle mit den Belegdaten und der Tabelle, die die Beziehung zwischen alter und neuer Kundennummer enthält, herstellen. Wählen Sie dann die neue Kundennummer aus (siehe Abbildung 8.23).

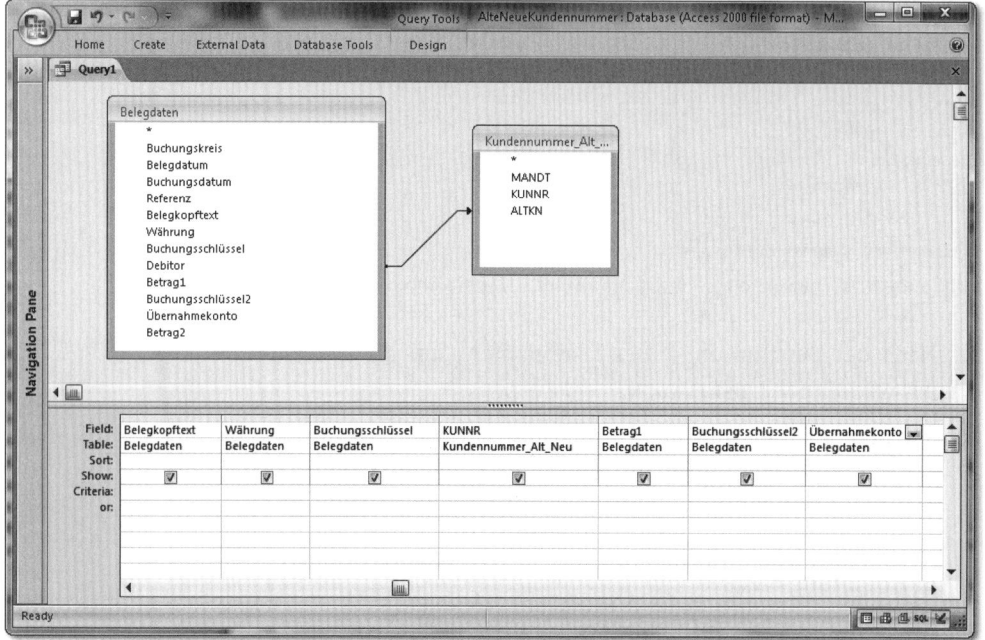

Abbildung 8.23 Auswahlabfrage in Microsoft Access zum Ersetzen der alten durch die neue Kundennummer

Alternativ hierzu können Sie die erzeugte Tabelle (siehe Abbildung 8.22) ohne die Spalte MANDANT in eine Umschlüsselungstabelle der LSM Workbench laden und dort verwenden.

8.3   Fazit

Dokumentation
erforderlich

Achten Sie darauf, dass die Anwendung dieser Techniken detailliert dokumentiert wird. Nur so kann sichergestellt werden, dass bei der Produktivübernahme kein Schritt vergessen wird.

Darüber hinaus ist zu bedenken, dass die beschriebenen Techniken sich nicht ohne Weiteres in automatisierte Abläufe einbinden lassen, wie zum Beispiel die periodische Datenübernahme.

Gleichwohl konnten wir Ihnen mit diesem Kapitel hoffentlich verdeutlichen, dass es eine Reihe von Situationen gibt, in denen man im ersten Moment versucht ist, zur Programmierung zu greifen. Durch geschickten Einsatz von Microsoft Office-Tools kann jedoch eine kostenintensive Programmierung vermieden werden.

Problematisch bei automatisierten Abläufen

Nachdem Sie in den vorangegangenen Kapiteln die einzelnen Methoden der Datenübernahme kennengelernt haben, sollen diese nun kritisch beurteilt werden. Hierbei stehen insbesondere die Vor- und Nachteile der Verfahren sowie Entscheidungskriterien für deren Auswahl im Mittelpunkt der Betrachtung.

9   Beurteilung der Datenmigrationstechniken

Nachdem Sie nun mit verschiedenen Verfahren vertraut sind, stehen Sie möglicherweise vor der sprichwörtlichen »Qual der Wahl«. In diesem Kapitel geben wir Ihnen Argumente an die Hand, die Ihnen im konkreten Fall die Entscheidung erleichtern.

9.1   Einsatzmöglichkeiten

Je nach SAP-System, in das Sie Daten übernehmen möchten, wird Ihnen die Entscheidung möglicherweise abgenommen. Haben Sie es beispielsweise mit einem SAP Business ByDesign-System zu tun, steht Ihnen nur das in Kapitel 7, »Datenmigration in SAP Business ByDesign«, beschriebene Verfahren zur Verfügung. Ist Ihr Zielsystem ein SAP CRM-System, scheidet das Batch-Input-Verfahren weitestgehend aus. Alle möglichen Kombinationen entnehmen Sie Tabelle 9.1.

	SAP ERP	SAP CRM	SAP Business ByDesign
Batch-Input	X		
eCATT	X	X	
LSMW	X	X	
BusinessObjects Data Services	X	X	
Business ByDesign-Datenmigration			X

Tabelle 9.1 Systemtypen und Datenmigrationstechniken

9.2   Vor- und Nachteile der Verfahren

Im Folgenden gehen wir auf die Vor- und Nachteile der in Tabelle 9.1 dargestellten Verfahren ein.

9.2.1   Batch-Input

Sicher, aber langsam

Während des Batch-Input-Verfahrens werden umfangreiche Prüfungen beim Einlesen der Daten in das SAP-System – beim Abspielen der Batch-Input-Mappe – durchgeführt. Die Prüfungen entsprechen denen aus der Dialogverarbeitung. Hierdurch wird das Risiko fehlerhaft eingegebener Datensätze minimiert. Diese zusätzlichen Prüfungen gehen allerdings zu Lasten der Performance. So übergibt die Batch-Input-Schnittstelle in Abhängigkeit von der Hardwareumgebung und der Systemkonfiguration lediglich zwischen 10 und 40 Datensätze pro Minute an den Datenbankserver des SAP-Systems.

Komfortable Fehlerbearbeitung

Fehlerhafte Transaktionen, die vom SAP-System beim Abspielen der Batch-Input-Mappe nicht verarbeitet werden können, verbleiben in der Batch-Input-Mappe (*Fehlermappe*). Erfolgreich ausgeführte Transaktionen werden hingegen aus der Batch-Input-Mappe entfernt. Auf diese Weise ist sichergestellt, dass Sie im Rahmen der Fehlerbearbeitung, das heißt bei dem erneuten, nun sichtbaren Abspielen der Batch-Input-Mappe, nur mit fehlerhaften Transaktionen konfrontiert werden, die einer manuellen Nachbearbeitung bedürfen. Dabei ist unbedeutend, ob Sie die fehlerhafte Batch-Input-Mappe sofort vollständig verarbeiten oder die Verarbeitung portionieren und zu einem späteren Zeitpunkt weiterbearbeiten bzw. von einem anderen Mitarbeiter weiterbearbeiten lassen.

Standard-Batch-Input-Programme

Das SAP-System enthält im Lieferumfang für eine Reihe von Applikationen Standard-Batch-Input-Programme, die Sie für Ihre Datenmigration – beispielsweise in Kombination mit der LSM Workbench – verwenden können (siehe Abschnitt 3.3, »Standard-Batch-Input-Programme«). Hierdurch können Sie zum einen alle bisher genannten Vorzüge der Batch-Input-Technik nutzen; zum anderen profitieren Sie zusätzlich von der übersichtlichen Benutzerführung der LSM Workbench.

Standard-Batch-Input-Programme sind normalerweise in der Lage, für einen Satz von Eingabedaten die dazu passende Bildfolge in der Batch-Input-Mappe zu erzeugen, sodass diese fehlerfrei abgespielt werden kann.

Wie in Abschnitt 3.4, »Batch-Input-Aufzeichnung: Generelle Vorgehensweise«, bereits beschrieben, stehen Ihnen beim Ausführen eines Batch-Input-Programms grundsätzlich zwei Möglichkeiten zur Verarbeitung der bereitgestellten Daten zur Verfügung:[1]

Call Transaction vs. Batch-Input

▶ **Verarbeitung mit Call Transaction**
Mit Call Transaction werden die Daten prinzipiell schneller verarbeitet als mit Batch-Input-Mappen. Im Gegensatz zu Batch-Input-Mappen unterstützt das Call-Transaction-Verfahren jedoch nur bedingt interaktive Korrektur- oder Protokollfunktionen.

Darüber hinaus ermöglicht diese Technik eine synchrone Verarbeitung der Daten, und der Anwender kann beim Ausführen des Programms über den Selektionsbildschirm bestimmen, ob eine synchrone oder asynchrone Datenbankverbuchung gewünscht wird. Die zuletzt genannte Option ist vor dem Hintergrund einer stetigen Systemauslastung zu sehen.

▶ **Kombinierte Verarbeitung mit Batch-Input und Call Transaction**
Auf die generellen Vorzüge des Batch-Input-Verfahrens, wie zum Beispiel Datensicherheit und Fehlerbearbeitungsmöglichkeiten, wurde bereits eingegangen. Sollen diese Vorzüge nun mit einer verbesserten Performance der Datenübernahme einhergehen, ist über einen kombinierten Einsatz des Batch-Input- und des Call-Transaction-Verfahrens nachzudenken. Hierzu müssen Sie sich beim Ausführen des Datenübernahmeprogramms für das Call-Transaction-Verfahren entscheiden und zusätzlich eine Fehlermappe benennen, in die alle fehlerhaften Transaktionen gestellt werden, die das Call-Transaction-Verfahren nicht verarbeiten kann. Sobald das Programm beendet ist, kann mit der manuellen Nachbearbeitung der Fehlermappe begonnen werden. Mit dieser Vorgehensweise können Sie zwei auf den ersten Blick unvereinbare Ziele der Datenübernahme miteinander verbinden: Schnelligkeit und Datensicherheit.

---

1 Einzelne Standard-Batch-Input-Programme bieten diese Möglichkeit ebenfalls.

Programmierung erforderlich

Sobald Sie allerdings Daten übernehmen möchten, für die keine Standard-Batch-Input-Programme zur Verfügung stehen (siehe Abschnitt 3.3, »Standard-Batch-Input-Programme«), wird sich bei »traditioneller« Vorgehensweise eine eigene Programmierung nicht vermeiden lassen. Auch wenn diese Programme weitestgehend vom SAP-System auf der Basis einer zugrunde liegenden Aufzeichnung automatisch generiert werden, bedarf es einer Erweiterung des Codings und damit zumindest rudimentärer ABAP-Kenntnisse. Beispielsweise muss das Programm mit zusätzlicher Funktionalität ausgestattet werden, die es erlaubt, mehr als nur einen Datensatz, das heißt eine gesamte Übernahmedatei in das SAP-System zu laden und zu verarbeiten (siehe Abschnitt 3.4, »Batch-Input-Aufzeichnung: Generelle Vorgehensweise«).

Besonderheiten einer Aufzeichnung

Ein aus einer Aufzeichnung generiertes Programm bildet exakt den Ablauf dieser Aufzeichnung ab. SAP-Transaktionen können sich jedoch für verschiedene Eingabedaten unterschiedlich verhalten. Dies bedeutet, dass die Abfolge der Bildschirmbilder nicht immer gleich ist, sondern häufig von den gewählten Eingabedaten abhängt.

Ein generiertes Batch-Input-Programm kennt jedoch nur die Bildfolge der zugrunde liegenden Aufzeichnung. Demnach müssen Sie, um auf die Möglichkeit sich ändernder Bildschirmbilder programmtechnisch reagieren zu können, alternative Bildschirmfolgen in der Programmlogik hinterlegen, die in Abhängigkeit von einer bestimmten Bedingung zu verarbeiten sind. Dies bedeutet wiederum, dass Sie verschiedene Aufzeichnungen zu einer Transaktion erstellen müssen, die allen Eventualitäten Rechnung tragen, um sich daraus den entsprechenden Quellcode generieren zu lassen. Diese Aufgabe kann also durchaus komplexe Gestalt annehmen.

Kombiniert mit Microsoft Word-Serienbriefverarbeitung

Das generelle Problem der eigenen Programmierung können Sie umgehen, indem Sie die Aufzeichnung exportieren und sie als Basis für die Serienbriefverarbeitung nutzen. Konkret bedeutet dies, dass Ihre zu übernehmenden Datensätze allesamt in das Format der Aufzeichnung überführt werden müssen, sodass sie im Anschluss wieder in das SAP-System eingelesen werden können und daraus eine Batch-Input-Mappe erzeugt und verarbeitet werden kann (siehe Abschnitt 3.5, »Batch-Input-Aufzeichnung kombiniert mit Microsoft Word-Serienbriefverarbeitung«).

Sie können nicht davon ausgehen, dass Sie für alle SAP-Transaktionen mittels Aufzeichnung stets ein Umfeld für die Datenübernahme bereiten können, das die gewünschten Batch-Input-Mappen produziert. Daher sind Aufzeichnungen grundsätzlich zu verwerfen, wenn die Anzahl an Positionssätzen pro Datensatz variieren kann. Eine derartige Situation ist beispielsweise dann gegeben, wenn Bestellungen übernommen werden sollen. In Extremfällen können sowohl Bestellungen vorliegen, die nur eine einzige Bestellposition haben, als auch solche, die aus mehreren Hundert Bestellpositionen bestehen.

Selbst wenn Sie das aus einer entsprechenden Aufzeichnung generierte Programm mit einiger Programmierkunst auf dieses Spektrum an Eventualitäten vorbereiten können, ist es hier nicht unsere Absicht, näher darauf einzugehen. Wir empfehlen Ihnen in solchen Situationen vielmehr die LSM Workbench, da mit ihr das skizzierte Problem auf elegantere Art und Weise und – das ist für uns entscheidend – ohne Programmierung gelöst werden kann.

Das in Abschnitt 5.2, »Datenmigration mit der LSM Workbench«, eingeführte Beispiel der Übernahme von Debitorenstammdaten – einschließlich der Ansprechpartner – kann ebenfalls diesem Problembereich zugeordnet werden.

9.2.2 eCATT

Bei einer Datenmigration mittels eCATT sind die vorbereitenden Maßnahmen denkbar einfach. Sie müssen sich lediglich über die Transaktion im Klaren sein, mit der die Daten übernommen werden sollen. Ist die Transaktion bekannt, lässt sich ein zu migrierender Datensatz mit allen für die Datenübernahme relevanten Informationen exemplarisch aufzeichnen (Testskript) und anschließend entsprechend parametrisieren. Das Ergebnis der Parametrisierung können Sie als sogenannte *Variante* lokal auf Ihren PC herunterladen (Testdaten) und dort weiterbearbeiten, das heißt Sie können alle zu migrierenden Datensätze gemäß dem Format der Variante anordnen und später in das SAP-System einlesen (Testkonfiguration).

Falls Sie eine Datenmigration durchführen möchten, die sich mit allen beschriebenen Verfahren realisieren lässt, ist die Vorbereitungszeit zur Umsetzung dieses Vorhabens am kürzesten, wenn das eCATT für die Datenübernahme zum Einsatz kommt. Dabei ist unter Vor-

Problemfall

Relativ einfache Vorgehensweise

Kürzeste Vorbereitungszeit und Verzicht auf Programmierung

bereitungzeit die Zeit zu verstehen, die einzuplanen ist, um eine Umgebung zu schaffen (Batch-Input, eCATT, LSM Workbench, SAP BusinessObjects Data Services), in der die Datenübernahme stattfinden kann.

Da das eCATT zum Zweck der Datenübernahme ohne Programmierung auskommt, ist es auch für weniger technisch orientierte Personengruppen zugänglich.

Da beim Ausführen eines Testfalls sämtliche Eingabeprüfungen des SAP-Systems durchlaufen werden, wie man sie auch aus der Dialog- bzw. Batch-Input-Verarbeitung kennt, ist folglich auch die Geschwindigkeit, mit der die Daten eingelesen werden, bei beiden Verfahren annähernd gleich.

Besonderheiten einer Aufzeichnung Ähnlich wie bei einer Batch-Input-Aufzeichnung wird im Testskript exakt der Ablauf der zu verarbeitenden Transaktion mit den entsprechenden Bildschirmbildern festgehalten. Dies bedeutet, dass auch hier das Verfahren nicht flexibel genug ist, um auf unterschiedliche Bildschirmfolgen zu reagieren, die sich in Abhängigkeit der Datenkonstellation der zu verarbeitenden Daten ergeben können.

Eingeschränkte Möglichkeiten der Fehlerbearbeitung Das eCATT ist, anders als das Batch-Input-Verfahren, nicht in der Lage, fehlerhafte Transaktionen der Datenübernahme zu sammeln und sie für die nachträgliche manuelle Bearbeitung gesondert zur Verfügung zu stellen. Vielmehr werden, sobald ein Testfall dunkel ausgeführt wird und die Möglichkeit der interaktiven Einflussnahme nicht gegeben ist, alle fehlerfreien Transaktionen wie erwartet verbucht. Fehlerhafte Transaktionen werden hingegen dabei übersprungen und allenfalls protokollarisch hervorgehoben. Wird dieses Protokoll anschließend nicht genau analysiert, kann es durchaus vorkommen, dass zu übernehmende Datensätze von der Datenübernahme ausgeschlossen bleiben und somit das Ergebnis der Migration nachhaltig verfälschen.

Führt man sich allerdings die Entstehungsgeschichte des eCATTs vor Augen, dessen primäres Ziel ursprünglich die automatische Generierung von Testdaten zum Testen von Geschäftsprozessen im SAP-System war, gibt es auch keinen Grund, eine derart ausgereifte Funktionalität der Fehlernachbearbeitung zu bieten, wie sie aus der Batch-Input-Verarbeitung bekannt ist.

Wird das eCATT – wie im vorliegenden Buch – für die Datenmigration zweckentfremdet, können Sie dieses Problem umgehen, indem Sie sämtliche Testfälle im Modus FEHLER ANZEIGEN ausführen. So haben Sie die Möglichkeit, Einfluss zu nehmen, sobald ein Fehler im Datenbestand auftritt. Ist der Fehler korrigiert, wird automatisch in die Hintergrundverarbeitung umgeschaltet, bis eine erneute Fehlersituation auftritt. Dieses Wechselspiel zwischen Dialog- und Hintergrundverarbeitung setzt sich so lange fort, bis die Verarbeitung beendet ist.

Nur Fehler anzeigen

Unterstellt man, dass pro Stunde ca. 3.000 Datensätze verarbeitet werden können, was stark von der eingesetzten Hardware abhängt, wird schnell ersichtlich, dass dieses Verfahren bei großen Datenvolumina zeitintensiv werden kann. Außerdem erfordert es zum Zweck der korrektiven Einflussnahme auch noch eine permanente Benutzerpräsenz. Kann jedoch von einer hohen Datenqualität ausgegangen werden, die mit Fehlerlosigkeit oder nur mit einer geringen Anzahl an Fehlern einhergeht, wiegt dieser Einwand nicht ganz so schwer.

Großes Datenvolumen problematisch

9.2.3 LSM Workbench

Eine unumstrittene Stärke der LSM Workbench ist eine klare Benutzerführung, die dem Benutzer den Weg durch den komplexen Prozess der Datenmigration weist. Der Benutzer wird in logischer Abfolge durch die Arbeitsschritte geführt. Dieser rote Faden, der elastisch genug ist, um Abweichungen zuzulassen, hat sich in der Praxis vielfach bewährt.

Klare Benutzerführung und Organisation

Die klare Gliederung mittels der Organisationseinheiten *Projekt* und *Teilprojekt* ist zweifellos eine große Hilfe, um den Überblick zu bewahren. Dieser Vorteil fällt umso mehr ins Gewicht, je komplexer ein Datenmigrationsprojekt ist. Die Projektstruktur unterstützt auch die konsistente Verteilung der für die Datenmigration relevanten Teile – vom Entwicklungssystem über das Konsolidierungssystem bis hin zum Produktivsystem.

Wenn innerhalb eines Migrationsprojekts verschiedene Importtechniken (Standard-Batch-Input, Batch-Input-Aufzeichnung, Direct-Input, BAPI, IDoc) zum Einsatz kommen, sorgt die LSM Workbench dafür, dass die Vorgehensweise aus Benutzersicht dennoch über

Alle Importtechniken unter einem Dach

weite Strecken einheitlich ist und alle Arbeitsschritte aus einer einheitlichen Oberfläche heraus aufgerufen werden können.

Die größte Stärke der LSM Workbench liegt sicherlich im Bereich der Datenkonvertierung. Ein Einsatz der LSM Workbench wird daher immer dann von Vorteil sein, wenn sich Altsystem und SAP-System in Bezug auf Struktur und Format der Daten stark unterscheiden.

Flexibilität | Die LSM Workbench bietet ein hohes Maß an Flexibilität auf verschiedenen Ebenen. Durch die Unterstützung der wesentlichen Importtechniken ist die Bandbreite der migrierbaren Datenobjekte sehr groß. Durch die Kombination aus vorgedachten Umsetzungsregeln, die »per Knopfdruck« zur Verfügung stehen, und aufgrund der Möglichkeit, stets eigenes ABAP-Coding hinzuzufügen, ergeben sich geradezu unbegrenzte Möglichkeiten.

Ein hohes Maß an Flexibilität bringt jedoch zwangsläufig ein gewisses Maß an Komplexität mit sich. Der LSM Workbench gelingt es zwar, diese Komplexität an vielen Stellen gut zu verstecken, gleichwohl bleibt jedoch festzuhalten, dass der initiale Aufwand, den Umgang mit der LSM Workbench zu erlernen, nicht vernachlässigt werden darf. Ein Indiz hierfür mag schon allein die Tatsache sein, dass Kapitel 5, »Legacy System Migration Workbench«, das mit Abstand umfangreichste dieses Buches ist.

9.2.4 SAP BusinessObjects Data Services

Früher Start der Migration | Der große Vorteil beim Einsatz der ETL-Plattform SAP BusinessObjects Data Services (im Folgenden auch kurz: Data Services) bei der Datenmigration ist ganz klar die Möglichkeit, bereits frühzeitig im Verlauf der SAP-Einführung mit der Migration zu beginnen. Schließlich läuft dieses Werkzeug als autarkes System normalerweise auf einem eigenen Server oder Rechner. Und es beinhaltet mit dem vorausgelieferten Content bereits einen Grundschatz an SAP-Standard-Customizing. Die Datenmigration kann daher trotz nachträglicher Delta-Anpassungen beginnen, bevor das SAP-Customizing komplett abgeschlossen ist. Ferner funktioniert Data Services als Plattform zwischen Alt- und SAP-System wie eine eigene Exchange-Infrastruktur oder Middleware. Dieser große Vorteil ist jedoch auch gleichzeitig ein gravierender Nachteil: Sie benötigen zusätzliche Software und auch die Rechnerkapazitäten für SAP BusinessObjects Data Services und die SAP BusinessObjects BI-Plattform. Dies kann normalerweise entweder extra für die Datenmigration oder aber – bei anschließender Verwendung für die dauerhafte Sicherung der Datenqualität und Analysen – auch bereits für die Zukunft aufgebaut werden. In jedem Fall erfordert der Einsatz von SAP BusinessObjects Data Services zu Beginn des Datenmigrationsprojekts einen erhöhten Aufwand durch die zusätzliche Installation.

Ähnlich wie bei der LSMW handelt es sich bei Data Services um ein komplexes Softwareprodukt, dessen komplette Funktionalität über die Beispiele in diesem Buch hinausgeht. Aus diesem Grund ist es notwendig, sich mit dem Werkzeug vertraut zu machen. Aufgrund der grafischen Benutzeroberfläche ist es für viele Benutzer schnell und leicht erlernbar, doch gerade für bisherige ABAP-Programmierer kann die BusinessObjects-Programmierumgebung, die sich deutlich von der ABAP Workbench unterscheidet, zunächst eine Hürde darstellen. In Kapitel 6, »Datenübernahme mit SAP BusinessObjects Data Services«, wurde darauf eingegangen, wie diese Hürde mittels eines in Data Services eingebauten »Tutorials« genommen werden kann. Weiß man erst einmal, wie man die vorgefertigten Skripting-Beispiele selbst anpassen kann, lassen sich nahezu alle Anforderungen über diese »Coding-Schnipsel« mit eigenen Anpassungen flexibel umsetzen.

Grafische Benutzeroberfäche

Den größten Mehrwert während eines Datenmigrationsprojektes mit SAP BusinessObjects Data Services liefern ohne Zweifel die eingebauten Validierungen für Mussfelder, Formate und gegen SAP-Prüftabellen; und zwar bereits bevor auch nur ein einziger Datensatz tatsächlich geladen werden muss. Auf diese Weise kann man »Trockenläufe« mittels Data Services durchführen und immer wieder Änderungen im Mapping daraufhin überprüfen, welche Auswirkungen diese auf den Ladeprozess haben.

Validierungen

Schließlich bilden die eingebauten und mit dem SAP Best Practices-Content ausgelieferten WebIntelligence-Berichte für Projektleiter, das Management und Business-Benutzer einen einfachen Zugang zum Stand des Datenmigrationsprojektes und eventuell auftretenden Mapping-Problemen. Diese Analysen sind für jeden involvierten Mitarbeiter einfach über eine Weboberfläche abrufbar; dadurch lässt sich die Arbeitsaufteilung vereinfachen und Fachbereichsverantwortliche können leichter in die Datenmigration eingebunden werden.

Analysen

9.3 Entscheidungskriterien für die Auswahl der Verfahren

Prämissen

Sind die Stärken und Schwächen der einzelnen Verfahren bekannt, kann im nächsten Schritt ein adäquates Verfahren für die konkrete Migrationsaufgabe ausgewählt werden. Hierbei wird unterstellt, dass immer das Verfahren zum Einsatz kommen soll, das unter den gegebenen Umständen eine noch ausreichende Funktionalität zur Verfügung stellt. Dies bedeutet, dass die Komplexität eines Verfahrens mit der Komplexität der Migrationsaufgabe steigt; wobei auch hier wiederum die Programmierung als Ultima Ratio zu sehen ist.

9.3.1 Komplexität der Migrationsaufgabe

Geringe
Komplexität
vs. erhöhte
Komplexität

Ist die Komplexität der Migrationsaufgabe vergleichsweise gering, was sich in einem einheitlichen Datenbestand mit einheitlichen Transaktionen und Bildschirmfolgen ausdrückt, lässt sich dies zunächst mit einer Aufzeichnung realisieren. Hierbei kann es sich um eine Batch-Input-Aufzeichnung handeln, die mit der Microsoft Word-Serienbriefverarbeitung oder der LSM Workbench kombiniert werden kann. Alternativ könnte man sich auch die Aufzeichnung eines Testskripts vorstellen, wie es das eCATT verwendet.

Ist der Datenbestand uneinheitlich, was in sich ändernden Bildschirmfolgen zum Ausdruck kommt, ist es mühsam, derartige Situationen über Aufzeichnungen abzubilden. Es ist vielmehr nach einem Verfahren Ausschau zu halten, das in der Lage ist, ohne weiteres Zutun unterschiedliche Bildschirmfolgen zu verarbeiten. Die Lösung heißt hier LSM Workbench in Kombination mit einem Standard-Batch-Input-Programm. Liegt dieses Standard-Batch-Input-Programm nicht vor, ist nach geeigneten BAPIs oder IDocs zu suchen, die ebenfalls in die LSM Workbench oder auch in SAP BusinessObjects Data Services eingebunden werden können.

9.3.2 Qualität der Altdaten

Hohe
Datenqualität vs.
geringe
Datenqualität

Kann von einer hohen Datenqualität ausgegangen werden, ist die Wahrscheinlichkeit für fehlerhafte Datensätze als gering einzuschätzen bzw. kann vollständig vernachlässigt werden. Bei einer derartigen Konstellation spielt das Fehler-Handling eine eher untergeordnete Rolle, sodass Verfahren mit beschränkten Möglichkeiten der Fehlerbearbeitung zum Einsatz kommen können, wie zum Beispiel eCATT und Batch-Input-Verfahren in Kombination mit Call Transaction.

Ist die Datenqualität dagegen gering oder unbekannt, die Fehlerwahrscheinlichkeit demnach hoch, kommen die Vorzüge des Batch-Input-Verfahrens zum Tragen, insbesondere die Fehlermappen mit den komfortablen Korrekturmöglichkeiten.

Als ETL-Plattform mit eingebauter Datenqualitätsfunktionalität bietet sich in diesem Fall das Werkzeug SAP BusinessObjects Data Services an. Hier werden die Daten erst dann in das SAP-System geladen, wenn sie die Anforderungen, die das SAP-System an die Daten stellt, erfüllen. Außerdem sind Funktionalitäten zum Profiling der Altdaten und der Anbindung von Datenqualitätsdatenbanken nur in diesem Fall ohne Weiteres möglich.

9.3.3 Datenvolumen

Müssen vergleichsweise wenige Datensätze übernommen werden, das heißt weniger als 10.000 Transaktionen, sollte der Durchsatz der Batch-Input-Technik bzw. des eCATTs ausreichend sein.

Geringes Datenvolumen vs. hohes Datenvolumen

Werden allerdings Größenordnungen von 100.000 und mehr Datensätzen überschritten, steht unversehens der Faktor Zeit im Mittelpunkt des Migrationsvorhabens. In derartigen Situationen reduziert sich das Entscheidungsproblem unmittelbar auf die Frage, wie sich die Daten schnellstmöglich in das SAP-System übernehmen lassen. Die Antwort hierfür liefert das Direct-Input-Verfahren, sofern es das SAP-System für die konkrete Applikation unterstützt. Ist dies der Fall, kann es in Kombination mit der LSM Workbench zum Einsatz kommen.

Existiert für die Anwendung ein BAPI, kann es alternativ in Kombination mit der DX-Workbench (siehe Abschnitt 11.1, »Datenübernahme-Workbench«) zur Datenmigration genutzt werden.

9.3.4 Bedeutung der Datensicherheit

Ist eine sehr große Datensicherheit gefordert, sind sämtliche Verfahren der Datenübernahme zu verwerfen, die die Daten direkt in die Datenbank schreiben. Wenngleich das Direct-Input-Verfahren das

Sicherheit vor Schnelligkeit

kontrollierte Schreiben in die Datenbank unterstützt, erscheinen uns die Prüfungen in derartigen Situationen nicht ausreichend, sodass wir mit Nachdruck das Batch-Input-Verfahren empfehlen, das hier seine Vorzüge hinsichtlich Fehlererkennung und Fehlerbehandlung voll entfalten kann. Genauso verfügen die IDoc-Eingangsschnittstelle und die BAPIs über die gleichen Prüfungen wie im Dialogmodus. Sie sind von den einzelnen Applikationen vorgedacht und werden beispielsweise im Rahmen des Application Link Enablings (ALE) für Kommunikation mit SAP-Systemen seit Jahren erfolgreich verwendet. Eine Standardschnittelle ist somit im Sinn der Datenqualität stets dem direkten Schreiben vorzuziehen.

Schnelligkeit vor Sicherheit Sind Sie sich der guten Qualität Ihrer Daten sicher und können Sie demzufolge auf zeitaufwendige, den Durchsatz reduzierende Eingabeprüfungen verzichten, kann bei einem entsprechenden Datenvolumen für den Einsatz des Direct-Input-Verfahrens plädiert werden.

9.3.5 Wiederverwendbarkeit

Unter Effizienz- und Kostenaspekten ist die Wiederverwendung einer einmal entwickelten Prozedur in vergleichbaren Situationen zu fordern. Es darf nicht vorkommen, dass sich bereits bei einer nur geringfügigen Änderung der Problemstellung die gesamte investierte Arbeitszeit als Makulatur erweist.

eCATT Wenn Sie ein einmal mit dem eCATT aufgezeichnetes Testskript für zukünftige ähnliche Migrationen nutzen möchten, kann dies mit einer umfassenden Parametrisierung der Felder erreicht werden. Darüber hinaus ist durch die Anbindung des eCATTs an das Änderungs- und Transportwesen gewährleistet, dass sowohl Testskript und Testdaten als auch die Testkonfiguration transportiert und somit verschiedenen SAP-Systemen zur Verfügung gestellt werden können.

LSM Workbench Die LSM Workbench erlaubt Ihnen, jederzeit Anpassungen an einmal erstellten Datenmigrationsobjekten vorzunehmen. Hierbei sind verschiedene Konstellationen denkbar. So kann einerseits ein Projekt (im Sinne der LSM Workbench) auf unterschiedliche Arten von einem System in ein anderes System kopiert und dort angepasst werden, andererseits kann aber auch innerhalb eines Systems beispielsweise ein Projekt kopiert und abgewandelt werden.

In SAP BusinessObjects Data Services können alle Objekte wie Projekt, Job und Work- bzw. Dataflow kopiert, exportiert und importiert werden. Damit ist auch der Austausch von Mapping zwischen verschiedenen Installationen und Repositorys und infolgedessen die Wiederverwendbarkeit möglich. SAP BusinessObjects Data Services verwendet dafür das eigene Format *.atl*.

SAP Business-Objects Data Services

Sie haben grundsätzlich die Möglichkeit, eine Aufzeichnung zu bearbeiten und sie damit wiederverwendbar zu machen – sei es direkt im Aufzeichnungseditor oder innerhalb einer Datei, in der Sie die Aufzeichnung abgespeichert haben. Da diese Vorgehensweise jedoch mit zahlreichen manuellen Änderungen der aufgezeichneten Informationen einhergeht, raten wir von ihr ab.

Batch-Input-Aufzeichnung

9.3.6 Restriktionen

Da alle Testskripte auf Aufzeichnungen basieren, gelten die zu den Aufzeichnungen genannten Einschränkungen (siehe Abschnitt 9.2.1, »Batch-Input«). Was den Umgang mit fehlerhaften Datensätzen betrifft, gilt das in Abschnitt 9.2.2, »eCATT«, Gesagte. Hinsichtlich der Performance verweisen wir Sie auf Abschnitt 9.3.3, »Datenvolumen«.

eCATT

Wie bereits in Kapitel 5 ausführlich dargelegt, ist die Legacy System Migration Workbench bei der Verarbeitung unterschiedlichster Dateiformate und der Konvertierung von Strukturen und Feldinhalten sehr mächtig. Die Grenzen der LSM Workbench wurden hingegen in diesem Kapitel dargestellt; wenn beispielsweise die Strukturen des Altsystems eine größere Hierarchietiefe als die Strukturen des SAP-Systems aufweisen, kann diese Situation mit der LSM Workbench nicht bewältigt werden – zumindest nicht ohne Tricks. Auch besonders anspruchsvolle Konvertierungen – wie zum Beispiel der in Kapitel 5 beschriebene Fall, zwei Quellfelder in ein Zielfeld umzuschlüsseln – sind nicht ohne zusätzlichen Aufwand zu bewerkstelligen.

LSM Workbench

Einschränkungen beim Batch-Input-Verfahren sind immer dann zu erkennen, wenn es auf einer Aufzeichnung basiert oder der Datenbestand eine Größenordnung annimmt, die nach einem durchsatzstärkeren Verfahren verlangt.

Batch-Input

Data Services

Die Einschränkungen der Data Services-Plattform sind im Wesentlichen durch die Einschränkungen der SAP-Standardschnittstellen gegeben. Da es keine eingebaute Aufzeichnungsfunktionalität gibt wie im Fall der LSM Workbench, können nur Daten migriert werden, die über IDocs oder BAPIs abgedeckt sind. Selbstverständlich ist es möglich, hier Erweiterungen vorzunehmen, sogar ein direktes Schreiben in die SAP-Datenbank wäre technisch möglich – jedoch in keinem Fall angeraten.

9.3.7 Benutzerfreundlichkeit

LSM Workbench

Definiert man Benutzerfreundlichkeit als Maß der Erfüllung bestimmter Anforderungen, die an ein Migrationsverfahren gestellt werden, ist die LSM Workbench mit ihren zahlreichen Gestaltungsmöglichkeiten den anderen Verfahren deutlich überlegen. Dass diese Flexibilität den Anwender – zumindest anfänglich – bisweilen verunsichern kann, ist nicht von der Hand zu weisen. Wir hoffen dennoch, mit diesem Buch einen Beitrag zur Reduzierung – wenn nicht sogar Vermeidung – dieser Unsicherheit geleistet zu haben, sodass Sie das gesamte Spektrum der Optionen, die Ihnen die LSM Workbench bietet, immer in Abhängigkeit von der konkreten Migrationsaufgabe, nutzen können.

eCATT

Der Charme des eCATTs liegt in der für alle Datenmigrationen identischen Vorgehensweise. Auch kann die relativ geringe Anzahl der Schritte, die bei einer Datenübernahme zu beachten sind, als Vorteil angesehen werden. Wenn man unter Benutzerfreundlichkeit eine leichte Erlernbarkeit versteht, sind es insbesondere diese beiden Wesensmerkmale, die für das eCATT sprechen.

Data Services

Wenn Sie Data Services einsetzen, kann das einmal bei einem bestimmten Business-Objekt erlernte Vorgehen stets bei allen Objekten angewendet werden. Da das Tool immer mit der IDoc-Schnittstellentechnik arbeitet, ist der Ablauf grundsätzlich der gleiche. Über die eingebaute Möglichkeit des Drag & Drop und der grafischen Visualisierung des Datenflusses wird darüber hinaus die Umsetzung der Datenmigration selbst sehr vereinfacht. Durch die direkte Anbindung an Altsystemdatenbanken wird ferner das Definieren der Metadaten für die Legacy-Strukturen überflüssig, da Datenstrukturen und -typen automatisch ausgelesen werden können. Schließlich sei noch die vereinfachte Fehlerbehandlung durch Vorabvalidierungen und die Präsentation der Ergebnisse in Analyseberichten genannt.

Kombinieren Sie eine Batch-Input-Aufzeichnung mit der Microsoft Word-Serienbriefverarbeitung, sind zwar mehr Arbeitsschritte als bei der Verwendung des eCATTs durchzuführen, die Vorgehensweise ist jedoch auch hier für alle Migrationsvorhaben die gleiche. Die Mehrarbeit während der Vorbereitung wird dadurch belohnt, dass Ihnen für die Behandlung von Datensätzen im Fehlerfall eine komfortable Möglichkeit zur Verfügung steht: die Batch-Input-Fehlermappe.

Serienbriefverarbeitung

9.3.8 Fazit

Zweifelsohne kann eine Rangfolge bezüglich der Mächtigkeit der Migrationstechniken festgestellt werden:

Rangfolge bezüglich Mächtigkeit

1. LSM Workbench/SAP BusinessObjects/Data Services
2. Batch-Input-Aufzeichnung/Call Transaction
3. eCATT

Diese Rangfolge sagt aus, dass Sie alles, was Sie mit eCATT erledigen können, auch in der Batch-Input-Aufzeichnung bzw. in der Call-Transaction-Methode wiederfinden, die aber noch weitergehende Funktionalitäten bieten. Diese beiden Tools repräsentieren allerdings nur einen Ausschnitt der Möglichkeiten, die von der LSM Workbench und Data Services geboten werden.

Unterstellt man, dass für ein Datenmigrationsprojekt immer das einfachste Verfahren ausgewählt werden soll, ist zunächst zu prüfen, ob sich die Ziele der Migration mittels eCATT verwirklichen lassen. Ist dies nicht der Fall, ist ein komplexeres Verfahren – die Batch-Input-Aufzeichnung bzw. die Call-Transaction-Methode – zu prüfen. Führt auch dies nicht zum gewünschten Ergebnis, muss das mächtigste Verfahren – die LSM Workbench oder Data Services – eingesetzt werden.

Komplexität und Mächtigkeit

Tabelle 9.2 stellt eine Entscheidungsmatrix dar, die verschiedene Gesichtspunkte berücksichtigt. Wie schon bei der Auswertung beschränken wir uns dabei auf die Anwendungsfälle SAP ERP und SAP CRM, in denen eine Wahl zwischen einsetzbaren Werkzeugen besteht.

		Komplexität		Datenqualität		Datenvolumen	
		Hoch	*Gering*	*Hoch*	*Gering*	*Hoch*	*Gering*
Datenqualität	*Hoch*	LSM, DS	eCATT, CT				
	Gering	LSM, DS	BI, DS				
Datenvolumen	*Hoch*	LSM, DS	LSM + DX	LSM + DX	LSM, DS		
	Gering	LSM	eCATT, BI, CT	eCATT, CT	BI, DS		
Wiederver-wendbarkeit	*Wichtig*	LSM, DS	eCATT, DS	eCATT, DS	LSM, DS	LSM, DS	eCATT, DS
	Unwichtig	LSM, DS	BI, CT	CT	BI, DS	LSM, DS	BI, CT

Legende:

BI = Batch-Input-Aufzeichnung, eventuell kombiniert mit Serienbriefverarbeitung von Microsoft Word

LSM = LSM Workbench (mit Standard-Batch-Input, Batch-Input-Aufzeichnung, Direct-Input, BAPI, IDoc)

DS = SAP BusinessObjects Data Services

CT = Call Transaction

DX = Datenübernahme-Workbench (siehe Abschnitt 11.1)

Tabelle 9.2 Entscheidungsmatrix für Datenübernahmeverfahren

Beispiel Nehmen wir weiter an, dass Sie mit folgender Ausgangssituation konfrontiert werden: Die *Komplexität* Ihrer Migrationsaufgabe ist verhältnismäßig gering, und das *Datenvolumen* bewegt sich in einer mittleren Größenordnung. Da Sie über die *Datenqualität* keine Aussage treffen können, müssen Sie mit einer gewissen Fehlerwahrscheinlichkeit rechnen. Unter Effizienzgesichtspunkten sind Sie natürlich an einer *Wiederverwendbarkeit* des Verfahrens bei künftig ähnlichen Fragestellungen interessiert.

Wenden Sie die zuvor beschriebene Entscheidungsmatrix auf diesen Datenkranz an, lässt sich Folgendes ableiten:

▶ Wiederverwendbarkeit wichtig → eCATT, DS

▶ Datenvolumen gering → eCATT

▶ Datenqualität gering → BI, DS

▶ Komplexität gering → eCATT

Hier wird unterstellt, dass zur Lösung jedes Teilproblems das einfachste Verfahren verwendet werden soll. Da jedoch keine Teilprobleme, sondern das Gesamtproblem gelöst werden muss, ist das Verfahren auszuwählen, das alle Teilaspekte berücksichtigt. Im letztgenannten Beispiel fällt demnach die Wahl auf die Batch-Input-Aufzeichnung in Kombination mit der Microsoft Word-Serienbriefverarbeitung, da wir Programmierung tunlichst vermeiden möchten. Allerdings geht aus diesem Beispiel auch hervor, dass das Ziel der Wiederverwendbarkeit der Migrationsmethode den anderen Zielen zum Opfer fiel.

Wenn Sie die soeben dargestellte Entscheidungsmatrix bei Ihren eigenen Migrationsprojekten sinngemäß anwenden, werden Sie das Verfahren identifizieren, das für Ihre Zwecke eine ausreichende Funktionalität zur Verfügung stellt.

Stets einfachstes Verfahren

Entscheidungsmatrix

*Nachdem in den vorangegangenen Kapiteln Migrations-
techniken beschrieben wurden, die sich in allen SAP-Applikationen gleichermaßen einsetzen lassen, wenden wir uns in
diesem Kapitel einem Spezialfall der Datenübernahme in der
Anlagenbuchhaltung zu.*

10 Anlagenübernahme mit Microsoft Excel

Nach einer kurzen Gegenüberstellung der Techniken zur Übernahme
des Anlagevermögens werden wir im Detail auf die Anlagenübernahme mit Microsoft Excel eingehen – ein Verfahren, das auf ABAP-
Programmierung vollständig verzichten kann.

10.1 Beurteilung der Verfahren zur Anlagenübernahme

Bei der Anlagenübernahme müssen Daten aus einem Vorsystem oder
einer manuell geführten Anlagenkartei übernommen werden. Dies
ist in der Regel die erste Aktion nach der Konfiguration der Anlagenbuchhaltung und der Anlagenklassifizierung. Unter *Datenmigration*
ist in diesem Zusammenhang sowohl die Übernahme der Anlagenstammsätze als auch die Übernahme der korrespondierenden Bewegungen wie Abschreibungen und Zugänge zu verstehen.

Übernahme von Stamm- und Bewegungsdaten

Das SAP-System bietet mehrere Möglichkeiten der Anlagenübernahme:

▸ **Maschinelle Übernahme über Direct-Input**
Die maschinelle Übernahme über Direct-Input ist immer dann zu
empfehlen, wenn es sich um einen sehr großen Anlagenbestand
(mehr als 100.000 Anlagen) handelt und die Daten schnellstmöglich in das SAP-System zu übernehmen sind. Die Schnelligkeit dieser Methode geht allerdings zu Lasten der Qualität der übernom-

Sehr großer Anlagenbestand

menen Daten, da beim Vorgang des Einlesens nur rudimentäre Prüfungen durchgeführt werden. Des Weiteren ist dieses Verfahren nicht dazu geeignet, bereits stattgefundene Anlagenabgänge zu berücksichtigen sowie Anlagenkomplexe mit Unternummern abzubilden. Das zugehörige SAP-Programm heißt RAALTD11 und kann auch in Verbindung mit der LSM Workbench ausgeführt werden (siehe Kapitel 5, »Legacy System Migration Workbench«).

Großer Anlagenbestand

▶ **Maschinelle Übernahme über Batch-Input**
Sicherer als Direct-Input ist Batch-Input. Hier werden beim Einlesen der Daten umfangreichere Prüfungen durchgeführt, was das Risiko fehlerhafter Datensätze minimiert. Diese zusätzlichen Prüfungen gehen allerdings zu Lasten der Performance. Das Batch-Input-Verfahren sollte gewählt werden, wenn große Anlagenbestände (zwischen 50.000 und 100.000 Anlagen) zu übernehmen sind. In Abhängigkeit von der Hardwareumgebung und der Systemkonfiguration übergibt die Batch-Input-Schnittstelle zwischen 10 und 40 Anlagenstammsätze (inklusive Bewegungen) pro Minute in das Nebenbuch der Anlagenbuchhaltung, wohingegen das Direct-Input-Verfahren die zehnfache Anzahl an Sätzen pro Minute verarbeiten kann. Dafür ist das Batch-Input-Verfahren wiederum in der Lage, auch Anlagenabgänge zu berücksichtigen, sofern die Altdatenübernahme zum Geschäftsjahresende durchgeführt wird. In diesem Fall heißt das korrespondierende SAP-Programm RAALTD01, das sich in gleicher Weise wie RAALTD11 in die LSM Workbench einbinden lässt.

Mittlerer Anlagenbestand

▶ **Maschinelle Übernahme über Microsoft Excel**
Die maschinelle Übernahme über Microsoft Excel ist immer dann zu favorisieren, wenn es sich um eine mittlere Anzahl von zu übernehmenden Altanlagen (weniger als 50.000 Anlagen) handelt und auf ABAP-Programmierung verzichtet werden soll. Unter Performance-Gesichtspunkten ist das Excel-Verfahren mit dem Batch-Input-Verfahren vergleichbar. Wir weisen jedoch darauf hin, dass die Excel-Methode nicht zur Übernahme von Abgängen, Anlagenkomplexen, Unternummern oder Investitionsförderungen verwendet werden kann.

Mittlerer bis großer Anlagenbestand

▶ **Maschinelle Übernahme über BAPI**
Die maschinelle Übernahme über BAPI unterstützt im Gegensatz zu den zuvor beschriebenen Verfahren die Übernahme von Anlagenabgängen, selbst wenn die Altdatenübernahme nicht zum

Geschäftsjahresende, sondern unterjährig erfolgt. Zu empfehlen ist die BAPI-Methode in Verbindung mit der LSM Workbench, wenn mittlere bis große Anlagenbestände (zwischen 50.000 und 100.000 Anlagen) übernommen werden sollen. Einschränkend muss aber auch hier festgehalten werden, dass Anlagenkomplexe und Investitionsförderungen mit dieser Methode nicht berücksichtigt werden können.

▶ **Manuelle Übernahmetransaktion/eCATT**

Kleiner Anlagenbestand

Sind nur sehr wenige Anlagen zu übernehmen (weniger als 100), ist zu überlegen, ob maschinelle Übernahmetechniken verwendet werden sollen, oder ob es nicht effizienter ist, die Altdaten manuell über eine spezielle Transaktion zur Datenmigration (AS91) zu übernehmen. Sämtliche Einschränkungen, die bei für die zuvor skizzierten Verfahren gelten, gelten nicht für die manuelle Übernahme.

Sind mehr als 100 Anlagen zu übernehmen, ist das manuelle Eingeben der Daten mittels der Transaktion AS91 mühsam. Um dennoch nicht auf die Vorzüge der Transaktion verzichten zu müssen, bietet sich das Einbinden der Transaktion AS91 in ein eCATT-Testskript respektive in die LSM Workbench an, das ohne jegliche ABAP-Programmierung auskommt. Vor diesem Hintergrund kann die Transaktion AS91 auch zur Übernahme von mittleren bis großen Datenmengen Verwendung finden. Mehr zum Thema eCATT bzw. LSM Workbench erfahren Sie in Kapitel 4, »Extended Computer Aided Test Tool (eCATT)«, und Kapitel 5, »Legacy System Migration Workbench«.

eCATT-Testskript

Diese kurze Gegenüberstellung zeigt bereits die Stärken und Schwächen der einzelnen Methoden auf. Daher sollte man sich vor der Auswahl eines Verfahrens immer im Klaren darüber sein, welche Daten in das SAP-System übernommen werden sollen und welcher Stellenwert der Performance bzw. der Datensicherheit zukommen soll. Ist dies geklärt, kann in einem nächsten Schritt die Methode ausgewählt werden, die für die Altdatenübernahme am besten geeignet erscheint. Allerdings wird auch deutlich, dass die Anforderungen an die Altdatenübernahme derart komplex sein können, dass sie von einem einzigen Verfahren gar nicht abgedeckt werden können. Bei dieser Konstellation ist nach einem *Verfahrensmix* zu suchen. Man denke beispielsweise an eine Situation, in der die zu übernehmenden Anlagen Größenordnungen annehmen, die den Einsatz des Direct-Input-

Auswahl des Migrationsverfahrens

Verfahrens mit all seinen Performance-Vorzügen unverzichtbar machen, gleichzeitig jedoch auch Abgänge, die der Direct-Input nicht unterstützt, zu berücksichtigen sind. Vor diesem Hintergrund muss definiert werden, welche Anlagen mit welchem Verfahren zu übernehmen sind.

SAP-Customizing

Unabhängig von der Methode der Anlagenübernahme muss das SAP-System in einem ersten Schritt zunächst so eingestellt werden, dass es eine Altdatenübernahme generell ermöglicht. Hierzu wählen Sie im Customizing (Transaktion SPRO) FINANZWESEN • ANLAGENBUCH-HALTUNG • DATENÜBERNAHME • ANLAGEN • BUCHUNGSKREISSTATUS SET-ZEN (siehe Abbildung 10.1).

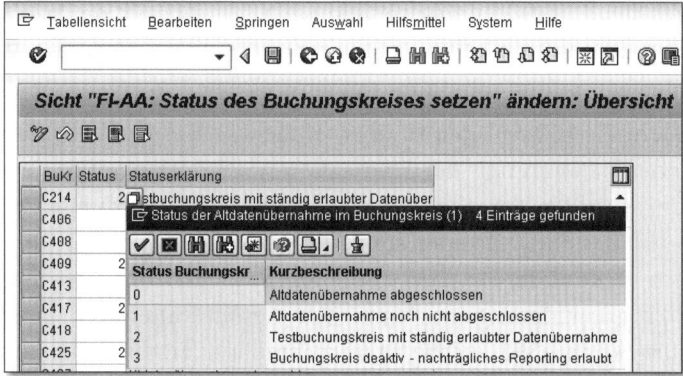

Abbildung 10.1 Status des Buchungskreises setzen

Es wird zwischen drei relevanten Systemzuständen unterschieden:

Systemzustände der Anlagen-buchhaltung

▶ **Teststatus = 2**
Ist der Teststatus auf 2 gesetzt, können Sie sowohl Buchungen in der Anlagenwirtschaft durchführen als auch Altdaten übernehmen.

▶ **Übernahmestatus = 1**
Der Übernahmestatus 1 unterstützt nur die Altdatenübernahme, das heißt, dass das SAP-System gegen Buchungen in der Anlagenbuchhaltung gesperrt ist.

▶ **Produktivstatus = 0**
Der Produktivstatus 0 ist immer dann zu setzen, wenn die Altdatenübernahme erfolgreich abgeschlossen ist. Es können somit keine Altdaten mehr übernommen werden. Sämtliche Wertänderungen können nur noch über Buchungen ausgelöst werden.

Demnach ist für die Altdatenübernahme der Status des Buchungskreises entweder auf 2 oder auf 1 zu setzen.

Wir weisen bereits an dieser Stelle darauf hin, dass bei allen vorgestellten Verfahren keine Hauptbuchkonten in der Finanzbuchhaltung, sondern nur die entsprechenden Anlagenstammdaten und Einzelposten in der Anlagenbuchhaltung fortgeschrieben werden. Dies bedeutet, dass im Rahmen der Altdatenübernahme keine automatische Integration zwischen Haupt- und Nebenbuch stattfindet, wie sie normalerweise bei Buchungen in das Nebenbuch bekannt ist. Daher muss in einem weiteren Arbeitsschritt eine manuelle Saldenabstimmung mit den betroffenen Hauptbuchkonten durchgeführt werden.

Keine Integration zwischen Haupt- und Nebenbuch

Wird die Finanzbuchhaltung allerdings vor der Produktivsetzung der Anlagenwirtschaft bereits im SAP-System geführt, befinden sich die Bilanzkonten des Anlagevermögens und die zugehörigen Abschreibungskonten bereits auf dem aktuellen Stand, sodass eine Übernahme der Salden aus der Anlagenwirtschaft in das Hauptbuch nicht durchgeführt werden muss (siehe Abschnitt 10.4, »Produktionsvorbereitungen«).

10.2 Arten der Altdatenübernahme

Je nach Übernahmezeitpunkt der Anlagen in das SAP-System handelt es sich um eine Altdatenübernahme *zum Geschäftsjahresende* oder um eine *unterjährige* Altdatenübernahme. Dabei ist der Übernahmezeitpunkt das Datum, zu dessen Buchungsstand die Altanlagen aus dem Altsystem in das SAP-System übernommen werden sollen. Zu beachten ist hierbei, dass der Übernahmezeitpunkt im Allgemeinen nicht mit dem Zeitpunkt der physischen Datenerfassung im SAP-System übereinstimmt. Die physische Erfassung der Altdaten erfolgt häufig nach dem Übernahmezeitpunkt, weil beispielsweise diverse Abschlussarbeiten im Altsystem durchzuführen sind.

Zum Geschäftsjahresende oder unterjährig

10.2.1 Altdatenübernahme zum Geschäftsjahresende

Liegt der Übernahmezeitpunkt am Ende des letzten abgeschlossenen Geschäftsjahres (in der Regel 31.12.JJJJ), werden die Stammdaten, die Anschaffungs- und Herstellungskosten sowie die kumulierte

Stammdaten, AHK und kumulierte Abschreibungen

Abschreibung zum Stand *Ende des letzten abgeschlossenen Geschäfts-jahres* (31.12.JJJJ) in das SAP-System übernommen. In diesem Fall müssen bei der Altdatenübernahme keine unterjährig gebuchten Abschreibungen oder Bewegungen berücksichtigt werden.

Die in diesem Zusammenhang erforderlichen Customizing-Einstellungen nehmen Sie über folgenden Menüpfad vor: FINANZWESEN • ANLAGENBUCHHALTUNG • DATENÜBERNAHME ANLAGEN • PARAMETER FÜR ÜBERNAHME • DATUMSANGABEN • ÜBERNAHMEDATUM/LETZTES ABGESCHLOSSENES GESCHÄFTSJAHR FESTLEGEN (siehe Abbildung 10.2).

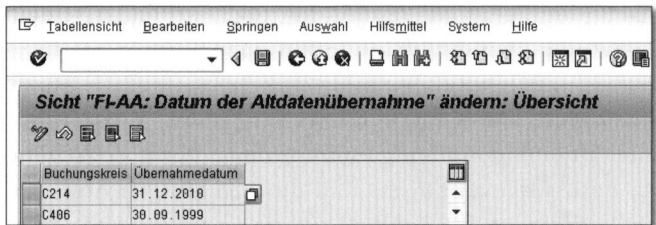

Abbildung 10.2 Altdatenübernahme zum Ende des Geschäftsjahres

Hier spezifizieren Sie das der Übernahme vorausgehende Geschäfts-jahr.

10.2.2 Unterjährige Altdatenübernahme

Bei der unterjährigen Altdatenübernahme liegt der Übernahmezeit-punkt nach dem Ende des letzten abgeschlossenen Geschäftsjahres. Unter diesen Rahmenbedingungen werden die Stammdaten und die kumulierten Werte zum Jahresanfang (in der Regel 01.01.JJJJ + 1) übernommen. Darüber hinaus sind zusätzlich sämtliche Abschrei-bungen und Bewegungen zu berücksichtigen, die im laufenden Jahr (in JJJJ + 1) angefallen sind. Das erforderliche Customizing einer Anlagenübernahme – beispielsweise zum 01.07.2011 – ist analog zu Abschnitt 10.2.1, »Altdatenübernahme zum Geschäftsjahresende«, durchzuführen (siehe Abbildung 10.3).

Zusätzlich zum Übernahmedatum ist die Periode der letzten im Altsys-tem gebuchten Abschreibung zu hinterlegen. Das erforderliche Custo-mizing finden Sie unter FINANZWESEN • ANLAGENBUCHHALTUNG • DATENÜBERNAHME ANLAGEN • PARAMETER FÜR ÜBERNAHME • DATUMS-ANGABEN • PERIODE DER GEBUCHTEN AfA FESTLEGEN (siehe Abbildung 10.4).

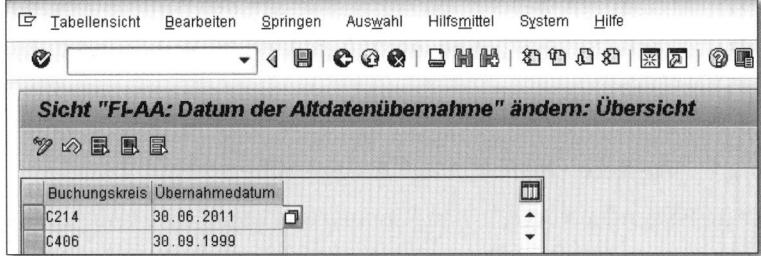

Abbildung 10.3 Unterjährige Altdatenübernahme zum 01.07.2011

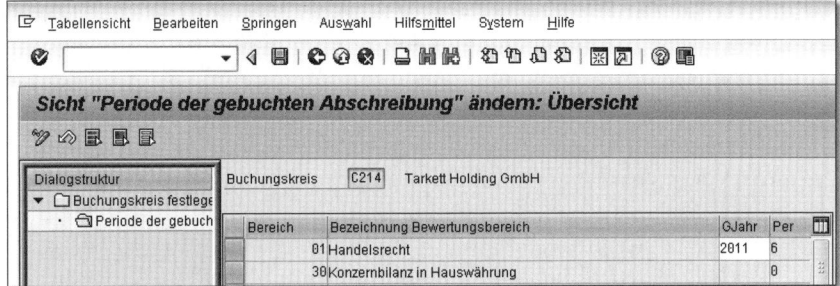

Abbildung 10.4 Periode der letzten im Altsystem gebuchten AfA festlegen

Hinsichtlich der Behandlung von Abschreibungen im laufenden Jahr (JJJJ + 1) kann differenziert vorgegangen werden:

Abschreibung im laufenden Jahr

▸ **Übernahme der gebuchten Abschreibungen des laufenden Jahres**
Die bis zum Übernahmezeitpunkt gebuchten Abschreibungen des laufenden Jahres können vom Altsystem übernommen werden. Bezogen auf das letzte Beispiel bedeutet dies, dass die gebuchten Abschreibungen des Altsystems bis zum 30.06.JJJJ + 1 übernommen werden. Das neue System – das SAP-System – bucht somit die erste planmäßige Abschreibung zum 31.07.JJJJ + 1.

▸ **Keine Übernahme der gebuchten Abschreibungen des laufenden Jahres**
Auf eine Übernahme der gebuchten Abschreibungen des laufenden Jahres kann allerdings auch verzichtet werden. Es werden dann die gesamten Abschreibungen des laufenden Jahres, die sich bis zum Übernahmezeitpunkt angesammelt haben, im Rahmen einer außerplanmäßigen Abschreibung nachgeholt, die nach der Altdatenübernahme in das SAP-System stattfindet. Im Beispiel bedeutet dies, dass ein außerplanmäßiger Abschreibungslauf am 31.07.JJJJ + 1 zu starten ist. Sämtliche in JJJJ + 1 angefallenen

Abschreibungen werden somit kumuliert in den Juli gebucht. Ab August kann mit den planmäßigen Abschreibungsläufen fortgefahren werden.

10.2.3 Weitere Optionen der Anlagenübernahme

Die im Folgenden vorgestellten Parametrisierungen (siehe Abbildung 10.5) können durchgeführt werden, sind jedoch keineswegs zwingend erforderlich.

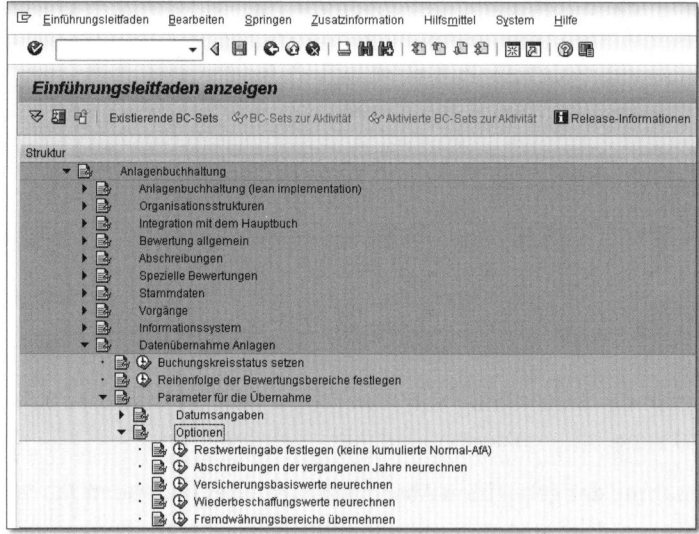

Abbildung 10.5 Weitere Optionen der Anlagenübernahme

▶ **Neuberechnung von kumulierten Abschreibungen**
Möchten Sie im SAP-System einen neuen Bewertungsbereich (wie zum Beispiel handelsrechtliche oder steuerrechtliche Bewertung der Anlagen) definieren, den es bislang in Ihrem Altsystem nicht gab, können Sie das SAP-System dazu veranlassen, die kumulierten Abschreibungen für diesen Bewertungsbereich bis zum letzten abgeschlossenen Geschäftsjahr neu zu berechnen. Hierbei können die im SAP-System hinterlegten Abschreibungsparameter verwendet werden. Diese Option können Sie nur dann verwenden, wenn sich der Buchungskreis im Teststatus 2 befindet.

▶ **Neuberechnung von Wiederbeschaffungs- und Versicherungsbasiswerten**
Bei der Aktivierung der Optionen VERSICHERUNGSBASISWERTE NEU-

RECHNEN und WIEDERBESCHAFFUNGSWERTE NEURECHNEN wird unterstellt, dass der Anschaffungswert zum Zeitpunkt der Aktivierung vollständig zugegangen ist.

▶ **Reihenfolge der Bewertungsbereiche festlegen**
Die Option REIHENFOLGE DER BEWERTUNGSBEREICHE FESTLEGEN hat unmittelbare Auswirkungen auf die Performance, wenn Sie die Altdatenübernahme mithilfe der Batch-Input-Methode durchführen. Vor diesem Hintergrund sollten zuerst die unabhängigen Bewertungsbereiche eingetragen werden. Abhängige Bewertungsbereiche, deren Werte sich aus den unabhängigen Bewertungsbereichen ableiten lassen, sollten zum Schluss genannt werden.

Beachten Sie, dass die Anordnung der Bewertungsbereiche in der Übernahmedatei von der im Customizing festgelegten Reihenfolge abweichen kann.

10.3 Fallbeispiel: Anlagenübernahme mit Microsoft Excel

Nachdem in den vorangegangenen Abschnitten auf das Customizing eingegangen wurde, das unabhängig von der Anlagenübernahmemethode durchzuführen ist, soll in diesem Abschnitt die Anlagenübernahme mit Microsoft Excel ausführlicher beschrieben werden.

Diese Methode ist insbesondere dann geeignet, wenn Sie kleine oder mittlere Datenmengen übernehmen möchten.

Kleine und mittlere Anlagenbestände

Im Folgenden wird anhand eines kleinen Fallbeispiels gezeigt, wie bei der Anlagenübernahme mit Microsoft Excel grundsätzlich vorzugehen ist.

10.3.1 Welche Daten sollen übernommen werden?

Wie in Kapitel 1, »Betriebswirtschaftliche Grundlagen der Datenmigration«, bereits ausführlich erläutert wurde, steht die Beantwortung der Frage, welche Daten übernommen werden sollen, innerhalb eines Datenmigrationsprojekts an erster Stelle. Erst nach der Bestimmung der zu übernehmenden Daten kann man sich Gedanken über die Wahl der adäquaten Migrationsmethode und die Zusammensetzung des Teams machen, das die Datenmigration begleiten soll.

Prämissen In unserem Fallbeispiel gehen wir davon aus, dass die für die Anlagenbuchhaltung zuständige Fachabteilung bereits die richtige SAP-Terminologie verwendet. Dies bedeutet, dass eine Übersetzung der Feldbezeichnungen des Altsystems in entsprechende Feldbezeichnungen des SAP-Systems – die bisweilen mit viel Erklärungsaufwand und Systemvorführungen einhergehen kann – nicht erforderlich ist. Des Weiteren ist die Fachabteilung in der Lage, eine Microsoft Excel-Datei zu liefern, die die zu migrierenden Anlagenwerte in tabellarischer Form (ein vollständiger Datensatz pro Zeile) bereitstellt (siehe Abbildung 10.6). Auch das Extrahieren von Daten aus einem Altsystem erweist sich manchmal als schwierig. Unter Umständen müssen Sie für diese Aufgabe auf externe Beratung zurückgreifen, was bei der Zusammensetzung des Projektteams ebenfalls zu bedenken ist.

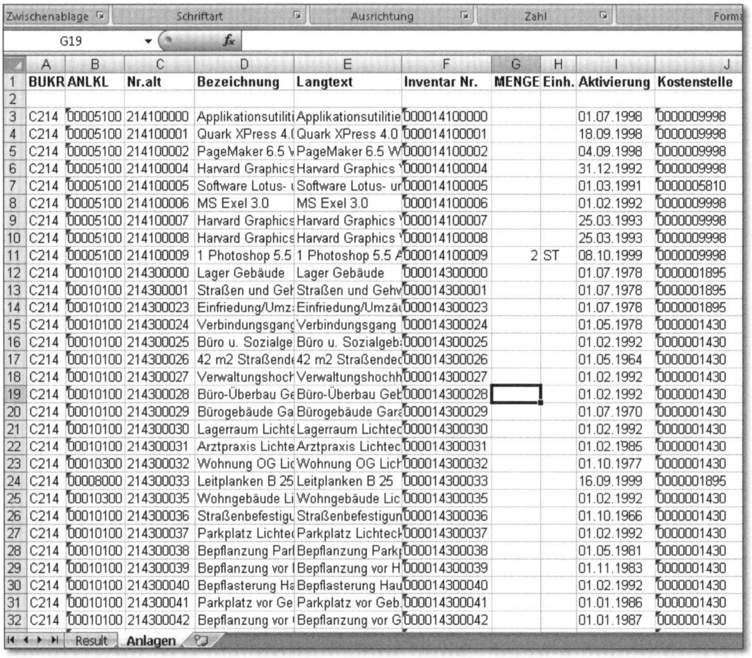

	A	B	C	D	E	F	G	H	I	J
1	BUKR	ANLKL	Nr.alt	Bezeichnung	Langtext	Inventar Nr.	MENGE	Einh.	Aktivierung	Kostenstelle
2										
3	C214	00005100	214100000	Applikationsutiliti	Applikationsutilitie	000014100000			01.07.1998	0000009998
4	C214	00005100	214100001	Quark XPress 4.(	Quark XPress 4.0	000014100001			18.09.1998	0000009998
5	C214	00005100	214100002	PageMaker 6.5 \	PageMaker 6.5 W	000014100002			04.09.1998	0000009998
6	C214	00005100	214100004	Harvard Graphics	Harvard Graphics '	000014100004			31.12.1992	0000009998
7	C214	00005100	214100005	Software Lotus- u	Software Lotus- ur	000014100005			01.03.1991	0000005810
8	C214	00005100	214100006	MS Exel 3.0	MS Exel 3.0	000014100006			01.02.1992	0000009998
9	C214	00005100	214100007	Harvard Graphics	Harvard Graphics '	000014100007			25.03.1993	0000009998
10	C214	00005100	214100008	Harvard Graphics	Harvard Graphics '	000014100008			25.03.1993	0000009998
11	C214	00005100	214100009	1 Photoshop 5.5	1 Photoshop 5.5 A	000014100009	2	ST	08.10.1999	0000009998
12	C214	00010100	214300000	Lager Gebäude	Lager Gebäude	000014300000			01.07.1978	0000001895
13	C214	00010100	214300001	Straßen und Geh	Straßen und Gehv	000014300001			01.07.1978	0000001895
14	C214	00010100	214300023	Einfriedung/Umz:	Einfriedung/Umzäu	000014300023			01.07.1978	0000001895
15	C214	00010100	214300024	Verbindungsgang	Verbindungsgang	000014300024			01.05.1978	0000001430
16	C214	00010100	214300025	Büro u. Sozialge	Büro u. Sozialgeb:	000014300025			01.02.1992	0000001430
17	C214	00010100	214300026	42 m2 Straßende	42 m2 Straßendec	000014300026			01.05.1964	0000001430
18	C214	00010100	214300027	Verwaltungshoch	Verwaltungshochh	000014300027			01.02.1992	0000001430
19	C214	00010100	214300028	Büro-Überbau Ge	Büro-Überbau Geb	000014300028			01.02.1992	0000001430
20	C214	00010100	214300029	Bürogebäude Ga	Bürogebäude Gara	000014300029			01.07.1970	0000001430
21	C214	00010100	214300030	Lagerraum Lichte	Lagerraum Lichtec	000014300030			01.02.1992	0000001430
22	C214	00010100	214300031	Arztpraxis Lichte	Arztpraxis Lichtec	000014300031			01.02.1985	0000001430
23	C214	00010300	214300032	Wohnung OG Lic	Wohnung OG Lich	000014300032			01.10.1977	0000001430
24	C214	00008000	214300033	Leitplanken B 25	Leitplanken B 25	000014300033			16.09.1999	0000001895
25	C214	00010300	214300035	Wohngebäude Li	Wohngebäude Lic	000014300035			01.02.1992	0000001430
26	C214	00010100	214300036	Straßenbefestigu	Straßenbefestigun	000014300036			01.10.1966	0000001430
27	C214	00010100	214300037	Parkplatz Lichte	Parkplatz Lichteck	000014300037			01.02.1992	0000001430
28	C214	00010100	214300038	Bepflanzung Parl	Bepflanzung Park	000014300038			01.05.1981	0000001430
29	C214	00010100	214300039	Bepflanzung vor I	Bepflanzung vor H	000014300039			01.11.1983	0000001430
30	C214	00010100	214300040	Bepflasterung Ha	Bepflasterung Hau	000014300040			01.02.1992	0000001430
31	C214	00010100	214300041	Parkplatz vor Ge	Parkplatz vor Geb.	000014300041			01.01.1986	0000001430
32	C214	00010100	214300042	Bepflanzung vor '	Bepflanzung vor G	000014300042			01.01.1987	0000001430

Abbildung 10.6 Zu übernehmende Anlagen in Microsoft Excel (unformatiert)

Stamm- und Bewegungsdaten In dieser Excel-Datei sehen Sie pro Zeile einen kompletten Datensatz einer Anlage, bestehend aus Stammdateninformationen, wie zum Beispiel Buchungskreis, Anlagenklasse, (alter) Anlagennummer und Kostenstelle, sowie Bewegungsdaten (zum Beispiel kumulierte AHK und kumulierte Abschreibungen je Bewertungsbereich), die in Abbildung 10.6 jedoch nicht aufgeführt sind.

10.3.2 Datenformat für die Übernahme in das SAP-System

Das SAP-System erwartet die zu übernehmenden Daten in einem bestimmten Format. In unserem Beispiel liefert die von der Fachabteilung zur Verfügung gestellte Microsoft Excel-Datei zwar alle relevanten Informationen, kann in diesem Format jedoch nicht in das SAP-System übernommen werden. Um eine korrekte Datenübernahme zu gewährleisten, sollten Sie sich beim Aufbau der Excel-Datei an die in Abbildung 10.7 gezeigte Struktur halten.

Datenformat

	A	B	C	D	E	F	G	H
1	0	Identifikator						
2	1	Buchungskre	Anlageklasse	Bezeichnung	Langtext	Menge	Mengeneinheit	Inventarnummer
3	2	Kostenstelle	Geschäftsbereich	Standort	Hersteller	EK-Kennzeichen	Versicherungsart	Aktivierungsdatum
4	3	Bewertungsb	AFA-Schlüssel	Nutzungsdauer	ND-Perioden	AFA-Beginn	kum.AHK	kum.AFA
5	4	lfd.Nummer	echter Bewertungsbereich	Bewegungsart	Betrag	Buchungsdatum		
6								
7	0	214100000						
8	1	C214	00005100	Applikationsutil	Applikationsutility			000014100000
9	2	0000009998	0014	HHSO00		1	02	01.07.1998
10	3	01	LING	003	000	01.07.1998	6.820,67	-5.684,07
11	3	30	LING	003	000	01.07.1998	6.820,67	-5.684,07
12								
13	0	214100001						
14	1	C214	00005100	Quark XPress 4	Quark XPress 4.0 Win95/NT multilingual			000014100001
15	2	0000009998	0014	HHSO00		1	02	18.09.1998
16	3	01	LING	003	000	01.09.1998	1.388,16	-1.098,77
17	3	30	LING	003	000	01.09.1998	1.388,16	-1.098,77
18								
19	0	214100002						
20	1	C214	00005100	PageMaker 6.5	PageMaker 6.5 Win95/NT dt.			000014100002
21	2	0000009998	0014	HHSO00		1	02	04.09.1998
22	3	01	LING	003	000	01.09.1998	896,26	-709,64
23	3	30	LING	003	000	01.09.1998	896,26	-709,64
24								
25	0	214100004						
26	1	C214	00005100	Harvard Graphic	Harvard Graphics V 2.3 D			000014100004
27	2	0000009998	0014	HHSO00		1		31.12.1992
28	3	01	LIND	005	000	01.07.1992		
29	3	30	LIND	005	000	01.07.1992		
30								
31	0	214100005						
32	1	C214	00005100	SoHHware Lotu	SoHHware Lotus- und Havard Grapics			000014100005

Abbildung 10.7 Zu übernehmende Anlagen in Microsoft Excel (formatiert)

Die Zeilen 1 bis 5 der Excel-Datei bilden den sogenannten *Kopfteil*. Hier legen Sie fest, welche Anlageninformationen (Buchungskreis, Anlagenklasse, Kostenstelle, kumulierte AHK, kumulierte Abschreibungen etc.) zu übernehmen sind. Die übrigen Zeilen – ab Zeile 6 – bestimmen den sogenannten *Anlagenteil*. Hier werden die Werte der einzelnen zu übernehmenden Anlagen erfasst. Beachten Sie, dass sich zwischen Kopfteil und Anlagenteil eine Leerzeile befindet. Darüber hinaus ist jeweils eine Leerzeile zwischen den einzelnen Anlagen im Anlagenteil einzufügen.

Kopf- und Anlagenteil

Die Minimalanforderung, der die Excel-Datei genügen muss, ist die Bereitstellung eines Platzhalters (Feld) im Kopfteil für den Identifikator (also für die Anlagennummer aus dem Altsystem), für den

Minimum der zu übernehmenden Daten

Buchungskreis, für die Anlagenklasse und für das Aktivierungsdatum der Anlage. Diese Felder müssen im darunterliegenden Anlagenteil für jede Anlage mit Werten versorgt werden. Sofern Sie im Customizing der Anlagenbuchhaltung Mussfelder für bestimmte Anlagenklassen definiert haben, sind für diese Mussfelder ebenfalls Felder im Kopfteil zu reservieren, die für alle betroffenen Anlagen im Anlagenteil mit Werten zu versehen sind.

Beziehung zwischen Kopf- und Anlagenteil

Nicht alle Felder, abgesehen von denen für die Minimalanforderungen, die Sie im Kopfteil definiert haben, müssen im Anlagenteil mit Werten gefüllt werden. Der Kopfteil bildet lediglich das Maximum der Felder, die übernommen werden können. Ob Sie dieses Maximum für jede Anlage ausschöpfen oder nicht, steht Ihnen frei.

Strukturierung der Daten nach Satzarten

Die zu übernehmenden Anlagenwerte werden in *Satzarten* organisiert. Dabei wird die Satzart in die erste Spalte der Excel-Datei eingetragen. Die nachfolgenden Spalten enthalten die der jeweiligen Satzart zugeordneten Felder. Insgesamt kann zwischen fünf Satzarten unterschieden werden, wobei nicht alle Satzarten obligatorisch sind:

▶ **Satzart 0**
Die Satzart 0 enthält ausschließlich den Identifikator, das heißt die Nummer der Anlage im Altsystem. Dieser Identifikator wird benötigt, um eventuell auftretende Fehler bei der Datenübernahme eindeutig einer Anlage zuordnen zu können. Das bei der Datenübernahme erzeugte Fehlerprotokoll wird in Abschnitt 10.3.5, »Upload der Daten in das SAP-System und Protokoll«, beschrieben.

▶ **Satzart 1**
In der Satzart 1 werden Anlagenstammdaten sowie allgemeine Daten und Inventurdaten zusammengefasst.

▶ **Satzart 2**
Die Satzart 2 enthält Buchungsinformationen und zeitabhängige Daten.

▶ **Satzart 3**
In der Satzart 3 werden Bewertungsbereiche sowie kumulierte und gebuchte Werte hinterlegt. Hierbei ist zu beachten, dass der Bewertungsbereich immer an erster Stelle zu nennen ist.

▶ **Satzart 4**
Die Satzart 4 enthält sämtliche Anlagenbewegungen. Hierbei sind in den ersten beiden Spalten die laufende Nummer und der Bewer-

tungsbereich anzugeben. Mit der laufenden Nummer werden verschiedene Bewegungen des laufenden Jahres voneinander unterschieden. Satzart 4 kann somit immer dann verwendet werden, wenn eine unterjährige Datenübernahme beabsichtigt ist (siehe Tabelle 10.1).

Satzart	Lfd. Nummer	Bereich	Bewegungs- art	Betrag	Buchungs- datum
4	1	01	100	5.000	01.01.2007
4	1	02	100	4.900	01.01.2007
4	2	01	100	1.000	01.01.2007

Tabelle 10.1 Anlagenbewegungen bei unterjähriger Datenübernahme

Werden bestimmte Satzarten – wie im Fallbeispiel die Satzart 4 – für die Datenübernahme nicht benötigt, können sie beim Aufbau der Excel-Datei sowohl im Kopf- als auch im Anlagenteil entfallen.

Unterhalb des Kopfteils werden, wie bereits erwähnt, die Anlagenwerte geführt. Sie sind in der Excel-Datei entsprechend der Strukturierung des Kopfteils anzulegen.

Angenommen, Sie haben, wie in Abbildung 10.7 dargestellt, im Kopfteil für die Satzart 1 festgelegt, dass in Spalte B der Buchungskreis und in Spalte C die Anlagenklasse geführt werden soll. Dann wird der Feldinhalt aller Felder der Satzart 1 in Spalte B als Buchungskreis und in Spalte C als Anlagenklasse interpretiert. Demnach müssen Sie für jede Anlage gewährleisten, dass sich in allen Zeilen, die als Satzart 1 ausgewiesen werden, in Spalte B immer der Buchungskreis und in Spalte C immer die Anlagenklasse befindet. Mit den übrigen Satzarten ist analog zu verfahren.

Beachten Sie, dass Felder, die im SAP-System mit *führenden Nullen* dargestellt werden, auch in der Excel-Datei in diesem Format darzustellen sind. Daher ist der Buchungskreis stets vierstellig und die Anlagenklasse stets achtstellig auszuweisen.

Berücksichtigung führender Nullen

Es ist durchaus denkbar, dass Sie die Altdatenübernahme zu einem Zeitpunkt vorbereiten möchten, zu dem noch nicht alle Unternehmensstrukturen definiert sind. Ist beispielsweise die Bezeichnung des Buchungskreises noch nicht festgelegt, kann dafür eine Variable (zum Beispiel Bukrs = X) hinterlegt werden. Vor der Datenübernahme kön-

Verwendung von Platzhaltern

nen Sie dann mit der Excel-Funktion SUCHEN UND ERSETZEN den Buchungskreis mit den gewünschten Werten versehen.

Formatierung der Übernahmedatei

Nachdem nun das vom SAP-System benötigte Format zur Datenübernahme bekannt ist, muss in einem nächsten Schritt die in unserem Fallbeispiel von der Fachabteilung zur Verfügung gestellte Excel-Datei diesen Anforderungen entsprechend formatiert werden (siehe Abbildung 10.7). Da es uns bereits bei einer geringen Anzahl von zu übernehmenden Anlagen recht mühsam erscheint, die Daten manuell zu formatieren, wird im Folgenden ein kleines Makro vorgestellt, das die Formatierung der Excel-Datei für Sie durchführen wird.

10.3.3 Datenformatierung mittels Visual Basic

Zweck eines Makros

Makros bieten sich immer dann an, wenn Sie eine Aufgabe in Microsoft Excel wiederholt ausführen müssen, dies aber nicht manuell geschehen soll, sondern Sie eine Automatisierung des Ablaufs wünschen. Für das Fallbeispiel würde dies eine automatische Formatierung der von der Fachabteilung zur Verfügung gestellten Datei bedeuten, sodass sie für den Upload in das SAP-System genutzt werden kann. Diese Automatik geht mit einer Reihe von Befehlen und Funktionen einher, die in einem Visual-Basic-Modul gespeichert sind und jedes Mal ausgeführt werden, wenn Sie die Aufgabe, das heißt die Formatierung, ausgeführt haben möchten.

Demnach ist dieses Makro, das ein in Microsoft Excel integriertes kundenindividuelles Programm zur Datenaufbereitung darstellt, mit Visual Basic zu erstellen. Da es nicht sonderlich kompliziert ist und als Template für alle Anlagenübernahmen mit dem Excel-Verfahren verwendet werden kann, möchten wir es Ihnen nicht vorenthalten.

Das Makro geht von folgenden Prämissen aus:

▶ Die zu übernehmenden Anlagen müssen in tabellenartiger Form auf einem Tabellenblatt in einer XLS-Datei vorliegen (siehe Abbildung 10.6).

▶ Den zu übernehmenden Anlagenwerten sind Satzarten zuzuordnen.

▶ Das Makro ergänzt die XLS-Datei um ein weiteres Tabellenblatt, das die Anlagenwerte für die Datenübernahme in das SAP-System entsprechend formatiert.

Um nun ein Makro erstellen zu können, wählen Sie in der von der Fachabteilung zur Verfügung gestellten Microsoft Excel-Datei ANSICHT • MAKROS. Es öffnet sich das in Abbildung 10.8 dargestellte Dialogfenster.

Makro erstellen

Abbildung 10.8 Makro zur Datenformatierung in Microsoft Excel anlegen

Geben Sie einen Namen für Ihr Makro ein, und klicken Sie auf ERSTELLEN. Es öffnet sich ein Editor, in den die folgenden Programmzeilen in Visual Basic einzugeben sind (siehe Listing 10.1):

```
1  Sub NewStructure()
2
3     Dim vRow As Variant, vResRow As Variant
4     Dim MaxRow As Integer
5     Const kOriginalSheet = "Anlagen"
6     Const kResultSheet = "Result"
7     vResRow = 1
8
9     MaxRow =
         Worksheets(kOriginalSheet).UsedRange.Rows.Count
11 With Sheets(kResultSheet)
12 For vRow = 3 To MaxRow
13        .Cells(vResRow, 1).Value = "0"
14        .Cells(vResRow, 2).Value =
            Sheets(kOriginalSheet).Cells(vRow, 3).Value
16     vResRow = vResRow + 1
17        .Cells(vResRow, 1).Value = "1"
18        .Cells(vResRow, 2).Value =
            Sheets(kOriginalSheet).Cells(vRow, 1).Value
20        .Cells(vResRow, 3).Value =
            Sheets(kOriginalSheet).Cells(vRow, 2).Value
```

Quelltext

485

```
22      .Cells(vResRow, 4).Value =
        Sheets(kOriginalSheet).Cells(vRow, 4).Value
24      .Cells(vResRow, 5).Value =
        Sheets(kOriginalSheet).Cells(vRow, 5).Value
26      .Cells(vResRow, 6).Value =
        Sheets(kOriginalSheet).Cells(vRow, 7).Value
28      .Cells(vResRow, 7).Value =
        Sheets(kOriginalSheet).Cells(vRow, 8).Value
30      .Cells(vResRow, 8).Value =
        Sheets(kOriginalSheet).Cells(vRow, 6).Value
32   vResRow = vResRow + 1
33      .Cells(vResRow, 1).Value = "2"
34      .Cells(vResRow, 2).Value =
        Sheets(kOriginalSheet).Cells(vRow, 10).Value
36      .Cells(vResRow, 3).Value =
        Sheets(kOriginalSheet).Cells(vRow, 12).Value
38      .Cells(vResRow, 4).Value =
        Sheets(kOriginalSheet).Cells(vRow, 13).Value
40      .Cells(vResRow, 5).Value =
        Sheets(kOriginalSheet).Cells(vRow, 14).Value
42      .Cells(vResRow, 6).Value =
        Sheets(kOriginalSheet).Cells(vRow, 15).Value
44      .Cells(vResRow, 7).Value =
        Sheets(kOriginalSheet).Cells(vRow, 16).Value
46      .Cells(vResRow, 8).Value =
        Sheets(kOriginalSheet).Cells(vRow, 9).Value
48      .Cells(vResRow, 9).Value =
        Sheets(kOriginalSheet).Cells(vRow, 17).Value
50      .Cells(vResRow, 10).Value =
        Sheets(kOriginalSheet).Cells(vRow, 18).Value
52      .Cells(vResRow, 11).Value =
        Sheets(kOriginalSheet).Cells(vRow, 19).Value
54      .Cells(vResRow, 12).Value =
        Sheets(kOriginalSheet).Cells(vRow, 20).Value
56   vResRow = vResRow + 1
57      .Cells(vResRow, 1).Value = "3"
58      .Cells(vResRow, 2).Value =
        Sheets(kOriginalSheet).Cells(vRow, 21).Value
60      .Cells(vResRow, 3).Value =
        Sheets(kOriginalSheet).Cells(vRow, 22).Value
62      .Cells(vResRow, 4).Value =
        Sheets(kOriginalSheet).Cells(vRow, 23).Value
64      .Cells(vResRow, 5).Value =
        Sheets(kOriginalSheet).Cells(vRow, 24).Value
```

```
66          .Cells(vResRow, 6).Value =
            Sheets(kOriginalSheet).Cells(vRow, 25).Value
68          .Cells(vResRow, 7).Value =
            Sheets(kOriginalSheet).Cells(vRow, 26).Value
70          .Cells(vResRow, 8).Value =
            Sheets(kOriginalSheet).Cells(vRow, 27).Value
72          vResRow = vResRow + 1
73          .Cells(vResRow, 1).Value = "3"
74          .Cells(vResRow, 2).Value =
            Sheets(kOriginalSheet).Cells(vRow, 28).Value
76          .Cells(vResRow, 3).Value =
            Sheets(kOriginalSheet).Cells(vRow, 29).Value
78          .Cells(vResRow, 4).Value =
            Sheets(kOriginalSheet).Cells(vRow, 30).Value
80          .Cells(vResRow, 5).Value =
            Sheets(kOriginalSheet).Cells(vRow, 31).Value
82          .Cells(vResRow, 6).Value =
            Sheets(kOriginalSheet).Cells(vRow, 32).Value
84          .Cells(vResRow, 7).Value =
            Sheets(kOriginalSheet).Cells(vRow, 33).Value
86          .Cells(vResRow, 8).Value =
            Sheets(kOriginalSheet).Cells(vRow, 34).Value
88 vResRow = vResRow + 2
89 Next vRow
90 End With
91 End Sub
```

Listing 10.1 Visual-Basic-Makro zur Datenformatierung in Microsoft Excel

An dieser Stelle gehen wir nicht detailliert auf die Syntax von Visual Basic ein. Zum einen würde dies den Umfang des Buches überschreiten, und zum anderen liegt der Fokus dieses Buches eindeutig auf der Vermeidung von Programmierung. Die Programmierung ist allenfalls als Ultima Ratio zu verstehen, wenn die konkrete Situation keine andere Möglichkeit der Problemlösung zulässt. Demnach reicht unseres Erachtens eine Erklärung der aufgeführten Befehlszeilen vollkommen aus, um eine Altdatenübernahme mit dem Excel-Verfahren durchzuführen. Dies bedeutet, dass Sie das vorgestellte Makro als Template für Ihre Migrationsvorhaben nutzen und je nach Anforderung der Datenübernahme an einzelnen Stellen marginal verändern können. Auf die zu ändernden Programmteile weisen wir gesondert hin. Falls Sie sich dennoch intensiver mit der Programmiersprache Visual Basic auseinandersetzen möchten, verweisen wir Sie auf einschlägige Literatur zu diesem Thema.

Bemerkungen zur Programmierung

Sub/End Sub

Jedes in Visual Basic erstellte Makro beginnt mit `Sub <Bezeichnung>()` – hier `Sub NewStructure()` – und endet mit `End Sub` (siehe Programmzeilen 1 und 91). Die äußere Klammer wird von Visual Basic automatisch erzeugt, sobald Sie ein Makro erstellen. Dazwischen werden die für die Formatierung notwendigen Anweisungen spezifiziert.

Deklaration der Variablen und der Konstanten

Zunächst deklarieren Sie, wie in den meisten Programmiersprachen üblich, Ihre Variablen und Konstanten (siehe Programmzeilen 3–6). Variablen werden mit `Dim <Bezeichnung> As <Datentyp>` und Konstanten mit `Const <Bezeichnung>` deklariert. Demnach besteht das Makro aus den Variablen `vRow`, `vResRow` und `MaxRow`, wobei `vRow` und `vResRow` vom Datentyp *Variant* sind, der beliebige Zeichen zulässt. `MaxRow` hingegen ist vom Datentyp *Integer*, das heißt, dass diese Variable nur ganze Zahlen verarbeiten kann.

Als Konstante werden das ursprüngliche, von der Fachabteilung gelieferte Tabellenblatt `kOriginalSheet` (siehe Abbildung 10.6) und das vom Makro formatierte Tabellenblatt `kResultSheet` deklariert. Diesen Konstanten werden die Werte `Anlagen` sowie `Result` zugewiesen. Wenn Sie Ihre Tabellenblätter anders bezeichnen möchten, müssen Sie lediglich die den Konstanten zugewiesenen Werte im Deklarationsteil entsprechend ändern, ohne dabei die Platzhalter für die Konstanten – `kOrginalSheet` und `kResultSheet` – im Programm ändern zu müssen.

Initialisierung der Variablen und Formatierung

Nachdem die Variablen und Konstanten deklariert wurden, können die Variablen initialisiert, das heißt mit Startwerten versehen werden (siehe Programmzeilen 5–10). `MaxRow` wird ein Wert zugewiesen, der sich aus der Anzahl der Zeilen des ursprünglichen Tabellenblattes ergibt. Wenn Sie beispielsweise 1.000 Altanlagen übernehmen möchten, und der Datensatz Ihrer ersten Anlage steht – wie im Fallbeispiel – in Zeile 3 des ursprünglichen Tabellenblattes, wird `MaxRow` der Wert 1.002 zugewiesen.

Sind die Variablen und Konstanten deklariert und initialisiert, kann mit der eigentlichen Formatierung des für den Upload in das SAP-System relevanten Tabellenblattes `kResultSheet` begonnen werden. Die Formatierung beginnt mit `With Sheets (kResultSheet)` und endet mit `End With` (siehe Programmzeilen 11–90). Dazwischen befindet sich eine Schleife (siehe Programmzeilen 12–89), die von Zeile 3 des ursprünglichen Tabellenblattes – hier steht der erste Datensatz –

bis zu dessen Ende um 1 inkrementiert wird. Dies wird über das Kommando `Next vRow` erreicht, das sich in Programmzeile 89 befindet. Somit ist gewährleistet, dass alle Datensätze des ursprünglichen Tabellenblattes verarbeitet und in das korrekte Format überführt werden können.

Wird die Schleife zum ersten Mal durchlaufen, wird der Zelle A1 des formatierten Tabellenblattes, die in Visual Basic mit `Cells(1,1)` angesprochen wird, der Wert 0 zugewiesen (siehe Programmzeile 13). Dies bedeutet, dass die Satzart 0 des ersten Datensatzes in der linken oberen Ecke des Tabellenblattes steht, was dem geforderten Format entspricht. Der Zelle rechts daneben – `Cells(1,2)` – wird der Identifikator des ursprünglichen Tabellenblattes zugewiesen, der sich dort in `Cells(3,3)` – in Zelle C3 – befindet (siehe Programmzeilen 14 und 15). Damit sind alle Angaben zur Satzart 0 für die erste Anlage gemacht.

Es wird darauf hingewiesen, dass die Zellen des formatierten Tabellenblattes mit `.Cells(x,y).Value` angesprochen werden können, wobei die Adressierung der Zellen des ursprünglichen Tabellenblattes ein vorangestelltes `Sheets(kOriginalSheet)` erfordert. Dies ist mit dem Parameter der `With Sheets`-Anweisung, `kResultSheet`, zu begründen. In allen Fällen, in denen der Zelladressierung kein `Sheets` (Tabellenblatt) vorangestellt ist, wird implizit davon ausgegangen, dass es sich um das Tabellenblatt im Parameter der `With Sheets`-Anweisung – `kResultSheet` – handelt (siehe Programmzeile 11).

Nun wird die Variable `vResRow` um 1 erhöht, sodass ihr neuer Wert 2 beträgt (siehe Programmzeile 16). Dies bedeutet, dass ein Zeilenvorschub stattfindet – mit dem Ergebnis, dass die nächste angesprochene Zelle im formatierten Tabellenblatt `Cells(2,1)` ist, und dieser der Wert 1, der wiederum die Satzart 1 identifiziert, zugewiesen wird (siehe Programmzeile 17). Die nächsten Anweisungen versorgen die Zellen des formatierten Tabellenblattes, die sich rechts von `Cells(2,1)` befinden, mit Werten zur Satzart 1 aus dem ursprünglichen Tabellenblatt. Diese Werte befinden sich dort für die erste zu übernehmende Anlage in Zeile 3 und werden mit `Cells(3,1)`, `Cells(3,2)` etc. entsprechend adressiert (siehe Programmzeilen 18–31). Sind alle Angaben zu Satzart 1 gemacht, findet auf dem formatierten Tabellenblatt der nächste Zeilenvorschub statt, sodass mit der Aufbereitung der Satzart 2 analog begonnen werden kann (siehe Programmzeilen 32–55).

Simulation der Schleife und Adressierung der Zellen

Formatierung der Satzarten 1 und 2

Formatierung der Satzart 3

Etwas anders verhält es sich mit der Satzart 3. Da zwei Bewertungsbereiche zu übernehmen sind, müssen für diese Satzart zwei Zeilen vorgesehen werden. Daher werden in den Zellen `Cells(4,x)` alle Informationen zum ersten Bewertungsbereich und in den Zellen `Cells(5,x)` alle Informationen zum zweiten Bewertungsbereich abgelegt, wobei `x` in diesem Beispiel Werte zwischen 1 und 8 annehmen kann (siehe Programmzeilen 56–87).

Falls Sie nicht an der Übernahme von Anlagenbewegungen des laufenden Jahres interessiert sind, entfallen die Angaben zu Satzart 4. Damit ist die Formatierung des ersten Datensatzes abgeschlossen.

Verarbeitung der nachfolgenden Sätze

Wie bereits erwähnt, ist für eine fehlerfreie Datenübernahme zwischen den einzelnen Anlagen eine Leerzeile einzufügen. Dies wird mit der Anweisung `vResRow = vResRow + 2` erreicht, die sich in Programmzeile 88 befindet. Nachdem `vRow` ebenfalls um 1 erhöht wurde und nunmehr den Wert 4 annimmt (siehe Programmzeile 89), kann die zweite Anlage des ursprünglichen Tabellenblattes, die sich dort in Zeile 4 befindet, in analoger Weise formatiert werden. Dieser Prozess setzt sich so lange fort, bis `vRow = MaxRow`, das heißt bis die letzte Zeile des ursprünglichen Tabellenblattes, erreicht ist und alle Anlagen in das Übernahmeformat überführt wurden. Das Ergebnis des Makros kann Abbildung 10.9 entnommen werden.

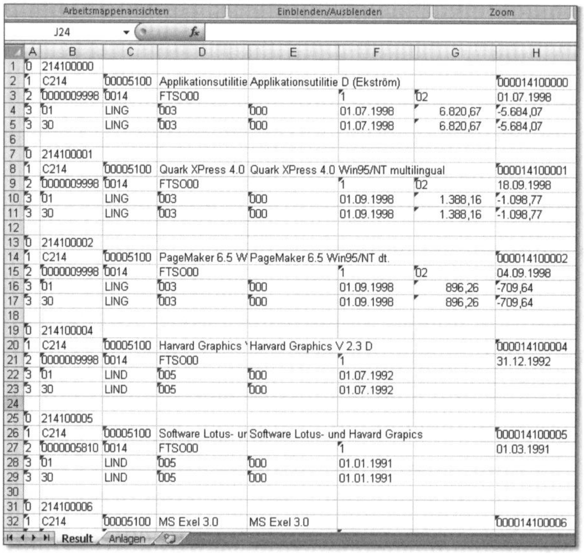

	A	B	C	D	E	F	G	H
1	0	214100000						
2	1	C214	00005100	Applikationsutilitie	Applikationsutilitie D (Ekström)			000014100000
3	2	0000009998	0014	FTSO00		1	02	01.07.1998
4	3	01	LING	003	000	01.07.1998	6.820,67	-5.684,07
5	3	30	LING	003	000	01.07.1998	6.820,67	-5.684,07
6								
7	0	214100001						
8	1	C214	00005100	Quark XPress 4.0	Quark XPress 4.0	Win95/NT multilingual		000014100001
9	2	0000009998	0014	FTSO00		1	02	18.09.1998
10	3	01	LING	003	000	01.09.1998	1.388,16	-1.098,77
11	3	30	LING	003	000	01.09.1998	1.388,16	-1.098,77
12								
13	0	214100002						
14	1	C214	00005100	PageMaker 6.5 W	PageMaker 6.5 Win95/NT dt.			000014100002
15	2	0000009998	0014	FTSO00		1	02	04.09.1998
16	3	01	LING	003	000	01.09.1998	896,26	-709,64
17	3	30	LING	003	000	01.09.1998	896,26	-709,64
18								
19	0	214100004						
20	1	C214	00005100	Harvard Graphics '	Harvard Graphics V 2.3 D			000014100004
21	2	0000009998	0014	FTSO00		1		31.12.1992
22	3	01	LIND	005	000	01.07.1992		
23	3	30	LIND	005	000	01.07.1992		
24								
25	0	214100005						
26	1	C214	00005100	Software Lotus- ur	Software Lotus- und Havard Grapics			000014100005
27	2	0000005810	0014	FTSO00		1		01.03.1991
28	3	01	LIND	005	000	01.01.1991		
29	3	30	LIND	005	000	01.01.1991		
30								
31	0	214100006						
32	1	C214	00005100	MS Exel 3.0	MS Exel 3.0			000014100006

Abbildung 10.9 Zu übernehmende Anlagen in Microsoft Excel (formatiert, ohne Kopfteil)

Um Missverständnissen vorzubeugen: Das Makro liefert noch nicht die Datei, die für den Upload in das SAP-System benötigt wird. Es beschränkt sich auf die Formatierung des Anlagenteils. Damit die Datei für das SAP-System lesbar ist, muss sie noch um den Kopfteil ergänzt werden. Hierzu kopieren Sie das soeben formatierte Tabellenblatt aus Abbildung 10.9 in eine neue Datei mit dem Namen *Upload.xls* und fügen den Kopfteil hinzu (siehe Abbildung 10.7).

Upload der Datei

Möchten Sie dieses Makro zur Formatierung Ihrer Daten verwenden, müssen Sie sich im Vorfeld keine Gedanken über die korrekte Zuordnung zwischen Kopf- und Anlagenteil machen. Sie lassen sich vielmehr den Anlagenteil vom Makro erzeugen und hängen später in Ihrer endgültigen Version der Datei *Upload.xls* den Kopfteil gemäß dem Ergebnis des Anlagenteils oben an. Haben Sie beispielsweise die Spalten 1, 2 und 4 als Spalten identifiziert, die der Satzart 1 zuzuordnen sind, können Sie die Programmzeilen 18 bis 23 ohne Änderung übernehmen. Wenn sich allerdings der Identifikator, der zur Satzart 0 gehört, nicht in Spalte 3, sondern in Spalte 1 befindet, und Spalte 3 ebenfalls eine Information der Satzart 1 führt, ist in den Programmzeilen 14 und 15 die Anweisung

Übernahmedaten in Satzarten strukturieren

```
.Cells(vResRow, 2).Value =
Sheets(kOriginalSheet).Cells(vRow, 3).Value
```

durch

```
.Cells(vResRow, 2).Value =
Sheets(kOriginalSheet).Cells(vRow, 1).Value
```

zu ersetzen. Die Programmzeilen 18 und 19 würden sich entsprechend von

```
.Cells(vResRow, 2).Value =
Sheets(kOriginalSheet).Cells(vRow, 1).Value
```

zu

```
.Cells(vResRow, 2).Value =
Sheets(kOriginalSheet).Cells(vRow, 3).Value
```

verändern.

Weitere Änderungen sind erforderlich, wenn Ihr ursprüngliches Tabellenblatt beispielsweise mehr Übernahmefelder bezüglich Satzart 1 enthält. Unter dieser Voraussetzung sind die Programmzeilen 18 bis 31 um diese zusätzlichen Übernahmefelder zu erweitern. Hierbei

Anpassungen des Programms

ist es ausreichend, eine bestehende Zeile zu kopieren und entsprechend abzuändern. Möchten Sie hingegen weniger Informationen pro Anlage übernehmen, können die überflüssigen Zeilen in den Formatierungsblöcken ersatzlos gelöscht werden.

Makro als
Template
einsetzbar

Es wird deutlich, dass das soeben vorgestellte Makro der konkreten Situation allenfalls geringfügig anzupassen ist. Vor diesem Hintergrund eignet es sich besonders gut als Template für eine Altdatenübernahme, sofern kleine bis mittelgroße Datenmengen übernommen werden sollen.

10.3.4 Zuordnung der Daten zu SAP-Feldern (Mapping)

Nachdem Ihre Daten nun dem vom SAP-System erwarteten Format genügen, können Sie die Felder Ihrer Datei *Upload.xls* den korrespondierenden Feldern des SAP-Systems zuordnen. Dem Feld BUKRS aus Ihrer Excel-Datei ordnen Sie beispielsweise das entsprechende SAP-Feld BUCHUNGSKREIS zu. Dieser Vorgang wird auch als *Mapping* bezeichnet.

Um das Mapping durchzuführen, wählen Sie den Menüpfad FINANZWESEN • ANLAGENBUCHHALTUNG • DATENÜBERNAHME ANLAGEN • DATENÜBERNAHME MIT MICROSOFT EXCEL oder geben den Transaktionscode AS100 ein (siehe Abbildung 10.10).

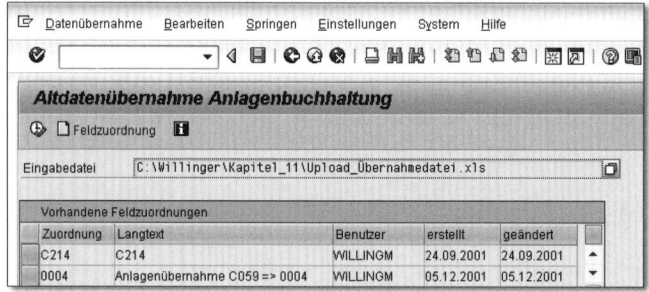

Abbildung 10.10 Einstiegsmaske – Altdatenübernahme mit Microsoft Excel

Upload.xls

In dem in Abbildung 10.10 gezeigten Einstiegsbildschirm zur Altdatenübernahme mit Microsoft Excel ist zunächst der Pfad der *Upload.xls*-Datei zu spezifizieren. Anschließend können Sie wählen, ob Sie eine vorhandene Feldzuordnung verwenden oder eine neue Feldzuordnung definieren möchten. Bei der ersten Alternative markieren Sie die entsprechende Feldzuordnung und klicken die Schaltfläche STARTEN MIT FELDZUORDNUNG an. Um eine neue Feldzuordnung zu definieren, klicken Sie die Schaltfläche FELDZU-ORDNUNG ANLEGEN (Feldzuordnung) an und geben einen Namen für die Zuordnung sowie einen erklärenden Langtext ein.

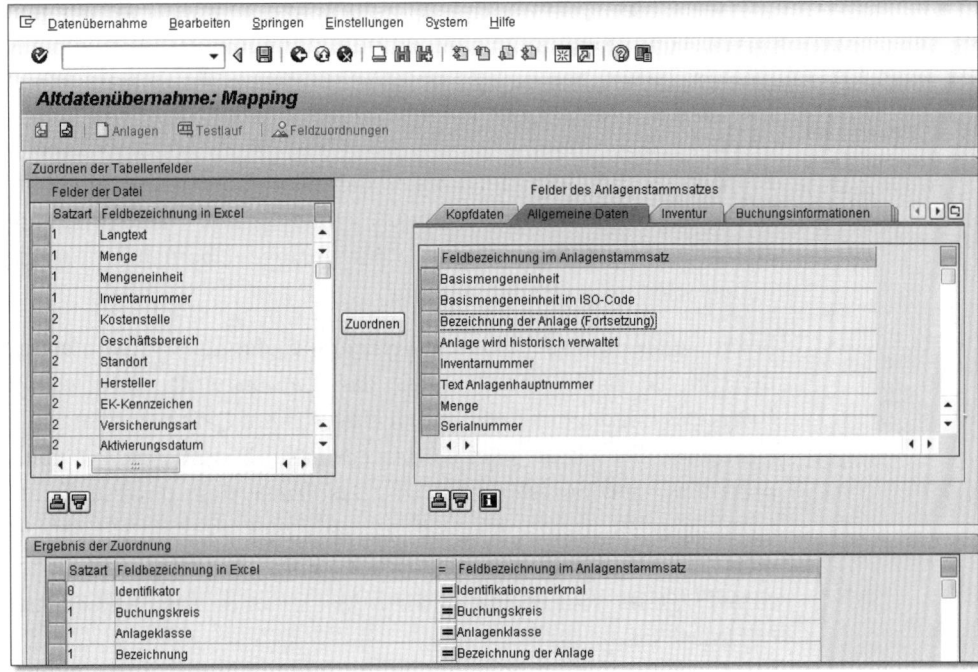

Abbildung 10.11 Altdatenübernahme mit Microsoft Excel – Mapping

Das System listet in der Tabelle FELDER DER DATEI nur solche Feldbezeichnungen auf, die im Kopfteil Ihrer *Upload.xls*-Datei definiert sind (siehe Abbildung 10.11). Diese Feldbezeichnungen sind nach den Satzarten 0, 1, 2, 3 und 4 sortiert. Die möglichen zu füllenden Anlagenstammsatzfelder des SAP-Systems sind auf Registerkarten verteilt. Hierbei finden Sie die potenziellen SAP-Felder für die Satzarten 0 und 1 auf der Registerkarte KOPFDATEN. Die Felder bezüglich der Satzart 2 sind auf mehrere Registerkarten verteilt. Diese reichen von ZEITABHÄNGIGE DATEN bis hin zu LEASING. Gleiches gilt für die Felder der Satzart 3, die sich hinter den Registerkarten BEWERTUNGSBEREICHE, KUMULIERTE WERTE und GEBUCHTE WERTE verbergen. Sämtliche Felder der Satzart 4 finden Sie auf der Registerkarte BEWEGUNGEN.

Mapping durchführen

Die konkrete Feldzuordnung selbst nehmen Sie vor, indem Sie jeweils eine Zeile aus der Tabelle FELDER DER DATEI und der Register-

SAP-Plausibilitätsprüfungen

karte FELDER DES ANLAGENSTAMMSATZES markieren und ZUORDNEN anklicken. Das System prüft dabei nicht, ob diese Zuordnung sinnvoll ist. Es wird lediglich geprüft, ob jedes Feld der Datei *Upload.xls* genau einem SAP-Feld zugeordnet ist. Dabei ist, wie bereits erwähnt, die Zuordnung des Identifikators, der Anlagenklasse, des Buchungskreises und des Aktivierungsdatums sowie die Zuordnung eventuell definierter Mussfelder zwingend.

Feldzuordnungen sichern und Datumsformat überprüfen

Das System fragt vor der Datenübernahme in einem Dialogfenster, ob die Feldzuordnung gespeichert werden soll. Sie können die Feldzuordnung allerdings auch nach der Datenübernahme über die Schaltfläche GESICHERTE ZUORDNUNGEN speichern. Damit kann ein einmal durchgeführtes Mapping für analoge Übernahmeprozesse immer wieder verwendet werden.

Bevor Sie die eigentliche Datenübernahme in das SAP-System starten, müssen Sie dafür sorgen, dass das Datumsformat Ihrer Datei *Upload.xls* mit dem im SAP-System eingestellten Datumsformat übereinstimmt. Dies kann über EINSTELLUNGEN • DATUMSFORMAT überprüft bzw. neu festgelegt werden. Das SAP-System unterstützt die nachfolgenden Datumsformate: europäisches Format (TT.MM.JJ oder TT.MM.JJJJ), amerikanisches Format (MM/TT/JJ oder MM/TT/JJJJ), ISO-Format (JJJJ-MM-TT) und das SAP-Format (JJJJMMTT).

10.3.5 Upload der Daten in das SAP-System und Protokoll

Der Upload der Anlagen in das SAP-System ist in derselben Transaktion durchzuführen, in der zuvor auch das Mapping definiert wurde. Hierbei kann zwischen einem *Testlauf* und einem *Echtlauf* der Anlagenübernahme unterschieden werden.

Testlauf

Wird die Übernahme im Testlauf ausgeführt – diesen starten Sie über die Schaltfläche ⊞ Testlauf –, listet das System Rückmeldungen auf, ohne dabei die Anlagen auf der Datenbank anzulegen. Der Testlauf gleicht demnach einer Simulation der Anlagenübernahme mit einem ausführlichen Protokoll, das für jede Anlage erstellt wird (siehe Abbildung 10.12).

Wenn Sie einen Eintrag im Protokoll markieren und anschließend die Schaltfläche DETAIL (⊡) anklicken, erhalten Sie detaillierte Informationen zur selektierten Anlage (siehe Abbildung 10.13).

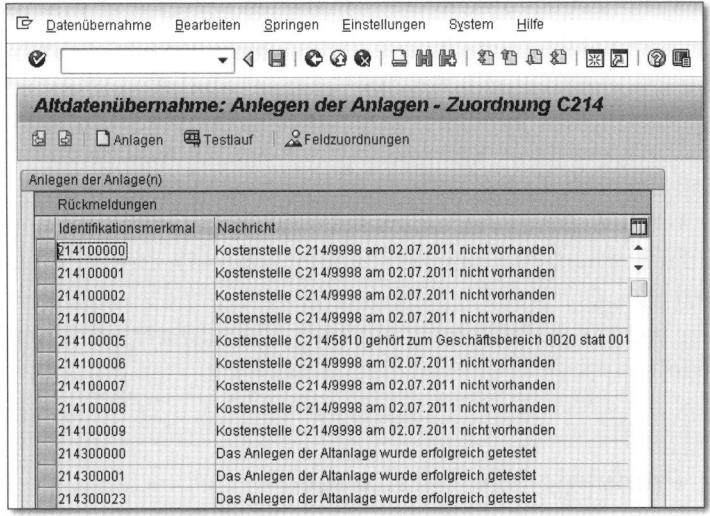

Abbildung 10.12 Protokoll aus Simulation der Altdatenübernahme

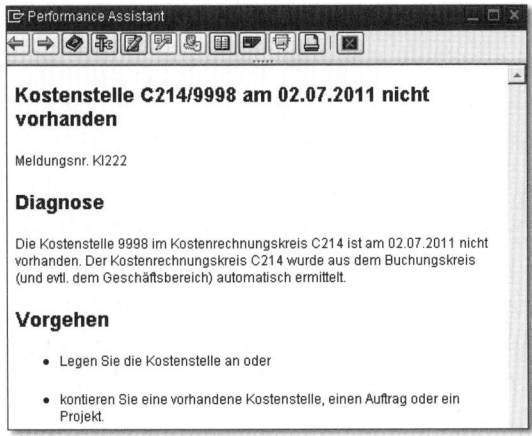

Abbildung 10.13 Fehlerprotokoll – Detail

Die häufigste Fehlerursache ist eine Diskrepanz zwischen Anlagen- werten der Datei *Upload.xls* und dem SAP-Customizing der korres- pondierenden Anlagenklasse. Nach einer entsprechenden Änderung des Customizings kann ein erneuter Testlauf erfolgen. Es wird em- pfohlen, diesen iterativen Prozess so lange fortzusetzen, bis der Test- lauf fehlerfrei endet. Danach kann mit dem Echtlauf, den Sie über ANLEGEN ANLAGEN (Anlagen) anstoßen können, fortgefahren werden (siehe Abbildung 10.12).

Fehlerursachen

<table>
<tr><td>Echtlauf</td><td>Beim Echtlauf legt das System mit den Werten der Datei *Upload.xls* neue Anlagen an; die Felder im SAP-System werden gemäß den vorgenommenen Zuordnungen mit Werten versehen. Die Stammsätze von erfolgreich angelegten Anlagen können über die Schaltfläche DETAIL ZU RÜCKMELDUNG (☒) angezeigt werden. Auch hier wird ein Protokoll der fehlerhaften Anlagen ausgegeben, die nicht angelegt werden konnten. Dieses Fehlerprotokoll können Sie sich gegebenenfalls mithilfe von EXPORTIEREN FEHLER IN FILE (☒) in Microsoft Excel herunterladen. Dort können die Fehler analysiert und anschließend behoben werden, sodass einem erneuten Upload nichts mehr im Weg steht.</td></tr>
</table>

10.4   Produktionsvorbereitungen

Nachdem die Anlagen nun erfolgreich in das SAP-System übernommen wurden, sind zusätzlich einige abschließende Aktivitäten durchzuführen, die unabhängig von der Methode der Altdatenübernahme anfallen.

10.4.1   Abstimmkonten setzen

Anlagenbestandskonten

Mit der Einführung der Anlagenbuchführung können die Anlagenbestandskonten, die im Hauptbuch definiert sind, nicht mehr direkt bebucht werden. Durch die Integration des Hauptbuches mit dem Nebenbuch der Anlagenbuchhaltung werden die Bestandskonten jedoch automatisch fortgeschrieben, sobald eine Bewegung auf einer Anlage erfolgt. Das Nebenbuch ist also das führende und das Hauptbuch das empfangende System.

Alternativ zum manuellen Setzen der Abstimmkonten in der Finanzbuchhaltung stellt das SAP-System einen Report zur Verfügung, mit dessen Hilfe Hauptbuchkonten zu Abstimmkonten der Anlagenbuchhaltung definiert werden können. Hierbei greift der Report die Hauptbuchkonten heraus, die in den Kontenfindungen der Anlagenbuchhaltung als Bestandskonten hinterlegt sind. Wählen Sie hierzu den Menüpfad FINANZWESEN • ANLAGENBUCHHALTUNG • PRODUKTIONSVORBEREITUNG • PRODUKTIVSTART • ABSTIMMKONTEN SETZEN.

Zurücksetzen und Datenkonsistenz

Haben Sie versehentlich ein falsches Konto in der Kontenfindung der Anlagenbuchhaltung hinterlegt oder müssen nachträglich Korrekturbuchungen auf den Abstimmkonten erfolgen, können die Abstimmkonten über folgenden Menüpfad wieder zurückgesetzt werden: FINANZWESEN • ANLAGENBUCHHALTUNG • PRODUKTIONSVORBEREITUNG • PRODUKTIVSTART • ABSTIMMKONTEN RÜCKSETZEN.

In diesem Fall ist jedoch zu bedenken, dass die Konsistenz zwischen Nebenbuch und Hauptbuch nicht sichergestellt ist, da die Bestandskonten nun wieder direkt – das heißt ohne Integration mit dem Nebenbuch – bebucht werden können.

10.4.2 Saldenübernahme

Wie bereits erwähnt, findet im Rahmen der Altdatenübernahme keine automatische Integration zwischen Haupt- und Nebenbuch statt, wie sie normalerweise bei Buchungen in das Nebenbuch bekannt ist. Daher muss eine manuelle Saldenabstimmung mit den betroffenen Hauptbuchkonten in einem weiteren Arbeitsschritt durchgeführt werden. Dieser Schritt kann entfallen, wenn vor der Produktivsetzung der Anlagenwirtschaft die Finanzbuchhaltung bereits im SAP-System geführt wurde. In diesem Fall befinden sich die Bestandskonten des Anlagevermögens und die zugehörigen Abschreibungskonten bereits auf dem aktuellen Stand. Demnach sind lediglich die Bestandskonten des Anlagevermögens als Abstimmkonten zu definieren (siehe Abschnitt 10.4.1, »Abstimmkonten setzen«).

> Abstimmung zwischen Haupt- und Nebenbuch

Ist eine Saldenübernahme erforderlich, müssen die Bestandswerte der Anlagenbuchhaltung sowohl mit den Anlagenbestandskonten als auch mit den zugehörigen Abschreibungskonten im Hauptbuch abgestimmt werden. Hierzu ruft man vorzugsweise über den Menüpfad SYSTEM • DIENSTE • REPORTING den Report RABEST01 auf, der eine Bestandsliste mit Berichtsdatum 01.01. des aktuellen Geschäftsjahres generieren kann. Diese Bestandsliste ist identisch mit einer entsprechenden Bestandsliste zum Stichtag 31.12. des Vorjahres. Das heißt, dass keine Abschreibungen des laufenden Jahres mit einbezogen werden. Die Bestandsliste ist nun mit einer korrespondierenden Saldenliste im Finanzwesen zu vergleichen, datiert zum 31.12. des Vorjahres.

> Durchführung der Saldenübernahme

Da die Saldenübernahme eine Buchung auf den Abstimmkonten erfordert, was im Anwendungsmenü des Rechnungswesens nicht möglich ist, ist diese Buchung im Customizing der Anlagenwirtschaft durchzuführen. Hierzu wählen Sie den Menüpfad FINANZWESEN •

ANLAGENBUCHHALTUNG • PRODUKTIONSVORBEREITUNG • PRODUKTIV-
START • SALDENÜBERNAHME DURCHFÜHREN.

Die Gegenbuchung wird in der Regel auf einem Konto abgesetzt, das
eigens für die Datenübernahme bestimmt ist (siehe Abschnitt 1.2.5,
»Exkurs: Buchhalterische Vorüberlegungen im SAP-System«).

10.4.3 Buchungskreis produktiv setzen

Den Buchungskreis produktiv zu setzen ist die letzte mit einer Altdatenübernahme einhergehende Aktivität. Wie bereits eingangs
erwähnt, ist eine Altdatenübernahme nur dann möglich, wenn sich
der Buchungskreis im Test- oder im Übernahmestatus befindet. Da
der Teststatus aufgrund seiner vielseitigen Änderungsmöglichkeiten
in einem Produktivmandanten über längere Zeit ohnehin zu verwerfen ist, und der Übernahmestatus außer der Anlagenübernahme
keine Buchungen in der Anlagenbuchhaltung zulässt, ist nach erfolgreicher Datenübernahme der Buchungskreis in den Status PRODUKTIV
zu setzen, sodass nur noch Wertänderungen durch Buchungen möglich sind.

10.4.4 Fazit

Die maschinelle Übernahme mittels Microsoft Excel ist immer dann
zu favorisieren, wenn weniger als 50.000 Anlagen übernommen werden müssen und Sie im Umgang mit großen Datenmengen in Microsoft Excel vertraut sind. Wenngleich die Aufbereitung der Daten mit
einem in Visual Basic erstellten Programm erfolgt, sind unseres
Erachtens keine speziellen Programmierkenntnisse für die Datenübernahme erforderlich. Sie können vielmehr das hier vorgestellte
Template zur Aufbereitung der Daten nutzen und es gegebenenfalls
an der einen oder anderen Stelle Ihren konkreten Anforderungen
anpassen. Eine Anleitung dafür haben wir ebenfalls kurz skizziert.
Unter Performance-Gesichtspunkten ist das Excel-Verfahren mit dem
Batch-Input-Verfahren vergleichbar. Auch hier gilt der Grundsatz:
Datensicherheit geht vor Schnelligkeit. Sie sollten allerdings auch
bedenken, dass die Datenübernahme mit Microsoft Excel nicht uni-
versell einsetzbar ist. So ist das Verfahren beispielsweise nicht zur
Übernahme von Abgängen, Anlagenkomplexen, Unternummern
oder Investitionsförderungen geeignet. Gleichwohl wollten wir
Ihnen diese spezielle Technik nicht vorenthalten.

In diesem Kapitel behandeln wir Themen, die nicht direkt und unmittelbar mit dem Kernthema des Buches in Verbindung stehen, die aber für ein breites und allgemeines Verständnis der Datenmigration von Bedeutung sein können.

11 Ausblick und angrenzende Gebiete

Der Schwerpunkt dieses Buches liegt erklärtermaßen auf den von SAP zur Verfügung gestellten Datenmigrationsverfahren. Für eine umfassende Darstellung des Themas Datenmigration erscheint es uns jedoch angebracht, auch weitere Techniken zu erwähnen, die im Einzelfall hilfreich sein können.

11.1 Datenübernahme-Workbench

Bei der sogenannten *Datenübernahme-Workbench* (oder auch *DX-Workbench*) handelt es sich um ein Werkzeug, das Sie im Standardlieferumfang Ihres auf SAP NetWeaver basierenden Systems vorfinden. Die zugehörige Transaktion lautet SXDA.

Die Datenübernahme-Workbench hilft Ihnen bei der Verwaltung und Organisation von Datenübernahmeprojekten. Sie stellt Ihnen Werkzeuge für die Analyse der zugehörigen SAP-Strukturen zur Verfügung und bietet Ihnen eine integrierte Sicht auf die SAP-Standard-Datenübernahmeprogramme. Darüber hinaus erlaubt Ihnen die Datenübernahme-Workbench, eigene Datenübernahme- und Hilfsprogramme zu registrieren und zu verwenden.

Verwaltung von Datenübernahmeprojekten

Aus funktionaler Sicht gibt es also Überschneidungen zwischen der Datenübernahme-Workbench und der LSM Workbench. In der Praxis erweist sich ein kombinierter Einsatz beider Werkzeuge als sinnvoll. Wir möchten Ihnen hierzu in diesem Abschnitt eine Vorgehensweise empfehlen. Zunächst werfen wir jedoch einen detaillierten Blick auf die Funktionsweise der Datenübernahme-Workbench.

11.1.1 Funktionsumfang

Projekt,
Teilprojekt,
Ablaufdefinition,
Aufgabe

Die Datenübernahme-Workbench kennt die organisatorischen Einheiten *Projekt*, *Teilprojekt*, *Ablaufdefinition* und *Aufgabe* (siehe Abbildung 11.1). Ein Projekt enthält ein oder mehrere Teilprojekte. Jedem Teilprojekt ist genau ein Business-Objekt und eine Importtechnik zugeordnet, zum Beispiel *Kundenstamm* (Business-Objekt) und *Batch-Input* (Importtechnik). Jedes Teilprojekt enthält darüber hinaus eine oder mehrere Ablaufdefinitionen. Eine Ablaufdefinition besteht wiederum aus einer oder mehreren Aufgaben. Typische Aufgaben sind:

▸ Altdaten exportieren

▸ Altdaten bereinigen

▸ Daten konvertieren (zum Beispiel mithilfe der LSM Workbench)

▸ konvertierte Daten prüfen

▸ Daten in das SAP-System importieren

Framework
Datenübernahme-
Workbench

Nun dürfen Sie allerdings nicht erwarten, dass die Datenübernahme-Workbench Ihnen für alle möglichen Aufgaben automatisch die passenden Programme zur Verfügung stellt. Vielmehr handelt es sich um einen Rahmen (*Framework*), in den Sie eigene Programme integrieren können.

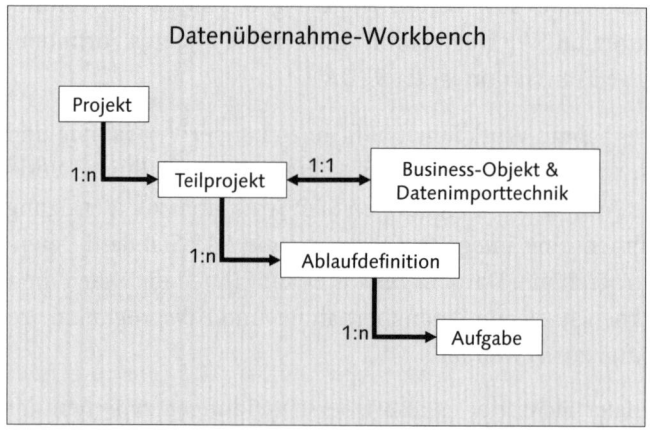

Abbildung 11.1 Organisatorische Einheiten der Datenübernahme-Workbench

Lauf

Eine einmal festgelegte Ablaufdefinition können Sie im Dialog oder im Hintergrund beliebig oft ausführen lassen. Dadurch entsteht ein sogenannter *Lauf*. Jeder Lauf wird von der Datenübernahme-Workbench protokolliert.

Nicht erfolgreich abgeschlossene Läufe können folgendermaßen nachbereitet werden:

► Der Lauf kann fortgeführt oder abgebrochen werden.

► Eine bestimmte, nicht vollständig abgeschlossene Aufgabe kann auf »erledigt« gesetzt werden.

► Der Lauf kann gelöscht werden.

Eine besonders nützliche Funktion der Datenübernahme-Workbench ist die Erzeugung von Testdaten. Sie können sich eine Datei erzeugen lassen, teilweise sogar bereits mit Beispieldaten, die von den Datenimportprogrammen (zum Beispiel von Standard-Batch-Input-Programmen wie `RFBIDE00`) verarbeitet werden kann. Eine derartige Datei kann dabei helfen, die Zuordnung von Bildschirmfeldern zu Feldern der Übergabestrukturen (zum Beispiel `BKNA1`) zu erkennen.

Erzeugen von Testdaten

Es darf aber nicht verschwiegen werden, dass diese Funktionalität gewisse Programme voraussetzt, die nur für einige Business-Objekte zur Verfügung stehen, z. B. für Sachkontenstammsätze (Business-Objekt-ID `BUS3006`), Materialstammsätze (`BUS1001006`), Verkaufsbelege (`BUS2032`), Konditionensätze (`BUS3005`), Arbeitspläne (`BUS1012`) und Prüfpläne (`BUS1023`).

Die Datenübernahme-Workbench bietet auch eine Funktionalität für die Bearbeitung von Dateien. Eine große Datei kann beispielsweise in mehrere kleinere Dateien aufgeteilt werden. Umgekehrt können mehrere kleine Dateien zu einer Datei zusammengeführt werden.

Dateien teilen und zusammenführen

11.1.2 Besondere Stärke: Datenimport via BAPI

Ihre besondere Stärke entfaltet die Datenübernahme-Workbench, wenn die zu migrierenden Daten per BAPI importiert werden sollen. In Kapitel 5, »Legacy System Migration Workbench«, wurde beschrieben, dass die LSM Workbench beim Import von Altdaten via BAPI-Importtechnik die IDoc-Eingangsverarbeitung verwendet. Diese Technik ist zwar sehr sicher und komfortabel, die Vorzüge bringen jedoch auch entsprechende Laufzeiten bzw. entsprechenden Durchsatz mit sich. Außerdem werden durch die BAPI-Importtechnik im SAP-System IDocs angelegt, die nur durch einen Archivierungslauf wieder gelöscht werden können. Eine zusätzliche Erschwernis ergibt sich aus der Tatsache, dass nur erfolgreich verarbeitete IDocs archiviert werden.

Größerer
Durchsatz als LSM
Workbench

Die Datenübernahme-Workbench erwartet die Daten beim Import – ebenso wie die LSM Workbench – im IDoc-Format. Allerdings werden die Daten anschließend nicht wie in der LSM Workbench der IDoc-Eingangsverarbeitung, sondern direkt dem BAPI übergeben. Der Durchsatz ist hierdurch wesentlich höher.

Eigenes Fehler-
Handling

Aufgrund dieses Ansatzes musste für die Datenübernahme-Workbench ein eigenes Fehler-Handling entwickelt werden:

- Als Anwender legen Sie eine sogenannte *Paketgröße* fest. Die Paketgröße bezeichnet die Anzahl der Transaktionen, die dem BAPI in einer LUW (*Logical Unit of Work*) übergeben werden. Die Paketgröße muss sorgfältig ausgewählt werden. Je größer Sie die Pakete schnüren, desto geringer ist die Datenbankbelastung und desto größer ist folglich der Durchsatz. Wenn innerhalb eines Pakets jedoch ein harter Abbruch auftritt, wird keine der in diesem Paket enthaltenen Transaktionen verbucht.

- Es bleibt die Frage offen, wie und wo Transaktionen abgelegt werden, die nicht importiert werden konnten. Hierzu stehen zwei Alternativen zur Verfügung:

  - Die Transaktionen können in einer separaten Fehlerdatei abgelegt werden.

  - Die Transaktionen können als IDocs abgelegt und anschließend mit den Standardmitteln der IDoc-Eingangsverarbeitung verarbeitet werden.

Nachfolgend wird das Zusammenspiel von Datenübernahme-Workbench und LSM Workbench beschrieben.

11.1.3 Kombination mit LSM Workbench

Absprung in LSM
Workbench

Wenn Sie in der Datenübernahme-Workbench eine Ablaufdefinition anlegen, können Sie für die Aufgabe *Mappen der Daten*, also für das Konvertieren der Daten in das SAP-Format, in die LSM Workbench abspringen. Hierzu müssen Sie in der Datenübernahme-Workbench das zugehörige Projekt, Teilprojekt und Objekt aus der LSM Workbench hinterlegen. Starten Sie in der Datenübernahme-Workbench einen Lauf, werden bei diesem Schritt zunächst das Dateneinleseprogramm und anschließend das Datenumsetzungsprogramm aus der LSM Workbench ausgeführt.

Wenn Sie die Datenübernahme-Workbench und die LSM Workbench gemeinsam einsetzen, ist die Datenübernahme-Workbench
stets die »führende« Workbench. Dies bedeutet, dass die Datenübernahme-Workbench Funktionen der LSM Workbench aufruft. Für den
kombinierten Einsatz empfehlen wir Ihnen die folgende Vorgehensweise in Abhängigkeit von der gewählten Importtechnik:

▸ **Importtechnik Batch-Input oder Direct-Input**
In diesem Fall besteht der Mehrwert der Datenübernahme-Workbench in der zuvor beschriebenen Funktionalität zur Erzeugung
von Testdaten. Alle anderen Funktionen werden von der LSM
Workbench abgedeckt.

▸ **Importtechnik BAPI oder IDoc**
Aufgrund der Stärke der Datenübernahme-Workbench beim
Import von Daten via BAPI ist es in diesem Fall ratsam, die Datenübernahme-Workbench für den Datenimport zu verwenden. Alle
anderen Arbeitsschritte übernimmt die LSM Workbench.

Die Zusammenfassung dieser empfohlenen Vorgehensweise finden
Sie in Tabelle 11.1.

	Batch-Input, Direct-Input	BAPI, IDoc
Datenübernahme-Workbench	Erzeugung von Testdaten	Daten importieren
LSM Workbench	Daten einlesen, umsetzen, importieren	Daten einlesen, umsetzen

Tabelle 11.1 Vorgehensweise bei Kombination aus DX-Workbench und LSM Workbench

11.2 Datenmigration zwischen SAP-Systemen oder innerhalb eines SAP-Systems

Es gibt Situationen, in denen ein SAP-System bereits erfolgreich
installiert und produktiv eingesetzt wird, das Thema Datenmigration
aber nach wie vor die IT-Abteilungen sowie die Fachbereiche
beschäftigt. Man denke beispielsweise an unternehmensinterne
Umstrukturierungen oder an die Zusammenführung zweier SAP-Systeme aufgrund eines Unternehmenskaufs oder einer Verschmelzung.
Unabhängig von der zugrunde liegenden Motivation ist diesen Sze-

narien eines gemeinsam: Es müssen Daten innerhalb eines oder mehrerer produktiver Systeme extrahiert und reallokiert werden. Handelt es sich dabei um *ein* SAP-System, lassen sich die zu verarbeitenden Daten relativ leicht extrahieren, sofern man weiß, in welcher Tabelle die Daten abgelegt sind. Um Ihnen die Suche zu erleichtern, sind im Anhang bei Datenmigrationsprojekten häufig verwendete Tabellen aufgelistet. Diese Auflistung erhebt jedoch keineswegs den Anspruch auf Vollständigkeit.

Extraktion von Profit-Centern

Möchten Sie beispielsweise *Profit-Center-Stammdaten* extrahieren, können Sie bei Kenntnis der relevanten Tabelle CEPC wie folgt vorgehen: Wenn Sie den Menüpfad WERKZEUGE • ABAP WORKBENCH • ÜBERSICHT • DATA BROWSER oder die Transaktion SE16 wählen, werden Ihnen bei Eingabe des Namens der Tabelle `CEPC` die zugehörigen Felder nebst Feldinhalten angezeigt (siehe Abbildung 11.2).

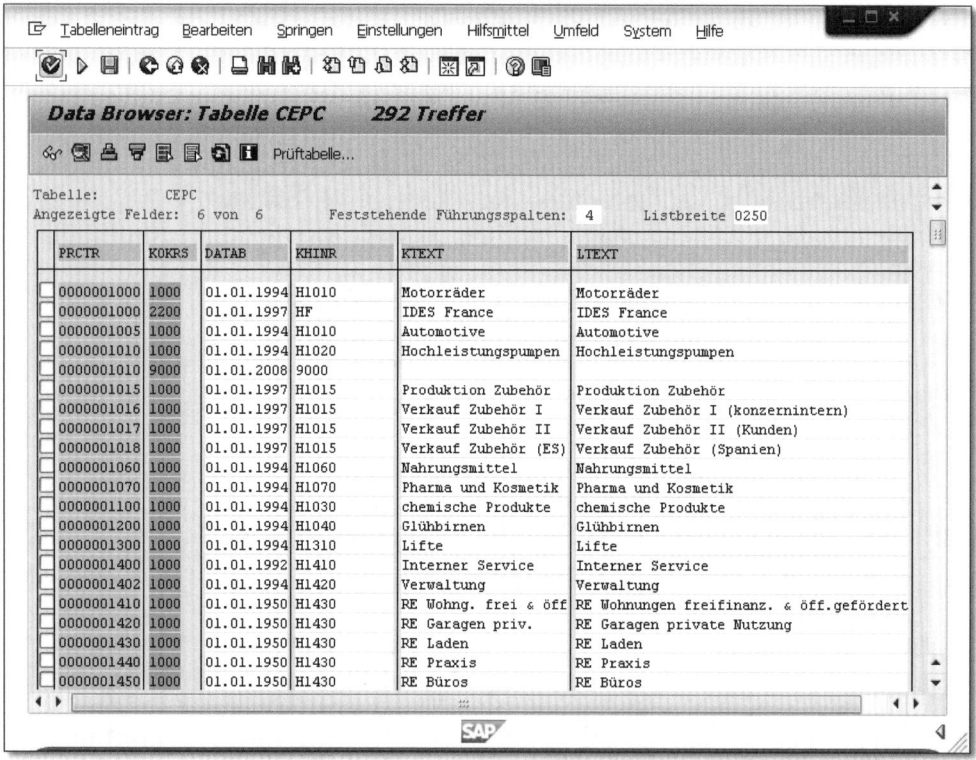

Abbildung 11.2 Profit-Center-Stammdaten – dargestellt im Data Browser (Transaktion SE16)

Die hier präsentierte Ansicht können Sie über EINSTELLUNGEN • LIST-AUFBEREITUNG • FELDAUSWAHL ... so konfigurieren, dass nur die Felder angezeigt werden, die tatsächlich für die Datenübernahme von Interesse sind. Nicht benötigte Felder können entsprechend ausgeblendet werden. Dies illustriert Abbildung 11.3.

Feldauswahl

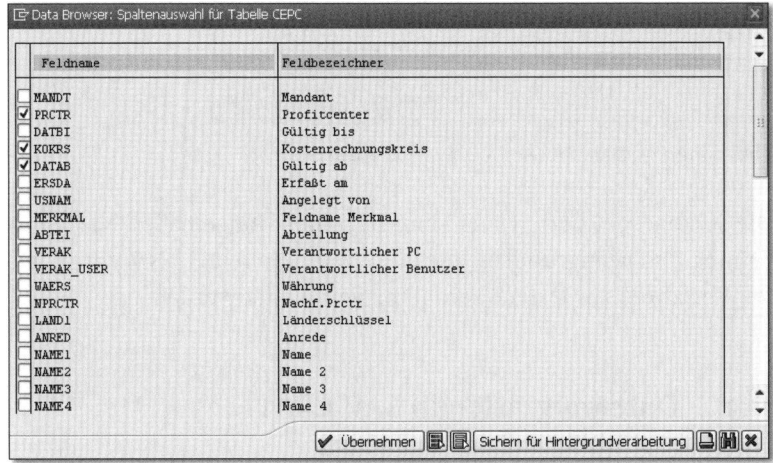

Abbildung 11.3 Data Browser – Feldauswahl vornehmen

Haben Sie Ihre Feldauswahl getroffen, können Sie über BEARBEITEN • DOWNLOAD den Datenbestand beispielsweise einem Tabellenkalkulationsprogramm wie Microsoft Excel zur Verfügung stellen. Betrachten Sie hierzu das Dialogfenster in Abbildung 11.4.

Download

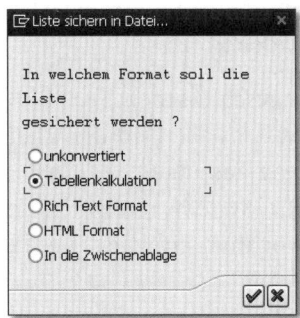

Abbildung 11.4 Data Browser – Download

Abschließend muss lediglich der Pfad angegeben werden, unter dem der extrahierte Datenbestand gespeichert werden soll. Beachten Sie, dass dem Dateinamen stets ein Format zuzuweisen ist, das das spä-

Pfad und Dateiformat

tere Öffnen der Datei mit einem bestimmten Programm festlegt. Möchten Sie die Datei später zum Beispiel mit Microsoft Excel weiterverarbeiten, wählen Sie die Dateiendung *.xls*, wie in Abbildung 11.5 gezeigt.

Abbildung 11.5 Data Browser – Download – Dateiformat

Die so abgespeicherte Datei kann bei einer sinngemäßen Nachbearbeitung als Datengrundlage für die in den Kapiteln 3 bis 7 vorgestellten Verfahren zur Datenübernahme verwendet werden.

11.3 Datenmigration in SAP CRM

Customer Relationship Management

CRM (*Customer Relationship Management*) bezeichnet das ganzheitliche Management der Kundenbeziehungen. Die SAP CRM-Lösung wird heutzutage in vielen Fällen in Verbindung mit einem SAP-System eingesetzt. Man spricht häufig vom *ERP-Backend-System*. Dahinter steckt die Vorstellung, dass das SAP CRM-System mit all seinen »Kanälen« (Internetanwendungen, Mobile-Anwendungen, Call-Centern) auf den Kunden ausgerichtet ist, während das SAP ERP-System nach »hinten« weist und sich um die Ausführung kümmert – also um die Auftragsabwicklung und alle nachfolgenden Prozesse.

Wird ein SAP CRM-System mit einem angeschlossenen SAP ERP-System betrieben, enthält das SAP CRM-System alle erforderlichen Mittel, um Daten zwischen beiden Systemen auszutauschen. Insbesondere auch das initiale Laden des SAP CRM-Systems mit Daten aus dem SAP ERP-System kann mit der Funktionalität erfolgen, die das SAP CRM-System mitbringt.

CRM seit Release 3.0 unabhängig von SAP R/3 bzw. SAP ERP

Nun kann das SAP CRM-System jedoch auch unabhängig von einem SAP R/3-System bzw. einem SAP ERP-System betrieben werden. An die Stelle des R/3- bzw. ERP-Systems kann entweder kein oder ein beliebiges Backend-System treten. In diesem Fall steht man vor einer »normalen« Datenmigrationsaufgabe, die darin besteht, die vom SAP

CRM-System benötigten Daten (zum Beispiel Kundendaten, Produktdaten, Aufträge, Konditionen und Preise) aus dem SAP-fremden System in das SAP CRM-System zu übertragen.

Hierfür bietet das SAP CRM-System sogenannte *externe Schnittstellen*, die nach »außen« eine Darstellung im IDoc-Format besitzen – und schon kommen die LSM Workbench oder SAP BusinessObjects Data Services wieder ins Spiel. Die LSM Workbench kann mit oder ohne Datenübernahme-Workbench (siehe Abschnitt 11.1.3, »Kombination mit LSM Workbench«) verwendet werden, um Daten aus einem SAP-fremden System in ein SAP CRM-System zu übertragen. Der Ablauf dieses Prozesses – in Abbildung 11.6 schematisch dargestellt – ist folgender:

Externe Schnittstellen

▶ Zunächst bringen Sie Ihre Daten wie gewohnt aus dem SAP-fremden System in das passende IDoc-Format.

▶ Anschließend übergeben Sie die umgesetzten Daten der IDoc-Eingangsverarbeitung, die alles Weitere für Sie erledigt: Die Daten werden in das sogenannte BDoc-Format[1] umgewandelt und der CRM-Middleware[2] zur Verteilung an alle beteiligten Komponenten übergeben.

Dies bedeutet, dass Sie die LSM Workbench mit der IDoc-Importtechnik in der gewohnten Weise verwenden können.

Um in der LSM Workbench eine der externen Schnittstellen des SAP CRM-Systems zu selektieren, wählen Sie im Arbeitsschritt OBJEKTATTRIBUTE PFLEGEN die Importmethode IDOC (INTERMEDIATE DOCUMENT) und einen IDoc-Typ aus, dessen Name mit »CRMXIF« beginnt. Dort stehen Ihnen beispielsweise IDoc-Typen für Geschäftspartner, Produkte, Preiskonditionen, Aufträge und Rechnungen zur Verfügung. Die IDoc-Schnittstelle ist dabei mit der SAP-Transaktion BDFG generiert, ähnlich wie die BAPI-generierte Schnittstelle über die Transaktion BDBG. Für weitergehende Informationen verweisen wir auf das SAP Help-Portal unter *http://help.sap.com*.

Da der SAP Best Practices-Content für Datenmigration für SAP BusinessObjects Data Services ebenfalls die Daten über IDocs lädt, bietet

---

1 BDoc steht für *Business Document*. Es handelt sich dabei um ein Format, das ausschließlich im SAP CRM-System Verwendung findet.
2 CRM-Middleware ist Teil des SAP CRM-Systems und steuert die Datenverteilung zwischen den einzelnen Komponenten.

sich der Weg über Data Services mit all seinen Vorteilen auch für eine initiale CRM-Beladung an. Für den Anwendungsfall, dass das SAP CRM-System nicht mit einem SAP ERP-System gekoppelt ist, gibt es spezielle Templates und Data Services Content von SAP Best Practices.

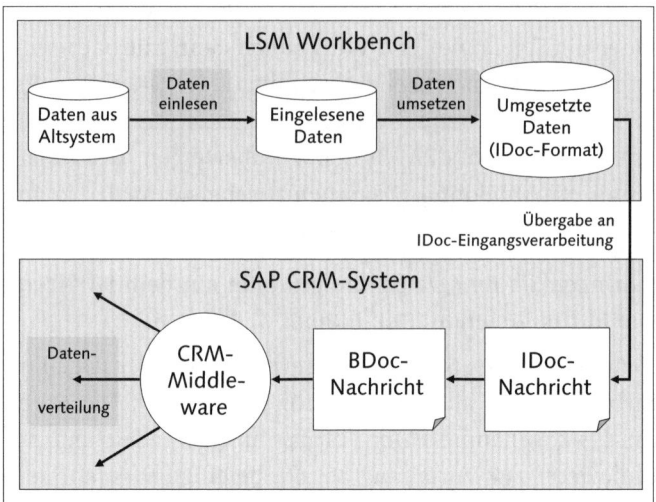

Abbildung 11.6 LSM Workbench und SAP CRM

Anhang

A SAP-Tabellen für ausgewählte Stamm- und Bewegungsdaten

A.1 Finanzwesen

▶ **Sachkonten**

  ▷ SKA1: Sachkonten – Kontenplan

  ▷ SKB1: Sachkonten – buchungskreisspezifische Daten

  ▷ GLT0: Sachkonten – Verkehrszahlen

▶ **Debitoren**

  ▷ KNA1: Debitoren – allgemeine Daten

  ▷ EKNB1: Debitoren – buchungskreisspezifische Daten

  ▷ EKNC1: Debitoren – Verkehrszahlen

▶ **Kreditoren**

  ▷ LFA1: Lieferanten – allgemeine Daten

  ▷ ELFB1: Lieferanten – buchungskreisspezifische Daten

  ▷ ELFC1: Lieferanten – Verkehrszahlen

▶ **Sekundärindex für Belegdaten**

  ▷ BSIS: Sekundärindex für Sachkonten

  ▷ EBSAS: Sekundärindex für Sachkonten – ausgeglichene Posten

  ▷ EBSID: Sekundärindex für Debitoren

  ▷ EBSAD: Sekundärindex für Debitoren – ausgeglichene Posten

  ▷ EBSIK: Sekundärindex für Kreditoren

  ▷ EBSAK: Sekundärindex für Kreditoren – ausgeglichene Posten

▶ **Belegkopf**

  ▷ BKPF: Belegkopf für Buchhaltung

▶ **Belegzeilen/Belegposten**

  ▷ BSEG: Belegsegment für Buchhaltung

  ▷ EBSEC: Belegsegment CPD-Daten

▶ **Steuerdaten**

  ▷ BSET: Belegsegment Steuerdaten

A.2   Controlling

▶ **Kostenstellen**

- ▷ CSKS: Kostenstellenstammsatz
- ▷ ECSKT: Kostenstellentexte
- ▷ ECSSK: Kostenstelle/Kostenart
- ▷ ECSSL: Kostenstelle/Leistungsart

▶ **Innenaufträge**

- ▷ AUFK: Auftragsstammdaten

▶ **CO-Fertigungsaufträge**

- ▷ AFKO: Auftragskopf
- ▷ EAFPO: Auftragsposition

▶ **Abrechnungsvorschriften**

- ▷ COBR: Abrechnungsvorschriften

▶ **Profit-Center**

- ▷ CEPC: Stammdatentabelle von Profit-Centern
- ▷ ECEPCT: Profit-Center-Stammdatentexte
- ▷ ECEPC_BUKRS: Buchungskreiszuordnung von Profit-Centern

A.3   Logistik

▶ **Materialstamm**

- ▷ MARA: Allgemeine Materialdaten
- ▷ EMARC: Werksdaten zum Material
- ▷ EMARD: Lagerortdaten zum Material
- ▷ EMARM: Mengeneinheiten zum Material
- ▷ EMARV: Materialverwaltungssatz
- ▷ EMAKT: Materialkurztexte
- ▷ EMVKE: Verkaufsdaten zum Material

▶ **Stückliste**

- ▷ STKO: Stücklistenkopf
- ▷ ESTPO: Stücklistenposition
- ▷ ESTPU: Stücklistenunterposition

- **Verkaufsbeleg**

  - VBAK: Verkaufsbeleg – Kopfdaten

  - EVBAP: Verkaufsbeleg – Positionsdaten

  - EVBEP: Verkaufsbeleg – Einteilungsdaten

  - EVBKD: Verkaufsbeleg – kaufmännische Daten

  - EVBPK: Verkaufsbeleg – Produktvorschlag Kopf

  - EVBPV: Verkaufsbeleg – Produktvorschlag

  - EVBUV: Verkaufsbeleg – Unvollständigkeitsprotokoll

- **Arbeitsplatz**

  - CRHD: Arbeitsplatz – Kopfdaten

  - ECRCO: Arbeitsplatz – Kostenstellenzuordnung

  - ECRCA: Arbeitsplatz – Kapazitätszuordnung

  - ECRTX: Arbeitsplatz – Kurzbezeichnung

- **Arbeitsplan**

  - PLKO: Arbeitsplan – Kopfdaten

  - EPLPO: Arbeitsplan – Vorgänge

  - EPLFH: Arbeitsplan – Fertigungshilfsmittel

B   Glossar

ABAP   Advanced Business Application Programming. Programmiersprache der vierten Generation, die SAP zur Entwicklung von Anwendungsprogrammen entwickelt hat.

ABAP Dictionary   Das ABAP Dictionary beschreibt die logische Struktur der Objekte der Anwendungsentwicklung und deren Abbildung in den Strukturen der darunterliegenden relationalen Datenbank.

Alle Komponenten der Laufzeitumgebung, zum Beispiel Anwendungsprogramme oder Datenbankschnittstellen, holen sich ihre Informationen über diese Objekte direkt aus dem ABAP Dictionary.

Das ABAP Dictionary ist vollständig in die ABAP Workbench integriert.

Abschreibung   Herabsetzen des Buchwertes einer Anlage aufgrund eingetretener Wertminderungen oder steuerrechtlicher Vorgaben. Normalabschreibungen dienen der planmäßigen Verteilung der Anschaffungs- und Herstellungskosten einer Anlage auf die Dauer der Anlagennutzung. Außerplanmäßige Abschreibungen sind durch voraussichtlich dauernde Wertminderungen aufgrund ungeplanter Ereignisse begründet.

Abschreibungslauf   Das Buchen der Abschreibungen in die Finanzbuchhaltung wird durch den Start des Abschreibungsbuchungslaufes ausgelöst. Dieses Programm erstellt eine Batch-Input-Mappe, die alle Buchungsinformationen für die Finanzbuchhaltung beinhaltet. Durch Abspielen der Mappe werden die entsprechenden Buchungsbelege erstellt.

Abstimmkonto   Sachkonto, auf dem die Bewegungen der Nebenbuchhaltung, zum Beispiel der Nebenbücher Debitoren, Kreditoren und Anlagen, mitgeführt werden. In der Regel verweisen mehrere Konten der Nebenbuchhaltung auf ein gemeinsames Abstimmkonto. Damit wird der Ausweis der Nebenbuchhaltung in der Hauptbuchhaltung unter bilanziellen Gesichtspunkten erreicht.

Altdaten   Betriebswirtschaftliche Daten, die aus dem Altsystem in das SAP-System übertragen werden sollen.

Altsystem   Betriebswirtschaftliches EDV-System, das im Rahmen der Einführung eines SAP-Systems ganz oder teilweise abgelöst werden soll. Im Zuge dieser Ablösung sollen Daten aus diesem System in das SAP-System übertragen werden.

Anlagenbestandskonto   Hauptbuchkonto der Finanzbuchhaltung, auf dem Anlagenbewegungen fortgeschrieben werden. Im engeren Sinne ist es das Konto, das die Anschaffungs- oder Herstellungskosten führt – in Abgrenzung zum Wertberichtigungskonto. Im weiteren Sinn werden aber beide Konten als Bestandskonten bezeichnet.

Anlagenbuchhaltung Nebenbuchhaltung der Finanzbuchhaltung, in der die betriebswirtschaftlichen Vorgänge zum Anlagevermögen erfasst werden.

Anlagenklasse Hauptkriterium für die Gliederung des Anlagevermögens nach betriebswirtschaftlichen und rechtlichen Erfordernissen. Für jede Anlagenklasse können Sie Steuerungsparameter und Vorschlagswerte für die Abschreibungsrechnung und sonstige Stammdaten definieren. Jeder Anlagenstammsatz muss genau einer Anlagenklasse zugeordnet werden.

Anlagenkomplex Zusammenfassung mehrerer Anlagen zum Zweck einer gemeinsamen, verdichteten Abschreibungsrechnung. Ein Anlagenkomplex wird im System durch einen eigenen Stammsatz repräsentiert.

Anlagenunternummer Merkmal, das in Kombination mit der Anlagenhauptnummer eine Anlage eindeutig identifiziert. Mithilfe der Anlagenunternummer ist es möglich, ein komplexes Wirtschaftsgut darzustellen. Das Wirtschaftsgut wird durch die Anlagenhauptnummer bezeichnet. Die einzelnen Teile oder nachträglichen Zugänge können durch Unternummern dargestellt werden. Für jede Unternummer müssen Sie eigene Stammdaten festlegen.

Anschaffungs- und Herstellungskosten (AHK) Obergrenze für die Bewertung eines Wirtschaftsgutes in der Bilanz.

BAiO SAP Business All-in-One. Ein SAP-System, das über SAP Best Practices-Pakete und -Content vordefiniert wird. Lösung für mittlere und kleinere Unternehmen.

BAPI Business Application Programming Interface. Standardisierte Programmierschnittstelle, die den externen Zugriff auf die Geschäftsprozesse und Daten des SAP-Systems erlaubt. BAPIs werden im Business Object Repository (BOR) als Methoden von SAP-Business-Objekten definiert und ermöglichen eine objektorientierte Sicht auf die Business-Komponenten des SAP-Systems. BAPIs werden als RFC-fähige Funktionsbausteine im Function Builder der ABAP Workbench implementiert und abgelegt.

Batch-Input Schnittstelle, die es Ihnen erlaubt, große Datenmengen in ein SAP-System zu übernehmen. Die Erstübernahme von Altdaten und das periodische Einspielen von Fremddaten können über Batch-Input erfolgen.

Batch-Input-Mappe Zusammenfassung einer Folge von Transaktionen, die durch ein Programm mit Benutzerdaten versehen wurden. Diese Transaktionen werden als Stapel gespeichert. Die Batch-Input-Mappe kann zu einem späteren Zeitpunkt abgespielt werden. Erst beim Abspielen der Mappe finden Datenbankveränderungen statt. Durch dieses Verfahren können in kurzer Zeit große Datenmengen in das SAP-System eingespielt werden.

BDoc   Business Document. Das BDoc-Format wird in der CRM-Middleware verwendet und steuert die Datenverteilung zwischen den einzelnen Komponenten im CRM-System. Ein BDoc verhält sich wie ein Container mit Daten, die für die Verarbeitung von Geschäftsobjektdaten benötigt werden. Diese Daten werden in BDoc-Nachrichten, die auf BDoc-Typen basieren, als eine Einheit transportiert.

Beleg   Nachweis eines Geschäftsvorfalls. Man unterscheidet zwischen Originalbelegen, wie zum Beispiel Eingangsrechnungen, Bankauszügen oder Durchschriften von Ausgangsrechnungen und EDV-Belegen. Letztere können beispielsweise Buchhaltungsbelege, Musterbelege oder Dauerbuchungsurbelege sein. Der Buchhaltungsbeleg spiegelt den Originalbeleg im System wider. Alle weiteren genannten EDV-Belege dienen als Erfassungshilfen der Originalbelege.

Belegart   Schlüssel, durch den zu buchende Geschäftsvorfälle unterschieden werden. Die Belegart steuert die Belegablage und legt die zu bebuchenden Kontenarten fest.

Belegkopf   Teil eines Belegs, der die Informationen enthält, die für den gesamten Beleg Gültigkeit haben, wie zum Beispiel das Belegdatum und die Belegnummer.

Bestandskonto   Konto, auf dem Zu- und Abgänge eines Bestandes geführt werden.

Der Saldo eines Bestandskontos wird am Geschäftsjahresende auf sich selbst vorgetragen und jederzeit in der Bilanz ausgewiesen.

Betriebswirtschaftliches Datenobjekt → Datenobjekt.

Bewegungsdaten   Vorgangsbezogene Daten, die kurzlebig sind und bestimmten Stammdaten zugeordnet werden. Einzelne Buchungsbelege werden als *Bewegungsdaten* bezeichnet. Den Stammdaten eines Lieferanten können beispielsweise Bewegungsdaten zugeordnet werden, die die Umsatzentwicklung betreffen. Der Gesamtumsatz eines Lieferanten setzt sich aus den Daten der einzelnen Geschäftsvorgänge – den Bewegungsdaten – zusammen.

Bewertungsbereich   Ein Bewertungsbereich (zum Beispiel Handelsbilanz, Steuerbilanz oder kalkulatorische Werte) repräsentiert die Bewertung des Anlagevermögens zu einem bestimmten Zweck. Neben den sogenannten *echten Bereichen* können Sie *abgeleitete Bereiche* definieren, deren Werte sich aus zwei oder mehreren echten Bewertungsbereichen errechnen lassen.

BI-Launchpad   Webanwendung zum Zugriff auf die SAP BusinessObjects BI-Plattform. Über dieses Tool können Business-Analysen und Reports in Form von SAP BusinessObjects Dashboards, SAP Crystal Reports und SAP BusinessObjects WebIntelligence-Berichte abgerufen werden. Nachfolger des SAP BusinessObjects InfoViews.

BI-Plattform Die Plattform SAP BusinessObjects Business Intelligence (BI) ist eine auf einer serviceorientierten Architektur aufbauende Plattform, die ein umfassendes Paket von Analyse- und Reporting-Lösungen unterstützt. Sie lässt sich in bestehende Anwendungen und Informationsquellen integrieren und liefert über das gesamte Unternehmen hinweg entscheidungsrelevante Informationen. Nachfolger von SAP BusinessObjects Enterprise. Es ist auch eine Version für kleinere und mittlere Unternehmen verfügbar, SAP BusinessObjects Edge.

Buchungskreis Kleinste organisatorische Einheit des externen Rechnungswesens, für die eine vollständige, in sich abgeschlossene Buchhaltung abgebildet werden kann.

Buchungsschlüssel Zweistelliger numerischer Schlüssel, der die Erfassung von Belegpositionen steuert. Der Buchungsschlüssel bestimmt unter anderem die Kontoart, ob es sich um eine Soll- oder Haben-Buchung handelt sowie die Gestaltung der Erfassungsmasken.

Business-Objekt → Datenobjekt.

CATT Computer Aided Test Tool. Vorläufer des →eCATTs.

Central Management Console (CMC) Weboberfläche für Admi-

nistratoren, die alle Funktionalitäten des BI-Launchpads bzw. -InfoViews mit der Benutzer- und Serververwaltung vereint.

Customizing Einstellungen, die der Systemverwalter bei der Systemeinführung vornehmen muss. Im Customizing können Sie die unternehmensneutral ausgelieferte Funktionalität den spezifischen betriebswirtschaftlichen Anforderungen Ihres Unternehmens anpassen. Das Customizing ist vor Inbetriebnahme des Systems obligatorisch und wird im SAP-System über den Einführungsleitfaden (IMG) vorgenommen.

Data Services SAP BusinessObjects Data Services vereint die Produkte für Datenqualitätsmanagement und Datenintegration. Data Services ist ein ETL-Werkzeug (Extraktion, Transformation, Laden), das sowohl strukturierte als auch unstrukturierte Daten aus SAP- und Nicht-SAP-Datenquellen verarbeitet und bereinigt.

Datenkonvertierung Unter Datenkonvertierung versteht man die strukturelle oder wertmäßige Manipulation nach gewissen zu definierenden Regeln.

Datenmigration Übernahme von betriebswirtschaftlichen Daten (Stamm- und Bewegungsdaten) aus einem beliebigen System in ein SAP-System.

Datenmigrationsobjekt Beschreibung eines Datenobjekts und weiterer Eigenschaften, die für die Datenmigration von Bedeutung sind: die Struktur des Datenobjekts im Altsystem und im SAP-System sowie die Abbildung, die die beiden Strukturen ineinander überführt.

Datenobjekt Betriebswirtschaftliche Dateneinheit wie Kundenstamm, Materialstamm, Finanzbeleg.

Datenübernahme → Datenmigration.

Datenübernahme-Workbench Werkzeug zur Verwaltung und Organisation von Datenübernahmeprojekten. Kann in Kombination mit der LSM Workbench eingesetzt werden.

Datenumsetzung → Datenkonvertierung.

Debitorenkonto Struktur zur Aufnahme von Wertebewegungen in einem Buchungskreis – Forderungen bzw. Verbindlichkeiten gegenüber einem Debitor betreffend.

Direct-Input Verfahren der Datenmigration, bei dem die zu übertragenden Daten direkt, das heißt unter Umgehung der Dialogtransaktion, geprüft und in die Datenbank des SAP-Systems geschrieben werden.

Domäne Objekt, das die technischen Eigenschaften – zum Beispiel den Datentyp und die Länge – eines Feldes beschreibt. Die Definition einer Domäne kann auch einen Wertebereich bestimmen, der die gültigen Datenwerte für die Felder enthält, die sich auf diese Domäne beziehen. Verschiedene technisch und fachlich gleichartige Felder können durch eine Domäne zusammengefasst werden. Felder, die auf dieselbe Domäne verweisen, werden bei einer Änderung der Domäne gleichzeitig mit geändert. Damit ist die Konsistenz dieser Felder sichergestellt.

DX-Workbench → Datenübernahme-Workbench.

Dynpro Dynamisches Programm. Ein Dynpro besteht aus einer Bildschirmmaske und der darunterliegenden Ablauflogik. Die Hauptkomponenten eines Dynpros sind Attribute (zum Beispiel Dynpro-Nummer, Folge-Dynpro), Layout (Anordnung der Texte, Felder und anderer Elemente), Feldattribute (Definition der Eigenschaften der einzelnen Felder) sowie die Ablauflogik (Aufrufe der relevanten ABAP-Module).

eCATT Extended Computer Aided Test Tool. Ein Werkzeug im SAP-System zum Testen von Geschäftsprozessen.

Einzelposten Einzelne Zeile eines Belegs.

EIM Enterprise Information Management. Softwarelösung für Datenintegration und -qualität, Stammdatenmanagement, Ereignisverarbeitung, Content-Management und Data-Governance.

Elementarer Datentyp ABAP-Datentyp. ABAP verfügt über acht vordefinierte elementare Datentypen: C (alphanumerische Zeichen), D (Datum), F (Gleitpunktzahl), I (ganze Zahl), N (numerischer Text), P (gepackte Zahl), T (Zeit) und X (Hexadezimal). Die Datentypen D, F, I und T sind in jeder Hinsicht vordefiniert, während die Datentypen C, N, P und X zusätzlich spezifiziert werden können.

Erfolgskonto Sämtliche Geschäftsvorfälle, die eine Veränderung des Eigenkapitals und damit des unternehmerischen Erfolgs auslösen, werden auf Erfolgskonten gebucht. Diese Erfolgskonten sind Bestandteil der Gewinn- und Verlustrechnung. Als typische Beispiele können Umsatzerlöse, Personal- und Materialaufwendungen genannt werden.

ETL Prozess zur Datenextraktion, Transformation und zum Laden der Daten.

Fieldmapping Zuordnung von Quell- zu Zielfeldern unter Angabe der Konvertierungsvorschriften.

Frontend Der Arbeitsplatzrechner – in der Regel der PC.

FTP File Transfer Protocol. Netzwerkprotokoll zur Übertragung von Dateien über Netzwerke.

Funktionsbaustein Funktion zur allgemeinen Verwendung. Funktionsbausteine sind in ABAP geschriebene, externe Unterprogramme, die im Function Builder entwickelt werden. Sie werden dort in einer zentralen Funktionsbibliothek abgelegt und können hierdurch von allen ABAP-Programmen aufgerufen werden. Auf diese Weise können Redundanzen im Coding vermieden und das Programmieren effektiver gestaltet werden. Im Gegensatz zu Form-Routinen verfügen Funktionsbausteine über eine eindeutig definierte Schnittstelle.

Geschäftsjahr Bezeichnet in der Regel einen Zeitraum von zwölf Monaten, für den ein Unternehmen regelmäßig seine Inventur und Bilanz zu erstellen hat.

Hauptbuch Darstellung von Werten, auf deren Basis die Bilanz sowie die Gewinn- und Verlustrechnung erstellt werden. Das Hauptbuch führt Werte auf Buchungskreisebene.

IDoc Intermediate Document. SAP-Format, in dem geschäftliche Nachrichten übertragen werden. Ein IDoc (oder eine IDoc-Nachricht) bezeichnet die konkrete Nachricht, während ein IDoc-Typ sich auf die Struktur bezieht.

Interne Tabelle Datenstruktur, die nur während der Laufzeit eines Programms existiert. Die interne Tabelle ist einer von zwei strukturierten Datentypen in ABAP. Sie besteht aus einer beliebigen Anzahl identisch aufgebauter Tabellenzeilen mit oder ohne Kopfzeile. Die Kopfzeile entspricht einer Feldleiste und dient als Arbeitsbereich für die interne Tabelle. Der Datentyp der

Zeilen kann elementar oder strukturiert sein.

ISMW   Industry Solution Migration Workbench. Datenübernahmewerkzeug für SAP-Industrie-
lösungen. SAP-Transaktionscode
EMIGALL.

Kannfeld   Eingabefeld, in das Daten
eingegeben werden können. Im
Gegensatz zu Kannfeldern ist in
Mussfeldern eine Eingabe zwingend
erforderlich.

Konstante   Wert, der bei der In-
tialisierung der Felder eines Programms festgelegt wird und zur
Laufzeit nicht mehr geändert werden kann. In ABAP werden Konstanten über die Anweisung CONSTANTS
deklariert.

Kontenfindung   Automatisches
Verfahren, um bei Buchungsvorgän-
gen ohne Eingriff des Benutzers die
Konten für die Buchungen in der
Finanzbuchhaltung zu finden.

Kontengruppe   Zusammenfassung
von Eigenschaften, die das Anlegen
von Stammsätzen in der Finanzbuchhaltung steuern. Die Kontengruppe legt fest, welche Daten für
den Stammsatz relevant sind, und
bestimmt einen Nummernbereich,
aus dem die Nummern für die
Stammsätze zu wählen sind. Jedem
Stammsatz muss eine Kontengruppe
zugeordnet werden.

Kontenplan   Verzeichnis aller Sachkonten, die von einem oder mehreren Buchungskreisen gemeinsam

verwendet werden. Der Kontenplan
enthält zu jedem Sachkonto die Kontonummer, die Kontobezeichnung
und Informationen, die die Funktion des Sachkontos festlegen und
das Anlegen des Sachkontos im
Buchungskreis steuern.

Konto   Struktur zur Aufnahme von
Wertebewegungen innerhalb eines
Buchungskreises. Das Konto umfasst
Verkehrszahlen, die die Wertebewe-
gungen in verdichteter Form pro
Buchungsperiode enthalten.

Kontoart   Schlüssel, der angibt, zu
welchem Buchhaltungsbereich (zum
Beispiel Anlagen, Debitoren, Kreditoren) ein Konto gehört. Die Kontoart wird zusätzlich zur Kontonummer benötigt, um ein Konto
eindeutig zu identifizieren. Dies ist
notwendig, da für jede Kontoart dieselbe Kontonummer verwendet
werden kann.

Kostenstelle   Organisatorische Einheit innerhalb eines Kostenrech-
nungskreises, die einen eindeutig
abgegrenzten Ort der Kostenentste-
hung darstellt. Die Abgrenzung
kann funktional, abrechnungstech-
nisch, räumlich oder unter dem
Aspekt der Kostenverantwortung
vorgenommen werden.

Legacy System → Altsystem.

**Legacy System Migration Work-
bench**   Auf SAP-Technologie basierendes Werkzeug für einmalige und
periodische Übernahme von Daten
aus Altsystemen in SAP-Systeme.

Mandant Eine handelsrechtlich, organisatorisch und datentechnisch in sich abgeschlossene Einheit innerhalb eines SAP-Systems mit getrennten Stammsätzen und einem eigenständigen Satz von Tabellen.

Mapping Zuordnung von Feldern zwischen einem EDV-Altsystem und einem Folgesystem. Dieser Schritt ist notwendig, um Feldinhalte des Altsystems im Rahmen der Datenmigration in das Folgesystem übernehmen zu können.

Migration Wird gleichbedeutend mit Datenmigration verwendet.

Migrationsobjekt → Datenmigrationsobjekt.

Migration Services Webbasiertes Werkzeug zum Werte-Mapping für die Datenmigrationslösung SAP BusinessObjects Data Services.

Migration Workbench Von SAP entwickeltes Werkzeug, das auf die Datenübernahme zwischen SAP-Systemen spezialisiert ist. Aktuell nur in Verbindung mit SAP-Beratungsleistung verfügbar.

Mussfeld Eingabefeld, in das Daten eingegeben werden müssen. Ein Mussfeld wird in der Regel durch ein Fragezeichen gekennzeichnet. Bildschirmmasken können nur dann erfolgreich verarbeitet werden, wenn alle Mussfelder gefüllt sind. Im Unterschied zu Mussfeldern ist bei Kannfeldern eine Eingabe nicht zwingend erforderlich.

Nebenbuch Buch, das für die Darstellung von Geschäftsvorfällen mit Kreditoren und Debitoren definiert ist. Das Nebenbuch für die Anlagenbuchhaltung ist ein Buch, das für die Darstellung der Wertentwicklung von Anlagen bestimmt ist.

Nebenbuchhaltung Buchhaltung, die ein Nebenbuch (zum Beispiel für Debitoren, Kreditoren oder Anlagen) umfasst. Nebenbücher erläutern die Abstimmkonten des Hauptbuchs.

SAP-fremdes System → Altsystem.

Objekt → Datenmigrationsobjekt.

ODBC Open Database Connectivity. Standardisierte Datenbankschnittstelle zur Anbindung von relationalen Datenbanken über die Datenbanksprache SQL.

On Demand Modell der Softwarebereitstellung, das Hardwareinvestitionen vermeidet und Betriebskosten reduziert. Die Anwendung wird beim Anbieter betrieben und dem Kunden als Service bereitgestellt.

Parameter Daten, die zur Ausführung einer Methode, wie beispielsweise eines Funktionsbausteins oder eines Unterprogramms, benötigt (Importparameter) oder von diesen nach erfolgtem Aufruf zurückgegeben werden (Exportparameter). Mit der Definition der Parameter wird die Schnittstelle des Methodenaufrufs determiniert.

Primärfenster Hauptfenster einer Anwendung. Primärfenster sind Fenster, in denen die Haupthandlung der Anwendung stattfindet. Innerhalb eines Modus ist immer genau ein Primärfenster gleichzeitig auf dem Bildschirm zu sehen. Primärfenster können Sekundärfenster senden oder durch andere Primärfenster abgelöst werden.

RFC Remote Function Call. SAP-eigenes Protokoll zum Aufruf von Funktionsbausteinen in entfernten Systemen.

RDS Rapid Deployment Solution. Paketierte SAP-Software mit vordefiniertem Content und einem Serviceanteil.

Sachkonto Struktur zur Aufnahme von Wertebewegungen in einem Buchungskreis bezüglich einer Sachkontoposition eines Kontenplans. Das Sachkonto umfasst Verkehrszahlen, in denen Wertebewegungen einer Buchungsperiode zu Berichtszwecken des Hauptbuchs als Summenwerte dargestellt sind.

Saldo Betrag, der sich als Differenz zwischen Soll- und Haben-Seite eines Kontos oder eines Belegs ergibt. Überwiegt die Haben-Seite, spricht man von einem Haben-Saldo; überwiegt die Soll-Seite, handelt es sich um einen Soll-Saldo.

Schleife Folge von Programmanweisungen, die wiederholt ausgeführt werden. Dies kann entweder über eine bestimmte Anzahl von Wiederholungen erfolgen oder so

lange, bis eine bestimmte Bedingung wahr oder falsch wird.

SAP-Applikationsserver Teil der SAP-Client-Server-Architektur. Bezeichnet die Rechner, auf denen die Anwendungslogik des SAP-Systems läuft.

SAP-Basis-Release Das Release der dem SAP-System zugrunde liegenden SAP-Basis.

SAP-Standardschnittstelle Eine Schnittstelle zum SAP-System vom Typ Batch-Input, Direct-Input, BAPI oder IDoc.

Sequenzielle Datei Datei mit sequenzieller Organisation. Die Sätze innerhalb einer sequenziellen Datei werden nacheinander ohne Schlüsselbegriff gespeichert.

Stammdaten Daten, die über einen längeren Zeitraum unverändert bleiben. Stammdaten enthalten Informationen, die in gleicher Weise immer wieder benötigt werden. Als Beispiel können die Stammdaten einer Kostenstelle genannt werden, die die Bezeichnung, den Verantwortlichen, den zugehörigen Hierarchiebereich und weitere Informationen enthalten.

Statusleiste Element der grafischen Benutzeroberfläche. Die Statusleiste enthält ein Ausgabefeld, in das das SAP-System vom Primärfenster abgesetzte Meldungen ausgibt. Weitere Felder geben Informationen zum Status des Systems. Die Statusleiste befindet sich am unteren Rand des Primärfensters und erstreckt sich über dessen ganze Breite.

Tabellenartige Datei Eine Datei, in der alle Sätze dieselbe Struktur haben.

Testkonfiguration Klammer aus Testskript und Testdaten.

Testskript Prüfbare Einheit des SAP-Systems. Ein Testskript bildet häufig einen bestimmten Geschäftsprozess oder eine Prozesskette ab.

Textdatei Eine Datei mit Textinformation, deren Sätze mit einem Satzendekennzeichen voneinander getrennt sind.

Transaktion Hierbei handelt es sich um eine Anwendung. Um in das Einstiegsbild einer Anwendung zu gelangen, kann man durch die Menühierarchie navigieren oder einen vierstelligen Transaktionscode im Befehlsfeld eingeben. Die Verwendung des Transaktionscodes erspart das Navigieren durch die verschiedenen Menüs und führt den Benutzer direkt zum Einstiegsbildschirm.

Transaktionscode Folge von alphanumerischen Zeichen, die eine Transaktion im SAP-System benennt. Um eine Transaktion aufzurufen, geben Sie den Transaktionscode in das Befehlsfeld ein und drücken die ⏎-Taste.

Transportauftrag Dokument zum Kopieren von Korrekturen zwischen verschiedenen Systemarten. Ein Transportauftrag erfasst freigegebene Korrekturen. Nach Freigabe eines Transportauftrags wird der Transport durchgeführt. Sie können zum Beispiel Korrekturen aus einem Entwicklungssystem in ein Konsolidierungssystem transportieren.

Umschlüsselung Wertmäßige Manipulation eines Feldinhaltes anhand einer Tabelle, die angibt, welcher alte Wert durch welchen neuen Wert zu ersetzen ist.

Umsetzung → Datenkonvertierung.

Unterprogramm Modul eines Programms, das von mehreren Programmen aufgerufen werden kann. Unterprogramme werden eingesetzt, um häufig verwendete Programmteile nur einmal schreiben zu müssen. Daten können explizit von und zu Unterprogrammen übergeben werden.

Variable Platzhalter, der dazu dient, Daten unter einem bestimmten Namen in einem bestimmten Format zu speichern und anzusprechen. Variablen unterscheiden sich durch ihren Namen, ihren Typ, ihre Länge und ihren Aufbau.

Verkehrszahlen Summe aller Buchungen auf ein Konto, getrennt nach Buchungsperioden sowie Soll und Haben.

WebI   SAP BusinessObjects Web Intelligence Report. Einfach anzupassendes Ad-hoc-Berichtsformat für Business-Analysen und Business Intelligence Reporting.

Werte-Mapping   Umschlüsselungstabelle zwischen Werten aus dem Altsystem und den SAP-Werten.

Wiederbeschaffungswert   Von den Anschaffungs-/Herstellungskosten abweichende Bewertung von Anlagen mit einem zeitnahen Wertansatz. Der Wiederbeschaffungswert einer Anlage kann sich beispielsweise aufgrund von Preisveränderungen durch Inflation oder Preisveränderungen durch technischen Fortschritt ergeben.

C Die Autoren

Michael Willinger wurde 1971 in Heidelberg geboren. Er studierte von 1990 bis 1996 Betriebswirtschaftslehre an der Universität Mannheim mit den Schwerpunkten Bankbetriebslehre und Finanzierung sowie Wirtschaftsprüfung, Treuhandwesen und Statistik. Während seines Aufbaustudiums in Wirtschaftsinformatik kam er 1996 erstmals mit SAP R/3 in Berührung, was seinen beruflichen Werdegang maßgeblich prägte. Michael Willinger war zwischen 1998 und 2001 als SAP-Berater (mit Schwerpunkt Rechnungswesen) bei der in der Bauwirtschaft tätigen Bilfinger & Berger AG beschäftigt, bevor er zu Tarkett wechselte, einem international agierenden Hersteller von Fußbodenbelägen. Dort war er als Projektmanager für die weltweite Einführung des SAP-Finanzwesens und -Controllings verantwortlich. Seit 2008 ist Michael Willinger bei der SAP AG beschäftigt und kümmert sich dort im Bereich System Landscape Optimization (SLO) um die Reorganisation von SAP-Systemlandschaften – vornehmlich im Finanzwesen und Controlling.

Dr. Johann Gradl ist Jahrgang 1961. Er studierte von 1980 bis 1986 Mathematik und Informatik an der Technischen Universität München und promovierte – nach einer Zivildienstpause – von 1988 bis 1990 in Mathematik. Ein wesentlicher Teil der Dissertation entstand während eines Aufenthalts an der University of Kansas in den USA. Johann Gradl kam 1993 zu SAP. Dort war er zunächst im Bereich R/2-Services tätig, bevor er sich intensiv dem Thema Datenmigration widmete und maßgeblich die Entwicklung der in diesem Buch ausführlich beschriebenen Legacy System Migration Workbench betrieb. Nach einem Wechsel in den Produktbereich Customer Relationship Management (CRM) übernahm er dort die Verantwortung für die Wartung des CRM-Produkts. 2009 nahm er eine einjährige Auszeit, die er mit seiner Familie in Brasilien verbrachte (siehe »Mein Brasilien – Auszeit mit Familie und Hund«, ISBN 978-3842324855, erschienen bei Books on Demand). Seit seiner Rückkehr ist er mit dem Support für SAP OnDemand-Lösungen befasst.

Frank Densborn wurde 1976 in Wittlich geboren. Er studierte von 1997 bis 2003 Mathematik, Physik und Informatik an der Johannes Gutenberg-Universität Mainz. Seine Abschlussarbeit verfasste er als Mitarbeiter der Adam Opel AG in Rüsselsheim über Dynamische Workflows in Anwendungssoftware. Nach seiner Zeit bei Opel wechselte Frank Densborn 2004 zur SAP AG in Walldorf. Dort übernahm er die Entwicklung und den Support der Legacy System Migration Workbench und betreute Datenmigrationsprojekte bei Kunden. In seiner Laufbahn als Entwickler wurde er zusätzlich im Bereich der Schnittstellen von SAP NetWeaver tätig und leistete Support für die IDoc-Technologie. Nebenbei hielt er Vorlesungen in Wirtschaftsinformatik an der Dualen Hochschule Baden-Württemberg und gab zahlreiche SAP-Kundenschulungen für Datenmigration, ALE und EDI. Im Jahr 2009 wurde Frank Densborn Projektleiter von SAP Best Practices-Paketen für Business Intelligence und war maßgeblich an der Entwicklung der Datenmigrationslösung mit SAP BusinessObjects Data Services beteiligt. Seit 2011 arbeitet er als Produktmanager bei den SAP Labs im kalifornischen Palo Alto und ist dort für Technologiethemen wie Enterprise Information Management zuständig.

Dr. Michael Roth wurde 1964 in München geboren. Er studierte von 1983 bis 1989 Mathematik und Informatik an der Technischen Universität München und promovierte dort in Mathematik. Seit 1994 arbeitet Michael Roth bei SAP, wo er seitdem in verschiedenen Positionen in den Bereichen Service und Entwicklung aktiv war. Er arbeitet heute im Entwicklungsteam für die Migrationslösung in SAP Business ByDesign.

Index

ETL-Prozesse erfolgreich implementieren

Datenextraktion aus SAP- und Nicht-SAP-Systemen

DataSources, Transformationen, Migration und

Business Content im Detail

Torsten Kessler

Datenbeschaffung für SAP NetWeaver BW

Die Gewährleistung der Datenqualität ist eine der größten Herausforderungen bei der Implementierung von BI-Lösungen. Mit diesem Buch sind Sie für diese Aufgabe gewappnet: Es zeigt Ihnen, wie Sie die Datenbeschaffung in BW einrichten, durchführen und optimieren können. Sie lernen anhand von vielen Beispielen die notwendigen konzeptionellen Fragestellungen sowie die technische Umsetzung kennen und können so Ihren ETL-Prozess effektiv gestalten.

467 S., 2011, 69,90 Euro
ISBN 978-3-8362-1555-8

>> www.sap-press.de/2332

BW-Datenmodelle erfolgreich
entwickeln und implementieren

Architektur, InfoObjekte, InfoProvider
und SAP Business Content kompetent
erklärt

Inkl. Modellierung für die
BW-integrierte Planung und SAP
BusinessObjects

Frank K. Wolf, Stefan Yamada

Datenmodellierung in SAP NetWeaver BW

In diesem Buch erhalten Sie das konzeptionelle und technische Rüstzeug,
um die Datenmodellierung erfolgreich durchzuführen. Sie lernen die
Data-Warehouse-Architektur sowie die relevanten Frontendwerkzeuge
kennen und erhalten einen Überblick über die Data Warehousing
Workbench. Alle Objekte für den Aufbau eines Datenmodells werden
Ihnen vorgestellt und die Ladeprozesse beschrieben. Auch der Business
Content kommt nicht zu kurz. Aktuell zu SAP NetWeaver BW 7.1.

572 S., 2010, 69,90 Euro
ISBN 978-3-8362-1447-6

>> www.sap-press.de/2176

Datenschutzkonzept für SAP-Systeme entwickeln

Schutzmaßnahmen für SAP ERP, HCM, CRM, SRM und BW

Umsetzung im Berechtigungskonzept und in SAP BusinessObjects GRC

Volker Lehnert, Anna Otto, Katharina Stelzner

Datenschutz in SAP-Systemen

Konzeption und Implementierung

Von den rechtlichen Vorgaben bis hin zu den notwendigen technischen Maßnahmen erfahren Sie in diesem Buch alles Wissenswerte zum Thema Datenschutz und SAP. Alle relevanten SAP-Komponenten werden in eigenen Kapiteln behandelt: Sie lernen, wie Sie Daten in SAP ERP, HCM, CRM, SRM und BW absichern und wie Sie die Schutzmaßnahmen technisch im Berechtigungskonzept und im Customizing umsetzen. Außerdem erfahren Sie, welche SAP-Werkzeuge (z. B. GRC-Tools) Ihnen bei diesen Aufgaben helfen.

383 S., 2011, 79,90 Euro
ISBN 978-3-8362-1685-2

>> www.sap-press.de/2493

In unserem Webshop finden Sie das aktuelle Programm
zu allen SAP-Themen, kostenlose Leseproben und dazu die
Möglichkeit der Volltextsuche in allen Büchern.

Gerne informieren wir Sie auch mit unserem monatlichen
Newsletter über alle Neuerscheinungen.

www.sap-press.de

SAP-Wissen aus erster Hand.